D1640819

WINKLER
WELTLITERATUR
DÜNNDRUCK
AUSGABE

NATHANIEL HAWTHORNE

Erzählungen

Skizzen · Vorworte
Rezensionen

WINKLER VERLAG MÜNCHEN

Aus dem Amerikanischen übertragen von
Hannelore Neves, Siegfried Schmitz (Erzählungen) und
Hans-Joachim Lang (Skizzen, Vorworte, Rezensionen).
Mit einem Nachwort und Anmerkungen von
Hans-Joachim Lang.

ISBN Leinen 3 538 05255 7   Leder 3 538 05755 9

ERZÄHLUNGEN

Die Mulde unter den drei Hügeln

In jenen merkwürdigen alten Zeiten, als phantastische Träume und die Einbildungskraft des Wahns im wirklichen Leben noch Gestalt annahmen, trafen einander zwei Personen zu vereinbarter Stunde am vereinbarten Ort. Die eine war eine Dame von anmutiger Gestalt und lieblichem Gesicht, jedoch in der Blüte der Jahre von vorzeitigem Verfall betroffen; die andere ein altes Weib in schäbigen Gewändern, von häßlichem, gemeinem Aussehen, die so verwelkt, verschrumpelt und klapprig war, daß selbst die Zeit ihres Verfalls viel länger gedauert haben mußte als ein gewöhnliches Menschenleben. An dem Ort, wo die beiden einander trafen, konnte keine Menschenseele sie beobachten. Drei kleine Hügel standen nahe beieinander, und zwischen ihnen war ein hohles Becken in die Erde eingesenkt, beinahe kreisrund, mit einem Durchmesser von zwei- oder dreihundert Fuß, und so tief, daß eine stattliche Zeder gerade noch über seinen Rand geragt hätte. – Zahlreiche Zwergfichten wuchsen auf den Hügeln, einige von ihnen drängten sich am äußeren Saum einer dazwischenliegenden Senke; innen drin war nichts als das braune Oktobergras, hier und dort ein Baum, oder ein Stamm, der vor langer Zeit umgesunken war und jetzt modernd dalag, ohne daß neues Grün aus seinen Wurzeln aufstieg. Einer dieser Riesen aus faulendem Holz, der früher eine majestätische Eiche gewesen war, lag jetzt ganz nahe an einem Teich mit grünem, reglosem Wasser am Grund der Mulde. In solcher Umgebung (so will es wenigstens die graue Überlieferung) hielt sich einst der Fürst der Finsternis mit seinen verlorenen Seelen gerne auf; und hier, so hieß es, standen sie oft gegen Mitternacht, oder beim dämmrigen Anbruch des Abends, rund um den überwachsenen Teich und trübten sein stinkendes Wasser durch die Vollziehung ihrer gottlosen Taufzeremonien. Die frostige Schönheit eines herbstlichen Sonnenuntergangs vergoldete jetzt die Spitzen der drei Hügel, und ein blasser Abglanz stahl sich die Hänge herab in die Mulde.

„Hier also soll unsere Plauderstunde stattfinden", sagte das alte Weib, „ganz so, wie du es gewünscht hast. Sag schnell, was du von mir willst, denn wir dürfen uns nur eine kurze Stunde hier aufhalten."

Während das alte, verwelkte Weib redete, glitt ein Lächeln über sein Gesicht, wie das Licht der Lampe über die Wände einer Gruft. Die Dame zitterte und blickte empor zum Rand der Mulde, als überlege sie, ob sie nicht besser unverrichteterdinge umkehren solle. Doch das Schicksal wollte es anders.

„Wie Ihr wißt, bin ich eine Fremde in diesem Land", sagte sie endlich. „Nicht wichtig ist, woher ich komme; doch habe ich Menschen zurückgelassen, mit denen mein Geschick eng verbunden ist, von denen ich jetzt aber für immer getrennt bin. Auf meiner Brust liegt eine schwere Last, von der ich mich nicht befreien kann; ich bin gekommen, um mich nach deren Wohlergehen zu erkundigen."

„Wer ist denn hier an diesem grünen Teich, der dir Nachricht vom anderen Ende der Welt bringen kann?" rief die Alte und starrte der Dame ins Gesicht. „Nicht von meinen Lippen wirst du die Nachricht hören; doch wenn du kühn bist – dann soll das Licht des Tages nicht von jener Hügelspitze weichen, bevor dein Wunsch dir erfüllt ist."

„Und wenn's mein Tod ist, ich will tun, was Ihr verlangt", erwiderte die Dame verzweifelt.

Das alte Weib setzte sich auf den Stamm des gestürzten Baumes, warf die Kapuze zurück, die ihre grauen Strähnen verhüllt hatte, und winkte ihrer Gefährtin, näher zu kommen. „Knie nieder", sagte sie, „und leg deine Stirn auf meine Knie."

Diese zögerte einen Augenblick, doch die Angst, die seit langem in ihr schwelte, loderte wieder heftig empor. Beim

Niederknien tauchte sie den Saum ihres Gewandes in den Teich und legte die Stirn auf die Knie der Alten, während diese einen Mantel über ihr Gesicht breitete, so daß sie jetzt im Dunkeln war. Dann hörte sie die gemurmelten Worte eines Gebets, die sie plötzlich so erschreckten, daß sie schon aufstehen wollte. „Laßt mich fliehen – laßt mich fliehen und mich verbergen, damit sie mich nicht sehen!" rief sie. Doch sogleich faßte sie sich wieder, verstummte und blieb von da an totenstill. Denn nun kam ihr vor, als mischten sich Stimmen in das Gebet, vertraut seit ihrer Kindheit, unvergessen auf den vielen Wanderungen und in den Wechselfällen ihres Glücks und ihres Herzens. Zuerst waren die Worte undeutlich und schwach, nicht etwa wegen der zu großen Entfernung, sondern eher wie die nur trüb erhellten Seiten eines Buches, das wir in einem spärlichen, doch langsam stärker werdenden Lichtschein lesen möchten. Während das Gebet weiterging, wurden auch die Stimmen immer stärker, bis endlich die Beschwörung zu Ende war und den Ohren der Dame, wie sie da kniete, eine Unterhaltung zwischen einem alten Mann und einer alten Frau klar verständlich wurde. Doch diese Fremden schienen nicht in der tiefen Mulde zwischen den drei Hügeln zu stehen; ihre Stimmen klangen, als würden sie von den Wänden einer Kammer eingeschlossen und zurückgeworfen, deren Fenster im Winde klapperten; das regelmäßige Ticken einer Uhr, das Knistern eines Feuers, das leise Zischen der Funken, wie sie in die Asche fielen, das alles ließ die Szene so lebhaft vor dem Auge aufsteigen, als wäre sie gemalt. An einem melancholischen Herdfeuer saßen diese beiden alten Leute, der Mann ruhig und niedergeschlagen, die Frau weinerlich quengelnd, und ihre Worte waren voll Betrübnis. Sie sprachen von einer Tochter, die sich herumtrieb, sie wußten nicht wo, die Unehre mit sich trug und Leid und Schande zurückgelassen hatte, die ihre grauen Häupter ins Grab bringen würden. Auch auf anderes, jüngeres Leid spielten sie an, doch mitten in ihrer Unterhaltung schienen ihre Stimmen mit dem

Geräusch des Windes zu verschmelzen, der klagend durch die herbstlichen Blätter fegte; und als die Dame die Augen hob, kniete sie wieder in der Mulde unter den drei Hügeln.

„Eine öde und einsame Zeit hat das alte Paar dort", bemerkte das alte Weib und grinste der Dame ins Gesicht.

„So habt Ihr sie denn auch gehört!" rief sie, und ein Gefühl unerträglicher Demütigung triumphierte über Verzweiflung und Furcht.

„Wohl, wohl; und wir bekommen noch mehr zu hören", erwiderte die Alte. „Mach schnell, deck dein Gesicht wieder zu." Und wieder stieß die alte Vettel monotone Worte eines Gebetes aus, das nicht für den Himmel bestimmt war; und bald verdichteten sich, in den Pausen ihres Atemholens, seltsam gemurmelte Laute, die immer stärker wurden, bis sie den Zauber, aus dem sie aufstiegen, endlich erstickt und überwältigt hatten. Schreie drangen durch die unklaren Geräusche, abgelöst vom süßen Gesang einer weiblichen Stimme, der seinerseits wieder einem wild aufbrüllenden Gelächter wich, in das plötzlich Stöhnen und Seufzen brach – eine wahrlich greuliche Mischung von Entsetzen, Trauer und Heiterkeit. Ketten rasselten, schrille, strenge Stimmen stießen Drohungen aus, und eine Peitsche schnalzte nach ihrem Befehl.

Alle diese Geräusche vertieften sich in den Ohren der Lauscherin, wurden deutlicher und bestimmter, bis sie jedes einzelne Wort eines träumerischen Liebesliedes verstehen konnte, das ohne ersichtlichen Grund in einen Grabgesang überging. Ihr schauderte vor der plötzlichen Wut, die jäh wie eine Flamme in die Höhe fuhr, und ihr wurde übel von der fürchterlichen Ausgelassenheit, die erbärmlich um sie raste. Mitten in diese wüste Szene hinein, wo die entfesselten Leidenschaften in ihrem trunkenen Lauf wild gegeneinanderstießen, ertönte die feierliche Stimme eines Mannes, die einst wohl eine männliche, klangvolle Stimme gewesen sein mußte. Der Mann ging unaufhörlich auf und ab, seine Füße tappten hörbar über den Boden, und in jedem Mitglied dieser tollen Gesellschaft, deren eigene, brennende Gedanken schon längst zu ihrer ausschließlichen Welt geworden waren, suchte er einen Zuhörer für die Geschichte seines eigenen Unglücks, und in ihrem Lachen und ihrem Weinen erblickte er seinen Lohn an Spott und Mitleid. Er sprach von der Untreue des Weibes, von einer Frau, die ihren heiligsten Schwur gebrochen hatte, von einem verlassenen Heim und einem verlassenen Herzen. Und während er noch redete, mischten sich Schreien, Lachen, Heulen, Seufzen zu einem einzigen Laut, bis sie in das hohle, stoßweise auf- und abschwellende Rauschen des Windes übergingen, der an den Fichten auf den drei einsamen Hügeln zerrte. Die Dame blickte auf, und wieder war da die Alte und grinste ihr ins Gesicht.

„Hättest du gedacht, daß es in einem Irrenhaus so lustig zugeht?" fragte sie.

„Wahr, wahr", sagte die Dame zu sich selber; „drinnen geht es lustig zu, aber draußen ist Elend, furchtbares Elend."

„Möchtest du noch mehr hören?" fragte die Alte.

„Eine Stimme gibt es, die ich noch einmal hören möchte", erwiderte die Dame schwach.

„Dann leg schnell den Kopf auf meine Knie, damit du wieder von hier fort kannst, bevor die Stunde um ist."

Der goldene Saum des Tages lag noch über den Hügeln, aber tiefe Schatten hüllten Mulde und Teich in Dunkelheit, als ob von hier aus die finstere Nacht aufstiege, um sich über die Erde zu breiten. Wieder begann das böse Weib, seinen Zauber zu weben. Lange ließ die Antwort auf sich warten, bis sich endlich in die Zwischenräume ihrer Worte das Läuten einer Glocke drängte, wie ein ferner Klang, der weit über Tal und Hügel gewandert war und eben daran war, in der Luft zu sterben. Die Dame erbebte auf den Knien ihrer Gefährtin, als sie diesen unheilschwangeren Ton vernahm. Stärker tönte es jetzt, trauriger, wurde zum Ton einer Totenglocke, von einem efeuüberwachsenen Turm herunter klagend, die Kunde von Sterblichkeit und Weh in die Hütte tragend, ins Schloß und ans Ohr des einsamen Wanderers, auf daß alle das Los beweinten, das jedem von ihnen bestimmt war. Dann ließ sich gemessener Schritt vernehmen, der langsam, sehr langsam dahinzog, als gingen Trauernde hinter einem Sarg, mit Gewändern, die über die Erde fegten, so daß das Ohr die Länge ihres melancholischen Zuges abschätzen konnte. Vor ihnen schritt der Priester und las die Totenmesse, während die Seiten seines Buchs im Winde raschelten. Und obwohl keine andere Stimme als die seine laut zu hören war, gab es dennoch, geflüstert nur, doch klar verständlich, Flüche und Schmähungen, ausgestoßen von männlichen wie auch weiblichen Kehlen, gegen die Tochter, die das Herz der alten Eltern gebrochen – gegen das Weib, das die vertrauende Liebe ihres Gemahls verraten – und gegen die Mutter, die gegen die natürlichen Bande der Liebe gesündigt, ihr Kind verlassen und dem Tod ausgeliefert hatte. Das fegende Geräusch des Leichenzuges erstarb wie dünner Dunst, und der Wind, der eben noch am Sargtuch gezogen, heulte jetzt schmerzlich rund um die Hänge der Mulde zwischen den drei Hügeln. Doch als die Alte die kniende Dame anstieß, hob diese nicht ihren Kopf. „Das war eine recht vergnügliche Stunde!“ sagte die verwelkte Vettel und kicherte in sich hinein.

Erzählung einer alten Frau

In meinem Geburtshaus gab es eine alte Frau, die den ganzen Tag vor dem Herdfeuer kauerte, die Ellbogen auf den Knien, die Füße in der Asche. – Von Zeit zu Zeit drehte sie am Bratspieß, und nie sah man sie ohne einen Strickstrumpf aus grober Wolle in ihrem Schoß, der Fuß ungefähr halb fertig; der Strumpf nahm ab zugleich mit ihrem eigenen Leben, und an dem Tag, an dem sie die Zehe abkettelte, starb sie. Ihr ernsthaftes Geschäft wie auch ihr einziges Vergnügen war es, mir von morgens bis abends mit einer brummig zahnlosen Stimme Geschichten zu erzählen, während ich auf einem großen Holzscheit saß und mich mit beiden Händen an ihre karierte Schürze klammerte. Ihre eigenen Erinnerungen umschlossen beinahe ein volles Jahrhundert, außerdem hatten sich die Erinnerungen vieler alter Leute, die gestorben waren, als sie noch jung war, in ihrem Gedächtnis mit den ihren unentwirrbar vermischt; so daß man glauben konnte, sie hätte zur Zeit von Elisabeth I. gelebt, oder John Rogers in der Fibel. In den Windungen und Falten meines Gehirns sitzen wohl an die tausend Geschichten aus ihrem Mund, einige noch wunderbarer als die, die ich jetzt erzählen will, einige weniger, an einigen ist überhaupt nichts Wunderbares dran, aber ich würde sie alle gern erzählen, wäre ich nur so glücklich wie sie, einen Zuhörer zu haben. Allerdings bin ich bescheiden genug, zuzugeben, daß mir ein Zuhörer nicht halb so gebührt wie diesem alten, zahnlosen Weib, dessen Erzählungen eine Großartigkeit hatten, die weder aus ihm selbst kam noch von irgendeinem anderen Menschen. Das Handlungsgerüst ihrer Erzählungen, die sich selten genug innerhalb der weitesten Grenzen der Wahrscheinlichkeit bewegten, wurde mit altbekannten, natürlichen Vorfällen gefüllt, die sich in langen Jahren langsam angehäuft hatten, so daß die Erfindung ihre groteske Übertriebenheit in die Tracht der Wahrheit hüllte, wie der Teufel (ein passender Vergleich, denn er wird von dem alten Weib selbst geliefert), der sich, samt Pferdefuß und allem Zubehör, ins Gewand eines Sterblichen kleidet. Ihre Erzählungen spielten meistens in ihrem Geburtsort, einem Dorf im Tal des Connecticut-Flusses, das sie mit lebendigen Farben in mein Gemüt malte. Die Häuser in diesem Landstrich entlang einer wilden und gefährlichen Grenze waren mit starken Mauern versehen, damit man sie verteidigen konnte, so daß viele von ihnen sich bis in unsere Zeit erhalten haben, und ich kann gar nicht beschreiben, mit welchem Vergnügen ich vor zwei Sommern durch die kleine Stadt geritten bin, von der wir hier sprechen; Häuser und Landschaft stiegen vor meinem Auge auf wie alte Bekannte, eins nach dem andern, wie in einem Traum, der Wirklichkeit wird. Unter vielen anderen – und ebenso wahrscheinlichen – Behauptungen, die sie über die Einwohner dieser Stadt aufstellte, war auch die, daß sie (in bestimmten Abständen, allerdings ob nach fünfundzwanzig, fünfzig oder gar hundert Jahren, blieb ungewiß) alle gleichzeitig in einen tiefen Schlaf fielen, der eine Stunde dauerte. Wenn der geheimnisvolle Zeitpunkt da war, fing der Pfarrer über der halbfertigen Predigt zu schnarchen an, obwohl es vielleicht Samstagabend und er für den nächsten Morgen nicht gerüstet war; der Mutter fielen die Augen zu, während sie sich über den Säugling beugte, und kein kindliches Gejammer konnte sie wieder aufwecken; wer an einem Totenbett wachte, fiel auf dem Kissen des Sterbenden in Schlaf, während dieser selbst den ewigen Schlaf durch diesen einstündigen vorwegnahm, der ebenso tief und traumlos war. Um mich emphatisch auszudrükken: über das ganze Dorf legte sich eine einschläfernde Atmosphäre, die stärker wirkte, als würde jeder Mutter Sohn und jeder Mutter Tochter eine langweilige Geschichte lesen; nichtsdestoweniger behauptete das alte Weib, den Inhalt der folgenden Geschichte von Leuten zu haben, die selber, und zwar an vorderster Stelle, eine Rolle darin gespielt hatten.

In einer mondhellen Sommernacht saßen ein junger Mann und ein Mädchen im Freien beisammen. Sie waren entfernt miteinander verwandt, stammten aus einer ehemals reichen Familie, die jetzt aber so verarmt war, daß David nicht einmal die Hochzeitsgebühr zahlen konnte, falls Esther ihn doch noch heiraten wollte. Der Platz, den sie sich zum Sitzen ausgesucht hatten, lag in einem offenen Wäldchen von Ulmen und Nußbäumen, das im rechten Winkel von der Straße abbog; gerade neben ihnen sprudelte ein diamantener Quell ans Mondlicht hervor und verlor sich dann, auf der Suche nach dem nächstgelegenen Mühlwasser, mit leisem Klagen in hohem Gras und Gebüsch. Das Haus, das ihnen zunächst stand (in etwa zwanzig Yards Entfernung, Wohnsitz ihres Urgroßvaters zu seinen Lebzeiten), war ein ehrwürdiges altes Gemäuer, mit vielen hohen, schmalen Zinnen gekrönt, ganz überwachsen von unzähligen Kletterpflanzen, die sich um das Dach drehten und schlängelten wie eine lustige junge Perükke um das Haupt eines gesetzten älteren Herrn. Gegenüber stand ein Wirtshaus, davor ein Brunnen und eine Pferdeschwemme, links neben der Tür war eine niedrige grüne Bank. Von hier führte die Straße in kaum merkbaren Windungen weiter ins Dorf hinein, in der Mitte einen schmalen Streifen Gras, zu beiden Seiten, jeweils zweimal in der eigenen Breite, wiederum von grünem Gras gesäumt. Die Häuser sahen alle miteinander recht seltsam aus. Hier versuchten die Mondstrahlen eben einen Blick auf eines von ihnen zu erhaschen, einen wüsten alten Haufen großmächtiger Balken, die sich, voll Scham darüber, so heruntergekommen zu sein, hinter einem dichtbelaubten, großen Baum verbargen; das Erdgeschoß des nächsten Gemäuers war im Boden eingesunken, als hätte das arme kleine Haus bereits genug von dieser Welt und zöge sich in die Abgeschlossenheit seines eigenen Kellers zurück; weiter weg an der Straße stand eines dieser neueren Gebäude, das bemalte Gesicht aufdringlich der Straße zugewandt, offensichtlich überzeugt, hier die Schönste zu sein. Etwa halbwegs mitten im Dorf stand eine Getreidemühle, teilweise verdeckt durch den Abfall zu jenem Bach hin, der ihre Räder drehte. Am südlichen Ende, schon so weit weg, daß der Glanz der Fensterscheiben ineinander überging, erhob sich das Andachtshaus, ein schäbiges altes Gemäuer, das an eine Scheune erinnerte, mit einem ungeheuren, außer jedem Verhältnis stehenden Glockenturm, der hoch in den Himmel aufragte wie der Turm von Babel und seinerzeit beinahe ebensoviel Verwirrung gestiftet hatte. Dieser Glockenturm, muß man wissen, war eine Nachgeburt gewesen, dem Hauptgebäude erst angefügt, als dieses schon am Verfallen war, und sein Bau hatte vor etwa fünfzig Jahren in der Gemeinde einen heftigen Streit, beinahe ein Schisma, hervorgerufen. Nun schlängelte sich die Straße einen Hügel hinunter und war nicht mehr zu sehen; der weiteste Gegenstand am Horizont war das Tor zum Friedhof, hinter dem Andachtshaus. Das jugendliche Paar saß Hand in Hand unter den Bäumen; sie hatten eine Zeitlang nicht geredet, denn der Wind dämpfte seinen Hauch, kaum raunte mehr das Bächlein, die Blätter hatten zu rascheln aufgehört, alles lag still und reglos, als schicke sich die Natur selbst zum Schlafen an.

„Was für eine herrliche Nacht, Esther", sagte David, recht schläfrig.

„Wirklich herrlich", antwortete das Mädchen im gleichen Ton.

„Aber so still!" fuhr David fort.

„Ach, zu still!" sagte Esther mit einem leichten Schauer, wie ein bescheidenes Blatt, das vom Wind geküßt wird.

Vielleicht schliefen sie miteinander ein, und vielleicht, da ihre Seelen durch ein zartes und enges Band miteinander vereint waren, nahm auch der gleiche seltsame Traum sie beide in seinen schattigen Arm. Sie aber vermeinten jedenfalls, wachend neben dem murmelnden Quell zu sitzen und auf das Dorf hinunterzublicken, die mondhelle Straße entlang, auf die merkwürdigen alten Häuser und auf die Bäume, die ihre großen, knorrigen Äste beinahe in die Fenster hineinstießen. Etwas wie Nebel zog sich durch ihre Köpfe, wie die rauchige Luft an einem späten Nachmittag im Herbst. Auf einmal fiel ihnen auf, ohne daß sie sich groß darüber gewundert hätten, daß eine Menge Leute eben das Dorf betraten oder schon die Dorfstraße entlangwanderten, aber ob diese Leute aus dem Andachtshause kamen, oder von dem Ort gleich hinter dem Andachtshause, oder wo zum Teufel sie sonst herkamen – das war mehr, als sich beantworten ließ. Jedenfalls waren sehr viele Leute da, Männer, Frauen und Kinder, die alle gähnten, sich die Augen rieben, die Glieder streckten und von einer Seite der Straße auf die andere torkelten, als wären sie aus tiefem Schlummer erst halb erwacht. Manchmal blieben sie stocksteif stehen, die Hände über die Brauen gelegt, wie um ihre Augen vor dem Mondlicht zu schützen. Als sie näherkamen, schienen die meisten Gestalten Esther und David bekannt, sie hatten die vertrauten Züge von Familien aus dem Dorf, jene allgemeine Familienähnlichkeit, an der man den eigenen Dorfgenossen oder Landsmann noch im abgelegensten Erdenwinkel wiedererkennt. Aber obwohl sie die Menge, im ganzen, für Nachbarn oder Bekannte halten mochten, war doch niemand darunter, den sie auch persönlich wiedererkannten. Bemerkenswert war übrigens auch der Umstand, daß das modernste Gewand, das an diesen Leuten zu sehen war, vielleicht zur Zeit der Urgroßeltern der heutigen Generation in Mode gewesen war. Hinter der großen Menge war eine einzelne Gestalt zurückgeblieben, die noch nicht nahe genug heran war, als daß sich ihre Züge deutlich erkennen ließen.

„Von wo auf der Welt kommen denn all diese merkwürdigen Leute her, David?" sagte Esther, so müde, daß sie beinahe lachen mußte.

„Von nirgends auf der Welt, Esther", antwortete David, ohne recht zu wissen, was er da sagte.

Als David und Esther zu reden anfingen, zeigten die fremden Gestalten plötzlich Zeichen von Unruhe und blickten einen Augenblick lang zur Quelle hin, wandten sich jedoch offensichtlich gleich wieder ihren eigenen Gedanken und Geschäften zu. Der Haufe löste sich jetzt auf, und jeder ging auf einen anderen Winkel des Dorfes zu, mit einer Sicherheit, die große Ortskenntnis vermuten ließ; erwähnt werden sollte vielleicht auch, daß, obwohl diese Gestalten sich miteinander angeregt zu unterhalten schienen, kein Geräusch, weder ihrer Schritte noch ihrer Stimmen, die Ohren der Zuschauer erreichte. Wo immer ein ehrwürdiges Haus stand, von fünfzig oder mehr Jahren, umgeben von Ulmen oder Nußbäumen, mit dunkler, verwitterter Scheune, mit Brunnen, Obstgärten und Steinmauern, alles alt und rundherum in gutem Zustand, da versammelte sich eine Gruppe dieser Leute, zumeist bestehend aus einem älteren Mann, einer bejahrten Frau und den jüngeren Mitgliedern der Familie; ihre Gesichter waren von einer Freude erfüllt, so tief, daß sie schon die Farbe der Trauer annahm; einer zeigte dem andern selbst noch die geringsten unter den Dingen des Vaterhauses, Dinge, deren Bilder sie in ihrem Herzen trugen und jetzt mit den Originalen verglichen. Aber wo immer tiefe Gruben neben der Straße – grasüberwachsen und uneben, aus deren Mitte schiefe Rauchfänge verfallen aufragten – von einem eingestürzten Haus, von einem längst erkalteten Herdfeuer berichteten, da saßen auch wieder einige von den fremden Leuten auf den modernden Balken und dem gelblichen Moos, das die steinerne Schwelle überwucherte. In sprachloser Trauer kreuzten die Männer die Arme, die Frauen rangen die Hände mit einem lebhafteren Ausdruck des Schmerzes, und die kleinen Kinder rutschten auf den Knien weg von diesem offenen Grab häuslicher Liebe. Und wo etwa ein neues Haus seine weiße, grelle Front auf den Mauern eines alten Hauses erhob, da konnte man einen Graubart sehen, wie er seinen Stock zornig dagegen schüttelte, während sein getreues Weib und ihre Nachkommenschaft in den Fluch einzustimmen schienen, ein gar greuliches Bild im gespenstischen Mondlicht. Während diese verschiedenen Szenen sich abspielten, kam die Gestalt, die hinter den anderen dahergezogen war, die Senke gegen die Mühle herab, und Davids und Esthers Augen wurden von dort zu einem Paar gezogen, mit dem sie die größte Anteilnahme empfanden: das waren ein junger Mann in einem Matrosenanzug und ein bleiches, schlankes Mädchen, die einander mitten auf der Straße in die Arme fielen.

„Wie lange ist es wohl her, daß sie einander zum letzten Mal sahen", sagte David.

„Fünfzig Jahre mindestens", sagte Esther.

Mit wortloser Ruhe und gleichmütiger Neugier folgten sie weiter unverwandt dem Traum (wenn es ein Traum war), wie er seine wunderlichen, bunten Bilder vor ihnen aufrollte, und bemerkten jetzt mehrere kleine Gruppen von Leuten, die sich offenbar angeregt unterhielten. Eine von denen, die sich am ersten gebildet hatte und sich besonders hervorhob, war eine Gruppe neben dem Wirtshaus, deren Mitglieder sich auf die niedrige grüne Bank an der linken Seite der Haustür gesetzt hatten. Unter ihnen fiel vor allem die gesetzte, beleibte Gestalt eines älteren Herrn in Hemdsärmeln und flammenfarbigen Hosen auf, über dem vorgewölbten Leib, unter dem er die Hände verborgen hielt, einen fleckigen weißen Schurz, mit dem er sich von Zeit zu Zeit das gerötete Gesicht wischte. Die stattliche Hinfälligkeit eines seiner Genossen, die Narbe von einem indianischen Tomahawk in der Stirn, vor allem aber das abgetragene Lederkoller waren untrügliche Zeichen dafür, daß es sich hier um den Veteranen einer alten Provinz-Garnison handelte, die keinem Appell mehr Folge leistete. Die Gestalt daneben, deren verwittertes Gesicht unter einem schmierigen Hut hervorlugte, trug ein Paar recht weiter Hosen, ein alter Matrose vielleicht, der seine Jugend auf dem Meere schlingernd verbracht und jetzt erst, altersgrau und sturmgegerbt, in sein Festlandheim zurückgekehrt war. –

Dann stand dort auch ein dünner, junger Mann, nachlässig gekleidet, der immer wieder traurige Blicke auf jenes bleiche Mädchen warf, das wir zuvor erwähnten. Auch ein Jäger saß dabei, und noch ein oder zwei andere, zu denen sich bald ein Müller gesellte, der von der staubigen Mühle heraufkam, den Mantel so weiß, als wäre er mit pulverisiertem Sternenlicht besprenkelt. Alle diese Leute wurden (durch Witze, die wahrscheinlich uralt, wenn auch seit langem nicht mehr gehört worden waren) sehr bald ungemein lustig, und es war recht seltsam zu sehen, wie sie, während sie sich vor herzhaftem Gelächter die Seiten hielten, wie eine Gruppe von Schatten erschienen, die im Mondlicht flackernd hin- und herzuckten. Vor dem stattlichen Haus mit der Perücke aus Kletterpflanzen standen vier Personen, die sich von der ersten Gruppe deutlich unterschieden. Die eine war eine kleine, ältliche Gestalt, ein Mann von Bedeutung, wie man am himmelblauen Übermantel, dem Gold auf seinem Dreispitz und nicht zuletzt an dem Wappensiegel, das von seiner großen goldenen Uhrkette baumelte, erkennen konnte; Haltung und Benehmen standen einem Friedensrichter und Grafschaftsvorsteher wohl an; der gesamte Vorrat an Stolz und Großspurigkeit, den man auf dieser Welt auftreiben konnte, steckte in den fünf Fuß dieses zierlichen Gentleman. Ihm zunächst an Bedeutung kam ein ernsthafter Mann von etwa sechzig oder siebzig Jahren, dessen schwarzer Anzug und Halskragen eindeutig seinen Stand verrieten, nicht weniger als die spiegelblanke Glatze, deren Glanz durchaus eines berühmten Predigers würdig war, der vor einem halben Jahrhundert in diesem Dorf gelebt und daselbst von der Kanzel herunter die Perücken verdammt hatte. Zwei weitere Gestalten, eine wie die andere in dunkles Grau gekleidet, zeigten die besonnene Gelassenheit von Diakonen; einer war lächerlich lang und dünn, wie ein Mann von normaler Größe ins Unendliche reproduziert, wie die Mathematiker sagen; während sein Kollege, kurz und breit, wie eine komprimierte Version desselben Mannes erschien. – Diese vier nun unterhielten sich mit großer Ernsthaftigkeit, und aus ihren Gesten konnte man ablesen, daß sie den uralten Streit um den Turm des Andachtshauses wieder einmal aufgewärmt hatten. Der feierliche Schwarze sprach mit gesetzter Würde, als richte er seine Worte an eine Synode; der kurze Diakon grunzte ein paar Sätze, die nicht länger waren als er selber; sein langer Bruder spann den endlosen Faden seines Räsonnements durch die ganze Unterhaltung, und (wenn wir dem Analogieschlusse vertrauen) seine Stimme war zweifellos von einer leise quietschenden Art. Aber der Kleine mit den Goldtressen war offenbar von seiner eigenen feurigen Beredsamkeit enflammt: Er hüpfte von einem zum andern, schüttelte seinen Stock gegen den Turm, gegen die beiden Diakone, ja selbst dem Pfarrer beinahe ins Gesicht, dann wieder stampfte er mit dem Fuß auf die Erde, daß er leicht hineinfahren hätte können; aber dennoch konnte man nicht behaupten, daß sich auch nur das Gras unter seinem Tritt gekrümmt hätte. Die Gestalt, die hinter den anderen hergezogen war, hatte nun den Aufstieg zur Mühle bewältigt und entpuppte sich als eine ältere Dame, die irgend etwas in ihrer Hand hielt.

„Warum geht sie so langsam?" fragte David.

„Siehst du nicht, daß sie lahm ist?" sagte Esther.

Diese vornehme Dame, deren Gebrechen ihre Ankunft so sehr verzögert hatte, humpelte jetzt näher, glitt unbemerkt an der disputierenden Gruppe vorbei und hielt schließlich neben der Quelle an, nur einige wenige Fuß von unseren beiden Zuschauern entfernt. Sie war eine prächtige alte Dame. Ihre Flitterschuhe und golddurchwirkten Strümpfe glänzten unter dem geräumigen Rund eines roten Reifunterrocks, der derart aufgeblasen war, daß man meinte, er müsse jeden Augenblick platzen. Die Stickerei, die ihn über und über bedeckte, sah an einigen Stellen allerdings nicht mehr ganz neu aus. Über dem Unterrock, wenn auch vorne weit geöffnet, damit man diesen noch bewundern konnte, trug die Dame einen gemusterten Rock aus blauem Damast. Ihren Hals umschloß eine breite, steife Krause, während eine Haube aus feinstem Musselin, wenn auch schon etwas abgegriffen, das Haupt bedeckte; auf der Nase saß ihr eine goldgerahmte Brille mit riesengroßen Gläsern. Doch das Gesicht der alten Dame war verkniffen, scharf und fahl, mit einem knickrigen, geizigen Ausdruck, der in einem merkwürdigen Gegensatz zur Pracht ihres Aufzugs stand – genauso übrigens wie das Gerät, das sie in der Hand hielt, eine Art Eisenschaufel (in der Art eines Schüreisens etwa), wie man sie beim Reinigen von Öfen verwendet; mit diesem Gerät nun unternahm die gute Dame, nachdem sie einen bestimmten Platz zwischen der Quelle und einem Nußbaum dafür ausgewählt hatte, den ernsthaften Versuch zu graben. Der weiche Rasen erwies sich jedoch als unnachgiebig, widerstand ihren Bemühungen wie ein Steinbruch aus härtestem Granit. Sie geriet außer Atem, warf die Schaufel zu Boden und schien offenbar das eigene Geschick höchst jammervoll zu beklagen, dabei mit den Zähnen knirschend (mit den wenigen, die ihr noch geblieben waren) und die gelben Hände ringend. Dann, wie von neuer Hoffnung beflügelt, nahm sie ihre Arbeit wieder auf, doch mit dem gleichen Ergebnis – was David und Esther um so weniger überraschte, als sie von Zeit zu Zeit das Mondlicht durch die alte Dame hindurchschimmern und in der Quelle hinter ihr tanzen sahen. Der Kleine mit den Goldtressen hatte die alte Dame jetzt erspäht und näherte sich ihr auf Zehenspitzen.

„Wie sich die alte Dame abrackert", bemerkte David.

„Geh und hilf ihr, David", sagte Esther voll Mitleid.

Als sie ihre schläfrigen Stimmen erklingen ließen, hoben die alte Dame wie auch der protzige Kleine hinter ihr die Augen und sahen die beiden, den Jüngling und das Mädchen, einen Augenblick mit einem Gesichtsausdruck an, der von Zärtlichkeit und Zuneigung zu sprechen schien; aber alles war trüb und unsicher, und im nächsten Augenblick schon wieder verschwunden. Die alte Dame wandte sich wieder der Schaufel zu, zuckte jedoch zusammen, als eine Hand sich plötzlich auf ihre Schulter legte; schreckerfüllt fuhr sie herum und entdeckte den würdigen Kleinen in seinem blauen Mantel; darauf fielen die beiden einander derart zärtlich in die Arme, daß man angesichts der nicht zu leugnenden Respektabilität der Beteiligten keine losere Verbindung als eine eheliche zwischen ihnen annehmen durfte. Sodann deutete der Herr auf die Schaufel — es schien, als erkundige er sich nach Sinn und Zweck von dero Bemühungen; die Dame verstand es jedoch offenbar geschickt, seine Fragen zu parieren und dabei eine gekränkte und gleichzeitig heiligmäßige Miene zu bewahren, wie sich das für jede ehrbare Frau in ähnlicher Situation schickt. Aber sie konnte es dennoch nicht lassen, hinter ihren Brillen hervor ein wenig zur Seite zu schielen, auf jene hartnäckige Rasenstelle. Dabei sahen die ganze Zeit über ihre Gestalten so merkwürdig aus, als hätte irgendein besonders geschickter Juwelenmacher ihre goldenen Verzierungen aus jenen Strahlen der sinkenden Sonne geschmiedet, die das kräftigste Gelb zeigten, und als stamme das Blau ihrer Gewänder aus dem Himmelsdunkel in der Nachbarschaft des Mondes, und als sei die seidene Weste des Herrn nichts anderes als die leuchtende Unterseite einer feurigen Wolke, und als sei der scharlachfarbene Unterrock der Dame nichts als ein Rest des Morgenrots — als seien beide überhaupt nichts anderes als zwei Schemen aus farbiger Luft. Doch jetzt zuckte eine plötzliche Bewegung durch die Menge. Der Squire zog eine Uhr heraus, so groß wie das Zifferblatt auf dem berühmten Glockenturm, warf einen Blick auf die warnenden Zeiger und hob sich hinweg, und auch seine Dame durfte nicht mehr verweilen; die Gruppe vor der Wirtshaustür machte sich auf die Beine, angeführt von dem Dicken in den flammenfarbenen Hosen; der lange Diakon stelzte ungesäumt von dannen, der kurze Diakon watschelte hinter ihm drein, das Yard zu vier Schritten, die Mütter riefen ihre Kinder zusammen und machten sich auf den Weg, nicht ohne noch manch sanften und traurigen Blick zurückzuwerfen. Wie wolkenhafte Phantasiegebilde, die ein unsichtbarer Anstoß vom Himmel jagt, waren sie bald alle verschwunden, und der Wind erhob sich und folgte ihnen mit seltsamen Klagen durch die verlassene Dorfstraße. Wohin diese Leute alle verschwanden, das vermag kein Mensch zu sagen; nur David und Esther meinten, den schattenhaften Glanz der alten Dame zu erkennen, wie sie im Mondschein am Friedhofstor stehenblieb und zurück nach der Quelle blickte.

„Oh, Esther! Was habe ich für einen Traum gehabt!" rief David, sprang auf die Beine und rieb sich die Augen.

„Und ich erst!" antwortete Esther und riß den Mund so weit auf, daß ihre süßen roten Lippen einen Kreis bildeten.

„Von einer alten Dame mit goldgeränderten Brillengläsern", fuhr David fort.

„Und einem scharlachroten Reifunterrock", fügte Esther hinzu.

Verwundert und fast ein wenig erschrocken starrten sie einander in die Augen. Nach einigem Nachdenken holte David tief Atem und richtete sich auf.

„Wenn ich morgen in der Frühe noch lebe", sagte er, „dann sehe ich nach, was zwischen dem Baum hier und der Quelle vergraben ist."

„Und warum nicht heute nacht, David?" fragte Esther; denn sie war ein vernünftiges kleines Mädchen und überlegte, daß sich derartiges ebensogut im geheimen ausführen ließ.

David fühlte, daß ihre Bemerkung durchaus angebracht war, und sah sich daher nach einem Werkzeug um, mit dem er ihrem Rate folgen wollte. Hell beleuchtete der Mond etwas, das an der Mauer des alten Hauses lehnte und sich bei näherer Untersuchung als eiserne Schaufel herausstellte, die der im Traum gesehenen recht auffällig ähnelte. Er gebrauchte sie mit besserem Erfolg als die alte Dame, der Boden gab seinen Anstrengungen sogleich nach, so daß er bald ein Loch gegraben hatte, so groß wie das Becken der Quelle. Plötzlich fuhr er mit dem Kopf bis an den Grund der Grube hinunter.

„Oho! – Was haben wir denn da!" rief David.

Die Frauen der Toten

Die folgende Geschichte, deren einfache häusliche Begebenheiten vielleicht kaum des Erzählens wert befunden werden,
besonders nach so langer Zeit, erweckte immerhin vor etwa
hundert Jahren im wichtigsten Seehafen der Bay Province einige Aufmerksamkeit. Das regnerische Zwielicht eines Herbsttages; die Wohnstube im zweiten Stockwerk eines kleinen
Hauses, einfach eingerichtet, wie es den bescheidenen Lebens-
umständen seiner Bewohner entsprach, geschmückt durch
kleine Kuriositäten von jenseits des Meeres und ein paar kunst-
reiche Gegenstände indianischer Arbeit – dies sind die einzigen Details, die wir in bezug auf Kulisse und Jahreszeit vor-
ausschicken wollen. Zwei junge und anmutige Frauen saßen
am Kamin beisammen und vertieften sich jede in den eigenen
Kummer und zugleich auch in den der anderen. Sie waren
die jungvermählten Frauen zweier Brüder, eines Seefahrers
und eines Landbewohners, und zwei aufeinanderfolgende Tage hatten die Nachricht vom Tode beider gebracht, der eine
hatte sein Leben durch die Wechselfälle des Krieges in Kanada, der andere im stürmischen Atlantik verloren. Ein allgemeines Mitgefühl, das dieser schmerzliche Verlust hervorrief,
hatte zahlreiche ihr Beileid ausdrückende Gäste in das Heim
der verwitweten Schwestern geführt. Einige, unter ihnen auch
der Pfarrer, waren bis zum Anbruch des Abends bei ihnen geblieben; bis sie schließlich einer nach dem anderen, trostreiche
Stellen aus der Schrift flüsternd, denen ein noch reichlicherer
Fluß der Tränen antwortete, Abschied nahmen und in ihre eigenen, glücklicheren Häuser heimkehrten. Die Trauernden,
wenn auch nicht unempfänglich gegenüber der Güte ihrer
Freunde, hatten sich dennoch danach gesehnt, wieder allein

zu sein. Vereint, wie sie durch die Verwandtschaft der Lebenden gewesen, und jetzt noch mehr durch die der Toten, fühlte jede, daß Trost im Unglück nur im Busen der Schwester zu finden war. Sie verbanden ihre Herzen und weinten still zusammen. Doch nach einer Stunde des Sich-Gehenlassens begann die eine der Schwestern, deren Gefühle von ihrem milden, ruhigen, wenn auch nicht schwachen Charakter geformt wurden, sich jener Anleitungen zu Geduld und Ergebung zu erinnern, die die Frömmigkeit sie gelehrt hatte, als sie nicht daran dachte, daß sie sie je brauchen würde. Ihr Unglück, das zuerst bekanntgeworden, sollte daher auch als erstes aufhören, die regelmäßige Verrichtung ihrer Pflichten zu stören. Nachdem sie in diesem Sinne einen Tisch vor den Ofen gestellt und ein einfaches Mahl zubereitet hatte, nahm sie die Hand ihrer Gefährtin.

„Komm, teuerste Schwester; du hast heute noch keinen Bissen gegessen", sagte sie, „steh auf, ich bitte dich, und laß uns um Segen bitten für das, was uns beschert ist."

Ihre Schwägerin hatte ein lebhaftes und reizbares Temperament, und der erste quälende Schmerz hatte sich bei ihr in Schreien und leidenschaftlichen Klagen Luft gemacht. Jetzt fuhr sie vor Marys Worten zurück wie ein Verwundeter vor der Hand, die das Pochen des Schmerzes aufs neue entfacht.

„Für mich gibt es keinen Segen mehr, und ich werde auch nicht darum bitten", rief Margaret mit einem neuen Tränenausbruch. „Wäre es nur sein Wille, daß ich nie wieder vom Essen kosten müßte!"

Doch kaum waren ihr diese aufrührerischen Worte entschlüpft, da schrak sie auch schon vor ihnen zurück, und nach und nach gelang es Mary, die Gemütsverfassung ihrer Schwester ihrer eigenen anzunähern.

Die Zeit verging, die gewöhnliche Stunde der Ruhe rückte näher. Die Brüder und ihre Gattinnen, mit jenen spärlichen Mitteln in den Stand der Ehe getreten, die man damals gerade noch für ausreichend hielt, hatten einen gemeinsamen

Haushalt gegründet, mit gleichen Rechten auf die Wohnstube, jedoch mit getrennten Ansprüchen auf zwei Schlafräume, die sich an die Wohnstube anschlossen. Dorthin zogen sich die Verwitweten zurück, nachdem sie Asche auf die sterbende Glut ihres Feuers gehäuft und eine brennende Lampe auf den Herd gestellt hatten. Die Türen beider Kammern blieben offenstehen, so daß jede von ihnen einen Blick ins Zimmer der anderen und auf die Betten mit ihren zurückgeschobenen Vorhängen werfen konnte. Der Schlaf stahl sich nicht gleichzeitig in die Augen der beiden Schwestern. Auf Mary wirkte der ruhig ertragene Schmerz, wie das oft geschieht, dergestalt, daß sie bald in vorübergehendes Vergessen sank, während Margaret um so unruhiger und fiebriger wurde, je weiter die Nacht mit ihren tiefsten und stillsten Stunden fortschritt. Sie lag da und lauschte den Regentropfen, die in monotoner Folge niederfielen, von keinem Windhauch verweht; und ein nervöser Antrieb ließ sie immer wieder den Kopf vom Kissen heben und in Marys Kammer und den dazwischenliegenden Raum schauen. Das kalte Licht der Lampe warf die Schatten der Möbel gegen die Wände und drückte sie ihnen unverrückbar auf, außer wenn ein plötzliches Flackern der Lampe sie erschütterte. Zwei leere Lehnstühle hatten ihren gewohnten Platz an den gegenüberliegenden Seiten des Herdes, wo die Brüder gern in jugendlich lachender Würde gesessen hatten, als Oberhäupter ihrer Familien; zwei bescheidenere Stühle standen daneben, die wahren Thronsessel dieses kleinen Reiches, wo Mary und sie selber in Liebe eine Herrschaft ausgeübt hatten, die die Liebe ihnen geschenkt. Die heitere Glut des Feuers hatte über dem glücklichen Kreis geschienen, das verlöschende Glimmen der Lampen hätte jetzt gut zu ihrer Wiedervereinigung gepaßt. Während Margaret in ihrem Leid aufstöhnte, hörte sie ein Pochen an der Haustür. „Wie wäre mein Herz noch gestern bei diesem Ton gehüpft!", dachte sie, sich der Unruhe erinnernd, mit der sie so lange auf Nachrichten von ihrem Manne gewartet hatte. „Aber jetzt geht es mich nichts mehr an; sollen sie nur fortgehen, denn ich werde nicht aufstehen."

Doch noch während sie in einer Art kindischer Gereiztheit diesen Entschluß faßte, ging ihr Atem stoßweise, und sie strengte ihre Ohren an, um zu hören, ob sich das Zeichen nicht wiederhole. Es ist nicht leicht, an den Tod eines Menschen zu glauben, der für uns ein zweites Ich war. Das Pochen fing nun wieder an, in langsamen, regelmäßigen Schlägen, wie mit der weichen Seite einer geballten Faust, begleitet von Worten, die durch mehrere dicke Mauern hindurch nur schwach zu hören waren. Margaret blickte in die Kammer der Schwester und sah sie noch immer in tiefem Schlafe liegen. Sie stand auf, setzte einen Fuß auf den Boden, kleidete sich notdürftig an und zitterte dabei in einer Mischung von Furcht und Ungeduld.

„Der Himmel steh mir bei!" seufzte sie. „Ich habe nichts mehr zu fürchten, und doch scheint mir, als sei ich noch zehnmal ängstlicher als sonst."

Die Lampe vom Herde hebend, eilte sie zu jenem Fenster, das auf die Haustür hinaus blickte. Es war ein Gitterfenster, das sich in seinen Angeln drehte; nachdem sie es aufgestoßen hatte, streckte sie den Kopf ein wenig in die feuchte Luft hinaus. Eine Laterne tauchte die Front des Hauses in rotes Licht, das in den umliegenden Pfützen schmolz, während die Flut der Finsternis jeden anderen Gegenstand überschwemmte. Als das Fenster in den Angeln knirschte, trat ein Mann in breitkrempigem Hut und Flanellmantel aus dem Schutz des vorstehenden oberen Stockwerks hervor und blickte hinauf, um zu sehen, wen sein Anruf geweckt hatte. Margaret erkannte in ihm einen freundlichen Wirt aus der Stadt.

„Was ist gefällig, Nachbar Parker?" rief die Witwe.

„Ach, seid Ihr es, Frau Margaret?" antwortete der Wirt. „Ich fürchtete schon, es wäre Eure Schwester Mary; denn ich mag es gar nicht, eine junge Frau in Bedrängnis zu sehen, wenn ich ihr nicht ein Wort des Trostes zuflüstern kann."

„Um Gottes willen, was bringt Ihr mir für Nachricht?"
schrie Margaret.

„Ja, vor einer halben Stunde ist ein Expreß-Kurier durch
die Stadt gekommen", sagte Nachbar Parker, „ein Reisender
aus dem östlichen Bezirk, mit Briefen vom Gouverneur und
Rat. Er stieg in meinem Hause ab, um sich mit einem Bissen
und einem Schluck zu erfrischen, und ich fragte ihn nach
Neuigkeiten von der Grenze. Er berichtete mir, daß wir das
Scharmützel, von dem Ihr ja wißt, schließlich doch noch gewonnen haben und daß dreizehn Männer, die zunächst für tot
gegolten, wohlauf seien, Euer Mann unter ihnen. Außerdem
soll er zur Eskorte gehören, die die Gefangenen, Franzmänner
und Indianer, nach Haus ins Provinzgefängnis geleitet. Ich
dachte mir, Ihr würdet nichts dagegen haben, aus dem Schlaf
geweckt zu werden, so kam ich, um die Nachricht zu bringen.
Gute Nacht."

Mit diesen Worten brach der ehrliche Mann wieder auf;
seine Laterne leuchtete durch die Straße, undeutliche Umrisse
von Gegenständen ins Licht ziehend, Teilstücke einer Welt,
eine durchs Chaos schimmernde Ordnung, oder Erinnerungen,
die durch die Vergangenheit streifen. Doch Margaret blieb
nicht am Fenster, um diese malerischen Effekte zu beobachten. Freude strömte durch ihr Herz und erhellte es, und mit
beflügelten Schritten eilte sie ans Bett ihrer Schwester. Jäh
durchzuckt von einem schmerzlichen Gedanken, blieb sie jedoch an der Kammertür stehen.

„Arme Mary!" sagte sie zu sich selber. „Soll ich sie wecken,
damit ihre Trauer durch mein Glück noch vertieft wird?
Nein; ich werde es bis zum Morgen in meinem Busen bewahren."

Sie näherte sich dem Bett und sah, daß Marys Schlaf friedlich war. Die eine Hälfte des Gesichts war ins Kissen gedrückt, damit sie im Verborgenen weinen konnte; jetzt aber
lag ein Ausdruck regloser Zufriedenheit darauf, als wäre ihr
Herz gleich einem tiefen See ruhig geworden, weil der Tote

schon so tief hinabgesunken war. Es ist eine glückliche und zugleich seltsame Fügung, daß die leichteren Schmerzen es sind, aus denen die meisten unserer Träume sich weben. Margaret schrak davor zurück, ihre Schwägerin zu wecken, denn sie hatte die Empfindung, als hätte ihr eigenes größeres Glück sie gegen ihren Willen treulos werden lassen, als müßte eine veränderte, eine verringerte Zuneigung die Folge der Entdekkung sein, die sie zu machen hatte. Mit einem schnellen Schritt wandte sie sich ab. Aber die Freude ließ sich nicht lange unterdrücken, auch nicht durch Umstände, die in anderer Lage heftigen Schmerz hervorgerufen hätten. Ihr Geist füllte sich mit einer wirren Menge köstlicher Vorstellungen, bis der Schlaf sie übermannte und in Visionen hüllte, herrlicher und wilder als der Hauch des Winters (doch was für ein kalter Vergleich!), der phantastisches Flechtwerk auf ein Fenster malt.

Als die Nacht schon weit vorgeschritten war, fuhr Mary plötzlich aus dem Schlafe hoch. Ein lebhafter Traum hatte sie zuletzt in seinem unwirklichen Leben gefangen gehalten, von dem sie jedoch nichts mehr wußte als dies, daß etwas in ihn eingebrochen war, als es gerade am spannendsten wurde. Eine Weile noch hing der Schlummer um ihren Kopf wie morgendlicher Nebel und hinderte sie daran, die Konturen ihrer Lage klar zu erkennen. Nur mit halbem Bewußtsein nahm sie zwei oder drei Salven eines schnellen und ungeduldigen Pochens auf; zuerst kam ihr der Lärm als etwas ganz Selbstverständliches vor, wie der Atem, den sie einsog und wieder ausstieß; dann erschien er ihr als etwas, das sie nichts anging; endlich wurde ihr bewußt, daß dies ein Anruf war, dem sie Folge zu leisten hatte. Im gleichen Augenblick schoß ihr der Schmerz der Erinnerung in die Seele; die Hülle des Schlafes fiel vom Antlitz der Trauer; das trübe Licht der Kammer und die Gegenstände, die daraus hervortraten, hatten alle ihre zeitweilig aufgehobenen Gedanken aufbewahrt und stellten sie sofort wieder her, sobald sie ihre Augen öffnete. Wieder das laute Klopfen am Haustor. Besorgt, daß ihre Schwester vielleicht auch aufwachen möchte, wickelte Mary sich in einen Umhang mit Kapuze, nahm die Lampe vom Herd und eilte zum Fenster. Durch einen Zufall war es unverschlossen und gab dem Druck ihrer Hand leicht nach.

„Wer ist das?" fragte Mary und blickte zitternd hinunter.

Der Sturm war jetzt vorbei, der Mond aufgegangen; er leuchtete über Wolkenfetzen am Himmel und über Häuser, schwarz von Nässe auf der Erde, und über kleine Seen aus Regenwasser, die sich im lebhaften Zauberhauch einer Brise zu Silber kräuselten. Ein junger Mann in Matrosenkleidung, so naß, als wäre er den Tiefen des Meeres entstiegen, stand allein unter dem Fenster. Mary erkannte ihn als einen, der sein Brot mit kurzen Reisen entlang der Küste verdiente; und sie hatte nicht vergessen, daß er vor ihrer Hochzeit erfolglos um sie geworben hatte.

„Was willst du hier, Stephen?" sagte sie.

„Freu dich, Mary, denn ich will dir Trost bringen", sagte der abgewiesene Liebhaber. „Du mußt wissen, es ist keine zehn Minuten her, daß ich nach Hause kam, und das erste, was meine gute Mutter mir sagte, war die Nachricht von deinem Mann. Ohne der alten Frau ein Wort zu sagen, setzte ich meinen Hut auf und rannte aus dem Haus. Ich hätte kein Auge zutun können, ohne mit dir zu sprechen, Mary, um alter Zeiten willen."

„Stephen, ich hätte Besseres von dir gedacht!" rief die Witwe, in Tränen ausbrechend, und machte sich daran, das Fenster zu schließen; sie war nicht im geringsten geneigt, dem Beispiel der ersten Frau von Zadig zu folgen.

„Bleib doch, und höre mich zu Ende", rief der junge Matrose. „Wir redeten gestern nachmittag mit einer Brigg, die aus England einlief. Und was glaubst du, wen ich an Deck stehen sah, wohlauf und munter, nur ein bißchen dünner als vor fünf Monaten?"

Mary beugte sich aus dem Fenster, brachte aber kein Wort hervor.

„Jawohl, es war dein Mann selber", fuhr der hochherzige Seemann fort. „Er und drei andere retteten sich auf einen Mast, als die Blessing den Kiel nach oben drehte. Bei diesem Wind wird die Brigg schon bei Tagesanbruch in die Bucht einfahren, und du wirst ihn morgen hier sehen. Das ist der Trost, den ich dir bringe, Mary, und nun gute Nacht."

Er eilte hinweg, während Mary ihm mit einem Zweifel an der Wirklichkeit nachblickte, der stärker und dann wieder schwächer wurde, je nachdem, ob der Matrose gerade in den Schatten eines Hauses tauchte oder in die breiten Streifen des Mondlichts trat. Nach und nach aber schwoll die selige Flut der Gewißheit in ihrem Herzen an, mächtig genug, um sie zu überwältigen, wäre ihr Impuls ein noch plötzlicherer gewesen. Ihr erster Gedanke war, die Schwägerin zu wecken und die neugeborene Freude mit ihr zu teilen. Sie öffnete die Kammertür, die im Lauf der Nacht geschlossen worden war, wenn auch nicht verriegelt, ging zum Bett und wollte eben ihre Hand auf die Schulter der Schlafenden legen. Doch dann fiel ihr ein, daß Margaret zu Gedanken an Tod und Schmerz erwachen würde, nicht versüßt durch den Gegensatz zu ihrem eigenen Glück. Sie ließ die Strahlen der Lampe auf die bewußtlose Gestalt der Verlassenen fallen. Margaret lag in unruhigem Schlaf, die Bettücher rund um sie waren verschoben; ihre junge Wange war rosig, die Lippen in einem lebhaften Lächeln halb geöffnet; ein Ausdruck von Freude, den die versiegelten Lider noch verbargen, stieg drängend wie Weihrauch aus dem ganzen Gesicht zu ihr empor.

„Meine arme Schwester! Zu bald wirst du aus diesem glücklichen Traum erwachen", dachte Mary.

Bevor sie sich zurückzog, stellte sie die Lampe nieder und bemühte sich, die Bettücher zu richten, damit die kühle Nachtluft der fiebrig Schlummernden nicht schade. Doch ihre Hand zitterte gegen Margarets Hals, auch eine Träne fiel auf ihre Wange, und plötzlich erwachte sie.

Der sanfte Knabe

Im Laufe des Jahres.1656 erschienen einige jener Leute, die man Quäker nannte, geführt, wie sie behaupteten, von einer inneren Bewegung des Geistes, zum erstenmal in Neu-England. Da ihnen ihr Ruf als Verfechter mystischer und verderblicher Grundsätze vorausgeeilt war, waren die Puritaner von Anfang an darauf bedacht, sie fernzuhalten und die Ausbreitung dieser wachsenden Sekte zu verhindern. Die Mittel jedoch, die das Land von der Irrlehre säubern sollten, waren, wenn auch bei weitem strenger als nötig, gänzlich erfolglos. Die Quäker hörten in der Verfolgung einen göttlichen Ruf an den Ort der Gefahr und beanspruchten für sich einen heiligen Mut, der den Puritanern selber unbekannt war, hatten sie doch, um dem Kreuz zu entgehen, es vorgezogen, ihre Religion in der fernen Wildnis friedlich auszuüben. So bemerkenswert der Umstand auch ist, daß jedes Land der Erde die wandernden Schwärmer, die Frieden mit allen Menschen predigten, verstieß, so war doch jenes Land, in dem die Quäker den meisten Widrigkeiten und Gefahren ausgesetzt waren und das in ihren Augen daher mehr Anziehungskraft besaß als alle anderen, die Provinz von Massachusetts Bay.

Geldbußen, Gefängnis, Prügel, von unseren frommen Vorvätern freigebig verteilt, die Abneigung der Bevölkerung, die so stark war, daß sie die tatsächliche Verfolgung um beinahe hundert Jahre überlebte – das erschien den Quäkern als so erstrebenswert wie anderen, weltlicher Gesinnten, Friede, Ehre und Lohn. Jedes Schiff aus Europa brachte neue Schwärme der Sekte, brennend vor Begierde, gegen die Unterdrückung zu zeugen, die sie zu teilen hofften; und als schwere Geldstrafen die Kapitäne davon abhielten, ihnen die Überfahrt zu gewähren, nahmen sie die lange und mühsame Reise durch indianisches Land auf sich und tauchten in der Provinz auf, als hätte eine übernatürliche Macht sie geschickt. Ihre Schwärmerei, durch die Behandlung, die ihnen zuteil wurde, fast bis zum Wahnsinn gesteigert, hatte Handlungen zur Folge, die gegen die Regeln des Anstands nicht weniger verstießen als gegen die einer vernunftgemäßen Religion und zu dem ruhigen, gesetzten Betragen ihrer Nachfolger in der Gegenwart in auffallendem Gegensatz stehen. Der Anruf des Heiligen Geistes, nur der Seele vernehmlich, Einwänden der menschlichen Vernunft nicht zugänglich, wurde zum Vorwand für die unschicklichsten Auftritte, die, objektiv betrachtet, sehr wohl eine mäßige Anwendung der Prügelstrafe verdienten. Diese Überspanntheiten, und dazu die Verfolgung, die deren Ursache und Ergebnis zugleich war, nahmen immer weiter an Umfang zu, bis schließlich im Jahre 1659 die Regierung von Massachusetts Bay zwei Mitgliedern der Sekte der Quäker die Märtyrerkrone gewährte.

Man kann nicht leugnen, daß diejenigen, die diese Maßnahme durchführten oder ihr zustimmten, die Verantwortung für unschuldig vergossenes Blut trugen, aber die entlastenden Umstände für ihr Verhalten sind zahlreicher, als sie im allgemeinen von Verfolgern vorgebracht werden können. Die Einwohner Neu-Englands bildeten eine Gemeinschaft, deren ursprüngliches einendes Band ihre besonderen religiösen Prinzipien waren. Um ihrer eigenen Weise des Gottesdienstes in Frieden nachgehen zu können – ein Ziel, das geradezu im Gegensatz zu universaler Gewissensfreiheit steht –, hatten sie sich eine Heimat aus der Wildnis herausgehauen; sie hatten ungeheure Opfer gebracht an allem, was dem Menschen teuer ist; sie hatten sich in Lebensgefahr begeben und führten ein Leben, das zu verlieren beinahe ein Segen genannt zu werden verdiente. Sie hatten keine ihnen bereitete Heimstatt als Zuflucht vorgefunden, vielmehr eine mit des Himmels Hilfe geschaffen, und es läßt sich schwer sagen, ob ihre Entschlossenheit nicht zu Recht bestand, mit der sie die Tore gegenüber denen hüteten, die des verfügten Rechtstitels auf Einlaß ermangelten. Die Prinzipien ihrer Gründung waren derart, daß die Zerstörung ihrer religiösen Einheit auch die Regierungsgewalt zum Einsturz hätte bringen und die Kolonie auseinanderbrechen lassen können, zumal zu einer Zeit, als die Entwicklung in England den Auswandererstrom gestoppt und viele Pilger in ihre heimatlichen Gefilde zurückgezogen hatte. Außerdem war die Obrigkeit in Neu-England höchst unvollkommen informiert über die wirklichen Grundsätze und den Charakter der Sekte der Quäker. Ihnen war aus den verschiedensten Teilen der Erde berichtet worden, daß die Quäker sich jeder bekannten Meinung widersetzten und Feinde jeder autorisierten Regierungsgewalt seien; sie hatten mit eigenen Augen Ausschreitungen gesehen, die solche Anschuldigungen zu rechtfertigen schienen, und was sie aus ihrer eigenen Weisheit dazuzutun wußten, geht aus der Tatsache hervor, daß die Leiber vieler Personen untersucht wurden, in der Erwartung, körperliche Beweise für den Teufelsbund zu entdecken. Aber nach allen Abstrichen ist doch zu fürchten, daß der Tod der Quäker in erster Linie der polemischen Bitterkeit, dieser so ausgeprägten Leidenschaft der menschlichen Natur zuzuschreiben war, die so oft schon furchtbare Schuld in den aufrichtigsten und eifrigsten Verfechtern von Sitte und Religion hervorgerufen hat.

Ein unauslöschlicher Blutfleck ist auf den Händen aller, die zu diesem Akt ihre Zustimmung gaben, aber ein großer Teil der furchtbaren Verantwortung liegt auf jener Person, die damals an der Spitze der Regierung stand. Es war dies ein Mann von engem Geist und dürftiger Bildung, dessen jähe, hitzige Leidenschaft einen kompromißlosen religiösen Fanatismus in bösartiges Feuer verwandelte; um den Tod der beiden Schwärmer herbeizuführen, ließ er seinen Einfluß in einer Weise wirken, die moralisch nicht zu rechtfertigen war; wie überhaupt sein Benehmen den Quäkern gegenüber sich durch brutale Grausamkeit auszeichnete. Die Quäker, deren Rachebedürfnis nicht etwa weniger tief war, weil es untätig blieb, behielten den Mann und seine Handlanger noch lange in ihrem Gedächtnis. Der Historiker der Sekte behauptet, daß durch Gottes Zorn das Land rund um die „blutige Stadt" Boston von einem üblen Gifthauch befallen wurde, so daß kein Weizen mehr dort wuchs; und indem er sich gleichsam hinter die Gräber der alten Widersacher stellt, beschreibt er triumphierend, wie Gottes Richtspruch sie im Alter und in der Todesstunde heimsuchte. Er erzählt, wie sie eines plötzlichen, eines gewaltsamen Todes starben, oder in geistiger Umnachtung; und nichts kann den bitteren Hohn überbieten, mit dem er das abscheuliche Siechtum, den „Tod durch Verfaulen", des zügellosen und grausamen Gouverneurs beschreibt.

Am Abend jenes Herbsttages, der das Martyrium der beiden Männer aus der Sekte der Quäker gesehen hatte, ging ein puritanischer Siedler aus der Hauptstadt in das unfern gelegene Landstädtchen zurück, in dem er lebte. Die Luft war kühl, der Himmel klar, die lange Dämmerung erhellt von den Strahlen des zunehmenden Mondes, der beinahe schon am Rand des Horizonts stand. Der Wanderer, ein Mann in mittleren Jahren, in einen Umhang aus grauem Fries gehüllt, beschleunigte seinen Schritt, sobald er die Stadtgrenzen hinter sich gebracht hatte, denn zwischen ihm und seinem Haus lag eine düstere Wegstrecke von beinahe vier Meilen. Niedere, strohgedeckte Häuser säumten den Weg in großen Abständen, und da die Gegend erst vor etwa dreißig Jahren besiedelt worden war, bedeckte der ursprüngliche Wald im Verhältnis zum Ackerland noch immer einen großen Teil des Bodens. Der Herbstwind wanderte durch die Äste, wirbelte von allen Bäumen, bis auf die Fichten, die Blätter, und ächzte und stöhnte, als reute ihn selber die Verödung, deren Werkzeug er war. Der Weg hatte ein dichtes Gehölz durchdrungen, das der Stadt zunächst lag, und tauchte eben in eine Lichtung ein, als das Ohr des Wanderers von einem Ton gegrüßt wurde, der noch klagender war als der des Windes. Es klang wie das Klagen von einem, der großen Kummer hat, und schien unter einer hohen, einsamen Tanne hervorzudringen, die mitten auf einem gerodeten, aber noch uneingezäunten und unbebauten Feld stand. Der Puritaner konnte nicht umhin, daran zu denken, daß eben dies der Ort war, der nur wenige Stunden zuvor durch die Hinrichtung der Quäker geschändet worden, deren Leichname man darauf unter dem Baum, wo sie gelitten hatten, hastig verscharrte. Er wehrte sich jedoch gegen die abergläubische Furcht, die ein Merkmal jener Zeit war, und zwang sich, stehenzubleiben und zu lauschen.

„Die Stimme ist, deucht mich, eine menschliche – auch hätte ich keinen Grund, mich zu fürchten, wenn es anders wäre", dachte er und strengte seine Augen an, um im schwachen Mondlicht etwas zu erkennen. „Mich dünkt, ich höre ein Kind weinen; ein Kleines vielleicht, das sich von der Mutter verlaufen und an diesen Ort des Todes verirrt hat. Ich muß herausfinden, was die Ursache ist, sonst läßt mir mein Gewissen keine Ruhe."

Darauf wandte er sich vom Weg ab und schritt, wenn auch ängstlich, über das Feld, das jetzt verlassen dalag, aber die Erde war überall niedergetreten von den tausend Fußspuren jener, die gekommen waren, um das Spektakel des heutigen Tages zu sehen; dann waren sie alle gegangen und hatten die Toten ihrer Einsamkeit überlassen. Endlich erreichte der Wanderer die Tanne, die von der Mitte aufwärts noch ihre lebenden Äste trug, obwohl darunter ein Galgen aufgestellt und andere Vorbereitungen für das Werk des Todes getroffen worden waren. Unter diesem unseligen Baum, von dem man später glaubte, daß mit dem Tau Gift von seinen Zweigen tropfe, saß jemand einsam trauernd um das unschuldig vergossene Blut. Es war ein zarter, nur leicht gekleideter kleiner Junge, das Gesicht in einen kleinen Hügel aus frisch aufgeschütteter, halb gefrorener Erde gedrückt, bitterlich klagend, wenn auch mit unterdrücktem Schluchzen, als wäre sein

Schmerz jederzeit der Strafe für ein Verbrechen gewärtig. Der Puritaner, dessen Nahen der Junge nicht gehört hatte, legte ihm die Hand auf die Schulter und sprach ihn voll Mitleid an.

„Du hast dir ein trübes Logis ausgesucht, mein Junge, kein Wunder, daß du weinst", sagte er. „Trockne deine Augen und sag mir, wo deine Mutter wohnt, und ich verspreche dir, wenn der Weg nicht zu weit ist, lege ich dich noch heute in ihre Arme."

Sofort hörte der Junge zu klagen auf und drehte sein Gesicht dem Fremden entgegen, ein bleiches Gesicht mit großen Augen, das sicherlich nicht älter als sechs Jahre war, aber Leid, Furcht und Not hatten ihm viel von seinem kindlichen Ausdruck genommen. Als der Puritaner die schreckerfüllten Augen des Jungen sah und spürte, wie er unter seiner Hand zitterte, bemühte er sich, ihn zu beruhigen.

„Wenn ich dir Böses tun wollte, mein Kleiner, dann wäre es das einfachste, dich hierzulassen. Wie denn – du fürchtest dich nicht, unter dem Galgen auf einem frischen Grab zu sitzen, und doch zitterst du, wenn ein Freund dich anrührt? Nimm dir ein Herz, mein Kind, und sag mir, wie du heißt und wo dein Haus ist!"

„Freund", antwortete der kleine Junge mit süßer, versagender Stimme, „man nennt mich Ilbrahim, und mein Haus ist hier."

Das bleiche, seelenvolle Gesicht, die Augen, die mit dem Mondlicht zu verschmelzen schienen, die liebliche, zarte Stimme und der fremdartige Name, das alles ließ den Puritaner beinahe glauben, daß der Junge wirklich ein Wesen war, das dem Grabe entsprang, auf dem es saß. Doch als er sah, daß die Erscheinung die Prüfung durch ein kurzes inneres Stoßgebet bestand, und sich daran erinnerte, daß der Arm, den er berührt hatte, ihm durchaus wie aus Fleisch und Blut vorgekommen war, suchte er nach einer vernünftigeren Erklärung. „Das arme Kind ist nicht ganz bei Verstand", dachte er,

„doch wahrhaftig, an einem Orte wie diesem können einem solche Worte schon Schrecken einjagen." Daraufhin redete er ihm gut zu, gleichsam auf die Vorstellungen des Jungen eingehend.

„In einer kalten Herbstnacht ist dein Haus aber nicht sehr gemütlich, Ilbrahim, auch fürchte ich, daß dein Essensvorrat knapp ist. Ich bin auf dem Weg zu einem warmen Abendbrot und warmen Bett, und wenn du mit mir kommst, kannst du beides mit mir teilen."

„Ich dank dir, Freund, aber obwohl ich hungrig bin und vor Kälte zittere, wirst du mir dennoch weder Kost noch Quartier geben", erwiderte der Junge in einem ruhigen Ton, den ihn trotz seiner Jugend die Verzweiflung bereits gelehrt hatte. „Mein Vater gehörte zu denen, die von allen gehaßt werden. Hier unter diesem Hügel Erde haben sie ihn gelegt, und hier ist mein Zuhause."

Der Puritaner, der die Hand des kleinen Ilbrahim in die seine genommen hatte, ließ sie fahren, als hätte er ein ekliges Reptil berührt. Aber er hatte ein mitfühlendes Herz, das nicht einmal religiöses Vorurteil zu Stein hatte verwandeln können.

„Verhüte Gott, daß ich dieses Kind hier umkommen lasse, und wenn es auch von der verfluchten Sekte kommt", sagte er zu sich selber. „Stammen wir denn nicht alle aus einem bösen Samen? Wandeln wir denn nicht alle in Finsternis, bis das Licht über uns leuchtet? Er soll nicht Schaden nehmen, weder an seinem Körper, noch – wenn Gebet und Unterweisung ihn zum Guten führen – an seiner Seele." Dann redete er Ilbrahim, der sein Gesicht wieder in der kalten Erde des Grabes verborgen hatte, laut und freundlich an. „War jede Tür in diesem Land vor dir verschlossen, mein Kind, daß du an diesen unseligen Ort wandern mußtest?"

„Sie haben mich aus dem Gefängnis getrieben, als sie meinen Vater dorthin brachten", sagte der Junge, „und ich stand in der Ferne und sah die Menge von Menschen, und als sie alle fort waren, kam ich hierher und fand nur mehr dieses Grab. Ich wußte, daß mein Vater hier schlief, und so sagte ich, dies soll mein Zuhause sein."

„Nein, Kind, nein; nicht, solange ich ein Dach über dem Kopf habe und einen Bissen Brot, um ihn mit dir zu teilen!" rief der Puritaner, dessen Mitgefühl nun voll erwacht war. „Steh auf und komm mit mir, und hab keine Angst mehr."

Der Junge schluchzte wieder heftig auf und drückte sich an den Erdhügel, als wäre ihm das kalte Herz darunter wärmer als alle, die in den Brüsten der Lebenden schlugen. Aber der Wanderer fuhr fort, gütig auf ihn einzureden, und der Junge schien nach und nach etwas Zutrauen zu fassen und stand endlich auf. Aber seine zarten Glieder schwankten vor Schwäche, sein kleiner Kopf drehte sich, und er lehnte sich an den Baum des Todes, um nicht umzusinken.

„Mein armes Kind, bist du so schwach?" sagte der Puritaner. „Wann hast du zum letztenmal gegessen?"

„Im Gefängnis habe ich Brot und Wasser mit meinem Vater geteilt", sagte Ilbrahim, „aber gestern und heute brachten sie ihm nichts mehr, er hätte genug gegessen, um ans Ziel seiner Reise zu kommen, sagten sie. Mach dir keine Sorgen um meinen Hunger, guter Freund, denn oft genug schon hatte ich nichts zu essen."

Der Wanderer nahm das Kind in seine Arme und wickelte es in seinen Umhang, während sein Herz sich in Scham und Zorn gegen die unsinnige Grausamkeit der Folterknechte empörte. Aus der wachgerüttelten Wärme seiner Empfindung heraus faßte er den Entschluß, dieses kleine, schutzlose Wesen, das der Himmel in seine Hände gelegt hatte, nicht zu verlassen, was immer daraus auch für ihn entstehen mochte. Diesen Entschluß im Herzen, verließ er das verdammte Feld und nahm den Heimweg, den die Klage des Jungen unterbrochen hatte, wieder auf. Seine leichte, reglose Bürde hemmte ihn kaum am Vorwärtskommen, und bald erblickte er den Widerschein des Feuers in den Fenstern der Hütte, die er, in ferner Heimat geboren, hier in der westlichen Wildnis gebaut hatte. Rund um das Haus lag ein beträchtlicher Flecken Ackerland; die Hütte selber stand in der Mulde eines waldbedeckten Hügels, wohin sie aus Schutzbedürfnis gekrochen zu sein schien.

„Blick auf, mein Kind", sagte der Puritaner zu Ilbrahim, dessen matter Kopf auf seine Schulter gesunken war, „wir sind zu Hause."

Beim Wort „zu Hause" lief ein Zittern durch den Leib des Kindes, aber es sagte nichts. Nach wenigen Augenblicken hatten sie die Tür der Hütte erreicht, an die ihr Besitzer jetzt klopfte; denn in dieser ersten Zeit, als die Wilden sich noch überall zwischen den Siedlern herumtrieben, waren Schloß und Riegel unerläßlich für die Sicherheit einer Behausung. Sein Klopfen rief einen Knecht herbei, ein stumpfes, grob gewandetes Stück Menschheit, der, nachdem er sich vergewissert hatte, daß tatsächlich der Herr es war, der geklopft hatte, die Tür öffnete und ihm mit einer brennenden Kiefernastfackel hereinleuchtete. Weiter hinten im Gang schien die rote Glut auf eine Frau von mütterlicher Erscheinung, aber keine Schar von Kindern sprang herbei, um den heimkehrenden Vater zu begrüßen. Kaum war der Puritaner ins Haus getreten, schlug er den Umhang zur Seite und zeigte der Frau Ilbrahims Gesicht.

„Dorothy, hier ist ein kleiner Verstoßener, den die Vorsehung in meine Hände gelegt hat", sagte er. „Sei gut zu ihm, so, als wäre er einer von den Lieben, die uns verlassen haben."

Die Augen der Frau füllten sich mit Tränen; sie fragte weder, wer der kleine Ilbrahim war, noch woher er kam, sondern küßte seine Wange und führte ihn in das Haus. Das Wohnzimmer, das zugleich die Küche war, wurde durch ein freundliches Feuer auf dem großen, steinumlegten Herd erleuchtet, und eine verwirrende Fülle von Gegenständen trat in dem flackernden Licht hervor und wieder zurück. Das waren die Hausgeräte, die vielen hölzernen Schneidebretter, der eine große Zinnkrug sowie der Kupferkessel, dessen innere Oberfläche glitzerte wie Gold. Die leichteren Geräte des Ackerbaus, so der Spaten, die Sichel und die Sense, hingen neben der Tür, auch die Axt, vor der tausend Bäume sich gebeugt hatten. An einer anderen Wand sah man die Stahlhaube und die eiserne Brustplatte, das Schwert und die Luntenmuskete. In einer Ecke stand der kleine Stuhl, Andenken an eine Kinderschar, deren Platz am Herdfeuer für immer leerstand. Und auf einem Tisch nahe dem Fenster fand sich unter all den Hinweisen auf Arbeit, Krieg und Trauer die Heilige Schrift, das Buch des Lebens, Emblem der segensreichen Tröstungen, die es jenen darbietet, die sie inmitten der Mühsal, des Kampfes und der Traurigkeit dieser Welt zu empfangen wissen. Dorothy beeilte sich, den kleinen Stuhl aus der Ecke heranzuschaffen; sie stellte ihn auf die Herdfläche und setzte den armen Waisen darauf, nicht ohne ihm zärtliche Worte zuzuflüstern, die zu finden sie nur die Erfahrung einer Mutter gelehrt haben konnte. Endlich, als der Knabe furchtsam begonnen hatte, von seinem armen Brot und der Milch zu kosten, zog sie ihren Mann beiseite.

„Was ist das für ein blasser, großäugiger Junge, Tobias?" fragte sie. „Ist es einer von denen, die das Volk der Wildnis einer christlichen Mutter entrissen hat?"

„Nein, Dorothy, dieses arme Kind war kein Gefangener der Wildnis", erwiderte er. „Der wilde Heide hätte seinen spärlichen Bissen mit ihm geteilt und ihm aus seinem birkenen Becher zu trinken gegeben; Christenmenschen waren es leider, die ihn in die Wildnis getrieben haben, daß er dort umkomme."

Dann erzählte er ihr, wie er den Knaben unter dem Galgen gefunden hatte, auf seines Vaters Grab; und wie sein Herz ihn getrieben hatte – es war wie der Anruf einer inneren Stimme –, den kleinen Ausgestoßenen mit heim zu nehmen und gut zu ihm zu sein. Er gestand ihr seinen festen Entschluß, ihn zu nähren und zu kleiden, als wäre er sein eigener

Sohn, und ihm eine religiöse Unterweisung zu geben, um die gefährlichen Irrtümer auszulöschen, die bisher in seinen kindlichen Geist geflossen waren.

Dorothys Zärtlichkeit kannte noch weniger Zurückhaltung als die ihres Mannes, und sie stimmte allem zu, was er bisher beschlossen und getan hatte.

Sie beugte sich nahe zu Ibrahim, der nach Beendigung seiner Mahlzeit dasaß mit Tränen, die noch in seinen Augenwimpern hingen, aber doch mit einer wundersamen und unkindlichen Gefaßtheit auf seinem kleinen Gesicht.

„Liebes Kind, hast du eine Mutter?" fragte sie.

Tränen strömten aus seinem vollen Herzen, als er sich zu antworten bemühte; aber Dorothy verstand endlich, daß er eine Mutter hatte, die, wie alle anderen ihrer Sekte, verfolgt und auf Wanderschaft war. Sie war erst vor kurzem aus dem Gefängnis geholt und in die Wildnis getrieben worden, um dort entweder zu verhungern oder von wilden Tieren zerrissen zu werden. Das war keine ungewöhnliche Methode, um die Quäker loszuwerden, und diese wiesen gern und mit Stolz darauf hin, daß die Bewohner der Wildnis sie gastfreundlicher behandelten als die Bewohner der zivilisierten Welt.

„Sei guten Muts, mein Kind, es soll dir nicht an einer liebenden Mutter fehlen", sagte Dorothy, als sie soviel begriffen hatte. „Trockne deine Tränen, Ilbrahim, und sei mein Kind, so wie ich deine Mutter bin."

Die gute Frau bereitete das kleine Bett, das ihre eigenen Kinder eins nach dem anderen für eine andere Ruhestätte verlassen hatten. Aber bevor Ilbrahim zu Bett ging, bestand er darauf, niederzuknien, und als Dorothy seinem einfachen, innigen Gebet lauschte, begriff sie nicht, wie die Eltern, die es ihn gelehrt hatten, des Todes würdig erachtet werden konnten. Als der Junge eingeschlafen war, beugte sie sich über sein bleiches, seelenvolles Gesicht, drückte einen Kuß auf die weiße Stirn, zog ihm die Bettdecke bis ans Kinn und ging fort, eine nachdenkliche Freude im Herzen.

Tobias Pearson hatte nicht zu den ersten Einwanderern aus dem alten Mutterlande gehört. Während der ersten Jahre des Bürgerkriegs war er in England geblieben und hatte, als Kornett der Dragoner unter Cromwell, auch daran teilgenommen. Aber als die ehrgeizigen Pläne seines Führers ans Licht kamen, nahm er Abschied von der Armee des Parlaments und flüchtete aus einem Kampf, der nicht mehr heilig war, zu den Brüdern im Glauben in der Kolonie von Massachusetts. Auch weltlichere Motive hatten vielleicht einen gewissen Einfluß auf seine Übersiedlung; denn Neu-England bot nicht nur unzufriedenen Gläubigen, sondern auch Männern von bescheidenem Einkommen bessere Möglichkeiten, und Pearson hatte es bisher in England nicht leicht gefunden, für eine Frau und eine ständig wachsende Kinderschar zu sorgen. Dieser angeblichen Unreinheit seiner Motive waren die Bigotteren unter den Puritanern geneigt, den Tod aller seiner Kinder, um deren irdisches Wohlergehen der Vater vielleicht allzu besorgt gewesen war, zuzuschreiben. Blühend wie Rosen, hatten sie das Land, in dem sie geboren waren, verlassen, und wie Rosen waren sie in fremder Erde zugrunde gegangen. Und jene Deuter der Wege der Vorsehung, die derart über ihren Bruder zu Gericht saßen und seine häuslichen Leiden auf seine Sünde zurückführten, waren keineswegs nachsichtiger, als sie sahen, wie er und Dorothy die Leere in ihrem Herzen füllen wollten, indem sie ein Kind der verfluchten Sekte zu sich nahmen. Sie versäumten auch nicht, Tobias ihre Mißbilligung auszudrücken; dieser aber wies als Antwort nur auf den stillen, lieblichen Knaben, dessen Erscheinung und Betragen in der Tat deutlicher zu seinen Gunsten sprachen, als alle Worte es vermocht hätten. Aber selbst seine Schönheit und Sanftmut zeugten, in den Augen der meisten, letzten Endes gegen ihn; denn nachdem sich die äußerste Schicht ihrer eisernen Herzen zuerst ein wenig erweicht, dann aber wieder verhärtet hatte, behaupteten die Frömmler nur um so nachdrücklicher, daß es nicht mit natürlichen Dingen zugehen könne, wenn etwas sie gerührt habe.

Ihre Abneigung gegen das arme Kind verstärkte sich noch, als mehrere theologische Diskussionen, in denen es von Irrtümern seiner Sekte überzeugt werden sollte, zu keinem rechten Erfolg führten. Zwar war Ilbrahim kein geschickter Disputierer; aber die Empfindung seiner Religion war stark in ihm wie ein Instinkt, und weder gute Worte noch Gewalt brachten ihn dazu, von dem Glauben abzulassen, für den sein Vater gestorben war. Die Folgen dieser Hartnäckigkeit spürten die Beschützer des Kindes bald in fast ebenso großem Maße, als sie in den kalten Blicken vieler, die sie als Freunde zu schätzen vermeint hatten, eine besonders bittere Art der Verfolgung kennenlernten. Das gewöhnliche Volk zeigte seine Ansichten offener. Pearson besaß einiges Ansehen, war er doch Abgeordneter zum General Court und angesehener Leutnant der Bürgermiliz, aber schon eine Woche nach Ilbrahims Adoption wurde er ausgebuht und ausgezischt. Und als er einmal allein durch ein abgelegenes Gehölz ging, hörte er einen unsichtbaren Sprecher mit lauter Stimme rufen: „Was soll mit dem Abtrünnigen geschehen? Siehe! Die Geißel ist schon für ihn geknüpft, die Peitsche mit den neun Schwänzen und jeder Schwanz mit drei Knoten!" Diese Schmähungen erregten nicht nur Pearsons augenblicklichen Zorn, sie sanken tiefer in sein Herz und wirkten dort, unmerklich und doch machtvoll, auf ein Ziel hin, das nicht einmal seine geheimsten Gedanken sich zuzuflüstern wagten.

Am zweiten Sabbat, nachdem sie Ilbrahim in ihre Familie aufgenommen hatten, hielten Pearson und seine Frau die Zeit für gekommen, ihn zum allgemeinen Gottesdienst mitzunehmen. Sie hatten erwartet, daß der Knabe sich dagegen auflehnen werde, aber er bereitete sich nur schweigend darauf vor und erschien zur vereinbarten Zeit in dem neuen Trauergewand, das Dorothy für ihn gearbeitet hatte. Da die Pfarre damals, und noch viele Jahre danach, keine Glocke besaß, war das Schlagen der Trommel das Signal für den Beginn der religiösen Übungen; wobei zu dieser Merkwürdigkeit zu sagen wäre, daß ein Raum des Kirchengebäudes als Pulvermagazin und Waffenkammer diente. Beim ersten Ton dieses militärischen Rufs an den Ort stiller und heiliger Gedanken machten Tobias und Dorothy sich auf den Weg, jeder eine Hand des kleinen Ilbrahim in der seinen, wie Eltern, die durch das Kind ihrer Liebe verbunden sind. Auf ihrem Weg durch die entlaubten Wälder wurden sie von mehreren Leuten ihrer Bekanntschaft überholt – und gemieden, alle wichen ihnen auf die andere Seite des Weges hin aus; aber eine strengere Prüfung ihrer Standhaftigkeit wartete auf sie, als sie den Hügel hinabstiegen und sich dem aus Fichtenholz erbauten, schmucklosen Haus des Gebets näherten. Vor dem Eingang, von wo der Trommler noch immer seine dröhnende Einladung aussandte, hatte sich eine mächtige Phalanx versammelt, darunter einige der ältesten Mitglieder der Gemeinde, mehrere von den älteren, und fast alle jüngeren Männer. Pearson fiel es nicht leicht, ihren vereinten abweisenden Blicken standzuhalten, aber Dortohy, deren Geist aus anderem Holze geschnitzt war, zog nur den Knaben etwas enger an sich, wankte aber nicht in ihrem Schritt. Als sie durch die Tür traten, hörten sie das mißbilligende Gemurmel der Versammlung, und als die giftigen Stimmen der kleinen Kinder an Ilbrahims Ohr drangen, brach er in Tränen aus.

Das Innere des Andachtshauses war roh und kunstlos. Die niedrige Decke, die ungekalkten Wände, die nackte Täfelung, die Kanzel, bar jeder Verkleidung, bot keinen Anreiz zur Andacht, die ohne solch äußere Hilfen oft unentwickelt im Herzen schlummert. Der Boden des Gebäudes war von einfachen, langen, kissenlosen Bänken besetzt – an Stelle von Kirchengestühl –, und der Mittelgang bildete eine Grenze zwischen den Geschlechtern, die unpassierbar war, ausgenommen für Kinder unter einem bestimmten Alter.

Auf der einen Seite des Hauses saßen die Frauen, durchweg in tiefdunkler und wenig anziehender Kleidung, obwohl es ein paar hohe Kopfbekleidungen gab, auf die der „Flickschuster von Agawam" seine leeren Wortwitze gehäuft hätte. Nirgends sah man einen Schleier, und man muß zugeben, daß die Novembersonne, die hell durch die Fenster schien, auf manches gesetzte, aber hübsche Gesicht fiel, das durch keine Barbarei der Kunst zu verderben war. Der männliche Teil des Hauses bot etwas mehr Abwechslung als der der Frauen. Gewiß waren die meisten Männer in schwarze oder dunkelgraue Wollstoffe gekleidet und trugen alle den unvorteilhaften kurzen, die Ohren freilassenden Haarschnitt. Aber wenigstens die militärischen Vorgesetzten, die sich in umborteten Lederröcken präsentierten, bildeten zum Rest der Versammlung einen auffallenden Gegensatz und zogen manche jugendlichen Gedanken an, die anderweitig hätten beschäftigt sein sollen.

Pearson und Dorothy trennten sich am Eingang des Bethauses, und da Ilbrahim, seinem Alter nach, noch zu den Kleinen zählte, konnte er bei Dorothy bleiben. Die runzligen alten Weiber hüllten sich in ihre verschossenen Umhänge, als er an ihnen vorbeiging; sogar die sanft-gesichtigen Mädchen schienen sich vor Ansteckung zu scheuen; und hier und dort stand ein finsterer alter Mann auf und starrte mit einem abstoßenden, unheiligen Gesichtsausdruck den sanften Knaben an, als wäre das Gotteshaus durch seine Gegenwart geschändet. Er war ein süßes Himmelskind, das sich von zu Hause verirrt hatte, und alle Bewohner dieser elenden Welt verschlossen ihre unreinen Herzen gegen ihn, rissen ihre von Schmutz besudelten Gewänder vor seiner Berührung zurück und sagten: „Wir sind besser als du!"

Neben seiner Adoptivmutter, ihre Hand noch immer fest in der seinen haltend, saß Ilbrahim ernsthaft und ordentlich da, wie es einer erwachsenen Person voll Einsicht und Takt im Tempel einer Religion wohl anstehen würde, die zwar nicht die eigene ist, der man aber gleichwohl ehrfürchtig begegnet. Die Andacht hatte noch nicht begonnen, da wurde das Interesse des Knaben von einem augenscheinlich belanglosen Vorfall angezogen. Das Gesicht ganz von einer Kapuze verdeckt, einen Umhang um sich geschlagen, ging eine weibliche Gestalt langsam den Mittelgang hinauf und nahm in der ersten Reihe Platz. Ilbrahims blasses Gesicht wechselte die Farbe, seine Nerven begannen zu beben, er konnte sein Auge nicht mehr von der verhüllten Gestalt wenden.

Als das einleitende Gebet und Kirchenlied vorbei waren, stand der Geistliche auf, drehte die Sanduhr neben der großen Bibel um und begann seine Predigt. Der Mann war weit vorgerückt in Jahren, die grauen Haare über seinem bleichen, hageren Gesicht bedeckte ein schwarzes Samtkäppchen. In seiner Jugend hatte er, durch Erzbischof Laud, am eigenen Leibe erfahren, was es bedeutet, ein Verfolgter zu sein, und er war nicht geneigt, die Lektion zu vergessen, gegen die er sich damals aufgelehnt hatte. Sich dem oft diskutierten Gegenstand der Quäker zuwendend, gab er seinen Zuhörern eine Geschichte dieser Sekte, beschrieb ihre Thesen, die zum überwiegenden Teil aus Irrtümern bestanden; und wo ein Körnchen Wahrheit war, da hatte das Vorurteil sie bis zur Unkenntlichkeit verzerrt. Darauf wandte er sich den jüngst in der Provinz beschlossenen Maßnahmen zu und warnte die Schwächeren unter seinen Zuhörern, deren gerechte Härte, zu denen gottesfürchtige Magistrate sich schließlich gezwungen sahen, nicht in Zweifel zu ziehen. Er redete von den Gefahren des Mitleids, eine in manchen Fällen zwar lobenswerte christliche Tugend, die jedoch gegenüber dieser gefährlichen Sekte nicht am Platze war. Er bemerkte, daß ihre teuflische Verstocktheit im Irrtum derart war, daß selbst die kleinen Kinder, ja die Säuglinge an der Mutterbrust schon hartnäckige, verzweifelte Häretiker waren. Und ohne einen besonderen Auftrag des Himmels dürfte kein Mann, so behauptete er, einen Versuch unternehmen, sie zu bekehren, auf daß er nicht, während er ihnen die Hand zur Errettung aus dem Abgrund hinstrecke, selbst in dessen tiefste Tiefen gezogen werde.

In diese Rede war viel Gelehrsamkeit eingearbeitet worden, sowohl heilige wie profane, die jedoch nicht in ihre Originalbestandteile zerlegt worden war, sondern in kurzen Zitaten kam, so als ob der Prediger nicht imstande gewesen wäre, seinen eigenen Geist mit dem des Autors zu verschmelzen. Sein eigener Stil war meist schlicht, bis zur Affektation, auch gab es viele Beispiele davon, wie ein gedankenträger Mann sich bemüht, witzig zu sein, was wirkte wie kleine Kräuselungen auf der Oberfläche eines stehenden Tümpels.

Der Sand der zweiten Stunde war zum größten Teil im unteren Teil des Glases, als die Predigt endlich zu Ende ging. Beifälliges Gemurmel folgte, der Geistliche sagte ein Kirchenlied an und nahm dann, sehr mit sich selbst zufrieden, seinen Platz ein, auf den Gesichtern seiner Gemeinde nach den Wirkungen seiner Beredsamkeit suchend. Aber während aus allen Ecken des Hauses die Stimmen sich erhoben und zum Singen einstimmten, ereignete sich ein Vorfall, der, wenn auch gerade zu dieser Zeit in der Provinz nicht völlig ungewöhnlich, in dieser Pfarre doch ohne Beispiel war.

Die verhüllte weibliche Gestalt, die bis dahin reglos in der ersten Reihe der Zuhörer gesessen hatte, erhob sich jetzt und ging mit langsamem, gemessenem, sicherem Schritt die Treppe zur Kanzel hinauf. Die unsicher schwankenden Töne, mit denen die Gemeinde das Lied begonnen hatte, fielen wieder in sich zusammen, und der Geistliche saß in sprachlosem, ja fast schreckhaftem Erstaunen da, während die Frau die Tür aufmachte und sich vor das heilige Pult stellte, von wo der Geistliche eben seinen Fluch gedonnert hatte. Nachdem sie so einen Platz eingenommen hatte, auf den ihr Geschlecht keinen Anspruch erheben kann, ließ sie Kapuze und Umhang fallen und erschien in höchst sonderbarer Aufmachung: ein formloses Kleid aus Sackleinwand war um die Mitte mit einer verknoteten Kordel gegürtet; das kohlschwarze Haar, das ihr auf die Schultern fiel, war voll schmutziger Strähnen von der Asche, die sie sich aufs Haupt gestreut hatte. Die dunklen, kräftigen Augenbrauen hoben die tödliche Blässe eines Gesichts, dessen Züge, ausgemergelt von Hunger, in Schwärmerei und außergewöhnlicher Sorge verzerrt, keine Spuren früherer Schönheit zeigten. Ernst blickte die Gestalt hinunter auf die Gemeinde, die keinen Laut von sich gab und keine Bewegung, bis auf ein leichtes Schaudern, das jeder an seinem Nachbarn bemerkte, an sich selber aber nicht. Endlich, als der Geist über sie kam, begann sie zu sprechen, leise zuerst, manchmal undeutlich murmelnd. Ihre Worte zeugten davon, daß sich Vernunft und Einbildung in ihrem Geist hoffnungslos vermischt hatten; es war eine unklare, unverständliche Rhapsodie, die jedoch eine eigene Atmosphäre um die Seele des Zuhörers wob und seine Gefühle durch etwas anrührte, was nichts mit den Worten zu tun hatte. Während sie fortfuhr, konnte man manchmal wunderschöne, schattenhafte Bilder sehen, wie glitzernde Juwelen, die in einem trüben Flusse schwammen; oder manchmal hob sich eine starke, seltsam gestaltete Idee aus dem Schwarm ihrer Worte, die den Verstand oder das Herz unmittelbar ergriffen. Aber der Strom ihrer unirdischen Beredsamkeit führte sie bald zu den Verfolgungen ihrer Sekte, und von da war es nur ein kleiner Schritt zu ihrem eigenen Leid. Sie war von Natur mit starken Leidenschaften begabt, und Haß und Rachsucht hüllten sich jetzt in das Gewand der Frömmigkeit; der Charakter ihrer Rede änderte sich, ihre Bilder wurden klarer, aber auch wilder, ihre Anklagen bekamen eine fast höllische Bitterkeit.

„Der Gouverneur und seine Mächtigen", sagte sie, „haben unter sich beratschlagt und gesagt: ‚Was sollen wir tun mit diesem Volke – dem Volk, das in unser Land gekommen ist, unserer Niedertracht die Schamröte in die Wangen zu treiben?' Und siehe! Der Teufel tritt in die Ratskammer als ein Mann von kleiner Gestalt und düsterem Gewand, mit einem finsteren, verzerrten Gesicht und hellen, zu Boden gesenkten

Augen. Und er steht auf unter den Mächtigen, er gehet auf und nieder und flüstert mit jedem, und jeder leiht ihm sein Ohr, denn sein Wort ist: ‚Tötet, tötet!' Ich aber sage euch, wehe über die, die töten! Wehe über sie, die das Blut der Heiligen vergießen! Wehe über sie, die den Mann gemordet haben und das Kind ausgestoßen, den sanften Knaben, daß er heimatlos umherirre, hungrig und frierend, bis er stirbt; und die die Mutter aus grausamer Barmherzigkeit am Leben gelassen! Wehe über sie, solange sie leben, verflucht sei Vergnügen und Freude ihrer Herzen! Wehe über sie in ihrer Todesstunde, ob sie schnell kommt mit Blut und Gewalt oder nach langem, zehrendem Siechtum! Wehe über sie in dem finsteren Haus, in der Fäulnis des Grabes, wenn ihre Kindeskinder die Asche ihrer Vorväter schmähen! Wehe, wehe, wehe, wenn sie vor dem Richterstuhl stehen, wenn alle Verfolgten und Gemordeten aus diesem blutigen Land und der Vater und die Mutter und das Kind auf sie warten an jenem Tag, dem sie nicht entgehen! Samen des Glaubens, Samen des Glaubens, ihr, deren Herzen von einer Macht bewegt sind, die ihr noch nicht kennt, erhebet euch, stehet auf, waschet eure Hände vom Blut dieser Unschuldigen! Erhebet eure Stimmen, ihr Auserwählten, rufet laut, ruft mit mir Wehe und Richtspruch auf sie herab!"

Nachdem sie so ihrer Bosheit Luft gemacht hatte, die sie für Inspiration hielt, verstummte die Sprecherin, worauf einige Frauen aus der Gemeinde hysterische Schreie ausstießen; aber ganz allgemein hatte sie die Gefühle ihrer Zuhörer nicht in den Strom ihrer eigenen fortreißen können. Sie waren wie betäubt, wie mitten in einem Wildbach gestrandet, der zwar ihr Ohr durch sein Brüllen betäubte, dessen Heftigkeit aber nicht an ihr Herz rührte. Der Geistliche, der das Weib bis dahin nur mit Anwendung körperlicher Gewalt von der Kanzel hätte vertreiben können, wandte sich jetzt im Tone gerechter Empörung und legitimer Autorität an sie und sagte: „Weib, hebe dich hinweg von dem heiligen Ort, den du mit deiner Gegenwart besudelst. Mußt du denn ins Haus des Herrn kommen, um hier die Schlechtigkeit deines Herzens und die Eingebungen des Teufels auszugießen? Hebe dich hinweg, und vergiß nicht, daß das Todesurteil über dich verhängt ist. Und hingerichtet sollst du werden, und wäre es auch nur für das, was du heute hier getan hast!"

„Ich gehe, Freund, ich gehe, denn die Stimme hat gesagt, was sie sagen mußte", antwortete sie in einem niedergeschlagenen, ja sanften Ton. „Ich habe meine Mission an dir und deinem Volke erfüllt. Belohnet mich mit Stockschlägen, Gefängnis oder Tod, wie es euch gestattet wird."

Die Schwäche der erschöpften Leidenschaft ließ sie stolpern, als sie die Stufen zur Kanzel herabstieg. Die Gemeinde unten in der Kirche rutschte mittlerweile unruhig hin und her und warf hastige Blicke auf die Eingedrungene. Viele erkannten sie als die Frau, die den Gouverneur mit unflätigen Worten beschimpft hatte, als er unter ihrem Fenster im Gefängnis vorübergegangen war; sie wußten auch, daß sie zum Tod verurteilt und nur durch eine zwangsweise Verbannung in die Wildnis am Leben geblieben war. Aber das neuerliche Verbrechen, mit dem sie ihr Schicksal herausgefordert hatte, schien jede weitere Nachsicht unmöglich zu machen; und ein Herr in militärischer Kleidung, gefolgt von einem untersetzten Mann von niedrigerem Rang, begab sich zum Ausgang des Gebetshauses und wartete dort auf ihr Kommen. Kaum hatten ihre Füße jedoch den Boden berührt, als sich ein weiterer unerwarteter Vorfall ereignete. In diesem Augenblick höchster Gefahr, als in aller Augen ihr Todesurteil zu lesen war, drängte sich ein schüchterner kleiner Junge nach vorn und schlang die Arme um seine Mutter.

„Hier bin ich, Mutter, ich bin es, und ich werde mit dir ins Gefängnis gehen", rief er.

Ungläubig, ja fast erschreckt sah sie ihn an, denn sie wußte, daß der Knabe in die Wildnis getrieben worden war, damit er dort umkomme, und sie hatte nicht zu hoffen gewagt, sein Gesicht jemals wiederzusehen. Vielleicht fürchtete sie auch, daß er nur wieder eine neue glückliche Vision war, mit denen ihre erregte Einbildungskraft sie in der Einsamkeit der Wüste oder des Gefängnisses oft genarrt hatte. Aber als sie seine warme Hand in der ihren spürte und seine Äußerungen kindlicher Liebe vernahm, da begann sie, daran zu glauben, daß sie noch immer eine Mutter war.

„Gesegnet bist du, mein Sohn", schluchzte sie. „Mein Herz war verdorrt, gestorben um dich und deinen Vater; aber jetzt schlägt es, wie in dem Augenblick, als ich dich zuerst an meinen Busen drückte."

Sie kniete nieder und küßte ihn wieder und wieder, und ihre Freude, die keine Worte fand, drückte sich in Gestammel aus, wie aufsteigende Blasen an der Oberfläche eines tiefen Brunnens. Die Schmerzen der vergangenen Jahre und die noch dunklere, drohende Gefahr des Augenblicks vermochten es nicht, den Glanz dieses flüchtigen Glücks zu trüben. Doch bald sahen die Zuschauer, wie unter dem zurückkehrenden Bewußtsein ihrer schrecklichen Lage der Ausdruck ihres Gesichts sich änderte und Schmerz den Quell der Tränen speiste, den die Freude geschlagen hatte. Nach den Worten zu urteilen, die sie murmelte, hätte man meinen können, daß die Hingabe an ihre natürliche Liebe ihr ein augenblickliches Gefühl ihrer Irrtümer gab, ihr die Erkenntnis brachte, wie weit sie, indem sie dem Diktat eines wilden Fanatismus folgte, vom Pfad ihrer Pflicht abgewichen war.

„In einer schmerzlichen Stunde bist du zu mir zurückgekehrt, mein armer Junge", sagte sie, „denn der Weg deiner Mutter ist immer dunkler geworden, bis jetzt der Tod das Ende sein wird. Mein Sohn, ich habe dich in meinen Armen getragen, als meine Beine vor Schwäche versagten, ich habe dich mit dem Essen genährt, nach dem mich ohnmächtig hungerte; und doch war ich dir eine schlechte Mutter, und jetzt hinterlasse ich dir nichts als Weh und Scham. Suchend wirst du durch die Welt gehen und alle Herzen gegen dich verschlossen finden und alle deine liebevollen Empfindungen in Bitterkeit verwandeln um meinetwillen. Mein Kind, mein Kind, wie mancher Schlag wird deinen sanften Geist heimsuchen, und ich, nur ich bin schuld daran!"

Sie verbarg ihr Gesicht an Ilbrahims Kopf, und ihr langes, kohlschwarzes Haar, von der Asche der Trauer verfärbt, hüllte ihn wie ein Schleier ein. Ein tiefes, unterbrochenes Stöhnen war die Stimme aus der Todesangst ihres Herzens, und es verfehlte nicht, das Mitgefühl vieler zu erregen, die ihre unfreiwillige Tugend für Sünde hielten. Auf der Frauenseite des Hauses klang Schluchzen auf, und jeder Mann, der selber Vater war, fuhr sich mit der Hand über die Augen. Tobias Pearson war unruhig und aufgeregt, aber ein Gefühl, das wie das Bewußtsein einer Schuld war, hielt ihn zurück, so daß er nicht aufstehen und sich als der Beschützer des Knaben anbieten konnte. Aber Dorothy hatte den Gesichtsausdruck ihres Gatten beobachtet. Ihr Geist war frei von jenem Einfluß, der sich in dem seinen auszubreiten begann, und so näherte sie sich der Quäkerfrau und redete sie vor den Ohren der ganzen Gemeinde an.

„Fremde Frau, vertraue mir diesen Knaben an, und ich will seine Mutter sein", sagte sie und nahm Ilbrahims Hand. „Die Vorsehung hat meinen Mann sichtbarlich dazu auserwählt, ihn zu beschützen, seit vielen Tagen hat er an unserem Tisch gegessen und unter unserem Dach geschlafen, bis unsere Herzen ihm zugewachsen sind. Laß dies zarte Kind bei uns und mach dir keine Sorgen um sein Wohlergehen."

Die Quäkerin stand auf und zog den Knaben enger an sich, während sie Dorothy ernst ins Gesicht blickte. Ihre sanften, ein wenig traurigen Züge und ihre saubere, hausmütterliche Kleidung paßten gut zusammen und waren wie ein Vers, vor dem Kaminfeuer zu lesen. Ihre ganze Erscheinung tat kund, daß sie, soweit ein Sterblicher das sein konnte, vor Gott und den Menschen schuldlos war; während die Schwärmerin in ihrem Gewand aus Sackleinen und ihrem Gürtel aus verknoteter

Kordel ebenso offenkundig ihre Pflichten im gegenwärtigen und zukünftigen Leben verletzt hatte, indem sie ihre Aufmerksamkeit allein dem letzteren zuwandte. Die beiden Frauen, wie sie hier standen und jede eine der Hände Ilbrahims hielt, bildeten eine sinnfällige Allegorie: vernunftvolle Frömmigkeit und ungezügelter Fanatismus, um das Reich eines jungen Herzens ringend.

„Du gehörst nicht zu uns", sagte die Quäkerin traurig.

„Nein, wir gehören nicht zu euch", erwiderte Dorothy sanft, „aber wir sind Christen und blicken zum gleichen Himmel auf wie du. Zweifle nicht daran, daß dein Sohn dich dort finden wird, wenn Segen über der liebevollen, gottesfürchtigen Hand liegt, die wir ihm reichen wollen. Dorthin auch, so hoffe ich, sind meine Kleinen mir vorausgegangen, denn auch ich war eine Mutter – bin es jetzt aber nicht mehr", fügte sie mit versagender Stimme hinzu, „und dein Sohn soll meine ganze Liebe haben."

„Aber wirst du ihn den Pfad führen, den seine Eltern gegangen sind?" fragte die Quäkerin. „Kannst du ihn den lichtvollen Glauben lehren, für den sein Vater gestorben ist und für den ich, auch ich, bald als unwürdige Märtyrerin sterben soll? Der Knabe ist mit Blut getauft worden; wirst du das Zeichen auf seiner Stirn rot und frisch erhalten?"

„Ich will dich nicht hintergehen", antwortete Dorothy. „Wenn dein Kind unser Kind werden soll, dann müssen wir ihn in jenem Glauben aufziehen, den der Himmel uns gegeben hat; wir müssen die Gebete unseres Glaubens für ihn beten; müssen zu ihm sein, wie unser Gewissen es uns gebietet, und nicht das deine. Wollten wir anders handeln, so hieße das dein Vertrauen enttäuschen, selbst wenn wir damit deine Wünsche erfüllten."

Bekümmert blickte die Mutter auf ihren Knaben hinunter, dann wandte sie ihre Blicke zum Himmel empor; sie schien innerlich zu beten, und es war offenbar, daß ihre Seele mit sich kämpfte.

„Freundin", sagte sie endlich zu Dorothy, „ich zweifle nicht, daß mein Sohn in deinen Händen alle irdischen Güter empfangen wird. Ja, und ich glaube, daß selbst deine unvollkommene Erkenntnis ihn in eine bessere Welt führen wird; denn gewißlich bist du auf dem Wege dorthin. Aber du hast von einem Mann gesprochen. Steht er dort unter dieser Menge? Laß ihn hervortreten; denn ich muß wissen, wem ich dieses kostbare Pfand anvertraue."

Sie blickte über die Schar der männlichen Kirchgänger, und nach einem kurzen Zögern trat Tobias Pearson unter ihnen hervor. Die Quäkerin sah seine Kleidung, die seinen militärischen Rang verriet, und schüttelte den Kopf; aber dann sah sie den zögernden Ausdruck, den Blick, der mit ihrem rang, und war besiegt; ihr Gesicht wechselte die Farbe, war voller Unruhe. Während sie ihn noch anstarrte, trat ein freudloses Lächeln auf ihre Züge, wie ein Sonnenstrahl, der traurig an einem verlassenen Ort aufblüht. Zunächst bewegte sie nur unhörbar die Lippen, endlich erhob sie wieder ihre Stimme.

„Ich höre, ich höre. Die Stimme redet in mir und sagt: ,Catherine, verlaß dein Kind, denn sein Platz ist hier, und brich auf, denn ich habe noch mehr Arbeit für dich. Zerreiß die Ketten der natürlichen Zuneigung, mach deine Liebe zum Märtyrer und wisse, daß in allem, was geschieht, die Ewige Weisheit ein Ziel verfolgt.' Ich gehe, Freunde, ich gehe. Nehmt ihr meinen Sohn, mein kostbares Juwel. Ich gehe, im Vertrauen darauf, daß alles gut wird und daß selbst für seine Kinderhände Arbeit im Weinberg des Herrn ist."

Sie kniete nieder und flüsterte Ilbrahim ins Ohr, der sich zuerst wehrte und sich mit Weinen und Schluchzen an seine Mutter drängte, sich aber beruhigte, als sie ihn auf die Wange geküßt und sich erhoben hatte. Nachdem sie betend die Hand auf seinen Kopf gelegt hatte, war sie zum Aufbruch bereit.

„Lebt wohl, Freunde in meiner Not", sagte sie zu Pearson und seiner Frau; „das Gute, das ihr mir getan habt, ist ein Schatz, im Himmel für euch aufbewahrt, der euch tausendfach vergolten wird. Und lebt auch ihr wohl, meine Feinde, denen es nicht gestattet ist, ein Haar auf meinem Haupte zu krümmen, geschweige denn auch nur einen Augenblick lang meine Schritte aufzuhalten. Der Tag wird kommen, da ihr mich zum Zeugnis anrufen werdet für diese eine Sünde, die ihr nicht begangen habt, und ich werde aufstehen und für euch zeugen."

Sie wandte sich zur Tür, und die Männer, die sich dort aufgestellt hatten, um sie zu hüten, zogen sich zurück und ließen sie hinaus. Ein allgemeines Gefühl des Mitleids hatte über die Gehässigkeit der religiösen Gegensätze gesiegt. Von Liebe und Schmerz geheiligt, ging sie davon – und alle blickten ihr nach, bis sie den Hügel hinaufgestiegen und hinter seinem Kamm verschwunden war. Da ging sie, ein Apostel ihres eigenen, unruhigen Herzens, um die Wanderungen der vergangenen Jahre wiederaufzunehmen. Denn in vielen Ländern der Christenheit war ihre Stimme schon gehört worden; und sie hatte in den Zellen der katholischen Inquisition geschmachtet, bevor sie die Peitsche der Puritaner gefühlt und ihr Brot gegessen hatte. Auch auf die Anhänger des Propheten hatte sie ihre Mission schon ausgedehnt und war von ihnen mit jener Höflichkeit und Güte aufgenommen worden, die alle die kämpfenden Sekten unserer reineren Religion ihr verweigert hatten. Ihr Gatte und sie hatten viele Monate in der Türkei gelebt, wo sogar der Sultan sich ihnen gnädig erwiesen hatte; in diesem heidnischen Land war auch Ilbrahim zur Welt gekommen, und sein orientalischer Name war ein Zeichen der Dankbarkeit für die guten Taten eines Ungläubigen.

Als Pearson und seine Frau auf diese Weise alle jene Rechte über Ilbrahim erworben hatten, die auf jemand anderen übertragen werden konnten, wuchs ihre Zuneigung zu ihm, so wie die Erinnerung an ihre Heimat oder ihre sanfte Trauer um die Toten, sich zu einem Stück der unverrückbaren Einrichtung ihrer Herzen aus. Und nach ein oder zwei Wochen voll innerer

Unruhe begann auch er seinen Beschützern durch kleine unabsichtliche Beweise, daß er sie jetzt als seine Eltern betrachtete und ihr Haus als sein Zuhause, Freude zu bereiten. Bevor des Winters Schnee geschmolzen war, schien sich das verfolgte Kind, der kleine Fremdling aus einem fernen, heidnischen Land, in der neu-englischen Hütte eingelebt zu haben, unzertrennlich von Wärme und Sicherheit dieses trauten Heimes. Unter dem Einfluß gütiger Behandlung und des sicheren Bewußtseins, geliebt zu werden, verlor Ilbrahims Benehmen jene frühreife Männlichkeit, die ihm sein früheres Leben aufgezwungen hatte; er wurde kindlicher, sein natürlicher Charakter ging mit größerer Freiheit aus sich heraus. In vieler Hinsicht war es ein schöner und edler Charakter, wenn auch die verwirrte Einbildungskraft von Vater und Mutter vielleicht eine bestimmte ungesunde Haltung im Geist des Knaben hatte entstehen lassen. In seiner üblichen Verfassung konnte Ilbrahim über die geringsten Vorfälle, über den nichtigsten Gegenstand in seiner Umgebung in Begeisterung geraten; er verstand es, köstliche Augenblicke von Glück zu entdecken, durch eine Fähigkeit, die der einer Wünschelrute glich, die verborgene Schätze anzeigt, wo dem Auge alles kahl ist. Seine sprudelnde Fröhlichkeit, die ihm aus tausend Quellen zuströmte, teilte sich der ganzen Familie mit, und Ilbrahim war wie ein zahmer Sonnenstrahl, der finstere Gesichter aufhellte und die Düsternis aus den dunklen Ecken der Hütte verjagte.

Da aber, andererseits, die Empfänglichkeit für Freude die gleiche ist wie die für Schmerz, wechselte die überschäumende Heiterkeit des Jungen manchmal mit Augenblicken tiefster Niedergeschlagenheit. Sein Leid konnte nicht immer bis zu seiner ursprünglichen Quelle verfolgt werden, aber am häufigsten schien verletzte Liebe die Ursache – obwohl Ilbrahim vielleicht zu jung war, um aus solchem Grunde zu leiden. Seine überquellende gute Laune verleitete ihn oft zu Verstößen gegen die strenge Zucht eines puritanischen Haushalts, und bei diesen Gelegenheiten entging er nicht immer einer Zurechtweisung. Aber schon das leiseste Wort echter Bitterkeit, das er unfehlbar von nur vorgetäuschtem Ärger unterscheiden konnte, schien in sein Herz zu sinken und alle seine Freude zu vergiften, bis er sicher war, daß man ihm ganz vergeben hatte. Von jenem Widerspruchsgeist, den allzu große Empfindsamkeit gewöhnlich begleitet, war Ilbrahim gänzlich frei; wenn man ihn schlug, bot er die andere Wange; wenn er verletzt wurde, wollte er sterben. Seinem Geist fehlte die Kraft zur Selbständigkeit; er war eine Pflanze, die sich um etwas ranken wollte, das stärker war als sie selber; wenn er aber zurückgewiesen oder wenn diese Pflanze gar ausgerissen wurde, blieb ihr nichts, als auf dem Boden zu verdorren. Dorothys scharfe Augen sahen bald, daß Strenge die Seele des Kindes zerstören würde, und so hegte sie ihn mit der liebevollen Vorsicht, die man einem Schmetterling angedeihen läßt. Ihr Mann behandelte ihn mit gleicher Liebe, wenn daraus auch von Tag zu Tag weniger vertrauliche Zärtlichkeiten entsprangen.

Die Gefühle der Nachbarn in bezug auf den Quäkerknaben und seine Beschützer hatten sich in keiner Weise zum Besseren gewandelt, trotz des augenblicklichen Triumphs, den die verzweifelte Mutter über ihr Mitgefühl errungen hatte. Die Verachtung und Bitterkeit, deren Gegenstand er war, verursachten Ilbrahim großen Schmerz, vor allem dann, wenn irgendein Umstand ihn dessen gewahr werden ließ, daß auch die Kinder, die mit ihm im gleichen Alter waren, an dieser Feindseligkeit der Eltern teilhatten. Sein zärtliches, menschenfreundliches Wesen floß bereits über in Anhänglichkeit an alles, was ihn umgab, und dennoch gab es noch einen Vorrat an unausgenutzter Liebe in ihm, mit dem er so gern jene Kleinen überschüttet hätte, die dazu erzogen wurden, ihn zu hassen. Als die warmen Frühlingstage kamen, saß Ilbrahim oft stundenlang still und bewegungslos in Hörweite der anderen Kinder, wenn sie spielten; doch mit seiner üblichen Empfindsamkeit vermied er es, ihre Aufmerksamkeit zu erregen, und floh und versteckte sich selbst vor dem kleinsten unter ihnen. Der

Zufall aber schien ein Mittel der Verständigung zwischen seinem Herzen und den ihren zu schaffen; und zwar dadurch, daß einer der Knaben, der etwa zwei Jahre älter war als Ilbrahim, sich beim Sturz von einem Baum in nächster Nähe von Pearsons Haus verletzte. Da das Haus des Jungen in einiger Entfernung lag, nahm ihn Dorothy mit offenen Armen in ihr Haus auf und pflegte ihn mit viel Sorgfalt und Liebe.

Ohne sich dessen bewußt zu sein, verstand es Ilbrahim sehr gut, in den Gesichtern der Menschen zu lesen, und unter anderen Umständen hätte diese Fähigkeit ihn davon abgehalten, den Knaben zu seinem Freund machen zu wollen. Dieses Gesicht machte auf den Betrachter sofort einen unangenehmen Eindruck, aber es erforderte eine genauere Prüfung, um herauszufinden, daß die Ursache eine leichte Verzerrung des Mundes war, sowie die unregelmäßige, gebrochene Linie der Augenbrauen, die fast zusammengewachsen waren. In Analogie zu diesen unbedeutenden Mißbildungen stand vielleicht eine fast unmerkliche Verkrümmung jedes einzelnen Gelenks und die ungleiche Höhe der Brustknochen; es war ein Körper, der in seinem allgemeinen Umriß zwar regelmäßig, aber fast in jedem einzelnen Detail unvollkommen war. Das Wesen des Jungen war stumpf und zurückhaltend, und der Dorfschulmeister sprach ihm einen nur bescheidenen Verstand zu; zu einem späteren Zeitpunkt seines Lebens entdeckte man allerdings Ehrgeiz an ihm sowie einige sehr seltsame Begabungen. Doch was immer auch seine körperlichen oder moralischen Unvollkommenheiten sein mochten, Ilbrahims Herz flog ihm von dem Augenblick an zu, in dem er verletzt in die Hütte gebracht wurde, und blieb von da an an ihm hängen; das Kind der Verfolgung schien sein eigenes Schicksal mit dem des Leidenden zu vergleichen und zu fühlen, daß ihrer beider Unglück, wenn auch aus gänzlich verschiedenen Quellen stammend, doch eine Art von Verbundenheit zwischen ihnen gestiftet hatte. Essen, Ruhe und die frische Luft, nach der er sonst großes Bedürfnis hatte, waren nicht mehr wichtig; seine ganze Zeit verbrachte er jetzt neben dem Bett des kleinen Fremden und wollte es in liebevoller Eifersucht nicht zulassen, daß ein anderer die kleinen Liebesdienste der Krankenpflege an ihm verrichtete. Als es dem Knaben besser ging, erfand Ilbrahim Spiele, die ihn in dieser Lage erheitern sollten, oder unterhielt ihn durch eine Gabe, die er vielleicht mit der Luft seines barbarischen Geburtslandes eingeatmet hatte: die Gabe nämlich, aus dem Stegreif Abenteuergeschichten zu erfinden, zu denen ihm niemals der Stoff auszugehen schien. Seine Geschichten waren natürlich wenig geformt, schlecht zusammengefügt und ohne Plan; bemerkenswert aber dennoch wegen des sprudelnden Quells menschlicher Güte, die sie alle durchzog und die wie ein süßes, vertrautes Gesicht war, das man mitten in einer wilden, unirdischen Landschaft wiedererkannte. Der Zuhörer lauschte diesen Romanzen mit großer Aufmerksamkeit, unterbrach die Erzählung manchmal mit kurzen Bemerkungen zu den einzelnen Begebenheiten und zeigte dabei eine Schlauheit über seine Jahre, aber auch eine moralische Verworfenheit, die sich von Ilbrahims instinktiver Redlichkeit sehr ungünstig abhob. Nichts konnte jedoch die weitere Vertiefung seiner Zuneigung hindern, und es gab viele Hinweise darauf, daß das dunkle, verstockte Wesen, dem sie galt, davon nicht unberührt blieb. Endlich holten die Eltern des Knaben ihn jedoch nach Hause, um seine Heilung unter ihrem eigenen Dach abzuwarten.

Ilbrahim besuchte seinen neuen Freund nach dessen Aufbruch nicht; aber er erkundigte sich ständig aufs dringendste nach seinem Zustand und fand auch bald heraus, an welchem Tag er wieder unter seinen Spielkameraden erscheinen würde. An einem schönen Sommernachmittag hatten sich die Kinder der Nachbarschaft in dem kleinen, von Wald bekrönten Amphitheater hinter dem Gebetshaus versammelt, und auch der fast Genesene war dabei, auf einen Stab gestützt. Die Freude aus einem Dutzend unverdorbener Herzen stieg in leichten, fröhlichen Stimmen zum Himmel, die zwischen den Bäumen dahintanzten wie hörbar gewordene Sonnenstrahlen; und erwachsene Männer dieser mit Mühsal beladenen Welt, die an dem Ort vorbeikamen, konnten nicht begreifen, warum ein Leben, das so heiter begann, in so tiefer Düsternis enden sollte; und ihre Herzen oder ihre Ahnung sagten ihnen, daß das Glück der Kindheit aus der Unschuld komme. Doch in diesem Augenblick erfuhr die himmlische kleine Bande einen unerwarteten Zuwachs. Ilbrahim war es, der auf die Kinder zukam, mit dem süßen Ausdruck des Vertrauens auf seinem sanften, seelenvollen Gesicht, so, als hätte er nun, da er einem von ihnen seine Liebe gezeigt hatte, keine Angst mehr, aus ihrer Gesellschaft verjagt zu werden. Plötzliche Stille senkte sich über ihre Ausgelassenheit, sobald sie seiner ansichtig wurden, und während er auf sie zuschritt, standen sie da und flüsterten miteinander; doch auf einmal fuhr der Teufel ihrer Väter in diese Fanatiker in kurzen Hosen, und mit einem wilden, gellen Geschrei stürzten sie sich auf den armen Quäkerjungen. Im Nu war er von einer Meute von Kindsteufeln umringt, die mit Stöcken auf ihn einhieben, ihn mit Steinen bewarfen und einem Zerstörungstrieb freien Lauf ließen, der noch viel abscheuerregender war als der blutdürstige erwachsener Männer.

Da rief der Kranke, der sich an dem Tumult nicht beteiligt hatte, plötzlich laut: „Hab keine Angst, Ilbrahim, komm her zu mir und nimm meine Hand!"; und sein unglücklicher Freund bemühte sich, ihm zu gehorchen. Aber nachdem er mit gleichmütigem Lächeln und ungerührtem Blick zugesehen hatte, wie das Opfer darum kämpfte, zu ihm kommen zu können, hob der bösartige kleine Unhold seinen Stab und schlug Ilbrahim damit auf den Mund, so gewalttätig, daß das Blut hervorschoß. Das arme Kind hatte seine Arme gehoben, um seinen Kopf vor dem Ansturm der Schläge zu schützen; jetzt aber ließ er sie sofort sinken, denn er war an einer empfindlichen Stelle getroffen worden. Seine Verfolger schlugen ihn zu Boden, trampelten auf ihm herum, schleiften ihn an seinen langen blonden Locken, und Ilbrahim war nahe daran, ein Märtyrer zu werden, wie noch keiner blutend den Himmel betreten hatte. Das Geschrei hatte aber die Aufmerksamkeit einiger Nachbarn erregt, die sich nun die Mühe machten, den kleinen Häretiker von seinen Quälern zu erretten und ihn an Pearsons Schwelle niederzulegen.

Die Wunden an Ilbrahims Körper waren schwer, aber lange und liebevolle Pflege erreichte seine Gesundung; die Verletzung seiner empfindsamen Seele dagegen war viel tiefer, wenn auch weniger sichtbar. Die Anzeichen dafür waren vor allem nur jenen deutlich, die ihn schon vorher gekannt hatten. Sein Gang war von nun an langsam und gleichmäßig, ohne die muntere Bewegung, die früher mit seiner überquellenden Freude in Einklang stand; der Ausdruck seines Gesichts war ernster, das frühere Spiel seiner Miene, wie tanzende Sonnenstrahlen, die in bewegtem Wasser sich spiegeln, war von den Wolken über seinem Leben zerstört; die kleinen Vorfälle des Alltags konnten seine Aufmerksamkeit bei weitem nicht mehr so fesseln, und wenn etwas neu für ihn war, so schien er jetzt viel größere Schwierigkeiten zu haben, es zu begreifen, als in einer glücklicheren Zeit. Ein Fremder, der sein Urteil auf diese Umstände stützte, hätte gesagt, daß die Stumpfheit seines Verstandes das Versprechen, das seine Züge gaben, in befremdlichem Ausmaße widerlegte; aber das Geheimnis lag in der Richtung, die Ilbrahims Gedanken annahmen und die in ihm brüteten, während sie sich von Natur aus mit außer ihm liegenden Dingen hätten befassen sollen. Nur einmal, und zwar als Dorothy versuchte, seine frühere Munterkeit wieder zu beleben, barst heftiger Schmerz durch die Schale seines gleichmäßig ruhigen Betragens; er brach in leidenschaftliches Schluchzen aus und rannte fort und verbarg sich, denn sein Herz war so verletzt, daß auch die Hand der Güte schmerzte wie Feuer. In der Nacht, wahrscheinlich wenn er träumte, hörte man ihn manchmal rufen: „Mutter! Mutter!", als ob ihre Stelle, an die doch, solange er glücklich war, eine Fremde treten konnte, in dieser äußersten Heimsuchung keinen Ersatz vertrug. Unter den vielen lebensmüden Unglücklichen, die damals auf dieser Erde wandelten, gab es vielleicht keinen, der so sehr Elend und Unschuld in sich vereinigte wie dieser arme Knabe mit seinem gebrochenen Herzen, der so bald das Opfer seiner eigenen himmlischen Natur geworden war.

Während diese melancholische Veränderung in Ilbrahim vor sich gegangen war, war eine andere, von früherem Ursprung und unterschiedlichem Charakter, in seinem Adoptivvater zu ihrem Abschluß gekommen. Der Vorfall, mit dem diese Erzählung beginnt, fand Pearson in einem Zustand religiöser Lauheit, doch geistiger Unruhe, sich nach einem inbrünstigeren Glauben sehnend als jenem, den er besaß. Die Güte, die er Ilbrahim erwies, bewirkte in ihm zunächst eine beginnende Zuneigung zu dessen Sekte; damit vermischt jedoch empfand er, angeregt vielleicht von seinen Selbstzweifeln, eine stolze Verachtung ihrer Thesen und ihrer praktischen Überspanntheiten, die er sich auch nicht zu verbergen bemühte. Nach vielem Hin- und Herüberlegen – denn der Gegenstand drängte sich unwiderstehlich in seinen Geist – erschien ihm die Narrheit ihrer verschiedenen Dogmen als weniger augenfällig, und das, was seine Vernunft besonders beleidigt hatte, nahm auf einmal ein anderes Aussehen an oder verschwand völlig aus seinem Gesichtsfeld. Selbst im Schlaf schien der Prozeß in ihm weiterzugehen, und was beim Einschlafen oft noch Zweifel gewesen war, nahm beim Erwachen am nächsten Morgen den Platz einer Wahrheit ein, die noch dazu von irgendeiner neuen vergessenen Beweisführung gestützt wurde. Doch während er sich in dieser Weise den Schwärmern innerlich näherte, nahm seine Verachtung gegenüber ihrer Sekte keineswegs ab und richtete sich nun auch in heftiger Weise gegen sich selber; auch bildete er sich ein, daß ihm jedes Gesicht aus seiner Bekanntschaft ein höhnisches Grinsen zeigte und daß Spott in jedem Wort steckte, das an ihn gerichtet wurde. Endlich, als der Wandel in seinem Glauben vollendet war, wurde der

Kampf zwischen der Liebe zur Welt in ihren tausend Formen und der Macht, die ihn dazu bringen wollte, alles für den reinen Glauben zu opfern, schrecklich. Um seine eigenen Worte zu zitieren, die später in einem Quäkergottesdienst geäußert wurden: Es war, als ob „Erde und Hölle die Festung seiner elenden Seele belagerten und als ob der Himmel gegen sie anstürmte, um die Mauern sturmreif zu schlagen". Das war sein innerer Kampf zur Zeit von Ilbrahims Unglück; und die Gemütsbewegungen, die jenem Ereignis folgten, schlugen sich zu der belagernden Armee und entschieden über deren Sieg. Ihm entrang sich innerlich ein Schrei des Triumphes, und von dem Moment an war alles Frieden. Dorothy war keiner solchen Gemütsbewegung unterworfen worden, denn ihr Verstand war so klar wie ihr Herz zärtlich.

Mittlerweile hatte weder die Grausamkeit der Verfolger noch die Verblendung ihrer Opfer nachgelassen. Die Verliese wurden nicht leer; die Straßen fast jeden Dorfes hallten täglich von der Peitsche wider; das Leben einer Frau, deren sanfter, christlicher Geist keine Grausamkeit erbittern konnte, war geopfert worden; und noch mehr unschuldiges Blut sollte jene Hände beflecken, die sich so oft im Gebet erhoben. Nach der Restauration wurden die Quäker bei Charles II. vorstellig, um ihm zu sagen, daß eine Ader von Blut in seinem Reich geöffnet worden sei; aber obwohl dies den Unwillen des genußsüchtigen Königs erregte, griff er nicht sofort ein. Und jetzt muß unsere Erzählung viele Monate vorauseilen, in denen Pearson trotz Schande und Unglück im Hochgefühl seines Glaubens lebte, seine Frau tausend Sorgen und Leiden tapfer ertrug, der arme Ilbrahim matt dahinsiechte wie eine zerfressene Rosenknospe und seine Mutter, in mißverstandenem Sendungsbewußtsein durch die Welt irrend, das heiligste Gut, das einer Frau anvertraut ist, vernachlässigte.

Eine stürmische Winternacht war über Pearsons Behausung aufgezogen, und kein fröhliches Gesicht vertrieb die Düsternis von seinem großen Herdfeuer. Das Feuer verbreitete zwar glühende Wärme und rötliches Licht, und große Scheite, tropfend von halb geschmolzenem Schnee, lagen bereit, um auf die Kohlen gelegt zu werden. Aber die Wohnung hatte ein trauriges Aussehen, weil vieles von den häuslichen Schätzen fehlte, die sie einmal geschmückt hatten; denn die wiederholte Eintreibung von Bußgeldern und seine eigene Vernachlässigung aller irdischen Angelegenheiten hatten den Besitzer verarmen lassen. Und zusammen mit dem Hausrat des Friedens waren auch die Geräte des Krieges verschwunden; das Schwert gebrochen, Helm und Küraß für immer zur Seite gelegt; der Soldat focht keine Schlachten mehr aus, er würde nicht die nackte Hand mehr heben, um seinen Kopf zu schützen. Nur das Heilige Buch war geblieben, und der Tisch, auf dem es lag, zum Feuer geschoben, während zwei von der verfluchten Sekte Trost in ihren Seiten suchten.

Er, der zuhörte, während der andere las, war der Herr dieses Hauses, abgemagert, Ausdruck und Farbe seiner Gesichtszüge gänzlich verändert; denn sein Geist hatte zu lange unter visionären Gedanken gelebt, und sein Körper war von Gefängnis und Auspeitschungen abgezehrt. Der rüstige, verwitterte alte Mann, der neben ihm saß, hatte in einem viel längeren Leben von der gleichen Art viel weniger an Verletzungen erduldet. Seine Züge waren ausdrucksvoll und klar und schienen Festigkeit des Vorsatzes und nüchternen Verstand auszudrücken, obwohl seine Handlungen öfter von dieser letzten Eigenschaft abgewichen waren. Er war von hohem, würdigem Aussehen, seine grauen Locken fielen unter dem breitkrempigen Hut bis auf die Schultern – was ihn allein schon bei den Puritanern verhaßt gemacht hätte. Während der alte Mann die heilige Seite las, trieb der Schnee gegen das Fenster oder wirbelte durch die Ritzen der Tür, der Wind heulte im Kamin, und die Flamme züngelte wild nach oben, um ihn zu suchen. Und wenn der Wind in einem bestimmten Winkel gegen den Hügel stürmte und am Haus vorbei über die winterliche Ebene blies, dann klang seine Stimme so schmerzlich, wie man es sich nur vorstellen kann; es war, als würde die Vergangenheit sprechen, als würden die Toten alle ihr Flüstern hineinmischen, als würde die Verzweiflung aller Zeiten in diesem einen Laut ihre Klage atmen.

Endlich schloß der Quäker das Buch, ließ aber seine Hand zwischen den Seiten, die er eben gelesen hatte, während er Pearson seinen ernsten Blick zuwandte. Haltung und Züge des letzteren hätten auf die Erduldung körperlicher Schmerzen schließen lassen; er stützte die Stirn in seine Hände und preßte die Zähne zusammen, und in Abständen lief ein Zittern nervöser Erregung durch seine Gestalt.

„Freund Tobias", fragte der alte Mann voll Mitgefühl, „hast du in den vielen gesegneten Abschnitten der Schrift keinen Trost gefunden?"

„Deine Stimme ist undeutlich und wie von weit her an mein Ohr gedrungen", erwiderte Pearson, ohne die Augen zu heben. „Ach, und wenn ich aufmerksam zuhörte, dann schienen die Worte kalt und leblos, für einen anderen, geringeren Schmerz gedacht als den meinen. Gib das Buch weg", fügte er im Ton stumpfer Bitterkeit hinzu. „Ich habe keinen Teil an seinen Tröstungen, sie scheuern meinen Schmerz nur noch mehr wund."

„Ich bitte dich, schwacher Bruder, sei nicht wie einer, der nie das Licht gekannt hat", sagte der ältere Quäker ernst und mild. „Bist du einer, der um des Gewissens willen freudig alles geben, alles ertragen würde; der sich sogar nach besonderen Prüfungen sehnt, auf daß sein Glaube gereinigt und sein Herz von weltlichen Begierden geläutert werde? Und wirst du unter einem Leid zusammenbrechen, das alle gleich trifft, ob sie ihr Teil hier unten bekommen oder ob sie Schätze oben im Himmel sammeln? Wanke nicht, denn jetzt ist deine Bürde noch leicht."

„Schwer ist sie! Schwerer, als ich tragen kann!" rief Pearson mit der Ungeduld eines unbeständigen Geistes. „Seit meiner Jugend schon war ich ein Mann, den sich das Schicksal für seinen Grimm auserwählt hat; und Jahr für Jahr, nein, Tag für Tag habe ich Leiden ertragen, wie andere sie nicht in ihrem ganzen Leben erfahren. Und ich spreche jetzt nicht von der Liebe, die sich in Haß verwandelt hat, Ehre in Schande, Glück und Fülle in allen Dingen in Gefahr, Mangel und Nacktheit. Das alles hätte ich ertragen und mich für gesegnet gehalten. Aber als mein Herz von vielen Verlusten geschlagen war, hängte ich es an das Kind einer Fremden, und es wurde mir lieber als alle, die ich begrub; und jetzt muß es sterben, als wäre meine Liebe Gift. Wahrlich, ich bin ein verfluchter Mann, und ich will mich in den Staub niederlegen und mein Haupt nicht mehr heben."

„Bruder, du sündigst, aber es ist nicht an mir, dich zurechtzuweisen; denn auch ich habe meine finsteren Stunden gehabt, in denen ich gegen das Kreuz gemurrt habe", sagte der alte Quäker. Er fuhr fort, vielleicht in der Hoffnung, die Gedanken seines Gefährten von seinem Schmerz abzulenken: „Selbst neulich erst wurde das Licht in mir verdunkelt, als die Blutigen Männer mich bei Strafe des Todes verbannten und die Konstabeln mich durch ein Dorf nach dem anderen in die Wildnis führten. Eine starke und grausame Hand schwang die verknoteten Schnüre; tief schnitten sie mir ins Fleisch, und du hättest meinen schwankenden, stolpernden Schritten folgen können, nach dem Blut, das ich vergoß. Als wir weiterschritten –"

„Habe ich das nicht alles auch erlitten? Und habe ich gemurrt?" unterbrach ihn Pearson ungeduldig.

„Hör mich doch an, Freund", fuhr der andere fort. „Als wir weiterschritten, dunkelte die Nacht über unserem Pfad, so daß niemand die Wut der Verfolger noch meine Standhaftigkeit im Leiden sehen konnte – doch der Himmel möge verhüten, daß ich mich dessen rühmte. Die Lichter glommen auf in den Fenstern der Häuser, und ich konnte ihre Bewohner sehen, wie sie sich in trostreicher Sicherheit versammelten, jeder

Mann mit seiner Frau und seinen Kindern an ihrem eigenen abendlichen Herd. Endlich kamen wir an einen Streifen Ackerlandes; in dem matten Licht war der Wald rundum nicht zu erkennen; und siehe! Da stand das strohgedeckte Haus, das genauso aussah wie mein eigenes, weit jenseits des wilden Ozeans, weit fort in unserem England. Dann kamen bittere Gedanken über mich; Erinnerungen, die sich wie der Tod in meine Seele senkten. Das Glück meiner frühen Tage wurde mir vor Augen gebracht; die Unruhe der Mannesjahre und der neue Glaube meines Alters. Ich erinnerte mich daran, wie es mich trieb, in die Ferne zu wandern, während meine Tochter, die jüngste, die liebste von allen meinen Kindern, auf dem Totenbett lag, und –"

„Und in einem solchen Augenblick konntest du der Stimme folgen?" rief Pearson schaudernd.

„Ach, ach", erwiderte der alte Mann hastig. „Ich kniete an ihrem Bett, als die Stimme laut in mir zu sprechen anfing; aber ungesäumt stand ich auf, nahm meinen Stab und ging. Oh! Dürfte ich nur ihren weherfüllten Blick vergessen, als ich meinen Arm zurückzog und sie alleinließ auf ihrer Reise durch das Dunkle Tal! Denn ihre Seele war schwach, und sie hatte sich auf meine Gebete gestützt. Und jetzt, in dieser Schreckensnacht, überfiel mich der Gedanke, daß ich ein grausamer Vater gewesen war und als Christ gefehlt hatte; ach, und meine Tochter schien mit ihren blassen, sterbenden Zügen neben mir zu stehen und zu flüstern: ‚Vater, du gehst irr; geh heim und schütze dein graues Haupt.' Oh! Du, zu dem ich auf meinen weitesten Wanderungen aufgeblickt habe", fuhr der Quäker fort und wandte seine Augen erregt zum Himmel, „bewahre selbst die blutigsten unserer Verfolger vor der ungemilderten Qual meiner Seele, als ich vermeinte, alles, was ich für Dich getan und gelitten hatte, sei auf Anstiftung eines höhnischen Teufels geschehen! Aber ich wankte nicht; ich kniete nieder und rang mit dem Versucher, während die Peitsche mir noch wütender ins Fleisch schnitt. Mein Gebet wurde erhört, und ich ging in Frieden und Freude der Wildnis entgegen."

Obwohl sein Fanatismus im allgemeinen alle Ruhe der Vernunft zeigte, war der alte Mann doch tief bewegt, während er diesen Bericht gab; und seine ungewohnte Erregung schien die seines Gefährten zurückzudrängen und niederzuhalten. Schweigend saßen sie da, die Gesichter dem Feuer zugewandt, in dessen roter Glut sie vielleicht Bilder der Verfolgung erblickten, die ihnen noch bevorstand. Der Schnee trieb noch immer heftig gegen die Fenster, und da das Lodern der Scheite nach und nach niedergesunken war, fuhr er ab und zu durch den breiten Kamin und zischte über dem Feuer. In einem Nebenzimmer konnte man hin und wieder leise Schritte hören, und dieser Laut zog jedesmal die Augen der beiden Quäker zu der Tür, die dahin führte. Als ein besonders wilder, heftiger Windstoß seine Gedanken, durch eine natürliche Verbindung, auf heimatlose Wanderer in einer solchen Nacht lenkte, nahm Pearson die Unterhaltung wieder auf.

„Ich bin unter meinem eigenen Teil an dieser Prüfung fast zu Boden gesunken", bemerkte er und seufzte tief auf, „und dennoch wollte ich, er würde mir verdoppelt, wenn dadurch die Mutter des Kindes verschont bliebe. Ihre Wunden sind tief und zahlreich, aber das wird die tiefste von allen."

„Fürchte nicht für Catherine", erwiderte der alte Quäker, „denn ich kenne diese mutige Frau, und ich habe gesehen, wie sie das Kreuz tragen kann. Das Herz einer Mutter ist wohl stark in ihr, und es mag so scheinen, als würde es heftig mit ihrem Glauben ringen; aber bald wird sie sich wieder erheben und dafür danken, daß ihr Sohn so jung als Opfer angenommen wurde. Der Knabe hat sein Werk getan, und sie wird fühlen, daß es eine Gnade für ihn und für sie ist, daß er fortgenommen wird. Gesegnet, gesegnet sind sie, die mit so wenig Leiden in den Frieden eingehen!"

Durch die unregelmäßigen Windstöße hindurch erklang jetzt ein unheilverkündender Laut, ein schnelles, kräftiges Pochen an der Haustür. Pearson erbleichte, viele Besuche der Verfolgung hatten ihn gelehrt, was er zu fürchten hatte; aber der alte Mann richtete sich kerzengerade auf, und sein Blick war fest wie der eines alten Soldaten, der seinen Feind erwartet.

„Die Männer des Blutes sind meinetwegen gekommen", bemerkte er ruhig. „Sie haben gehört, wie die Stimme mich dazu bewegte, aus der Verbannung zurückzukehren; und jetzt führen sie mich ins Gefängnis und von dort in den Tod. Es ist das Ende, auf das ich gewartet habe. Ich will öffnen, auf daß sie nicht sagen: ‚Seht, er fürchtet sich!'"

„Nein, ich will mich ihnen stellen", sagte Pearson, mit wiedergefundenem Mut. „Es kann sein, daß sie nur mich suchen und nicht wissen, daß du hier bei mir bist."

„Laß uns mutig beide zusammen gehen", pflichtete ihm sein Gefährte bei. „Es gehört sich nicht, daß einer von uns zurückweicht."

Darauf schritten sie beide durch den Gang hin zur Tür, öffneten sie und baten den Besucher: „Komm herein, in Gottes Namen!" Ein rasender Windstoß trieb ihnen den Schnee ins Gesicht und löschte ihre Lampe aus, ihnen gerade genug Zeit lassend, eine Gestalt zu erkennen, die von Kopf bis Fuß vom treibenden Schnee so weiß war, daß es schien, als sei der Winter selber in menschlicher Gestalt erschienen, um Zuflucht vor seiner eigenen Verwüstung zu suchen.

„Tritt ein, Freund, und erledige deinen Auftrag, was er auch sein möge", sagte Pearson. „Dringend muß er wohl sein, da du in einer so bitteren Nacht kommst."

„Friede sei mit diesem Haus", sagte die fremde Gestalt, als sie drinnen in der Stube standen.

Pearson fuhr zusammen; der ältere Quäker schürte die zusammengesunkene Glut, bis eine helle, stattliche Flamme daraus aufstieg; eine weibliche Stimme war es, die gesprochen hatte; eine weibliche Gestalt, kalt und winterlich, trat jetzt in das gemütliche Licht.

„Catherine, gesegnetes Weib", rief der alte Mann, „so bist du wieder in dieses verdunkelte Land gekommen, bist gekommen, um mutig Zeugnis abzulegen, so wie in früheren Jahren? Die Geißel hat nichts gegen dich vermocht, und triumphierend bist du den Verliesen entstiegen; aber jetzt stähle dein Herz, stähle dein Herz, Catherine, denn der Himmel will dich noch einmal prüfen, ehe du deinen Lohn empfängst."

„Freut euch, Freunde!" antwortete sie. „Du, der du seit langem zu unserem Volke gehörst, und du, den ein kleines Kind zu uns geführt hat, freut euch! Denn seht! ich komme als Bote froher Nachricht, die Tage der Verfolgung sind vorüber. Das Herz des Königs Charles selber hat sich uns gnädig zugeneigt, und er hat Schreiben ausgesandt, die Hände der Männer von Blut anzuhalten. Ein Schiff voll von Fremden ist in der Stadt drüben angekommen, und ich bin freudig mit ihnen gefahren."

Während Catherine sprach, gingen ihre Augen in der Stube herum und suchten ihn, um dessentwillen die Sicherheit ihr wert war. Pearson gab dem alten Mann ein stummes Zeichen, und dieser schrak nicht zurück vor der schmerzlichen Aufgabe, die ihm zufiel.

„Schwester", begann er mit leiser und dennoch völlig ruhiger Stimme, „du sagst uns von Seiner Liebe, die sich in irdischen Wohltaten zeigt; und jetzt müssen wir zu dir von der gleichen Liebe sprechen, die er in Züchtigungen erweist. Bis jetzt, Catherine, warst du eine, die einen dunklen und schwierigen Pfad ging und dabei ein Kind an der Hand führte; gern hättest du immer nur zum Himmel aufgeblickt, aber die Sorge um das kleine Kind zogen deine Augen und deine Neigungen zur Erde herab. Schwester, meine Seele! Freue auch du dich, denn seine schwankenden Schritte werden deine nicht mehr aufhalten!"

Doch die unglückliche Mutter war dadurch nicht getröstet; sie zitterte wie ein Blatt und wurde selber weiß wie der Schnee, der in ihrem Haar hing. Der feste alte Mann streckte seine

Hand aus und stützte sie und ließ seine Augen nicht von ihr, als gelte es, einen Ausbruch der Leidenschaften zu unterdrücken.

„Ich bin eine Frau, ich bin nur eine Frau; will Er mich über meine Kräfte prüfen?" sagte Catherine sehr schnell, beinahe flüsternd. „Ich bin schwer verletzt; ich habe viel gelitten; viel ertragen am Körper, viel am Geist; in mir selber gekreuzigt und in denen, die mir am teuersten waren. Gewiß", fügte sie mit einem langen Schaudern hinzu, „er hat mich in diesem einen verschont." Mit jäher, ungezügelter Heftigkeit brach es aus ihr hervor. „Sag mir, du Mann mit dem kalten Herzen, was tut Gott mir an? Hat er mich niedergeschlagen, daß ich mich nie mehr erheben soll? Hat er mein Herz in seiner eigenen Hand zermalmt? Und du, dem ich mein Kind anvertraut, wie hast du mein Vertrauen gelohnt? Gib mir den Knaben zurück, wohlauf, gesund, lebend, lebend! Oder Erd und Himmel soll mich rächen!" Der verzweifelte Aufschrei Catherines wurde von der schwachen, sehr schwachen Stimme eines Kindes beantwortet.

An diesem Tage war es Pearson, seinem bejahrten Gast und Dorothy klar geworden, daß Ilbrahims kurze, mühevolle Pilgerschaft ihrem Ende zuging. Die beiden ersteren wären sehr gern bei ihm geblieben, um jene Gebete und frommen Sprüche anzuwenden, die solchen Augenblicken angemessen schienen und die, wenn sie vielleicht auch keinen Einfluß auf die Aufnahme des Scheidenden in der nächsten Welt hatten, ihm doch in seinem Abschied von dieser beistehen sollten. Aber obwohl Ilbrahim keine Klage von sich gab, war er doch beunruhigt durch die Gesichter, die auf ihn herabblickten; so daß Dorothys Bitten und ihre eigene Überzeugung, daß die Füße des Kindes über das Pflaster des Himmels gehen würden, ohne es zu beschmutzen, die beiden Quäker dazu veranlaßt hatte, sich zu entfernen. Drauf schloß Ilbrahim seine Augen und wurde ganz ruhig, und hätte er nicht dann und wann ein sanftes, leises Wort an seine Pflegerin gerichtet, man hätte glauben können, er schliefe. Als die Nacht einbrach und der Sturm sich erhob, schien jedoch irgend etwas die Ruhe seines Gemütes zu stören und sein Gesicht und Gehör zu schärfen. Wenn der Wind im Vorbeipfeifen anhielt und an den Fensterflügeln rüttelte, mühte er sich, seinen Kopf dahin zu drehen; wenn die Tür in ihren Angeln knarrte, blickte er lange und unruhig dorthin; wenn die tiefe Stimme des alten Mannes sich beim Vorlesen aus der Bibel nur ein wenig hob, hielt das Kind seinen sterbenden Atem an, um zu lauschen; wenn ein Schneestoß über das Haus hinwegfegte und es klang wie das Schleppen eines Gewandes, dann schien Ilbrahim achtzugeben, ob nicht ein Besucher einträte.

Doch nach einer kleinen Weile gab er die geheime Hoffnung auf, die er etwa gehegt hatte, und drehte mit einem tiefen, klagenden Flüstern sein Gesicht in die Kissen. Darauf richtete er mit der üblichen Sanftmut das Wort an Dorothy und bat sie, näher zu kommen; das tat sie, und Ilbrahim nahm ihre Hand in seine beiden Hände und hielt sie mit leichtem Druck, wie um sich zu überzeugen, daß sie bei ihm blieb. Ab und zu durchlief ein schwaches Zittern seinen Leib von Kopf bis Fuß, als striche ein milder, aber kühler Wind über ihn und ließe ihn erschaudern, ohne daß die Ruhe seines Gesichts sich trübte. Und wie der Knabe in seiner langsamen Wanderung über die Schwelle der Ewigkeit sie an der Hand führte, glaubte Dorothy fast die nahe, wenn auch verschwommene Köstlichkeit der Heimat, die er bald betreten würde, erkennen zu können; und sie hätte den kleinen Wanderer nicht zurückhalten wollen, wenn sie auch ihr eigenes Los beklagte, daß sie ihn verlassen und umkehren mußte. Doch gerade als Ilbrahims Füße die Erde des Paradieses berührten, hörte er eine Stimme hinter sich, und sie rief ihn nur einige wenige Schritte zurück auf dem mühsamen Pfad, den er gewandert war. Als Dorothy wieder auf seine Züge blickte, erkannte sie, daß die Gelassenheit ihres Ausdrucks wieder gestört war; ihre eigenen Gedanken waren so in ihn versunken gewesen, daß die Geräusche des Sturms und der menschlichen Stimme nicht an ihr Ohr drangen; doch als Catherines Schrei die Stille des Raumes zerriß, versuchte der Junge sich aufzurichten.

„Meine Freundin, sie ist gekommen! Mach ihr auf!" rief er.

Im nächsten Augenblick kniete seine Mutter neben dem Bett; sie zog Ilbrahim an ihre Brust, und er schmiegte sich an sie, ohne heftigen Freudenausbruch, aber zufrieden, als würde er sich selber in Schlaf murmeln. Als er in ihr Gesicht aufblickte und ihre Todesqual dort las, sagte er schwach, aber eindringlich: „Sei nicht traurig, liebste Mutter. Jetzt bin ich glücklich." Und mit diesen Worten war der sanfte Knabe tot.

Das königliche Mandat, die Verfolgungen in Neu-England einzustellen, war insofern wirksam, als es keine weiteren Märtyrer mehr gab, aber im Vertrauen auf ihre geographische Lage und den vermeintlichen Mangel an Stabilität der königlichen Regierung nahmen die Behörden der Kolonie ihre strengen Maßnahmen in jeder anderen Hinsicht bald wieder auf. Durch die Lösung aller menschlichen Bindungen war Catherines Fanatismus noch wilder geworden; und wo immer eine Peitsche geschwungen wurde, da war sie schon dort, um den Hieb zu empfangen; und wann immer ein Verlies aufgeschlossen wurde, eilte sie hin, um sich auf den Boden zu werfen. Doch im Verlauf der Zeit durchdrang ein christlicher Geist das Land in bezug auf die verfolgte Sekte, ein Geist der Duldung, wenn auch nicht der Sympathie oder Billigung. Und endlich, als die harten alten Pilger sie mehr in Mitleid als in Zorn betrachteten, als die Mütter ihr zu essen gaben, was die Kinder übrig ließen, und ihr ein hartes, armseliges Lager anboten, als die kleinen Schuljungen nicht mehr ihre Spiele im Stich ließen, um die wandernde Schwärmerin mit Steinen zu bewerfen, da kehrte Catherine in Pearsons Haus zurück und machte es zu ihrem Zuhause.

Und als ob Ilbrahims Güte und Liebreiz noch immer an der Stätte seines Todes weilten, als ob seine sanfte Seele vom Himmel herunterstiege, um seine Mutter eine wahre Religion zu lehren, wurde ihre heftige, rachsüchtige Natur von demselben Schmerz besänftigt, der sie einst so sehr erregt hatte. Als das Gesicht der in Zurückgezogenheit Trauernden in der Siedlung vertraut und heimisch geworden war, wurde sie Gegenstand eines allgemeinen, wenn auch nicht tiefen Interesses; ein Wesen, dem die sonst ungenutzten Sympathien aller zuflossen. Jeder erwähnte ihren Namen mit jenem Maß an Mitgefühl, das dem Sprecher selber angenehm ist; jeder war bereit, ihr die kleine Wohltat zu erweisen, die nichts kostet und doch den guten Willen zeigt; und als sie endlich starb, folgte ihr ein langer Zug ihrer ehemals bitterer Verfolger in angemessener Trauer und in Tränen, die nicht schmerzten, um sie neben Ilbrahims grünem, eingesunkenem Grab in die Erde zu legen.

Mein Herz ist froh über diesen Triumph unserer besseren Natur; er gibt mir ein freundlicheres Gefühl für meine Heimat ein, und damit möchte ich meine Geschichte beschließen.

Roger Malvins Bestattung

Eine der wenigen Episoden aus dem Krieg mit den Indianern, die sich im Mondlicht der Romantik betrachten lassen, war jene Expedition, die im Jahre 1725 zur Verteidigung der Grenzen unternommen wurde und in jenem Scharmützel gipfelte, das unter dem Namen „Lovells Kampf" weithin bekannt wurde. Wenn man gewisse Umstände weise in den Schatten rückt, dann wird es der Vorstellung leicht gelingen, das Heldentum dieser kleinen Schar zu bewundern, die gegen eine doppelte Übermacht im Herzen des feindlichen Gebiets zu Felde zog. Die offensichtliche Tapferkeit, die beide Seiten an den Tag legten, entsprach der zivilisierten Auffassung von Mut, und die Ritterlichkeit selbst brauchte sich nicht zu schämen, die Taten des einen oder anderen festzuhalten. Das Treffen, obwohl tödlich für die, die es ausfochten, war in seinen Folgen für das Land nicht unglücklich; denn es brach die Kraft eines Stammes und führte zu einem Frieden, der durch mehrere Jahre hindurch erhalten blieb. Geschichte und Überlieferung sind in ihren Aufzeichnungen dieses Ereignisses ungewöhnlich genau; und der Hauptmann einer Kundschaftertruppe der Grenzbewohner hat soviel Ruhm gewonnen wie mancher siegreiche Anführer von Tausenden. Ungeachtet der Tatsache, daß die wirklichen Namen durch erfundene ersetzt wurden, werden manche, die von den Lippen alter Männer über das Schicksal jener wenigen Kämpfer gehört haben, die sich nach „Lovells Kampf" retten konnten, auf den folgenden Seiten einige Ereignisse wiedererkennen.

Die Strahlen der Morgensonne schwebten heiter über den Baumwipfeln, unter denen am Abend zuvor zwei abgekämpfte, verwundete Männer ihre müden Glieder ausgestreckt hatten. Ihr Lager aus welken Eichenblättern war auf einer kleinen, ebenen Stelle am Fuße eines Felsens ausgebreitet, unweit des Gipfels einer jener sanften Anhöhen, die an dieser Stelle Abwechslung in die Landschaft bringen. Die Masse aus Granit, die ihre glatte, ebene Oberfläche fünfzehn oder zwanzig Fuß über ihren Köpfen aufsteigen ließ, war einem gigantischen Grabstein nicht unähnlich, auf dem die Adern eine Inschrift in einem vergessenen Alphabet zu bilden schienen. Auf einer Fläche von mehreren Morgen rund um diesen Felsen waren Eichen und andere Hartholzbäume an die Stelle der sonst in dieser Gegend üblichen Fichten getreten; und ein junger, kräftiger Baum wuchs unmittelbar neben den beiden Wanderern aus dem Boden.

Die schwere Verwundung des älteren der beiden hatte ihm wahrscheinlich den Schlaf geraubt; denn sobald der erste Sonnenstrahl den Wipfel des höchsten Baumes traf, richtete er sich mühsam aus seiner zurückgelehnten Haltung auf und saß aufrecht da. Die tiefen Furchen in seinem Gesicht und die grauen Strähnen in seinem Haar ließen in ihm einen Mann erkennen, der über die mittleren Jahre des Lebens hinaus war; doch seine muskulöse Gestalt hätte, ohne die Auswirkung seiner Wunde, den Anstrengungen noch ebensogut standgehalten wie in der frühen Kraft des Lebens. Doch jetzt sahen Kraftlosigkeit und Erschöpfung aus seinen abgezehrten Zügen, und der verzweifelte Blick, den er in die Tiefe des Waldes hinein sandte, sprach deutlich für seine Überzeugung, daß seine irdische Wanderschaft nun zu Ende ging. Darauf wandte er seine Augen dem Gefährten zu, der an seiner Seite ruhte. Der Jüngling, der noch kaum die Jahre des Mannesalters erreicht hatte, lag, den Kopf auf seinen Arm gelegt, in einem unruhigen Schlaf da, den eine Welle des Schmerzes aus seinen Wunden jeden Augenblick durchbrechen konnte. Seine rechte Hand hielt eine Muskete umspannt, und nach der heftigen Bewegung auf seinen Zügen zu urteilen, schien sein Schlummer ihm ein Bild des Kampfes zurückzubringen, in dem er einer der wenigen Überlebenden war. Ein Schrei – tief und laut in der Vorstellung seines Traumes – fand als halbes Gemurmel den Weg zu seinen Lippen, und aus Schreck über den leisen Laut seiner eigenen Stimme wachte er mit einem Ruck auf. Die erste Handlung des sich wieder zum Leben sammelnden Geistes war, sich ängstlich nach dem Zustand seines verwundeten Gefährten zu erkundigen. Dieser schüttelte seinen Kopf.

„Reuben, mein Junge", sagte er, „dieser Felsen, unter dem wir sitzen, wird einem alten Jäger als Grabstein dienen. Vor uns liegt noch Meile auf Meile brüllender Wildnis; auch würde es mir kaum noch nützen, stiege der Rauch aus meinem eigenen Schornstein von der anderen Seite des Hügels auf. Die indianische Kugel war gefährlicher, als ich dachte."

„Du bist erschöpft von drei Tagen Wanderung", erwiderte der Jüngling, „und wenn wir noch etwas länger rasten, wirst du dich erholen. Bleib hier sitzen, während ich im Wald nach Wurzeln und Kräutern suche, die uns nähren müssen; und wenn wir gegessen haben, wirst du dich auf mich stützen, und wir werden uns auf den Heimweg machen. Ich zweifle nicht daran, daß du mit meiner Hilfe einen der Grenzposten erreichen kannst."

„In mir sind keine zwei Tage Leben mehr, Reuben", sagte der andere ruhig, „und ich will dir nicht länger mit meinem unnützen Körper zur Last fallen. Deine Wunden sind tief, und deine Kraft wird bald am Ende sein; doch wenn du allein weitergehst, wirst du vielleicht gerettet. Für mich ist keine Hoffnung mehr; und ich will den Tod hier erwarten."

„Wenn es so sein muß, dann bleibe ich bei dir und halte Wache", sagte Reuben mit Festigkeit.

„Nein, mein Sohn, nein", hielt ihm sein Gefährte entgegen. „Laß dir den Wunsch eines Sterbenden etwas gelten; reich mir deine Hand, und dann begib dich weg von hier. Meinst du, meine letzten Augenblicke wird der Gedanke erleichtern, daß ich dich hier zurücklasse, damit du eines noch qualvolleren Todes stirbst? Ich habe dich wie ein Vater geliebt, Reuben, und in einer Stunde wie dieser solltest du mir auch wie einem Vater gehorchen. Ich sage dir, du sollst gehen, damit ich in Frieden sterben kann."

„Und weil du mir ein Vater warst, soll ich dich deshalb hier umkommen und unbegraben in der Wildnis liegen lassen?" rief der Jüngling. „Nein; wenn dein Ende wirklich nahe ist, dann will ich bei dir bleiben und deine letzten Worte empfangen. Hier bei diesem Felsen will ich ein Grab schaufeln, in dem wir, sollte die Schwäche auch mich überwältigen, zusammen ruhen werden; oder wenn der Himmel mir Kraft gibt, so werde ich dann meinen Heimweg suchen."

„In den Städten, und wo sonst Menschen wohnen", erwiderte der andere, „begraben sie ihre Toten in der Erde; sie verbergen sie vor dem Angesicht der Lebenden; aber hier, wo vielleicht hundert Jahre lang kein Wanderer vorüberkommt, warum soll ich da nicht unter freiem Himmel ruhen, zugedeckt nur von den Eichenblättern, wenn der Herbstwind sie von den Bäumen bläst? Und als Grabstein dient mir dieser graue Fels, in den meine sterbende Hand den Namen von Roger Malvin schneiden wird; und der Wanderer, der einmal hier vorübergeht, wird wissen, daß hier ein Jäger und Kriegsmann schläft. Daher zögere nicht um einer solchen Torheit willen, sondern mach dich eilig auf deinen Weg, wenn schon nicht um deinetwillen, so um ihretwillen, die sonst ganz verlassen ist."

Malvin hatte diese letzten Worte mit versagender Stimme gesprochen, und ihre Wirkung auf seinen Gefährten stand diesem deutlich ins Gesicht geschrieben. Sie erinnerten ihn daran, daß er noch andere, weniger unsichere Pflichten hatte, als das Schicksal eines Mannes zu teilen, dem sein Tod nichts nützen konnte. Auch läßt sich nicht behaupten, daß keinerlei selbstsüchtiges Gefühl Reubens Herz beschlichen hätte, obwohl gerade das Bewußtsein davon ihn den Bitten seines Gefährten noch stärkeren Widerstand entgegensetzen ließ.

„Wie furchtbar, das langsame Nahen des Todes in solcher

Einsamkeit zu erwarten!" rief er. „Ein tapferer Mann schreckt im Kampfe nicht vorm Tod zurück, und wenn Freunde das Bett umstehen, mögen sogar Frauen mit Fassung sterben; aber hier –"

„Ich werde mich nicht fürchten, auch hier nicht, Reuben Bourne", unterbrach ihn Malvin, „ich bin kein Mann mit einem zagen Herzen; und selbst wenn ich das wäre, so gibt es doch eine sicherere Stütze als die von irdischen Freunden. Du bist jung, und das Leben ist dir teuer. In deinen letzten Stunden wirst du Trost viel mehr brauchen als ich; und wenn du mich in die Erde gelegt hast und allein bist, und die Nacht über dem Walde hereinbricht, dann wirst du die ganze Bitterkeit des Todes fühlen, der du jetzt entgehen kannst. Aber ich will deiner großmütigen Natur kein eigennütziges Motiv aufdrängen. Verlaß mich um meinetwillen; auf daß ich, nach einem Gebet für deine Sicherheit, Ruhe habe, um ungestört von irdischen Sorgen meine Rechnung mit dieser Welt abzuschließen."

„Und deine Tochter! Wie soll ich ihr je wieder unter die Augen treten?" rief Reuben. „Sie wird mich nach dem Schicksal ihres Vaters fragen, dessen Leben ich mit meinem eigenen zu verteidigen schwur. Muß ich ihr sagen, daß er drei Tage mit mir zusammen vom Schlachtfeld wanderte, und daß ich ihn dann allein in der Wildnis umkommen ließ? Wäre es nicht besser, mich hier neben dich zu legen und neben dir zu sterben, als lebend heimzukehren und Dorcas solches zu berichten?"

„Sag meiner Tochter", antwortete Roger Malvin, „daß du, obwohl selber verwundet, schwach und erschöpft, meine stolpernden Schritte viele Meilen lang gestützt und mich nur auf meine dringendsten Bitten hin verlassen hast, weil ich nicht dein Blut auf meiner Seele haben wollte. Sag ihr, daß du in Schmerz und Gefahr treu geblieben bist und daß du, wenn dein Herzblut mich hätte retten können, selbst den letzten Tropfen nicht gespart hättest. Und sag ihr, daß du ihr mehr sein wirst als ein Vater, und daß mein Segen auf euch beiden liegt, und daß meine sterbenden Augen einen langen und frohen Pfad sehen, den ihr zusammen wandern werdet."

Bei diesen Worten hatte Malvin sich fast vom Boden erhoben, und die Kraft seiner letzten Worte schien den wilden, verlassenen Wald mit einer Vision des Glücks zu füllen. Doch als er erschöpft auf sein Bett aus Eichenblättern zurücksank, verlosch das Licht, das in Reubens Auge aufgeglommen war. Er hatte das Gefühl, als sei es Torheit und Sünde zugleich, in einem solchen Augenblick an Glück zu denken. Sein Gefährte beobachtete den Wechsel im Ausdruck seines Gesichts und überlegte, wie er ihn mit selbstloser Kunst zum eigenen Besten überlisten konnte.

„Vielleicht täusche ich mich selber über die Zeit, die ich noch zu leben habe", fuhr er fort. „Wenn bald Hilfe kommt, könnte ich mich von meiner Verwundung vielleicht erholen. Die ersten Flüchtigen müßten noch vor uns die Nachricht von unserem verhängnisvollen Kampf bis an die Grenzen getragen haben, und sicher werden schon Suchtrupps ausgesandt, um die zu retten, die in ähnlicher Lage sind wie wir selber. Wenn du auf einen von diesen stößt und sie zu mir führst – wer vermöchte zu sagen, ob ich nicht bald wieder an meinem eigenen Kaminfeuer sitze?"

Ein schmerzliches Lächeln stahl sich über die Züge des Sterbenden, als er diese unbegründete Hoffnung vortäuschte; die auf Reuben allerdings nicht ohne Wirkung blieb. Kein rein selbstsüchtiger Beweggrund und auch nicht Dorcas' Verlassenheit hätten ihn dazu bringen können, seinen Gefährten in einem solchen Augenblick allein zu lassen. Doch seine Wünsche klammerten sich an den Gedanken, daß Malvins Leben vielleicht doch gerettet werden könnte, und seine zuversichtliche Natur erhöhte die geringe Wahrscheinlichkeit, menschliche Hilfe herbeizuschaffen, fast zur Gewißheit.

„Sicher gibt es Gründe, gute Gründe, anzunehmen, daß Freunde nicht mehr weit sind," sagte er halblaut. „Gleich zu

Beginn des Kampfes ist ein Feigling unverwundet geflohen, und wahrscheinlich ist er gut vorangekommen. Und jeder aufrechte Mann an der Grenze wird bei dieser Nachricht seine Muskete schultern; und wenn auch kein Suchtrupp sich so tief hinein in den Wald verirrt, so werde ich vielleicht schon nach einem Tagesmarsch auf Leute stoßen. Sag mir aufrichtig und ehrlich", fuhr er, zu Malvin gewandt, fort, seinen eigenen Motiven mißtrauend, „wärest du in meiner Lage, würdest du mich wirklich lebend hier zurücklassen?"

„Es ist nun zwanzig Jahre her", antwortete Roger Malvin, jedoch seufzend, da er bei sich den großen Unterschied zwischen den beiden Fällen zugeben mußte, „– es ist nun zwanzig Jahre her, da flüchtete ich mit einem teuren Freund zusammen aus indianischer Gefangenschaft in der Nähe von Montreal. Viele Tage lang wanderten wir durch die Wälder, bis endlich, von Hunger und Müdigkeit überwältigt, mein Freund sich hinlegte und mich anflehte, ihn allein zu lassen; denn er wußte, daß wir beide umkommen würden, wenn auch ich bei ihm bliebe. Und mit nur geringer Hoffnung auf Hilfe schichtete ich unter seinem Kopf ein Kissen aus trockenen Blättern auf und eilte weiter."

„Und bist du zur rechten Zeit zurückgekehrt, um ihn zu retten?" fragte Reuben, an Malvins Worten hängend, als würden sie ihm prophetisch seinen eigenen Erfolg verkünden.

„Ja, das bin ich", antwortete der andere. „Noch vor Sonnenuntergang desselben Tages stieß ich auf das Lager einer Jagdgesellschaft. Ich führte sie an den Ort, wo mein Kamerad auf den Tod wartete; heute ist er ein rüstiger, gesunder Mann auf seiner eigenen Farm, weit hinter den Grenzen, während ich hier in tiefster Wildnis verwundet am Boden liege."

Dieses Beispiel, das starken Einfluß auf Reubens Entscheidung gewann, war, ihm selber unbewußt, noch gestützt von der heimlichen Kraft verschiedener anderer Motive. Roger Malvin sah, daß der Sieg schon fast errungen war.

„Jetzt geh, mein Sohn, und möge der Himmel dir Erfolg

schenken", sagte er. „Kehre nicht mit unseren Freunden zurück, wenn du auf sie triffst, damit nicht deine Wunden und deine Erschöpfung dich überwältigen; sondern sende zwei oder drei andere, die man nicht braucht, damit sie nach mir suchen. Und glaub mir, Reuben, mein Herz wird leichter mit jedem Schritt, den deine Füße heimwärts machen." Doch bei diesen Worten ging vielleicht eine kleine Veränderung in Gesicht und Stimme mit ihm vor; denn es war am Ende ein entsetzliches Schicksal, in der Wildnis allein den Tod zu erwarten.

Reuben Bourne, nur halb überzeugt, daß er richtig handle, erhob sich endlich vom Boden und bereitete seinen Aufbruch vor. Als erstes, und entgegen Malvins Wünschen, sammelte er einen Vorrat von Wurzeln und Kräutern, von denen sie in den letzten beiden Tagen gelebt hatten. Diese unnötige Nahrung häufte er in Reichweite des Sterbenden auf, für den er auch noch ein frisches Bett aus trockenen Eichenblättern zusammenfegte. Darauf stieg er zum Gipfel des Felsens, der auf einer Seite rauh und aufgerissen war, beugte den jungen Eichbaum nieder und knüpfte sein Taschentuch an dessen obersten Ast. Diese Maßnahme war notwendig, um jenen, die etwa auf der Suche nach Malvin sein sollten, die Richtung anzuzeigen; denn außer der breiten, glatten Vorderseite war vom Felsen schon aus kurzer Entfernung wegen des dichten Unterholzes in diesem Wald nichts mehr zu sehen. Mit dem Taschentuch hatte Reuben eine Wunde an seinem Arm verbunden; und als er es an den Baum knüpfte, schwor er beim Blut, das es befleckte, daß er zurückkehren würde – sei es, um das Leben seines Gefährten zu retten, sei es, um seinen Leichnam ins Grab zu betten. Dann stieg er wieder herab und stand mit niedergeschlagenen Augen vor Roger Malvin, um dessen Abschiedsworte zu empfangen.

Der letztere gab ihm aus Erfahrung viele und genaue Ratschläge, die sich auf den Gang des Jünglings durch den weglosen Wald bezogen. Über diesen Gegenstand sprach er mit ruhigem Ernst, so, als würde er Reuben in den Kampf oder auf die Jagd schicken, während er im sicheren Haus auf ihn wartete; und nicht, als wäre die menschliche Gestalt, die ihn bald verlassen sollte, die letzte, die er auf Erden sehen würde. Doch bevor er noch zu Ende sprach, wurde seine Festigkeit erschüttert.

„Überbringe Dorcas meinen Segen und sage ihr, daß mein letztes Gebet ihr und dir gelten soll. Sag ihr, daß sie es dir nicht nachtragen soll, daß du mich hiergelassen hast" – Reuben gab es einen Stich ins Herz –, „sag ihr, daß dein Leben dir nichts bedeutet hätte, hätte sein Opfer mir genützt. Sie wird dich heiraten, wenn sie eine Weile um ihren Vater getrauert hat; und der Himmel schenke euch lange und glückliche Tage! und mögen deine Kinder einst dein Totenbett umstehen! Und, Reuben", fügte er hinzu, als die Schwachheit der Sterblichkeit doch endlich durchbrach, „kehre zurück, wenn deine Wunden geheilt und deine Müdigkeit gewichen ist, kehre zu diesem verlassenen Felsen zurück, lege meine Gebeine in ein Grab und sprich ein Gebet über ihnen."

Vielleicht von den Sitten der Indianer herrührend, die nicht nur mit den Lebenden, sondern auch mit den Toten Krieg führten, legten die Bewohner des Grenzlandes den Begräbnisbräuchen eine beinahe abergläubische Bedeutung bei; und es gibt viele Beispiele davon, daß jemand beim Versuch, jene zu begraben, die durch das ‚Schwert der Wildnis' umgekommen waren, selber den Tod fand. Reuben spürte daher die volle Bedeutung seines feierlichen Versprechens, zurückzukehren und Roger Malvin würdig zu beerdigen. Es war immerhin auffallend, daß der letztere, sein ganzes Herz in seine Abschiedsworte legend, jetzt nicht mehr versuchte, den Jüngling davon zu überzeugen, daß schnelle Hilfe sein Leben doch noch retten könnte. Und Reuben war innerlich davon überzeugt, daß er Malvin nicht mehr lebend sehen würde. Seine großherzige Natur hätte ihn wohl um jeden Preis zurückgehalten, bis die Todesszene vorbei war; aber sein Wille zum Leben und die Hoffnung auf Glück waren mächtig in seinem Herzen erwacht, und er war nicht fähig, ihnen Widerstand zu leisten.

„Es ist genug", sagte Roger Malvin, nachdem er Reubens Versprechen angehört hatte. „Geh, und möge Gott deine Schritte lenken!"

Der Jüngling drückte schweigend seine Hand, wandte sich ab und wollte gehen. Seine langsamen, stolpernden Schritte hatten ihn jedoch noch nicht weit getragen, da rief Malvins Stimme ihn wieder zurück.

„Reuben, Reuben", sagte er schwach; und Reuben ging zu ihm und kniete neben dem sterbenden Mann nieder.

„Richte mich auf, und laß mich an den Felsen lehnen", war seine letzte Bitte. „So wird mein Gesicht heimwärts blikken, und ich werde dich einen Augenblick länger sehen, wie du zwischen den Stämmen verschwindest."

Nachdem Reuben die Stellung seines Gefährten so geändert hatte, wie dieser es wünschte, nahm er seine einsame Wanderung wieder auf. Zuerst hastete er schneller vorwärts, als seine Kraft ihm gestattete; denn eine Art von Schuldgefühl, das die Menschen manchmal selbst bei Handlungen quält, die völlig gerechtfertigt erscheinen, drängte ihn dazu, Malvin möglichst schnell aus den Augen zu kommen. Doch nachdem er schon weit über die raschelnden Blätter des Waldes geschritten war, schlich er zurück, von wilder, schmerzlicher Neugier getrieben, und blickte hinter den mit Erde überkrusteten Wurzeln eines ausgerissenen Baumes hervor ernst auf den verlassenen, einsamen Mann. Wolkenlos stand die Morgensonne am Himmel, und Bäume und Büsche saugten die süße Maienluft ein; und doch lag ein trüber Schleier über dem Antlitz der Natur, als fühlte sie mit diesem tödlichen Schmerz und Leid. Roger Malvins Hände waren in inbrünstigem Gebet erhoben, und einige seiner Worte, die durch das Schweigen des Waldes drangen und sich in Reubens Herz stahlen, erfüllten ihn mit einer unbeschreiblichen Gewissensqual. Was er hörte, waren abgerissene Worte aus einem Gebet um sein und Dorcas' Glück; und während der Jüngling lauschte, drang sein Gewissen, oder etwas, das ihm ähnlich war, heftig in ihn, zurückzukehren und sich wieder am Felsen niederzulegen. Er empfand, wie bitter das Los dieses gütigen, großherzigen Wesens war, das er hier in seiner äußersten Not verlassen hatte. Der Tod würde zu ihm kommen wie ein sich langsam nahender Leichnam, der sich durch den Wald auf ihn zustahl, mit grauenhaften, reglosen Zügen hinter einem nahen Baum hervorblickend, dann hinter einem noch näheren. Doch das wäre Reubens eigenes Los gewesen, hätte er nur bis Sonnenuntergang gezögert; und wer möchte ihn deshalb schuldig sprechen, daß er vor einem sinnlosen Opfer zurückscheute? Als er Malvin scheidend anblickte, brachte eine leichte Brise das kleine Banner auf dem Eichenschößling zum Wehen und erinnerte Reuben an seinen Schwur.

Viele Umstände trugen dazu bei, den verwundeten Wanderer auf seinem Weg zur Grenze aufzuhalten. Am zweiten Tag nahmen ihm die Wolken, die sich am Himmel ballten, jede Möglichkeit, seine Richtung nach dem Stand der Sonne zu bestimmen, und er konnte nicht wissen, ob ihn nicht jede Anstrengung seiner erschöpften Kraft nur noch weiter von der Heimat, die er suchte, entfernte. Beeren und was sonst wild im Wald wuchs war seine kärgliche Nahrung. Zwar sprangen manchmal Rotwildherden an ihm vorbei, und Rebhühner schwirrten vor seinen Füßen auf; aber seine Munition hatte er in der Schlacht verbraucht, und er hatte jetzt kein Mittel mehr, um sie zu erlegen. Seine Wunden, durch die dauernde Anstrengung, in der doch seine einzige Hoffnung auf Überleben lag, entzündet, zehrten seine Kraft auf und verwirrten in Abständen seinen Geist. Doch selbst während sein Geist sich trübte, klammerte sich Reubens junges Herz fest ans Leben, und erst, als ihm jede Bewegung unmöglich geworden war, sank er unter einem Baum zusammen, um dort den Tod zu erwarten. In dieser Lage wurde er von einem Suchtrupp entdeckt, den man auf die erste Nachricht vom Kampf hin losgeschickt hatte, um den Überlebenden beizustehen. Sie brachten ihn zur nächsten Siedlung, die zufällig seine eigene war.

Dorcas, in der Schlichtheit der alten Zeiten, wachte am Bett ihres verwundeten Geliebten und ließ ihm alle jene Sorge und Zärtlichkeit angedeihen, wie nur Herz und Hand einer Frau sie geben können. Mehrere Tage lang irrte Reubens Erinnerung schläfrig unter den Gefahren und Strapazen herum, die er erlitten hatte, und er war nicht imstande, klare Antworten auf die Fragen zu geben, mit denen ihn viele eifrig bestürmten. Zuverlässige Einzelheiten über den Verlauf der Schlacht waren bis jetzt nicht bekannt geworden; Mütter, Frauen und Kinder wußten nicht, ob ihre Liebsten in der Gefangenschaft oder von der stärkeren Kette des Todes festgehalten wurden. Schweigend nährte Dorcas bittere Ahnungen in ihrer Brust, bis eines Nachmittags Reuben, aus einem unruhigen Schlaf erwachend, sie deutlicher zu erkennen schien als irgendwann vorher. Sie sah, daß sein Geist sich gefaßt hatte, und konnte ihre kindliche Besorgnis daher nicht länger beherrschen.

„Mein Vater, Reuben?" begann sie; aber die Veränderung auf dem Gesicht des Geliebten ließ sie stocken.

Der Jüngling schrak wie in bitterem Schmerz zusammen, und das Blut schoß ihm lebhaft in die blassen, hohlen Wangen. Sein erster Antrieb war, sein Gesicht zu verbergen; doch dann richtete er sich halb auf, was ihn offenbar die größte Anstrengung kostete, und begann erregt zu sprechen, sich gegen eine eingebildete Anschuldigung verteidigend.

„Dein Vater, Dorcas, wurde in dem Kampf schwer verwundet, und er wollte nicht, daß ich mich mit ihm belastete; ich sollte ihn nur zum Ufer des Sees führen, damit er dort seinen Durst löschen und dann sterben könnte. Aber ich wollte den alten Mann in seiner Not nicht verlassen, und obwohl ich selber blutete, stützte ich ihn; ihm meine halbe

Kraft leihend, führte ich ihn mit mir fort. Drei Tage lang wanderten wir miteinander, und dein Vater hielt länger aus, als ich zu hoffen gewagt hatte; doch als ich am vierten Tag bei Sonnenaufgang erwachte, fand ich ihn schwach und erschöpft – er konnte nicht mehr weiter – seine Kräfte schwanden schnell – und –"

„Er starb!" rief Dorcas schwach.

Es war Reuben unmöglich, zuzugeben, daß seine selbstsüchtige Liebe zum Leben ihn fortgetrieben hatte, bevor das Schicksal ihres Vaters sich erfüllt hatte. Er sagte nichts; er senkte nur den Kopf; und hin- und hergerissen zwischen Scham und Erschöpfung, verbarg er das Gesicht in seinem Kissen. Dorcas weinte, da sie ihre Befürchtungen nun bestätigt sah; doch da sie diesen Schlag lange vorausgeahnt hatte, traf er sie weniger heftig.

„Du hast meinem armen Vater in der Wildnis ein Grab gegraben, Reuben?" lautete die Frage, in der ihre kindliche Achtung und Liebe sich ausdrückten.

„Meine Hände waren schwach, aber ich tat, was ich konnte", erwiderte der Jüngling mit erstickter Stimme. „Ein stattlicher Grabstein steht an seinem Haupt; gäbe der Himmel, daß auch ich so fest schliefe wie er!"

Dorcas hörte die wilde Bitterkeit in seinen letzten Worten, fragte aber diesmal nicht weiter; doch ihr Herz fand Trost in dem Gedanken, daß Roger Malvin, soweit das eben möglich gewesen war, ein anständiges Begräbnis bekommen hatte. Der Bericht von Reubens Tapferkeit und Treue verlor nichts in Dorcas' Wiedergabe an ihre Freunde; und der arme Jüngling, der aus seinem Krankenzimmer wankte, um die sonnige Luft einzuatmen, erfuhr aus jedem Mund die schmerzliche und demütigende Qual unverdienten Lobes. Alle waren sich darin einig, daß er das Recht hatte, um die Hand des schönen Mädchens anzuhalten, dessen Vater er ‚treu bis in den Tod' gewesen war; und da meine Geschichte nicht von Liebe handelt, genügt es, wenn ich berichte, daß Reuben innerhalb von zwei Jahren Dorcas' Gemahl wurde. Bei der Hochzeit war das Gesicht der Braut von Röte überzogen, das des Bräutigams jedoch bleich.

In Reuben Bournes Brust war jetzt ein Gedanke, den er niemandem mitteilen konnte; etwas, das er vor allem vor der verbergen mußte, der seine ganze Liebe und sein ganzes Vertrauen galten. Tief und bitter bereute er jetzt die moralische Feigheit, die ihn am Sprechen gehindert hatte, als er Dorcas die Wahrheit gestehen wollte; aber Stolz, die Angst, ihre Neigung zu verlieren, und die Furcht vor allgemeiner Verachtung hinderten ihn daran, seine Lüge zu berichtigen. Roger Malvin verlassen zu haben, dafür, so fühlte er, verdiente er keinen Tadel. Seine Gegenwart, das vergebliche Opfer seines eigenen Lebens hätten die letzten Augenblicke eines Sterbenden nur noch mit neuer, sinnloser Qual belastet. Erst die Verheimlichung hatte einer durchaus zu rechtfertigenden Tat den Charakter einer geheimen Schuld gegeben; und während die Vernunft ihm sagte, daß er recht gehandelt habe, erfuhr Reuben dennoch in nicht geringem Maße die seelischen Qualen, die den verfolgen, dessen Verbrechen nicht entdeckt wird. Eine bestimmte Verbindung von Ideen bewirkte, daß er sich manchmal beinahe als Mörder sah. Und durch Jahre hindurch drängte sich ihm immer wieder eine Vorstellung auf, die er zwar durchaus als töricht und unsinnig erkannte, ohne daß er jedoch die Kraft gehabt hätte, sie aus seinem Geist zu verbannen; es war die quälende, unabweisbare Einbildung, daß sein Schwiegervater noch immer am Fuß des Felsens auf den welken Blättern saß, lebend und auf seinen versprochenen Beistand wartend. Diese Wahnvorstellungen kamen und gingen, ohne daß er sie jemals für Wirklichkeit gehalten hätte; doch in den ruhigsten und klarsten Augenblicken seines Geistes war er sich dessen bewußt, daß er ein Gelöbnis nicht eingelöst hatte und daß ein unbestatteter Leichnam aus der Wildnis nach ihm rief. Doch seine Unaufrichtigkeit hatte es ihm unmöglich gemacht, diesem Ruf Folge zu leisten. Jetzt war es zu spät, um Roger Malvins Freunde zu bitten, ihm bei diesem lang hinausgeschobenen Begräbnis zu helfen; und die abergläubische Furcht, für die niemand anfälliger war als die Bewohner dieser vorgeschobenen Grenzsiedlungen, verbot Reuben, allein zu gehen. Außerdem wußte er nicht, wo in dem unendlichen, pfadlosen Wald er nach dem glatten, beschrifteten Felsen suchen sollte, an dessen Fuß der Leichnam lag; seine Erinnerung an die einzelnen Abschnitte seines Rückweges war nur undeutlich, und der letzte Teil hatte sich seinem Geist überhaupt nicht mehr eingeprägt. Dennoch fühlte er einen ständigen inneren Antrieb, eine Stimme, die, nur ihm verständlich, ihm befahl, hinzugehen und sein Gelöbnis einzulösen; und er hatte das seltsame Gefühl, daß er, sollte er den Versuch machen, geradewegs zu Malvins Gebeinen geführt würde. Doch Jahr für Jahr wurde die Ladung, die er nicht hörte, aber fühlte, nicht befolgt. Sein einziger heimlicher Gedanke wurde wie eine Kette, die seinen Geist festband, und wie eine Schlange, die sich in sein Herz fraß; und er verwandelte sich langsam in einen niedergeschlagenen und reizbaren Menschen.

Im Lauf einiger Jahre nach der Hochzeit wurden in den äußeren Umständen von Reuben und Dorcas gewisse Veränderungen sichtbar. Der einzige Besitz des ersteren waren sein mutiges Herz und sein starker Arm gewesen; während die letztere, die einzige Erbin ihres Vaters, ihren Gatten zum Herrn über seine Farm gemacht hatte, die länger bebaut, größer und besser ausgestattet war als die meisten in den Grenzsiedlungen. Doch Reuben Bourne war ein nachlässiger Landmann; und während die Äcker der anderen Siedler von Jahr zu Jahr fruchtbarer wurden, verfielen die seinen in gleichem Maße. Die Schwierigkeiten der Landwirtschaft waren seit der Beendigung des Krieges mit den Indianern, als die Männer den Pflug in der einen Hand und die Muskete in der anderen hielten, weit geringer geworden; damals durften sie glücklich sein, wenn die Früchte ihrer gefahrvollen Mühen nicht auf dem Feld oder in der Scheune von dem unbarmherzigen Feind zerstört wurden. Doch Reuben zog aus der veränderten Lage des Landes keinen Gewinn; auch läßt sich nicht leugnen, daß seine – unregelmäßige – Hinwendung an seinen Besitz nur von geringem Erfolg belohnt wurde. Die Reizbarkeit, die ihn in letzter Zeit auszeichnete, war eine weitere Ursache für seinen abnehmenden Wohlstand, da sie bei dem unvermeidlichen Umgang mit benachbarten Siedlern zu häufigen Streitereien führte. Daraus ergaben sich zahlreiche Prozesse; denn in diesem anfänglichen ungeordneten Zustand ihres Landes wählten die Bewohner Neu-Englands, wann immer möglich, den gesetzlichen Weg zur Schlichtung ihrer Differenzen. Kurz, Reuben kam mit der Welt nicht gut zu Rande, und schließlich, wenn auch erst viele Jahre nach seiner Hochzeit, war er ein ruinierter Mann, dem nur mehr ein Mittel blieb gegen das Unglück, das ihn verfolgt hatte. Er sollte Sonnenlicht in einen der dunkelsten Winkel des Waldes werfen und sich dabei vom jungfräulichen Busen der Wildnis ernähren.

Dorcas' und Reubens einziges Kind war ein Sohn, jetzt fünfzehn Jahre alt, ein schöner Junge, der ein bedeutender Mann zu werden versprach. Er war besonders begabt mit den kriegerischen Tugenden des Grenzlebens und begann schon jetzt, sich darin auszuzeichnen. Sein Fuß war schnell, sein Ziel sicher, seine Auffassung rasch, sein Herz froh und hochgesinnt; und alle, die mit einem neuerlichen Aufflammen der Kämpfe mit den Indianern rechneten, redeten von Cyrus Bourne als von einem zukünftigen Anführer dieses Landes. Der Vater liebte den Sohn mit einer tiefen, schweigenden Kraft, als wäre alles, was an seinem eigenen Wesen gut und glücklich war, auf dieses Kind übertragen worden, und seine Neigung mit dazu. Selbst Dorcas, die ihn liebte und von ihm geliebt wurde, war ihm lange nicht so teuer; denn Reubens geheime Gedanken und einsame Gefühle hatten ihn nach und nach in einen eigensüchtigen Mann verwandelt; und er konnte nur mehr dort wirklich lieben, wo er eine Spiegelung oder Ähnlichkeit mit seinem eigenen Geist sah oder zu sehen glaubte. In Cyrus erkannte er sich selber, wie er früher gewesen war; und mitunter schien der Geist des Jungen ihn anzustecken, ihn mit einem frischen, glücklichen Leben zu erfüllen. Reuben nahm seinen Sohn zu jener Expedition mit, auf der sie ein Stück Land auswählten und Holz fällten und verbrannten, was notwendigerweise der Verlegung der Hausgötter vorausgehen mußte. Damit verbrachten sie zwei Herbstmonate; dann kehrten Reuben Bourne und sein junger Jäger zurück, um ihren letzten Winter in der Siedlung zu verbringen.

Es war zu Anfang des Monats Mai, als die kleine Familie alle Ranken der Zuneigung, die sich an leblose Gegenstände geklammert hatten, ausriß und jenen wenigen, die sich auch noch im Gifthauch des Schicksals ihre Freunde genannt hatten, Lebewohl sagte. Jeder der drei Pilger tröstete sich jedoch in der Trauer des Abschieds auf seine Weise. Reuben, ein launischer Mann, unglücklich und daher ein Menschenfeind, schritt mit gewohntem finsteren Gesicht und niedergeschlagenen Augen voraus, nur wenig Bedauern fühlend und keinesfalls bereit, auch nur eine Spur davon zuzugeben. Dorcas vergoß wohl viele Tränen über die zerrissenen Bande, die ihr einfaches und zärtliches Gemüt an alles geknüpft hatte, aber sie spürte doch, daß die, die ihr innerstes Herz bewohnten, mit ihr fortgingen, und alles andere würde sich von selbst einstellen, wohin sie auch käme. Und der Knabe wischte sich eine Träne aus dem Auge und dachte an die abenteuerlichen Freuden des weglosen Waldes. Oh! Wer hätte sich in der Begeisterung eines Tagtraums nicht schon gewünscht, in die sommerliche Wildnis hinauszuwandern, ein schönes, sanftes Wesen leicht an seinem Arm hängend? Der freie, kühne Schritt des Jünglings würde keine Grenzen kennen als den rollenden

Ozean oder die schneebedeckten Berge; das ruhigere Mannes-
alter würde einen Ort zur Heimat wählen, im Tal eines klaren Flusses etwa, den die Natur mit üppigem Reichtum gesegnet hat; und wenn, nach langen, langen Jahren eines reinen Lebens, das graue Alter sich ihm näherte, es würde den
Vater eines Geschlechtes finden, den Patriarchen eines ganzen Volkes, den Gründer einer mächtigen zukünftigen Nation. Wenn dann der Tod über ihn kommt, wie der süße
Schlaf, den wir nach einem Tag voller Glück willkommen
heißen, dann würden Kinder und Kindeskinder über den verehrten Staub trauern. Von der Überlieferung mit geheimnisvollen Eigenschaften begabt, würden die Männer der zukünftigen Generationen ihn gottähnlich nennen; und die ferne
Nachwelt noch sieht ihn in verschwommener Glorie, hoch
oben im Tal der vergangenen Jahrhunderte!

Der verschlungene, düstere Wald, durch den die Gestalten
meiner Erzählung wanderten, war vom Land der Phantasie
dieses Träumers sehr verschieden; und doch war etwas in
ihrer Art zu leben, die die Natur zu ihrer eigenen erklärte;
und die nagenden Sorgen, die sie aus der Welt mitgebracht
hatten, waren jetzt das einzige, was ihr Glück störte. Ein
kräftiger, zottiger Gaul, der ihren ganzen Reichtum trug,
machte sich nichts aus Dorcas' zusätzlichem Gewicht; obwohl ein hartes Leben sie genügend gekräftigt hatte, daß sie
den größten Teil eines Tagemarsches an der Seite ihres Gatten zurücklegte. Reuben und sein Sohn schritten rüstig aus,
die Musketen auf den Schultern, die Axt auf den Rücken
gebunden, und hielten mit dem Blick des Jägers nach Wild
Ausschau, das ihre Nahrung war. Wenn der Hunger sich meldete, machten sie halt und bereiteten ihre Mahlzeit am Ufer
eines reinen Waldquells, der sanfte Abwehr murmelte, wenn
sie sich mit durstigen Lippen zum Trinken über ihn beugten,
wie ein Mädchen beim ersten Kuß der Liebe. Sie schliefen in
einer Laubhütte und erwachten im ersten Licht des Tages,
erfrischt für die Mühen eines weiteren. Dorcas und der Kna-

be schritten freudig dahin, und sogar Reubens Gemüt leuchtete manchmal in sichtlicher Freude; doch innen war ein kaltes, kaltes Leid, das er mit den Schneewehen verglich, die in den Klammen und Flußniederungen lagen, während oben die grünen Blätter glänzten.

Cyrus Bourne war als Waldläufer bereits geübt genug, um zu erkennen, daß sein Vater sich nicht an jene Richtung hielt, die sie auf ihrer Expedition im vergangenen Herbst eingeschlagen hatten. Sie nahmen ihren Weg diesmal weiter nördlich, in größerem Abstand von den Siedlungen und in ein Gebiet, das bisher nur von wilden Tieren und wilden Menschen bewohnt war. Manchmal deutete der Knabe an, was seine Meinung darüber war, und Reuben hörte aufmerksam zu, und ein- oder zweimal änderte er auch, dem Rat seines Sohnes folgend, die Marschrichtung. Doch danach schien er sich unbehaglich zu fühlen. Er schickte schnelle, unstete Blicke voraus, so, als suche er nach Feinden, die hinter den Bäumen lauerten; und wenn er dort nichts fand, blickte er hastig hinter sich, wie in Furcht vor irgendeinem Verfolger. Cyrus, der sehr wohl bemerkte, daß sein Vater bald wieder die alte Richtung einschlug, mischte sich nicht mehr ein; und wenn auch ein Gewicht sich langsam in sein Herz senkte, so verbot ihm doch seine abenteuerlustige Natur, darüber zu klagen, daß der Weg immer länger und geheimnisvoller wurde.

Am Nachmittag des fünften Tages hielten sie beinahe eine Stunde vor Sonnenuntergang an und schlugen ihr einfaches Lager auf. Während der letzten Meilen hatte sich das Gesicht der Landschaft verändert, durch Anhöhen, die riesigen Wellen eines versteinerten Meeres glichen; und in einem dieser Wellentäler, einem wilden und romantischen Platz, hatte die Familie ihre Hütte gebaut und ihr Feuer angezündet. Es liegt etwas Tödlich-Kaltes und Herzerwärmendes zugleich in der Vorstellung, daß diese Drei, von einem starken Band der Liebe vereint waren, doch abgeschnitten von allem anderen Lebenden. Die dunklen, düsteren Fichten blickten auf sie herab, und wenn der Wind durch ihre Wipfel fuhr, ging ein klagender Ton durch den Wald; oder stöhnten diese alten Bäume aus Furcht, daß endlich Männer gekommen seien, um die Axt an ihre Wurzeln zu legen? Während Dorcas die Mahlzeit vorbereitete, wollten Reuben und sein Sohn nach Wild Ausschau halten, da der heutige Tagesmarsch nichts gebracht hatte. Der Knabe versprach, sich nicht aus der nächsten Umgebung des Lagers zu entfernen, und sprang davon, leicht und elastisch wie das Reh, das er zu töten hoffte; während sein Vater, der, ihm nachblickend, von einem flüchtigen Glücksgefühl erfüllt wurde, sich anschickte, in die entgegengesetzte Richtung zu gehen. Dorcas hatte sich inzwischen neben das Feuer aus Reisern auf den bemoosten, morschen Stumpf eines Baumes gesetzt, der vor vielen Jahren entwurzelt worden war, und beschäftigte sich damit, den Massachusetts Almanach für das laufende Jahr durchzublättern, der neben einer alten Bibel in Frakturschrift den ganzen literarischen Besitz der Familie ausmachte; dazwischen warf sie hin und wieder einen Blick auf den Topf, der jetzt über dem Feuer zu brodeln begann. Niemand schenkt einer willkürlichen Einteilung der Zeit größere Beachtung als jene, die von der menschlichen Gesellschaft ausgeschlossen sind; und Dorcas erwähnte, als ob diese Nachricht von Wichtigkeit wäre, daß heute der zwölfte Mai sei. Ihr Mann schrak zusammen.

„Der zwölfte Mai! Daran sollte ich mich wohl erinnern", murmelte er, während ein Ansturm von Gedanken ihn einen Augenblick lang verwirrte. „Wo bin ich? Wohin gehe ich? Wo habe ich ihn verlassen?"

Dorcas, zu sehr an die eigensinnigen Launen ihres Mannes gewöhnt, als daß ihr etwas Besonderes aufgefallen wäre, legte jetzt den Almanach beiseite und redete ihn in dem bekümmerten Tonfall an, in dem gefühlvolle Menschen über einen Schmerz sprechen, der seit langem kalt und tot ist.

„Es war vor achtzehn Jahren um diese Zeit des Monats,

daß mein armer Vater diese Welt für eine bessere verließ. In seinen letzten Augenblicken stützte ihn ein lieber Arm, und eine liebe Stimme sprach ihm Trost zu, Reuben; und der Gedanke an deine treue Fürsorge hat mich seither oft gestärkt. Oh! wie schrecklich wäre der Tod an einem so wilden Ort wie diesem für einen einsamen Mann gewesen!"

„Bete zum Himmel, Dorcas", sagte Reuben mit gebrochener Stimme, „bete zum Himmel, daß keiner von uns dreien hier in dieser brüllenden Wildnis einsam stirbt und unbegraben liegen bleibt!" Und er stürzte fort und ließ sie allein bei dem Feuer unter den düsteren Tannen wachen.

Allmählich verlangsamte sich Reuben Bournes hastiger Schritt, als der stechende Schmerz, den Dorcas' Worte ihm unwillentlich zugefügt hatten, an Heftigkeit nachließ. Doch drängten viele seltsame Vorstellungen auf ihn ein; mehr wie ein Schlafwandler denn wie ein Jäger irrte er vorwärts, und es geschah ohne sein eigenes Zutun, daß sein krummer Kurs ihn in der Nähe des Lagers festhielt. Unmerklich wurden seine Schritte fast in einen Kreis gelenkt, und es wurde ihm auch nicht bewußt, daß er in einen Teil des Waldes geriet, der dicht bewachsen war, aber nicht mit Tannen. Eichen und andere Harthölzer waren an ihre Stelle getreten; und um ihre Wurzeln drängte sich dichtes, buschiges Unterholz, das jedoch kahle Streifen zwischen den Bäumen freiließ, die hoch mit verwelkten Blättern bedeckt waren. Immer wenn das Rascheln der Blätter oder das Knarren der Baumstämme ein Geräusch verursachte, als ob der Wald aus seinem Schlaf erwachte, hob Reuben unwillkürlich die Muskete, die in seinem Arm ruhte, und warf einen schnellen, scharfen Blick in jene Richtung; doch durch diese flüchtige Beobachtung überzeugt, daß kein Tier sich in der Nähe befand, überließ er sich wieder völlig seinen Gedanken. Er brütete über den seltsamen Impuls nach, der ihn so weit von der geplanten Richtung weg und so tief ins Herz der Wildnis gelenkt hatte. Unfähig, bis zum geheimen Ort der Seele vorzudringen, wo seine Beweggründe verborgen lagen, glaubte er, daß eine übernatürliche Stimme ihn zu sich gerufen, daß eine übernatürliche Macht ihm den Rückweg abgeschnitten hatte. Der Himmel, so hoffte er, wollte ihm nun eine Gelegenheit geben, seine Schuld wiedergutzumachen, und ihn die Gebeine finden lassen, die so lange unbegraben lagen; und wenn er Erde auf sie gelegt hätte, so würde das Sonnenlicht des Friedens wieder in die Gruft seines Herzens scheinen. Aus diesen Gedanken wurde er durch ein Rascheln im Wald aufgeschreckt, in einiger Entfernung von der Stelle, an der er sich befand. Und da er spürte, wie sich hinter dem dichten Schleier aus Unterholz etwas bewegte, feuerte er mit dem Instinkt des Jägers und der Treffsicherheit des geübten Schützen dahin. Ein leises Stöhnen, das seinen Erfolg anzeigte, und mit dem selbst Tiere ihre Todesnot zum Ausdruck bringen können, wurde von Reuben Bourne nicht beachtet. Was waren das für Erinnerungen, die jetzt auf ihn einstürmten?

Das Dickicht, in das Reuben gefeuert hatte, lag nahe dem Gipfel einer Anhöhe und drängte sich um den Fuß eines Felsens, der im Umriß und in der Glätte einer seiner Seiten einem riesenhaften Grabstein nicht unähnlich war. Reuben trug den gleichen in seinem Gedächtnis, als wäre er ein Spiegel. Sogar die Adern erkannte er wieder, die eine Inschrift in Buchstaben eines verschollenen Alphabets zu bilden schienen; alles war gleich geblieben, nur daß dichtes Gestrüpp jetzt den unteren Teil des Felsens verhüllte und Roger Malvin verborgen hätte, hätte er noch immer dort gesessen. Doch im nächsten Moment wurde Reubens Auge von einer anderen Veränderung gefangengenommen, die die Zeit bewirkt hatte, seit er zum letzten Male hier gestanden – und wo er jetzt wieder stand, hinter den erdigen Wurzeln eines umgestürzten Baumes. Der junge Baum, an den er das blutgetränkte Unterpfand seines Schwurs gebunden hatte, war gewachsen und zu einer starken Eiche geworden, noch kein reifer Baum freilich, doch mit einem schattigen Laubdach bereits von nicht geringem Umfang. Doch etwas sehr Seltsames war an diesem Baum zu bemerken und ließ Reuben erzittern. Die mittleren und unteren Äste waren voll grünenden Lebens, und eine Überfülle von Laubwerk hatte den Stamm fast bis zum Boden bewachsen; doch ein Brand schien den oberen Teil des Baumes befallen zu haben, und der oberste Ast war verdorrt, saftlos und ganz abgestorben. Reuben erinnerte sich daran, wie vor achtzehn Jahren das kleine Banner am obersten Ast geflattert hatte, der damals grün und lieblich war. Durch wessen Schuld war er verdorrt?

Nachdem die beiden Jäger fortgegangen waren, fuhr Dorcas mit ihren Vorbereitungen für das Abendessen fort. Ihre sylvanische Tafel war der bemooste Stumpf eines großen umgestürzten Baumes, auf dessen breiteste Stelle sie ein schneeweißes Tuch gelegt und alles aufgestellt hatte, was ihr von dem glänzenden Zinngeschirr geblieben, das in der Siedlung ihr Stolz gewesen war. Es sah seltsam aus – dieser eine kleine Flecken häuslicher Gemütlichkeit mitten in der Einsamkeit der Natur. Das Sonnenlicht zögerte noch auf den höchsten Ästen jener Bäume, die weiter oben standen; doch in der Niederung, wo sie das Lager aufgeschlagen hatten, waren die Abendschatten schon tief; und der Schein des Feuers wurde röter, da es nun die hohen Stämme der Tannen emporglühte oder über dem dichten, dunklen Laubwerk lag, das den Platz umschloß. Dorcas' Herz war nicht traurig; denn sie fühlte, daß es besser war, mit jenen beiden, die sie liebte, durch die Wildnis zu wandern, denn als einsame Frau in einer Menge zu stehen, der sie nichts galt. Während sie geschäftig für Reuben und ihren Sohn Sitze aus morschem Holz mit Blättern bedeckte, tanzte ihre Stimme durch den Wald, im Takt eines Liedes, das sie in ihrer Jugend gelernt hatte. Das einfache Lied, Schöpfung eines Barden, der sich keinen Namen damit gemacht hatte, erzählte von einem Winterabend in einem Haus an der Grenze, wo die Familie, sicher beschützt

vor dem Eindringen hoch aufgetürmter Schneewehen, froh
am eigenen Kamin sitzt. Das ganze Lied hatte jenen schlichten Reiz, wie er ungeborgten Gedanken eigen ist; aber die
vier Zeilen des Kehrreims hoben sich leuchtend von den anderen ab, wie der Schein des Feuers, dessen Freuden sie so
rühmten. In sie hatte der Dichter, mit wenigen einfachen
Worten Wunder wirkend, den tiefsten Kern zärtlicher Liebe
und häuslichen Glücks gelegt und Poesie und Bild zu einem
Ganzen verbunden. Als Dorcas sang, schienen die Wände
ihres verlassenen Heims sie zu umschließen; sie sah nicht
mehr die düsteren Tannen, sie hörte nicht den Wind, der bei
jeder neuen Strophe einen tiefen Atemzug durch die Äste
schickte und beim Kehrreim ihres Liedes in einem dumpfen
Stöhnen erstarb. Der Knall einer Flinte in der Nähe des
Lagers schreckte sie auf; und sie fing plötzlich heftig zu zittern an, entweder wegen des unerwarteten Lauts oder wegen
ihrer Einsamkeit vor dem glimmenden Feuer. Doch im nächsten Augenblick schon lachte sie auf, von mütterlichem Stolz
erfüllt.

„Mein schöner junger Jäger! Mein Junge hat ein Wild erlegt!" rief sie, denn sie erinnerte sich, daß Cyrus in jene
Richtung gegangen war, aus der der Schuß zu hören war.

Sie wartete eine angemessene Zeit darauf, den leichten
Schritt ihres Sohnes zu vernehmen, wie er durch die raschelnden Blätter lief, ihr seinen Erfolg zu melden. Doch er erschien nicht sofort, und sie sandte ihre fröhliche Stimme auf
die Suche nach ihm zwischen die Bäume.

„Cyrus! Cyrus!"

Doch er kam noch immer nicht; aber da der Schuß offenbar in unmittelbarer Nähe gefallen war, beschloß sie, selber
nach ihm zu suchen. Vielleicht wäre ja auch ihre Hilfe nötig,
um das Wildbret herbeizuschaffen, das er, wie sie sich aus-
malte, erlegt hatte. Sie ging also fort, ihre Schritte nach dem
schon lange verklungenen Schall richtend, und sang beim
Gehen, damit der Junge ihr Nahen bemerken und ihr ent-

gegenlaufen sollte. Hinter jedem Baumstamm, in jedem Versteck im dichten Laubwerk des Unterholzes hoffte sie das Gesicht ihres Sohnes zu entdecken, lachend in jenem verspielten Übermut, der der Zuneigung entspringt. Die Sonne war jetzt schon unter dem Horizont, und das Licht, das zwischen den Bäumen herabsickerte, schon so schwach, daß es ihrer erwartungsvollen Phantasie viele Trugbilder vortäuschte. Einige Male meinte sie sein Gesicht undeutlich zwischen den Blättern hervorspähen zu sehen; und einmal war ihr, als winke er ihr vom Fuße eines schroffen Felsens. Als sie ihre Augen jedoch fest auf den Gegenstand heftete, stellte sich heraus, daß es nur der Stamm einer Eiche war, bis zum Boden mit kleinen Zweigen bewachsen, von denen einer, der weiter herausstand als die anderen, sich im Winde bewegte. Sie ging um den Fuß des Felsens herum und sah sich plötzlich neben ihrem Mann, der von der anderen Seite gekommen war. Auf den Kolben seiner Flinte gestützt, deren Lauf in den dürren Blättern steckte, schien er in die Betrachtung eines Gegenstands versunken, der zu seinen Füßen lag.

„Wie denn, Reuben? Hast du das Wild erlegt und bist darüber eingeschlafen?" rief Dorcas fröhlich lachend nach der ersten flüchtigen Wahrnehmung seiner Haltung und Erscheinung.

Er rührte sich nicht und wandte ihr auch seine Augen nicht zu; und eine kalte, schauerliche Angst, unbestimmt in Ursprung und Richtung, begann in ihr Blut zu kriechen. Jetzt erst erkannte sie, daß das Gesicht ihres Mannes geisterhaft blaß und seine Züge reglos waren, als könnten sie keinen anderen Ausdruck annehmen als die tiefe Verzweiflung, die in ihnen erstarrt war. Er verriet nicht mit der geringsten Bewegung, daß er ihr Kommen bemerkt hatte.

„Um Himmels willen, Reuben, sprich mit mir!" schrie Dorcas, und der fremde Klang ihrer eigenen Stimme erschreckte sie noch mehr als die tödliche Stille.

Ihr Mann fuhr zusammen, starrte in ihr Gesicht, zog sie bis vor den Felsen und deutete mit dem Finger.

Ach! Da lag der Knabe, schlafend, aber traumlos, auf den gefallenen Blättern des Waldes! Seine Wange ruhte auf dem Arm, die geringelten Locken fielen aus der Stirn, die Glieder waren leicht gelöst. Hatte jähe Müdigkeit den jugendlichen Jäger überkommen? Oder würde die Stimme seiner Mutter ihn wohl wecken? Sie wußte, es war der Tod.

„Dieser breite Felsen ist der Grabstein deiner Nächsten, Dorcas", sagte ihr Mann. „Deine Tränen werden auf deinen Vater und deinen Sohn zugleich fallen."

Sie hörte ihn nicht. Mit einem wilden Schrei, der aus der innersten Seele der schwer Getroffenen zu brechen schien, sank sie besinnungslos an der Seite ihres toten Jungen nieder. In diesem Augenblick löste sich der dürre Wipfel der Eiche in der reglosen Luft und fiel weich und leicht auf den Felsen, auf die Blätter, auf Reuben, auf seine Frau und sein Kind, und auf Roger Malvins Gebeine. Da wurde Reubens Herz getroffen, und die Tränen strömten aus ihm wie Wasser aus einem Felsen. Der bis ins Mark erkrankte Mann war gekommen, um den Schwur einzulösen, den der verwundete Jüngling getan hatte. Seine Schuld war gesühnt, der Fluch von ihm genommen; und in dieser Stunde, da er Blut vergossen hatte, das ihm teurer war als sein eigenes, stieg ein Gebet, das erste seit vielen Jahren, von Reuben Bournes Lippen zum Himmel auf.

Mein Verwandter, Herr Major Molineux

Seit die Könige von England sich das Recht angemaßt hatten, die Gouverneure der Kolonien selbst zu bestellen, stießen die Verfügungen und Gesetze der letzteren selten auf die gleiche bereitwillige und allgemeine Zustimmung wie die Maßnahmen ihrer Vorgänger unter den ursprünglichen Freibriefen. Mit eifersüchtiger Sorgfalt wachte das Volk über die Ausübung einer Macht, die nicht aus seiner Mitte entsprang, und die Leute wußten den Herrschenden meist nur wenig Dank für die Nachsicht, mit der diese ihre Befehle von jenseits des Meeres abschwächten und sich dadurch den Tadel jener zuzogen, die sie erteilt hatten. Die Annalen von Massachusetts Bay berichten uns, daß im Zeitraum von etwa vierzig Jahren, nachdem unter Jakob II. die alten Freibriefe aufgegeben worden waren, von sechs Gouverneuren zwei bei einem Aufstand des Volkes gefangengesetzt wurden; einen dritten, so glaubt Hutchinson, trieb das Schwirren einer Musketenkugel aus der Provinz; einen vierten brachte, nach Meinung desselben Historikers, das fortwährende Gezänk mit dem Abgeordnetenhaus in ein frühes Grab; und auch die beiden letzten, wie auch ihre sämtlichen Nachfolger bis zur Revolution, kamen nur selten, und wenn, dann nur für einige wenige kurze Augenblicke in den Genuß friedlicher Zustände. Aber auch die weniger bedeutenden Mitglieder der Höfischen Partei führten in dieser Zeit größter politischer Spannungen kein beneidenswertes Leben. Diese Bemerkungen mögen den im folgenden berichteten Abenteuern, die sich in einer Sommernacht vor etwa hundert Jahren zutrugen, als Einleitung dienen. Wir möchten dem Leser einen umständlichen und trockenen Bericht über koloniale Angelegenheiten ersparen und daher auf die Darstellung jener Reihe von Vorfällen, die die Volksseele zeitweilig derart zum Kochen gebracht hatten, verzichten.

Um neun Uhr an einem mondhellen Abend durchquerte ein Boot die Furt, an Bord einen einzigen Passagier, der seine Beförderung zu dieser ungewöhnlichen Stunde nur durch das Versprechen erlangt hatte, mehr als den üblichen Fährlohn zu zahlen. Während er auf dem Landungssteg stand und alle Taschen nach Mitteln zur Erfüllung seines Versprechens durchstöberte, hob der Fährmann eine Laterne und unterzog in ihrem Licht – und dem des eben aufgegangenen Mondes – die Gestalt des Fremden einer gründlichen Untersuchung.

Dieser war ein junger Mann von kaum achtzehn Jahren, offenbar vom Lande, der sich wohl eben anschickte, der Stadt eine erste Aufwartung zu machen. Er trug einen groben grauen Mantel, der zwar abgetragen war, aber bestens geflickt; seine Beinkleider, dauerhaft aus Leder geschnitten, umspannten ein paar tüchtige, wohlgeformte Gliedmaßen; seine blauen Garnstrümpfe waren unstreitig unter den Händen von Mutter oder Schwester entstanden; und auf seinem Kopf saß ein Dreispitz, der in besseren Tagen vielleicht einmal die strengere Stirn des Vaters beschirmt hatte. Unter dem linken Arm trug er einen schweren Knüppel, aus einem Eichenschößling gemacht, dem noch ein Stück der gehärteten Wurzel anhing. Seine Ausrüstung vervollständigte ein Ranzen, der jedoch nicht so überreich gefüllt war, daß er die kräftigen Schultern, die ihn trugen, belastet hätte. Braunes gelocktes Haar, wohlgeformte Züge und strahlende, fröhliche Augen waren ein Geschenk der Natur, das alles aufwog, womit Kunst ihn hätte schmücken können.

Der junge Mann, der unter anderen Namen auch den Namen „Robin" trug, zog endlich die Hälfte eines kleinen Fünf-Shilling-Geldscheins aus der Tasche, der bei der Abwertung dieser Art von Währung den Anspruch des Fährmanns gerade eben befriedigte, zusammen mit einem sechseckigen Stück Pergament, das drei Pence wert war. Darauf machte er sich auf den Weg in die Stadt, so leichtfüßig, als hätte er an diesem Tag mitnichten über dreißig Meilen zurückgelegt, und mit so lebhaften Blicken, als näherte er sich der Stadt London und nicht der kleinen Hauptstadt einer neu-englischen Kolonie. Bevor Robin aber noch weit gekommen war, fiel ihm ein, daß er nicht wußte, wohin er seine Schritte lenken sollte; also blieb er stehen, schaute erst nach links, dann nach rechts durch die enge Straße und betrachtete forschend die kleinen, schäbigen Holzhäuser, die in lockerer Reihe zu beiden Seiten des Fahrweges standen.

„Diese elende Hütte kann nicht das Haus meines Verwandten sein“, dachte er, „auch nicht jenes alte Haus drüben, durch dessen leere Fenster das Mondlicht scheint; überhaupt sehe ich hier kein Gebäude, das würdig wäre, ihn zu beherbergen. Es wäre schlau gewesen, den Fährmann zu fragen, denn ohne Zweifel hätte er mich begleitet und zum Dank für seine Mühe vom Major einen Shilling bekommen. Nun gut, so frage ich eben den Nächsten, der mir begegnet.“

Er nahm seinen Weg wieder auf und bemerkte bald erleichtert, daß die Straße breiter, das Aussehen der Häuser stattlicher wurde. Bald gewahrte er eine Gestalt, die in einiger Entfernung vor ihm ging, und er beschleunigte seine Schritte, um sie zu überholen.

Als Robin näher kam, erkannte er in dem Passanten einen Mann in fortgeschrittenem Alter, mit einer kräftigen Perücke grauen Haares, einem Mantel aus dunklem Tuch mit weiten Schößen und mit Seidenstrümpfen, die bis zu den Knien heruntergerollt waren. Er trug einen langen, glänzenden Spazierstock, den er bei jedem Schritt senkrecht vor sich auf den Boden stieß; und in regelmäßigen Abständen räusperte er sich, zweimal hintereinander, ein merkwürdig feierlicher Laut, der wie aus einer Gruft zu kommen schien. Nach Abschluß seiner Beobachtungen griff Robin nach den Mantelschößen des Alten, gerade in dem Augenblick, als der Lichtschein aus der geöffneten Tür und aus den Fenstern eines Barbiergeschäftes die beiden Gestalten voll beleuchtete.

„Einen schönen guten Abend, ehrenwerter Herr", sagte er, sich tief verbeugend, ohne die Hände von den Schößen zu lassen. „Ich bitte Euch, sagt mir, wo finde ich den Wohnsitz meines Verwandten, des Herrn Major Molineux?"

Der junge Mann hatte seine Frage sehr laut gestellt; und einer der Barbiere, dessen Rasiermesser sich eben über ein wohleingeseiftes Kinn senkte, und ein anderer, der gerade eine Ramillies-Perücke auffrisierte, ließen beide ihre Arbeit stehen und kamen zur Tür. Der Bürger wandte mittlerweile Robin ein etwas länglich geratenes Gesicht zu und antwortete im Tone höchster Wut und Verärgerung. Seine beiden Grabesräusperer schnitten allerdings die scharfe Antwort mitten entzwei, was höchst merkwürdig wirkte, es war, als mischte sich der Hauch des kalten Grabes mitten unter stürmische Leidenschaften.

„Wollt Ihr mein Gewand wohl loslassen, Bursche! Ich warne Euch! Der Mensch, von dem Ihr sprecht, ist mir nicht bekannt. Ich bin ein angesehener Mann – hem, hem – ein angesehener Mann; und wenn das der Respekt ist, den Ihr Höherstehenden erweist, dann sollen Eure Füße Bekanntschaft mit dem Block machen, und zwar schon morgen in der Frühe, gleich bei Tagesanbruch!"

Robin ließ die Rockschöße des Alten fahren und eilte hinweg, und hinter ihm her dröhnte rohes Gelächter aus dem Barbiergeschäft. Zunächst einmal war er von dem Erfolg seiner Befragung sehr überrascht, aber da er ein kluger Junge war, meinte er bald, eine Erklärung für diesen geheimnisvollen Vorfall gefunden zu haben.

„Dieser Mann ist offensichtlich einer der Abgeordneten vom Lande", so schloß er, „der niemals die Schwelle zum Wohnsitz meines Verwandten überschritten hat und dem es an guter Erziehung mangelt, um einem Fremden höflich zu antworten. Der Mann ist alt, sonst – sonst fühlte ich mich versucht, umzukehren und ihm eins über die Nase zu geben. Ah, Robin! Robin! Selbst die Barbierjungen lachen dich aus, daß du dir so einen Führer gewählt hast! Freund Robin, du hast noch manches zu lernen!"

Jetzt verfilzte er sich in einem Gewirr von engen, gebogenen Gäßchen, die einander kreuzten und sich in geringer Entfernung vom Wasser dahinschlängelten. Der Geruch von Teer drängte sich in seine Nasenlöcher, Schiffsmaste stachen über den Dächern der Häuser ins Mondlicht, und die vielen Schilder, vor denen Robin anhielt, um sie zu lesen, gaben ihm kund, daß er sich nahe dem Herzen der Geschäftswelt befand. Aber die Straßen waren leer, die Geschäfte geschlossen, Lichter nur in den Obergeschossen einiger weniger Wohnhäuser zu erkennen. Endlich erblickte er an der Ecke eines schmalen Durchgangs, den er eben passierte, das breite Gesicht eines englischen Helden, als Schild vor der Tür eines Gasthauses hin und her pendelnd, aus dem die Stimmen vieler Gäste drangen. Der Flügel eines der unteren Fenster war geöffnet, und ein sehr dünner Vorhang gestattete Robin Einblick auf eine Gesellschaft, die rund um einen wohlbestellten Tisch beim Nachtmahl saß. Der Duft der guten Speisen strömte dampfend heraus ins Freie und erinnerte den jungen Mann zwangsläufig daran, daß der letzte Rest seines Reiseproviants dem Morgenhunger zum Opfer gefallen war und daß der Mittag ihn so gefunden wie auch verlassen hatte: ohne Mahlzeit.

„Oh, daß doch ein Drei-Penny-Schein mir das Recht gäbe, an dem Tisch dort Platz zu nehmen", sagte Robin mit einem Seufzer. „Aber der Major wird mich mit dem besten Proviante bewirten; also frisch hinein und nach dem rechten Wege gefragt."

Er trat in die Taverne und ließ sich vom Gewirr der Stimmen und dem Tabakrauch zur Schankstube führen. Der Raum war lang und niedrig, die mit Eichenholz getäfelten Wände vom vielen Rauch verdunkelt, der Boden, dick mit Sand bestreut, war keineswegs von fleckenloser Reinheit. Mehrere Personen, die meisten offenbar Matrosen oder jedenfalls in irgendeiner Weise mit dem Meer verbunden, saßen auf Holzbänken oder lederbespannten Stühlen und unterhielten sich über verschiedene Gegenstände, manchmal erregte auch ein Thema von allgemeiner Bedeutung ihre Aufmerksamkeit. Drei oder vier kleinere Gruppen schlürften Punsch aus ebensovielen Schalen, ein Brauch, der durch den bedeutenden Handel mit Westindien seit langem in den Kolonien heimisch geworden war. Andere, die so aussahen, als ernährte sie ein fleißiges, mühevolles Handwerk, zogen die einsame Wonne eines ungeteilten Trunkes vor und wurden unter seinem Einflusse ständig einsilbiger. Kurz, fast alle Anwesenden bekundeten eine Vorliebe für das flüssige Element in der einen oder anderen seiner mannigfachen Erscheinungsformen, denn dieses ist ein Laster, auf welches wir, wie die Fastenpredigten von vor hundert Jahren beweisen, einen uralten erblichen Anspruch haben. Die einzigen Gäste, die Robins Sympathie erregten, waren zwei oder drei linkische Landleute, die das Wirtshaus etwa in der Art benutzten wie eine türkische Karawanserei; sie hatten sich in die finsterste Ecke des Raumes zurückgezogen und verzehrten dort, der Nikotindämpfe ganz ungeachtet, zum Nachtmahl das Brot aus dem eigenen Ofen und den im eigenen Rauchfang geräucherten Speck. Aber obwohl Robin brüderliche Gefühle für diese Fremden verspürte, wurden seine Augen von ihnen weg zu einer Person gezogen, die bei der Tür stand und mit einer Gruppe von schäbig gekleideten Gesellen eine Unterhaltung im Flüsterton führte. Die Züge streiften, einzeln betrachtet, ans Groteske, aber das ganze Gesicht hinterließ im Gedächtnis den stärksten Eindruck. Zwei kräftige Ausbuchtungen, von einer Rinne getrennt, zierten die Stirn; kühn stach die unregelmäßige Krümmung der Nase aus dem Gesicht, mit einem Rücken, der mehr als einen Finger breit war; die Augenbrauen waren dicht und buschig, und darunter glühten die Augen wie Feuer in einer Höhle.

Während Robin überlegte, an wen er sich mit der Frage nach

der Wohnung seines Verwandten wenden sollte, war der Wirt an ihn herangetreten, ein kleiner Mann in einer fleckigen weißen Schürze, um in ihm einen neuen Gast zu begrüßen; als Abkömmling französischer Protestanten in zweiter Generation schien er die Höflichkeit der Nation seiner Väter geerbt zu haben; doch unter keinen Umständen verlor seine Stimme jenen schrillen Ton, in dem er jetzt auch Robin anredete.

„Vom Land, wie ich annehme, mein Herr?" sagte er mit einer tiefen Verbeugung. „Erlaubt, Euch zu Eurer Ankunft zu beglückwünschen, hoffe, daß Ihr Euch lange bei uns aufhalten werdet. Schöne Stadt hier, mein Herr, prächtige Gebäude, vieles, was einen Fremden zu fesseln vermag. Darf ich mit der Ehre rechnen, Eure Wünsche in bezug auf das Nachtmahl entgegenzunehmen?"

„Der Mann sieht eine Familienähnlichkeit! Der Gauner hat erraten, daß ich mit dem Major verwandt bin!" dachte Robin, der bis zu diesem Augenblick noch kaum übertriebener Höflichkeit begegnet war.

Aller Augen ruhten nun auf dem Burschen vom Lande, wie er in der Tür stand, mit seinem abgetragenen Dreispitz, dem grauen Mantel, den Lederhosen, den blauen Garnstrümpfen, gestützt auf einen Knüppel aus Eiche, den Ranzen auf dem Rücken. Robin schmückte seine Erwiderung an den Wirt mit jener huldvollen Herablassung, wie sie sich für einen Verwandten des Majors sicherlich ziemte.

„Guter Freund", sagte er, „ich werde nicht versäumen, Euer Haus gelegentlich mit meinem Besuch auszuzeichnen, sobald –" hier senkte er unwillkürlich die Stimme –, „sobald ich wieder mehr als pergamentene drei Pence im Sack habe. Im Augenblick", fuhr er im Tone größter Zuversicht fort, „im Augenblick geht mein Begehr allein danach, den Weg zur Wohnung meines Verwandten zu erfahren, zu Herrn Major Molineux."

Der Raum wurde von einer plötzlichen allgemeinen Bewegung erfüllt, die Robin so deutete, daß jeder einzelne sich danach drängte, sein Führer zu werden. Doch der Wirt wandte seine Augen zu einem Anschlag an der Wand, den er mit gelegentlicher Bezugnahme auf die Gestalt des jungen Mannes laut vorlas – oder zumindest stellte er sich so.

„Was haben wir hier?" sagte er, seinen Vortrag in kurze, trockene Teile zerhackend. „Verließ das Haus des Unterfertigten, gedungener Diener, Hezekiah Modge – trug bei seinem Fortgehen grauen Mantel, Lederhosen, des Herrn drittbesten Hut. Ein Pfund Landeswährung einem jeden, der ihn in einem der Gefängnisse der Provinz unterbringt. Troll dich lieber, Bürschchen, troll dich."

Robin hatte seine Hand bereits dem schmaleren Ende seines Eichenknüppels genähert, aber die merkwürdige Feindseligkeit in allen Gesichtern veranlaßte ihn, seine Absicht, dem höflichen Wirte den Schädel einzuschlagen, wieder fahrenzulassen. Als er sich umwandte, um den Raum zu verlassen, stieß er auf den stechenden Blick jener höhnischen Visage, die ihm schon vorher aufgefallen war; und, kaum war er aus der Tür, da hörte er ein allgemeines Gelächter, aus dem die Stimme des Wirts hervorschepperte wie kleine Steine, die in einen Kessel fallen.

„Ist das nicht seltsam", dachte der als schlau bekannte Robin, „ist das denn nicht seltsam, daß das Eingeständnis eines leeren Säckels mehr Eindruck macht als der Name meines Verwandten, des Majors Molineux? Oh, wenn ich nur einen dieser grinsenden Schurken im Wald draußen hätte, wo ich und meine Eichenkeule zusammen aufwuchsen, ich würde ihnen beibringen, daß mein Arm schwer ist, sei auch mein Säckel leicht!"

Als Robin um die Ecke des schmalen Gäßchens gebogen war, fand er sich in einer breiten Straße, eine ununterbrochene Linie von hohen Häusern stand zu beiden Seiten, vom Turm eines Gebäudes am oberen Ende der Straße verkündete Glokkengeläute die neunte Stunde. Der Strahl des Mondes und das Licht der Lampen aus den zahlreichen Auslagen der Geschäfte fiel auf viel Volk, das auf dem Bürgersteig promenierte, und Robin hoffte, seinen bisher unausgeforscht gebliebenen Verwandten darunter zu entdecken. Das Ergebnis seiner früheren Erkundigungen ließ ihn keinen weiteren Versuch wagen, noch dazu in der Öffentlichkeit; daher beschloß er, still und langsam die Straße hinauf zu wandern und, auf der Suche nach den Zügen des Majors, das Gesicht eines jeden älteren Herrn genau zu untersuchen. Auf seinem Weg begegnete Robin gar manch glänzender, ritterlicher Erscheinung. Bestickte Kleider in auffälligen Farben, riesige Perücken, goldgeschnürte Hüte, Schwerter mit silbernem Knauf glitten an ihm vorüber und blendeten seine Augen. Weitgereiste junge Männer, Nachahmer der feinen Herren des damaligen Europa, schritten beschwingt einher, fast schon tanzend zu den modischen Melodien, die sie vor sich hin summten, so daß der arme Robin sich seines ruhigen, natürlichen Ganges schämte. Endlich, nachdem er oftmals stehengeblieben war, um die prächtigen Gegenstände in den Auslagen zu betrachten, und nachdem er manche Zurechtweisung dafür erfahren hatte, daß er den Leuten so unverschämt ins Gesicht starrte, fand sich der Verwandte des Majors in der Nähe des Gebäudes mit dem Turm wieder, ohne bisher Erfolg bei seiner Suche gehabt zu haben. Bisher hatte er allerdings nur die eine Seite der belebten Straße untersucht; er überquerte daher die Straße und setzte seine Suche auf dem anderen Bürgersteig fort, mit größerer Hoffnung als der Philosoph, der einen ehrlichen Mann suchte, doch keineswegs mit mehr Glück. Er hatte etwa den halben Weg bis zum unteren Ende zurückgelegt, von wo er seinen Rundgang begonnen hatte, als er einen Menschen näherkommen hörte, der bei jedem Schritt einen Stock auf die Pflastersteine stieß und in regelmäßigen Abständen zwei Grabesräusperer ausstieß.

„Gott steh uns bei!" sprach Robin, dem dieser Laut nicht fremd war.

Um eine Ecke biegend, die sich rechter Seite eben anbot,

eilte er, um seine Forschungen in einem anderen Teile der Stadt fortzusetzen. Seine Geduld näherte sich ihrem Ende; es kam ihm vor, als hätten ihn die Streifzüge seit dem Überqueren der Furt stärker ermüdet als seine tagelangen Fußmärsche auf der anderen Seite des Flußes. Auch der Hunger meldete sich jetzt nachdrücklich in ihm zu Wort, und Robin begann, das Für und Wider dessen zu betrachten, ob er nicht den nächsten einsamen Spaziergänger, der ihm begegnete, gewaltsam und mit erhobener Keule um die nötige Führung ersuchen sollte. Während er sich innerlich zu einer Entscheidung im bejahenden Sinne durchrang, trat er in eine Straße von schäbigem Aussehen, zu deren beiden Seiten eine Reihe windschiefer Häuser dem Hafen zustrebte. In der ganzen Länge der Straße fiel das Mondlicht auf keinen einzigen Wanderer, aber im dritten Haus, an dem Robin vorbeiging, gab es eine halbgeöffnete Tür, und sein forschender Blick entdeckte dahinter ein weibliches Gewand.

„Vielleicht habe ich hier mehr Glück", sagte er zu sich selber.

Er näherte sich daher der Tür und bemerkte, daß diese dabei immer weiter zuging; aber ein Spalt blieb offen, durch den die schöne Inwohnerin den Fremden betrachten konnte, ohne sich selber gleichfalls betrachten zu lassen. Alles, was Robin ausspähen konnte, war ein Streifen von einem scharlachroten Unterrock und das gelegentliche Aufblitzen eines Auges, als zitterten die Mondstrahlen auf einem glänzenden Gegenstand.

„Meine schönste Gnädige" – ich kann sie mit gutem Gewissen so nennen, dachte der schlaue junge Mann, denn mir ist nichts Gegenteiliges bekannt – „meine süße Dame, würdet Ihr wohl die Freundlichkeit haben und mir sagen, in welcher Richtung ich die Wohnung meines Verwandten suchen muß, des Herrn Major Molineux?"

Robins Stimme war klagend und gewinnend zugleich, und die weibliche Gestalt, die sah, daß von diesem hübschen Burschen vom Lande nichts zu befürchten war, stieß die Tür auf und trat heraus ins Mondlicht. Es handelte sich um eine zierliche kleine Person mit weißem Hals, runden, vollen Armen und einer schmalen Taille in einem scharlachroten Unterrock, der in einem Reifen stak, so daß es aussah, als stünde sie in einem Ballon. Ihr Gesicht war oval und lieblich, das Haar dunkel unter einer kleinen Haube; die schlaue Freiheit ihrer glänzenden Augen triumphierte über jene Robins.

»Major Molineux wohnt hier«, sagte die schöne Dame.

Nun war ihre Stimme zwar das Süßeste, was Robin am heutigen Abend gehört hatte, das luftige Gegenstück zu einem Bach von geschmolzenem Silber; dennoch mußte er unwillkürlich daran zweifeln, ob diese süße Stimme auch wirklich die reine Wahrheit sprach. Er blickte die Straße nach beiden Richtungen hinauf und hinunter und betrachtete dann das Haus, vor dem sie standen. Es war ein kleines, dunkles Gebäude mit zwei Stockwerken, das obere ragte über das untere hinaus; und die vordere Wohnung sah aus wie eine Gemischtwarenhandlung.

»Habe ich ein Glück«, antwortete Robin schlau, »und erst mein Verwandter, der Major, daß er eine so hübsche Haushälterin hat! Doch ich bitte Euch, ersucht ihn doch, er möge ans Tor kommen; ich möchte eine Botschaft von seinen Freunden auf dem Lande an ihn ausrichten und dann in mein Quartier im Gasthof zurückkehren.«

»Nein, nein, der Major ist schon seit einer Stunde oder länger im Bett«, sagte die Dame im scharlachfarbenen Unterrock; »und es hätte wohl keinen Zweck, ihn heute nacht zu stören, da sein Schlaftrunk recht stark war. Aber er ist ein gutherziger Herr, und mir ging's an den Kragen, wenn ich einen Verwandten von ihm von der Tür wiese. Ihr seid dem guten alten Herrn wie aus dem Gesicht geschnitten, und ich könnte schwören, daß das sein Schlechtwetterhut war. Auch besitzt er Kleider, die genau so aussehen wie dieses Leder. Doch tretet ein, ich bitte Euch, ich heiße Euch in seinem Namen herzlich willkommen.«

Mit diesen Worten nahm die reizende und gastfreundliche Dame unseren Helden bei der Hand; und wenn auch der Druck nur leicht war und ihre Stärke Sanftheit, und Robin in ihren Augen las, was er in ihren Worten nicht hörte, erwies sich die Dame mit der schlanken Taille im scharlachroten Unterrock doch als stärker als der kräftige Junge vom Land. Sie hatte seine halb willigen, halb unwilligen Fußschritte fast zur Schwelle gezogen, als das Öffnen einer Tür in der Nachbarschaft des Majors Haushälterin plötzlich erschreckte, so daß sie des Majors Verwandten stehen ließ und schleunigst in ihrem Haus verschwand. Ein mächtiges Gähnen ging der Erscheinung eines Mannes voraus, der, gleich dem Mond von Pyramus und Thisbe, eine Laterne trug, dem leuchtenden Bruder am Himmel unnötigerweise zu Hilfe kommend. Als er schläfrig die Straße heraufgekommen war, wandte er ein breites, stumpfsinniges Antlitz gegen Robin und drehte einen langen Stab in der Hand, der an einem Ende mit spitzen Haken versehen war.

„Marsch, Vagabund, marsch!" sagte der Wächter, und die Silben, kaum seinem Munde entflohen, schienen sofort wieder in Schlaf zu fallen. „Marsch, oder du sitzt bei Tagesanbruch im Block!"

„Das ist bereits der zweite Wink dieser Art", dachte Robin. „Ich wünschte, sie würden meinen Qualen ein Ende machen und mich schon heute nacht dort unterbringen."

Nichtsdestoweniger empfand der junge Mann eine instinktive Abneigung gegen diesen Hüter der mitternächtlichen Ordnung, die ihn zunächst daran hinderte, diesem seine übliche Frage zu stellen. Aber eben als der Mann im Begriffe war, um die Ecke zu verschwinden, beschloß Robin, die Gelegenheit nicht zu versäumen, und rief ihm lautstark nach –

„Hallo, Freund! Wollt Ihr mich wohl zum Hause meines Verwandten führen, des Herrn Major Molineux?"

Der Wächter gab keine Antwort, sondern bog um die Ecke und war verschwunden; dennoch schien es Robin, als hörte er den Klang von schläfrigem Gelächter in der verlassenen Straße versickern. In diesem Augenblick drang ihm auch lustiges Kichern aus dem offenen Fenster über seinem Kopf grüßend ans Ohr; er blickte auf und gewahrte das Funkeln eines dreisten Äugleins; ein runder Arm winkte ihm, und als nächstes hörte er leichtfüßige Schritte die Treppe im Haus drinnen herunterkommen. Doch Robin, der Familie eines neu-englischen Pfarrers entsprossen, war nicht nur ein schlauer, er war auch ein braver Junge; also widerstand er der Versuchung und floh von dannen.

Verzweifelt streifte er jetzt ziellos durch die Stadt, beinahe bereit zu glauben, daß ein Fluch auf ihm lag, gleich jenem, mit dem ein Hexenmeister aus seiner Gegend einmal drei Verfolger eine ganze Winternacht lang im Kreis geführt hatte, keine zwanzig Schritte von der Hütte entfernt, die sie suchten. Fremd und verlassen lagen die Straßen vor ihm, in nahezu jedem Haus waren schon die Lichter gelöscht. Zweimal allerdings begegnete ihm eine kleine Gruppe von Männern, unter denen Robin auch Individuen in recht merkwürdiger Aufmachung erblickte, aber obwohl beide Male die Männer stehenblieben und ihn ansprachen, trug die Unterhaltung keineswegs zu einer Klärung der Lage bei. Die Männer stießen jeweils nur einige wenige Worte aus, und zwar in einer Sprache, die Robin völlig unbekannt war; doch als sie sahen, daß er ihnen die Antwort schuldig blieb, bedachten sie ihn mit einem Fluch in schönstem Englisch und eilten hinweg. Endlich beschloß der junge Mann, von nun an an das Tor eines jeden Hauses zu klopfen, das ihm würdig erschien, seinen Verwandten zu beherbergen, in der Hoffnung, daß Ausdauer endlich den Unstern besiege, der ihn bisher verfolgt hatte. Fest dazu entschlossen, ging er die Mauern einer Kirche entlang, die an einer Straßenkreuzung stand, und tauchte eben in den Schatten ihres Turmes, als ihm ein untersetzter, in einen Umhang gehüllter Fremder entgegenkam. Der Mann eilte mit langen Schritten, als hätte er Wichtiges zu besorgen, aber Robin pflanzte sich in seiner ganzen Größe vor ihm auf, den Eichenknüppel quer vor der Brust und ihm so den Weg versperrend.

»Halt, guter Freund, und beantwortet mir eine Frage«, sagte er im Ton höchster Entschlossenheit. »Sagt mir diesen Augenblick, wo finde ich die Wohnung meines Verwandten, des Herrn Major Molineux?«

»Steck deine Zunge zwischen die Zähne, du Narr, und laß mich vorbei«, sagte eine barsche Stimme, die Robin bekannt vorkam. »Laß mich vorbei, sage ich, oder ich schlag dich zu Boden!«

»Nein, nein, Gevatter!« rief Robin, den Knüppel schwingend, dann hielt er dem Mann das dicke Ende unter die vermummte Nase. »Nein, nein, ich bin nicht der Narr, für den Ihr mich haltet, noch lasse ich Euch vorbei, bevor ich nicht eine Antwort auf meine Frage bekomme. Wo finde ich die Wohnung meines Verwandten, des Herrn Major Molineux?«

Statt zu versuchen, sich mit Gewalt einen Weg zu bahnen, trat der Fremde zurück ins Mondlicht, zog den Umhang von seinem Gesicht und starrte Robin voll in die Augen.

»Warte hier eine Stunde lang, dann wird Major Molineux vorbeikommen«, sagte er.

Voll Erstaunen, ja Bestürzung starrte Robin auf die geradezu unerhörte Physiognomie des Sprechers. Die Stirn mit ihrer doppelten Ausbuchtung, die breitrückige Nase, die zottigen Augenbrauen, die feurigen Augen hatte er schon im Wirtshaus bemerkt, aber des Mannes Gesichtsfarbe hatte eine einmalige, oder besser gesagt, eine zweifache Verwandlung durchgemacht. Die eine Gesichtshälfte glühte in brennendem Rot, während die andere schwarz war wie die Mitternacht, der breite Nasenrücken war die Grenze; der Mund, der sich von einem Ohr zum andern zu erstrecken schien, war schwarz oder rot, jeweils im Kontrast zur Farbe der Wange. Die Wirkung war dergestalt, daß man meinte, zwei verschiedene Teufel, ein Feuerteufel und ein Teufel der Finsternis, hätten sich miteinander vereint, um dieses höllische Antlitz zu schaffen.

Der Fremde grinste Robin ins Gesicht, mummte seine schekkigen Züge wieder ein und war im nächsten Augenblick verschwunden.

„Merkwürdige Dinge erleben wir Reisenden!" entfuhr es Robin.

Immerhin setzte er sich auf die Stufen der Kirchentür und beschloß, auf das angekündigte Erscheinen seines Verwandten zu warten. Eine Weile brachte er mit philosophischen Spekulationen zu über die Spezies des genus homo, der ihn eben verlassen hatte, doch nachdem er diesen Punkt vermittels Schlauheit und Vernunft zur eigenen Zufriedenheit geklärt hatte, mußte er sich nach anderweitiger Unterhaltung umsehen. Zunächst ließ er seine Augen die Straße entlangwandern; sie sah respektabler aus als die meisten, die er bisher durchschritten hatte, und der Mond, „der, gleich der Macht der Phantasie, vertraute Gegenstände in schöne Fremdheit tauchte", legte einen romantischen Zauber über die Szenerie, den sie im Licht des Tages vielleicht nicht besaß. Die unregelmäßige, oft malerisch wunderliche Architektur der Häuser, deren Dächer manchmal in eine Unzahl kleiner Zinnen gebrochen waren, während andere, steil und eng, sich in einem einzigen Punkt zuspitzten; andere wieder waren viereckig; ihre Farben: reines Milchweiß auf dieser Wand, die Dunkelheit des Alters auf jener und tausend Funken, die widerspiegelnd von leuchtenden Stücklein im Mörtelverputz vieler Häuser sprühten. Alle diese Dinge erregten eine Zeitlang Robins Aufmerksamkeit, dann jedoch wurden auch sie ihm langweilig. Als nächstes bemühte er sich, die Umrisse weit entfernter Gegenstände auszumachen, die sich in fast geisterhafter Trübheit wieder zurückzogen, wenn er meinte, sie mit den Augen begreifen zu können. Endlich faßte er ein Gebäude gründlich ins Auge, das auf der gegenüberliegenden Straßenseite stand, genau gegenüber der Kirchentür, wo er sich niedergelassen hatte. Es handelte sich um ein stattliches quadratisches Wohnhaus, vor seinen Nachbarn durch einen Balkon ausgezeichnet, der auf hohen Säulen ruhte, und durch ein kunstvolles, gotisches Fenster, das auf diesen Balkon hinausführte.

„Vielleicht ist das gerade das Haus, das ich suche", dachte Robin.

Dann versuchte er, sich die Zeit dadurch zu vertreiben, einem murmelnden Geräusch zu lauschen, das ununterbrochen die Straße heraufzog, kaum hörbar allerdings, außer für ein so frisches Ohr wie das seine; es war ein leiser, dumpfer, träumerischer Ton, aus vielen einzelnen Geräuschen zusammengesetzt, die jedes viel zu weit entfernt waren, um einzeln wahrgenommen zu werden. Robin staunte über dieses Geschnarche einer schlafenden Stadt, und er staunte noch mehr, wenn seine Gleichförmigkeit dann und wann von einem fernen Schrei unterbrochen wurde, der offenbar am Ort seiner Entstehung recht laut war. Im großen und ganzen jedoch hatte das Geräusch eine einschläfernde Wirkung, und um diesen erschlaffenden Einfluß abzuschütteln, stand Robin auf und kletterte in einen Fensterrahmen, um sich das Innere der Kirche anzusehen. Zitternd fielen die Mondstrahlen dort hinein, stiegen in die verlassenen Bänke und glitten durch die ruhigen Gänge. Ein schwacher, aber dennoch Ehrfurcht einflößender Schein hing rund um die Kanzel, ein vereinzelter Strahl hatte es gewagt, sich auf die aufgeschlagenen Seiten der großen Bibel zu legen. War in dieser tiefen Stunde die Natur selber als Gläubige in dieses Haus gekommen, das der Mensch erbaut hatte? Oder war das himmlische Licht nichts anderes als die sichtbare Heiligkeit des Ortes, sichtbar geworden deshalb, weil keine irdischen, unreinen Füße sich in diesen Wänden aufhielten? Die Szene ließ Robins Herz in einem Gefühl der Einsamkeit erschauern, stärker, als er es jemals in den fernsten Tiefen seiner heimatlichen Wälder empfunden hatte; also wandte er sich ab und setzte sich wieder vor der Tür nieder. Rund um die Kirche waren Gräber; ein unangenehmer Gedanke beschlich Robins Brust. Was, wenn der Gegenstand seiner Suche, die so oft und in so eigenartiger Weise gestört worden war, die ganze Zeit über bereits in seinem Leichenhemde vor sich hinmoderte? Was, wenn sein Verwandter durch jenes Tor dort drüben glitte und ihm, nebelhaft vorüberschreitend, zunickte und zulächelte? „Wenn nur irgendein atmendes Wesen bei mir wäre!", sagte Robin.

Seine Gedanken von dieser unerfreulichen Richtung zurückrufend, sandte er sie über Wald, Hügel und Bach und versuchte sich vorzustellen, wie dieser Abend voll Zweideutigkeit und Erschöpfung sich in seines Vaters Haushalt abgespielt hatte. Er stellte sich vor, wie sie alle vor der Tür versammelt waren, unter dem Baum, dem großen, alten, den man seines riesigen, verkrümmten Stammes und seines ehrwürdigen Schattens wegen verschont hatte, als Tausende seiner belaubten Brüder gefallen waren. Hier, in der untergehenden Sommersonne, pflegte sein Vater eine häusliche Andacht abzuhalten, auf daß auch die Nachbarn kämen und sich zu ihm gesellten, wie Brüder einer Familie, und daß der Wanderer inniehielte, um an diesem Brunnen zu trinken und sein Herz rein zu halten durch die Gedanken an zu Hause. Robin sah jeden einzelnen der kleinen Gemeinde deutlich vor sich sitzen; er sah den guten Mann in der Mitte, die Schrift emporhaltend in dem goldenen Licht, das von Welten her durch die Wolken strömte; er sah ihn das Buch schließen; er sah, wie alle sich erhoben, um zu beten. Er hörte das alte Dankgebet für die täglichen Wohltaten, das alte Gebet um ferneres Wohlergehen, beides so oft mit Langweile angehört, und doch zählte es jetzt zu seinen liebsten Erinnerungen. Er gewahrte die leichte Unsicherheit in der Stimme seines Vaters, als er von jenem sprach, der Abschied genommen hatte; er sah, wie seine Mutter ihr Gesicht dem alten, knorrigen Stamm zuwandte, wie sein älterer Bruder zu stolz war, um seine Rührung zu zeigen, weil ihn ja schon ein Bärtchen an der Oberlippe kratzte; wie seine jüngere Schwester einen tiefhängenden Zweig vor die Augen zog; und wie die Kleinste von allen, deren mutwillige Streiche bisher die Würde der Szene gestört hatten, jetzt, da sie begriff, daß für ihren Spielgefährten gebetet wurde, in lautes Schluchzen ausbrach. Dann sah er sie alle durch die Tür ins Haus gehen; doch als Robin ihnen folgen wollte, klinkte das Schloß ein, und er war ausgeschlossen von zu Hause.

„Bin ich hier oder dort?" rief Robin und fuhr zusammen; denn ganz plötzlich, mitten in einem Traum, in dem seine Gedanken deutlich sicht- und hörbar geworden waren, leuchtete wieder die lange, breite, verlassene Straße vor ihm auf.

Er raffte sich auf und nahm sich vor, seine Aufmerksamkeit fest auf jenes stattliche Gebäude zu heften, das er vorher so gründlich untersucht hatte. Aber sein Geist schwankte noch zwischen Einbildung und Wirklichkeit; immer wieder verwandelten sich die Säulen des Balkons in die langen, glatten Stämme der Kiefern, kehrten zurück in ihre wahre Größe und Gestalt und glitten wieder in eine neue Reihe von Verwandlungen. Einen kurzen Augenblick lang, in dem er sich übrigens selber für wach hielt, hätte er schwören mögen, daß ein Gesicht – das ihm zwar vertraut vorkam, das er jedoch nicht mit Sicherheit als das seines Verwandten erkannte – aus dem gotischen Fenster auf ihn herabblickte. Doch ein tieferer Schlaf rang mit ihm und hätte ihn auch fast überwältigt, floh jedoch beim Geräusch von Schritten auf dem gegenüberliegenden Bürgersteig. Robin rieb sich die Augen, sah einen Mann unter dem Balkon vorbeigehen und rief ihn mit einem lauten, übellaunigen, kläglichen Ruf an.

„Halloooo, Freund! Muß ich hier die ganze Nacht auf meinen Verwandten warten, den Herrn Major Molineux?"

Die schlafenden Echos erwachten und gaben den Ton zurück; und der Wanderer, der im schrägen Schatten des Turmes gerade noch eine sitzende Gestalt erkennen konnte, überquerte die Straße, um diese aus der Nähe zu betrachten. Er war selber ein Herr in jungen Jahren, mit einem offenen, klugen, heiteren, im ganzen überaus einnehmenden Gesicht. Einen Burschen vom Lande vor sich sehend, offenbar obdachlos und ohne Freunde, sprach er ihn in einem Tone echter Herzlichkeit an, der Robins Ohren bereits fremd geworden war.

„Nun, mein guter Junge, was sitzt Ihr hier?" erkundigte er sich. „Kann ich Euch in irgendeiner Weise behilflich sein?"

„Ich fürchte, nein, mein Herr", erwiderte Robin trübsinnig; „doch würde ich Euch danken, wenn Ihr mir eine einzige Frage beantworten wolltet. Die halbe Nacht habe ich nach einem gewissen Major Molineux gesucht; sagt mir, mein Herr, gibt es in dieser Stadt hier wirklich eine solche Person, oder ist alles ein Traum?"

„Major Molineux! Der Name ist mir nicht völlig unbekannt", sagte der Herr mit einem Lächeln. „Würde es Euch etwas ausmachen, mir zu erzählen, in welcher Angelegenheit Ihr ihn aufsuchen wollt?"

Robin berichtete also kurz, daß sein Vater ein Pfarrer war, mit einem bescheidenen Gehalt, tief drinnen auf dem flachen Lande, und daß er und Major Molineux Geschwisterkinder waren. Der Major, der einiges Vermögen geerbt und zu hohen zivilen wie auch militärischen Ehren gelangt war, hatte vor ein oder zwei Jahren seinen Vetter mit großem Pomp besucht, hatte großes Interesse an Robin und einem älteren Bruder gezeigt, und da er selber kinderlos war, hatte er denn auch Andeutungen gemacht, daß er einem der beiden im späteren Leben einmal weiterhelfen würde. Der ältere Bruder sollte allerdings einmal die Landwirtschaft übernehmen, die sein Vater in der freien Zeit zwischen seinen geistlichen Verpflichtungen betrieb; daher wurde beschlossen, daß Robin derjenige sein sollte, der in den Genuß der großzügigen Absichten dieses Verwandten kommen sollte, um so mehr, als dieser ihn ohnedies zu begünstigen schien und Robin nach allgemeiner Ansicht durchaus die nötigen Talente besaß.

„Ich gelte nämlich als kluger Junge", bemerkte Robin an dieser Stelle seines Berichtes.

„Ihr werdet diesen Ruf ohne Zweifel verdienen", erwiderte sein neuer Freund wohlwollend; „doch ich bitte Euch, fahret fort."

„Nun, Herr, da ich also fast achtzehn Jahre alt bin und gut gewachsen, wie Ihr seht", sagte Robin und richtete sich zu voller Höhe auf, „hielt ich es für höchste Zeit, die Welt kennenzulernen. Meine Mutter und meine Schwester steckten mich also in ein hübsches Gewand, mein Vater gab mir die Hälfte von dem, was ihm von den Einnahmen des letzten Jahres übriggeblieben war, und vor fünf Tagen machte ich mich auf den Weg, um dem Major meine Aufwartung zu machen. Aber würdet Ihr es für möglich halten? Ich überquerte die Furt kurz nach Einbruch der Dämmerung und habe bis jetzt noch niemanden gefunden, der mir den Weg zu seiner Wohnung weisen konnte; erst vor ein oder zwei Stunden riet mir jemand, hier zu warten, denn der Major würde an dieser Stelle vorbeikommen."

„Könnt Ihr den Mann beschreiben, der Euch diesen Rat gab?" fragte der Herr.

„Oh, das war ein äußerst häßlicher Bursche, mein Herr", antwortete Robin, „mit zwei großen Beulen auf der Stirn, einer Hakennase, glühenden Augen und – das war überhaupt das Auffallendste an ihm – einem zweifarbigen Gesicht. Kennt Ihr vielleicht einen solchen Mann, mein Herr?"

„Nicht näher", antwortete der Fremde, „aber ich begegnete ihm zufällig, kurze Zeit bevor ich von Euch aufgehalten wurde. Ich glaube, Ihr könnt seinem Rate vertrauen, und der Major wird wirklich bald durch diese Straße kommen. Da ich selber sehr neugierig auf dieses Treffen bin, werde ich bis dahin auf den Stufen sitzen bleiben und Euch Gesellschaft leisten."

Er setzte sich also nieder und verwickelte seinen Gefährten bald in eine angeregte Unterhaltung. Diese dauerte jedoch nicht lange, denn das Schreien und Rufen, das seit längerem in der Ferne zu hören war, kam jetzt immer näher, so daß Robin sich nach dessen Ursache erkundigte.

„Was kann dieses Geschrei bedeuten?" fragte er. „Wenn es in Eurer Stadt immer so laut zugeht, werde ich während meines Aufenthaltes hier nur wenig Schlaf finden."

„Zugegeben, Freund Robin, es scheint, als wären heute nacht ein paar ausgelassene Gesellen unterwegs", erwiderte der Herr. „Ihr dürft allerdings auf unseren Straßen hier nicht die Stille Eurer heimatlichen Wälder erwarten. Aber die Wache wird diesen Lärmern bald auf den Fersen sein, und dann –"

„Jawohl, und sie bei Tagesanbruch in den Block befördern", unterbrach Robin, eingedenk seines eigenen Zusammentreffens mit dem schläfrigen Laternenträger. „Doch, guter Herr, wenn ich meinen Ohren trauen darf, so würde auch eine ganze Armee von Wachen nicht mit dieser lärmenden Menschenmenge fertig. Dieser eine Schrei stammte aus wenigstens tausend Kehlen."

„Wenn ein Mann zwei Gesichter hat, kann er dann nicht auch mehrere Stimmen haben?" fragte sein Freund.

„Ein Mann vielleicht; doch der Himmel verhüte das bei einer Frau!" erwiderte der kluge Jüngling und dachte an die verführerischen Töne von des Majors Haushälterin.

Trompetengeschmetter in einer benachbarten Straße ertönte jetzt so aufdringlich und unausgesetzt, daß Robins Neugier heftig erregt wurde. Zusätzlich zu den Schreien hörte er nun auch noch heftiges Lärmen von mißtönenden Instrumenten, dazwischen erklang wildes, verrücktes Gelächter. Robin erhob sich von den Stufen und sah sehnsüchtig nach einem Platz hin, auf den mehrere Leute zuzueilen schienen.

„Ganz offensichtlich geht hier eine ganz ungeheure Lustbarkeit vor sich", rief er aus. „Ich hatte nicht viel zu lachen, seit ich von zu Hause fortging, mein Herr, ich würde diese Gelegenheit daher nicht gern versäumen. Biegen wir vielleicht einfach um die Ecke dieses dunklen Hauses und lachen mit bei diesem Spaß?"

„Setzt Euch wieder, setzt Euch, guter Robin", erwiderte der Herr und legte seine Hand auf die Schöße des grauen

Mantels. „Ihr vergeßt, daß wir auf Euren Verwandten warten; und es besteht Grund zu der Annahme, daß es nur mehr wenige Minuten dauert, bis er hier vorbeikommt."

Das Näherkommen des Geschreis erzeugte nun bereits einige Unruhe in den umstehenden Häusern; überall flogen die Fensterläden auf, und viele Köpfe, in nächtlicher Bemützung, jäh aus dem Schlaf gescheucht und daher offenbar verwirrt, streckten sich dem Blick eines jeden entgegen, der Muße hatte, sie zu beobachten. Aufgeregte Stimmen begrüßten einander von Haus zu Haus, alle baten um Erklärung, die jedoch keine Seele geben konnte. Halb angekleidete Männer hasteten in Richtung des unbegreiflichen Auflaufs und stolperten dabei über die steinernen Stufen, die auf den engen Bürgersteig hinausragten. Schreie, Gelächter und unmelodisches Gellen, die Antipoden der Musik, kamen unter ständig steigendem Getöse näher, bis endlich zuerst vereinzelte Personen, dann ein dichterer Haufe in einer Entfernung von hundert Yards um die Ecke bogen.

„Werdet Ihr Euren Verwandten erkennen, Robin, wenn er in dieser Menge vorbeikommt?" fragte der Herr.

„Dafür kann ich nicht garantieren, mein Herr, aber ich werde mich hier aufstellen und fest aufpassen", antwortete Robin und stieg herunter zum äußeren Rand des Gehsteigs.

Ein breiter Menschenstrom quoll jetzt in die Straße und rollte langsam auf die Kirche zu. Ein einzelner Reiter kurvte mitten unter ihnen um die Ecke, ihm auf den Fersen folgte eine Bande mit gar greulichen Blasinstrumenten, deren Mißton nun, da keine dazwischenliegenden Häuser mehr das Ohr des Lauschers schützten, noch viel greller aufklang. Dann störte ein grellroter Lichtschein die Mondstrahlen, ein dichter Haufe von Fackeln leuchtete die Straße entlang, mit ihrem Strahl hinwegblendend, was immer sie auch beleuchten wollten. Der einzelne Reiter, militärisch gewandet und mit einem gezogenen Schwert, ritt als Führer voran, und sein grimmiges, buntscheckiges Aussehen ließ ihn als Verkörperung des

Krieges erscheinen; das Rot der einen Wange war das Zeichen von Feuer und Schwert, während die Schwärze der anderen die Trauer andeutete, die beide begleitet. In seinem Zug gab es wilde Gestalten in indianischer Aufmachung, wie auch viele phantastische ohne Vorbild in der Natur, die dem ganzen Aufmarsch ein fabelhaftes Aussehen verliehen, als sei ein Traum einem fiebernden Gehirn entsprungen und fege jetzt, allen sichtbar, durch die mitternächtlichen Straßen.

„Der doppelgesichtige Wicht hat ein Auge auf mich", murmelte Robin, von dem unbestimmten, jedoch unangenehmen Gefühl beschlichen, daß ihm selber in diesem Schabernack eine Rolle zugedacht war.

Der Anführer wandte sich im Sattel um und heftete seinen Blick voll auf den Burschen vom Lande, während der Hengst langsam vorübertrabte. Als Robin seine Augen von diesem grimmigen Blick losgemacht hatte, zogen die Musiker an ihm vorbei, und die Fackeln kamen sehr nahe; aber die zuckende Helligkeit dieser letzteren bildete einen Schleier, den sein Auge nicht zu durchdringen vermochte. Dazwischen drang das Rattern von Rädern auf den Steinen an sein Ohr, verwischte Umrisse einer menschlichen Gestalt tauchten auf und schmolzen wieder in das blendende Licht zurück. Noch einen Schritt, und der Anführer rief ein donnerndes „Halt"; die Trompeten erbrachen noch einen greulichen Atemzug und hielten dann Ruhe; Schreie und Gelächter der Menge sanken in sich zusammen, was blieb, war ein tiefes Summen, das schon dem Schweigen verwandt war. Gerade vor Robins Augen stand ein offener Karren. Hier brannten die Fackeln am grellsten, hier strahlte der Mond wie der hellichte Tag, und hier, in mit Teer und Federn geschmückter Würde, saß sein Verwandter, der Herr Major Molineux!

Er war ein älterer Mann von großer, majestätischer Gestalt, kräftigen, eckigen Zügen, die von einem standhaften Geiste sprachen; doch so standhaft er auch war, seine Feinde hatten einen Weg gefunden, ihn zu erschüttern. Sein Gesicht war bleich wie der Tod, aber noch bei weitem schauriger; die breite Stirn war schmerzlich zusammengezogen, so daß die Brauen eine einzige, dunkle, graue Linie bildeten; die Augen waren rot und wild, und von seinen zitternden Lippen hing weißer Schaum. Seine ganze Gestalt wurde von einem sehr schnellen, unaufhörlichen Beben geschüttelt, das sein Stolz zu unterdrücken suchte, selbst in dieser Stunde der unerträglichen Demütigung. Doch vielleicht die größte Qual bereitete es ihm, als seine Augen Robins Blick trafen; denn er erkannte ihn offenbar im gleichen Augenblick, da der junge Mann Zeuge wurde, wie gemeine Schande auf ein Haupt fiel, das in Ehren ergraut war. Schweigend starrten sie einander ins Gesicht, Robins Knie zitterten, und sein Haar sträubte sich in einer Mischung von Mitleid und Entsetzen. Bald jedoch begann sich eine höchst verwirrende Erregung seiner zu bemächtigen; die bisherigen Abenteuer dieser Nacht, das unerwartete Auftauchen der Menge, die Fackeln, der konfuse Lärm und das Schweigen, das darauf gefolgt war, die gespenstische Erscheinung seines Verwandten, geschmäht von der Menge und, mehr als alles andere, die Erkenntnis des Lächerlichen in der ganzen Szene stürzten ihn in eine Art von geistiger Trunkenheit. In diesem Augenblick drang eine Stimme voll träger Heiterkeit grüßend an Robins Ohr; instinktiv wandte er sich um, und da stand gerade hinter der Ecke der Kirche der Laternenmann, rieb sich die Augen und genoß schläfrig die Verwirrung des Jungen. Dann hörte er schallendes Gelächter, das klang wie silbernes Glockengeläute; eine Frau zupfte ihn am Arm, ein dreistes Auge traf das seine, und er sah die Dame im scharlachroten Unterrock. Jetzt kratzte ein kurzes, trockenes Gewieher an seinem Gedächtnis, und er sah, auf Zehenspitzen in der Menge stehend, die weiße Schürze über dem Kopf, den höflichen kleinen Wirt. Und endlich segelte über die Köpfe der Menge ein großes, breites Gelächter, von zwei Grabesräusperern mitten entzwei geschnitten, etwa so –

„Ho ho ho – hem, hem – ho ho ho ho ho ho!"

Der Ton kam vom Balkon des gegenüberliegenden Gebäudes herab, und dorthin wandte Robin jetzt den Blick. Vor dem gotischen Fenster stand jener alte Ehrenmann, in einen weiten Überwurf gehüllt, die graue Perücke hatte er gegen eine Nachtmütze vertauscht, die aus der Stirn geschoben war, und die seidenen Strümpfe hingen ihm von den Beinen herab. Auf seinen glänzend polierten Stock gestützt, überkam ihn ein Anfall von krampfhafter Heiterkeit, der sich auf seinen steifen, alten Gesichtszügen ausnahm wie eine witzige Inschrift auf einem Grabstein. Als nächstes vermeinte Robin die Stimmen der Barbiere zu hören; dann die der Gäste im Wirtshaus sowie die Stimmen aller, die sich heute nacht über ihn lustig gemacht hatten. Die Ansteckung breitete sich in der Menge aus, ganz plötzlich hatte sie auch Robin erfaßt, und er lachte brüllend auf, daß es durch die Straße dröhnte; jeder hielt sich vor Lachen die Seiten, jeder leerte seine Lungen, aber Robin brüllte am lautesten von allen. Die Wolkengeister lugten von ihren silbrigen Inseln herunter, als die geballte Ausgelassenheit röhrend zum Himmel emporstieg! Der Mann im Mond hörte das ferne Geschrei: „Oho", sprach er, „die alte Erde treibt heute aber Possen."

Als in der stürmischen See von Lärm eine augenblickliche Beruhigung eintrat, gab der Anführer ein Zeichen, und die Prozession nahm ihren Marsch wieder auf. Fort ging es, wie eine Horde Teufel, die sich voll Hohn und Spott um einen toten Potentaten drängen, der zwar keine Macht mehr hat, doch auch im Todeskampf noch Majestät. Fort ging es, in nachgeäfftem Pomp, in sinnlosem Brüllen, in tobender Heiterkeit, auf dem Herzen eines alten Mannes trampelnd. Fort fegte der Aufruhr und ließ eine schweigende Straße hinter sich zurück.

„Nun, Robin, träumt Ihr?" fragte der Herr und legte dem Burschen die Hand auf die Schulter.

Robin fuhr zusammen und nahm seinen Arm von dem steinernen Pfahl, an den er sich unbewußt geklammert hatte, während der lebendige Strom an ihm vorübergezogen war. Seine Gesichtsfarbe war etwas blaß, sein Blick nicht ganz so lebhaft wie zu einer früheren Stunde des Abends.

„Wollt Ihr wohl so gut sein und mir den Weg zur Fähre zeigen?" fragte er nach einem Moment des Schweigens.

„So habt Ihr Euch jetzt zu einem neuen Gegenstand für Eure Erkundigungen entschlossen?" sagte sein Gefährte mit einem Lächeln.

„Allerdings, mein Herr", antwortete Robin trocken. „Dank Euch und Euren Freunden bin ich endlich meinem Verwandten begegnet, und er wird kaum den Wunsch verspüren, mein Gesicht jemals wiederzusehen. Das Stadtleben wird mir langsam zu anstrengend, mein Herr. Wollt Ihr mir wohl den Weg zur Fähre zeigen?"

„Mitnichten, mein guter Freund Robin, wenigstens nicht heute nacht", sagte der Herr. „Wenn Ihr in einigen Tagen noch den gleichen Wunsch hegt, werde ich Euch wieder auf die Reise schicken. Oder aber, wenn Ihr lieber bei uns bleiben wollt, dann kann es leicht sein, daß Ihr, als der kluge Bursche, der Ihr seid, Euren Weg in der Welt macht, auch ohne die Hilfe Eures Verwandten, des Majors Molineux."

Die sieben Vagabunden

Im Frühling meines Lebens und im Sommer des Jahres zu Fuß herumziehend, kam ich eines Nachmittags zu einem Punkt, der mir die Wahl zwischen drei Richtungen ließ. Gerade vor mir streckte die Hauptstraße ihre staubige Länge nach Boston aus; zu meiner Linken führte eine Nebenstraße hinunter zum Meer und hätte meine Reise ein wenig verlängert, vielleicht um zwanzig oder dreißig Meilen; während ich auf dem Pfad rechter Hand über Hügel und Seen nach Kanada hätte gehen können, die Stadt Stamford auf meinem Wege besuchend. Auf einem ebenen Grasflecken zu Füßen des Wegweisers erschien ein Gegenstand, der, wenn auch nach einem anderen Prinzip beweglich, mich an Gullivers tragbares Haus bei den Bewohnern von Brobdingnag erinnerte. Es war ein riesiger, gedeckter Planwagen, ein kleines Haus auf Rädern, genauer gesagt, mit einer Tür auf der einen Seite und einem von grünen Läden beschatteten Fenster auf der anderen. Zwei Pferde, Trockenfutter aus den Körben kauend, die ihnen wie Maulkörbe vor der Schnauze hingen, waren in der Nähe des Fahrzeugs angepflockt; lieblicher Klang von Musik drang aus dem Inneren; und ich kam sogleich zu dem Schlusse, daß es sich hier um eine wandernde Schaustellung handeln mußte, die an Straßenkreuzungen haltmachte, um müßige Reisende wie mich selber abzufangen. Im Westen waren inzwischen Regenwolken am Himmel aufgestiegen und dräuten jetzt so schwärzlich über meinem Reiseweg, daß es ein Gebot der Klugheit schien, hier Unterschlupf zu suchen.

„Hallo! Wer steht hier Wache? Schläft der Türhüter?" rief ich und näherte mich einem Tritt von zwei oder drei Stufen, der von dem Wagen heruntergelassen war.

Bei meinem Anruf hörte die Musik auf, und in der Tür erschien nicht jene Art von Gestalt, die ich im Geist einem wandernden Schausteller zugewiesen hatte, sondern eine höchst respektable, bejahrte Persönlichkeit, die in so freiem Stil angeredet zu haben mir leid tat. Er trug einen schnupftabakfarbenen Rock und ebensolche Beinkleider, weiße Stulpenstiefel, und zeigte in Ansehen und Benehmen jene milde Würde, die man öfters an alten Schulmeistern beobachtet, oder auch an Diakonen, Stadträten und anderen Potentaten dieser Art. Ein kleines Silberstück war mein Paß in sein Reich, wo ich nur eine weitere Person vorfand, die später zu beschreiben sein wird.

„Das ist ein flauer Tag fürs Geschäft", sagte der alte Herr im Hineingehen; „aber ich halte mich hier nur auf, um die Tiere zu erfrischen, indem daß ich zur Zeltmission in Stamford unterwegs bin."

Vielleicht ist der bewegliche Schauplatz dieser Erzählung noch immer auf Wanderung durch Neu-England begriffen und mag so den Leser instand setzen, die Genauigkeit meiner Beschreibung nachzuprüfen. Das Spektakulum – denn ich möchte nicht gern den unwürdigen Ausdruck eines Kasperltheaters gebrauchen – bestand aus einer Vielzahl kleiner Leute, die sich auf einer Miniaturbühne versammelt hatten. Unter ihnen waren Handwerker jeder Profession in den Attitüden ihrer Beschätigung sowie eine Gruppe artiger Damen und heiterer Herren, zum Tanze bereit; eine Kompanie Infanteristen formierte eine Linie quer über die Bühne, so ernst, grimmig und schrecklich dreinsehend, daß es als erfreulicher Umstand erschien, daß sie nur drei Zoll hoch waren: und über dem allen, deutlich in die Augen fallend, war ein Hanswurst zu sehen, in der spitzen Mütze und dem buntscheckigen Rock seiner Zunft. Alle die Bewohner dieser mimischen Welt standen reglos da wie die Figuren in einem Bild oder wie Leute, die in einem Augenblick noch mitten in ihren Geschäften oder Amüsements lebendig waren, im nächsten jedoch schon in Statuen verwandelt, ewige Denkmäler einer Anstrengung, die beendet war, oder eines Vergnügens, das nicht mehr empfunden wurde. Sogleich indessen drehte der alte Herr den Griff einer Drehorgel, deren erster Ton schon einen höchst belebenden Effekt in den Figuren hervorrief und sie alle zu den ihnen zugeteilten Beschäftigungen und Amüsements erweckte. Aus ein und demselben Antrieb heraus handhabte der Schneider seine Nadel, sauste des Grobschmieds Hammer auf den Amboß herab, wirbelten die Tänzer federleicht auf Zehenspitzen; die Kompanie Infanteristen teilte sich in Pelotons, zog sich von der Bühne zurück und wurde von einer Abteilung Kavallerie gefolgt, die mit derartigem Trompetengeschmetter und Hufgetrappel stolz daherritt, daß selbst Don Quijote darüber erschreckt wäre; während ein alter Säufer von eingefleischten üblen Gewohnheiten seine schwarze Flasche hochhob und sich einen herzhaften Zug genehmigte. Inzwischen fing der Hanswurst an, Luftsprünge zu machen und Purzelbäume zu schlagen, schüttelte sich aus vor Lachen, nickte mit dem Kopf und blinzelte in einer derart lebensechten Art, als machte er sich über die Sinnlosigkeit aller menschlichen Angelegenheiten lustig und halte die ganze Menge unter ihm zum besten. Endlich hielt der alte Zauberer inne – denn ich verglich den Schausteller mit Prospero, der seine Gäste mit einem Maskenspiel der Schatten unterhielt –, damit ich meiner Hingerissenheit Ausdruck verleihen konnte.

„Was ist das für ein bewundernswürdiges Stück Arbeit!" rief ich und hob meine Arme in Staunen empor.

Mir gefiel das Schauspiel wahrhaftig gut, und mich erheiterte der gemessene Ernst des alten Mannes, mit dem er darüber präsidierte, denn ich besaß nichts von jener närrischen Weisheit, die jede Tätigkeit mißbilligt, die nicht nützlich ist in dieser Welt der Eitelkeiten. Wenn es eine Fähigkeit gibt, die ich in vollendeterem Maße besitze als die meisten Menschen, dann ist es die, daß ich mich im Geiste in Lagen versetzen kann, die meiner eigenen fremd sind, und mit einem heiteren Auge deren Annehmlichkeiten erkenne. Ich hätte diesem grauköpfigen Schausteller sein Leben neiden können, das für ihn eine Reihe von sicheren, vergnüglichen Abenteuern gewesen sein mußte, sein riesiges Vehikel durch die Sanddünen von Kap Cod fahrend, dann über die holprigen Waldwege des Nordens und Ostens, bald auf der Dorfwiese vor einer Kirche haltend, bald auf dem gepflasterten Platz in der Hauptstadt. Wie oft mußte sein Herz sich am Entzücken der Kinder gefreut haben, wenn sie diese belebten Figuren betrachteten! Oder wie mußte sein Stolz geschmeichelt sein, wenn er erwachsenen Männern eine gelehrte Ansprache über die mechanischen Kräfte hielt, die derart wunderbare Effekte hervorbrachten! Oder wie mußte seine Galanterie geweckt worden sein – denn diese ist ein Attribut, das ernsten Männern durchaus nicht fehlt –, wenn hübsche Mädchen ihn besuchten! Mit welch erfrischtem Gefühl mußte er dann von Zeit zu Zeit in sein eigenes Heim zurückkehren!

„Ich wünschte, mir wäre ein so glückliches Leben gewiß, wie das seine es ist", dachte ich.

Wenn auch der Wagen des Schaustellers gut und gern fünfzehn oder zwanzig Zuschauer hätte aufnehmen können, so hielten sich jedoch jetzt nur er und ich sowie eine dritte Person darin auf, auf die ich beim Eintreten einen Blick geworfen hatte. Es war dies ein schmucker, ordentlicher junger Mann von zwei- oder dreiundzwanzig Jahren; sein mausbrauner Hut und der grüne Gehrock mit Samtkragen waren vornehm, wenn auch nicht mehr ganz neu; während eine grüne Brille, die für seine lebhaften kleinen Augen unnötig schien, ihm etwas von einem gelehrten und literarischen Aussehen verlieh. Nachdem er mir hinreichend Zeit gelassen hatte, die Puppen zu inspizieren, trat er mit einer Verbeugung näher und lenkte meine Aufmerksamkeit auf einige Bücher in einer Ecke des Wagens. Diese fing er sogleich zu preisen an, und zwar mit einer erstaunlichen Geläufigkeit an wohlklingenden Worten und einer Begabung im Anpreisen, die ihm mein Herz gewann, denn ich bin selbst einer der barmherzigsten Kritiker. Wahrlich konnte sein Lager eine beträchtliche Empfehlungskraft von seiten des Verkäufers gut gebrauchen. Da waren verschiedene alte Freunde von mir, die Romane aus jenen glücklichen Tagen, da meine Neigungen zwischen den schottischen Häuptlingen und Thomas Thumb schwankten; daneben einige Bücher späteren Datums, deren Verdienste vom Publikum nicht anerkannt worden waren. Ich freute mich, jenes liebe kleine ehrwürdige Bändchen, die Neu-England-Fibel, hier zu finden, so altertümlich wie immer in seinem Aussehen, wenn auch in seiner tausendsten Neuauflage; ein Paket von altmodischen, abgenutzten Bilderbüchern mit Goldschnitt machten mich derart zum Kinde, daß ich das Ganze einfach kaufte, teils wegen der glitzernden Einbände, teils wegen der Märchen darinnen; und eine Auswahl von Balladen und Theater-Arien leerte meine Börse beträchtlich. Um diese Ausgaben auszugleichen, ließ ich mich weder mit Predigten noch mit wissenschaftlichen Abhandlungen noch mit Morallehren ein, obwohl es zu jedem Gegenstand ein Buch gab; auch nicht mit einem Leben Franklins, auf gröbstem Papier, aber so auffallend gebunden, daß es für den Doktor selber symbolisch war, in dem Hofgala-Anzug, den er in Paris zu tragen sich weigerte; ich beachtete auch nicht den Buchstabierer Websters, noch einige von Byrons kleineren Gedichten, noch ein halbes Dutzend kleiner Neuer Testamente, das Stück zu fünfundzwanzig Cents. Soweit hätte die Sammlung, von einer großen Buchhandlung abgeräumt, in einem Abendauktionsraum aufgelesen sein können; doch da war ein kleines, blaugebundenes Pamphlet, das mir der Hausierer mit einer so eigentümlichen Miene in die Hand drückte, daß ich es auf der Stelle zu seinem eigenen Preis erwarb; und dann durchfuhr mich zum erstenmal der Gedanke, daß ich von Angesicht zu Angesicht mit dem wirklichen Autor eines gedruckten Buches gesprochen hatte. Der Mann der Literatur legte nun eine große Freundlichkeit für mich an den Tag, und ich erkühnte mich zu fragen, wohin er denn reise.

„Oh", versetzte er, „ich leiste diesem alten Herrn hier Gesellschaft, und wir sind zur Zeit auf dem Wege zur Zeltmission in Stamford."

Er erklärte mir sodann, daß er für diese Saison eine Ecke des Wagens als Buchhandlung gemietet habe, die, wie er scherzend bemerkte, wahrhaftig eine im Umlauf befindliche Bibliothek sei, weil es nur wenige Gegenden in diesem Land gab, die sie noch nicht durchlaufen hatten. Ich sprach dem Plan meine wärmste Zustimmung aus und fing an, im Geiste die vielen ungewöhnlichen Seligkeiten im Leben eines Bücherhausierers aufzurechnen, besonders, wenn sein Charakter dem des Individuums vor mir glich. Hoch war das tägliche und stündliche Vergnügen solcher Unterhaltungen wie der gegenwärtigen zu veranschlagen, in welcher er sich der Bewunderung eines vorüberziehenden Fremden versicherte und ihm zu Bewußtsein brachte, daß ein Mann des literarischen Geschmacks, ja der literarischen Tat das Land in einem Schaustellerwagen durchreiste. Ein noch wertvollerer und dennoch nicht unbedingt seltener Triumph mochte in Unterhaltungen mit älteren Geistlichen zu gewinnen sein, die, seit langem in einer der steinigen, waldigen, wässerigen, rückständigen Siedlungen Neu-Englands vegetierend, ihre Bibliothek aus des Hausierers Vorrat an Predigten rekrutierten und ihn dabei ermahnten, doch eine College-Ausbildung anzustreben und der erste Gelehrte seiner Klasse zu werden. Süßer und stolzer noch wären seine Empfindungen, wenn er, beim Verkauf von ABC-Büchern über Poesie plaudernd, den Geist einer hübschen Landschulmeisterin bezaubern, ja gar ihr Herz rühren würde, die selbst eine ungeehrte Dichterin war, eine Trägerin blauer Strümpfe, die anzusehen nur er sich die Mühe nahm und sonst keiner. Den Augenblick der höchsten Verklärung würde er jedoch erreichen, wenn der Planwagen für die Nacht anhielt und sein Bücherlager in eine überfüllte Schenke geschafft war; dann würde er der buntscheckigen Gesellschaft, ob Reisendem aus der Stadt oder Fuhrmann aus den Bergen oder Gutsbesitzer aus der Nachbarschaft oder dem Wirt selbst oder seinem rohen Hausknecht, Werke für jeden besonderen Geschmack und für jedes Aufnahmevermögen empfehlen; die ganze Zeit über vermittels scharfsinniger Kritik und tiefsinniger Bemerkungen beweisend, daß das Wissen in seinen Büchern durch das in seinem Hirn noch übertroffen wurde. So würde er glücklich das Land durchreisen; zuzeiten ein Herold vor dem Zug des Verstandes; zuzeiten Arm in Arm mit der erhabenen Literatur wandelnd, überall die Ernte von wirklicher und spürbarer Popularität einheimsend, auf welche die Bücherwürmer, von deren Schweiß er lebte, nie hoffen konnten.

„Wenn ich mich jemals mit der Literatur einlasse", dachte ich bei mir in diamanthartem Entschlusse, „so soll es als ein fliegender Buchhändler sein."

Obwohl es erst mitten am Nachmittag war, war es um uns herum jetzt finster geworden, und ein paar Regentropfen fielen auf das Dach unseres Fahrzeugs und trommelten dort wie die Füße von Vögeln, die sich hier ausruhen wollten. Der Klang angenehmer Stimmen ließ uns aufhorchen, und bald erschien auf dem Tritt die reizende Gestalt eines jungen Fräuleins, dessen rosiges Gesicht so fröhlich war, daß es selbst in dem schwachen Licht schien, als lugten die Sonnenstrahlen unter ihr Häubchen. Als nächstes erblickten wir die dunklen, gefälligen Züge eines jungen Mannes, der ihr mit leichterer Galanterie in den Wagen half, als dies im Herzen von Yankee-Land zu erwarten war. Als die beiden Fremden in der Tür standen, wurde uns sofort klar, daß sie von einer Profession waren, die der meiner Gefährten verwandt war; und ich war entzückt von der mehr als gastfreundlichen, der beinahe väterlichen Güte im Benehmen des alten Schaustellers, mit der er sie willkommen hieß; während der Mann der Literatur sich beeilte, das Mädchen mit den lustigen Augen zu einem Sitz auf der langen Bank zu geleiten.

„Ihr seid gerade noch rechtzeitig unter Dach gekommen, meine jungen Freunde", sagte der Herr des Planwagens. „In fünf Minuten wäre der Himmel auf euch heruntergefallen."

Die Antwort des jungen Mannes wies ihn als Ausländer aus, nicht durch eine Abweichung von Idiom und Akzent des guten Englisch, sondern weil er mit mehr Vorsicht und Sorgfalt redete als einer, der mit der Sprache vollkommen vertraut ist.

„Wir wußten, daß ein Regenschauer über uns dräute", sagte er, „und überlegten, ob es nicht das beste wäre, in das Haus dort oben auf dem Gipfel des Hügels zu treten, doch als wir euren Wagen auf der Straße sahen –"

„– beschlossen wir, hierher zu kommen", unterbrach das Mädchen, „weil wir uns in einem wandernden Hause wie diesem wohler fühlen."

Mittlerweile musterte ich voller wilder und unbestimmter Vorstellungen die beiden Tauben, die da in unsere Arche geflogen waren. Der junge Mann, hochgewachsen, beweglich und athletisch, trug eine Fülle von schwarzen glänzenden Locken, die sich um ein dunkles lebhaftes Gesicht ringelten, das, wenn es vielleicht auch nicht mehr Ausdruck besaß, wenigstens mehr wirkte und schneller die Aufmerksamkeit auf sich zog als die ruhigen Gesichter unserer Landsleute. Bei seinem ersten Erscheinen war er mit einem sauberen Mahagonikasten beladen gewesen, ungefähr zwei Fuß im Geviert, aber sehr leicht im Verhältnis zu seiner Größe, den er sofort vom Rücken schnallte und auf dem Boden des Planwagens abstellte. Das Mädchen hatte eine beinahe ebenso helle Gesichtsfarbe wie unsere eigenen Schönheiten, und eine strahlendere als die meisten von ihnen; die Behendigkeit ihrer Gestalt, die dazu geschaffen schien, daß sie die ganze Welt ohne Müdigkeit durchwandern konnte, paßte gut zu der strahlenden Fröhlichkeit ihres Gesichts, und ihr buntes Kostüm, das die Regenbogenfarben Karmesinrot, Grün und ein tiefes Orange vereinigte, war ihrer leichtfüßigen Erscheinung so angemessen, als wäre sie darin geboren. Ich weiß kaum, wie ich es andeuten soll – daß ich nämlich nicht umhinkonnte zu wünschen, ich hätte in geringer Entfernung draußen gestanden, als sie den Tritt in den Wagen heraufstieg, da die Kürze ihres Rockes noch etwas mehr sehen ließ als die Knöchel. Diese heitere Fremde war höchst passend mit jenem zum Frohsinn einladenden Instrumente, der Fiedel, beladen, die ihr Gefährte ihr aus der Hand nahm und alsbald den Prozeß des Stimmens begann. Keiner von uns, der bisherigen Gesellschaft des Wagens, brauchte nach dem Gewerbe der beiden zu fragen; für Besucher von Brigademusterungen, Ordinationen, Viehmärkten, Promotionen und anderen festlichen Anlässen in unserem nüchternen Lande konnte das kein Geheimnis sein; und es gibt einen teuren Freund von mir, der lächeln wird, wenn ihm diese Seite eine ritterliche Tat, von uns beiden ausgeführt, ins Gedächtnis ruft, die Errettung des Schaukastens eines solchen Paares vor einer Zusammenrottung grober, doppelfäustiger Landleute.

„Kommt", sagte ich zu dem Fräulein vom bunten Kostüm, „sollen wir alle Wunder der Welt gemeinsam besuchen?"

Sie verstand das Bild sofort; obwohl es mir wahrlich nicht viel ausgemacht hätte, hätte sie der buchstäblichen Bedeutung meiner Worte beigestimmt. Der Mahagonikasten wurde in eine geeignete Position gebracht, und ich guckte durch sein kleines, rundes Vergrößerungsfenster hinein, während das Mädchen an meiner Seite saß und kurze beschreibende Skizzen lieferte, als die Bilder sich eines nach dem anderen vor meinem Auge entfalteten. Wir besuchten miteinander – wenigstens in der Einbildung – gar manche berühmte Stadt, durch deren Straßen zu wandeln ich mir längst gewünscht hatte; einmal, so erinnere ich mich, waren wir im Hafen von Barcelona und blickten stadtwärts; darauf trug sie mich durch die Lüfte nach Sizilien und lud mich ein, den flammenden Ätna zu betrachten; dann flogen wir nach Venedig und saßen in einer Gondel unter dem Bogen des Rialto; aber rasch setzte sie mich mitten unter den dichtgedrängten Zuschauern bei Napoleons Krönung ab. Aber da war eine Szene – deren Ort sie mir nicht nennen konnte –, die meine Aufmerksamkeit länger als alle diese herrlichen Paläste und Kirchen fesselte, weil mich die Einbildung behexte, daß ich selber im letzten Sommer so ein bescheidenes Versammlungshaus gesehen hatte, in gerade so einem von Kiefern umstandenen Winkel in unseren eigenen grünen Bergen. Alle diese Bilder waren mit Stiften gezeichnet und nicht übel ausgeführt, wenn auch den leicht hingeworfenen Beschreibungen des Mädchens weit unterlegen; auch war nicht gut zu begreifen, wie sie es verstand, in so wenigen Sätzen – und diese, wie ich annahm, in einer ihr fremden Sprache – hingehauchte Nachbildungen jeder wechselnden Szene zu geben. Als wir das weite Gebiet des Mahagonikastens durchreist hatten, sah ich meiner Führerin ins Gesicht.

„Wohin geht Ihr, meine hübsche Jungfer?" fragte ich sie mit den Worten eines alten Liedes.

„Ach", erwiderte das lustige Fräulein, „ebensogut könnt Ihr den Sommerwind fragen, wohin er geht. Wir sind Wanderer, hier und dort und überall. Wo es lustig ist, dort zieht es unsere fröhlichen Herzen hin. Heute haben uns die Leute von einer großen Lustbarkeit und Festlichkeit in dieser Gegend erzählt; vielleicht kann man uns brauchen bei dem, was Ihr die Zeltmission in Stamford nennt."

Damals in meiner glücklichen Jugend, ihre liebliche Stimme noch in meinem Ohr, seufzte ich; denn niemand anders als ich, so dachte ich, hätte ihr Gefährte in einem Leben sein sollen, welches meine eigenen wilden Träume wahr zu machen schien, die ich seit einer einbildungsreichen Knabenzeit bis zu dieser Stunde gehegt hatte. Für diese beiden Fremden war die Welt in ihrem goldenen Zeitalter; nicht, daß sie tatsächlich weniger düster und traurig als sonst gewesen wäre, aber Überdruß und Sorge hatten an ihrer ästhetischen Natur keinen Teil. Wo auch immer sie auf ihrer Pilgerfahrt des Segens erscheinen mochten, die Jugend würde ihnen ihre Fröhlichkeit wie ein Echo zurückgeben, die sorgenbeladene Reife einen Augenblick von ihrer Mühe rasten, und das Alter, zwischen den Gräbern herumstolpernd, um ihretwillen in welker Freude lächeln. Die einsame Hütte, die enge, düstere Straße, der finstere Schatten, sie alle würden einen vorüberziehenden Strahl erhaschen, gleich dem, der uns jetzt leuchtete, da diese hellen Geister vorbeizogen. Gesegnetes Paar, dessen glückliches Heim überall auf Erden war! Ich betrachtete meine Schultern und hielt sie für breit genug, um alle diese gezeichneten Städte und Gebirge zu tragen; auch ich hatte einen geschmeidigen Fuß, unermüdlich wie der Flügel des Paradiesvogels; auch ich hatte ein sorgloses Herz, das singend auf seinem lieblichen Weg gewandelt wäre.

„Oh, Mädchen!" sagte ich laut. „Warum seid Ihr nicht allein hierher gekommen?"

Während das lustige Mädchen und ich mit dem Guckkasten beschäftigt waren, hatte der fortdauernde Regen einen anderen Reisenden in den Wagen getrieben. Er schien ziemlich genau das Alter des Schaustellers zu haben, war aber viel kleiner, dünner, verwelkter als dieser und weniger respektabel in einen grauen, geflickten Anzug gekleidet; dazu hatte er eine magere, verschmitzte Physiognomie und ein Paar winziger grauer Augen, die etwas zu stechend aus ihren runzeligen Höhlen hervorblickten. Dieser alte Bursche hatte mit dem Schausteller gescherzt, in einer Art, die auf frühere Bekanntschaft deutete; aber als er sah, daß das Fräulein und ich unsere Angelegenheiten beendet hatten, zog er ein gefaltetes Schriftstück heraus und präsentierte es mir. Wie ich mir schon gedacht hatte, erwies es sich als ein Rundschreiben, geschrieben in einer sehr artigen und leserlichen Hand und unterzeichnet von einigen distinguierten Persönlichkeiten, von denen ich nie gehört hatte; es bestätigte, daß der Überbringer jeder Variante des Unglücks begegnet war, und empfahl ihn der Aufmerksamkeit aller mildtätigen Leute. Frühere Auslagen hatten mir nicht mehr als eine Fünf-Dollar-Note übriggelassen, von der ich dennoch dem Bettler eine Schenkung zu machen mich erbot, vorausgesetzt, er konnte mir wechseln. Der Gegenstand meiner Wohltätigkeit blickte mir scharf ins Gesicht und erkannte, daß ich nichts von jenem abscheulichen Geist in mir hatte, so charakteristisch dieser auch für einen Vollblut-Yankee ist, der Vergnügen daran findet, jedes kleine harmlose Bubenstück zu entdecken.

„Je nun, vielleicht", sagte der abgerissene alte Bettelmann, „wenn die Bank gut ist; ich kann es nicht sagen, aber ich mag wohl genug bei mir haben, um Eure Note zu wechseln."

„Es ist eine Note der Bank der Vereinigten Staaten", sagte ich, „und besser als Metallgeld."

Indem der Bettler nichts gegen die nationale Kredit-Institution einzuwenden hatte, holte er nun einen kleinen Beutel aus Büffelleder hervor, der sorgfältig mit einem Schuhband zugebunden war. Als dieser sich öffnete, erschien ein recht trostreicher Schatz an Silbermünzen aller Arten und Größen, und ich bildete mir sogar ein, unter ihnen das goldene Gefieder jenes raren Vogels in unserer Währung, des Amerikanischen Adlers, gleißen zu sehen. Auf diesen köstlichen Haufen wurde meine Banknote niedergelegt, wobei der Wechselkurs beträchtlich gegen mich ausfiel. Nachdem seine Not dergestalt gelindert war, zerrte der seines Besitzes entblößte alte Mann aus seiner Tasche ein altes Paket schmieriger Karten hervor, die vielleicht in mehr als einer Weise dazu beigetragen hatten, den Beutel aus Büffelleder zu füllen.

„Kommt", sagte er, „ich nehme ein seltenes Glück in Eurem Gesichte wahr, und für fünfundzwanzig Cents werde ich Euch sagen, was es ist."

Nie lehne ich es ab, einen Blick ins Zukünftige zu werfen. Nachdem er also die Karten gemischt und das schöne Fräulein abgehoben hatte, gab ich dem prophetischen Bettler einen Teil der Karten. Und wie andere seiner Profession lieferte er, ehe er die schattenhaften Zufälle verkündete, die unterwegs waren, mich zu treffen, einen Beweis seiner übernatürlichen Wissenschaft, indem er Szenen beschrieb, durch die ich schon gegangen war. Hier möge man mir Glauben für eine ganz nüchterne Tatsache schenken. Als der alte Mann eine Seite in seinem Schicksalsbuch gelesen hatte, senkte er seine durchdringenden grauen Augen in die meinen und fing an, bis in die kleinste Einzelheit genau zu beschreiben, was damals das aufregendste Ereignis meines Lebens war; eines, das zu enthüllen ich keinen Grund hätte, es sei denn bei der allgemeinen Offenbarung aller Geheimnisse; auch wäre es kein sonderbareres Beispiel unerbittlichen Wissens oder glücklicher Mutmaßung, wenn der Bettler mich heute auf der Straße treffen und mir die Seite, die ich hier geschrieben habe, Wort für Wort wiederholen würde. Nach der Vorhersage einer Bestimmung, welche zu erfüllen die Zeit anscheinend keine Lust hat, steckte der Wahrsager seine Karten ein, ließ seinen Schatzbeutel verschwinden und fing an, sich mit den anderen Bewohnern des Wagens zu unterhalten.

„Nun, alter Freund", sagte der Schausteller, „Ihr habt uns noch nicht berichtet, in welche Richtung Euer Gesicht heute nachmittag schaut."

„Ich gehe in den Norden, bei diesem warmen Wetter", erwiderte der Magier, „zuerst durch Connecticut, dann hinauf durch Vermont und komme vielleicht vor dem Herbst noch nach Kanada. Aber vorher muß ich eine Pause einlegen und mir die Auflösung der Zeltmission in Stamford ansehen."

Langsam kam es mir so vor, als seien alle Vagabunden in ganz Neu-England zur Zeltmission in Stamford unterwegs und hätten diesen Planwagen zu ihrem Treffpunkt ausersehen. Der Schausteller schlug nun vor, wir sollten, sobald der Regenschauer vorüber war, die Straße nach Stamford gemeinsam zurücklegen, ist es doch zuweilen die Politik dieser Leute, eine Art Liga und Konföderation zu bilden.

„Und auch die junge Dame hier", bemerkte der galante Bibliopolist und verneigte sich tief vor ihr, „sowie dieser fremde Herr sind, wenn ich recht verstehe, auf einer Lustpartie zu dem nämlichen Orte begriffen. Es würde unschätzbar zu meinem eigenen Vergnügen und, wie ich vermute, zu dem meines Kollegen und seines Freundes beitragen, wenn sie dazu bewogen werden könnten, sich unserer Gesellschaft anzuschließen."

Dieser Vorschlag stieß auf allseitige Zustimmung, wenn auch keiner sich der daraus entstehenden Vorteile mehr bewußt war als ich, der ich keinen Anspruch hatte, dazugezählt zu werden. Nachdem ich mich bereits zur Genüge von den Mitteln und Wegen überzeugt hatte, auf welchen die vier anderen die Glückseligkeit erlangten, machte ich mich nun im Geiste ernstlich an die Aufgabe herauszufinden, welche speziellen Wonnen es für den alten Herumtreiber gab, wie die Landleute den wandernden Bettler und Propheten wohl genannt hätten. Da er Vertrautheit mit dem Teufel vorgab, so bildete ich mir ein, er würde bei seiner Lebensweise besonderen Gefallen daran finden, einige der geistigen und moralischen Charakteristika des Teufels in volkstümlichen Geschichten zu besitzen, und zwar die eher leichteren und komischen Züge. Hierzu mochte man eine Vorliebe für Täuschung um ihrer selbst willen zählen, einen scharfen Blick und ein tiefgehendes Vergnügen an menschlichen Schwächen und lächerlichen Gebrechen sowie ein Talent zu kleinen Betrügereien. So würde für diesen alten Mann ein Genuß selbst in dem für manche Menschen so unerträglichen Gedanken liegen, daß sein ganzes Leben ein Schwindel an der Welt war und daß seine schäbige Schlauheit, insofern er es mit einem Publico zu tun hatte, über dessen vereinigte Weisheit immer die Oberhand behielt. Jeder Tag würde ihm eine Reihe von winzigen bissigen Triumphen verschaffen; so zum Beispiel, wenn seine Zudringlichkeit dem Herzen eines Geizhalses eine Kleinigkeit abpreßte; oder wenn meine dumme Gutmütigkeit einen Teil meiner schmalen Börse in seinen fetten Lederbeutel

transferierte; oder wenn irgendein protziger Herr dem zerlumpten Bettler, der reicher war als er, eine Münze zuwarf;
oder wenn – obwohl er nicht immer so entschieden diabolisch
handeln würde – sein vorgeblicher Mangel ihn zum Teilhaber am knappen Lebensunterhalt wirklicher Bedürftigkeit
machte. Und weiter, welch unerschöpfliches Feld des Genusses, ihn gleichermaßen zur Erkenntnis von soviel Narrheit
wie auch zum Vollbringen solcher Mengen kleiner Bosheiten
befähigend, öffnete sich seinem höhnischen Geist durch seinen Anspruch auf prophetisches Wissen. Das alles war eine
Art von Glück, die ich mir vorstellen konnte, wenn ich auch
wenig Sympathie dafür hatte. Wenn ich damals geneigt gewesen wäre, das zuzugeben, so hätte ich vielleicht gefunden,
daß das Wanderleben besser zu ihm paßte als zu irgendeinem
seiner Gefährten; denn Satan, mit dem ich den armen Mann
verglichen habe, hat seit Hiobs Zeiten stets seine Lust daran
gehabt, „auf und nieder zu wandeln auf Erden"; und wahrlich konnte eine gerissene Natur, die nicht mit sorgfältig an-
gelegten Plänen, sondern einzelnen, unzusammenhängenden
Anschlägen arbeitete, nur dann ein ihr gemäßes Feld der Betätigung haben, wenn sie natürlicherweise zu ständigem
Wechsel von Schauplatz und Gesellschaft gezwungen würde.
Doch hier wurden meine Reflexionen unterbrochen.

„Noch ein Besucher!" rief der alte Schausteller.

Die Tür des Wagens war gegen den Sturm geschlossen worden, der in ungeheurem Grimm und Aufruhr brüllte und tob-
te und heftig gegen unsere Zuflucht trommelte, als würde er
alle diese heimatlosen Leute als seine rechtmäßige Beute beanspruchen, während wir, uns wenig um das Mißvergnügen der
Elemente scherend, gemütlich plaudernd dasaßen. Doch nun
erfolgte ein Versuch, die Tür zu öffnen, gefolgt von einer
Stimme, die irgendein sonderbares, unverständliches Kauder-
welsch von sich gab, das meine Gefährten für Griechisch
hielten, ich jedoch als Rotwelsch beargwöhnte. Indessen ging
der Schausteller nach vorn und gewährte einer Gestalt Ein-

laß, die mir die Vorstellung eingab, daß entweder unser Wagen zweihundert Jahre in die Vergangenheit zurückgerollt oder aber der Wald und seine alten Bewohner durch Zauberkraft rund um uns lebendig geworden seien. Es war ein Indianer, mit Pfeil und Bogen bewaffnet. Seine Kleidung bestand aus einer Art Mütze, geschmückt mit einer einzigen Feder von irgendeinem wilden Vogel, und einem eng gegürteten Rock aus blauer Baumwolle; auf der Brust hingen ihm wie Ritterorden ein Halbmond und ein Kreis und andere Schmuckstücke aus Silber, während ein kleines Kruzifix andeutete, daß unser Vater, der Papst, zwischen den Indianer und den Großen Geist getreten war, den er in seiner Einfalt verehrt hatte. Dieser Sohn der Wildnis und Pilger im Sturm nahm schweigend seinen Platz unter uns ein. Als die erste Überraschung sich gelegt hatte, mutmaßte ich zutreffenderweise, daß er vom Stamm der Penobscot war, von denen ich oft schon Gruppen bei ihren Sommerausflügen auf unseren östlichen Flüssen gesehen hatte; dort paddeln sie in ihren Birkenkanus unter den Küstenschonern und bauen ihr Wigwam neben irgendeinem brüllenden Mühldamm und treiben dort, wo ihre Väter nach Rotwild jagten, ein wenig Handel mit Korbflechtereien. Unser neuer Besucher wanderte vielleicht quer durch das Land nach Boston, sich von der gleichgültigen Mildtätigkeit des Volkes ernährend und Profit aus seiner Kunst im Bogenschießen ziehend, indem er auf Cent-Münzen zielte, die dem Treffer als Preis winkten. Der Indianer hatte sich noch nicht lange niedergelassen, als unser fröhliches Fräulein ihn schon ins Gespräch zu ziehen suchte. Sie schien wahrlich ganz aus dem Sonnenschein des Maimonats geschaffen; denn nichts war so düster und trübe, als daß ihr freundliches Wesen nicht einen warmen Glanz darüber breiten konnte; und bald begann der wilde Mann, wie ein Kieferbaum in seinem heimatlichen Wald, sich zu einer Art von düsterer Freude aufzuheitern. Schließlich fragte sie ihn, ob seine Reise irgendein besonderes Ziel oder eine besondere Absicht habe.

„Ich gehe schießen bei Zeltmission Stamford", antwortete der Indianer.

„Und hier sind noch fünf andere", sagte das Mädchen, „die auch alle zur Zeltmission wollen. Ihr sollt einer von uns sein, denn wir reisen leichten Herzens; und was mich angeht, so singe ich lustige Lieder und erzähle lustige Geschichten und bin voller lustiger Gedanken und tanze lustig über die Straße, so daß nie Traurigkeit aufkommt unter denen, die mir Gesellschaft leisten. Aber oh, Ihr würdet es wirklich sehr langweilig finden, den ganzen Weg nach Stamford allein zu gehen!"

Meine Vorstellungen vom Charakter der Eingeborenen ließen mich befürchten, daß der Indianer sein eigenes einsames Sinnieren der fidelen Gesellschaft, die ihm derart angetragen wurde, vorziehen könnte; doch im Gegenteil, der Vorschlag des Mädchens wurde sofort angenommen und schien ihn mit der nebelhaften Erwartung eines Vergnügens zu beleben. Ich überließ mich nun einem Gedankengang, der – ob er nun natürlicherweise durch den Gang der Ereignisse beeinflußt oder durch eine müßige Laune ans Licht gezogen wurde – meinen Geist in einer Erregung erzittern ließ, als lauschte ich ernster Musik. Ich sah die Menschheit in diesem mühseligen Greisenalter der Welt, wie sie sich entweder im Staub und Rauch der Städte träge dahinschleppte oder – selbst wenn sie eine reinere Luft atmete – sich immer noch abends mit keiner besseren Hoffnung niederlegte, als den Morgen zu überstehen, alle Morgen, die zusammen das Leben ausmachen, in der gleichen stumpfen Umgebung, der gleichen verzweifelten Plackerei, die schon das Sonnenlicht des heutigen Tages verfinsterte. Doch einige gab es, die, aus der Fülle eines ursprünglichen Instinkts, sich die Frische der Jugend bis in ihre letzten Jahre bewahrten, durch die ständige Anregung neuer Gegenstände, neuer Ziele, neuer Gefährten, und die sich, obwohl in Neu-England geboren, wenig darum kümmerten, wenn sich das Grab in Zentralasien über ihnen schließen sollte. Das Schicksal berief ein Parlament dieser freien Geister ein; ohne Bewußtsein jenes Antriebs, der sie zu einem gemeinsamen Mittelpunkt lenkte, waren sie aus nah und fern hier zusammengekommen; und als letzter von allen erschien der Vertreter jener mächtigen Nomaden, die Tausende von Jahren das Rotwild gehetzt hatten und es nun im Lande des Großen Geistes jagten. Auf seiner Wanderung durch die Wildnis der Zeiten waren die Wälder um seinen Pfad verschwunden; sein Arm hatte etwas von seiner Kraft verloren, sein Fuß von seiner Behendigkeit, seine Miene von ihrer wilden Hoheit, sein Herz und Sinn von ihrer rohen Tugend und gebildeten Stärke; doch hier, unzähmbar für die Routine eines künstlichen Lebens, die staubige Straße entlangziehend wie vor Zeiten auf dem Laub des Waldes, hier war er noch immer, der Indianer.

„Nun", sagte der alte Schausteller mitten in meine Meditationen hinein, „hier haben wir eine rechtschaffene Versammlung der Unsrigen – eins, zwei, drei, vier, fünf, sechs –, die alle zur Zeltmission nach Stamford wollen. Und jetzt, nichts für ungut, möchte ich gern wissen, wohin dieser junge Herr eigentlich will?"

Ich fuhr hoch. Wie kam ich unter diese Wanderer? Der freie Sinn, der seine eigene Narrheit fremder Weisheit vorzog, der offene Geist, der überall Gefährten fand, vor allem aber die innere Unruhe, die mich schon so oft inmitten von Vergnügen elend gemacht hatte – das waren meine Ansprüche, zu ihnen gezählt zu werden.

„Meine Freunde!" rief ich und trat in die Mitte des Planwagens. „Ich gehe mit euch zur Zeltmission nach Stamford."

„Aber in welcher Eigenschaft?" fragte der alte Schausteller nach einem kurzen Schweigen. „Jeder von uns hier kann sich sein Brot auf irgendeine achtbare Weise verdienen. Jeder ehrliche Mann sollte sein ordentliches Auskommen haben. Ihr, mein Herr, seid, wie ich glaube, aber nur ein Herr auf einem Spaziergang."

Daraufhin machte ich mich daran, die Gesellschaft dahingehend zu belehren, daß die Natur, als sie mir einen Hang zu ihrer Lebensweise gegeben hatte, mich nicht völlig von jeder Qualifikation dafür entblößt gelassen; obwohl ich nicht leugnen konnte, daß mein Talent weniger respektabel und vielleicht auch weniger profitabel war als das des geringsten unter ihnen. Mein Plan bestand, kurz gesagt, darin, daß ich die Geschichtenerzähler nachahmen, von denen Reisende im Orient uns berichten, ein wandernder Romanschreiber werden wollte, meine eigenen Stegreifphantasien einem Publico vortragend, das sich etwa einfinden sollte.

„Entweder ist dieses", so sagte ich, „meine Berufung, oder aber ich bin umsonst geboren."

Der Wahrsager schlug mit einem listigen Blinzeln zur Gesellschaft hin vor, mich als Lehrling für den einen oder anderen ihrer Berufe aufzunehmen, da mir jeder zweifellos reiches Betätigungsfeld für das erfinderische Talent böte, das ich vielleicht besitzen mochte. Der Bibliopolist äußerte einige Worte gegen meinen Plan, nicht unbeeinflußt, wie ich argwöhnte, zum Teil von der Eifersucht des Autors, zum Teil von der Furcht, daß die mündliche Praxis unter den Romanschreibern überhand nehmen könnte, zum unendlichen Nachteil des Buchhandels. Aus Angst vor Abweisung wollte ich mich der Teilnahme des lustigen Fräuleins versichern.

„Frohsinn", rief ich, höchst geschickt die Worte von L'Allegro abwandelnd, „zu dir fleh ich, auf den Knien! Frohsinn, laß mich mit den deinen ziehn!"

„Seien wir nachsichtig mit dem armen Burschen", sagte Frohsinn mit einer Güte, die mich sie herzlich lieben machte, obwohl ich kein solcher Geck war, ihre Motive falsch zu deuten. „Ich habe viel Talent in ihm gesehen. Zugegeben, manchmal gleitet ein Schatten über seine Stirn, aber der Sonnenschein folgt im Augenblick. Er macht sich niemals eines traurigen Gedankens schuldig, ohne daß nicht ein lustiger als Zwilling mitgeboren wurde. Wir wollen ihn mit uns kommen lassen; und ihr werdet sehen, daß er uns alle zum Lachen bringt, bevor wir die Zeltmission in Stamford erreichen."

Ihre Stimme brachte die Bedenken der übrigen zum Schweigen und gewann mir Zulassung in ihre Liga, gemäß deren Bedingungen wir, ohne Gemeinschaft von Gütern und Gewinnen, einander alle Hilfe zu leihen und allen Schaden abzuwenden hatten, soweit es in unserer Macht stand. Nachdem diese Angelegenheit geregelt war, breitete sich eine wunderbare Heiterkeit unter uns aus, die sich in jedem einzelnen in charakteristischer Weise manifestierte. Der alte Schausteller setzte sich an seine Drehorgel und bewegte die Seelen des Zwergenvolkes mit dem feurigsten Stücke aus dem Musikbuch; Schneider, Grobschmiede, Herren und Damen, alle schienen am Geist dieses Anlasses teilzunehmen, und der Hanswurst spielte seinen Part drolliger denn je, besonders mir zunickend und zublinzelnd. Der junge Fremde schwang seinen Fiedelbogen mit der Hand des Meisters und spielte zur Melodie des Schaustellers ein anregendes Echo. Der Bücherwurm und das lustige Fräulein begannen gleichzeitig zu tanzen; der erstere die Doppeldrehung in einem Stil ausführend, den jedermann gesehen haben mußte, bevor Election Week aus dem Gedächtnis der Zeiten verschwand, während das Mädchen, die Arme in die Seiten gestemmt, beide Hände an ihrer schlanken Taille, eine solche Behendigkeit des Fußes und soviel Harmonie in ihren wechselnden Haltungen und Bewegungen entfaltete, daß ich mir nicht vorstellen konnte, wie sie je wieder aufhören sollte. Ich bildete mir in diesem Augenblick ein, daß die Natur sie gemacht habe, wie der alte Schausteller seine Marionetten, für keinen anderen irdischen Zweck, als um Giguen zu tanzen. Der Indianer stieß eine Reihe der allergräßlichsten Schreie aus, uns einigermaßen in Schrecken versetzend, bis wir sie als den Kriegsgesang deuteten, mit dem er, in Nachahmung seiner Vorfahren, den Sturm auf Stamford einleitete. Der Zauberer saß inzwischen spröde in einer Ecke, ein schlaues Vergnügen aus der ganzen Szene ziehend und, wie der Hanswurst, seinen schrägen Blick besonders auf mich fixierend. Was mich angeht, so fing ich an, mit großem innerem Vergnügen die Vorfälle einer Geschichte zu ordnen und ihnen Farbe zu geben, mit der ich noch am selben Abend eine Zuhörerschaft zu unterhalten gedachte; denn ich sah, daß sich meine Genossen ein wenig für mich schämten und daß keine Zeit zu verlieren war, um eine öffentliche Anerkennung meiner Fähigkeiten zu erreichen.

„Kommt, verehrte Mitarbeiter", sagte ich zu dem alten Schausteller, den wir zu unserem Präsidenten gewählt hatten, „der Regenschauer ist vorüber, und wir müssen unsere Pflicht an diesen armen Seelen in Stamford erfüllen."

„Wir wollen als Prozession mit Musik und Tanz unter ihnen erscheinen", rief das lustige Fräulein.

Demgemäß – denn man muß wissen, daß unsere Pilgerfahrt zu Fuß ausgeführt werden sollte – machten wir vergnügt einen Ausfall aus dem Wagen, jeder von uns mit einem großen Sprung von dem Tritt hüpfend, selbst der alte Herr in seinen weißen Stulpenstiefeln. Über unseren Köpfen stand Sonnenschein und Wolkenschimmer in solcher Glorie, unter uns war so viel leuchtendes Grün, daß die Natur, wie ich bescheiden bemerkte, eigens zu Ehren unserer Konföderation ihr Gesicht gewaschen, ihren besten Schmuck und ein neues grünes Kleid angelegt zu haben schien. Unsere Augen nordwärts richtend, sahen wir einen Reiter gemächlich näher kommen, durch die kleinen Pfützen auf der Stamforder Straße platschend. Immer näher kam er, mit starrer Vertikalität im Sattel sitzend, eine hochgewachsene, dünne Figur in verschlossenem Schwarz, den der Schausteller und der Zauberer bald als das erkannten, als was ihn sein Aussehen hinlänglich auswies, einen Wanderprediger mit einem großen Namen unter den Methodisten. Was uns jedoch Kopfzerbrechen verursachte, war der Umstand, daß sein Kopf von der Zeltmission in Stamford weg- anstatt ihr zugewandt war. Als indessen dieser neue Jünger der wandernden Zunft dem kleinen grünen Flecken näher kam, worauf der Wegweiser und unser Planwagen sich befanden, da liefen meine sechs Mitvagabunden und ich mit Ungestüm vorwärts und umringten ihn, mit vereinten Stimmen rufend –

„Was gibt's Neues, was gibt's Neues von der Zeltmission in Stamford!" Der Missionar schaute voll Überraschung auf diese Gruppe von Leuten herunter, wie man sie seltsamer nicht aus seinen bunt zusammengewürfelten Zuhörern hätte auswählen können. Und wahrhaftig, selbst unter Beachtung der Tatsache, daß wir alle unter der allgemeinen Überschrift „Vagabund" rubriziert werden konnten, gab es eine große Verschiedenheit im Charakter zwischen dem gravitätischen alten Schausteller, dem durchtriebenen prophetischen Bettler, dem fiedelnden Fremden und seinem lustigen Fräulein, dem flotten Bibliopolisten, dem finsternen Indianer und mir, dem wandernden Romanschreiber, einem mageren Jüngling von achtzehn. Ich bildete mir sogar ein, daß ein Lächeln die eiserne Strenge des Predigermundes zu kräuseln versuchte.

„Gute Leute", antwortete er, „die Zeltmission ist aufgelöst."

Mit diesen Worten schwenkte der Methodistengeistliche seinen Gaul herum und ritt gegen Westen davon. Nachdem unsere Union dergestalt durch die Beseitigung ihres Zweckes null und nichtig geworden war, zerstreuten wir uns auf der Stelle in alle vier Richtungen des Himmels. Der Wahrsager, jedem zunickend, mir noch besonders zublinzelnd, brach auf zu seiner nördlichen Tour, in sich hineinkichernd, während er die Straße nach Stamford nahm. Der alte Schausteller und sein literarischer Koadjutor schirrten schon die Pferde an den Wagen, mit dem Plan, in südwestlicher Richtung die Meeresküste entlangzukutschieren. Der Fremde und das lustige Fräulein nahmen einen lachenden Abschied und folgten der östlichen Straße, auf der ich an jenem Tage marschiert war; während sie von dannen zogen, spielte der Mann eine lebhafte Weise, und des Fräuleins glückliches Temperament brach in einen Tanz aus; und so sich gleichsam in Sonnenstrahlen und heitere Musik auflösend, schied das angenehme Paar aus meinen Augen. Und mit einem nachdenklichen Schatten über meinem Gemüt, dennoch aber mich bemühend, der leichten Philosophie meiner verschwundenen Gefährten nachzueifern, schloß ich mich dem Penobscot-Indianer an und machte mich auf den Weg nach der fernen Stadt.

Der Geschichtenerzähler

Zu Hause

Seit meiner Kindheit unterstand ich der Vormundschaft eines Dorfpfarrers, der mich zum Gegenstand des täglichen Gebets und zum Erdulder unzähliger Prügel machte, wobei er hinsichtlich dieser Beweise väterlicher Liebe mir und seinen drei Söhnen keine unterschiedliche Behandlung zuteil werden ließ. Das Ergebnis war jedoch, wie ich gestehen muß, in meinem und in ihrem Falle höchst verschieden: Sie sind alle ehrenwerte Männer geworden, die es im Leben zu etwas gebracht haben, der älteste als Thronfolger auf der Kanzel seines Vaters, der zweite als Arzt und der dritte als Teilhaber einer Schuhgroßhandelsfirma, wohingegen ich, obgleich ich bessere Aussichten hatte als jeder der drei, die Lebensbahn eingeschlagen habe, die in diesem Band geschildert wird. Doch es darf bezweifelt werden, ob ich mich mit einem Erfolg wie dem ihrigen irgend wohler gefühlt hätte als mit meinem Mißgeschick, zumindest so lange, bis es nach dem Erleben des letzteren für einen neuen Versuch zu spät geworden war.

Mein Vormund trug einen Namen von beträchtlicher Bedeutung, der eher zu der Position paßt, die er in der Kirchengeschichte einnimmt, als zu einem so leichtfertigen Werk wie dem meinen. In seiner Umgebung wurde er von dem lebenslustigeren Teil seiner Zuhörer als „Pastor Kissenschläger" bezeichnet, wegen der sehr heftigen Gesten, mit denen er seine Belehrungen untermalte. Gewiß, wenn man seine Leistungen als Prediger an den Schäden, die er seiner Kanzeleinrichtung zufügte, gemessen hätte, dann wäre keiner seiner lebenden Kollegen und kaum einer der dahingeschiedenen würdig gewesen, nach ihm auch nur ein Dankgebet zu sprechen. Er wetterte und schmetterte, sobald er einmal warm geworden war, ließ seine Handflächen aufklatschen, hieb mit den Fäusten drein und knallte die große Bibel mit ihrem ganzen Gewicht hin, so daß ich überzeugt war, er halte im Geiste den Leibhaftigen oder irgendeinen ungläubigen Unitarier in Schach und bearbeite sein armes Kanzelkissen als Ersatz für diese abscheulichen Widersacher. Nur diese körperliche Ertüchtigung während des Vortrags seiner Predigten kann die Gesundheit des wackeren Pastors angesichts der geistigen Anstrengung, die ihm deren Abfassung abverlangte, aufrechterhalten haben.

Obwohl Pastor Kissenschläger ein rechtschaffenes Herz besaß – manche nannten es sogar warm –, war er mir gegenüber, vermutlich aus Prinzip, stets streng und unnachgiebig. In einer späten Anwandlung von Gerechtigkeit, die selbst jetzt immerhin noch früh genug kommt, um sich mit Großmut zu vermischen, anerkenne ich, daß er auf seine Art ein guter und weiser Mann war. Wenn seine Behandlung bei mir versagte, so hatte sie doch bei seinen drei Söhnen Erfolg; und ich muß offen gestehen, daß keine Erziehungsmethode, mit der er sich hätte vertraut machen können, geeignet gewesen wäre, aus mir einen besseren Menschen zu machen, als der ich bin, oder mir ein glücklicheres Geschick als mein gegenwärtiges zu eröffnen. Er vermochte weder die Natur zu verändern, die Gott mir verliehen hat, noch seinen unbeugsamen Geist an meinen eigenwilligen Charakter anzupassen. Vielleicht war es mein größtes Unglück, daß mein Vater und meine Mutter nicht mehr lebten; denn Eltern besitzen ein instinktives Gespür für das Wohl ihrer Kinder, und ein Kind hat Vertrauen sowohl zu der Einsicht als auch zu der Liebe seiner Eltern, das es auf keinen noch so gewissenhaften Stellvertreter übertragen kann. Das Schicksal eines Waisenkindes ist hart, ob es nun reich ist oder arm. Was Pastor Kissenschläger angeht: jedesmal wenn ich den alten Herrn in meinen Träumen vor mir sehe, blickt er mich freundlich und bekümmert an und streckt seine Hand aus, als ob wir beide einander etwas zu vergeben hätten. Solche Freundlichkeit und solche Vergebungsbereitschaft, doch kein Kummer, mögen uns bei unserer nächsten Begegnung erfüllen!

Ich war ein Jüngling von heiterem und glücklichem Temperament, mit einem unverbesserlich leichten Gemüt, frei von lasterhaften Neigungen, recht vernünftig, aber unstet und phantasievoll. Wie wäre es möglich gewesen, einen derartigen Charakter mit dem gestrengen alten Pilgergeist meines Vormunds in Einklang zu bringen! Wir waren uneins in tausend Punkten; aber unsere größte und entscheidende Auseinandersetzung ergab sich aus der Beharrlichkeit, mit der er mich bewegen wollte, einen bestimmten Beruf zu ergreifen, während ich als Erbe eines bescheidenen Vermögens meine Absicht bekräftigte, mich aus dem geschäftigen Treiben der Welt herauszuhalten. Dies wäre überall auf der Erde ein gewagter Entschluß gewesen; in Neu-England war er lebensgefährlich. Meine Landsleute leben in schlichten Vorstellungen; sie lassen sich nicht davon überzeugen, daß bei dem, was sie als Müßiggang bezeichnen, etwas Gutes herauskommen könne; sie können sich nur das Schlimmste ausmalen bei einem jungen Mann, der weder Heilkunde noch Jura oder Theologie studiert und der weder ein Geschäft eröffnet noch sich der Landwirtschaft widmet, sondern den unbegreiflichen Wunsch äußert, sich mit dem zufriedenzugeben, was ihm sein Vater hinterlassen hat. Diese Grundeinstellung ist ausgezeichnet in seinem allgemeinen Einfluß, hat aber höchst fatale Auswirkungen für die wenigen, die ihr zuwiderhandeln. Ich hatte ein rasches Gespür für die öffentliche Meinung und gewann den Eindruck, als ob sie mich auf eine Stufe mit den Kneipenbesuchern und Stadtstreichern stellte – mit dem betrunkenen Dichter, der mit seinen eigenen Oden auf den 4. Juli hausieren ging, und mit dem heruntergekommenen Soldaten, der seit dem letzten Krieg zu nichts mehr nütze war. Die Folge von alledem war eine Art wohlgemute Verzweiflung.

Ich überschätze meine Bekanntheit keineswegs, wenn ich

davon ausgehe, daß viele meiner Leser von mir gehört haben müssen, und zwar wegen des ungeordneten Lebenswandels, dem ich mich ergab. Der Gedanke, ein umherziehender Geschichtenerzähler zu werden, war mir vor ein paar Jahren gekommen, anläßlich eines Zusammentreffens mit mehreren lustigen Vagabunden in einem Schaustellerwagen, in dem wir Schutz vor einem sommerlichen Regenschauer gesucht hatten. Der Plan war nicht ausgefallener als die meisten Pläne, die ein junger Mann schmiedet. Seltsamere Vorhaben werden Tag für Tag durchgeführt; und ganz zu schweigen von meinen Vorläufern im Osten und den wandernden Rednern und Dichtern, denen ich mit eigenen Ohren gelauscht hatte, nahm ich mir ein Beispiel an einem berühmten Reisenden in der anderen Welthälfte, an Goldsmith, der seine Fahrten durch Frankreich und Italien unter weniger günstigen Voraussetzungen als ich plante und unternahm. Ich hielt mir dabei verschiedene geistige und persönliche Eigenschaften zugute, die zu meinem Unterfangen taugten. Im übrigen hatte mich mein Geist in letzter Zeit mit dem Drang nach Betätigung geplagt; er regte sich in unregelmäßigen Abständen sogar im Schlaf und machte mir bewußt, daß ich mich beschäftigen mußte, und sei es auch nur mit der Jagd nach Schmetterlingen. Aber meine Hauptbeweggründe waren die Unzufriedenheit mit meinem Zuhause und ein bitterer Groll gegen Pastor Kissenschläger, der mich lieber in das Grab meines Vaters gelegt hätte, als mit anzusehen, daß aus mir ein Romanschreiber oder Schauspieler würde – zwei Rollen, die zu verbinden ich jetzt einen Weg gefunden hatte. Schließlich war das nicht halb so töricht, als wenn ich romantische Geschichten geschrieben hätte, anstatt sie vorzutragen.

Die folgenden Seiten enthalten ein Bild meines Wanderlebens, untermischt mit durchweg kurzen und unbedeutenden Kostproben aus jener großen Masse von Erdichtetem, die ich hervorgebracht habe und die inzwischen verweht ist wie Wolkengestalten. Abgesehen von den Fällen, da ich auf eine fi-

nanzielle Entschädigung angewiesen war, pflegte ich mein Er-
zählertalent überall dort vorzuführen, wo sich ein kleines
Publikum versammelte, das genügend Muße hatte, mir zuzuhören. Diese Vorträge dienten mir dazu, die Wirkung meiner
Geschichten zu erproben; und in der Tat floß der Strom meiner Phantasie so reichlich, daß es mir Lohn genug war, wenn
ich mich ihm hingeben konnte, obgleich auch die Hoffnung
auf ein Lob ein mächtiger Ansporn für mich wurde. Da ich
nie wieder den warmen Sturzbach neuer Gedanken so unmittelbar spüren werde wie damals, möchte ich den Leser ersuchen, mir zu glauben, daß meine Erzählungen nicht immer so
kühl waren, wie er sie nunmehr empfinden mag. Jede Kost-
probe wird von einer Skizze der Umstände begleitet sein, unter welchen die Geschichte einst erzählt wurde. So werden
meine aus der Luft gegriffenen Bilder in einen Rahmen gestellt, der möglicherweise wertvoller ist als die Bilder selbst,
denn auf ihm sind in erhabener Arbeit Gruppen von charakteristischen Figuren dargestellt, die sich zwischen den Seen
und Bergen, den Dörfern und fruchtbaren Äckern unseres
Heimatlandes bewegen. Doch ich schreibe dieses Buch um seiner Moral willen, von der mancher schwärmerische Jüngling
profitieren mag, auch wenn es sich nur um die Erfahrungen
eines umherziehenden Geschichtenerzählers handelt.

Eine Flucht im Nebel

Ich begab mich eines Morgens im Juni bei Sonnenaufgang auf
die Wanderschaft. Der Tag versprach schön zu werden, obwohl zu dieser frühen Stunde ein dichter Nebel auf der Erde
lag und sich in winzigen Kügelchen in den Falten meiner
Kleider festsetzte, so daß ich ganz genauso aussah, als ob ich
von Rauhreif überzogen wäre. Der Himmel war noch ziemlich dunkel, und die Bäume und Häuser blieben unsichtbar,
bis sie aus dem Nebel herauswuchsen, wenn ich mich ihnen
näherte. Im Westen liegt ein Hügel, auf dem die Straße steil

nach unten führt; sie verläuft dann eben durch das Dorf und steigt auf der anderen Seite eine Anhöhe hinauf, hinter der sie verschwindet. Die ganze Aussicht umfaßt einen Bereich von einer halben Meile. Hier hielt ich inne, und als ich durch den Nebelschleier hindurchstarrte, hob er sich teilweise und verschwand so plötzlich, daß eine graue Wolke das Aussehen einer kleinen weißen Stadt anzunehmen schien. Da ein freier Dunst noch immer die Atmosphäre erfüllte, wirkten die Nebelstreifen und -säulen, die in der Luft hingen oder sich auf der Erde erhoben, nicht weniger wirklich als die Gebäude und verliehen dem Ganzen etwas von ihrer eigenen Unbestimmtheit. Es war einzigartig, daß eine solche unromantische Landschaft einen so phantastischen Anblick bieten konnte.

Das Pfarrhaus war zur einen Hälfte ein schmutzigweißes Bauwerk, zur anderen eine Wolke. Aber Squire Moodys Herrenhaus, das prächtigste Anwesen des Dorfes, war zur Gänze sichtbar, sogar das Gitterwerk des Balkons unter dem Frontfenster; an einer anderen Stelle zeigten sich hingegen nur zwei rote Schornsteine über dem Nebel, die zu meinem Vaterhaus gehörten, welches damals an Fremde verpachtet war. Ich konnte mich nicht mehr an die Menschen erinnern, mit denen ich dort zusammengelebt hatte, nicht einmal an meine Mutter. Das Backsteingebäude der Bank war von Wolken verhüllt; die Fundamente eines im Entstehen begriffenen großen Häuserblocks waren verschwunden – ein böses Vorzeichen, wie sich herausstellen sollte; der Tuchladen von Mr. Nightingale machte einen bedenklichen Eindruck; und Dominicus Pikes Tabakmanufaktur schien sich in Rauch aufgelöst zu haben, abgesehen von dem prachtvollen Bild eines Indianerhäuptlings, das die Fassade schmückte. Der weiße Turm des Bethauses ragte aus dem dichtesten Nebelhaufen hervor, als wäre dieser schattenhafte Unterbau seine einzige Stütze; oder der Turm war, um eine zutreffendere Deutung zu geben, ein Sinnbild der Religion: unten eingehüllt in ein Geheimnis, aber emporweisend in eine wolkenlose Atmosphäre und die Helligkeit des Ostens mit seiner vergoldeten Wetterfahne einfangend.

Als ich diese Gegenstände betrachtete und die dunstige Straße mit ihren grasbewachsenen Stellen und der Baumreihe zwischen der Fahrbahn und den Bürgersteigen, wobei alles so undeutlich wirkte und nur mit Mühe zu erkennen war, erschien mir das Ganze eher wie eine Erinnerung denn wie eine Realität. Ich hätte mir gerne vorgestellt, daß bereits Jahre vergangen wären und daß ich weit weg wäre und nur noch das verschwommene Bild meines Geburtsortes schaute, das ich durch den Nebel der Zeit hindurch in meiner Seele bewahrte. Keine Tränen quollen aus meinen Augen und mischten sich mit den Tautropfen des Morgens; auch kann ich mich nicht entsinnen, einen Seufzer ausgestoßen zu haben. In Wahrheit hatte ich noch nie eine so köstliche Erregung verspürt und gewußt, was Freiheit ist, bis zu jenem Augenblick, als ich meine Heimat aufgab und zum Ausgleich dafür die ganze Welt gewann, wodurch die Schwingen meines Geistes in Bewegung versetzt wurden, so daß ich das Gefühl hatte, ich flöge von einem Stern zum anderen durch das Universum. Ich winkte dem dämmrigen Dorf zu, rief ihm ein fröhliches Lebewohl nach und wandte mich ab, bereit, einem jeden Pfad zu folgen außer jenem, der mich dorthin zurückgeführt hätte. Noch nie wurden Childe Harolds Empfindungen in einem Geist wiederbelebt, der dem seinen unähnlicher gewesen wäre.

Es ergab sich ganz natürlich, daß ich an Don Quijote denken mußte. Als ich mich daran erinnerte, wie der Ritter und Sancho die Vorzeichen beobachtet hatten, bevor die beiden nach Toboso aufbrachen, überkam mich, halb im Scherz und halb im Ernst, eine ähnliche Beklemmung. Sie wurde bestärkt durch ein poetischeres Phänomen als das Geschrei des gescheckten Esels oder das Gewieher der Rosinante. Die Sonne, die soeben über den Horizont emporstieg, schien matt durch den Nebel und erzeugte im Westen eine Art Regenbogen, der die Straße, die ich einzuschlagen gedachte, wie ein riesiges

Portal überwölbte. Ich hatte bis dahin nicht gewußt, daß aus Sonnenlicht und Morgennebel ein solcher Bogen entstehen könne. Er besaß weder Leuchtkraft noch wahrnehmbare Farben, sondern war bloß ein unbemalter Rahmen, so weiß und gespenstisch wie der Regenbogen des Mondes, der als böses Omen gilt. Doch mit einem leichten Herzen, dem alle Vorzeichen günstig erscheinen, setzte ich meinen Weg fort unter dem nebligen Bogengang der Zukunft.

Ich hatte beschlossen, meinen Beruf nicht eher auszuüben, als bis ich mich hundert Meilen von meiner Heimat entfernt hätte, und mich dann durch einen angenommenen Namen zu schützen. Die erste Vorsichtsmaßnahme war durchaus vernünftig, denn sonst hätte Pastor Kissenschläger meiner Geschichte vielleicht ein vorzeitiges Ende gesetzt; da jedoch meine Schande niemanden sonderlich bekümmerte und ich ohnehin alles in eigener Person erdulden mußte, ist es unerfindlich, warum ich mir wegen des Namens Sorgen machte. Ein paar Wochen lang zog ich fast aufs Geratewohl umher und achtete kaum auf Orientierungshilfen, allenfalls auf ein wirbelndes Blatt an einer Wegkreuzung oder auf einen grünen Zweig, der mir zuwinkte, oder einen kahlen Ast, der mit seinem runzligen Finger nach vorne wies. Ich hatte nur die eine Sorge, jeden Abend meiner Heimat ein Stück ferner zu sein als am vorhergehenden Morgen.

Ein Reisegefährte

Als eines Tages um die Mittagszeit die Sonne plötzlich hinter einer Wolke hervortrat und mich zu versengen drohte, hielt ich Ausschau nach einer Zufluchtsstätte in Gestalt eines Wirtshauses, einer Hütte, einer Scheune oder eines schattenspendenden Baums. Als erstes bot sich ein Forst an, kein Wald, sondern eine saubere junge Eichenschonung, die gerade dicht genug war, um den größten Teil des Sonnenlichts abzuhalten, aber gleichzeitig ein paar verirrte Strahlen durchließ und somit die heiterste Finsternis umschloß, die man sich vorstellen kann. Ein Bach, so schmal und klar und augenscheinlich so kühl, daß ich ihn am liebsten leergetrunken hätte, floß unter der Straße durch einen kleinen Steinbogen dahin, ohne auf seinem Weg von dem Schatten auf der einen Seite bis zum Schatten auf der anderen der Sonne ausgesetzt zu sein. Da die Steinmauer eine Stufe enthielt und an dem Bächlein ein Pfad entlangführte, folgte ich ihm und entdeckte seinen Ursprung – eine Quelle, die aus einem alten Faß hervorsprudelte.

An diesem lieblichen Ort erblickte ich ein leichtes Bündel, das an einem Ast hing, einen Stecken, der am Stamm desselben Baumes lehnte, und einen Mann, der am grasbewachsenen Rand der Quelle saß und mir den Rücken zukehrte. Er war schlank von Gestalt und trug einen Anzug aus schwarzem Wolltuch, der weder von bester Qualität noch besonders modisch geschnitten war. Als er meine Schritte hörte, fuhr er ziemlich nervös hoch, und indem er sich umwandte, zeigte er mir das Gesicht eines jungen Mannes ungefähr meines Alters, dessen Finger in einem Buch steckte, in dem er bis zu meinem Auftauchen gelesen hatte. Es handelte sich dabei offensichtlich um eine Taschenbibel. Obwohl ich mir damals etwas darauf zugute hielt, den Charakter und den Beruf eines Menschen rasch zu durchschauen, vermochte ich nicht zu sagen, ob dieser schwarzgekleidete junge Mann ein angehender Theologe aus Andover oder ein Student war, oder ob er sich auf das Studium an irgendeiner Akademie vorbereitete. Wie dem auch sei, ich hätte ganz gerne einen lustigeren Gefährten gefunden, beispielsweise so einen wie den Komödianten, mit dem Gil Blas an einem Brunnen in Spanien sein Mittagsmahl teilte.

Nachdem er mein Nicken geziemend erwidert hatte, formte ich aus Eichenblättern einen Kelch, den ich zwei- oder dreimal füllte und leerte, und machte dann, um die klassische Bildung des Fremdlings herauszufordern, die Bemerkung, diese schöne Quelle sollte aus einer Urne statt aus einem alten

Faß hervorfließen. Er gab nicht zu erkennen, daß er die Anspielung verstanden habe, und antwortete sehr kurz und mit einer Schüchternheit, die zwischen Menschen, welche unter solchen Umständen zusammentrafen, höchst unangebracht war. Wenn er meine nächste Bemerkung in derselben Weise aufgenommen hätte, so wären wir wohl ohne jedes weitere Wort voneinander geschieden.

„Es ist höchst merkwürdig", sagte ich, „obgleich es dafür zweifellos gute Gründe gibt, daß die Natur Trinkwasser so reichlich spendet und überall am Straßenrand vergeudet, aber nur selten etwas Eßbares. Warum finden wir eigentlich nicht einen Laib Brot an diesem Baum und ein Fäßchen Branntwein zu seinen Füßen?"

„Am Baum hängt ein Laib Brot", erwiderte der Fremde, ohne auch nur zu lächeln über einen Zufall, der mich zum Lachen reizte. „Ich habe in meinem Bündel etwas zu essen, und wenn Sie mir beim Mahle Gesellschaft leisten wollen, sind Sie willkommen."

„Ich nehme Ihr Angebot mit Vergnügen an", sagte ich. „Ein Pilger, wie ich es bin, darf ein Mahl nicht ausschlagen, das ihm die Vorsehung beschert."

Der junge Mann war aufgestanden, um sein Bündel vom Ast abzunehmen, aber in diesem Augenblick drehte er sich um und betrachtete mich mit großem Ernst, wobei sein Gesicht sich dunkel verfärbte. Er sagte jedoch nichts und holte ein Stück Brot und etwas Käse hervor; das erstere war augenscheinlich im heimatlichen Ofen gebacken worden, den es allerdings schon vor einigen Tagen verlassen haben mußte. Die Speisen waren recht gut und wurden mir, wie es schien, aufrichtig gegönnt. Nachdem er die Sachen auf einem Baumstumpf ausgebreitet hatte, begann er den Segen des Himmels auf unser Mahl herabzuflehen – eine unerwartete und durchaus eindrucksvolle Zeremonie in dieser Waldlandschaft, wo die Quelle neben uns sprudelte und der helle Himmel durch die Äste schimmerte; und sein kurzes Bittgebet rührte mich um so mehr, als seine Stimme vor Verlegenheit zitterte. Am Ende des Mahls sprach er seinen Dank mit der gleichen bebenden Inbrunst.

Er empfand eine natürliche Zuneigung zu mir, nachdem er dergestalt meine Bedürfnisse befriedigt hatte, und dies äußerte sich darin, daß er seine Zurückhaltung ein wenig ablegte. Ich gestand meinerseits, daß es mir nie besser geschmeckt habe, und um dem Fremden seine Gastfreundschaft zu entgelten, ersuchte ich ihn, er möge mir die Freude machen, beim Abendessen mein Gast zu sein.

„Wo? Bei Ihnen zu Hause?" fragte er.

„Ja", entgegnete ich lächelnd.

„Vielleicht haben wir aber nicht denselben Weg", meinte er.

„Oh, ich kann jeden Weg einschlagen außer einem und werde dennoch mein Ziel nicht verfehlen", antwortete ich. „Heute morgen habe ich zu Hause gefrühstückt; heute abend werde ich zu Hause essen; und soeben habe ich zu Hause mein Mittagsmahl eingenommen. Gewiß, es gab einmal einen Ort, den ich mein Zuhause nannte; doch ich habe mich entschlossen, ihn nicht wiederzusehen, bis ich den ganzen Erdball umwandert habe und die Straße von Osten her betrete, so wie ich auf ihr nach Westen davongegangen bin. Unterdessen ist mein Zuhause überall oder nirgendwo, ganz wie Sie wollen."

„Also nirgendwo; denn diese vergängliche Welt ist nicht unser Zuhause", sagte der junge Mann feierlich. „Wir alle sind Pilger und Wanderer; doch es ist seltsam, daß wir beide einander begegnet sind."

Ich fragte ihn, was er mit dieser Bemerkung sagen wollte, konnte aber keine befriedigende Antwort erhalten. Immerhin hatten wir zusammen Salz gegessen, und es war nur recht und billig, daß wir uns nach diesem Zermoniell miteinander bekannt machten, so wie es die Araber in der Wüste tun, und das um so mehr, als er etwas über mich erfahren hatte und mir die landesübliche Höflichkeit das Recht gab, über ihn genausoviel zu wissen. Ich fragte ihn, wohin er reise.

„Ich weiß es nicht", sagte er; „aber Gott weiß es."

„Das ist sonderbar!" rief ich aus. „Nicht, daß Gott es weiß, sondern daß Sie es nicht wissen. Und wie offenbart sich Ihnen der richtige Weg?"

„Vielleicht durch eine innere Überzeugung", erwiderte er und blickte mich von der Seite an, um zu sehen, ob ich lächelte; „vielleicht durch ein äußeres Zeichen."

„Dann glauben Sie mir", sagte ich, „das äußere Zeichen ist Ihnen bereits zuteil geworden, und die innere Überzeugung sollte nachfolgen. Man hat uns von frommen Menschen früherer Zeiten erzählt, die sich der Obhut der Vorsehung anheimgaben und deren Willensbekundungen in den kleinsten Umständen erblickten, etwa in einer Sternschnuppe, im Vogelflug oder in der Laufrichtung eines wilden Tiers. Zuweilen ließen sie sich sogar von einem dummen Esel leiten. Sollte ich so etwas nicht ebensogut können?"

„Ich weiß nicht", entgegnete der Pilger in vollkommener Einfalt.

Wir zogen dennoch auf derselben Straße weiter und wurden nicht, wie ich schon halb befürchtet hatte, von den Wärtern irgendeines Irrenhauses eingeholt, die einen entlaufenen Patienten verfolgten. Vielleicht zweifelte der Fremdling an meinem Gesundheitszustand ebenso sehr wie ich an dem seinen, obzwar sicherlich mit geringerer Berechtigung, denn ich war mir meiner Überspanntheiten sehr wohl bewußt, während er sich nicht minder verrückt benahm und dies auch noch für himmlische Weisheit hielt. Wir waren ein ungewöhnliches Paar, unverkennbar gegensätzlich und doch seltsam einander angepaßt; jeder von uns beiden schon an sich ziemlich merkwürdig, doch doppelt merkwürdig in der Gesellschaft des anderen. Ohne eine förmliche Vereinbarung blieben wir einen Tag um den anderen beisammen, bis unsere Gemeinschaft unauflöslich schien. Selbst wenn ich in dem anderen nichts Liebens- und Bewundernswertes entdeckt hätte, wäre es mir niemals in den Sinn gekommen, jemanden, der mich ständig brauchte, im Stich zu lassen; denn ich habe noch nie einen Menschen, nicht einmal eine Frau, kennengelernt, der so wenig wie er imstande gewesen wäre, allein durch die Welt zu ziehen – so übertrieben scheu war er, so leicht ließ er sich durch kleine Hindernisse entmutigen und so häufig wurde er niedergedrückt durch eine innere Last.

Ich hatte mich mittlerweile weit von meinem Geburtsort entfernt, war aber noch nicht öffentlich aufgetreten. Mich erfaßte jedesmal ein leichter Schauder, wenn ich daran dachte, die Immunität des Privatmannes aufzugeben und einem jeden, und überdies für Geld, das Recht zuzugestehen, mich unverhohlen zu verspotten, das bis dahin noch niemand besaß. Doch ungefähr eine Woche, nachdem ich die genannte Verbindung eingegangen war, verbeugte ich mich erstmals vor einem Publikum von neun Personen, von denen mich sieben auf eine höchst unangenehme Weise und nicht ohne guten Grund auspfiffen. Der Mißerfolg war tatsächlich so eklatant, daß es purer Schwindel gewesen wäre, das Geld zu behalten, das man aufgrund der stillschweigenden Abmachung bezahlt hatte, daß ich einen entsprechenden Gegenwert in Form von Unterhaltung bieten würde; ich rief also den Türsteher herbei, bat ihn, den vollen Betrag – eine ansehnliche Summe – zu erstatten, und wurde dafür mit einem Beifall belohnt, der sich wohltuend von den Pfiffen abhob. Dieses Ereignis hätte einen überaus verheerenden Eindruck machen können; es wäre für einen Mann Grund genug gewesen, sich zu erschießen oder Amok zu laufen oder sich in einer Höhle zu verstecken, wo er seine eigene Schamröte nicht gesehen hätte; aber die Wirklichkeit war nicht ganz so schwer zu ertragen. Tatsache ist, daß mich ein fast paralleles Mißgeschick, das meinem Gefährten am selben Abend zustieß, noch schmerzlicher berührte. Was mich selber betraf, so war ich wütend und erregt, aber nicht niedergeschlagen; mein Blut rann schnell durch die Adern, meine Stimmung hob sich mächtig, und mein Vertrauen auf den künftigen Erfolg und meine Entschlossenheit, ihn zu erringen, waren noch nie so groß gewesen wie in diesem heiklen Augenblick. Ich beschloß weiterzumachen, und sei es auch nur aus dem einzigen Grunde, meinen Feinden ihre zögernde Zustimmung abzuringen.

Bislang hatte ich die Schwierigkeiten meines eitlen Gewerbes gewaltig unterschätzt; jetzt erkannte ich, daß es nichts weniger als alle meine Fähigkeiten verlangte, die ich bis zum äußersten entwickeln und mit der gleichen Hemmungslosigkeit anwenden mußte, als ob ich auf dem Capitol vor einer großen Zuhörerschaft oder vor der gesamten Nation eine Rede zu halten hätte. Keine Begabung oder Fertigkeit war entbehrlich; alles mußte zusammenwirken: eine gute Beobachtungsgabe, umfassendes Wissen, tiefgründige Gedanken und Geistesblitze; Pathos und Leichtigkeit sowie eine Mischung aus beidem, wie Sonnenlicht in einem Regentropfen; eine hochfliegende Phantasie, die sich in ein Alltagsgewand hüllt; schließlich die praktische Kunst, die allein all diese Gaben, und noch mehr obendrein, zur Geltung bringen kann. Nicht, daß ich jemals gehofft hätte, so tüchtig zu werden. Aber meine Verzweiflung war nicht kleinmütig; denn da ich die Unmöglichkeit einsah, mich selbst zufriedenzustellen, selbst wenn es mir gelingen sollte, die Welt zufriedenzustellen, gab ich mir alle Mühe, sie zu überwinden; ich ging der Ursache eines jeden Fehlers nach und bemühte mich mit beharrlicher Geduld, ihn beim nächsten Versuch zu vermeiden. Es ist einer der wenigen Gründe, die mich mit Stolz erfüllen, daß ich mein Ziel, so lächerlich es auch war, mit der Festigkeit und Energie eines Mannes verfolgte.

Ich verfertigte eine große Fülle von Erzählhandlungen und -gerippen und hielt sie ständig zum Gebrauch bereit, wobei ich die Ausfüllung jeweils der Eingebung des Augenblicks überließ; allerdings kann ich mich nicht entsinnen, jemals eine Geschichte erzählt zu haben, die nicht erheblich von meinem vorgefaßten Konzept abgewichen wäre und bei jeder Wiedergabe einen neuen Aspekt hinzugewonnen hätte. Merkwürdigerweise stand mein Erfolg durchweg in einer Beziehung zu dem Unterschied zwischen dem Entwurf und der Ausführung. Ich erfand für viele Erzählungen zwei oder mehr Anfänge und Katastrophen – ein raffinierter Trick, angeregt durch die doppelten Ärmel und Aufschläge, mit denen die Anzüge in Sir Piercy Shaftons Garderobe versehen waren. Meine besten Arbeiten besaßen jedoch eine Einheitlichkeit, eine Geschlossenheit und eine unverwechselbare Eigenart, die eine solche Manipulation nicht zugelassen hätten.

Das Dorftheater

Um den 1. September herum trafen mein Reisegefährte und ich in einem Landstädtchen ein, wo eine kleine Schauspielertruppe, die von einer Sommertournee in den Britischen Provinzen zurückkehrte, eine Reihe von Vorstellungen gab. Ein Wirtshaussaal von bescheidener Größe war in ein Theater verwandelt worden. An diesem Abend spielte man „Der Erbe vor Gericht" und „Kein Lied, kein Abendessen", und zwischen Schauspiel und Farce wurde eine Rezitation des „Alexanderfests" eingeschoben. Das Publikum war dünn gesät und langweilig. Doch der nächste Tag versprach erfolgreicher zu werden, denn die Plakate verhießen an jeder Ecke, am Stadtbrunnen und sogar – schreckliches Sakrileg! – am Portal des Bethauses eine „einmalige Attraktion"!! Nach Bekanntgabe der üblichen theatralischen Unterhaltungen wurde die Öffentlichkeit in den größten Lettern, welche die Druckerei aufzutreiben vermochte, davon in Kenntnis gesetzt, daß es dem Direktor gelungen war, den gefeierten „Geschichtenerzähler" zu engagieren. Er werde an diesem Abend zum erstenmal auftreten und seine berühmte Geschichte „Mr. Higginbothams Katastrophe" vortragen, die in allen großen Städten das Publikum zu Beifallsstürmen hingerissen habe. Diesen unverschämten Trompetenstoß hatte ich, das sei hiermit gesagt, keineswegs autorisiert; ich hatte mich lediglich für einen einzigen Abend engagieren lassen, ohne mir eine größere Berühmtheit anzumaßen als die geringe, die ich tatsächlich besaß. Und was die Erzählung anging, so konnte sie schwerlich von begeisterten Zuhörern mit Beifall bedacht worden sein, da sie nur aus einem unausgefüllten Handlungsrahmen bestand; ja, selbst als ich die Bühne betrat, war noch nicht entschieden, ob Mr. Higginbotham am Ende lebendig oder tot sein sollte.

An einigen Plätzen klebte unter den marktschreierischen Plakaten, die den „Geschichtenerzähler" ankündigten, ein kleiner Zettel, auf dem in zittriger Handschrift auf eine religiöse Versammlung im Schulhaus hingewiesen wurde, wo Eliakim Abbott mit Zustimmung Gottes zu sündigen Menschen über das Heil ihrer unsterblichen Seelen sprechen wollte.

Am Abend, nach dem Beginn der Douglas-Tragödie, machte ich einen Spaziergang durch die Stadt, um meine Gedankentätigkeit durch aktive Bewegung anzuregen. Meine Stimmung war gut und erfüllt von einer gewissen inneren Glut, die, wie ich aus Erfahrung bereits wußte, ein sicheres Vorzeichen des Erfolgs war. Als ich an einem kleinen, einsam gelegenen Schulhaus vorüberkam, in dem ein schwaches Licht brannte und durch dessen Tür ein paar Leute eintraten, ging ich ebenfalls hinein und entdeckte meinen Freund Eliakim am Pult. Er hatte ungefähr fünfzehn Zuhörer um sich versammelt, zumeist Frauen. Gerade als ich eintrat, begann er ein Gebet zu sprechen, und zwar so leise und zusammenhanglos, daß man den Eindruck gewann, er zweifle daran, ob seine Bemühungen von Gott und den Menschen richtig anerkannt würden. Hinsichtlich der letzteren war Mißtrauen wohl angebracht. Am Ende des Gebets gingen einige der wenigen Zuhörer hinaus, und er mußte seine Ansprache unter entmutigenden Umständen beginnen, die seine angeborene und qualvolle Unsicherheit noch verstärkten. Wohl wissend, daß meine Anwesenheit seine Verlegenheit in dieser Situation vergrößerte, hatte ich mich in eine dunkle Ecke nahe der Tür gedrückt und schlich jetzt leise davon.

Bei meiner Rückkehr ins Wirtshaus war die Tragödie bereits beendet, und da es sich um ein schwaches Stück und eine belanglose Aufführung handelte, waren die Aussichten für den Geschichtenerzähler um so günstiger. Im Schankraum drängten sich die Kunden, und der Groglöffel vollführte einen regelrechten Trommelwirbel, während der Saal von einem mächtigen, tiefen Summen erfüllt war, das gelegentlich von einem ungeduldigen Donnern unterbrochen wurde – Zeichen für ein übervolles Haus und ein interessiertes Publikum. Ich trank ein Glas Wein mit Wasser und nahm neben der seitlichen Kulisse Aufstellung, wo ich mich mit einer jungen Person von zweifelhaftem Geschlecht unterhielt. Falls es ein Herr war, wie hatte er dann am Abend zuvor in „Kein Lied, kein Abendessen" die Sängerin vorstellen können? Oder wenn es sich um eine Dame handelte, wieso spielte sie den jungen Norval, und warum trug sie jetzt als Little Pickle eine grüne Jacke und eine weiße Hose? In jedem Fall war der Anzug so hübsch und der Träger so bezaubernd, daß ich im richtigen Augenblick mit frohem und kühnem Herzen vortrat, während das Orchester eine Melodie spielte, die schon auf so manchem ländlichen Ball erklungen war, und der aufgehende Vorhang so etwas wie eine ländliche Schankstube enthüllte. Eine solche Kulisse paßte recht gut zu einer solchen Geschichte.

Das Orchester unseres kleinen Theaterunternehmens bestand aus zwei Geigen und einer Klarinette; doch selbst wenn die vollen Harmonien des Tremont ertönt wären, so wären sie untergegangen in dem orkanartigen Applaus, der mich begrüßte. Die guten Leute aus der Stadt, die sehr wohl wußten, daß es in der Welt unzählige Berühmtheiten gab, von denen sie keine Ahnung hatten, hielten es für ganz selbstverständlich, daß ich eine solche war und daß ihr donnernder Willkommensgruß nur ein schwaches Echo jener Beifallsstürme sein konnte, die mich in großen Theatersälen umtost hatten. Einen derart begeisterten Lärm hat man noch nie vernommen; ein jeder schien ein Briareus zu sein, der mit hundert Händen gleichzeitig klatschte und überdies seine Füße und mehrere Stöcke einsetzte, die auf den Boden stampften und pochten; währenddessen schwenkten die Damen ihre weißen Batisttaschentücher, unter welche sich, wie die Flaggen verschiedener Nationen, auch gelbe und rotgemusterte Tücher mischten. Nach einem solchen Empfang schämte sich der berühmte Geschichtenerzähler beinahe, daß er nur ein so dürftiges Opus darzubieten hatte wie

Mr. Higginbothams Katastrophe

Ein junger Bursche, seines Zeichens ambulanter Tabakhändler, war auf dem Weg von Morristown, wo er vor allem den Diakon der Shaker-Gemeinde beliefert hatte, zum Dorf Parker's Falls am Salmon River. Er besaß einen schmucken, grün gestrichenen kleinen Karren, dem auf beiden Seiten eine Zigarrenkiste und auf der Rückwand ein Indianerhäuptling aufgemalt war, der eine Pfeife und einen goldenen Tabakstengel in Händen hielt. Der Händler hatte eine muntere kleine Stute vorgespannt und war ein junger Mann von ausgezeichnetem Charakter, sehr geschäftstüchtig, aber darum nicht weniger beliebt bei den Yankees, die, wie ich sie habe sagen hören, sich lieber mit einer scharfen als einer stumpfen Klinge rasieren lassen. Doch am meisten liebten ihn die hübschen Mädchen am Connecticut, deren Gunst er sich dadurch erwarb, daß er ihnen stets etwas von seinem besten Rauchtabak schenkte, denn er wußte sehr wohl, daß die Landmädchen in Neu-England durchweg mit der Pfeife recht gut umzugehen verstehen. Überdies war der Händler, wie sich im Verlauf meiner Geschichte zeigen wird, ein neugieriger Mensch und so etwas wie eine Klatschbase, immer erpicht darauf, das Neueste zu erfahren und sogleich weiterzuerzählen.

Nach einem zeitigen Frühstück in Morristown hatte der Tabakhändler, der übrigens Dominicus Pike hieß, bereits sieben Meilen in einer einsamen Waldgegend zurückgelegt, ohne ein Wort mit irgend jemandem außer mit sich selber und seiner kleinen grauen Stute zu sprechen. Da es fast sieben Uhr war, hatte er ebenso große Lust auf ein Morgenschwätzchen wie ein städtischer Ladenbesitzer auf die Lektüre der Morgenzeitung. Eine Gelegenheit schien sich ihm zu bieten, als er, nachdem er sich mit einem Brennglas eine Zigarre angezündet hatte, wieder aufblickte und einen Mann über den Kamm des Hügels kommen sah, an dessen Fuß er seinen grünen Karren angehalten hatte. Dominicus blickte dem Herabsteigenden entgegen und bemerkte, daß er ein Bündel, das an einem Stock festgebunden war, auf dem Rücken trug und mit müden, wenngleich entschlossenen Schritten einherging. Er machte den Eindruck, als wäre er nicht erst in der Morgenfrische aufgebrochen, sondern die ganze Nacht hindurch gewandert, und als wollte er seinen Weg auch den ganzen Tag über fortsetzen.

„Guten Morgen, Mister“, rief Dominicus, als der Fremdling in Hörweite war. „Sie schreiten ja tüchtig aus. Was gibt's Neues in Parker's Falls?“

Der Mann zog die breite Krempe seines grauen Hutes über die Augen und erwiderte ziemlich grämlich, er komme nicht aus Parker's Falls, welches Dorf der Hausierer natürlicherweise in seiner Frage erwähnt hatte, weil es sein Tagesziel war.

„Nun denn“, fuhr Dominicus Pike fort, „so erzählen Sie mir eben das Neueste von dort, wo Sie herkommen. Ich bin nicht besonders scharf auf Parker's Falls. Jeder andere Ort tut's auch.“

Der dergestalt bedrängte Wanderer – ein so übel aussehender Kerl, wie man ihm am liebsten in einem einsamen Wald nicht begegnen möchte – schien ein wenig zu zögern, als durchforsche er sein Gedächtnis nach Neuigkeiten oder als überlege er, ob es ratsam sei, sie zu berichten. Schließlich stieg er auf die Trittstufe des Karrens und flüsterte Dominicus etwas ins Ohr, obgleich er ebensogut hätte brüllen können, denn kein Sterblicher hätte ihn gehört.

„Mir fällt tatsächlich eine ganz kleine Neuigkeit ein", sagte er. „Der alte Mr. Higginbotham aus Kimballton ist gestern abend um acht Uhr in seinem Obstgarten von einem Iren und einem Nigger ermordet worden. Sie haben ihn am Ast eines Sankt-Michaels-Birnbaums aufgehängt, wo man ihn erst am Morgen finden wird."

Sobald der Fremdling diese grausige Nachricht verkündet hatte, machte er sich wieder auf den Weg, und zwar schneller als zuvor, und er wandte nicht einmal den Kopf um, als Dominicus ihn einlud, sich eine spanische Zigarre anzustecken und ihm sämtliche Einzelheiten zu erzählen. Der Hausierer pfiff seiner Stute und fuhr den Hang hinauf, während er über das traurige Schicksal von Mr. Higginbotham nachdachte, der zu seinen Kunden zählte und dem er manches Bündel Neuner-Zigarren sowie große Mengen Kau-, Roll- und Feigentabak verkauft hatte. Er fand es jedoch einigermaßen verwunderlich, wie schnell sich die Nachricht verbreitet hatte. Kimballton lag in Luftlinie fast sechzig Meilen entfernt, der Mord war erst am vorhergehenden Abend um acht Uhr geschehen, und dennoch hatte Dominicus bereits um sieben am Morgen davon erfahren, zu einer Stunde, in der die Familie des armen Mr. Higginbotham höchstwahrscheinlich erst dessen Leiche im Sankt-Michaels-Birnbaum entdecken würde. Der fremde Wandersmann mußte Sieben-Meilen-Stiefel angehabt haben, wenn er die Strecke so schnell geschafft hatte.

„Schlimme Nachrichten fliegen wie der Wind, heißt es", dachte Dominicus Pike, „aber diese war schneller als die Eisenbahn. Der Kerl sollte sich als Eilkurier des Präsidenten anstellen lassen."

Die Schwierigkeit wurde durch die Annahme behoben, daß sich der Erzähler beim Datum des Ereignisses um einen Tag geirrt habe; unser Freund hatte also keine Bedenken, die Geschichte in jeder Kneipe und in jedem Laden an der Straße bekanntzugeben, wobei er mindestens zwanzig entsetzte Zuhörergruppen mit einem ganzen Bündel spanischer Deckblattzigarren traktierte. Er stellte jedesmal fest, daß er die Nachricht als erster überbrachte, und man setzte ihm mit Fragen dermaßen zu, daß er sich gezwungen sah, die Umrisse auszufüllen, bis daraus ein recht ansehnlicher Bericht wurde. Eine bestätigende Aussage kam ihm zu Hilfe. Mr. Higginbotham war Geschäftsmann, und ein Schreiber, der ehemals bei ihm gearbeitet hatte und dem Dominicus die Tatsachen mitteilte, bezeugte, daß sich der alte Herr gewöhnlich bei Einbruch der Dunkelheit durch den Obstgarten heimbegab und dabei das Geld und wichtige Papiere aus dem Geschäft bei sich trug. Der Schreiber war über das Unglück, das Mr. Higginbotham zugestoßen war, nicht sonderlich betrübt und deutete an – was auch dem Hausierer beim Umgang mit dem alten Herrn schon aufgefallen war –, daß er ein alter Griesgram sei, so unnachgiebig wie ein Schraubstock. Seinen Besitz werde eine hübsche Nichte erben, die in der Schule von Kimballton tätig sei.

Mit der Verbreitung der Neuigkeiten zum Wohle der Allgemeinheit und mit der Abwicklung von Geschäften zu seinem eigenen hatte sich Dominicus unterwegs so lange aufgehalten, daß er beschloß, fünf Meilen vor Parker's Falls in einem Gasthaus zu übernachten. Als er sich nach dem Abendessen eine seiner besten Zigarren angezündet hatte, nahm er im Schankzimmer Platz und erzählte noch einmal seine Mordgeschichte, deren Umfang so rasch angewachsen war, daß er dazu eine halbe Stunde brauchte. Es befanden sich zwanzig Leute in den Raum, von denen neunzehn das Ganze für bare Münze nahmen. Der zwanzigste war indes ein älterer Farmer, der erst vor kurzem zu Pferde angekommen war und jetzt pfeiferauchend in einer Ecke saß. Als die Geschichte zu Ende war, erhob er sich ostentativ, schob seinen Stuhl dicht an Dominicus heran und starrte ihm voll ins Gesicht, wobei er den übelsten Tabakrauch ausstieß, den der Hausierer je gerochen hatte.

„Sind Sie bereit zu beschwören", forderte er im Ton eines Landrichters beim Verhör, „daß der alte Herr Higginbotham aus Kimballton vorgestern abend in seinem Obstgarten ermordet und gestern morgen in seinem großen Birnbaum erhängt aufgefunden worden ist?"

„Ich erzähle die Geschichte so, wie ich sie gehört habe, Mister", antwortete Dominicus und ließ seine halb aufgerauchte Zigarre fallen; „ich behaupte nicht, ich hätte die Tat beobachtet. Deshalb kann ich keinen Eid darauf schwören, daß er genau auf diese Weise umgebracht wurde."

„Doch ich kann meinerseits beeiden", sagte der Farmer, „daß ich, wenn Mr. Higginbotham vorgestern abend ermordet worden ist, heute morgen mit seinem Geist einen Magenbitter getrunken habe. Weil ich sein Nachbar bin, rief er mich in seinen Laden, als ich gerade vorbeiritt, schenkte mir einen ein und fragte mich dann, ob ich für ihn unterwegs eine Kleinigkeit erledigen könnte. Offenbar wußte er von seiner Ermordung nicht mehr als ich."

„Nun, dann kann es nicht stimmen!" rief Dominicus Pike aus.

„Ich nehme an, er hätte es erwähnt, wenn es gestimmt hätte", sagte der alte Farmer; und er schob seinen Stuhl wieder in die Ecke und überließ Dominicus seiner Verwirrung.

Das war also die traurige Auferstehung des alten Mr. Higginbotham! Der Hausierer hatte nicht den Mut, sich weiter an der Unterhaltung zu beteiligen, sondern tröstete sich mit einem Glas Gin mit Sodawasser und legte sich dann ins Bett, in dem er die ganze Nacht von der Erhängung im Sankt-Michaels-Birnbaum träumte. Um dem alten Farmer auszuweichen (den er so haßte, daß er ihn lieber hätte hängen sehen als Mr. Higginbotham), stand er in aller Herrgottsfrühe auf, spannte die kleine Stute vor den grünen Karren und machte sich eiligst auf den Weg nach Parker's Falls. Die frische Brise, die taufeuchte Straße und der liebliche Sommermorgen belebten seine Lebensgeister wieder und hätten ihn vielleicht sogar ermutigt, die alte Geschichte noch einmal zu erzählen, wenn nur schon jemand wach gewesen wäre, um sie zu vernehmen. Aber er begegnete keinem Ochsengespann, keinem Wagen, keiner Kutsche, keinem Reiter oder Fußgänger, bis er, als er gerade den Salmon River überquerte, einen Mann erblickte, der auf die Brücke zu trottete und an einem Stock ein Bündel über den Rücken trug.

„Guten Morgen, Mister!" rief der Hausierer und zügelte seine Stute. „Wenn Sie aus dieser Gegend kommen, können Sie mir dann vielleicht sagen, was an der Sache mit dem alten Mr. Higginbotham dran ist? Ist der Alte tatsächlich vor zwei oder drei Tagen ermordet worden, und zwar von einem Iren und einem Nigger?"

Da Dominicus so überhastet gesprochen hatte, war ihm zunächst entgangen, daß der Fremde selber Negerblut in den Adern hatte. Bei dieser Frage, die so unverhofft an ihn gerichtet wurde, schien er seine Farbe zu wechseln; seine gelbliche Tönung verwandelte sich in ein schauriges Weiß, während er zitternd und stammelnd folgende Antwort gab: „Nein! Nein! Da war kein Farbiger dabei! Es war ein Ire, der ihn gestern abend um acht Uhr aufgehängt hat. Ich bin dort um sieben vorbeigekommen. Seine Leute haben bestimmt noch nicht im Obstgarten nach ihm gesucht."

Kaum hatte der gelbhäutige Mann das gesagt, als er jäh innehielt und ungeachtet seiner offensichtlichen Müdigkeit so schnell weiterging, daß die Stute des Hausierers einen flotten Trab hätte anschlagen müssen, um mit ihm Schritt zu halten. Dominicus starrte ihm sehr verdutzt nach. Wenn der Mord erst am Dienstagabend geschehen war, wer war dann jener Prophet, der ihn in allen Einzelheiten schon am Dienstagmorgen vorhergesagt hatte? Wenn Mr. Higginbothams Leiche von den Angehörigen noch nicht entdeckt worden war, wie konnte dann der Mulatte ungefähr dreißig Meilen vom Tatort entfernt wissen, daß jemand im Obstgarten hing, zumal er Kimballton schon verlassen haben mußte, bevor man den unglücklichen Mann überhaupt aufgehängt hatte? Angesichts dieser nicht zusammenpassenden Umstände und der mit Entsetzen gepaarten Überraschung des Fremden war Dominicus versucht, Zeter und Mordio hinter ihm her zu schreien, da er ein Komplize des Mörders sein mußte; denn daß ein Mord passiert war, war offenkundig nicht zu bezweifeln.

„Laß doch den armen Teufel laufen", dachte der Hausierer. „Ich möchte nicht, daß sein schwarzes Blut über mich kommt; und wenn man den Nigger aufhängt, macht man den Mord an Mr. Higginbotham nicht ungeschehen. Den Mord an dem alten Herrn ungeschehen machen! Es ist eine Sünde, ich weiß; aber mir wäre es sehr unangenehm, wenn er ein zweites Mal zum Leben erwachen und mich Lügen strafen sollte!"

Unter derlei Überlegungen fuhr Dominicus Pike in die Hauptstraße von Parker's Falls ein, das, wie jedermann weiß, eine so blühende Gemeinde ist, wie es drei Baumwollfabriken und ein Egrenierwerk gestatten. Die Maschinen standen noch still, und erst einige wenige Ladentüren waren offen, als er im Hof des Gasthauses von seinem Karren stieg und als erstes dafür sorgte, daß die Stute vier Quart Hafer bekam. Seine zweite Pflicht bestand selbstverständlich darin, dem Wirt von Mr. Higginbothams Katastrophe zu berichten. Er hielt es jedoch für angezeigt, sich hinsichtlich des Datums der schauerlichen Tat nicht zu genau festzulegen und es auch offenzulassen, ob sie von einem Iren und einem Mulatten oder einem Sohn Erins allein verübt worden war. Bei seiner Geschichte berief er sich weder auf seine eigene Augenzeugenschaft noch auf die irgendeiner anderen Person, sondern er stellte sie so dar, als handle es sich um ein allenthalben umgehendes Gerücht.

Die Kunde breitete sich im Städtchen so geschwind aus wie ein Feuer unter abgestorbenen Bäumen und war bald ein so allgemeines Tagesgespräch, daß niemand mehr sagen konnte, wo sie ihren Ursprung genommen hatte. Mr. Higginbotham war in Parker's Falls genauso wohlbekannt wie jeder einheimische Bürger, denn er war Teilhaber des Egrenierwerks und besaß stattliche Aktienpakete der Baumwollfabriken. Die Bewohner spürten, daß ihr eigener Wohlstand mit seinem Geschick verknüpft war. So groß war die Aufregung, daß die „Parker's Falls Gazette" ihren regulären Erscheinungstermin um einen Tag vorverlegte und mit einer halb leeren Sondernummer herauskam, die nur eine mit Versalien durchsetzte Spalte in zwei Cicero großen Lettern enthielt, deren Schlagzeile lautete: Gräßlicher Mord an Mr. Higginbotham! Neben anderen schrecklichen Einzelheiten beschrieb der Bericht die Abdrücke des Seils am Hals des Toten und bezifferte die geraubte Summe auf tausend Dollar; mit rührenden Worten wurde auch des Kummers der Nichte gedacht, die von einer Ohnmacht in die andere gefallen sei, nachdem man ihren Onkel mit nach außen gekehrten Taschen erhängt am Sankt-Michaels-Birnbaum entdeckt habe. Der Dorfpoet besang das Leid der jungen Dame gleichermaßen in einer Ballade von siebzehn Strophen. Der Magistrat berief eine Versammlung ein und beschloß in Anbetracht von Mr. Higginbothams Verdiensten um die Stadt, Flugblätter herauszugeben, auf denen für die Festnahme der Mörder und die Wiederbeschaffung des gestohlenen Eigentums eine Belohnung von fünfhundert Dollar ausgesetzt war.

Unterdessen strömte die gesamte Einwohnerschaft von Parker's Falls, Ladenbesitzer, Pensionswirtinnen, Fabrikmädchen, Baumwollarbeiter und Schuljungen, hinaus auf die Straße und unterhielt sich so lautstark, daß das Schweigen der Baumwollmaschinen, die aus Ehrfurcht vor dem Dahingeschiedenen ihr übliches Getöse eingestellt hatten, mehr als ausgeglichen wurde. Hätte sich Mr. Higginbotham etwas aus postumem Ruhm gemacht, so hätte sein zur Unzeit abberufener Geist seine helle Freude an diesem Trubel haben müssen.

Unser Freund Dominicus vergaß in der Eitelkeit seines Herzens alle vorbedachte Vorsicht, und indem er auf den Stadtbrunnen stieg, bezeichnete er sich als den Überbringer der wahrheitsgetreuen Kunde, die eine so wunderbare Gefühlserregung bewirkt hatte. Er wurde auf der Stelle als der Mann der Stunde gefeiert und hatte soeben damit begonnen, mit der Stimme eines Feldpredigers eine neue Version seiner Geschichte zu erzählen, als die Postkutsche in die Hauptstraße einbog. Sie war die ganze Nacht hindurch unterwegs gewesen und mußte um drei Uhr morgens in Kimballton die Pferde gewechselt haben.

„Nun werden wir alles ganz genau erfahren", rief die Menge. Die Kutsche rumpelte auf den Vorplatz des Gasthauses, gefolgt von tausend Menschen; denn wenn bis dahin noch irgendeiner seinen Geschäften nachgegangen war, so ließ er sie nun Hals über Kopf im Stich, um die Neuigkeiten zu hören. Der Hausierer, der das Rennen anführte, erblickte zwei Passagiere, die beide aus einem gemütlichen Schläfchen aufgeschreckt worden waren und sich plötzlich von einer Menschenmenge umringt sahen. Als alle sie mit den verschiedensten Fragen bestürmten und alle gleichzeitig in sie drangen, verschlug es den beiden die Sprache, obwohl der eine ein Anwalt und die andere eine junge Dame waren.

„Mr. Higginbotham! Mr. Higginbotham! Erzählen Sie uns alles über den alten Mr. Higginbotham!" schrie die Menge. „Was hat der Leichenbeschauer festgestellt? Hat man die Mörder gefaßt? Ist Mr. Higginbothams Nichte aus ihrer Ohnmacht erwacht? Mr. Higginbotham! Mr. Higginbotham!"

Der Kutscher sprach kein Wort, außer daß er den Wirt fürchterlich beschimpfte, weil dieser ihm keine frischen Pferde brachte. Der Anwalt im Innern der Kutsche hatte im allgemeinen seine Sinne beisammen, selbst im Schlafe; und als er die Ursache der Aufregung erfahren hatte, holte er zuerst einmal ein großes rotes Notizbuch hervor. Inzwischen hatte Dominicus Pike, der ein ungewöhnlich höflicher junger Mann war und außerdem vermutete, daß eine weibliche Zunge die Geschichte ebenso gewandt erzählen könne wie die eines Anwalts, der Dame aus der Kutsche geholfen. Sie war ein schönes, adrettes Mädchen, mittlerweile hellwach und strahlend wie die Sonne, und sie hatte einen so süßen, hübschen Mund, daß Dominicus aus ihm fast ebenso gern eine Liebesgeschichte vernommen hätte wie eine Morderzählung.

„Meine Damen und Herren", sprach der Anwalt zu den Ladenbesitzern, den Arbeitern und den Fabrikmädchen, „ich kann Ihnen versichern, daß irgendein unverantwortlicher Irrtum oder, was noch wahrscheinlicher ist, eine bewußte Unwahrheit, böswillig erfunden, um Mr. Higginbothams Ansehen zu schädigen, diesen einzigartigen Aufruhr verschuldet hat. Wir sind heute morgen um drei Uhr durch Kimballton gekommen und wären ganz sicher von dem Mord unterrichtet worden, falls es einen solchen gegeben hätte. Aber ich habe einen Beweis für das Gegenteil, der fast ebenso unwiderleglich ist wie Mr. Higginbothams eigene Aussage. Dieses Schriftstück hier bezieht sich auf einen Prozeß, der an den Gerichtshöfen von Connecticut anhängig ist, und es wurde mir von dem Herrn persönlich übergeben. Ich stelle fest, daß es gestern abend um zehn Uhr ausgefertigt worden ist."

Mit diesen Worten zeigte der Anwalt auf das Datum und die Unterschrift der Mitteilung, die eindeutig bewiesen, daß der verquere Mr. Higginbotham entweder noch lebte, als er dies schrieb, oder – was manche für den wahrscheinlicheren der beiden zweifelhaften Fälle hielten – in seine weltlichen Geschäfte so angelegentlich vertieft war, daß er sich selbst nach dem Tode nicht von ihnen zu trennen vermochte. Doch ein überraschender Beweis sollte noch folgen. Nachdem die junge Dame sich die Erklärungen des Hausierers angehört hatte, nahm sie sich nur einen Augenblick Zeit, um ihr Kleid zu glätten und ihre Locken zu ordnen, und trat dann vor die Gasthaustür, um sich mit einer bescheidenen Geste Gehör zu verschaffen.

„Liebe Leute", sagte sie, „ich bin die Nichte von Mr. Higginbotham."

Ein verwundertes Murmeln lief durch die Menge, als man sie so rosig und strahlend dastehen sah; dieselbe unglückliche Nichte, von der man unter Berufung auf die „Parker's Falls Gazette" angenommen hatte, sie liege ohnmächtig auf der Schwelle des Todes. Einige pfiffige Burschen hatten allerdings schon immer ihre Bedenken gehabt, ob eine junge Dame über die Erhängung eines reichen alten Onkels wirklich so verzweifelt sein sollte.

„Sie sehen", fuhr Miss Higginbotham lächelnd fort, „daß diese merkwürdige Geschichte völlig haltlos ist, soweit sie mich betrifft; und ich glaube, ich kann Ihnen versichern, daß dies auch für meinen lieben Onkel Higginbotham gilt. Er ist so freundlich, mir in seinem Haus ein Heim zu bieten, auch wenn ich durch meine Arbeit an einer Schule zu meinem Lebensunterhalt beitrage. Ich habe Kimballton heute morgen verlassen, um die Ferien nach der Examenswoche bei einer Freundin zu verbringen, ungefähr fünf Meilen hinter Parker's Falls. Als mein großmütiger Onkel meine Schritte auf der Treppe vernahm, rief er mich an sein Bett und schenkte mir zweieinhalb Dollar für meine Fahrkarte und einen weiteren Dollar für meine Sonderausgaben. Dann steckte er seine Brieftasche wieder unter sein Kopfkissen, reichte mir die Hand und riet mir, ich solle mir lieber ein paar Kekse einpacken, statt unterwegs zu frühstücken. Ich bin somit überzeugt, daß ich meinen geliebten Verwandten lebend verlassen habe, und ich vertraue darauf, daß ich ihn bei meiner Rückkehr genauso vorfinden werde."

Die junge Dame machte einen Knicks am Ende ihrer Rede, die so verständig und wohlgesetzt gewesen war und die sie mit so viel Anmut und Anstand vorgetragen hatte, daß jedermann ihr zutraute, sie könne Lehrerin an der besten Akademie des Staates werden. Ein Fremder hätte freilich zu dem Schluß kommen können, daß Mr. Higginbotham in Parker's

Falls sehr verhaßt sein müsse und daß man bereits drauf und dran gewesen sei, eine Dankesfeier für seinen Mörder zu veranstalten, so maßlos war jetzt der Zorn der Bewohner, als sie ihren Irrtum einsahen. Die Arbeiter beschlossen, Dominicus Pike öffentlich zu ehren, und sie waren sich nur noch nicht darüber einig, ob sie ihn teeren und federn, auf einer Stange reiten lassen oder in den Brunnen eintauchen sollten, auf dessen höchster Spitze er sich zum Überbringer der Neuigkeit erklärt hatte. Der Magistrat sprach sich auf Anraten des Anwalts dafür aus, ihn wegen einer Ordnungswidrigkeit zu bestrafen, weil er unwahre Behauptungen verbreitet und dadurch den Frieden des Gemeinwesens gestört habe. Nichts hätte Dominicus vor der Rache der Menge oder vor einem Gerichtsverfahren retten können, wenn sich nicht die junge Dame in einem beredten Aufruf für ihn verwandt hätte. Nachdem er seiner Wohltäterin mit einigen Worten seinen tiefempfundenen Dank ausgesprochen hatte, bestieg er seinen grünen Karren und fuhr aus der Stadt hinaus, unter einem Bombardement der Schulbuben, die in den nahen Lehmgruben und Schlammlöchern genügend Munition fanden. Als er sich noch einmal umdrehte, um Mr. Higginbothams Nichte einen Abschiedsblick zuzuwerfen, traf ihn eine Kugel von der Konsistenz eines Maispuddings direkt in den Mund, was ihm ein höchst abschreckendes Aussehen verlieh. Seine ganze Gestalt war von ähnlichen schmutzigen Wurfgeschossen so besudelt, daß er beinahe umgekehrt wäre und um die angedrohte Waschung im Stadtbrunnen gebeten hätte; denn sie wäre jetzt eine Tat der Barmherzigkeit gewesen, auch wenn man sie ihm nicht aus Freundlichkeit zugedacht hatte.

Immerhin, die Sonne schien hell auf den armen Dominicus herab, und der Schmutz, dieses Sinnbild für alle Makel unverdienter Schmach, ließ sich mühelos abbürsten, sobald er getrocknet war. Da Dominicus ein lustiger Gesell war, kehrte bald wieder Fröhlichkeit in sein Herz ein, und er konnte sich ein herzhaftes Lachen nicht verkneifen, wenn er daran dachte, welchen Trubel seine Geschichte entfacht hatte. Die Flugblätter des Magistrats würden die Verhaftung sämtlicher Landstreicher im Staate zur Folge haben; der Artikel der „Parker's Falls Gazette" würde von Maine bis Florida nachgedruckt und vielleicht sogar in den Londoner Zeitungen besprochen werden; und mancher Geizhals würde um seine Geldsäcke und sein Leben zittern, wenn er von Mr. Higginbothams Mißgeschick erführe. In Gedanken beschäftigte sich der Hausierer sehr lebhaft mit den Reizen der jungen Lehrerin, und er hätte schwören können, daß selbst Daniel Webster niemals so engelhaft gesprochen und ausgesehen hatte wie Miss Higginbotham, als sie ihre Verteidigungsrede vor der zornentbrannten Bevölkerung von Parker's Falls hielt.

Dominicus war unterdessen auf der Straße nach Kimballton angelangt, denn er hatte sich seit langem vorgenommen, diesen Ort zu besuchen, obgleich ihn seine Geschäfte seit seiner Abreise aus Morristown von der direkten Route abgelenkt hatten. Als er sich dem Schauplatz des vermeintlichen Mordes näherte, erwog er noch einmal alle Umstände in seinem Geiste, und er staunte über den Aspekt, den das Ganze dabei annahm. Hätte nichts die Geschichte des ersten Wanderers erhärtet, dann könnte man sie jetzt als einen Schwindel betrachten; aber der gelbhäutige Mann kannte augenscheinlich entweder den Bericht oder die Tat, und es blieb ein Geheimnis, warum er bei seiner unverhofften Befragung ein so entsetztes und schuldbewußtes Gesicht gemacht hatte. Wenn man neben diesem merkwürdigen Zusammentreffen von Ereignissen ferner bedachte, daß das Gerücht genau zu Mr. Higginbothams Charakter und Lebensgewohnheiten paßte und daß er einen Obstgarten und einen Sankt-Michaels-Birnbaum besaß, an dem er jeden Abend vorbeikam, so schienen die Umstände so beweiskräftig zu sein, daß Dominicus bezweifelte, ob dem Schriftstück, das der Anwalt vorgezeigt hatte, oder selbst der direkten Aussage der Nichte ebensoviel Gewicht beizumessen war. Als der Hausierer unterwegs vorsichtig weitere Erkundigungen einzog, erfuhr er außerdem, daß Mr. Higginbotham einen Iren von zweifelhaftem Charakter beschäftigte, den er ohne jede Empfehlung und nur aus Gründen der Sparsamkeit angestellt hatte.

„Ich laß mich selber hängen", rief Dominicus Pike laut aus, als er auf dem Gipfel eines einsamen Hügels angekommen war, „wenn ich glaube, daß der alte Higginbotham nicht gehängt wurde, bis ich ihn mit eigenen Augen sehe und es aus seinem eigenen Mund höre! Und da er ein ausgemachter Gauner ist, will ich mir die Sache vom Pfarrer oder von einem anderen vertrauenswürdigen Mann bestätigen lassen."

Es begann schon zu dämmern, als er das Zollhaus am Schlagbaum von Kimballton erreichte, das ungefähr eine Viertelmeile von der Ortschaft gleichen Namens entfernt war. Seine kleine Stute hätte ihn fast gleichauf mit einem Reiter gebracht, der ein paar Schritt vor ihm durch das Tor trabte, dem Zolleinnehmer zunickte und dann in Richtung Dorf weiterritt. Dominicus war mit dem Zöllner bekannt und tauschte während des Geldwechsels mit ihm die üblichen Bemerkungen über das Wetter aus.

„Ich nehme an", sagte der Hausierer, indem er mit seiner Peitsche ausholte und sie sanft wie eine Feder auf die Flanke der Stute senkte, „Sie haben in den letzten Tagen nichts von dem alten Mr. Higginbotham gesehen?"

„Doch", erwiderte der Zolleinnehmer. „Er ist gerade eben durch das Tor gekommen, kurz bevor Sie vorgefahren sind; und da drüben reitet er jetzt, wenn Sie ihn in der Dunkelheit noch erkennen können. Er ist heute nachmittag in Woodfield gewesen, zu einer Versteigerung beim Sheriff. Der alte Mann schüttelt mir gewöhnlich die Hand und schwatzt ein bißchen mit mir, aber heute abend hat er nur genickt, als ob er sagen wollte: ‚Schreiben Sie meinen Zoll an‘, und ist davongetrabt; denn wo er sich auch immer befindet, er muß stets um acht Uhr zu Hause sein."

„Das habe ich auch gehört", entgegnete Dominicus.

„Ich habe noch nie einen so gelben und dürren Menschen gesehen wie den alten Herrn", fuhr der Zolleinnehmer fort. „Heute abend habe ich mir gedacht, daß er eher wie ein Gespenst oder eine alte Mumie aussieht als wie ein Mensch aus Fleisch und Blut."

Der Hausierer blickte angestrengt durch das Dämmerlicht und konnte gerade noch den Reiter erspähen, weit vor ihm auf der Straße zum Dorf. Er glaubte die Rückenpartie von Mr. Higginbotham zu erkennen; aber in den Schatten des Abends und inmitten des Staubs, den die Pferdehufe aufwirbelten, erschien der Körper undeutlich und wesenlos, als wäre die Gestalt des rätselhaften alten Mannes nur umrißhaft aus Dunkelheit und grauem Licht gebildet. Dominicus erschauerte.

„Mr. Higginbotham ist auf dem Weg über den Schlagbaum von Kimballton aus dem Jenseits zurückgekehrt", dachte er.

Er schüttelte die Zügel und fuhr weiter; er hielt sich ungefähr im gleichen Abstand hinter dem grauen alten Schattenbild, bis dieses hinter einer Biegung der Straße verschwand. Als der Hausierer bei diesem Punkt angekommen war, konnte er den Reiter nicht mehr sehen, denn er befand sich bereits am Anfang der Dorfstraße, nicht mehr weit von mehreren Läden und zwei Schenken, die sich um den Turm des Andachtshauses gruppierten. Zu seiner Linken waren eine Steinmauer und ein Tor, die ein Waldstück begrenzten und hinter denen ein Obstgarten, ferner ein Getreidefeld und schließlich ein Haus lagen. Das waren die Grundstücke von Mr. Higginbotham, dessen Wohngebäude neben der alten Landstraße stand, aber durch den Schlagbaum von Kimballton in den Hintergrund gedrängt worden war. Dominicus kannte die Stätte, und die kleine Stute blieb instinktiv stehen, denn er war sich nicht bewußt, die Zügel angezogen zu haben.

„Bei meiner Seele, ich kann an diesem Tor nicht vorüber!" sagte er zitternd. „Ich werde nie mehr ich selber sein, solange ich nicht gesehen habe, ob Mr. Higginbotham im Sankt-

Michaels-Birnbaum hängt!" Er sprang vom Karren herab, schlang den Zügel um den Torpfosten und rannte über den grünen Pfad des Waldstücks, als ob der Teufel hinter ihm her wäre. In diesem Augenblick schlug die Dorfglocke acht, und bei jedem tiefen Glockenschlag machte er einen Satz und flog noch schneller dahin als zuvor, bis er den verhängnisvollen Birnbaum erblickte, der sich im öden Mittelteil des Obstgartens undeutlich abzeichnete. Ein mächtiger Ast erstreckte sich von dem knorrigen alten Stamm über den Pfad und warf den dunkelsten Schatten auf ebendiese Stelle. Doch unter dem Ast schien sich etwas zu bewegen!

Der Hausierer hatte sich niemals mehr Mut angemaßt, als dem Vertreter eines friedlichen Berufes zukommt, und er vermochte auch nicht zu sagen, woher er seine Beherztheit in dieser schrecklichen Notlage nahm. Gewiß ist jedenfalls, daß er vorstürzte, einen stämmigen Iren mit dem stumpfen Ende seiner Peitsche niederstreckte und – nein, noch nicht im Sankt-Michaels-Birnbaum hängend, sondern darunter, zitternd und mit einem Strick um den Hals – den alten Mr. Higginbotham höchstpersönlich entdeckte!

„Mr. Higginbotham", sagte Dominicus mit bebender Stimme, „Sie sind ein ehrlicher Mann, und ich nehme Sie beim Wort. Sind Sie erhängt worden oder nicht?"

Sollte das Rätsel damit noch nicht gelöst sein, so können ein paar Worte den einfachen Mechanismus erklären, der bei diesem „kommenden Ereignis" bewirkte, daß es „seinen Schatten vorauswarf". Drei Männer hatten sich zusammengetan, um Mr. Higginbotham zu berauben und zu ermorden; zwei von ihnen verloren einer nach dem anderen den Mut und flohen, und durch ihr Verschwinden verzögerte sich das Verbrechen um eine Nacht; der dritte wollte es gerade ausführen, als ein edler Streiter, der gleich den Helden der alten Sagen blindlings dem Rufe des Schicksals folgte, in Gestalt von Dominicus Pike auf der Bildfläche erschien.

Es bleibt jetzt nur noch zu berichten, daß Mr. Higginbotham dem Hausierer seine hohe Gunst schenkte, dessen Bewerbung um die hübsche Lehrerin billigte und sein ganzes Vermögen den Kindern der beiden vermachte und ihnen selber die Zinsen zukommen ließ. Zu gegebener Zeit krönte der alte Herr seine Gunsterweise dadurch, daß er einen christlichen Tod starb, und zwar im Bett; nach diesem schmerzlichen Ereignis zog Dominicus Pike von Kimballton weg und gründete eine große Tabakmanufaktur in meiner Geburtsstadt.

Diese Geschichte war ursprünglich dramatischer, als sie sich hier dem Leser präsentiert, und bot reichlich Gelegenheit zum Nachäffen und Possenreißen; an beidem, zu meiner Schande sei's gesagt, ließ ich es nicht fehlen. Ich wußte nicht, was der „Zauber eines Namens" bedeutet, bis ich den von Mr. Higginbotham benutzte; sooft ich ihn wiederholte, gab es lautere Heiterkeitsausbrüche als bei den Stellen, die nach meiner Meinung von echterem Humor zeugten. Zum Erfolg der Darbietung trug auf unberechenbare Weise ein steifer Roßhaarzopf bei, den Little Pickle, ganz im Geiste dieses nichtsnutzigen Charakters, an meinem Kragen befestigt hatte, wo er, der Zopf, ohne mein Wissen ständig die absonderlichsten Bewegungen im Einklang mit meinen eigenen vollführte. Da das Publikum vermutete, an diesem hinten herabbaumelnden langen Schweif hänge irgendein toller Scherzartikel, freute es sich unbändig und ließ sich zu solchen Begeisterungsstürmen hinreißen, daß am Ende der Erzählung die Bänke zusammenkrachten und eine ganze Reihe meiner Bewunderer auf dem Fußboden landete. Doch selbst in dieser mißlichen Lage spendeten sie weiter Beifall. In späteren Zeiten, als ich zu einem bitteren Moralprediger geworden war, betrachtete ich diesen Zwischenfall als ein Beispiel dafür, wie sehr der Ruhm auf Humbug beruht; wie sehr er der Lohn für etwas ist, dessen sich unser besseres Ich schämen müßte; wie sehr er vom Zufall abhängt; wie sehr er falschen Grundsätzen zuteil wird; und wie gering und armselig das ist, was dann noch übrigbleibt. Aus dem Parkett und aus den Logen erscholl nun gleichermaßen der Ruf nach dem Geschichtenerzähler.

Doch diese gefeierte Persönlichkeit zeigte sich nicht mehr, als man nach ihr rief. Beim Verlassen der Bühne hatte mir der Gastwirt, der zugleich der Postmeister war, einen Brief überreicht, der den Stempel meines Heimatdorfes trug und als Adresse meinen angenommenen Namen, in der steifen alten Handschrift von Pastor Kissenschläger. Ohne Zweifel hatte er von der wachsenden Berühmtheit des Geschichtenerzählers gehört und sogleich den Verdacht gehabt, daß dieser komische aufgehende Stern niemand anders sein könne als sein verlorenes Mündel. Seine Epistel berührte mich sehr schmerzlich, obwohl ich sie nie gelesen habe. Es war mir, als sähe ich die puritanische Gestalt meines Vormunds zwischen dem Flitterkram des Theaters stehen, und er deutete auf die Schauspieler – auf die phantastisch aufgeputzten und weibischen Männer, die angemalten Frauen, das leichtfertige Mädchen in Knabenkleidern, allesamt eher fröhlich als züchtig –, er deutete auf sie mit feierlichem Spott und betrachtete mich mit vorwurfsvollem Ernst. Sein Bild verkörperte die strenge Pflicht, sie dagegen die Eitelkeit des Lebens.

Ich eilte mit dem Brief auf mein Zimmer und hielt ihn ungeöffnet in der Hand, während der Beifall für mein Possenspiel noch immer das Theater durchhallte. Neue Gedanken bestürmten mich. Wieder erschien der gestrenge alte Mann, doch jetzt erfüllt von der Sanftheit des Kummers, seine Autorität durch Liebe mildernd, wie es wohl einem Vater anstünde, und sogar sein ehrwürdiges Haupt senkend, als wollte er damit ausdrücken, daß meine Verfehlungen durch seine falsche Auffassung von Disziplin entschuldbar seien. Ich ging zweimal im Zimmer auf und ab, hielt dann den Brief in die Kerzenflamme und sah zu, wie er ungelesen verbrannte. Ich bin überzeugt und war es auch damals schon, daß mein Vormund mir in einem Stil väterlicher Weisheit und Liebe und Versöhnungsbereitschaft geschrieben hatte, dem ich nicht hätte widerstehen können, wenn ich es auch nur auf einen Versuch hätte ankommen lassen. Noch immer geht mir der Gedanke nach, daß ich damals meine unwiderrufliche Entscheidung zwischen gutem und bösem Geschick getroffen habe.

Nun denn, da diese Begebenheit meine Seele belastete und es mir unmöglich machte, meinen Beruf gleich anschließend wieder auszuüben, verließ ich die Stadt, trotz einer lobenden Kritik in der Zeitung und unbeeindruckt von dem großzügigen Angebot des Theaterdirektors. Als wir auf derselben Straße, aber mit so unterschiedlichen Absichten weiterwanderten, stöhnte Eliakim im Geiste, und er bemühte sich unter Tränen, mich von der Schuldhaftigkeit und Verrücktheit meines Lebens zu überzeugen.

Der graue Kämpfer

Es gab einmal eine Zeit, da ächzte Neu-England unter dem wirklichen Druck schwereren Unrechts als jenem nur ange- drohten, das schließlich zur Revolution führte. Jakob II., der frömmlerische Nachfolger Karls des Wollüstigen, hatte die Privilegien aller Kolonien für null und nichtig erklärt und einen rohen, gewissenlosen Soldaten herübergeschickt, der uns um unsere Freiheiten und unsere Religion in Gefahr bringen sollte. Der Regierung von Sir Edmund Andros fehlte kaum ein Merkmal der Tyrannei: da gab es Gouverneur und Staats- rat, die ihr Amt vom König hatten, gänzlich unabhängig vom Land selber; Gesetze wurden gemacht und Steuern eingeho- ben, ohne daß das Volk direkt oder durch seine Vertreter da- zu seine Zustimmung erteilt hätte; die Rechte des Bürgers wurden verletzt, Rechtsansprüche auf jeden wie immer ge- arteten Landbesitz für ungültig erklärt; Beschränkungen der Pressefreiheit erstickten die Stimme des Widerspruchs; end- lich erschien, um die Unzufriedenen in Schach zu halten, auch noch die erste Söldnerschar, die jemals über unsere freie Hei- materde marschiert war. Zwei Jahre lang hielt jene kindliche Liebe, in der sie unverbrüchlich zu England standen, ob es nun von einem Parlament, einem Protektor oder einem papisti- schen Monarchen regiert wurde, unsere Vorväter in stumpfer Ergebung. Bis zu jenen üblen Zeiten war dieser Gehorsam übrigens nur nominell gewesen, denn die Kolonien hatten sich selbst regiert und bei weitem mehr Freiheiten gehabt, als die eingeborenen Bürger Großbritanniens selbst heute ge- nießen.

Endlich erreichte ein Gerücht unsere Küsten, demzufolge der Prinz von Oranien sich auf ein Unternehmen eingelassen hatte, welches, falls es erfolgreich war, im Triumph aller bürgerlichen und religiösen Rechte, ja in der Rettung Neu-Englands gipfeln mußte. Es war das nicht mehr als ein unsicheres Getuschel; vielleicht war es gar nicht wahr, vielleicht mißlang der Plan; in beiden Fällen würde der Mann, der sein Haupt gegen König Jakob erhoben hatte, es verlieren. Dennoch übte diese Nachricht eine große Wirkung aus. Auf der Straße lächelten die Leute einander geheimnisvoll zu und warfen kühne Blicke auf ihre Unterdrücker; und weit und breit spürte man eine brodelnde, lautlose Erregung, als würde schon das geringste Signal genügen, um das ganze Land aus seiner dumpfen Verzweiflung zu reißen. Im Bewußtsein der Gefahr beschlossen die Machthaber, diese durch eine Demonstration der Stärke abzuwenden, ihren Despotismus vielleicht auch durch noch strengere Maßnahmen zu beweisen. Eines Nachmittags im April 1689 riefen Sir Edmund Andros und seine engsten Ratgeber, vom Weine erwärmt, die Rotröcke der Gouverneursgarde zusammen und erschienen mit ihnen in den Straßen von Boston. Die Sonne war schon im Scheiden, als sie ihren Marsch begannen.

Die allgemeine Erregung hatte ein solches Ausmaß erreicht, daß dem Volk das Rollen der Trommel, wie es durch die Straßen dröhnte, weniger wie kriegerische Musik der Soldaten denn wie ein Sammelappell der Kolonisten selber in die Ohren schlug. Von verschiedenen Richtungen her war die Menge auf die King-Street geströmt, jene Straße, die fast ein volles Jahrhundert später Schauplatz eines anderen Treffens zwischen den englischen Truppen und dem gegen das Joch des Tyrannen kämpfenden Volke sein sollte. Und wenn auch seit der Ankunft der Pilgerväter über sechzig Jahre verflossen waren, so zeigte die Menge ihrer Nachfahren doch noch die gleichen kräftigen, düsteren Züge, deutlicher noch vielleicht jetzt, im Ungemach, als bei glücklicheren Gelegenheiten. Da war das schmucklose Gewand, der strenge Blick, der finstere, wenn auch unerschrockene Ausdruck, die biblische Sprechweise und das Vertrauen darauf, daß der Segen des Himmels

auf ihrer gerechten Sache liege – genau wie bei einer beliebigen Schar der ursprünglichen Puritaner, sobald irgendwelche Gefahren der Wildnis sie bedrohten. Wie hätte denn der
alte Geist auch schon erloschen sein sollen; waren doch am
heutigen Tag noch Männer auf der Straße, die selber ihre Andacht unter Bäumen verrichtet hatten, bevor jenem Gott zu
Ehren, um dessentwillen sie in die Verbannung gegangen waren, ein Haus aufgeführt ward. Auch alte Soldaten des Parlaments waren da und lächelten grimmig bei dem Gedanken,
daß ihre alten Arme vielleicht noch einmal einen Schlag gegen das Haus der Stuarts führen könnten. Hier standen auch
Veteranen aus König Philipps Krieg, die in frommer Raserei
Dörfer niedergebrannt und jung und alt abgeschlachtet hatten, während die gottesfürchtigen Seelen im ganzen Land ihnen im Gebet zur Seite standen. Mehrere Geistliche befanden
sich unter der Menge, die sie, anders als sonst der Pöbel allerorten, mit größter Ehrfurcht behandelte, als wären schon
ihre Kleider heilig. Diese frommen Männer wirkten auf die
Menge dahingehend ein, daß sie sich zwar beruhige, nicht jedoch sich zerstreue. Alle fragten sich, was der Gouverneur
wohl damit bezwecke, daß er in einer Zeit, in der der geringste Auflauf das Land in Gärung versetzen konnte, den
Frieden der Stadt störte – und man gab sich die verschiedensten Antworten.

„Alsogleich wird Satan uns sein Meisterstück liefern", riefen einige, „denn er weiß sehr wohl, daß seine Zeit bald um
ist. Unsere frommen Geistlichen werden alle in den Kerker
geworfen! Wir werden sie bei einem Smithfield-Feuer in der
King-Street sehen!"

Worauf sich die Gemeindemitglieder der einzelnen Pfar-
ren enger um ihre Hirten scharten, die gefaßt himmelwärts
blickten und noch größere apostolische Würde zeigten, wie
es Anwärtern auf die höchste Auszeichnung ihres Berufes, die
Märtyrerkrone, wohl anstand.

Man stellte sich damals gerne vor, daß aus Neu-England

ein neuer John Rogers hervorgehen könnte, um an die Stelle jenes verdienten Mannes aus der Fibel zu treten.

„Der Papst in Rom hat Befehl für eine neue Bartholomäusnacht gegeben!" riefen andere. „Mann und männliches Kind, alle werden wir hingeschlachtet!"

Und es gab immerhin manche, die diesem Gerüchte Glauben schenkten, wenn auch die Vernünftigeren unter dem Volke die Absichten des Gouverneurs für nicht ganz so blutrünstig hielten. Sein Vorgänger unter dem alten Freibrief, Bradstreet, ehrwürdiger Gefährte der ersten Siedler, befand sich jetzt in der Stadt. Man meinte Grund zur Annahme zu haben, daß Sir Edmund Andros beabsichtigte, mit dieser Demonstration militärischer Stärke dem Volke Schrecken einzujagen und zugleich die Opposition kopflos zu machen, indem er sie ihres Führers beraubte. „Steht treu zum Statthalter des alten Gesetzes!" rief die Menge, den Einfall aufnehmend, „zum guten alten Gouverneur Bradstreet!"

Als dieser Ruf am lautesten ertönte, wurden die Leute durch die vertraute Gestalt von Gouverneur Bradstreet selber überrascht, einem nahezu neunzig Jahre alten Patriarchen, der auf den oberen Stufen eines Hauseinganges erschien und sie mit der ihm eigenen Sanftmut ersuchte, sich der verfassungsmäßigen Obrigkeit zu unterwerfen.

„Meine Kinder", schloß dieser ehrwürdige Mann, „übereilet nichts. Erhebet kein lautes Geschrei, sondern betet für das Wohl von Neu-England und erwartet in Geduld die Entscheidung des Herrn in dieser Sache!"

Die Entscheidung ließ nicht lange auf sich warten. Diese ganze Zeit über war das Rollen der Trommel von Cornhill her näher und näher gekommen, es klang immer lauter und tiefer, bis der Ton, von Haus zu Haus widerhallend, unterstützt vom regelmäßigen Tritt militärischer Schritte, in die Straße hereinbrach. Es erschien eine Doppelreihe Soldaten, die ganze Breite der Straße einnehmend, die Musketen geschultert, mit brennenden Lunten, so daß sie in der Dämmerung wie eine Feuerlinie aussahen. Ihr gleichförmiger Marsch war wie das Heranrollen einer Maschine, die unerbittlich alles niederwalzt, was sich ihr in den Weg stellt. Dahinter kam langsam, unter wirrem Hufgeklapper auf dem Pflaster, eine Gruppe von berittenen Herren, in ihrer Mitte Sir Edmund Andros, schon bejahrt, doch aufrecht und soldatisch. Die ihn begleiteten, waren seine engsten Ratgeber – und Neu-Englands ärgste Feinde. Ihm zur Rechten ritt Edward Randolph, unser Erzfeind, der „elende Schurke", wie Cotton Mather ihn nennt, der den Sturz unserer alten Regierung herbeiführte und dem sein Leben lang, ja bis zum Grab, für alle sichtbar ein Fluch folgte. Auf der anderen Seite Bullivant, Witz und Spott ausstreuend, während er dahinritt. Dudley folgte dahinter, den Blick gesenkt, in der – berechtigten – Furcht, dem empörten Auge des Volkes zu begegnen, das ihn als einzigen Landsmann mitten unter den Unterdrückern der Heimat erkannte. Auch der Kapitän einer im Hafen liegenden Fregatte sowie zwei oder drei Zivilbeamte der Krone waren dabei. Wer jedoch die Aufmerksamkeit der Zuschauer am meisten auf sich zog, wer die heftigsten Gefühle in ihnen erregte, das war der Priester der Episkopalkirche von King's Chapel, hochmütig mitten unter den Beamten dahinreitend, in priesterlicher Kleidung, von Kopf bis Fuß Sinnbild von Prälatenwirtschaft und Verfolgung, von Einheit zwischen Kirche und Staat, mit einem Wort: Sinnbild aller jener Scheußlichkeiten, die die Puritaner in die Wildnis getrieben hatten. Eine Doppelreihe Soldaten bildete die Nachhut.

Die ganze Szene war eine Darstellung der Lage von Neu-England und ihre Moral die, daß jede Regierung, die sich nicht aus der Natur der Verhältnisse und aus dem Charakter des Volkes heraus entwickelt, ein Unding ist. Auf der einen Seite die fromme Masse mit ihren düsteren Gesichtern und der dunklen Gewandung, auf der anderen die Gruppe der despotischen Herrscher mit dem Priester der Hochkirche in ihrer Mitte. Da und dort trug einer ein Kruzifix auf der Brust, alle waren sie höchst prächtig gekleidet, von Wein durchglüht, stolz auf ihre angemaßte Autorität; den Seufzern des Volkes brachten sie nichts als Hohn und Spott entgegen. Und die Söldner, die nur auf einen Wink warteten, um die Straßen mit Blut zu überschwemmen als – einziges Mittel, den Gehorsam zu erzwingen.

„Oh! Herr der Heerscharen!", rief eine Stimme aus der Menge, „sende deinem Volk einen Fürsprecher!"

Dieser Ruf, der sehr laut erklungen war, diente als Heroldsruf der Einführung einer bemerkenswerten Erscheinung. Die Menge war zurückgeflutet und drängte sich jetzt beinahe am äußersten Ende der Straße zusammen, während die Soldaten nicht weiter als bis zu einem Drittel ihrer Länge vorgeschritten waren. Der Raum dazwischen war leer – eine gepflasterte Ödnis, eingeschlossen von hohen Gebäuden, die den Ort in Zwielicht tauchten. Plötzlich erblickte man die Gestalt eines alten Mannes, allem Anschein nach aus der Menge auftauchend, der ganz allein mitten auf der Straße auf die Bewaffneten zuging. Er trug die Kleidung der alten Puritaner, den dunklen Umhang und den hohen spitzen Hut, wie sie vor mindestens fünfzig Jahren modern gewesen waren; an der Hüfte hing ein schweres Schwert, der Stock in der Hand stützte den vor Alter zitternden Schritt.

Sobald er einigen Abstand von der Menge gewonnen hatte, wandte der Greis sich langsam um und zeigte ein Gesicht voll uralter Majestät, doppelt ehrwürdig durch den grauen Bart, der auf die Brust herabwallte. Er machte eine Geste, die Ermutigung und Warnung zugleich bedeuten konnte, dann wandte er sich wieder um und setzte seinen Weg fort.

„Wer ist dieser graue Patriarch?" fragten die jungen Männer ihre Väter.

„Wer ist dieser ehrwürdige Bruder?" fragten die alten Männer untereinander.

Aber keiner wußte eine Antwort. Die Väter des Volkes, jene, die achtzig Jahre zählten und darüber, waren verstört, denn sie fanden es seltsam, daß sie einen Mann von so offenkundiger Autorität vergessen haben sollten, den sie doch in ihrer Jugend gekannt haben mußten, als Gefährten von Winthrop und all den anderen alten Mitgliedern des Rates, die Gesetze gaben, den Gottesdienst leiteten und sie gegen die Wilden führten. Auch die Männer über die Fünfzig hätten sich seiner erinnern müssen, an eine Zeit, da seine Locken so grau waren wie jetzt die ihren. Und die Jungen! Wie konnte sie ihrem Gedächtnis so ganz entschwunden sein – diese weißhaarige Vatergestalt, dieser Überlebende aus längst vergangenen Zeiten, dessen Segen sie doch sicher als Kinder voller Scheu auf ihrem unbedeckten Haupt gefühlt hatten?

„Woher ist er gekommen? Was ist seine Absicht? Wer mag der Alte sein?" flüsterte die verwunderte Menge.

Währenddessen setzte der ehrwürdige Fremde mit dem Stock in der Hand seinen einsamen Weg in der Mitte der Straße fort. Als er den vorrückenden Soldaten immer näher kam und der Schlag der Trommeln ihm voll in die Ohren dröhnte, richtete der Alte sich zu stolzerer Haltung auf; die Gebrechlichkeit der Jahre schien von seinen Schultern zu fallen, was blieb, war graue, aber ungebrochene Würde. Jetzt schritt er im Gleichschritt mit den Soldaten vorwärts, im Rhythmus der militärischen Musik. So näherte sich der Alte von der einen Seite, der Zug der Soldaten und Beamten von der anderen; als endlich kaum mehr als zwanzig Yards zwischen ihnen lagen, packte der alte Mann seinen Stock in der Mitte und streckte ihn vor sich aus wie einen Marschallstab.

„Haltet an!" rief er.

Auge, Gesicht, Haltung eines Befehlshabers; dem feierlichen und doch kriegerischen Schall dieser Stimme, geschaffen, sowohl ein Heer auf dem Schlachtfeld zu kommandieren wie sich im Gebet zu Gott zu erheben, konnte keiner widerstehen. Auf das Wort des Alten und seinen ausgestreckten Arm hin verstummte mit einem Schlag das Rollen der Trommeln, und die vorrückende Linie kam zum Stillstand. Ein Zittern der Begeisterung lief durch die Menge. Die stattliche Gestalt, in der sich der Anführer und der Heilige vereinten, so altersgrau, so unscharf in ihren Umrissen, in so altmodischer Kleidung – diese Gestalt konnte nur einer der alten Führer der gerechten Sache sein, von der Trommel der Bedrücker aus der Gruft gerufen. Ein Schrei ehrfürchtiger Scheu und Begeisterung stieg aus der Menge, und Neu-Englands Rettung schien mit Händen greifbar.

Die Statthalter und die Herren seiner Begleitung, zu unerwartetem Stillstand gezwungen, ritten jetzt hastig an die Spitze des Zuges, so, als wollten sie ihre schnaubenden, scheuenden Rosse geradewegs auf die altersgraue Erscheinung zutreiben. Diese aber wich keinen Schritt, sondern warf das strenge Auge auf die Gruppe, die sie halb umschloß, und ließ es endlich finster auf Sir Edmund Andros ruhen. Man hätte leicht glauben können, der dunkle alte Mann sei hier der Herr, während Gouverneur und Ratgeber und das Gefolge der Soldaten, der Vertreter der vollen königlichen Macht und der Amtsgewalt, keine andere Wahl hätten, als zu gehorchen.

„Was will der Alte hier?" rief Edward Randolph zornig. „Vorwärts, Sir Edmund! Heißt die Soldaten vorrücken, und gebt dem kindischen Greis die gleiche Wahl wie allen seinen Landsleuten – zur Seite zu treten oder niedergetrampelt zu werden!"

„Still doch, laßt uns dem guten Großvater unseren Respekt erweisen", sagte Bullivant lachend. „Seht Ihr denn nicht, daß er einer von den alten, kürbisköpfigen Honoratioren ist, der die letzten dreißig Jahre verschlafen hat und nicht weiß, daß die Zeiten sich geändert haben? Ohne Zweifel gedenkt er, uns mit einer Proklamation im Namen von Old Noll zu zerschmettern!"

„Seid Ihr toll, Alter?" fragte Sir Edmund Andros mit harter, lauter Stimme. „Wie könnt Ihr es wagen, Euch König Jakobs Gouverneur in den Weg zu stellen?"

„Ich habe mich schon einmal einem König selber in den Weg gestellt", erwiderte der Graue in finsterer Gelassenheit. „Ich bin hier, Herr Statthalter, weil der Schrei eines unterdrückten Volkes mich an meinem geheimen Ort aufgestört hat; und da ich den Herrn ernstlich darum ersuchte, ward es mir gestattet, noch einmal hier auf Erden zu erscheinen, im Namen der guten alten Sache seiner Heiligen. Und was redest du da von Jakob? Es gibt keinen papistischen Tyrannen mehr auf Englands Thron, und schon morgen mittag wird sein Name ein Schimpfwort sein, hier in dieser Straße, wo du ihn zu einem Wort des Schreckens machen möchtest! Zurück, der du einmal Statthalter warst, zurück! Mit dieser Nacht geht deine Macht zu Ende – morgen, das Gefängnis! – zurück, ehe ich dir auch noch das Schafott prophezeie."

Das Volk drängte näher und näher heran und trank die Worte seines Fürsprechers, der eine längst verschollene Sprache redete, wie einer, der keine andere Unterhaltung mehr kennt als das Gespräch mit den vorzeiten Verstorbenen. Aber seine Stimme rührte an ihre Herzen. Sie boten den Soldaten die Stirn, nicht gänzlich unbewaffnet zwar, bereit, auch die Pflastersteine in tödliche Geschosse zu verwandeln. Sir Edmund Andros sah den alten Mann an; dann warf er seinen harten, grausamen Blick über die Menge und erkannte, daß sie in jenem unheimlichen Ingrimm kochte, der ebenso schwierig zu entfachen wie zu löschen ist; und wieder heftete sich sein Blick auf die greise Gestalt, die undeutlich auf dem freien Platz stand, wo weder Freund noch Feind sich hingewagt hatten. Kein Wort verriet, was er dabei dachte. Ob der Unterdrücker nun Furcht empfand vor dem Blick des grauen Kämpfers, oder ob er die Gefahr erkannte, die in der drohenden Haltung der Menge zum Ausdruck kam – gewiß ist, daß er nachgab und seinen Soldaten einen langsamen und geordneten Rückzug befahl. Und bevor die Sonne zum andern Mal unterging, waren der Statthalter und alle, die jetzt so stolz neben ihm ritten, Gefangene, und lange bevor bekannt wurde, daß König Jakob abgedankt hatte, wurde in ganz Neu-England schon Wilhelm zum König aufgerufen.

Aber wo war der graue Kämpfer geblieben? Einige berichteten, sie hätten gesehen, wie Bradstreet, der alte Statthalter, nach Abzug der Soldaten aus der King-Street und nach Zerstreuung der Menge, die ihnen nachdrängte, eine Gestalt umarmte, die noch älter war als er selber. Andere wieder behaupteten steif und fest, sie hätten die verehrungswürdige Größe des Alten angeschaut, da sei er, wie sie noch in Bewunderung dastanden, ihren Augen entglitten, sei langsam mit den Farben der Dämmerung verschmolzen, bis dort, wo er gestanden, nichts mehr war als Luft. Alle stimmten jedoch darin überein, daß die greise Gestalt verschwunden war. Die Menschen dieser Generation warteten auf seine Wiederkunft, im Licht der Sonne wie in der Dämmerung, aber keiner sah ihn mehr, keiner wußte, wann sein Leichenzug vorüberfuhr, noch auch, wo sein Grabstein stand.

Und wer war der graue Kämpfer? Vielleicht ließe sich sein Name in den Annalen jenes Gerichtshofes finden, der einen Spruch verkündete, zu groß für seine Zeit, ruhmreich jedoch in den Augen der Nachkommen – wegen der Lektion in Demut, die er dem Monarchen erteilte, und dem hohen Vorbild, das er dem Volke gab. Ich habe sagen hören, daß der alte Mann immer dann wiedererscheine, wenn die Puritaner aufgerufen werden, den Geist ihrer Vorväter zu bezeugen. Als achtzig Jahre vergangen waren, schritt er wieder durch die King-Street. Und fünf Jahre später, in der Dämmerung eines Aprilmorgens, stand er in Lexington auf dem Rasen neben dem Gotteshaus, wo jetzt der Obelisk aus Granit mit der eingelegten Schieferplatte der ersten Gefallenen der Revolution gedenkt. Und als unsere Väter die ganze Nacht lang in Bunkers Hill die Schanzen aufwarfen, da schritt der alte Kämpfer seine Runden ab. Lange, lange möge es dauern, bis er wiederkommt! Denn er kommt in der Stunde der Dunkelheit, des Unglücks und der Gefahr. Aber wenn je Tyrannen aus den eigenen Reihen uns unterdrücken, oder wenn der Fuß des Angreifers unsere Heimaterde schändet, dann mag er kommen, der graue Fürsprecher; denn er ist Muster und Vorbild des ererbten Geistes von Neu-England; und sein geisterhafter Schritt am Vorabend der Gefahr sei für immer die Gewähr, daß Neu-Englands Söhne ihrer Ahnen würdig bleiben.

Der junge Nachbar Brown

Bei Sonnenuntergang trat der junge Brown auf die Straße des Dorfes Salem; aber nachdem er die Schwelle seines Hauses überschritten hatte, wandte er den Kopf, um sein junges Weib zum Abschied zu küssen. Und Faith, wie sie recht passend hieß, steckte ihren hübschen Kopf auf die Straße hinaus, so daß der Wind mit den rosaroten Bändern ihrer Haube spielte, während sie Brown zu sich rief.

„Mein liebstes Herz", flüsterte sie leise und betrübt, als ihre Lippen an seinem Ohr waren, „tu mir den Gefallen, verschiebe die Reise bis Sonnenaufgang und schlaf heute nacht in deinem eigenen Bett. Ein einsames Weib wird von solchen Träumen und Gedanken heimgesucht, daß sie sich oft vor sich selber fürchtet. Ich bitte dich, bleib bei mir heute nacht, mein lieber Mann, diese eine von allen Nächten des Jahres."

„Meine Faith, meine Liebe!" antwortete der junge Brown. „Von allen Nächten des Jahres muß ich gerade diese fern von dir verbringen. Meine Reise, wie du es nennst, und meine Rückkehr, kann nur zwischen jetzt und Sonnenaufgang geschehen. Was, mein süßes, mein schönes Weib, zweifelst du jetzt schon an mir, wo wir erst drei Monate lang verheiratet sind!"

„Nun, Gott segne dich", antwortete Faith mit den rosa Bändern, „und mögest du bei deiner Heimkehr alles in guter Ordnung finden."

„Amen", rief Brown. „Sprich deine Gebete, liebe Faith, und geh zu Bett, wenn es dämmert, so wirst du von Übel verschont bleiben."

So trennten sie sich; und der junge Mann machte sich auf den Weg.

Bevor er jedoch bei der Kirche um die Ecke bog, wandte er

sich um und sah Faiths Kopf, die ihm noch immer nachblickte, mit einem traurigen Ausdruck im Gesicht, trotz ihrer rosaroten Bänder.

„Arme kleine Faith", dachte er, denn ihm war weh ums
Herz. „Was für ein Schuft bin ich, daß ich sie um eines solchen Zieles willen verlasse! Auch hat sie von Träumen gesprochen. Mich dünkt, ich sah, als sie sprach, eine heimliche
Angst in ihrem Gesicht, als hätte ein Traum ihr verraten,
welcher Art das Werk der heutigen Nacht ist. Aber nein,
nein! Schon die Vorstellung würde sie töten. Wohl ist sie
mein guter Engel auf Erden; und nach dieser einen Nacht
will ich nicht mehr von ihrem Rockzipfel weichen und ihr
folgen bis in den Himmel hinein." Dank dieses ausgezeichneten Vorsatzes für die Zukunft fühlte sich Nachbar Brown
berechtigt, mit noch größerer Eile seinem gegenwärtigen bösen Ziel zuzustreben. Der Weg, den er eingeschlagen hatte,
war düster, verfinstert von den dunkelsten Bäumen des Waldes, die kaum zur Seite wichen, um den schmalen Pfad durch-
kriechen zu lassen, und sich unmittelbar darauf wieder schlossen. Die Gegend hätte nicht verlassener sein können; und es
ist etwas Seltsames an dieser Art von Einsamkeit, daß der
Reisende nicht weiß, wer sich hinter den unzähligen Stämmen und im dichten Geäst versteckt; so daß er, wenn auch
einsamen Schrittes, vielleicht eine unsichtbare Menge durch-
schreitet.

„Hinter jedem Baum könnte ein teuflischer Indianer stehen", sagte Brown zu sich selber; und ängstlich hinter sich
blickend, fügte er hinzu: „Am Ende schleicht mir gar der
Teufel selber schon zur Seite!"

Den Kopf rückwärts gewandt, folgte er einer Krümmung
des Weges; als er wieder vorwärts blickte, sah er einen unauffällig und ordentlich gekleideten Mann zu Füßen eines
alten Baumes sitzen. Als Nachbar Brown näher kam, stand
der Mann auf und ging Seite an Seite mit ihm weiter.

„Ihr kommt spät, Nachbar Brown", sagte er. „Die Turmuhr von Old South schlug gerade, als ich durch Boston kam, und das war vor vollen fünfzehn Minuten."

„Faith hielt mich noch eine Weile zurück", versetzte der junge Mann, mit Zittern in der Stimme, hervorgerufen durch die plötzliche, wenn auch nicht völlig unerwartete Erscheinung seines Weggenossen.

Schwarze Dämmerung herrschte jetzt im Wald, am schwärzesten dort, wo die beiden ihres Weges gingen. So gut sich das hier erkennen ließ, war der zweite Wanderer wohl an die fünfzig Jahre alt, dem Äußeren nach vom gleichen Stand wie Nachbar Brown; überhaupt sah er ihm sehr ähnlich, wenn auch vielleicht mehr dem Ausdruck nach als in den Zügen. Leicht hätte man die beiden für Vater und Sohn halten können. Und doch, obwohl der ältere so einfach gekleidet war wie der junge und auch sein Benehmen von der gleichen Schlichtheit, hatte er die unbeschreibbare Art eines Weltmannes, der am Tisch des Gouverneurs ebensowenig in Verlegenheit gekommen wäre wie am Hofe König Williams, sollten ihn seine Geschäfte jemals dorthin rufen. Aber das einzige an ihm, das seiner Merkwürdigkeit wegen die Augen auf sich zog, war sein Stecken, der aussah wie eine große schwarze Schlange, so seltsam geformt, daß man zu sehen meinte, wie er sich drehte und wand wie ein lebender Wurm. Das konnte natürlich nur eine Täuschung der Augen sein, gefördert von dem unsicheren Licht.

„Komm, Nachbar Brown!" rief sein Weggenosse, „Laß uns die Reise nicht so schleppenden Schrittes beginnen. Wenn du schnell ermattest, so nimm meinen Stecken."

„Freund", versetzte der andere – und statt seinen müden Gang zu beschleunigen, blieb er vollends stehen. „Indem ich Euch hier treffe, habe ich unseren Vertrag bereits erfüllt; jetzt will ich dorthin zurückkehren, woher ich kam. Ich habe Bedenken, was diese Sache betrifft, von der Ihr wißt."

„Was du nicht sagst!" erwiderte der mit der Schlange und lächelte bei sich. „Aber gehen wir doch weiter und reden dabei darüber, und wenn ich dich nicht überzeugen kann, dann magst du umkehren. Wir sind erst ein kleines Stück in den Wald eingedrungen."

„Zu weit, zu weit!" rief der Nachbar, während er unbewußt den Weg wieder aufnahm. „Mein Vater ging niemals in solcher Absicht in den Wald, noch sein Vater vor ihm. Wir waren immer ein Geschlecht von ehrlichen Männern und guten Christen, seit den Tagen der Märtyrer. Soll ich denn der erste meines Namens sein, der jemals diesen Pfad wandelte und solchen Um-"

„Solchen Umgang pflegte, wolltest du sagen", vollendete der ältere, eine Pause des jüngeren deutend. „Gut, Nachbar Brown! Mit deiner Familie bin ich so gut bekannt wie nur mit irgendeiner unter den Puritanern, und das will etwas heißen. Ich half deinem Großvater, dem Konstabel, als er das Quäkerweib so munter durch die Straßen Salems peitschte. Und ich war es, der deinem Vater die Pechkiefernfackel brachte, an meinem eigenen Herd entzündet, mit dem er in König Philipps Krieg ein Indianerdorf in Brand steckte. Beide waren meine guten Freunde; wie oft sind wir miteinander diesen Pfad hier gewandelt und nach Mitternacht fröhlich heimgekehrt. Um ihretwillen wäre ich gerne auch dein Freund geworden."

„Wenn es so ist, wie Ihr sagt", antwortete Nachbar Brown, „dann wundert mich, daß sie nie davon sprachen. Oder, wahrlich, ich wundere mich nicht, denn nur das leiseste Gerücht darüber hätte sie aus Neu-England vertrieben. Wir sind ein Volk des Gebets und der guten Werke obendrein, und wir dulden keine derartigen Gottlosigkeiten."

„Gottlosigkeit oder nicht", versetzte der Wanderer mit dem gewundenen Stab, „mein Bekanntenkreis in Neu-England ist jedenfalls sehr groß. Die Diakone nicht weniger Gemeinden haben den Abendmahlswein mit mir getrunken, die gewählten Ordnungshüter manches Orts mich zu ihrem Vorsitzenden gewählt, und im höchsten Rat verficht die Mehrheit mein Interesse. Auch der Gouverneur und ich – aber das sind Staatsgeheimnisse."

„Ist's denn möglich!" rief Nachbar Brown und starrte seinem gleichmütigen Gefährten verblüfft ins Gesicht. „Nun gut – mit dem Gouverneur und dem Rat habe ich nichts zu schaffen, sie haben ihre eigene Weise, und ein einfacher Landmann wie ich hat sich nicht nach ihnen zu richten. Aber wenn ich jetzt mit Euch weitergehe, wie soll ich dem guten alten Mann, unserem Pfarrer im Dorf Salem, je wieder unter die Augen treten? Wie würde mich seine Stimme zum Zittern bringen, am Sabbat wie am Donnerstag der Belehrung!"

Bis hierher hatte der Wanderer mit geziemendem Ernst zugehört, aber jetzt brach er in hemmungsloses Gelächter aus, das ihn so heftig schüttelte, daß sein schlangenhafter Stecken sich vor Mitgefühl zu winden schien.

„Ha! Ha! Ha!" brüllte er ein Mal ums andere. Sich beruhigend, setzte er hinzu: „Sprich nur weiter, guter Nachbar Brown, sprich nur weiter! Aber ich bitte dich, schone meiner, daß ich nicht vor Lachen sterbe!"

„Gut, um die Sache ein für allemal zu beenden", antwortete Brown, schon ziemlich gereizt, „da ist mein Weib, Faith. Es würde ihr liebes kleines Herz brechen, und da breche ich doch noch lieber mein eigenes!"

„Ja, wenn dem so ist", gab der andere zurück, „dann zieh deines Wegs, Nachbar Brown. Ich möchte nicht, daß Faith zu Schaden kommt, nicht um zwanzig alte Weiber wie dieses, das dort vor uns herhoppelt."

Noch im Reden deutete er mit seinem Stecken auf eine weibliche Gestalt vor ihnen auf dem Weg, in der Nachbar Brown eine äußerst gottesfürchtige Dame von mustergültigem Lebenswandel erkannte, die ihm in seiner Kindheit den Katechismus beigebracht hatte und ihm zusammen mit dem Pfarrer und dem Diakon Gookin auf moralischem und geistlichem Gebiet auch heute noch mit ihrem Rat zur Seite stand.

„Wahrlich, ich wundere mich, Mutter Cloyse so tief im

Wald hier zu sehen, jetzt, bei Einbruch der Nacht!" sagte er. „Mit Eurer Erlaubnis, Freund, werde ich jedoch einen Abschneider durch den Wald machen, bis wir diese christliche Frau überholt haben. Da sie Euch nicht kennt, könnte sie sonst vielleicht fragen, wer es sei, dem ich mich zugesellt habe, und wohin des Wegs."

„Gut denn", versetzte sein Gefährte, „schlag dich in den Wald und laß mich weiter dem Pfad folgen."

Daraufhin wandte sich der junge Mann vom Wege ab, versäumte jedoch nicht, seinen Gefährten im Auge zu behalten, der gemessen den Pfad entlangschritt, bis er auf eines Steckens Länge an die alte Dame herangekommen war. Diese war inzwischen recht gut vorangekommen, mit einer für ihr Alter ganz außergewöhnlichen Geschwindigkeit; im Gehen murmelte sie undeutliche Worte, ein Gebet, ganz gewiß. Der Wanderer streckte seinen Stab aus und berührte ihren verwelkten Nacken mit jenem Teil, der wie das Ende der Schlange aussah.

„Der Teufel!" schrie die gottesfürchtige Alte. „Mutter Cloyse hat ihren alten Freund nicht vergessen?" bemerkte der andere und trat ihr entgegen, auf seinen sich windenden Stab gestützt.

„Ach, fürwahr, ist es denn wirklich Euer Ehren!" rief die gute Dame. „Wahrhaftig, Ihr seid es, und dem alten Tratschmaul, dem Nachbar Brown, dem Großvater des jetzigen dummen Tölpels, wie aus dem Gesicht geschnitten. Aber würden Euer Ehren glauben, mein Besenstiel ist auf einmal verschwunden, wahrscheinlich hat, wie ich vermute, die ungehängte Hexe, Mutter Cory, ihn mir entwendet, als ich schon ganz eingerieben war mit der Salbe aus Selleriesaft, Fingerkraut und Eisenhut –"

„Vermischt mit feinem Weizen und dem Schmer von einem Neugeborenen", ergänzte die Gestalt des alten Nachbarn Brown. „Ach, Euer Gnaden kennen das Rezept", gackerte die Alte. „Wie ich sage, da stehe ich, fix und fertig für die

Nacht, und kein Pferd, auf dem ich reiten könnte. Notgedrungen mache ich mich zu Fuß auf den Weg. Ich habe nämlich gehört, daß heute nacht ein netter junger Mann in unsere Gemeinde aufgenommen werden soll. Aber jetzt werden mir Euer Gnaden den Arm leihen, und im Nu sind wir dort."

„Das wird sich nicht machen lassen", versetzte ihr Freund. „Meinen Arm kann ich Euch nicht leihen, Mutter Cloyse, aber nehmt hier meinen Stock, wenn Ihr wollt."

Mit diesen Worten warf er ihn ihr vor die Füße, wo er – vielleicht – Leben annahm, als eine der Ruten, die ihr Besitzer vormals den ägyptischen Magiern geliehen hatte. Nachbar Brown jedoch konnte diesen Vorfall gar nicht bemerken, denn er hatte seine Augen voll Verwunderung zum Himmel erhoben, und als er sie wieder zur Erde senkte, erblickte er weder Mutter Cloyse noch den Schlangenstab, sondern nur seinen Weggefährten, der allein auf ihn wartete, ganz so, als wäre nichts vorgefallen.

„Diese alte Frau hat mich den Katechismus gelehrt!" sagte der junge Mann, und in seinem einfachen Satz lag eine Welt an Bedeutung.

Während sie weiter voranschritten, ermunterte der ältere der beiden Wanderer seinen Gefährten zu tüchtigem Ausschreiten und zum Verbleib auf dem eingeschlagenen Weg, und er redete so geschickt, daß die Gründe dafür eher der Brust seines Zuhörers zu entspringen schienen, als daß er selber sie vorgebracht hätte.

Während sie so dahinschritten, riß er einen Ahornast vom Baum, um ihn als Wanderstab zu gebrauchen, und fing an, ihn von Blättern und kleinen Zweigen zu entblößen, die naß waren vom Abendtau. In dem Augenblick, in dem sein Finger sie berührte, wurden sie seltsam welk und ausgetrocknet, wie nach einer Woche Sonnenschein. Solcherart kam das Paar mit guter Geschwindigkeit voran, bis Nachbar Brown sich plötzlich in einem Hohlweg auf einen Baumstumpf setzte und sich weigerte, auch nur einen Schritt weiterzugehen.

„Freund", sagte er bockig, „mein Entschluß ist gefaßt. Nicht einen Schritt rühre ich mich mehr zu diesem Ziel von der Stelle. Soll doch ein altes Weib zum Teufel gehen, während ich glaubte, sie strebe zum Himmel! Ist das ein Grund, hinter ihr herzulaufen und meine liebe Faith zu verlassen?"

„Auch du wirst mit der Zeit noch Vernunft annehmen", versetzte ruhig sein Weggenosse. „Bleib nur hier sitzen und ruhe dich eine Weile lang aus. Wenn dir nach Weitergehen zumute ist, nimm meinen Stab, er wird dir helfen."

Ohne ein weiteres Wort warf er dem Gefährten den Ahornstab zu und verschwand so schnell, als hätte er sich in die ständig zunehmende Finsternis aufgelöst. Einige Augenblicke lang saß der junge Mann am Wegrand, sehr mit sich selber zufrieden, und stellte sich vor, mit welch reinem Gewissen er dem Pfarrer auf seinem Morgenspaziergang begegnen würde und wie er auch dem guten alten Diakon Gookin reinen Herzens ins Auge sehen dürfte. Und wie ruhig würde heute nacht sein Schlaf sein, in dieser Nacht, die zuerst so übel, jetzt aber, rein und süß, in Faiths Armen verbracht werden sollte! Mitten in diesen angenehmen und lobenswerten Betrachtungen vernahm Nachbar Brown plötzlich Getrappel von Pferden auf dem Weg; zwar hatte er sich jetzt glücklich vom Pfade des Bösen abgewandt, aber angesichts des üblen Vorsatzes, der ihn hierhergebracht, hielt er es dennoch für angezeigt, sich hinter den Bäumen am Waldrand zu verbergen.

Näher kamen Hufgetrappel und die Stimmen der Reiter, zwei ernsthafte, alte Stimmen, die sich im Näherkommen verständig miteinander unterhielten. Diese vermischten Laute schienen nur wenige Yards vom Versteck des jungen Mannes entfernt den Pfad entlang zu wandeln; dennoch waren, zweifellos wegen der gerade an dieser Stelle besonders dichten Finsternis, weder Pferde noch Reiter zu sehen. Zwar streiften ihre Gestalten die kleinen Zweige am Wegrand, aber es ließ sich nicht erkennen, daß sie auch nur einen Augenblick lang den schwachen Lichtschein von dem Streifen hellen Himmels, den sie doch durchquert haben mußten, verdunkelt hätten. Nachbar Brown hockte sich abwechselnd nieder und stellte sich dann wieder auf die Zehen, schob die Äste zur Seite, steckte seinen Kopf heraus, soweit er sich getraute, ohne jedoch auch nur einen Schatten zu bemerken. Das ärgerte ihn um so mehr, als er geschworen hätte – wenn so etwas überhaupt möglich gewesen wäre –, die Stimmen des Pfarrers und des Diakons Gookin erkannt zu haben, die gemütlich dahintrotteten, wie das so ihre Art war, wenn sie etwa zu einer Ordination oder einer kirchlichen Versammlung unterwegs waren. Noch in Hörweite hielt einer der Reiter an, um eine Gerte zu brechen.

„Wenn ich die Wahl hätte", sagte jene Stimme, die wie die Stimme des Diakons klang, „dann würde ich lieber auf das Festmahl nach einer Ordination verzichten als auf die heutige Zusammenkunft. Wie ich höre, sollen Leute von Falmouth und von noch weiter her zur Versammlung kommen, andere aus Connecticut und Rhode Island; dazu indianische Medizinmänner, die auf ihre Art beinahe ebensoviel von Teufelskunst verstehen wie die besten von uns. Auch eine hübsche junge Frau wird heute in unsere Gemeinschaft aufgenommen."

„Ausgezeichnet, Diakon Gookin!" antwortete die würdige alte Stimme des Pfarrers. „Reitet zu, sonst verspäten wir uns. Ihr wißt ja, es kann nicht losgehen, solange ich nicht an Ort und Stelle bin."

Die Hufe klapperten wieder fort, und die Stimmen, die so seltsam in der leeren Luft standen, zogen weiter durch den Wald, wo keine Gemeinde sich jemals versammelte, kein Christ allein jemals gebetet hatte. Wohin denn zogen diese beiden gottesfürchtigen Männer so tief in der heidnischen Wildnis? Der junge Nachbar Brown griff nach einem Baum als Stütze, um nicht aus Schwäche und bedrücktem Herzen zu Boden zu sinken. Er hob den Blick, zweifelnd, ob es über

ihm wirklich einen Himmel gäbe. Aber da war das nacht-
blaue Gewölbe, aus dem die Sterne strahlten.

„Mit dem Himmel dort oben und Faith hier unten will ich
dennoch dem Teufel trotzen!" rief Brown.

Während er noch aufwärts starrte in die tiefe Wölbung des
Firmaments, die Hände zum Beten erhoben, zog eine Wolke
über den Zenit, obwohl kein Lufthauch sich regte, und verdeckte die leuchtenden Sterne. Überall sonst war der Himmel
noch blau, nur gerade über ihm nicht, wo die schwarze Wol-
kenmasse schnell nordwärts trieb. Von hoch oben vom Himmel, wie aus der Tiefe der Wolke, drang ein verworrener, un-
sicherer Klang von Stimmen. Einen Augenblick lang glaubte
der Lauscher bekannte Stimmen zu erkennen, von Leuten
aus seinem eigenen Dorf, Männern und Frauen, gottesfürchtigen und gottlosen, die einen kannte er vom Abendmahlstisch,
die anderen hatte er in Schenken grölen gehört. Aber die
Klänge waren so unbestimmt, daß er im nächsten Augenblick
zweifelte, ob er überhaupt etwas anderes gehört hatte als das
Rauschen der alten Bäume, die sich ohne Windhauch bewegten. Dann schwoll es wieder an, das Geräusch dieser vertrauten Stimmen, die er wohl täglich im Licht der Sonne im Dorf
Salem, nie zuvor jedoch aus einer nächtlichen Wolke herab-
dringend gehört hatte. Die Stimme einer jungen Frau war
darunter, Klagen ausstoßend, jedoch mit ungewisser Trauer,
um eine Gnade flehend, die sie vielleicht nur widerwillig
empfangen würde. Und die ganze unsichtbare Menge von
Heiligen und von Sündern schien sie vorwärtszudrängen.

„Faith!" rief Brown mit einer Stimme, aus der Todesangst
und Verzweiflung sprachen; und die Echos des Waldes spot-
teten seiner und riefen: „Faith! Faith!", als ob überall in der
Wildnis viele verzweifelte Unglückselige nach ihr suchten.

Dieser Ruf des Schmerzes, der Wut und des Entsetzens
gellte noch immer durch die Nacht, als der unglückliche
Gatte den Atem anhielt und auf Antwort horchte. Da hörte
er einen anderen Schrei, der jedoch sofort von einem lauteren

Gemurmel vieler Stimmen erstickt wurde, die sich in fernes Gelächter verloren, als die dunkle Wolke vorübergezogen und der Himmel über Nachbar Brown wieder klar und still geworden war. Aber etwas flatterte leicht durch die Luft und verfing sich in einem Ast. Der junge Mann griff danach und erkannte ein rosafarbenes Band. „Meine Faith ist fort!" schrie er, als er die Sprache wiedergefunden hatte. „Das Gute lebt nicht auf Erden, und Sünde ist nur ein Wort! Komm, Satan! Du bist der Fürst dieser Welt!" Vor Verzweiflung von Sinnen, verfiel er in ein lautes und langes Gelächter, riß seinen Stab an sich und machte sich wieder auf den Weg, und zwar mit solcher Schnelligkeit, daß er viel eher den Waldsteig entlang zu fliegen als zu gehen oder zu laufen schien. Der Pfad wurde wüster und öder, verwischte und verlor sich endlich ganz, den jungen Mann mitten im Herzen der schwarzen, weglosen Wildnis zurücklassend, doch dieser stürmte weiter, geführt von jenem Instinkt, der uns Sterbliche in die Arme des Bösen treibt. Der ganze Wald war bevölkert von fürchterlichen Geräuschen: vom Krachen der Bäume, vom Heulen der wilden Tiere, vom Brüllen der Indianer; zwischendurch tönte der Wind manchmal wie das Glöcklein einer fernen Kirche, dann röhrte es wieder rund um den Wanderer auf, wie brüllendes Gelächter, als mache sich die ganze Natur über ihn lustig. Aber er, selber der größte Schrecken dieser Mitternacht, bebte vor ihren anderen Schrecken nicht zurück.

„Ha! Ha! Ha!" brüllte Nachbar Brown, wenn der Wind über ihn lachte. „Wir wollen hören, wer am lautesten lacht! Glaub nicht, du könntest mich schrecken mit deinen Teufelskünsten! Komm, Hexerich! Komm, Hexe, komm, Powwow, komm, Teufel! Hier kommt euer Nachbar Brown! Ihr sollt ihn nicht weniger fürchten als er euch!"

Wahrhaftig gab es in dem ganzen Spukwald nichts Fürchterlicheres als die Gestalt des Nachbar Brown. Vorwärts hastete er unter den schwarzen Föhren, mit rasenden Gesten den Stab schwingend, dabei machte er einmal einer Eingebung von greulicher Lästerlichkeit Luft, dann wieder verfiel er in brüllendes Gelächter, das alle Echos des Waldes rund um ihn wie Dämonen aufheulen ließ. Der böse Feind in seiner eigenen Gestalt ist weniger schrecklich, als wenn er in der Brust des Menschen rast. So rannte der Besessene seine Bahn, bis er vor sich zwischen den Bäumen ein rotes Licht zittern sah, so, als wären die gefällten Bäume und Äste auf einer Rodung in Brand gesetzt worden. Flackernd sandte das fahle Licht zu mitternächtlicher Stunde seinen Schein zum Himmel. In einem Abebben des Sturms, der ihn vorangetrieben hatte, hielt er inne und vernahm, wie ihm schien, den schwellenden Klageton eines Kirchenliedes, das, getragen vom Gewicht vieler Stimmen, aus der Ferne feierlich zu ihm herüberrollte. Er kannte die Melodie: der Chor der Dorfkirche hatte sie oft gesungen. Schwerfällig sank die Strophe in sich zusammen, doch ein Kehrreim schloß sich an, gesungen nicht von menschlichen Stimmen, sondern von allen Klängen der in Nacht gehüllten Wildnis, die in grauenhaftem Akkord zusammenflossen. Nachbar Brown schrie auf, doch sein Schrei drang nicht an sein eigenes Ohr und ging auf im Schrei der Wildnis.

In der darauffolgenden Stille stahl er sich vorwärts, bis das Licht ihm voll in die Augen leuchtete. Am einen Ende der offenen Lichtung, umschlossen von der dunklen Wand des Waldes, erhob sich ein Felsstück, das auf eine rohe, natürliche Weise einem Altar oder einer Kanzel glich; daneben standen vier brennende Föhren, die Wipfel in flackernden Flammen, die Stämme vom Feuer beleckt, wie Kerzen bei einer abendlichen Zusammenkunft. Das Laubwerk, das den Gipfel des Felsens überwachsen hatte, stand in Flammen, die hochauf in den Himmel loderten und das ganze Feld in zuckenden Schein tauchten. Jeder herabhängende Zweig, jede Laubgirlande glühte in roter Lohe. Mit dem Steigen und Fallen des roten Scheines trat eine zahlreiche Gemeinde abwechselnd ins Licht, sank in den Schatten zurück, wuchs wieder gleichsam heraus aus der Dunkelheit und füllte das Herz des einsamen Waldes auf einmal mit Menschen. „Eine ernste, streng gekleidete Gesellschaft!" sprach Nachbar Brown.

Wahrhaftig, das war sie. Mitten unter ihnen, auf und ab zuckend zwischen Helligkeit und Düsternis, tauchten Gesichter auf, die am nächsten Tag in der Ratsversammlung der Provinz erscheinen würden, andere, die, Sabbat auf Sabbat, von den frömmsten Kanzeln im Lande demütig himmelwärts und milde auf die gefüllten Bänke vor ihnen blickten. Manche behaupten, auch die Gemahlin des Gouverneurs sei dabeigewesen. Nun, zumindest Damen aus ihrer engsten Bekanntschaft waren anwesend, Gattinnen von angesehenen Männern, Witwen in großer Zahl, alte Jungfern von allerbestem Rufe und schöne junge Mädchen, die zitterten vor Angst, ihre Mütter könnten sie entdecken. Und entweder wurde Nachbar Brown von den jäh aufzuckenden Lichtstrahlen geblendet, die über das dunkle Feld flackerten, oder er erkannte wirklich ein Schock Mitglieder der Salemer Kirche, die für ihre besondere Frömmigkeit berühmt waren. Der gute alte Diakon Gookin war gekommen und wartete am Rocksaum seines verehrten Pfarrers, dieses verehrungswürdigen Kirchenmannes. Aber mit diesen ernsten, angesehenen und frommen Leuten, diesen Kirchenältesten, diesen keuschen Damen und tauigen Jungfrauen unterhielten sich in respektlosester Weise Männer von ausschweifendem Lebenswandel und Frauen von üblem Ruf, Unglückliche, dem niedrigen, schmutzigen Laster verfallen, die man selbst gräßlicher Verbrechen verdächtigte. Es war seltsam zu sehen, wie die Guten nicht vor den Bösen zurückschraken, noch die Sünder von den Gottesfürchtigen gedemütigt wurden. Unter ihren bleichgesichtigen Feinden verstreut standen indianische Priester oder Medizinmänner, die ihren heimischen Wald schon oft mit fürchterlicherem Zauber belegt hatten, als ihn die englische Hexenkunst überhaupt kannte. „Wo ist Faith?" fragte

Brown; Hoffnung schlich sich in sein Herz, und er fing an zu zittern.

Eine zweite Strophe des Kirchenliedes erhob sich, eine langsame und getragene Weise, wie die Frommen sie lieben, aber sie erklang zu Worten, in denen alles gesagt war, was unsere Natur sich an Verworfenem vorstellen kann, und die dunkel noch viel mehr andeuteten. Unergründlich bleibt den Sterblichen das Wissen der Teufel. Strophe auf Strophe verhallte, dazwischen rauschte der Chor der Wildnis auf wie der tiefste Ton einer gewaltigen Orgel. Und mit dem letzten Schall dieser Hymne schwoll ein Klang auf, als mischten sich das Heulen des Windes, das Brausen der Bäche, das Brüllen der wilden Tiere und jede Stimme der verstockten Wildnis mit der Stimme des schuldbeladenen Menschen, um dem Fürsten dieser Welt zu huldigen. Die vier brennenden Föhren loderten hoch auf und enthüllten dunkel Umrisse und Gesichtszüge des Grauens in den Rauchringen über den Häuptern der gottlosen Gemeinde. Im gleichen Augenblick schossen die Flammen auf dem Felsstück rot empor zu einem glühenden Bogen über seinem Fuße, und in dem Bogen stand eine Gestalt. Die Erscheinung, mit Respekt sei's gesagt, hatte in Kleidung wie im Auftreten eine gar nicht geringe Ähnlichkeit mit einem Würdenträger der Kirche Neu-Englands.

„Bringt die Neuen nach vorn!" erscholl eine Stimme, daß es über dem Feld widerhallte und durch den Wald rollte.

Bei diesem Wort trat Brown aus dem Schatten des Baumes heraus und näherte sich der Gemeinde, der er sich durch alles, was übel war in seinem Herzen, in unheiliger Bruderschaft verbunden fühlte. Er hätte beinahe schwören mögen, daß die Gestalt seines eigenen verblichenen Vaters, aus einem Rauchring auf ihn hinunterblickend, ihm winkte, näherzutreten, während ein Weib mit den trüben Zügen der Verzweiflung die Hand ausstreckte, um ihn zurückzuhalten. War es seine Mutter? Aber er hatte nicht die Macht, auch nur einen Schritt zurückzutreten, noch auch nur in Gedanken zu widerstehen, als der Pfarrer und der gute alte Diakon Gookin ihn an den Armen faßten und zu dem brennenden Felsstück führten. Dorthin ging auch die schlanke Gestalt eines verschleierten Weibes, geführt von Mutter Cloyse, der gottesfürchtigen Lehrerin des Katechismus, und Martha Carrier, der der Teufel versprochen hatte, sie zur Königin der Hölle zu machen. Eine zügellose Hexe war sie! Und hier standen die Proselyten unter einem Baldachin von Feuer.

„Willkommen, meine Kinder!" sprach die dunkle Gestalt, „zur Kommunion eures Geschlechts! Noch jung an Jahren habt ihr eure Natur und Bestimmung erkannt. Meine Kinder, seht hinter euch!"

Sie wandten sich um; und in einer Feuerwand gleichsam aufglühend erblickten sie die Teufelsanbeter; ein Lächeln des Willkommens leuchtete dunkel über jedem Antlitz.

„Dort", fuhr die Gestalt der Finsternis fort, „stehen alle, die ihr von Kindheit auf verehrt habt. Ihr hieltet sie für gottesfürchtiger als euch selber, entsetztet euch über eure eigenen Sünden, wenn ihr sie mit dem Leben dieser Gerechten verglichet, die ins Gebet versunken dem Himmel zustrebten. Heute nacht sei euch gewährt, ihre geheimen Taten zu erkennen; wie graubärtige Kirchenälteste den jungen Mägden ihres Haushalts geile Worte ins Ohr flüsterten; wie gar manches Weib, das sich nach der Witwentracht sehnte, zur Schlafenszeit ihrem Gemahl einen Trank reichte und ihn seinen letzten Schlaf an ihrem Busen schlafen ließ; wie bartlose Jünglinge es nicht erwarten konnten, den Reichtum ihrer Väter zu erben; und wie liebliche Fräulein – errötet nicht, ihr Süßen! – kleine Gräber im Garten gruben und mich als einzigen Gast zu eines Säuglings Begräbnis luden. Bei der Hinneigung eurer Menschenherzen zur Sünde sollt ihr alle die Orte aufspüren – in Kirche, Schlafkammer, Straße, Feld oder Wald –, wo ein Verbrechen begangen wurde, und sollt triumphieren in der Erkenntnis, daß die Erde nur ein großes Schuldmal ist, nichts als ein einziger Blutfleck. Ja, weit mehr noch! Euch soll es gegeben sein, in jeder Brust das tiefe Geheimnis der Sünde zu schauen, den Brunnen aller üblen Künste, der, unerschöpflich, mehr böse Triebe heraufsprudelt als in der Macht der Menschen steht – oder in meiner Macht, und sei sie zum Äußersten getrieben –, in Taten Fleisch werden zu lassen. Und nun, meine Kinder, seht einander an.“

Sie taten, wie ihnen geheißen; und im Schein der in der Hölle entzündeten Fackeln erblickten die Augen des Unglückseligen seine Faith, und das Weib ihren Gatten, wie sie beide zitternd vor dem unheiligen Altar standen.

„Seht! Hier steht ihr, meine Kinder“, sprach die Gestalt in tiefem und feierlichem Ton, traurig fast, mit verzweifeltem Grauen, als vermöchte die einstige Engelnatur noch immer über unser elendes Geschlecht zu trauern.

„Einer auf des anderen Herzen bauend, hattet ihr noch immer gehofft, daß die Tugend kein Traum sei! Nun sind euch die Augen geöffnet! Das Böse ist die Natur des Menschen. Das Böse muß euer einziges Glück sein. Willkommen noch einmal, meine Kinder, in der Gemeinschaft eures Geschlechts!“

„Willkommen!“ wiederholten die Teufelsanbeter in einem einzigen Schrei der Verzweiflung und des Triumphes.

Und da standen sie, das einzige Paar, wie es schien, das in dieser dunklen Welt noch vor dem Abgrund der Bosheit zurückschreckte. In den Felsen war ein natürliches Becken gegraben. Enthielt es Wasser, rot gefärbt von der düster züngelnden Flamme? Oder war es Blut? Oder gar eine flüssige Flamme? Hier tauchte die Gestalt des Bösen seine Hand ein und schickte sich an, das Zeichen der Taufe auf ihre Stirnen zu zeichnen, daß sie Teilhaber würden am Mysterium der Sünde und größere Einsicht gewännen in die geheime Schuld der anderen, in Gedanken und Werken, als sie das aus sich selber vermöchten. Der Gatte warf einen Blick auf sein bleiches Weib, und Faith auf ihn. Was für besudelte, elende Geschöpfe würde der nächste Blick ihnen zeigen, wie würden sie voreinander schaudern, nicht weniger entsetzt über das, was sie sahen, als über das, was sie selber preisgaben!

„Faith! Faith!" schrie der Gatte. „Sieh auf zum Himmel und widerstehe dem Bösen!"

Ob Faith gehorchte, erfuhr er nie. Kaum hatte er gesprochen, da fand er sich bereits allein in stiller Nacht, dem Röhren des Windes lauschend, das fauchend im Wald verebbte. Er stolperte gegen den Felsen und fühlte, wie eiskalt und feucht er war, während ein herabhängender Zweig, der noch eben in Flammen gestanden, seine Wange mit dem kältesten Tau netzte.

Am nächsten Morgen kam Nachbar Brown langsam auf die Straße des Dorfes Salem und starrte um sich wie einer, der nicht weiß, wo ihm der Kopf steht. Der gute alte Pfarrer machte einen Spaziergang den Friedhof entlang, um sich fürs Frühstück Appetit zu machen und über seine Predigt zu meditieren, und spendete im Vorbeigehen Nachbar Brown seinen Segen. Dieser jedoch schrak vor dem ehrenwerten Gottesmann zurück, als gelte es, einen Fluch von sich abzuwehren. Der alte Diakon Gookin oblag der häuslichen Andacht, durch ein offenes Fenster drangen die frommen Worte seines Gebets. „Zu welchem Gott betet der alte Hexenmeister?" sprach Brown. Mutter Cloyse, diese vorbildliche alte Christin, stand in der frühen Morgensonne vor dem selbstgezogenen Salat und fragte ein kleines Mädchen, das ihr eine Kanne Morgenmilch gebracht hatte, den Katechismus ab. Nachbar Brown riß das Kind von ihr fort, als risse er sie aus den Klauen des Bösen. Als er bei der Kirche um die Ecke bog, erspähte er Faiths Kopf mit den rosafarbenen Bändern, wie sie ängstlich Ausschau hielt; bei seinem Anblick brach sie in solche Freude aus, daß sie ihm auf der Straße entgegenhüpfte und ihren Mann beinahe vor dem ganzen Dorf geküßt hätte. Aber Nachbar Brown sah ihr streng und traurig ins Gesicht und schritt grußlos an ihr vorüber. War Nachbar

Brown im Wald eingeschlafen und hatte einen wilden Traum vom Hexensabbat geträumt?

Sei's so, wenn ihr wollt! Aber, ach! Für Nachbar Brown war der Traum ein böses Omen. Ein strenger, ein trauriger, ein grübelnder, mißtrauischer, ja ein verzweifelter Mann wurde er nach der Nacht dieses gräßlichen Traumes. Am Sabbattag, wenn die Gemeinde ein frommes Lied sang, vermochte er nicht zuzuhören, denn ein Hymnus der Sünde überschwemmte tosend sein Ohr, daß der gesegnete Klang darin ertrank. Wenn der Pfarrer eindringlich und mit inbrünstiger Beredsamkeit von der Kanzel herunter predigte, die Hand auf die offene Bibel gelegt, und von den heiligen Wahrheiten unserer Religion sprach, von heiligmäßigem Leben und dem Triumph der Sterbestunde, von zukünftigem Heil oder aber unaussprechlichem Elend, dann erbleichte Brown, aus Angst, dem grauhaarigen Gotteslästerer und seinen Zuhörern möchte donnernd das Dach auf den Kopf fallen. Oft schrak er zur Mitternacht jäh aus dem Schlaf empor und entfernte sich von Faiths Busen, oft auch am Morgen oder am Abend, wenn die Familie zum Gebet niederkniete, runzelte er die Stirn, murmelte etwas zu sich selber, blickte seinem Weib streng ins Gesicht und wandte sich ab. Und als sein langes Leben ein Ende nahm und er zu Grabe getragen wurde, ein grauer Leichnam, und Faith hinter ihm ging, nun ein altes Weib, deren Kinder und Enkel, eine stattliche Prozession, auch Nachbarn, gar nicht wenige, da wurde auf seinen Grabstein kein Vers der Hoffnung gesetzt; denn seine Sterbestunde war Trübsal.

Wakefield

Aus irgendeinem alten Magazin oder einer Zeitung erinnere ich mich an die angeblich wahre Geschichte eines Mannes – wir wollen ihn Wakefield nennen –, der sich für eine beträchtliche Zeit von seiner Frau entfernte. Derart abstrakt formuliert, wäre diese Tat weder besonders ungewöhnlich, noch dürfte man sie – ohne eine genaue Betrachtung der begleitenden Umstände – als schlecht oder unsinnig verurteilen. Nichtsdestoweniger ist dies zwar keineswegs der schwerste, aber sicherlich der merkwürdigste Fall ehelichen Vergehens, der jemals bekannt wurde; zudem ein Einfall von einer Grillenhaftigkeit, die ihresgleichen sucht auf der Liste menschlicher Seltsamkeiten.

Das Ehepaar lebte in London. Unter dem Vorwand, eine Reise zu machen, mietete sich der Mann nur eine Straße von seinem eigenen Haus entfernt eine Wohnung und blieb dort über zwanzig Jahre, ohne daß seine Frau oder seine Freunde von ihm hörten und ohne den Schatten eines Grundes für eine solche Selbstverbannung. Während dieser Zeit kam ihm nicht nur sein Heim jeden Tag vor Augen, sondern auch häufig die verlassene Mrs. Wakefield. Und nach einer derartigen Unterbrechung seines ehelichen Glücks – als sein Tod bereits für gewiß galt, sein Nachlaß geordnet, sein Name der Erinnerung entschwunden war und seine Frau sich seit langer, langer Zeit in ihren herbstlichen Witwenstand gefunden hatte – trat er eines Abends in die Tür, gleichmütig, als wäre er nur einen Tag fortgewesen, und wurde bis zu seinem Tod ein liebender Gatte.

Diese knappe Skizze ist alles, woran ich mich erinnere. Aber der Vorfall ist, wenn auch zweifellos originell, ohne Beispiel und wahrscheinlich ohne Nachfolger, doch von einer

Art, daß er, wie ich glaube, auf die allgemeine Teilnahme der Menschheit rechnen kann. Jeder von uns weiß für sich selber, daß er einer solchen Torheit nicht fähig wäre, traut sie aber doch einem anderen zu. In meinen eigenen Überlegungen wenigstens ist sie immer wieder aufgetaucht, von Verwunderung begleitet, aber auch von dem Empfinden, daß die Geschichte wahr sein müsse, und einer Vorstellung vom Charakter ihres Helden. Und wann immer ein Sujet sich derart nachhaltig des Geistes bemächtigt, so ist die Zeit, die mit Nachdenken darüber verbracht wird, wohl angewandt. Wenn es dem Leser gefällt, soll er selber darüber nachdenken; wenn er es dagegen vorzieht, die zwanzig Jahre von Wakefields Abirrung mit mir zu durchstreifen, so heiße ich ihn willkommen – im Vertrauen auf eine durchgehende Atmosphäre und eine Moral –, auch wenn es uns vielleicht nicht gelingt, sie hübsch eingekleidet und in einen abschließenden Satz verpackt zu finden. Nachdenken bleibt niemals ohne Folgen, und keine auffällige Begebenheit ohne Moral.

Was war Wakefield für ein Mann? Wir sind frei, uns unsere eigene Vorstellung von ihm zu machen und sie mit seinem Namen zu benennen. Er stand jetzt am Höhepunkt seines Lebens; die ehelichen Gefühle, auch früher nicht heftig, hatten sich zu einer ruhigen Gewohnheit abgeklärt; von allen Ehemännern war er vielleicht der beständigste, weil eine gewisse Trägheit sein Herz, wo immer es auch sein mochte, im Gleichgewicht hielt. Er hatte Verstand, den er jedoch nicht strapazierte; sein Geist beschäftigte sich mit langen, müßigen Betrachtungen, die kein Ziel verfolgten oder nicht die Kraft hatten, es zu erreichen; selten besaßen seine Gedanken so viel Energie, sich in Worte zu kleiden. Phantasie in der eigentlichen Bedeutung des Wortes gehörte nicht zu Wakefields Geistesgaben.

Bei diesem kalten, wenn auch nicht verdorbenen oder unsteten Herzen, bei diesem Geist, der sich weder vom Fieber aufrührerischer Gedanken ergreifen noch sich in originelle

Vorstellungen verwickeln ließ – wer hätte da ahnen sollen, daß unser Freund jemals Anspruch darauf erheben sollte, unter den Exzentrikern aller Zeiten an vorderster Stelle zu stehen? Hätte man seine Bekannten gefragt, welcher Mann in ganz London ihrer Meinung nach derjenige sei, der ganz sicherlich heute nichts tun würde, dessen man sich auch morgen noch erinnert, sie hätten an Wakefield gedacht. Nur die Frau seines Herzens hätte vielleicht gezögert. Ohne seinen Charakter analysiert zu haben, erkannte sie doch unklar eine gewisse stille Selbstsucht, die sich in seinen trägen Geist eingerostet hatte, eine merkwürdige Art von Eitelkeit, die seine unangenehmste Eigenschaft war, eine Anlage zur Heimlichtuerei, die sich allerdings höchstens dahingehend auswirkte, daß er seine kleinen Geheimnisse hatte, die ohnedies niemand interessierten – und endlich, manchmal, eine gewisse Fremdheit in dem guten Mann, eine Sonderbarkeit. Diese letztgenannte Eigenschaft ist unbestimmbar, vielleicht auch nicht wirklich vorhanden.

Stellen wir uns nun vor, wie Wakefield seiner Frau Lebewohl sagt. Es ist ein Abend im Oktober, es dämmert. Seine Ausstattung besteht aus einem graubraunen, wollenen Überzieher, einem mit Wachsleinwand bezogenen Hut, Stulpenstiefeln, einem Schirm in der einen, einem kleinen Lederkoffer in der anderen Hand. Mrs. Wakefield hat er mitgeteilt, daß er mit der Nachtkutsche aufs Land zu fahren gedenke. Sie hätte ihn gern gefragt, wie lange die Fahrt dauern, wohin sie ihn führen und wann ungefähr er wieder zurückkommen wird; aber aus Rücksicht auf seine harmlose Neigung zum Heimlichtun wirft sie ihm nur einen fragenden Blick zu. Darauf sagt er ihr, sie möge ihn nicht unbedingt mit der Retourkutsche erwarten, noch sich aufregen, sollte er drei oder vier Tage ausbleiben; jedenfalls aber für Freitag zum Abendessen mit ihm rechnen. Wakefield selber, das dürfen wir nicht vergessen, weiß durchaus nicht, was ihm bevorsteht. Er streckt seine Hand aus, sie gibt ihm die ihre und erwidert seinen Abschiedskuß mit der Selbstverständlichkeit einer zehnjährigen Ehe; und fort geht Mr. Wakefield, ein Mann im mittleren Alter, fast schon entschlossen, seine brave Frau durch eine volle Woche Abwesenheit zu verblüffen. Nachdem sich die Tür schon hinter ihm geschlossen hat, sieht sie, wie diese noch einmal einen Spalt breit aufgeht und den Blick freigibt auf das Gesicht ihres Mannes, wie er ihr zulächelt – und gleich darauf wieder verschwindet. Im Augenblick verschwendet sie keinen Gedanken auf diesen kleinen Vorfall. Aber viel später, nachdem sie schon mehr Jahre Witwe gewesen ist als Ehefrau, kommt ihr dieses Lächeln wieder ins Gedächtnis und zuckt über alle Erinnerungsbilder von Wakefields Gesicht. In ihren endlosen Grübeleien umgibt sie das ursprüngliche Lächeln mit einer Vielfalt von Vorstellungsbildern, die es fremdartig und schrecklich erscheinen lassen; wenn sie sich ihn zum Beispiel in einem Sarge liegend vorstellt, dann ist dieses Abschiedslächeln auf seinen bleichen Zügen eingefroren; oder wenn sie von ihm träumt, wie er im Himmel ist, dann trägt noch sein seliger Geist dieses stille, verschmitzte Lächeln. Ja, als alle anderen ihn für tot abgeschrieben haben, da zweifelt sie allein um dieses Lächelns willen noch manchmal, ob sie wirklich Witwe ist.

Aber wir haben uns um ihren Mann zu kümmern. Wir müssen durch die Straße hinter ihm herlaufen, bevor er seine Individualität verliert und mit der riesigen Masse des Londoner Lebens verschmilzt, denn dort würden wir vergeblich nach ihm suchen. Wir wollen ihm daher dicht auf den Fersen bleiben, bis er nach einigen überflüssigen Haken und Umwegen endlich vor dem offenen Kamin einer kleinen, im voraus gemieteten Wohnung zur Ruhe kommt. Er ist nur eine Gasse weiter gegangen und steht doch schon am Ende seiner Reise. Kaum wagt er es, seinem Glück zu trauen, daß er nämlich unbemerkt hierher gelangt ist – dabei fällt ihm ein, daß er einmal von der Menge aufgehalten worden, und das mitten im Lichtschein einer Laterne; ein anderes Mal meinte er Schritte zu hören, die hinter den seinen hergingen, deutlich unterschieden von dem vielfältigen Getrampel rund um ihn; und schließlich hörte er von ferne eine Stimme rufen und bildete sich ein, sie riefe seinen Namen. Ohne Zweifel haben ein Dutzend Wichtigtuer und Klatschmäuler ihn beobachtet und seiner Frau die ganze Sache hinterbracht. Armer Wakefield! Nicht einmal eine Ahnung hast du, wie wenig du in dieser großen Welt bedeutest! Kein sterblich Aug hat dich verfolgt außer dem meinen. Geh nur zu Bett, du törichter Mann; und wenn du weise sein willst, dann geh am Morgen nach Haus zur guten Mrs. Wakefield und sag ihr die Wahrheit. Räume nicht deinen Platz in ihrem keuschen Busen, und sei es auch nur für eine kurze Woche. Müßte sie dich auch nur einen einzigen Augenblick lang tot oder verloren oder auf immer von sich getrennt glauben, dir wäre bald schmerzlich bewußt, daß in deinem treuen Weibe eine Veränderung geschah, die nie wieder rückgängig zu machen ist. Eine Kluft in menschlichen Gefühlen aufzureißen ist immer gefährlich; nicht, daß sie so lang und breit klafft –, sondern daß sie sich so rasch wieder schließt!

Seine Posse, oder wie man es nennen soll, fast schon bereuend, legt Wakefield sich zeitig nieder; aus dem ersten Schlaf auffahrend, breitet er die Arme über die weite, öde Fläche der ungewohnten Bettstatt. „Nein" – denkt er und wickelt die Decken enger um sich –, „ich werde keine zweite Nacht allein schlafen." Am nächsten Morgen steht er früher auf als sonst und beginnt zu überlegen, was er eigentlich tun will. So wirr sind seine planlosen Gedankengänge, daß er diesen doch sehr seltsamen Schritt zwar im Bewußtsein einer Absicht getan hat, ohne jedoch imstande zu sein, sie in seinen eigenen Überlegungen klar zu erkennen. Das Unbestimmte des Unternehmens ist für einen schwachen Charakter nicht weniger typisch als die geradezu krampfhafte Anstrengung, mit der er sich auf die Ausführung stürzt. Nun, Wakefield sichtet seine Gedanken, so gründlich, wie ihm das möglich ist, und stellt fest, daß er vor allem neugierig ist zu erfahren, wie die Dinge zu Hause weitergehen – wie sein musterhaftes Weib mit ihrer einwöchigen Witwenschaft fertig wird; ja, wie überhaupt der kleine Kreis von Geschöpfen und Umständen, in dem er bisher eine zentrale Figur war, durch seine Entfernung berührt wird. Eine recht jämmerliche Eitelkeit scheint also der ganzen Sache zugrunde zu liegen. Aber wie soll er diese Neugierde befriedigen? Sicherlich nicht dadurch, daß er in seiner gemütlichen Wohnung sitzen bleibt, wo er, obwohl er nur eine Gasse weiter von seinem Haus schlief und erwachte, dennoch beinahe in einem anderen Land ist, so, als hätte er die ganze Nacht in der sausenden Postkutsche verbracht. Wenn er aber jetzt auftaucht, dann ist der ganze Plan schon im Keime erstickt. Sein armes Hirn ist diesem Dilemma in keiner Weise gewachsen; endlich wagt er sich aus dem Haus, halb entschlossen, die Straße an ihrem oberen Ende zu überqueren und wenigstens einen verstohlenen Blick auf das verlassene Heim zu werfen. Die Gewohnheit – denn er ist ein Mann der Gewohnheiten – nimmt ihn bei der Hand und führt ihn, ohne daß es ihm bewußt würde, vor seine eigene Tür, wo er gerade im kritischen Moment vom Scharren seiner Füße an der Türschwelle erwacht. Wakefield! Wohin des Weges?

In diesem Augenblick dreht sich sein Schicksal in den Angeln. Ohne auch nur zu ahnen, welchem Verhängnis ihn der erste Schritt zurück überantwortet, eilt er hinweg, eine bisher nie gekannte Erregung benimmt ihm den Atem, und erst an der fernen Straßenecke wagt er es, knapp den Kopf zu wenden. Ist's möglich, daß ihn keiner gesehen hat? Wird nicht der ganze Haushalt – die ehrbare Mrs. Wakefield, das aufgeweckte Dienstmädchen, der dreckige kleine Laufjunge – den flüchtigen Herrn und Meister mit Zetergeschrei durch die Straßen Londons verfolgen? O glückliche Rettung! Seinen Mut zusammenraffend, hält er inne und blickt heimwärts – und ist betroffen über die Veränderung, die mit dem vertrauten Haus vorgegangen ist, – ein Gefühl, das uns alle befällt, wenn wir, nach monate- oder gar jahrelanger Trennung, einen Hügel, einen See oder ein Kunstwerk wiedersehen, dem wir in langer Freundschaft verbunden waren.

Gewöhnlich wird dieser kaum zu beschreibende Eindruck durch den Vergleich unserer unvollkommenen Erinnerung mit der Realität oder durch den Gegensatz zwischen ihnen hervorgerufen. Bei Wakefield hatte der Zauber einer einzigen Nacht diese Verwandlung bewirkt, weil in dieser kurzen Zeitspanne eine moralische Veränderung geschehen war. Aber das bleibt ihm selbst ein Geheimnis. Bevor er seinen Platz verläßt, erhascht er noch von weitem einen kurzen Blick auf seine Frau, wie sie, das Gesicht dem Ende der Straße zugewendet, schräg am vorderen Fenster vorbeigeht. Darauf gibt der neunmalkluge Einfaltspinsel Fersengeld, von dem Gedanken verängstigt, daß unter tausend solchen Atomen der Sterblichkeit ihr Auge ausgerechnet ihn entdeckt hatte. Richtig warm ist ihm ums Herz – wenn auch das Hirn noch schwimmt –, als er sich vor dem Kohlenfeuer seiner Wohnung wiederfindet.

Soviel zum Beginn dieses langen Schnickschnacks. Nachdem der Gedanke einmal in seinen Geist Eingang gefunden und er sein träges Temperament so weit aufgerüttelt hat, um ihn in die Tat umzusetzen, läuft das ganze wie von selbst weiter. Wir dürfen ihn uns getrost vorstellen, wie er als Ergebnis reichlichen Überlegens eine neue, eine rothaarige Perücke erwirbt und bei einem Juden aus einem Sack voll alter Kleider etliche Gewänder auswählt, die im Schnitt von seinem gewöhnlichen braunen Anzug deutlich abweichen. Nun ist es soweit. Wakefield ist ein anderer geworden. Nachdem sich das neue System einmal eingespielt hat, wäre der Schritt zurück, zu dem alten Zustand, beinahe ebenso schwierig wie jener Schritt, der ihn in diese unerhörte Lage gebracht hat. Außerdem ist er jetzt bockig – sein zur Übellaunigkeit neigender Charakter treibt ihn manchmal in diesen Zustand, der diesmal von dem Verdacht hervorgerufen wird, auf die Gefühle in Mrs. Wakefields Busen nicht genügend Eindruck gemacht zu haben. Er wird erst zurückkehren, bis sie vor Angst halb tot ist, nicht eher. Nun gut; zwei- oder dreimal ist sie an ihm vorübergekommen, von Mal zu Mal mit schwererem Gang, sorgenumwölkterer Stirn, blasser im Gesicht; in der dritten Woche seiner Abwesenheit sieht er endlich einen Unglücksboten in Gestalt des Apothekers sein Haus betreten. Am nächsten Tag ist der Türklopfer umwickelt. Gegen Einbruch der Nacht fährt der Wagen eines Arztes vor und setzt seine mit riesiger Perücke versehene, würdevolle Last vor Wakefields Haustür ab, wo diese nach einer viertelstündigen Visite wieder erscheint – vielleicht der Vorbote eines Leichenbegängnisses. Die Teure! Wird sie sterben? An diesem Punkt ist Wakefield so aufgeregt, daß er beinahe so etwas wie eine starke Empfindung verspürt; dennoch meidet er das Krankenlager, weil, wie sein eigenes Gewissen ihm versichert, seine Frau doch jetzt nicht gestört werden dürfe. Wenn es sonst noch etwas gibt, was ihn zurückhält, so weiß er nichts davon. In den nächsten Wochen erholt sich Mrs. Wakefield langsam wieder, die Krisis ist vorüber; ihr Herz ist zwar betrübt, aber auch still und ruhig; mag er nun früher oder später zurückkommen, es wird nie wieder heftig für ihn schlagen. Derartige Vorstellungen schimmern durch den Nebel in Wakefields Hirn und bringen ihm undeutlich zu Bewußtsein, daß eine fast schon unüberschreitbare Kluft seine Mietwohnung von seinem früheren Heim trennt. „Aber es ist doch nur eine Gasse weiter!" sagt er dann manchmal. Du Narr! Es ist in einer anderen Welt. Bisher hat er seine Rückkehr von einem Tag auf den anderen verschoben; von jetzt an läßt er den Zeitpunkt offen. Morgen nicht – vielleicht nächste Woche – jedenfalls bald. Armer Mann! Die Toten haben kaum weniger Aussicht, ihr irdisches Heim wieder zu betreten, als Wakefield, der sich selbst verbannt hat.

Dürfte ich doch nur einen Folioband darüber schreiben statt eines kurzen Artikels im New-England-Magazine. Dann wäre es mir vergönnt zu zeigen, wie ein unserer Kontrolle entzogener Einfluß seine starke Hand auf jede unserer Taten legt und deren Folgen zum eisernen Gewebe der Notwendigkeit verbindet. Wakefield ist wie gebannt. Wir müssen ihn jetzt sich selbst überlassen, zehn Jahre lang oder mehr, wie er um sein Haus schleicht, ohne jemals die Schwelle zu überschreiten, und seinem Weibe mit der ganzen Zuneigung, deren sein Herz fähig ist, die Treue hält, während er selber langsam in ihrem Herzen verblaßt. Festzuhalten ist, daß er schon seit langem jede Einsicht in die Merkwürdigkeit seines Verhaltens verloren hat.

Bitte, beachtet die folgende Szene! Im Gewühl einer Londoner Straße erblicken wir einen Mann, schon ältlich, ohne besondere Kennzeichen, um das Auge eines flüchtigen Beobachters auf sich zu ziehen; aber die, die zu lesen verstehen, erkennen in seiner ganzen Erscheinung die Handschrift eines nicht gewöhnlichen Schicksals. Er ist dünn; die niedrige, schmale Stirn ist tief zerfurcht; die Augen, klein und glanzlos, fahren manchmal unruhig herum, noch öfter scheinen sie nach innen gerichtet. Er hat den Kopf gesenkt und hat einen unmöglich zu beschreibenden schiefen Gang, so, als wolle er um keinen Preis der Welt seine Frontalansicht zeigen. Seht ihn nur lange genug an, um zu erkennen, was wir beschrieben haben, und ihr müßt zugeben, daß die Umstände, die aus einem mittelmäßigen Naturprodukt oft einen außergewöhnlichen Mann zu schaffen imstande sind, hier eben dieses getan haben. Während wir ihn nun weiter den Gehsteig entlangtrotten lassen, wenden wir unseren Blick in die entgegengesetzte Richtung, wo eine stattliche, wenn auch schon mehr als reife Dame mit einem Gebetbuch in der Hand der Kirche dort drüben zustrebt. Aus ihrer ganzen Haltung geht hervor, daß sie sich mit ihrem Witwenstand abgefunden hat. Gram und Schmerz haben ihr Herz entweder verlassen oder sind ihm so nötig geworden, daß es ein schlechter Tausch wäre, sie durch Freude zu ersetzen. Eben als der magere Mann und die stattliche Dame aneinander vorbeigehen wollen, entsteht eine leichte Verkehrsstörung, die die beiden Figuren unmittelbar miteinander in Kontakt bringt. Ihre Hände berühren sich; der Druck der Menge preßt ihre Brust an seine Schulter; sie stehen einander von Angesicht zu Angesicht gegenüber und starren sich in die Augen. Und so begegnet Wakefield nach einer zehnjährigen Trennung wieder seiner Frau!

Die Menge flutet zurück und reißt die beiden auseinander. Wieder in den früheren Gang fallend, schreitet die ehrbare Witwe auf ihrem Weg zur Kirche fort, doch als sie das Portal erreicht hat, bleibt sie stehen und wirft einen verstörten Blick auf die Gasse hinter sich. Dann jedoch tritt sie, das Gebetbuch geöffnet, hinein in die Kirche. Und der Mann? Mit einem Gesicht, so wild, daß sogar die eiligen, in ihre eigenen Angelegenheiten vertieften Londoner stehen bleiben und ihm nachstarren, stürzt er zu seiner Wohnung, verriegelt die Tür hinter sich und wirft sich aufs Bett. Seit Jahren tief vergrabene Gefühle brechen aus ihm hervor; sein schwaches Temperament schöpft einen kurzen Augenblick der Kraft aus ihrer Heftigkeit; ein Blick offenbart ihm die ganze Schäbigkeit seines Daseins eines Sonderlings, und er ruft mit Leidenschaft in der Stimme – „Wakefield! Wakefield! Du bist wahnsinnig!"

Vielleicht hatte er recht. Die Einzigartigkeit seiner Situation mußte ihn bereits derart nach ihrem Zwang geformt haben, daß er in bezug auf seine Mitmenschen und auf das Geschäft des Lebens sicherlich nicht als einer gelten konnte, der völlig bei Sinnen war. Ob nun mit oder ohne eigene Absicht, er hatte es jedenfalls fertiggebracht, sich von der Welt zu lösen – zu verschwinden –, seinen Platz, seine Rechte unter den Lebenden aufzugeben, ohne bei den Toten Aufnahme zu finden. Sein Leben ähnelte keineswegs dem eines Einsiedlers; er lebte mitten im Leben und Treiben der Stadt, genau wie früher; aber die Menge strömte an ihm vorbei und sah ihn nicht; er lebte, bildlich gesprochen, noch immer an der Seite seiner Frau und an seinem häuslichen Herde, ohne die Wärme des einen noch die Liebe der anderen zu verspüren. Es war Wakefields beispielloses Schicksal, seinen ursprünglichen Anteil an menschlichen Beziehungen bewahrt zu haben und noch immer in menschliche Interessen verwickelt zu sein, jedoch den eigenen Einfluß auf diese Dinge verloren zu haben. Es wäre eine höchst interessante Aufgabe, die Wirkung dieser Umstände einmal auf sein Herz, dann auf seinen Verstand und dann auf beide zusammen zu verfolgen. Sosehr er sich übrigens verändert hatte, er wurde sich dessen kaum jemals bewußt, sondern meinte, der gleiche zu sein, der er immer gewesen war; manchmal zuckte für einen kurzen Augenblick eine Ahnung der Wahrheit in ihm auf; aber auch dann sagte er noch – „bald werde ich zurückkehren!" –, ohne daran zu denken, daß er das nun schon seit zwanzig Jahren sagte.

Ich nehme übrigens an, daß diese zwanzig Jahre im Rückblick kaum länger schienen als jene eine Woche, auf die Wakefield seine Abwesenheit zu Anfang beschränkt hatte. Von ihm aus gesehen, nahm sich die Angelegenheit höchstens wie ein kurzes Zwischenspiel im Drama seines Lebens aus. Sobald er, irgendwann in der nächsten Zeit, den rechten Punkt für gekommen hielt, sein Wohnzimmer wieder zu betreten, würde seine Frau beim Anblick des ältlichen Mr. Wakefield vor Freude in die Hände klatschen. Ach, was für ein Irrtum! Würde die Zeit nur immer den Abschluß unserer verrückten Unternehmungen stillstehend abwarten, dann wären wir alle selbst am Jüngsten Tag noch junge Männer!

Eines Abends, im zwanzigsten Jahre seines Verschwindens, machte Wakefield seinen gewohnten Abendspaziergang in Richtung jener Behausung, die er noch immer seine eigene nannte. Es ist ein stürmischer Herbstabend, mit heftigen Regengüssen, die aufs Pflaster klatschen und schon wieder zu Ende sind, ehe ein Mann Zeit findet, seinen Schirm aufzuspannen. Unweit von seinem Hause innehaltend, gewahrt Wakefield hinter den Wohnzimmerfenstern des zweiten Stockwerks den roten Schein, das Flackern und Zucken eines gemütlichen Feuers. An der Decke erscheint der groteske Schatten der guten Mrs. Wakefield. Haube, Nase, Kinn und die behäbige Taille vereinigen sich zu einer großartigen Karikatur, die im aufflackernden und wieder versinkenden Schein des Feuers hin- und hertanzt, beinahe zu lustig für den Schatten einer ältlichen Witwe. In diesem Augenblick fällt zufällig wieder ein Regenschauer vom Himmel, den ein unhöflicher Windstoß Wakefield voll gegen Gesicht und Brust bläst. Die herbstliche Kälte geht ihm durch und durch. Soll er hier draußen stehen, naß, vor Kälte zitternd, wenn sein eigener Herd ein gutes Feuer hat, um ihn zu wärmen, und seine eigene Frau laufen wird, um ihm den grauen Hausrock und die Kniehosen zu holen, die sie ohne Zweifel im Schrank ihres Schlafzimmers sorgfältig aufbewahrt hat? Nein! So ein Narr ist Wakefield nicht! Er steigt die Stiegen hinauf – schweren Schrittes, denn in den zwanzig Jahren, seit er hier zum letztenmal herunterkam, sind seine Beine steif geworden –, aber das ist ihm nicht bewußt. Bleib, Wakefield! Willst du in das einzige Heim zurückkehren, das dir noch geblieben ist? Dann steig in dein Grab! Die Tür geht auf. Im Eintreten erhaschen wir noch einen letzten Blick auf sein Gesicht und erkennen jenes durchtriebene Lächeln, das den kleinen Scherz ankündigte, den er sich seither auf Kosten seiner Frau geleistet hat. Was für einer erbarmungslosen Prüfung hat er die Arme unterzogen! Nun gut; wir wollen Wakefield eine gute Nachtruhe wünschen!

Dieses glückliche Ereignis – angenommen, es war wirklich ein solches – konnte nur in einem unbewachten Augenblick stattfinden. Wir wollen unserem Freunde nicht über die Schwelle folgen. Er hat uns allerhand Stoff zum Nachdenken geliefert; einen Teil wollen wir dazu benutzen, um aus seiner Weisheit eine Moral zu gewinnen und zu einer Gestalt zu verdichten. In dem scheinbaren Durcheinander unserer mysteriösen Welt sind die Individuen jeweils so gut einem bestimmten System angepaßt und die Systeme wieder aneinander und in ein gemeinsames Ganzes, daß ein Mann, der auch nur für einen Augenblick daraus hervortritt, sich der fürchterlichen Gefahr aussetzt, seinen Platz für immer zu verlieren. Gleich Wakefield kann es ihm geschehen, daß er, sozusagen, zum Ausgestoßenen des Universums wird.

Der Maibaum von Merry Mount

In der höchst denkwürdigen Geschichte der frühen Siedlung von Mount Wollaston, oder Merry Mount, finden wir einen großartigen Vorwurf für eine philosophische Romanze. Die flüchtige Skizze, die hier versucht wird, zeigt deutlich, wie die Tatsachen, den feierlichen Seiten unserer neu-englischen Chronisten entnommen, sich beinahe von selber zu einer Art Allegorie zusammenfügen. Masken, Mummenschanz, festliche Gebräuche, die der Text beschreibt, entsprechen den Sitten jener Zeit. Belege dafür können in Strutts „Book of English Sports and Pastimes" gefunden werden.

Hell waren die Tage in Merry Mount, als der Maibaum der Fahnenmast dieser fröhlichen Kolonie war! Und blieb ihre Fahne siegreich, so wollten die, die ihn aufgerichtet hatten, Sonnenschein über Neu-Englands schroffe Hügel gießen und Blumensamen über die Erde ausstreuen. Fröhlichkeit und Düsternis rangen miteinander um ein Reich. Die Mittsommernacht war gekommen, hatte den Wald in tiefes Grün gehüllt und Rosen in seinem Schoß erblühen lassen, von leuchtenderer Farbe als die zarten Knospen des Lenzes. Aber der Mai, oder doch sein Geist der Freude und Lustbarkeit, wohnte das ganze Jahr über in Merry Mount, vergnügte sich mit den Sommermonaten, verpraßte den Herbst und wärmte sich an der Glut der winterlichen Feuer. Durch eine Welt von Schweiß und Mühen flatterte der Maigeist mit träumerischem Lächeln und kam hierher, um sich unter den leichten Herzen von Merry Mount häuslich einzurichten. Nie zuvor war der Maibaum so fröhlich geschmückt wie bei Sonnenuntergang der Mittsommernacht. Das hochverehrte Sinnbild bestand aus einer Kiefer, die sich die schlanke Grazie der Jugend erhalten hatte und dennoch die luftige Höhe der alten Waldmonarchen erreichte. Von ihrem Wipfel floß ein seidenes Banner in den Farben des Regenbogens. Unten, nahe am Boden, schmückten Birkenzweige den glatten Stamm, auch andere Zweige vom lebhaftesten Grün, andere wieder hatten silbrige Blätter, alle befestigt mit Bändern, die in phantastischen Verschlingungen in zwanzig verschiedenen Farben, aber keinen traurigen darunter, durch die Luft flatterten. Gartenblumen und Blüten der Wildnis lachten unter dem Grün hervor, so frisch und tauig, daß sie nur durch Zauberei auf dieser glücklichen Kiefer gewachsen sein konnten. Wo die grüne und blühende Pracht zu Ende ging, war der Stamm des Maibaums in den sieben leuchtenden Farben der Fahne auf seinem Wipfel gefärbt. Vom tiefsten grünen Ast hing ein überreicher Kranz aus Rosen, manche an den sonnigsten Flecken des Waldes gesammelt, andere wieder, die noch stärker glühten, hatten die Kolonisten aus englischem Samen gezogen. Oh, ihr Menschen des Goldenen Zeitalters, deren Landarbeit hauptsächlich darin bestand, Blumen zu züchten!

Doch was war das für ein wilder Haufe, der sich Hand in Hand um den Maibaum drängte? Es konnte doch nicht sein, daß die Faune und Nymphen, aus den klassischen Hainen und den Behausungen der alten Fabeln vertrieben, in den neuen Wäldern des Westens Zuflucht gesucht hatten wie alle anderen Verfolgten! Das hier waren gotische Monster, wenn auch vielleicht mit griechischen Vorfahren. Auf den Schultern eines anmutigen Jünglings erhoben sich der Kopf und das verzweigte Geweih eines Hirsches; ein anderer, sonst in allem menschlich, hatte das grimmige Gesicht eines Wolfs; ein dritter trug über Leib und Gliedern eines Menschenmannes Bart und Hörner eines ehrwürdigen Geißbocks. Aufrecht stand dort eine Gestalt wie ein Bär, ganz Bestie, bis auf die Hinterbeine, die in rosafarbenen Seidenstrümpfen steckten. Und dort, kaum weniger wunderlich, stand ein echter Bär aus dem dunklen Wald, jede der beiden Vorderpfoten in eine menschliche Hand gelegt und tanzlustig wie nur irgendeiner in diesem Kreise. Seine niedrigere Gestalt reckte sich empor, um den Gefährten, die sich zu ihm herabbeugten, auf halbem Wege entgegenzukommen. Andere Gesichter wieder sahen zwar männlich oder weiblich aus, doch verzerrt und übertrieben, mit roten Nasen, vor gar greulich tief klaffenden Mündern baumelnd, die sich in einem ewigen Lachanfall von einem Ohr zum andern dehnten. Hier konnte man den Wilden Mann sehen, in der Heraldik wohl bekannt, behaart wie ein Affe, mit grünen Blättern gegürtet. An seiner Seite stand eine edlere Gestalt, allerdings auch diese nur nachgemacht, ein indianischer Jäger nämlich, mit Federschmuck und einem Gürtel aus Muschelperlen. Viele Mitglieder dieser lustigen Gesellschaft trugen Narrenkappen, und kleine Glöckchen hingen an ihren Gewändern und klingelten mit silbrigem Klang, gleichsam als Antwort auf die unhörbare Musik ihrer fröhlichen Seelen. Einige junge Männer und Mädchen waren zwar einfacher gekleidet, aber durch den Ausdruck wilder Ausgelassenheit in ihren Gesichtern behaupteten auch sie sehr wohl ihren Platz in dieser buntscheckigen Gesellschaft. Von solcher Art waren die Kolonisten von Merry Mount, wie sie im breiten Lächeln des Sonnenuntergangs ihren verehrten Maibaum umstanden.

Hätte ein Wanderer, der sich im melancholischen Wald verirrte, ihre Ausgelassenheit gehört und einen halberschrokkenen Blick auf sie geworfen, so hätte er sie wohl für Comus' Gefolge halten mögen, manche schon ganz in Tiere verwandelt, andere auf halbem Wege zwischen Mensch und Tier, wieder andere in der Flut trunkener Lust schwelgend, die der Verwandlung vorausging. Aber eine Schar von Puritanern, die, selber unsichtbar, dem Treiben zusah, verglich diese Maskierten mit den Teufeln und verdammten Seelen, mit denen ihr Aberglaube die schwarze Wildnis bevölkerte.

Mitten im Kreis dieser Monster erschienen zwei liebliche Gestalten, zarter als alles, was jemals auf festerem Grund als dem einer purpur- und goldfarbenen Wolke wandelte. Die eine war ein Jüngling in schimmerndem Gewand, ein Tuch in den Farben des Regenbogens über der Brust gekreuzt. In der Rechten hielt er einen vergoldeten Stab, ein Zeichen hoher Würde unter den Ausgelassenen, in der Linken hielt er die schlanken Finger eines holden Mädchens, das nicht weniger strahlend geschmückt war als er selber. Bunte Rosen hoben sich von den dunklen, glänzenden Locken der beiden leuchtend ab und lagen vor ihren Füßen verstreut oder waren plötzlich wie von selber aus der Erde geschossen. Hinter diesem lichten Paar, so nahe am Maibaum, daß dessen Zweige sein vergnügtes Gesicht beschatteten, stand die Gestalt eines englischen Priesters, in kirchlicher Tracht zwar, aber doch auch in heidnischer Art mit Blumen geschmückt, den Kopf mit den Blättern des heimischen Weinstocks bekränzt. Die wilde Ausgelassenheit in seinem rollenden Auge ließ ihn nicht weniger als der heidnische Schmuck auf dem heiligen Kleid als das wüsteste Monstrum unter allen erscheinen, als den Comus der ganzen Schar.

„Ihr Verehrer des Maibaums", rief der blumengeschmückte Priester, „den ganzen lieben Tag haben die Wälder das Echo eurer Fröhlichkeit zurückgeworfen. Doch dies sei eure fröhlichste Stunde, meine Herzen! Denn seht, hier stehen Maikönig und Maikönigin, die ich, ein Studierter aus Oxford und Hoher Priester von Merry Mount, jetzt zum heiligen Band der Ehe zusammenfügen will. Erhebt euren beschwingten Geist, ihr Morris-Tänzer, ihr Waldmänner, ihr Sängerinnen, ihr Bären und Wölfe und gehörnten Herrschaften! Kommt! Ein Lied jetzt, voll des alten Frohsinns von Merry England und der wilderen Laune dieses Urwalds! Und dann ein Tanz, um dem jungen Paar zu zeigen, woraus das Leben gemacht ist, und daß sie mit leichten Füßen durchs Leben gehen sollen! Ihr alle, die ihr den Maibaum liebt, eure Stimmen dem Brautgesang für den Maikönig und seine Königin!"

Diese Hochzeit war ernster als das meiste, was auf Merry

Mount vorging, wo Täuschung und Witz, Einbildungskraft und Gaukelei einen endlosen Karneval hielten. Maikönig und Maikönigin mußten ihre Titel zwar bei Sonnenuntergang ablegen, aber sie hatten sich wirklich und wahrhaft dazu entschlossen, Partner für den Lebenstanz zu werden und noch heute abend damit zu beginnen. Der Kranz aus Rosen, der vom tiefsten der grünen Äste des Maibaums herabhing, war für sie gewunden, auf daß er als Sinnbild ihrer blumenhaften Vereinigung über beider Köpfe geworfen würde. Als daher der Pfarrer geendet, stieg aus der Rotte der wüsten Gestalten lärmendes Geschrei auf.

„Ihr stimmt an, ehrwürdiger Herr!" riefen sie alle, „nie erklangen die Wälder in fröhlicherem Schall, als wir Verehrer des Maibaums jetzt in die Lüfte senden werden!"

Sofort ertönte aus dem nahen Dickicht ein Vorspiel, von Flöte, Laute und Viole, mit geübter Spielmannskunst vorgetragen, in einem Rhythmus, der so mitreißend war, daß die Äste des Maibaums im Takt erzitterten. Aber der Maikönig, der mit dem vergoldeten Stab, warf einen Blick in die Augen seiner Herrin und sah mit ungläubigem Staunen, daß sie ihm seinen Blick fast schwermütig zurückgab.

„Edith, süße Maienkönigin", flüsterte er vorwurfsvoll, „ist denn dein Kranz von Rosen eine Girlande über unserem Grab, daß du so traurig blickest? Oh, Edith, das ist unser glücklichster Augenblick! Trübe ihn nicht durch einen schwermütigen Schatten auf deiner Seele! Denn es mag wohl sein, daß die Zukunft nichts Strahlenderes für uns bereithält als die Erinnerung an das, was jetzt eben geschieht."

„Eben dieser Gedanke war es, der mich betrübte! Kam es denn auch dir in den Sinn?" sagte Edith, noch leiser als er, denn in Merry Mount traurig zu sein, war Hochverrat. „Deswegen seufze ich mitten unter der festlichen Musik. Und außerdem, lieber Edgar, ringe ich wie mit einem Traum und stelle mir vor, daß die Gestalten unserer lustigen Freunde hier nur Einbildung sind, ihre Ausgelassenheit nicht echt, und wir gar nicht wirklich Maikönig und Maikönigin. Was bedeutet dies Geheimnis in meinem Herzen?"

Und als hätte ein Zauberspruch sie gelöst, regnete gerade in diesem Augenblick ein Schauer von verwelkten Rosenblättern vom Maibaum herab. Ach, weh über die jungen Liebenden! Kaum erglühten ihre Herzen in wahrer Leidenschaft, da empfanden sie auch schon das Verschwommene, Gehaltlose in ihren früheren Vergnügungen und hatten das düstere Vorgefühl einer unvermeidlichen Verwandlung. Von dem Augenblick an, da sie wirklich liebten, hatten sie sich dem irdischen Schicksal der Sorge, des Leids und der getrübten Freude unterworfen und besaßen nun kein Heimatrecht mehr in Merry Mount. Das war Ediths Geheimnis. Überlassen wir es jetzt dem Priester, sie zu vermählen, lassen wir die Vermummten um den Maibaum tanzen, bis der letzte Sonnenstrahl von seinem Wipfel weicht und die Schatten des Waldes sich düster in den Tanz mischen. Inzwischen finden wir vielleicht heraus, wer diese lustigen Leute eigentlich waren. Vor zweihundert und mehr Jahren wurden die Alte Welt und ihre Bewohner einander allmählich überdrüssig. Männer zogen zu Tausenden in den Westen; einige, um Glasperlen und ähnliche Kostbarkeiten gegen die Pelze der indianischen Jäger einzutauschen, andere, um jungfräuliche Reiche zu erobern; eine finstere Schar zog aus, um zu beten. Aber keiner dieser Beweggründe hatte bei den Kolonisten von Merry Mount viel Gewicht. Ihre Anführer waren Männer, die so lange mit dem Leben gespielt hatten, daß selbst das Denken und die Weisheit, diese unwillkommenen Gäste, nach ihrer Ankunft sogleich der Schar von Eitelkeiten, die sie eigentlich in die Flucht schlagen sollten, verfielen. Das verirrte Denken und die verfälschte Weisheit wurden gezwungen, Masken anzulegen und den Narren zu spielen. Die Männer, von denen wir sprechen, hatten, nachdem die frische Fröhlichkeit des Herzens von ihnen gewichen war, sich eine zügellose Philosophie des Vergnügens zurechtgemacht und zogen hierher, um ihren jüngsten Tagtraum auszuleben. Ihre Jünger fanden sie in jener Schar von Leichtsinnigen, die ihr ganzes Leben so hinbringen wie vernünftige Menschen ihre Festtage. In ihrem Gefolge waren Spielmänner, wohlbekannt in den Straßen Londons; Wanderschauspieler, deren Bühne die Hallen der Edelleute gewesen waren; Komödianten, Seiltänzer und Scharlatane, die man auf Kirmes, Kirchweih und Jahrmarkt noch lange vermissen würde; mit einem Wort: Spaßmacher jeder Sorte, an denen in jener Zeit kein Mangel war – bis das schnelle Anwachsen des Puritanismus ihre Schar zerstreute. Leicht waren ihre Füße auf dem festen Lande gewandelt, leicht waren sie übers Meer gekommen. Viele waren durch frühere Widrigkeiten in den Wahnsinn einer lustigen Verzweiflung getrieben; andere, wie Maikönig und Maikönigin, schöpften ihre verrückte Heiterkeit aus dieser; aber woher ihre Ausgelassenheit auch kam, in Merry Mount waren alt und jung gleichermaßen lustig. Die Jungen hielten sich für glücklich. Die Älteren, die manchmal wohl erkannten, daß das wilde Treiben nur eine Nachäffung des Glückes war, folgten freiwillig dem Trugbild, da doch wenigstens seine Gewänder in leuchtenden Farben prangten. Sie, die eingeschworenen, lebenslangen Tändler, wollten sich nicht unter die nüchternen Wahrheiten des Lebens wagen, auch nicht, um dadurch wahrhaft glücklich zu werden.

Alle die ererbten Vergnügungen von Old England hatten sie mitgebracht. Der Weihnachtskönig wurde geziemend gekrönt, der Lord of Misrule führte ein strenges Regiment. In der Johannisnacht fällten sie ganze Morgen Waldes, um Johannisfeuer zu machen, dann tanzten sie die ganze Nacht in seinem Schein, mit Girlanden bekränzt, und warfen Blumen in die Flammen. Zur Erntezeit, wenn der Ertrag auch gering war, machten sie aus Maiskolben eine Figur, kleideten sie in herbstliches Flechtwerk und führten sie im Triumphzug nach Hause. Was aber die Kolonisation von Merry Mount vor allem kennzeichnete, war ihre Verehrung des Maibaums.

Das erst hat ihre wahre Geschichte zum Vorwand für den Dichter gemacht. Der Frühling kleidete das verehrte Sinnbild in junge Blüten und frische grüne Zweige; der Sommer brachte Rosen von tiefster Glut und das vollentfaltete Laubwerk des Waldes; der Herbst bereicherte es mit jener roten und gelben Pracht, die jedes wilde Blatt in eine bemalte Blüte verwandelt; und der Winter überzog es mit Silber und behängte es mit Eiszapfen, bis der Maibaum im kalten Sonnenlicht erglänzte, selbst ein gefrorener Sonnenstrahl. So erwies jede Jahreszeit dem Maibaum ihre Ehrerbietung und zahlte mit dem ihr eigenen reichen Glanz ihren Tribut. Wenigstens einmal in jedem Monat tanzte die Gemeinde rund um den Baum; manchmal nannten sie ihn ihre Religion, manchmal ihren Altar; immer aber war er der Fahnenmast von Merry Mount. Unglücklicherweise jedoch gab es Männer in der Neuen Welt, die einem strengeren Glauben anhingen als die Verehrer des Maibaums. Nicht weit von Merry Mount befand sich eine Niederlassung der Puritaner, armer Teufel, die noch vor Tagesanbruch ihre Gebete sagten und dann in Feld oder Wald schufteten, bis mit dem Abend wieder die Zeit zum Beten kam. Jederzeit lagen ihre Waffen schußbereit, um den umherstreifenden Wilden abzuschießen. Wenn sie sich versammelten, dann niemals, um der alten englischen Fröhlichkeit zu huldigen, sondern um drei Stunden lange Predigten anzuhören oder um Prämien für den Kopf eines Wolfes und den Skalp eines Indianers auszusetzen. Ihre Feste waren Fasttage, ihr liebster Zeitvertreib das Absingen von Psalmen. Wehe dem Jüngling oder Mädchen, die vom Tanzen auch nur träumten! Der Magistratsbeamte nickte dem Konstabler zu, und schon saß der leichtfüßige Taugenichts im Block; vielleicht tanzte er auch, aber nur rund um den Schandpfahl, den man den Maibaum der Puritaner nennen könnte. Manchmal kam eine Gruppe dieser grimmigen Puritaner auf ihrem mühseligen Zug durch die unwegsamen Wälder, die Schritte beschwert von der eisernen Rüstung, jede vom Gewicht einer

Pferdeladung, in die Nähe von Merry Mounts sonnigem Bezirk. Da waren die seidenen Kolonisten, wie sie rund um den Maibaum tanzten; vielleicht brachten sie gerade einem Bären das Tanzen bei oder bemühten sich, ihre Heiterkeit einem feierlich blickenden Indianer begreiflich zu machen; oder sie verkleideten sich in die Felle von Wölfen und Hirschen, die sie zu eben diesem Zweck erlegt hatten. Oft spielte auch die ganze Kolonie Blinde Kuh, die Obrigkeit genauso wie die andern, alle liefen mit verbundenen Augen herum, bis auf einen einzigen Sündenbock, dem die blinden Sünder Glöckchen an die Kleider gebunden hatten, deren Geklingel sie jetzt folgten. Einmal, so heißt es, beobachtete man sie, wie sie einer blumengeschmückten Leiche voll Frohsinn und festlicher Musik zu Grabe folgten. Aber lachte denn auch der Tote? Und wenn sie einmal ganz still und ruhig waren, dann sangen sie Balladen und erzählten Geschichten zur Erbauung ihrer frommen Besucher; oder verblüfften sie mit Taschenspielerkünsten; oder machten grobe Witze; und wenn die Tollheit selbst ihnen zu anstrengend wurde, dann machten sie aus ihrer eigenen Dummheit ein Spiel und fingen um die Wette zu gähnen an. Aber schon über die geringste dieser Ungeheuerlichkeiten schüttelten die Männer aus Eisen ihre Köpfe und blickten so finster, daß die Munteren aufsahen und meinten, eine Wolke hätte das Licht der Sonne verdunkelt, das doch hier ewig sein sollte. Andererseits behaupteten die Puritaner auch, daß das Echo, das auf die von ihrem Andachtsort aufsteigenden Psalmen aus dem Wald ertönte, oft wie der Chor eines fröhlichen Rundgesangs klang, gefolgt von brüllendem Gelächter. Wer, außer dem Erbfeind und seinem treuen Gefolge, dem Haufen von Merry Mount, hatte sie dergestalt zu stören gewagt? Mit der Zeit entspann sich eine Fehde, verbittert und finster von der einen Seite, von der anderen immerhin mit so viel Ernst geführt, als sich unter jenen leichten Geistern, die dem Maibaum Treue geschworen hatten, nur aufbringen ließ. In diesem bedeutenden

Streit ging es um die zukünftige Gestalt von Neu-England. Sollte es den grimmigen Frömmlern gelingen, die fröhlichen Sünder unter ihre Knute zu zwingen, dann würde ihr Wesen die Gegend verdunkeln und für immer ein Land der umwölkten Gesichter, der Mühe und Plage, der Predigten und der Psalmen daraus machen. Sollte jedoch die Fahnenstange von Merry Mount siegreich bleiben, so würde die Sonne über die Hügel leuchten, Blumen den Wald verschönen und noch die späte Nachwelt den Maibaum verehren! Nach diesen authentischen Beschreibungen nach der Geschichte kehren wir zur Vermählungsfeier von Maikönig und Maikönigin zurück. Doch ach! wir haben uns lange aufgehalten, wir müssen unsere Erzählung nun allzu plötzlich verfinstern. Zum Wipfel des Maibaumes hinaufblickend, erkennen wir, daß gerade ein einzelner, letzter Sonnenstrahl Abschied nimmt und nichts zurückläßt als einen schwachen goldenen Schein, der in die Farben des Regenbogenbanners übergeht. Jetzt verlöscht auch dieses trübe Licht und überläßt das ganze Reich von Merry Mount der Düsternis des Abends, die so plötzlich aus der Schwärze der umstehenden Wälder eindrang. Doch einige dieser schwarzen Schatten sind in menschlicher Gestalt hervorgestürzt. Ja: mit der sinkenden Sonne war der letzte fröhliche Tag von Merry Mount gewichen. Der Kreis der ausgelassenen Masken war zerrissen, zerbrochen; der Hirsch ließ bestürzt sein Geweih hängen; der Wolf wurde schwächer als ein Lamm; die Glöckchen der Morris-Tänzer klingelten in zitterndem Schrecken. Die Puritaner waren gekommen und hatten im Mummenschanz des Maibaums eine Charakterrolle gespielt. Ihre finsteren Gestalten schoben sich zwischen die wüsten Verkleidungen ihrer Feinde, die Szene zeigte alle Züge jenes Augenblicks, wenn die erwachende Vernunft sich unter den verstreuten Bruchstücken eines Traumes hervorwühlt. Der Anführer der feindlichen Schar stand in der Mitte des Kreises, während der Haufe der Monstren um ihn hockte wie böse Geister in der Gegenwart des gefürchteten Magiers. Die verrückte Narrheit konnte ihm nicht ins Gesicht sehen. So viel grimmige Strenge ging von ihm aus, daß der ganze Mann, Gesicht, Gestalt und Seele, aus Eisen geschmiedet schien, zwar mit Leben und Denken begabt, dennoch eins mit seinem Helm und Brustharnisch. Das war der puritanischste der Puritaner: es war Endicott in eigener Person!

„Weg da, Priester des Baal!“ sagte er mit grimmigem Blick und legte ohne jede Ehrfurcht seine Hand an den Chorrock. „Ich kenne Euch, Blackstone!* Ihr seid der Mann, der nicht einmal den Gesetzen der eigenen verworfenen Kirche zu gehorchen imstande war, und so seid Ihr hierhergekommen, um den Frevel zu predigen und mit Eurem eigenen Leben ein Beispiel zu geben. Doch jetzt werden alle erkennen, daß der Herr diese Wildnis für Sein Volk geheiligt hat. Weh über die, die sie zu beschmutzen wagen! Weh als erstes über diese blumengeschmückte Schändlichkeit, den Altar Eurer Andacht!“

Und mit seinem scharfen Schwert stürzte Endicott sich auf den geheiligten Maibaum. Dieser widerstand seinem Arm nicht lange. Dumpf ertönte sein Ächzen, Blätter und Rosenknospen regneten auf die verstockten Schwärmer, und endlich fiel die Fahnenstange von Merry Mount – mit all den grünen Zweigen, den Bändern und Blüten, Sinnbildern dahingegangenen Frohsinns. Und es heißt, daß der Abend noch düsterer wurde, als der Baum zu Boden sank, und daß der Schatten, den die Bäume warfen, sich noch tiefer verfinsterte.

„Da“, schrie Endicott und blickte triumphierend auf sein Werk, „da liegt der einzige Maibaum von Neu-England! Und ich bin stark des Glaubens, daß so wie er auch alle leichtsin-

---

* Hätte Governor Endicott sich nicht gar so entschieden ausgedrückt, wir sähen uns gezwungen, hier ein Mißverständnis zu vermuten. Ehrwürden Blackstone war vielleicht ein Sonderling, doch galt er keineswegs als sündhafter Mann. An seiner Identität mit dem Priester von Merry Mount möchten wir denn doch lieber zweifeln.

nigen, lockeren Hanswurste fallen werden, unter uns und unseren Kindern. Amen, so spricht John Endicott!"

„Amen!" beteten ihm seine Anhänger nach.

Aber die Jünger des Maibaums stießen wie aus einem Munde einen Seufzer um ihr Idol aus. Bei diesem Ton blickte der Anführer der Puritaner auf die Schar des Comus, wo jede einzelne Gestalt, eben noch Verkörperung der Lust, doch in diesem Augenblick seltsam deutlich Trauer und Schmerz ausdrückte. „Tapferer Hauptmann", sprach da Peter Palfrey, der Fähnrich der Schar, „was ist deine Anweisung bezüglich der Gefangenen?"

„Ich hätte nicht gedacht, daß mich das Umhauen des Maibaumes noch reuen würde", antwortete Endicott, „aber jetzt finde ich in meinem Herzen den Wunsch, ihn wieder aufzustellen und diese viehischen Heiden noch einmal rund um ihren Götzen tanzen zu lassen. Was hätte der Baum für eine wohlgeratene Staupsäule abgegeben!"

„Stehen aber doch hier Kiefern die Menge", schlug der Unterführer vor.

„Richtig, guter Fähnrich", sagte der Hauptmann. „Deshalb binde nun die heidnische Schar und lasse jedem von ihnen zunächst eine kleine Portion Streiche zukommen, als Vorgeschmack auf das spätere Gericht. Schließe ein paar von den Spitzbuben in den Block, wo sie sich ausruhen können, sobald die Vorsehung uns zu einer unserer eigenen, so wohl geordneten Siedlungen führt, wo derartige Einrichtungen leicht zu finden sind. Weitere Strafen, als da sind: Brandzeichen und Stutzen der Ohren, werden wir später bedenken."

„Wie viele Streiche für den Priester?" erkundigte sich Fähnrich Palfrey.

„Jetzt noch keine", antwortete Endicott und beugte seine eiserne Stirn über den Schuldigen. „Der Hohe Gerichtshof wird darüber befinden, ob durch Streiche und lange Einkerkerung und weitere schwere Strafen seine Vergehen zu büßen sind. Er wird schon sehen, was mit ihm geschieht! Wer gegen unsere weltliche Ordnung verstößt, dem dürfen wir vielleicht noch einmal Milde erweisen. Doch wehe dem Unseligen, der es wagt, unsere Religion zu stören!"

„Und dieser Tanzbär", fuhr der Untergebene fort, „soll er die Streiche seiner Genossen teilen?"

„Jag ihm eine Kugel durch den Kopf!" sagte der energische Puritaner. „Ich fürchte, in dem Vieh steckt Hexenwerk."

„Und hier haben wir ein gar glänzendes Pärchen", sagte Peter Palfrey und richtete seine Waffe auf Maikönig und Maikönigin. „Unter diesen Missetätern hier scheinen sie von hohem Rang zu sein. Mich dünkt, wir müssen ihrer Würde mit wenigstens der doppelten Zahl an Streichen Reverenz erweisen."

Endicott, auf sein Schwert gestützt, betrachtete eingehend Kleidung und Aussehen des unglücklichen Paares. Da standen sie, bleich, niedergedrückt, verängstigt. Aber da war ein Ausdruck von Zusammengehörigkeit, von gegenseitiger Hilfe und reiner Zuneigung, an dem man erkannte, daß sie Mann und Frau waren und ihre Liebe vom Priester gesegnet. In der Gefahr des Augenblicks hatte der Jüngling den vergoldeten Stab fallen lassen und seinen Arm um seine Maikönigin geschlungen, die an seiner Brust lehnte, zu leicht, um ihm eine Last zu sein, aber doch fest genug, um darzutun, daß ihr Schicksal im Guten wie im Bösen miteinander verbunden war. Sie blickten zuerst einander, dann dem grimmigen Hauptmann in die Augen. Da standen sie nun in der ersten Stunde ihrer Ehe, und die eitlen Freuden, die ihre Gefährten versinnbildlichten, waren den schweren Sorgen des Lebens gewichen, verkörpert von den finsteren Puritanern. Doch niemals war ihre jugendliche Schönheit so lauter und edel erschienen wie jetzt, da ihr Glanz von der Not noch geläutert war.

„Jüngling", sagte Endicott, „schlecht steht es für euch, dich und dein Weib. Macht euch bereit; denn mir steht der Sinn danach, euch beiden ein Andenken an euren Hochzeitstag zu geben!"

„Finsterer Mann", rief der Maikönig, „wie kann ich dich rühren? Hätte ich die Mittel zur Hand, ich würde kämpfen bis zum Tod. Machtlos, wie ich bin, flehe ich dich an: mach mit mir, was du willst, aber laß die Hände von Edith!"

„Das kann nicht sein", antwortete der Eiferer, den nichts erweichen konnte. „Wir sind nicht dafür bekannt, uns nichtiger Höflichkeit gegenüber jenem Geschlecht zu befleißigen, das der strikteren Disziplin bedarf. Was sagst du, Mädchen? Soll dein süßer Bräutigam auch deinen Anteil an der Sühne auf sich nehmen, zusätzlich zu seiner eigenen?"

„Sei's auch der Tod", sagte Edith, „leg alles nur auf mich."

Es war, wie Endicott gesagt hatte: schlecht stand es für die beiden Liebenden. Ihre Feinde triumphierten, ihre Freunde waren gefangen und gedemütigt, ihr Heim verwüstet, rund um sie die nächtige Wildnis – ein strenges Geschick in Gestalt des puritanischen Anführers ihr einziger Wegweiser. Doch die sich vertiefende Dunkelheit konnte nicht völlig verbergen, daß der Mann aus Eisen sich erweichte; er lächelte über den holden Anblick dieser jungen Liebe; und beinahe seufzte er über die unvermeidliche Enttäuschung junger Hoffnung.

„Die Sorgen des Lebens sind sehr schnell über dieses Paar gekommen", bemerkte Endicott. „Warten wir ab, wie sie die gegenwärtige Prüfung bestehen, ehe wir sie mit größeren Prüfungen belasten. So ihr in der Beute irgend Gewänder von bescheidenerem Aussehen findet, so legt sie dem Maikönig und seiner Königin anstatt ihrer glitzernden Fähnchen um die Schultern. Seht zu, ihr da!"

„Und soll denn des Jünglings Haar nicht gestutzt werden?" fragte Peter Palfrey und blickte voll Abscheu auf die Stirnlocke und das lange, glänzend gelockte Haar des jungen Mannes.

„Das Haar soll sofort gestutzt werden, und zwar nach Art des echten Kürbiskopfes", verfügte der Hauptmann. „Dann führt sie mit uns, aber behandelt sie sanfter als ihre Genossen. Es mögen Tugenden in dem Jüngling sein, die ihn im Kampfe tapfer, tüchtig bei der Arbeit und fromm im Gebet sein lassen; und Tugenden in der Jungfrau, daß sie eine gute Mutter werden mag in unserem Israel und ihre Brut besser aufzieht als ihr selber es geschah. Denn meint nicht, ihr Jungen, daß die am glücklichsten sind, die ihr Leben, welches nur einen Augenblick lang währet, im Tanzen rund um den Maibaum vergeuden!"

Und Endicott, der strengste von allen Puritanern, die an den Grundfesten Neu-Englands bauten, nahm den Rosenkranz von den Splittern und Balken des Maibaums auf und warf ihn mit seiner behandschuhten Hand über die Köpfe von Maikönig und Maikönigin. Es war das eine seherische Tat. Denn wie die moralische Düsternis der Welt die systematische Fröhlichkeit überwältigt, so wurde hier die Heimstatt der ausschweifenden Lustigkeit mitten im trauernden Wald dem Verfall überlassen. Nie mehr kehrten sie dahin zurück. Aber so wie ihre Blumengirlande aus den leuchtendsten Rosen geflochten war, die hier gewachsen, so fanden sich auch in dem Band, das sie vereinte, die reinsten und besten ihrer frühen Freuden eingebunden. Sie zogen himmelwärts, einer den anderen stützend auf dem schwierigen Pfad, den zu wandern ihr Geschick ward, und verschwendeten auch nicht einen sehnsüchtigen Gedanken auf die eitlen Torheiten von Merry Mount.

Des Pfarrers schwarzer Schleier

Eine Parabel*

Der Küster stand im Eingang des Gotteshauses von Milford und zog kräftig am Glockenstrang. Gebückt schritten die alten Leute des Dorfes die Straße entlang. Kinder mit aufgeweckten Gesichtern trippelten fröhlich neben ihren Eltern oder übten sich, beeindruckt von der Würde ihrer Sonntagskleider, in einer gemesseneren Gangart. Schmucke Junggesellen guckten den hübschen Mädchen von der Seite ins Gesicht und bildeten sich ein, daß die Sabbat-Sonne sie noch schöner machte als an Wochentagen. Als die Menge zum größten Teil durch den Eingang geströmt war, begann der Küster die Glocke zu läuten und behielt dabei die Tür von Ehrwürden Hooper im Auge. Sobald die Gestalt des Geistlichen sichtbar wurde, war das für die Glocke das Zeichen, ihr einladendes Gebimmel einzustellen.

„Aber was hat denn der gute Pfarrer Hooper da vor seinem Gesicht?" rief der Küster verwundert.

Wer in Hörweite war, drehte sich um und erblickte die Gestalt von Mr. Hooper, wie er mit seinem nachdenklichen Gang langsam auf das Gotteshaus zuschritt – und alle fuhren gleichzeitig zusammen, in heftigerem Staunen, als wenn es sich um einen fremden Geistlichen gehandelt hätte, der etwa gekom-

---

* Noch ein weiterer neu-englischer Kirchenmann, Mr. Joseph Moody, von York, Maine, der vor etwa acht Jahren starb, machte wegen desselben exzentrischen Einfalls von sich reden wie Ehrwürden Hooper, von dem wir hier berichten. In seinem Fall hatte das Symbol allerdings eine andere Bedeutung: er hatte in seiner Jugend durch einen unseligen Zufall einen Freund getötet und verbarg von Stund an bis zu seinem Tod sein Antlitz vor den Blicken der Menschen.

men wäre, um den Staub von Mr. Hoopers Kanzelpolsterung zu klopfen.

„Seid Ihr sicher, daß das unser Pfarrer ist?" fragte Gevatter Gray den Küster.

„Natürlich ist das der gute Mr. Hooper", erwiderte der Küster. „Er hätte eigentlich heute mit Pfarrer Shute von Westbury die Kanzel tauschen sollen; aber Pfarrer Shute ließ sich gestern entschuldigen, weil er eine Leichenpredigt halten muß."

Der Grund für soviel Aufregung mag allerdings gering erscheinen. Mr. Hooper, ein Herr von etwa dreißig Jahren und feinen Manieren, wenn auch noch unverheiratet, war mit der gebotenen klerikalen Sorgfalt gekleidet, so, als hätte ein sorgendes Weib seinen Kragen gestärkt und den Staub der Woche von seinen Sonntagskleidern gebürstet. Nur eines war auffallend an seiner Erscheinung: rund um den Kopf gebunden, von der Stirn so tief herabhängend, daß seine Atemzüge ihn bewegten, trug Mr. Hooper einen schwarzen Schleier. Bei näherem Hinsehen erkannte man, daß dieser aus einem einfach gefalteten Stück Krepp bestand, der seine Züge völlig verdeckte und nur Mund und Kinn freiließ, Mr. Hoopers Sicht jedoch wahrscheinlich kaum behinderte, abgesehen davon, daß alle lebenden wie auch toten Gegenstände dadurch in ein düsteres Licht getaucht schienen. Diesen finsteren Schirm vor sich, schritt der gute Mr. Hooper fürbaß, mit seinem langsamen, gleichmäßigen Gang, leicht gebückt und zu Boden blickend, wie das bei zerstreuten Herren leicht vorkommt, aber freundlich jenen Pfarrkindern zunickend, die noch auf den Stufen des Gotteshauses warteten. Diese jedoch waren derart verblüfft, daß sie seinen Gruß kaum beantworteten.

„Ich kann mir einfach nicht vorstellen, daß das Gesicht hinter diesem schwarzen Krepp wirklich das unseres guten Mr. Hooper sein soll", sagte der Küster.

„Mir gefällt das nicht", brummte eine alte Frau, während sie in das Gotteshaus hineinhumpelte. „Er hat sein Gesicht versteckt und sich dadurch in etwas Fürchterliches verwandelt."

„Unser Pfarrer ist verrückt geworden!" rief Gevatter Gray und folgte ihm über die Schwelle.

Das Gerücht, daß irgend etwas höchst Merkwürdiges passiert war, war Mr. Hooper in die Kirche vorausgeeilt und hatte die Gemeinde beunruhigt. Nur wenige brachten es fertig, ihre Köpfe nicht zur Türe zu drehen; viele standen aufrecht und voll umgewendet da; mehrere kleine Jungen waren auf die Sitze gestiegen und fielen mit lautem Krachen wieder herunter. Es gab ein allgemeines Geraune, Rascheln von Weiberkleidern, Scharren von Männerfüßen, in größtem Widerspruch zu jener ehrfürchtigen Stille, die den Einzug des Geistlichen begleiten sollte. Aber Mr. Hooper schien die Verwirrung seiner Herde nicht zu bemerken. Mit kaum hörbaren Schritten trat er ein, neigte den Kopf freundlich gegen die Bankreihen auf beiden Seiten, verbeugte sich, als er an seinem ältesten Pfarrkind vorüberschritt, einem weißhaarigen Urgroßvater, der in einem Lehnstuhl im Mittelgange saß. Dabei war es merkwürdig zu beobachten, wie langsam dieser verehrungswürdige Alte dessen gewahr wurde, daß an der Erscheinung seines Hirten irgend etwas nicht stimmte; und er schien erst dann am allgemeinen Staunen wirklich teilzunehmen, als Mr. Hooper die Stufen hinaufgestiegen war und sich auf der Kanzel zeigte, Aug in Aug mit seiner Gemeinde, wenn nicht der schwarze Schleier dazwischen gewesen wäre. Kein einziges Mal lüftete er dieses mysteriöse Zeichen. Während er aus der Heiligen Schrift vorlas, bebte der Schleier unter seinem regelmäßigen Atem, und während er betete, lag der Schleier schwer auf seinem erhobenen Gesicht – wollte er es etwa verbergen vor jenem höchsten Wesen, an das er sich jetzt wandte?

Die Wirkung dieses einfachen Fleckens Krepp war eine derartige, daß mehr als eine Frau mit schwachen Nerven sich gezwungen sah, die Kirche zu verlassen. Und doch war vielleicht die bleiche Gemeinde dem Geistlichen ein nicht weniger schrecklicher Anblick als sein schwarzer Schleier der Gemeinde.

Mr. Hooper galt als guter Prediger, wenn auch nicht als besonders feuriger; er wollte sein Volk durch sanfte Überredung für den Himmel gewinnen, statt es durch den Donner des Wortes dorthin zu jagen. Die Predigt, die er jetzt hielt, zeigte in Stil und Haltung die gleichen Züge wie seine übrigen Kanzelreden. Aber irgend etwas, sei es in der Stimmung des Vortrages selber, sei es in der Vorstellung der Zuhörer, verlieh dieser Predigt eine bei weitem mächtigere Wirkung als alles, was sie jemals von ihres Hirten Lippen gehört hatten. Noch stärker als sonst färbte heute die milde Düsternis seines Temperaments seine Worte; sie handelten von der heimlichen Sünde, von jenen traurigen Geheimnissen, die wir selbst vor denen verbergen, die uns am nächsten und teuersten sind, die wir am liebsten vor dem eigenen Gewissen verstecken möchten, vergessend, daß der Allwissende sie erkennt. Aus seinen Worten strömte eine geheimnisvolle Gewalt. Jedem einzelnen Mitglied der Gemeinde, dem unschuldigen Mädchen wie dem Mann mit dem verhärteten Herzen, kam es plötzlich so vor, als sei dieser Priester hinter seinem furchtbaren Schleier über sie gekommen und hätte ihre wohlversteckten Missetaten in Worten und Werken entdeckt. Nichts Schreckliches war in dem, was Mr. Hooper sagte; jedenfalls nichts Gewalttätiges; dennoch erbebten seine Zuhörer bei jedem Zittern in seiner melancholischen Stimme. Viele drückten die gefalteten Hände auf die Brust. Mit der Scheu Hand in Hand kam ungebeten die Ergriffenheit. Die Zuhörer spürten so deutlich das Neue, Ungewohnte an ihrem Pfarrer, daß sie nach einem Windstoß dürsteten, der den Schleier gelüftet hätte, und beinahe daran glaubten, daß sich dann das Gesicht eines Fremden darunter zeigen würde, obwohl Gestalt, Gesten und Stimme unzweifelhaft Mr. Hooper angehörten.

Nach dem Gottesdienst stürzten die Leute in unziemlicher

Hast aus der Kirche, gierig, ihre aufgestaute Verwirrung mit anderen zu besprechen, und erleichtert aufatmend, sobald sie nur den schwarzen Schleier nicht mehr sahen. Manche bildeten kleine Kreise und steckten die Köpfe eng zusammen, und in der Mitte drängten sich flüsternde Münder; andere gingen, in tiefes Schweigen versunken, allein nach Hause; andere wieder redeten laut und schändeten den Sabbat mit aufdringlichem Gelächter. Einige schüttelten die weisen Häupter, damit andeutend, daß sie das Geheimnis sehr wohl zu lösen vermöchten; während ein oder zwei andere behaupteten, hier gäbe es kein Geheimnis, vielmehr seien Mr. Hoopers Augen von der Nachtlampe so geschwächt, daß sie eine Blende brauchten. In der Nachhut seiner Herde kam nach einer kleinen Weile auch der gute Mr. Hooper selber. Das Gesicht von einer Gruppe zur anderen wendend, bezeugte er den weißhaarigen Häuptern die gebotene Ehrfurcht, grüßte die älteren Leute mit freundlicher Würde als ihr Freund und geistlicher Führer, grüßte die Jungen mit einer Mischung aus Würde und Liebe und legte seine Hand auf die Scheitel der kleinen Kinder, um sie zu segnen. So pflegte er es am Sabbat immer zu halten. Doch diesmal lohnten ihm merkwürdige, verstörte Blicke seine Freundlichkeit. Und keiner riß sich heute, wie sonst, um die Ehre, neben dem Pfarrer gehen zu dürfen. Der alte Squire Saunders unterließ es heute, zweifellos aus einer zufälligen Gedächtnisstörung heraus, Mr. Hooper an seinen Tisch zu bitten, wo der gute Gottesmann bisher fast jeden Sonntag seit seinem Amtsantritt das Mahl gesegnet hatte. Er kehrte daher zum Pfarrhof zurück; in dem Augenblick, da er die Tür hinter sich schließen wollte, sah man ihn noch einmal auf seine Gemeinde zurückblicken, die ihren Blick starr auf ihn geheftet hatte. Ein trauriges Lächeln schimmerte undeutlich unter dem schwarzen Schleier, huschte um seinen Mund und glomm dort weiter, bis es verschwand.

„Nein so etwas", sagte eine Dame, „daß ein einfacher schwarzer Schleier, wie ihn jede Dame auf ihrer Haube tragen könnte, auf Mr. Hoopers Gesicht zu etwas derart Furcht-barem wird!"

„Mit Mr. Hoopers Verstand muß irgend etwas nicht ganz stimmen", bemerkte ihr Gemahl, der Dorfarzt. „Aber das Merkwürdigste an dieser Überspanntheit ist ihre Wirkung, selbst auf einen so nüchternen Mann wie mich. Dieser schwar-ze Schleier bedeckt zwar nur das Gesicht unseres Pfarrers, aber er verwandelt seine ganze Person, macht ihn geisterhaft von Kopf bis Fuß. Empfindest du es nicht ebenso?"

„Durchaus, durchaus", antwortete die Dame, „und um al-les in der Welt möchte ich nicht mit ihm allein sein. Daß er sich denn nicht vor sich selber erschreckt!"

„Das kommt bei Männern durchaus manchmal vor", sagte ihr Gemahl.

Der nachmittägliche Gottesdienst fand unter ähnlichen Um-ständen statt. Als er zu Ende war, rief die Glocke zum Be-gräbnis einer jungen Frau. Verwandte und Freunde waren schon im Haus versammelt, entfernte Verwandte standen ne-ben der Tür und redeten über die guten Eigenschaften der Verblichenen, als ihr Gespräch durch Mr. Hoopers Ankunft unterbrochen wurde, den noch immer sein schwarzer Schleier bedeckte. Jetzt allerdings war dieser ein passendes Zeichen. Der Pfarrer trat in den Raum, in dem die Tote aufgebahrt lag, und beugte sich über den Sarg, um seinem verstorbenen Pfarrkind ein letztes Lebewohl zu sagen. Im Niederbeugen hing der Schleier gerade von seiner Stirn herunter, so daß die Tote, wären ihre Augen nicht für immer geschlossen gewesen, sehr wohl sein Gesicht erblickt hätte. Fürchtete sich denn Mr. Hooper vor ihrem Blick, daß er den schwarzen Schleier so hastig zurückzog? Eine Person, die diesem Zwiegespräch zwi-schen dem Lebendigen und der Toten beiwohnte, scheute sich nicht zu behaupten, daß in dem Augenblick, da des Pfarrers Züge entblößt waren, ein leichter Schauer die Tote überlau-fen hätte, daß Totenhemd und Musselinhaube knisterten, ob-wohl das Gesicht die Ruhe des Todes beibehielt. Einzig ein abergläubisches altes Weib war Zeuge dieses wunderbaren Vorgangs. Mr. Hooper trat vom Sarg weg in die Kammer der Trauernden und von da auf die oberste Stufe der Treppe, um das Totengebet zu sprechen.

Das Gebet war sanft und herzzerreißend, voller Trauer, und dennoch so durchtränkt von himmlischer Hoffnung, daß hinter den traurigsten Worten des Pfarrers die Musik einer himmlischen Harfe, von den Fingern der Toten gespielt, kaum hörbar aufzurauschen schien. Die Leute erbebten, wenn sie ihn auch nur dunkel begriffen, als er darum betete, daß sie alle, er selber und alle Sterblichen, in der furchtbaren Stunde, die ihnen den Schleier vom Gesicht reißen würde, so bereit sein mögen, wie, so hoffe er, diese junge Frau bereit gewesen war. Die Sargträger gingen mit schweren Schritten voran, die Hinterbliebenen folgten, so daß die ganze Straße der Trauer verfiel, allen voran die Tote und hintennach Mr. Hooper mit seinem schwarzen Schleier.

„Warum siehst du zurück?" fragte einer in der Prozession seinen Nachbarn.

„Weil es mir eben so vorkam", antwortete er, „als gingen der Pfarrer und der Geist der jungen Frau Hand in Hand nebeneinander."

„Mir kam es genauso vor, im gleichen Augenblick wie dir", sagte der andere.

An diesem Abend sollte das hübscheste Paar von ganz Milford getraut werden. Wenn er auch im allgemeinen als melancholisch galt, so zeigte Mr. Hooper doch bei solchen Anlässen eine gelassene Heiterkeit, die oft ein mitfühlendes Lächeln hervorrief, wo lebhaftere Fröhlichkeit nicht am Platz gewesen wäre. Keine der verschiedenen Seiten seiner Persönlichkeit machte ihn liebenswerter als diese. Die Hochzeitsgesellschaft erwartete seine Ankunft mit Ungeduld, in der festen Erwartung, daß die seltsame Furcht, die den ganzen Tag über seiner Person gehangen hatte, nun verschwunden wäre. Davon konnte allerdings keine Rede sein. Als Mr. Hooper kam, war das erste, was ihnen in die Augen fiel, eben jener grauenhafte schwarze Schleier, der das Begräbnis schon verdüstert hatte und der nun hier, bei der Hochzeit, nichts als Schlimmes verhieß. Seine Wirkung auf die Gäste war eine derartige, daß eine dämmrige Wolke unter dem schwarzen Kreppfleck aufzusteigen schien, die jetzt den Schein der Kerzen trübte. Das Hochzeitspaar stand vor dem Pfarrer. Aber die kalten Finger der Braut bebten in der zittrigen Hand des Bräutigams, und sie war so leichenblaß, daß die Leute untereinander flüsterten, das Mädchen, das vor wenigen Stunden begraben worden, sei jetzt aus dem Grab gestiegen, um zu heiraten. Wenn je eine andere Hochzeit schauriger war, dann jene bekannte, wo man das Totenglöcklein läutete. Nachdem Mr. Hooper die feierliche Handlung vollzogen hatte, hob er ein Glas Wein an seine Lippen und wünschte dem jung vermählten Paare Glück, in einem milden, scherzhaften Ton, der die Züge der Gäste hätte erheitern sollen wie der fröhliche Widerschein des Herdfeuers. Aber da fiel sein Blick auf sein eigenes Spiegelbild, und der schwarze Schleier breitete das gleiche Entsetzen über seine Seele, das auch alle anderen in seinen Bann geschlagen hatte. Durch seine Gestalt ging ein Zittern – seine Lippen wurden weiß –, er vergoß den unberührten Wein auf den Teppich – und stürzte hinaus in die Dunkelheit. Denn auch die Erde hatte ihren schwarzen Schleier angelegt.

Am nächsten Tag redete das ganze Dorf Milford kaum von etwas anderem als von Pfarrer Hoopers schwarzem Schleier. Dieser und das Geheimnis, das sich dahinter verbarg, lieferten den Nachbarn, die sich auf der Gasse trafen, und den guten Frauen, die in ihren offenen Fenstern tratschten, Stoff für ihre Unterhaltung: das war die erste Neuigkeit, die der Wirt seinen Gästen mitteilte; die Kinder plapperten darüber auf ihrem Schulweg. Ein nachäffender kleiner Kobold bedeckte sein Gesicht mit einem alten schwarzen Taschentuch, verschreckte damit seine Spielgefährten jedoch so sehr, daß der Schrecken sich seiner selbst bemächtigte und er durch seinen mutwilligen Streich beinahe den Verstand verloren hätte.

Auffallend war, daß von all den Wichtigtuern und Aufschneidern der Pfarrgemeinde kein einziger sich mit der einfachen Frage an Mr. Hooper herantraute, warum er dies denn täte. Bis dahin hatte es ihm nie an Ratgebern ermangelt, sobald auch nur der geringste Anlaß dazu gegeben war, noch hatte er sich abgeneigt gezeigt, gutem Rate zu folgen. Wenn er jemals fehlte, dann nur aus einem schmerzlichen Mangel an Selbstvertrauen heraus, daß auch schon der mildeste Tadel ihn dazu brachte, eine beliebige Handlung als Verbrechen anzusehen. Und obwohl alle mit dieser seiner liebenswürdigen Schwäche wohl vertraut waren, fiel es keinem einzigen unter seinen Pfarrkindern ein, ihm wegen des schwarzen Schleiers freundliche Vorhaltungen zu machen. Ein Gefühl des Grauens, das zwar nicht offen eingestanden, doch auch nicht sorgfältig geheimgehalten wurde, veranlaßte jeden von ihnen, die Verantwortung auf die anderen abzuwälzen, bis man sich schließlich darauf einigte, eine Abordnung der Gemeinde zu Mr. Hooper zu senden, die mit ihm dieses Geheimnis besprechen sollte, ehe es sich zu einem Skandal auswuchs. Niemals jedoch hatte sich eine Gesandtschaft ihrer Mission so unzulänglich entledigt. Der Pfarrer empfing sie mit freundlicher Höflichkeit, verfiel jedoch in Schweigen, sobald sie Platz genommen hatten, und überließ die schwierige Aufgabe, das wichtige Thema anzuschneiden, gänzlich seinen Besuchern. Man konnte annehmen, daß der Grund ihres Kommens ein eindeutiger war. Und da war der schwarze Schleier, rund um Mr. Hoopers Stirn gebunden, sein Gesicht völlig verhüllend, bis auf den sanften Mund, auf dem sie manchmal die Andeutung eines melancholischen Lächelns schimmern sahen. Aber ihnen kam es vor, als hinge dieses Fleckchen Krepp vor seinem Herzen, als Symbol eines furchtbaren Geheimnisses, das zwischen ihm und ihnen stand. Wenn nur der Schleier erst zur Seite geschoben wäre, so würden sie ohne Scheu darüber sprechen können, aber vorher nicht. So saßen sie eine beträchtliche Weile, sprachlos, verstört, verlegen Mr. Hoopers Blick ausweichend, den sie unsichtbar auf sich ruhen fühlten. Endlich kehrte die Abordnung beschämt zu ihren Auftraggebern zurück und verkündete, die Angelegenheit sei zu heikel, um sie anders zu klären als auf einem Kirchentag, falls man nicht überhaupt eine Generalsynode einberufen müsse.

Aber einen Menschen gab es in dem Dorf, der das Grauen, das alle anderen vor dem schwarzen Schleier empfanden, nicht teilte. Als die Abordnung ohne eine Erklärung zurückkehrte, ja ohne überhaupt versucht zu haben, eine solche zu erlangen, da beschloß sie mit der ruhigen Festigkeit ihres Charakters, jene seltsame Wolke, die sich mit jedem Augenblick finsterer um Mr. Hoopers Haupt zusammenzuziehen schien, zu verjagen. Ihr, als dem ihm versprochenen Weibe, schien es zuzustehen zu erfahren, was der schwarze Schleier verbarg. Sobald sie der Pfarrer wieder aufsuchte, schnitt sie den Gegenstand sofort an, mit einer einfachen Direktheit, die die Aufgabe ihm wie auch ihr erleichterte. Nachdem er sich gesetzt hatte, heftete sie ihren Blick fest auf den Schleier, konnte jedoch nichts von der grauenhaften Düsternis erkennen, die die Menge so in Furcht versetzt hatte: da war nichts als ein zusammengelegtes Stück Krepp, das ihm von der Stirn bis zum Mund herunterhing und sich mit seinem Atem leicht bewegte.

„Nein", sagte sie laut und lächelte, „an diesem Fleckchen Krepp ist nichts Furchtbares, abgesehen davon, daß er mir ein Gesicht verbirgt, das ich zu jeder Zeit gern sehe. Kommt, guter Herr, laßt die Sonne wieder hinter den Wolken hervortreten. Legt zuerst Euren Schleier ab; und dann sagt mir, warum Ihr ihn angelegt habt."

Mr. Hoopers Lächeln schimmerte schwach.

„Die Stunde wird kommen", sagte er, „wo wir alle unsere Schleier ablegen. Nehmt es mir nicht übel, geliebte Freundin, wenn ich diesen Flecken Krepp bis zu dieser Stunde trage."

„Auch Eure Worte sind mir verborgen", antwortete die junge Dame. „Zieht wenigstens vor ihnen den Schleier weg."

„Das werde ich, Elisabeth", sagte er, „wenigstens, soweit mein Gelübde dies zuläßt. Wisse denn, daß dieser Schleier ein Sinnbild, ein Symbol ist, das ich immer tragen muß im Licht wie in der Finsternis, allein und unter den starrenden Blicken der Menge, vor Fremden wie auch vor meinen nächsten Freunden. Kein sterbliches Auge wird mich jemals ohne diesen Schleier erblicken, sein trüber Schirm muß mich von der Welt trennen: auch du, Elisabeth, wirst niemals dahinter kommen."

„Welch schmerzlicher Kummer hat Euch befallen?", drang Elisabeth ernsthaft in ihn, „daß Ihr so Eure Augen für immer verdunkelt?"

„Wenn es denn ein Zeichen der Trauer sein soll", antwortete Mr. Hooper, „so habe vielleicht auch ich, wie die meisten Sterblichen, dunkle Schmerzen genug, um sie in einem schwarzen Schleier zu verkörpern."

„Doch wie, wenn die Welt nicht glauben will, daß er einen unschuldigen Schmerz verkörpert?" fragte Elisabeth. „So geliebt und geachtet Ihr auch seid, so wird es doch Gerüchte geben, daß Ihr Euer Gesicht verbergt, weil geheime Sünden auf Eurem Gewissen lasten. Um Eures Heiligen Amtes willen, macht diesem Ärgernis ein Ende!"

Das Blut schoß ihr in die Wangen, als sie andeutete, welcher Art die Gerüchte waren, die bereits im Dorf die Runde machten. Aber Mr. Hoopers Sanftmut ließ ihn nicht im Stich. Er lächelte sogar – dasselbe traurige Lächeln, das immer wieder erschien und wie ein schwacher Lichtschimmer aus der Finsternis unter dem Schleier hervortrat.

„Wenn ich mein Gesicht aus Schmerz bedecke, so ist das Grund genug", war alles, was er darauf antwortete, „und wenn ich es wegen geheimer Sünde verberge, welcher Sterbliche hätte nicht Ursache, es mir nachzutun?"

Und diesen sanften, aber unnachgiebigen Widerstand setzte er all ihren Beschwörungen entgegen. Endlich schwieg Elisabeth. Einige Augenblicke lang schien sie in Gedanken verloren, überlegend, vielleicht, was sie nun für neue Methoden anwenden sollte, um ihren Liebsten aus dieser dunklen Einbildung zu reißen, die, wenn sie nichts anderes bedeutete, vielleicht das Anzeichen einer geistigen Erkrankung war. Und obwohl ihr Charakter von größerer Festigkeit war als der seine, rollten ihr jetzt doch die Tränen die Wangen herab. Aber gleichsam im Nu trat ein neues Gefühl an die Stelle der Trauer: ihre Augen hefteten sich immer fester auf den schwarzen Schleier, während, wie der plötzliche Einbruch der Dämmerung, seine Schauer auf sie herabfielen. Sie erhob sich und blieb zitternd vor ihm stehen.

„So fühlst auch du es jetzt endlich?" fragte er voller Trauer.

Sie gab keine Antwort, sondern bedeckte die Augen mit den Händen und wandte sich, um das Zimmer zu verlassen. Er stürzte ihr nach und faßte sie am Arm.

„Hab Geduld mit mir, Elisabeth!" rief er leidenschaftlich. „Verlaß mich nicht, wenn auch dieser Schleier hier auf Erden immer zwischen uns sein muß. Sei mein, und im Jenseits wird kein Schleier über meinem Gesicht sein und keine Finsternis zwischen unseren Seelen! Der Schleier ist nur sterblich – er ist nicht für die Ewigkeit! Oh! Du weißt nicht, wie einsam ich bin und wie ich mich davor fürchte, hinter meinem schwarzen Schleier allein zu sein. Laß mich nicht für immer in dieser verzweifelten Finsternis!"

„Lüfte den Schleier ein einziges Mal, und sieh mir ins Gesicht", sagte sie.

„Nie! Es kann nicht sein!" antwortete Mr. Hooper.

„So leb denn wohl!" sagte Elisabeth.

Sie entwand ihren Arm seinem Griff und zog sich langsam zurück, blieb an der Tür stehen und warf einen langen, schaudernden Blick auf ihn, der beinahe hinter das Geheimnis des schwarzen Schleiers zu dringen schien. Aber Mr. Hooper mußte selbst in seinem Schmerze darüber lächeln, daß nichts als ein stoffliches Symbol sich zwischen ihn und das Glück gestellt hatte – wenn auch die Schrecken, die sein Schatten warf, dunkel selbst zwischen den innigst Liebenden hängen mußten. Von da an wurden keine Versuche mehr unternommen, Mr. Hoopers schwarzen Schleier zu entfernen oder durch eine direkte Frage herauszufinden, welches Geheimnis er verbergen sollte. Diejenigen, die sich über die Vorurteile des Volkes erhaben dünkten, hielten das Ganze einfach für eine ausgefallene Marotte, wie sie sich öfter unter die vernünftigen Handlungen von sonst besonnenen Männern drängt und auch diese mit dem eigenen wahnwitzigen Aussehen ansteckt. Der Menge jedoch galt Mr. Hooper ein für allemal als Schreckgespenst. Er konnte nicht einmal in Frieden auf der Straße gehen, weil ihm ständig schmerzlich bewußt war, daß die Sanften und Schüchternen sich abwandten, um ihm nicht zu begegnen, während andere sich viel auf den Mut zugute hielten, mit dem sie sich ihm in den Weg warfen. Die Aufdringlichkeit der letzteren Gruppe zwang ihn, seinen gewohnten Spaziergang, der ihn bei Sonnenuntergang zum Friedhof führte, aufzugeben; denn wenn er nachdenklich am Tor lehnte, dann tauchten immer wieder Gesichter hinter den Grabsteinen hervor und starrten auf seinen schwarzen Schleier. Die Leute munkelten, daß der starre Blick der Toten ihn von dort vertrieb. Es schmerzte ihn bis in die Tiefen seines guten Herzens, wenn er sah, wie die Kinder vor ihm flohen, wie sie mitten im fröhlichsten Spiel aufhörten, wenn seine melancholische Gestalt noch weit entfernt war. Ihre instinktive Angst ließ ihn stärker noch als alles andere fühlen, daß in die Fäden des schwarzen Schleiers ein übernatürlicher Schrecken gewoben war, wie alle wußten, so groß, daß er niemals freiwillig an einem Spiegel vorbeiging noch sich über eine reglose Quelle zum Trinken beugte, damit er nicht in ihrem friedlichen Schoß vor sich selber erschrecke. Das wiederum verlieh jenen Gerüchten einige Glaubwürdigkeit, die behaupteten, daß Mr. Hooper unter den fürchterlichsten Gewissensbissen wegen irgendeines ungeheuren Verbrechens litt, das zu grauenvoll sei, um völlig verborgen zu bleiben, das aber auch nicht anders angedeutet werden konnte, als auf diese undurchsichtige Art. Auf diese Weise rollte hinter dem schwarzen Schleier eine Wolke hervor ins Licht der Sonne, eine zwiespältige Mischung aus Trauer und Sünde, die den armen Pfarrer so einhüllte, daß weder Liebe noch Mitgefühl ihn mehr erreichten. Es hieß, daß Geister und Teufel mit ihm dort Umgang pflogen. Vor sich selber schaudernd, voll äußerer Zeichen des Schreckens, ging er immer im Schatten, tastete sich vorwärts in der Dunkelheit der eigenen Seele oder sandte seine Blicke durch ein Medium, das die ganze Welt bestürzte. Selbst der gesetzlose Wind, so hieß es, ehrte sein furchtbares Geheimnis und blies kein einziges Mal den Schleier zur Seite. Und noch immer lächelte der gute Mr. Hooper über die bleichen Gesichter der weltlich gesinnten Menge, wenn er an ihr vorüberging.

Unter allen diesen schlechten Wirkungen hatte der schwarze Schleier aber auch eine, die sehr wünschenswert war: er machte nämlich aus seinem Träger einen ausgezeichneten Geistlichen. Wegen dieses geheimnisvollen Symbols – ein anderer Grund ließ sich nicht erkennen – gewann er eine furchteinflößende Macht über jene Seelen, die wegen ihrer Sünden Todesqualen litten. Die Leute, die er zum Glauben geführt hatte, empfanden eine ganz besondere Furcht vor ihm, und sie behaupteten, daß sie sozusagen bildlich gesprochen mit ihm hinter dem schwarzen Schleier gewesen seien, bevor er sie ins himmlische Licht geführt hätte. Seine Düsternis verlieh ihm in der Tat die Fähigkeit mitzufühlen mit allen dunklen Neigungen. Sterbende Sünder riefen laut nach Mr. Hooper und hauchten ihren Atem nicht aus, bevor er kam; wenn er sich aber über sie beugte, um ihnen Trost zuzuflüstern, dann schauderten alle vor dem verschleierten Gesicht, das dem ihren nahe war. So stark waren die Schrecken des schwarzen Schleiers selbst dann noch, wenn schon der Tod sein Antlitz zeigte! Fremde kamen von weither, um dem Gottesdienst in der Kirche beizuwohnen, und zwar allein aus dem müßigen Grunde, weil sie eine Gestalt anstarren wollten, deren Gesicht zu sehen verboten war. Aber viele lernten das Fürchten, bevor sie gingen! Einmal, es war unter der Regierung von Gouverneur Belcher, fiel es Mr. Hooper zu, die Wahlpredigt zu halten. Von seinem schwarzen Schleier verhüllt, stand er vor dem obersten Beamten, dem Rat und den Volksvertretern und machte auf alle einen so tiefen Eindruck, daß die gesetzgeberischen Maßnahmen in diesem Jahr sich samt und sonders durch die Gottesfurcht und Düsternis unserer frühesten Anfänge auszeichneten.

Auf diese Weise brachte Mr. Hooper ein langes Leben hinter sich, nach außen hin ohne jeden Tadel, doch gehüllt in finstere Verdächtigungen; gütig und liebevoll, doch ungeliebt, und unklar gefürchtet; ein Mensch außerhalb der Gemeinschaft der Menschen, gemieden im Glück, um Beistand gebeten nur in der Todesangst. Die Jahre vergingen, der Schnee vieler Winter war über seinem finsteren Schleier zerflossen, er hatte sich einen Namen gemacht unter den Frommen Neu-Englands, und man nannte ihn jetzt Vater Hooper. Fast alle seine Pfarrkinder, die bei seinem Amtsantritt bereits erwachsen gewesen waren, hatte der Tod hinweggerafft; die eine, kleinere, Gemeinde saß jetzt in der Kirche, die andere, größere, lag auf dem Kirchhof; und da er so tief hinein in den Abend gewirkt und geschaffen und sein Werk so wohl getan hatte, war es nun an ihm, dem guten Vater Hooper, selber zur Ruhe zu gehen.

Im abgeschirmten Kerzenlicht in der Totenkammer des alten Geistlichen waren mehrere Personen zu erkennen. Verwandte hatte er keine. Aber da war der würdevolle, ernste, wenn auch unbewegte Arzt, der nur darauf bedacht war, die letzten Qualen eines Patienten zu lindern, den er nicht mehr retten konnte. Da waren die Diakone sowie andere durch ihre Frömmigkeit ausgezeichnete Mitglieder der Gemeinde. Da war auch Ehrwürden Mr. Clark von Westbury, ein junger, begeisterter Gottesmann, der hastig herbeigeritten war, um am Bett des sterbenden Pfarrers zu beten. Da war die Krankenwärterin, keine gemietete Magd des Todes, sondern eine, deren stille Zuneigung so lange ausgehalten hatte, im Verborgenen, in der Einsamkeit, in den Kälteschauern des Alters, und die selbst in der Stunde des Todes nicht zurückwich. Wer sonst als Elisabeth! Und da lag das greise Haupt des guten Vater Hooper auf dem Totenkissen, den schwarzen Schleier noch immer um die Stirn gebunden und sein Gesicht bedeckend, so daß die schwachen Atemzüge, die immer mühseliger wurden, ihn bewegten. Das ganze Leben lang hatte dieser Flecken Krepp zwischen ihm und der Welt gehangen, hatte ihn getrennt von heiterer Brüderlichkeit und weiblicher Liebe, hatte ihn im traurigsten aller Gefängnisse festgehalten, in seinem eigenen Herzen; und noch immer lag er auf seinem Gesicht, gleichsam um die trübe Kammer in noch tiefere Düsternis zu tauchen, ein Schirm vor dem Sonnenlicht der Ewigkeit.

Schon seit einer Weile hatte sein Geist sich verwirrt, unsicher zwischen Gegenwart und Vergangenheit schwankend, von Zeit zu Zeit vorausspringend in den Nebel des Jenseits. Fieberanfälle warfen ihn von einer Seite auf die andere und zehrten am letzten Rest seiner Kraft. Aber auch im konvulsivischen Anfall, in den wildesten Abirrungen seines Geistes, wenn kein anderer Gedanke mehr dessen vernünftige Einwirkung zeigte, verließ ihn niemals die heftige Sorge, der Schleier möge zur Seite gleiten. Und hätte seine verwirrte Seele ihn vergessen, so stand ein treues Weib neben seinem Kissen, das mit abgewandten Augen das gealterte Gesicht, das sie zuletzt in der Anmut der Mannesjahre gesehen, wieder bedeckt hätte. Endlich lag der vom Tod gezeichnete alte Mann ruhig da, in der Erstarrung der geistigen und körperlichen Erschöpfung, der Atem wurde schwächer und schwächer, nur hin und wieder ertönte ein langes, tiefes Atemholen, das dem Abschied der Seele vorauszugehen schien.

Jetzt trat der Pfarrer von Westbury ans Bett heran.

„Ehrwürdiger Vater Hooper", sagte er, „der Augenblick Eurer Erlösung ist gekommen. Seid Ihr bereit, den Schleier zu lüften, der die Zeit von der Ewigkeit trennt?"

Zunächst antwortete Vater Hooper nur mit einer schwachen Bewegung des Kopfes; dann jedoch, vielleicht aus Sorge, man könne ihn mißverstehen, raffte er sich auf zu sprechen.

„Ja", sagte er mit matter Stimme, „meine müde Seele wartet in Geduld, daß der Schleier sich hebt."

„Und ziemt es sich denn", fuhr Ehrwürden Clark fort, „daß ein Mann, der so sehr im Gebet gelebt, der ein so makelloses Beispiel gegeben, der heilig war in Gedanken und Werken, soweit ein menschliches Urteil darüber erlaubt ist; ziemt es sich denn, daß ein Vater der Kirche einen Schatten auf seinem Andenken zurückläßt, der ein sonst so reines Leben verdunkelt? Ich bitte Euch, ehrwürdiger Bruder, laßt das nicht zu! Erlaubt, daß wir uns an Eurem triumphierenden Antlitz erfreuen, wie Ihr Eurem gerechten Lohn entgegengeht! Bevor der Schleier der Ewigkeit fällt, laßt mich diesen schwarzen Schleier von Eurem Gesicht ziehen!"

Und mit diesen Worten beugte sich Ehrwürden Clark vor, um das Geheimnis so vieler Jahre zu entschleiern. Doch mit einer jähen Kraftanstrengung, die alle Zuschauer aufs höchste bestürzte, fuhren Vater Hoopers Hände unter der Bettdecke hervor und preßten sich fest auf den Schleier, zum Kampfe entschlossen, sollte der Pfarrer von Westbury ihn mit einem Sterbenden aufnehmen wollen.

„Niemals!" schrie der verschleierte Pfarrer. „Auf Erden niemals!"

„Finsterer alter Mann!" rief der erschrockene Kollege. „Mit welch furchtbarem Verbrechen auf Eurer Seele tretet Ihr jetzt vor Euren Richter?"

Vater Hoopers Atem ging schwer, rasselte in seiner Kehle; aber mit einer ungeheuren Anstrengung streckte er seine Hände nach dem Leben aus und hielt es zurück, um noch einmal zu sprechen. Er richtete sich sogar im Bette auf; und da saß er, fröstelnd in den rund um ihn geschlungenen Armen des Todes, während der schwarze Schleier herabhing, furchtbar, in diesem letzten Augenblick, in den gesammelten Schrecken eines ganzen Lebens. Und doch schien das schwache, traurige Lächeln, das so oft auf seinem Mund gelegen, wieder aus der Finsternis hervorzuschimmern und um Vater Hoopers Lippen zu spielen.

„Warum zittert Ihr vor mir allein?" rief er und drehte das verschleierte Gesicht von einem bleichen Zuschauer zum anderen. „Zittert auch vor einander! Sind die Männer mir ausgewichen, zeigten die Frauen kein Erbarmen, flohen die Kinder mich schreiend, alles nur wegen des schwarzen Schleiers? Was sonst als das Geheimnis, das er dunkel verkörpert, hat diesen Flecken Krepp so furchtbar gemacht? Wenn der Freund dem Freunde sein innerstes Herz zeigt; der Geliebte der Geliebten; wenn der Mensch nicht mehr eitel zurückweicht vor dem Auge des Schöpfers, ekelhaft das Geheimnis seiner Sünde hütend; dann nennt mich ein Ungeheuer, dieses Sinnbildes wegen, unter dem ich lebe und sterbe! Doch ich blicke um mich, und siehe! auf jedem Gesicht liegt ein schwarzer Schleier!"

Während seine Zuhörer in gegenseitigem Entsetzen voreinander zurückfuhren, fiel Vater Hooper auf sein Kissen zurück, ein verschleierter Leichnam, um die Lippen ein schwaches Lächeln. Verschleiert legten sie ihn in den Sarg, und als verschleierten Leichnam legten sie ihn ins Grab. Das Gras vieler Jahre ist über dem Grab gewachsen und wieder verdorrt, der Grabstein von Moos überwachsen, das Anlitz des guten Mr. Hooper zu Staub zerfallen; doch furchtbar ist noch immer die Vorstellung, daß es unter dem schwarzen Schleier modert.

Die Hochzeitstotenglocke

Es gibt in New York eine bestimmte Kirche, die ich immer mit einem besonderen Interesse betrachtet habe, und zwar wegen einer Hochzeit, die zur Mädchenzeit meiner Großmutter dort unter recht seltsamen Umständen stattfand. Die ehrwürdige Dame war zufällig Zeuge dieser Szene, die sich von Stund an zu ihrer Leib-Anekdote entwickelte. Ob das Bauwerk an dieser Stelle noch immer das nämliche ist, auf das sie sich bezog, dazu bin ich selber nicht genug Altertumskundler; vielleicht wäre es auch nicht der Mühe wert, mir einen angenehmen Irrtum dadurch korrigieren zu lassen, daß ich auf der Tafel über ihrem Eingang das Datum ihrer Erbauung läse. Es ist eine stattliche Kirche, umgeben von einer in lieblichem Grün prangenden Einfriedung, auf der Urnen stehen, Säulen, Obelisken und andere Formen monumentalen Marmors als Zeugen privater Gefühle – oder noch prächtigere Denkmäler historischen Staubes. Und wenn auch das Getöse der Großstadt an den Füßen des Kirchturms vorbeirollt – der Ort ist von der Art, daß man ihm gern irgendeine legendäre Bedeutung zumißt.

Die Hochzeit konnte vielleicht als Folge einer frühen Verlobung betrachtet werden, wenn seither auch, auf seiten der Dame, zwei andere Heiraten, und auf seiten des Herrn vierzig Jahre Junggesellenschaft dazwischengekommen waren. Jetzt, mit fünfundsechzig, war Mr. Ellenwood ein scheuer, wenn auch nicht unbedingt von der Welt völlig zurückgezogen lebender Herr; selbstsüchtig, wie alle Männer, die über ihrem eigenen Herzen brüten, doch durchaus imstande, bei seltenen Anlässen eine großherzige Ader zu zeigen; sein ganzes Leben lang ein Gelehrter, wenn auch ein lässiger, denn seine Studien hatten kein erklärtes Ziel, weder zugunsten der

Allgemeinheit noch im persönlichen Ehrgeiz; ein Gentleman von vornehmer Abkunft und höchster Sensibilität, der dennoch zuweilen für sich selber eine ganz beachtliche Lockerung der allgemeinen gesellschaftlichen Regeln in Anspruch nahm. Alles in allem gab es in seinem Charakter so viele abnormale Züge, und obwohl er mit krankhafter Empfindlichkeit vor öffentlichem Aufsehen zurückschreckte, war er doch so oft zu seinem Unglück durch irgendeine sehr überspannte Handlung zum Gesprächsstoff des Tages geworden, daß die Leute schon anfingen, seine Familiengeschichte nach Anzeichen von erblichem Wahnsinn durchzukämmen. Doch dessen bedurfte es gar nicht. Seine Kapricen hatten ihren Ursprung in einem Geist, der der Stützung durch ein Ziel, das ihn ganz in Anspruch genommen hätte, ermangelte, und in Gefühlen, die sich mangels einer besseren Nahrung ständig mit sich selber beschäftigten. Wenn er verrückt war, dann war das die Folge und nicht die Ursache eines ziellosen und vertanen Lebens.

Die Witwe war in allem, ausgenommen im Alter, ein so vollkommener Gegensatz zu ihrem Bräutigam, wie man ihn sich nur vorstellen kann. Gezwungen, ihre erste Verlobung aufzugeben, wurde sie mit einem Mann verbunden, der doppelt so alt war wie sie, dem sie eine musterhafte Gattin war und dessen Tod sie in den Besitz eines beachtlichen Vermögens setzte. Darauf trat ein Herr aus dem Süden die Nachfolge des Verblichenen an, ein Herr, der beträchtlich jünger war als sie selber, und führte sie nach Charleston, wo sie sich nach vielen unglücklichen Jahren wieder als Witwe fand. Es wäre recht bemerkenswert, wenn im Verlauf eines derartigen Lebens Mrs. Dabney sich eine über das Gewöhnliche hinausgehende Empfindsamkeit bewahrt hätte; die frühe Enttäuschung, die kalte Pflicht ihrer ersten Ehe und die Störung der Grundsätze des Herzens durch eine zweite Verbindung; die Roheit ihres Gatten aus dem Süden, die sie unausweichlich dazu treiben mußte, die Vorstellung seines Todes mit der ihrer Ruhe zu verbinden – das alles konnte nur die Wirkung haben, ihre Gefühle zu vernichten, völlig auszulöschen. Kurz, sie war die weiseste, aber reizloseste Art von Frau, eine Philosophin, die Aufregungen des Herzens mit Gleichmut hinnahm, auf alles verzichtete, was ihr wahres Glück ausgemacht hätte, und das Beste aus dem machte, was ihr noch blieb. Weise in den meisten Dingen, war die Witwe vielleicht die Liebenswertere von beiden, bis auf die eine Schwäche, die sie der Lächerlichkeit preisgab. Da sie kinderlos war, konnte sie nicht stellvertretend in der Person einer Tochter jung und schön bleiben; daher weigerte sie sich um alles in der Welt, alt und häßlich zu werden; sie rang mit der Zeit und preßte ihre Rosen, ihr zum Trotz, an sich, bis die ehrwürdige Diebin die Beute loszulassen schien, als nicht mehr der Mühe wert, sie festzuhalten.

Die baldige Hochzeit dieser Dame von Welt, und das mit einem von der Welt zurückgezogen lebenden Mann wie Mr. Ellenwood, wurde schon kurze Zeit nach Mrs. Dabneys Rückkehr in ihre Heimatstadt bekanntgegeben. Oberflächliche wie auch tieferblickende Beobachter schienen in der Annahme übereinzustimmen, daß die Dame im Arrangieren dieser Angelegenheit nicht völlig untätig geblieben sein konnte; es gab gewisse Überlegungen der Zweckmäßigkeit, die sie sicher viel eher zu schätzen wußte als Mr. Ellenwood, ganz abgesehen von dem trügerischen Phantom eines romantischen Gefühls in dieser späten Verbindung zweier ehemals Liebender, das oft eine Frau zum Narren macht, der unter den Zufällen des Lebens ihre wahren Gefühle abhanden gekommen sind. Aber man mußte sich doch wundern, wie der Herr, mit seinem Mangel an Weltklugheit und seinem überscharfen Sinn für das Lächerliche, zu einem Schritt verleitet werden konnte, der so klug und doch zugleich so lächerlich war. Doch während die Leute noch redeten, kam der Hochzeitstag heran. Die Zeremonie sollte nach dem Ritus der Episkopalkirche vollzogen werden, bei offener Kirche und mit einem Ausmaß an Publizität, das viele Neugierige herbeilockte, die nun in den vordersten Sitzen der Galerie und in den Bänken beim Altar und entlang des Mittelganges saßen. Man hatte vereinbart – oder vielleicht wollte es auch die Sitte der damaligen Zeit so –, daß Braut und Bräutigam getrennt zur Kirche kommen sollten. Durch irgendeinen Zufall kam der Bräutigam nicht so pünktlich wie die Witwe und ihre Begleitung, mit deren Ankunft, nach dieser etwas langwierigen, aber notwendigen Einleitung, die Handlung unserer Geschichte nun ihren Anfang nehmen kann.

Soeben hörte man die schwerfälligen Räder einiger altmodischer Kutschen, und die Damen und Herren des Brautzuges kamen durchs Tor, als bräche plötzlich strahlendes Sonnenlicht ins Innere der Kirche. Mit Ausnahme der Hauptfigur bestand die ganze Gruppe aus lauter Jugend und Heiterkeit. Als sie durch den Mittelgang strömten, schienen die Bänke und Säulen rechts und links in helleren Farben zu leuchten, und ihre Schritte waren so leicht, als hielten sie die Kirche für einen Tanzsaal und seien bereit, Hand in Hand zum Altar zu tanzen. So strahlend war dieser Anblick, daß nur wenige ein merkwürdiges Phänomen, das ihren Einzug begleitete, bemerkt hatten. In dem Augenblick, in dem der Fuß der Braut die Schwelle berührte, erdröhnte die schwere Glocke im Turm über ihr und ließ ihr tiefstes Totengeläut erschallen. Die Schwingungen erstarben und kehrten dann, mit verlängerter Feierlichkeit, wieder, als sie das Hauptschiff der Kirche betrat.

„Guter Gott, was für ein Omen", flüsterte eine junge Dame ihrem Liebhaber zu.

„Bei meiner Ehre", erwiderte der Gentleman, „ich glaube, die Glocke hat den guten Geschmack, aus eigenem Antrieb zu läuten. Was hat denn sie bei einer Hochzeit verloren? Würdest du, geliebte Julia, dich dem Altare nähern, die Glocke ließe ihren fröhlichsten Klang erschallen. Für sie hat sie nur ein Grabgeläute."

Die Braut, ebenso wie die meisten aus ihrer Begleitung, war

viel zu sehr mit der Aufregung ihres Einzuges beschäftigt gewesen, um den ersten ahnungsvollen Schlag der Glocke zu hören oder über die Seltsamkeit eines solchen Willkommensgrußes am Altare nachzudenken. Daher schritten alle einfach voran, mit ungetrübter Fröhlichkeit. Die prächtigen Gewänder der Zeit – scharlachfarbene Samtüberwürfe, mit goldenen Spitzen besetzte Hüte, Reifröcke, Seide, Satin, Brokat und Stickerei, Schnallen, Spazierstöcke und Schwerter, mit viel Anstand getragen von Personen, die solchen Prunk zu tragen verstanden – ließen die Gruppe mehr wie ein in bunten Farben gemaltes Bild, denn wie etwas Wirkliches erscheinen. Aber welche Verirrung des Geschmacks hatte den Maler veranlaßt, die Hauptfigur so verrunzelt und verblüht und dennoch in den leuchtendsten und herrlichsten Gewändern darzustellen, so, als wäre das reizendste der Mädchen urplötzlich ins hohe Alter gewelkt, eine Moral für alle die Schönen, die sie umgaben. Aber sie zogen weiter dahin und hatten schon etwa ein Drittel des Kirchenschiffs durchschimmert, als ein neuer Schlag der Glocke die Kirche mit sichtbarer Düsternis zu füllen schien, den leuchtenden Zug in verschwommene Dunkelheit tauchend, aus dem er wieder herausstieg wie aus einem Nebel.

Aber diesmal schwankte der Zug, hielt an und drängte sich enger zusammen, während von den Damen ein leiser Schrei zu hören war und von den Herren bestürztes Geflüster. Wie sie so hin und her schwankten, hätte man sie in der Vorstellung mit einem Beet voll herrlicher Blumen vergleichen können, von einem plötzlichen Windstoß geschüttelt, der die Blätter einer alten, braunen, verwelkten Rose am selben Stamm mit zwei taufrischen Knospen zu verwehen drohte; denn dieses war das Sinnbild der Witwe zwischen ihren beiden jungen und schönen Brautjungfern. Aber ihr Heroismus war bewundernswert. Sie war wohl in einem nicht unterdrückbaren Schaudern zusammengefahren, als wäre ihr der Schlag der Glocke mitten ins Herz hinein gedrungen; doch faßte sie sich schneller als ihr Gefolge und führte die Verschreckten ruhig weiter das Kirchenschiff herauf. Und weiter schwang die Glocke, schlug, zitterte im Nachklang, mit derselben schmerzlichen Regelmäßigkeit, als wäre ein Leichnam auf seinem Weg zum Grabe.

„Die Nerven meiner jungen Freunde hier sind etwas durcheinander", sagte die Witwe lächelnd zum Geistlichen vor dem Altar. „Aber so viele Ehen sind mit dem fröhlichen Glockengeklingel eingeläutet worden und haben unglücklich geendet, daß ich unter diesem so anderen Vorzeichen auf eine bessere Zukunft hoffen will."

„Madame", antwortete der Rektor fassungslos, „dieser wahrhaft seltsame Vorfall erinnert mich an eine Hochzeitsansprache des berühmten Bischofs Taylor, in die er so viele Gedanken an Sterblichkeit und künftigen Schmerz flocht, daß er, um gewissermaßen in seiner eigenen blumigen Sprache zu sprechen, das Brautgemach schwarz zu verhängen und das Brautgewand aus einem Bahrtuch zu weben schien. Wie es überhaupt bei vielen Völkern Sitte war, eine Andeutung von Trauer in ihre Hochzeitszeremonien einfließen zu lassen, um bei Abschluß dieses sicherlich wichtigsten Vertrags des Lebens den Tod nicht ganz außer Acht zu lassen. Und so möge uns diese Totenglocke zur ernsten, wenn auch nützlichen Lehre gereichen."

Aber obwohl der Geistliche seiner Moral noch eine schärfere Spitze hätte geben können, verabsäumte er dennoch nicht, einen Kirchendiener mit dem Auftrag wegzuschicken, das Rätsel aufzuklären und diese Töne, die so übel zu einer Hochzeit passen wollten, zum Schweigen zu bringen. Eine kurze Weile verging, während welcher die Stille nur von Geflüster und hie und da einem unterdrückten Kichern gebrochen wurde, das aus dem Hochzeitszug und den Zuschauern aufstieg, die nach dem ersten Schrecken nur allzu bereit waren, aus der Angelegenheit eine unpassende Belustigung zu ziehen. Die Jugend hat viel weniger Nachsicht mit der Torheit des Alters als das Alter mit der Jugend. Man bemerkte, wie die Witwe einen Augenblick lang ihren Blick zu einem der Kirchenfenster wandern ließ, als suche sie nach der alten, undeutlich gewordenen Marmorplakette, die sie ihrem ersten Gatten gewidmet hatte; dann schlossen sich die Lider über den matt gewordenen Augäpfeln, und ihre Gedanken zwang es unwiderstehlich zu einem anderen Grab. Zwei begrabene Gatten, die eine Stimme nah an ihrem Ohr, die andere ein Schrei von weit her, riefen nach ihr, daß sie sich neben sie legen sollte. Vielleicht überlegte sie jetzt, in einem Augenblick unverfälschten Gefühls, um wieviel glücklicher ihr Schicksal wäre, würden jetzt, nach Jahren der Seligkeit, die Glocken zu ihrem Begräbnis läuten und die alte Zuneigung ihres ersten Geliebten, seit langem ihr Gemahl, ihr ins Grab nachfolgen. Aber warum war sie zu ihm zurückgekehrt, da ihre kalten Herzen doch vor der Umarmung des anderen zurückschreckten?

Noch immer läutete die Totenglocke so voll Trauer, daß das Sonnenlicht zu schwinden schien. Ausgehend von denen, die den Fenstern am nächsten standen, lief jetzt ein Raunen durch die Kirche; ein Leichenwagen, von mehreren Kutschen gefolgt, kroch durch die Straße, irgendeinen toten Mann auf den Friedhof führend, während die Braut vor dem Altar auf einen lebenden wartete. Unmittelbar danach hörte man die Schritte des Bräutigams und seiner Freunde vor dem Tor. Die Witwe blickte durch das Schiff hinunter und preßte den Arm einer ihrer Brautjungfern mit so viel unbewußter Heftigkeit in ihre knochige Hand, daß das schöne Mädchen schaudernd zusammenfuhr.

»Ihr erschreckt mich, meine liebe Madame!«, rief sie. »Um Himmels willen, was ist geschehen?«

»Nichts, meine Liebste, gar nichts«, erwiderte die Witwe; doch dann flüsterte sie ihr nahe ins Ohr: »Eine närrische Vorstellung bedrängt mich, und ich kann sie nicht loswerden. Ich warte darauf, meinen Bräutigam in die Kirche kommen zu sehen, mit meinen beiden ersten Ehemännern als Brautführern!"

„Da, da!" schrie die Brautjungfer. „Was ist das? Ein Leichenzug!" Während sie noch redete, betrat eine dunkle Prozession langsam die Kirche. Zuerst kamen ein alter Mann und eine alte Frau, wie die Haupttrauernden bei einem Begräbnis, von Kopf bis Fuß in tiefstem Schwarz, bis auf die bleichen Gesichtszüge und das ergraute Haar; er ging an einem Stock und stützte mit einem kraftlosen Arm ihre gebrechliche Gestalt. Hinter ihnen ein anderes Paar, und dann noch eines, alle ebenso alt, schwarz und in tiefer Trauer wie das erste. Als sie näher kamen, erkannte die Witwe in jedem von ihnen irgendeinen Zug eines früheren Freundes, seit langem vergessen, doch jetzt zurückkehrend, wie aus ihren alten Gräbern, um sie zu ermahnen, ein Leichenhemd vorzubereiten, oder in anderer, fast ebenso unwillkommener Absicht, um ihre Runzeln und Gebrechen zur Schau zu stellen und sie durch diese Zeichen ihres eigenen Verfalls als ihre Gefährten zu begehren. Manche fröhliche Nacht hatte sie in ihrer Jugend mit ihnen durchtanzt. Und jetzt, im freudlosen Alter, fühlte sie, daß ein verrunzelter Tänzer sie um ihre Hand bitten und die Musik der Totenglocke sie alle in einem Totentanz vereinen würde.

Während diese bejahrten Trauergäste das Schiff heraufkamen, konnte man beobachten, wie von Bank zu Bank ein lähmender Schauder durch die Zuschauer lief, als würden sie eines Gegenstandes ansichtig, der von den dazwischen stehenden Gestalten noch verdeckt wurde. Viele drehten ihre Gesichter weg; andere konnten ihren starren Blick nicht davon abwenden; und ein junges Mädchen fiel mit einem hysterischen Kichern auf den Lippen in Ohnmacht. Als die gespenstische Prozession den Altar erreicht hatte, trennte sich jedes Paar und ging langsam auseinander, bis endlich in der Mitte eine Gestalt erschien, der es zuzukommen schien, mit all dem finsteren Pomp, mit Totenglocke und Leichenzug hereingeleitet zu werden. Es war der Bräutigam in seinem Leichenhemd!

Keine Gewandung als die des Grabes hätte dieser totenähnlichen Erscheinung besser angestanden; die Augen hatten wahrhaftig das öde Glimmen einer Gruftlampe; die übrige Gestalt war in jener ernsten Ruhe erstarrt, wie sie alte Männer im Sarge haben. Reglos stand der Leichnam da, und als er die Witwe anredete, schienen seine Worte mit dem Schlag der Glocke zu verschmelzen, der schwer über der Luft lastete, während er sprach.

„Komm, Braut!" sagten diese bleichen Lippen. „Der Leichenwagen steht bereit. Der Totengräber erwartet uns am Eingang der Gruft. Laß uns heiraten; und dann in unsere Särge!"

Wie kann man das Entsetzen der Witwe beschreiben! Es gab ihr die Totenblässe einer Totenbraut. Ihre jugendlichen Freunde standen abseits, schaudernd vor den Trauergästen, dem Bräutigam im Leichenhemd und vor ihr selber; die ganze Szene malte in kräftigsten Farben das Gleichnis vom vergeblichen Kampf der vergoldeten Eitelkeiten dieser Welt mit Alter, Krankheit, Leid und Tod. Der Geistliche brach als erster das lähmende Schweigen.

„Mr. Ellenwood", sagte er begütigend und doch mit einiger Strenge in der Stimme, „Euch ist nicht gut. Die ungewöhnlichen Umstände, in die Ihr gestellt worden seid, haben Euren Geist zu sehr erregt. Die Zeremonie muß verschoben werden. Als alter Freund möchte ich Euch bitten, jetzt nach Hause zurückzukehren."

„Nach Hause! Gewiß; aber nicht ohne meine Braut", antwortete er mit der gleichen hohlen Stimme. „Ihr möget dies für Spott halten, Tollheit vielleicht. Hätte ich meine alte, hinfällige Gestalt mit Scharlach und Stickerei herausgeputzt, hätte ich meine Lippen zu einem Lächeln über mein totes Herz gezwungen – das wäre Spott oder Tollheit gewesen. Nun aber laßt jung und alt bekennen, wer von uns im wahren Hochzeitsstaat hierher gekommen ist, der Bräutigam – oder die Braut!"

Mit gespenstischen Schritten vorwärts schreitend, stand er neben der Witwe und stellte dem Glanz und Flitter, mit dem sie sich für diese unglückliche Szene gekleidet hatte, die furchtbare Einfachheit seines Leichenhemds entgegen. Keiner, der die beiden sah, konnte die schreckliche Gewalt der Moral ableugnen, die seinem zerrütteten Geist zu ziehen gelungen war.

„Grausam! Grausam!" stöhnte die ins Herz getroffene Braut.

„Grausam?" wiederholte er; dann, die totengleiche Fassung verlierend, in rasender Bitterkeit: „Der Himmel urteile, wer von uns beiden zum anderen grausam gewesen ist! In der Jugend hast du mich meines Glücks beraubt, meiner Hoffnungen, meiner Ziele; du hast mir den Inhalt meines Lebens genommen und in einen Traum verwandelt, nicht einmal wirklich genug, um darüber zu trauern – hast mir nichts gelassen als Düsternis überall, durch die ich hoffnungslos wanderte, gleichgültig wohin. Doch nach vierzig Jahren, da ich schon meine Gruft gebaut habe und den Gedanken an die Ruhe dort nicht aufgeben würde – nein, nicht einmal für ein Leben, wie wir es uns einmal erträumten –, da rufst du mich zum Altar. Auf deinen Wunsch bin ich hier. Aber andere Gatten haben sich deiner Jugend gefreut, deiner Schönheit, deiner Herzenswärme, alles dessen, was man dein Leben nennen könnte. Was ist für mich noch übrig als deine Altersschwäche und dein Tod? Deshalb habe ich diese Trauergäste geladen und mit dem Küster abgesprochen, daß er die Totenglocke läute, und bin in meinem Leichenhemd gekommen, um dich bei einer Totenmesse zu heiraten, auf daß wir unsere Hände am Eingang der Gruft ineinanderlegen und gemeinsam hineingehen."

Das war nicht Tollheit, auch nicht einfach der Rausch des starken Gefühls in einem Herzen, das nicht daran gewöhnt war, was jetzt in der Seele der Braut vorging. Die unerbittliche Lektion des Tages hatte ihren Eindruck nicht verfehlt; fort war ihre weltliche Gesinnung. Sie ergriff die Hand ihres Bräutigams.

„Ja!" rief sie. „Laß uns am Tor des Grabes heiraten! Mein Leben ist in Leere und Eitelkeit dahingegangen. Aber an seinem Ende spüre ich jetzt ein wahres Gefühl. Es hat mich wieder zu dem gemacht, was ich in der Jugend war; es hat mich deiner würdig gemacht. Die Zeit zählt nicht mehr für uns beide. Laß uns für die Ewigkeit heiraten!"

Mit einem langen und tiefen Blick sah der Bräutigam ihr in die Augen, während in den seinen eine Träne stand. Wie seltsam, dieser Quell menschlichen Gefühls aus der gefrorenen Brust eines Leichnams! Mit dem Leichenhemd wischte er sich die Träne ab.

„Geliebte meiner Jugend", sagte er, „ich war außer mir. Die Verzweiflung eines ganzen Lebens kehrte auf einmal in mich zurück und trieb mich zum Wahnsinn. Verzeih mir; wie auch dir verziehen sei. Ja, der Abend hat sich über uns herabgesenkt; und wir haben keinen unserer morgendlichen Träume von Glück verwirklicht. Aber laß uns jetzt vor dem Altar die Hände reichen, als Liebende, die, von widrigen Umständen ihr Leben lang getrennt, sich wiederfinden, als sie es verlassen wollen, und erkennen, daß ihre irdische Zuneigung sich in etwas verwandelt hat, das heilig ist wie die Religion. Aber was bedeutet schon die Zeit denen, die in Ewigkeit verheiratet sind?"

Unter den Tränen vieler und in einer Welle von erhebenden Gefühlen von seiten jener, die recht empfanden, wurde die Vereinigung zweier unsterblicher Seelen gefeiert. Der Zug der welken Trauergäste, der graue Bräutigam in seinem Leichenhemd, das bleiche Antlitz der bejahrten Braut und die Totenglocke, die über allem dröhnte, bis ihre tiefe Stimme sogar die Worte des Ehegelöbnisses übertönte, alles das waren die Zeichen, daß hier das Begräbnis irdischer Hoffnungen stattfand.

Doch als die Zeremonie weiterging, stimmte die Orgel, wie bewegt von den Sympathien dieser eindrucksvollen Szene, eine Hymne an, die sich zuerst mit der schaurigen Totenglocke vermischte, dann jedoch zu einer aufsteigenden Melodie anschwoll, bis die Seele auf ihren Schmerz herunterblickte. Und als die furchteinflößende Zeremonie zu Ende gegangen war und die Eheleute der Ewigkeit, kalte Hand in kalter Hand, sich zurückzogen, da übertönte die dröhnende Orgel in feierlichem Triumph die Totenglocke.

Die prophetischen Bilder[*]

„Nein, dieser Maler!" rief Walter Ludlow lebhaft. „Nicht nur, daß er auf seinem eigenen Gebiet Hervorragendes leistet, er ist auch in allen anderen Wissenschaften und Künsten höchst beschlagen. Mit Doktor Mather spricht er Hebräisch, dem Doktor Boylston hält er Vorlesungen über Anatomie. Mit einem Wort, er nimmt es selbst mit der größten Kapazität unter uns auf deren eigenem Gebiet auf. Außerdem ist er ein vollendeter Gentleman – ein Weltbürger –, ja, ein echter Kosmopolit; über jeden Himmelsstrich, jedes Land auf dem Globus spricht er wie ein Eingeborener – außer über unsere eigenen Wälder, wohin er sich jetzt begibt. Und dabei ist das noch lange nicht das, was ich am meisten an ihm bewundere!"

„In der Tat!" rief Elinor, die der Beschreibung eines derartigen Mannes mit echt weiblichem Interesse gefolgt war. „Das alles ist doch schon bewundernswert genug!"

„Gewiß", antwortete ihr Geliebter, „allerdings noch lange nicht so wie seine natürliche Gabe, sich jedem Charakter derart anzupassen, daß jeder Mann – und auch jede Frau, Elinor – in diesem großartigen Maler sein eigenes Spiegelbild erkennt. Aber das Wunderbarste ist noch immer nicht berichtet."

„Ach, wenn er noch wunderbarere Eigenschaften hat als diese", antwortete Elinor lachend, „dann ist Boston ein gefährlicher Ort für den Armen. Erzählst du mir von einem Maler – oder aber von einem Hexenmeister?"

[*] Diese Erzählung wurde durch eine Anekdote von Stuart angeregt, enthalten in „Dunlap's History of the Arts of Design" – ein Buch, das nicht nur für den gewöhnlichen Leser höchst unterhaltend, sondern auch für den Künstler, wie wir glauben, von bedeutendem Interesse ist.

„Wahrhaftig", erwiderte er, „diese Frage könnte man mit viel mehr Berechtigung stellen als du glaubst. Man sagt, daß er nicht nur die Gesichtszüge eines Menschen, sondern auch seine Seele und sein Herz malt. Er erfaßt die geheimsten Gefühle und Leidenschaften und wirft sie auf die Leinwand, wie das Licht der Sonne – oder wie einen Abglanz des höllischen Feuers, in Bildern von Menschen mit schwarzer Seele. Es ist eine furchtbare Gabe", fügte Walter hinzu, und seine Stimme verlor den enthusiastischen Ton. „Fast habe ich Angst davor, ihm zu sitzen."

„Walter, ist das dein Ernst?" rief Elinor.

„Um Himmels willen, liebe Elinor, laß ihn dich nicht so malen, wie du jetzt aussiehst", sagte ihr Geliebter mit einem beinahe bestürzten Lächeln. „Da: jetzt vergeht es wieder, aber als du sprachst, sahst du zu Tode erschrocken drein, und so furchtbar traurig. Woran dachtest du?"

„An gar nichts", erwiderte Elinor hastig. „Deine eigene Phantasie ist es, die mein Gesicht verändert. Gut, hole mich morgen ab, und wir werden diesen großartigen Künstler besuchen."

Als aber der junge Mann gegangen war, erschien auf dem schönen jungen Gesicht seiner Geliebten unleugbar wieder ein sehr seltsamer Ausdruck voller Trauer, ja Entsetzen, kaum jenen Gefühlen entsprechend, die man bei einem jungen Mädchen am Vorabend seiner Hochzeit erwarten durfte. Und doch war Walter Ludlow der Erwählte ihres Herzens.

„Mein Gesichtsausdruck!" sagte Elinor zu sich selber, „kein Wunder, daß er ihn entsetzt hat, wenn er das ausdrückte, was ich manchmal empfinde. Ich weiß aus eigener Anschauung, wie erschreckend der Ausdruck eines Gesichts manchmal sein kann. Aber es war alles nur Einbildung. Ich habe mir damals nichts dabei gedacht – und seither habe ich nie wieder etwas davon bemerkt – ich habe es nur geträumt."

Und sie vertiefte sich wieder in die Stickerei einer Halskrause, mit der sie sich porträtieren lassen wollte.

Der Maler, von dem sie eben gesprochen hatten, gehörte nicht zu jenen einheimischen Künstlern, die zu einem späteren Zeitpunkt als dem unserer Erzählung ihre Farben den Indianern abschauten und ihre Pinsel aus den Haaren wilder Tiere anfertigten. Es ist nicht unmöglich, daß er, hätte er sein Leben zurücknehmen und selber sein Schicksal vorausbestimmen können, die Zugehörigkeit zu dieser Schule ohne Vorbild und Lehrer gewählt hätte, in der Hoffnung, hier, wo es noch keine Kunstwerke zum Imitieren und keine Regeln zum Befolgen gab, selber originell zu sein. Aber er war in Europa geboren und erzogen. Es hieß, er habe an den berühmtesten Bildern, in Sammlungen und Galerien und an den Wänden der Kirchen Größe und Schönheit des Entwurfs ebenso wie jeden Pinselstrich von der Hand der Meister so lange studiert, bis es für seinen kühnen und mächtigen Geist nichts mehr zu lernen gab. Da ihn die Kunst nichts mehr zu lehren vermochte, wandte er sich der Natur zu und nahm die Welt in Augenschein, auf Pfaden, die vor ihm noch keiner seiner Kollegen betreten hatte; seine Augen weideten sich an edlen und malerischen Erscheinungen der sichtbaren Welt, die nie zuvor auf die Leinwand übertragen worden waren. Amerika war zu arm, um einen großen Künstler in anderer Weise zu versuchen – wenn auch verschiedene Mitglieder der kolonialen Oberschicht bei seiner Ankunft sogleich den Wunsch ausgedrückt hatten, vermittels seiner Geschicklichkeit ihre Züge der Nachwelt zu überliefern. Wurde ein solches Ansinnen an ihn gestellt, dann heftete er seine durchdringenden Augen auf den Bewerber und schien ihm bis auf den Grund der Seele zu blicken. War es ein glattes, bequemes Gesicht, das er vor sich sah, dann lehnte er höflich Lohn und Auftrag ab, auch wenn ein goldbetreßter Rock das Bild geziert und goldene Guineen dafür bezahlt worden wären. Aber wenn sein Gesicht ihm von irgend etwas Außergewöhnlichem sprach, sei es in Gedanken, Gefühlen oder Erfahrungen; oder wenn er auf der Straße einen Bettler mit weißem Bart und zerfurchter Stirn kennenlernte; oder wenn ein Kind auf einmal aufsah und lächelte: dann bemühte er sich, jene Kunst für sie voll auszuschöpfen, die er dem Reichtum verweigerte.

Da die Kunstfertigkeit im Malen in den Kolonien sehr selten war, wurde der Maler bald Gegenstand der allgemeinen Neugierde. Wenn auch wenige oder gar keiner die technischen Feinheiten seiner Werke zu würdigen wußte, so gab es doch auch Dinge, wo die Meinung der Menge genauso wertvoll war wie das kultivierte Urteil des Kenners. Er beobachtete die Wirkung seiner Bilder auf diese ungeschulten Betrachter und lernte aus ihren Bemerkungen, während sie selber eher daran gedacht hätten, die Natur zu belehren als ihn, der mit ihr zu wetteifern schien. Zugegeben, daß ihre Bewunderung von den Vorurteilen ihrer Zeit und ihres Landes gefärbt war. Manche hielten es für einen Verstoß gegen die Gesetze Mosis, ja für eine anmaßende Nachäffung des Schöpfers, derart von Leben durchpulste Abbildungen seiner Geschöpfe zu schaffen. Andere wieder entsetzten sich vor einer Kunst, die offenbar Geister beschwören und die Gestalt der Toten unter den Lebenden festhalten konnte, und neigten daher dazu, den Maler für einen Zauberer zu halten, den berühmten Schwarzen Mann aus den alten Hexenzeiten vielleicht, der in neuer Gestalt auf Verderben sann. Diese närrischen Ideen stießen im Volk auf recht viel guten Glauben, ja selbst in gebildeteren Kreisen begegnete man ihm mit einer gewissen Scheu, die zum Teil wie Rauchringe aus dem Aberglauben des Volkes aufstieg, noch mehr aber von dem vielfältigen Wissen und den Talenten herrührte, die er in den Dienst seiner Kunst gestellt hatte.

Da Walter Ludlow und Elinor kurz vor der Hochzeit standen, waren sie sehr begierig auf ein Porträt, das nur das erste einer, wie sie ohne Zweifel hofften, langen Reihe von Familienbildern sein sollte. Am Tage nach dem oben berichteten Gespräch besuchten sie die Gemächer des Malers. Ein Diener führte sie in eine Wohnung, wo der Künstler selber zwar noch nicht sichtbar war, dafür aber eine Anzahl von Personen, die sie nicht umhin konnten ehrerbietig zu begrüßen. Sie wußten wohl, daß die ganze Versammlung nur aus Bildern bestand, waren aber keineswegs imstande, die Vorstellung von Leben und Bewußtsein von derart überwältigenden Bildern zu trennen. Einige der Porträtierten waren ihnen bekannt, entweder als bedeutende Persönlichkeiten der Zeit oder aber als ihnen persönlich bekannte Figuren. Da war Gouverneur Burnett, mit einem Gesichtsausdruck, als hätte er eben eine höchst respektlose Mitteilung vom Abgeordnetenhaus erhalten und bereite eine scharfe Antwort darauf vor. Mr. Cooke hing neben dem regierenden Politiker, zu dem er in Opposition stand – eine kräftige, robuste Gestalt mit puritanischem Anstrich, wie sich das für einen Führer des Volkes ziemte. Auch die Gemahlin von Sir William Phipps blickte von der Wand auf sie herab, eine herrschsüchtige alte Dame in Reifrock und Halskrause, der ein leiser Geruch von Hexerei anhaftete. John Winslow hatte schon als junger Mann einen Ausdruck jenes kriegerischen Unternehmungsgeistes, der ihn später zu einem berühmten Feldherrn machte. Ihre persönlichen Freunde erkannten sie mit einem Blick. Auf den meisten Bildern traten der ganze Geist und die Veranlagungen des Menschen so deutlich auf dem Gesicht hervor, waren derart in einem einzigen Ausdruck zusammengefaßt, daß man paradoxerweise behaupten konnte, die Originale sähen sich selber kaum in so schlagender Weise ähnlich wie ihre Bilder.

Mitten unter diesen Zelebritäten der Gegenwart hingen auch zwei alte, bärtige Heilige, die fast schon wieder in die nachgedunkelte Leinwand verschwunden waren; außerdem eine blasse, aber nicht verblichene Madonna, die vielleicht einmal in Rom verehrt worden war und jetzt die beiden Liebenden mit einem so milden und heiligen Blick ansah, daß auch sie anbetend auf die Knie sinken wollten.

„Wie seltsam, wenn man bedenkt", bemerkte Walter Ludlow, „daß dieses schöne Gesicht nun schon seit über zweihundert Jahren schön ist! Wenn doch nur alle Schönheit so lange währte! Beneidest du sie nicht, Elinor?"

„Nur dann, wenn die Erde der Himmel wäre", erwiderte sie. „Aber wie schrecklich wäre es, dort, wo alle Dinge vergehen, als einzige nicht mit ihnen zu vergehen!"

„Dieser dunkle, alte Heilige Petrus schaut so finster und grimmig drein, wenn er auch ein Heiliger ist", fuhr Walter fort. „Er beunruhigt mich. Aber die Jungfrau sieht uns freundlich an."

„Wenn auch recht sorgenvoll, wie mich dünkt", sagte Elinor.

Unter diesen drei alten Bildern stand die Staffelei und auf ihr ein Bild, das erst vor kurzem begonnen worden war. Bei näherem Hinsehen erkannten sie nach und nach die Züge ihres eigenen Geistlichen, des Rev. Dr. Colman, der gleichsam aus einer Wolke heraus Umriß und Leben gewann.

„Der gute alte Mann!" rief Elinor. „Er schaut mich an, als wollte er den Mund zu einem väterlichen Rat öffnen."

„Und mich", sagte Walter, „als wollte er den Kopf schütteln und mir wegen irgendeiner Schlechtigkeit, deren er mich verdächtigt, Vorhaltungen machen. In Wirklichkeit benimmt er sich mir gegenüber genauso. Unter seinem Blick wird mir in meiner Haut so lange nicht wohl sein, bis wir als Braut und Bräutigam vor ihm stehen."

Auf einmal hörten sie Schritte auf dem Boden, und als sie sich umwandten, erblickten sie den Maler, der schon seit einer Weile im Zimmer war und einige ihrer Bemerkungen gehört hatte. Er war ein Mann in mittleren Jahren, mit einem Gesicht, das seines eigenen Pinsels sehr wohl würdig war. Ja, wegen der malerischen, wenn auch etwas nachlässigen Art, in der er sein kostbares Gewand trug, vielleicht auch, weil seine Seele immer nur Umgang mit gemalten Formen hatte, sah er selber fast wie ein Porträt aus. Seine Besucher spürten deutlich eine Verwandtschaft zwischen dem

Künstler und seinen Werken, es war ihnen, als sei eines der Bilder von der Leinwand gestiegen, um sie zu begrüßen.

Walter Ludlow, der mit dem Maler oberflächlich bekannt war, erklärte ihm den Grund für ihren Besuch. Während er sprach, fiel ein Sonnenlicht schräg über seine und Elinors Gestalt, mit so glücklicher Wirkung, daß auch sie wie lebende Bilder der Jugend und Schönheit erschienen, heiter und strahlend vor Glück. Der Künstler war ganz offensichtlich beeindruckt.

„Meine Staffelei ist auf mehrere Tage besetzt, außerdem kann ich nur kurz in Boston bleiben", sagte er nachdenklich; nach einem prüfenden Blick fügte er hinzu: „Aber eure Bitte soll erfüllt werden, auch wenn ich dafür den Oberrichter und Madam Oliver enttäuschen muß. Ich möchte mir diese Gelegenheit nicht entgehen lassen, nur um ein paar Ellen Tuch und Brokat zu malen."

Der Maler äußerte den Wunsch, ihrer beider Porträts auf ein Bild zu bringen und sie in einer passenden Situation zu malen; dieser Plan begeisterte zwar die beiden Liebenden, mußte aber leider zurückgewiesen werden, weil eine derart große Leinwand für den Raum, den das Bild zu schmücken bestimmt war, nicht geeignet wäre. Sie einigten sich daher auf zwei Porträts in Halbfigur. Nachdem sie sich verabschiedet hatten, fragte Walter Ludlow Elinor lächelnd, ob sie auch wisse, welchen Einfluß auf ihrer beider Schicksal der Maler damit zu gewinnen im Begriff war.

„Die alten Weiber in Boston behaupten", fuhr er fort, „wenn er einmal in den Besitz von Gesicht und Gestalt eines Menschen gekommen ist, dann kann er ihn in jeder beliebigen Lage oder Haltung malen – das Bild wird immer prophetisch sein. Glaubst du das?"

„Nicht ganz", sagte Elinor lächelnd. „Und selbst wenn er eine solche Zauberkraft besitzt – in seinem Benehmen ist so viel Güte und Freundlichkeit, daß ich überzeugt bin, er wird nur Gutes damit tun."

Der Maler wollte die beiden Porträts gleichzeitig malen; als Grund dafür gab er, in der mystischen Ausdrucksweise, derer er sich manchmal bediente, an, daß die beiden Gesichter Licht aufeinander würfen. So erhielten bald Elinor, bald Walter einen Strich mit dem Pinsel, bis die Züge der einen wie des anderen so lebhaft aus dem Hintergrund hervortraten, daß es schien, als würde die triumphierende Kunst sie tatsächlich aus der Leinwand herauslösen. In strahlendem Licht und tiefem Schatten erblickten sie ihr zweites geisterhaftes Selbst. Aber wenn auch die Ähnlichkeit eine vollkommene war, so waren sie doch mit dem Ausdruck nicht ganz zufrieden, der unbestimmter schien als in den meisten Bildern des Malers. Dieser selbst jedoch war zufrieden mit der Aussicht auf Erfolg, und da er an dem Paar großes Interesse nahm, machte er zwischendurch, und ohne daß sie es bemerkt hätten, eine Bleistiftskizze von ihnen. Während sie ihm saßen, verwickelte er sie in Gespräche, um auf ihren Gesichtern jene charakteristischen Züge ins Leben zu rufen, die zu verbinden und festzuhalten er sich bemühte, wenn sie auch ständig wechselten. Endlich kündigte er an, daß bei ihrem nächsten Besuch die beiden Porträts fertig sein würden.

„Wenn mein Pinsel in den wenigen Strichen, die ich noch plane, nur meiner Konzeption treu bleibt", bemerkte er, „dann werden diese beiden Bilder das Beste sein, was ich je geschaffen habe. Freilich hat ein Künstler auch nur selten solche Sujets."

Bei diesen Worten lag sein durchdringendes Auge noch immer auf ihnen und ließ sie erst los, als sie den Fuß der Treppe erreicht hatten.

Im gesamten Reigen menschlicher Eitelkeiten nimmt nichts so sehr die Einbildungskraft gefangen als das Unternehmen, sich porträtieren zu lassen. Warum nur? Der Spiegel, die glatt polierten Halbkugeln des Kaminbocks, das spiegelglatte Wasser und alle anderen spiegelnden Oberflächen führen uns ständig unser Porträt vor, oder vielmehr Geisterbilder unseres Selbst, die wir ansehen und sofort wieder vergessen. Aber wir vergessen sie nur deshalb, weil sie verschwinden. Die Idee der Dauer ist es – der irdischen Unsterblichkeit –, die unser eigenes Porträt mit diesem mysteriösen Interesse bekleidet. Auch Walter und Elinor waren nicht frei von diesem Gefühl; pünktlich zur vereinbarten Stunde eilten sie zur Wohnung des Malers, um jene gemalten Gestalten kennenzulernen, die sie bei der Nachwelt vertreten sollten. Hinter ihnen flutete das Sonnenlicht in die Wohnung, die aber, nachdem sie die Türe geschlossen hatten, irgendwie düster wirkte.

Ihre Augen waren sofort von den Porträts angezogen, die an der gegenüberliegenden Wand des Zimmers lehnten. Beim ersten Blick in dem schwachen Licht und aus der Entfernung stießen sie beide gleichzeitig einen Ausruf des Entzückens aus, als sie sich in so völlig natürlicher Haltung und mit einem Ausdruck, der ihnen so gut bekannt war, dargestellt sahen.

„Da stehen wir", rief Walter begeistert, „auf ewig im Sonnenschein festgehalten! Keine dunklen Leidenschaften werden je unsere Gesichter verfinstern!"

„Nein", sagte Elinor ruhiger, „keine schmerzliche Veränderung wird uns betrüben."

Diese Worte äußerten sie im Näherkommen, als sie von den Bildern erst einen unvollkommenen Eindruck gewonnen hatten. Der Maler hatte sie begrüßt und sich dann wieder in eine Bleistiftskizze vertieft, die er auf dem Tisch vor sich liegen hatte; er überließ seine Besucher sich selber, damit sie sich ihr eigenes Urteil über sein vollendetes Werk bildeten. Hin und wieder warf er unter buschigen Augenbrauen einen Blick auf sie, beobachtete ihre Gesichter von der Seite, während der Bleistift über der Skizze stillstand. Sie standen jetzt bereits mehrere Augenblicke lang jeder vor seinem eigenen Bild, in tiefste Aufmerksamkeit versunken, ohne jedoch ein

Wort zu äußern. Endlich trat Walter einen Schritt vor – dann zurück –, betrachtete Elinors Bild von verschiedenen Seiten und machte dann den Mund auf.

„Hat sich da nicht etwas verändert?" fragte er zweifelnd und nachdenklich. „Ja; ich erkenne es immer deutlicher, je länger ich hinschaue. Es ist sicherlich das gleiche Bild, das ich gestern sah; die Kleidung – die Züge –, alles ist genauso; und dennoch ist etwas anders geworden."

„Ist das Bild denn nicht mehr so ähnlich, wie es gestern war?" fragte forschend der Maler und kam voll Aufmerksamkeit näher.

„Die Züge sind Elinor, wie sie leibt und lebt", antwortete Walter, „und beim ersten Blick schien auch der Ausdruck völlig zu stimmen. Aber ich möchte fast glauben, daß das Bild sich buchstäblich unter meinen Augen verändert hat. Ihr Blick heftet sich mit einem seltsam traurigen, ja angstvollen Ausdruck an meinen. Da, seht! Schmerz und Entsetzen ist es! Ist das denn Elinor?"

„Vergleichen Sie doch das lebende Gesicht mit dem gemalten", sagte der Maler.

Walter sah seine Geliebte von der Seite an und erstarrte. Wie sie da stand, reglos, gebannt in die Betrachtung von Walters Porträt versunken, hatte ihr Gesicht genau jenen Ausdruck angenommen, über den er sich eben beklagt hatte. Selbst wenn sie stundenlang vor dem Spiegel geübt hätte, sie hätte den Ausdruck nicht genauer treffen können. Wäre das Bild selber ein Spiegel gewesen, es hätte ihr Aussehen in diesem Augenblick nicht stärker, nicht mit mehr melancholischer Wahrheit zurückwerfen können. Sie schien das Gespräch zwischen dem Künstler und ihrem Geliebten nicht gehört zu haben.

„Elinor", rief Walter verwirrt aus, „wieso hast du dich so verändert?"

Sie hörte ihn nicht und wandte ihren starren Blick nicht ab, bis er ihre Hand ergriff, um ihre Aufmerksamkeit zu gewinnen; da fuhr sie zusammen und blickte zitternd vom Bild auf zum Gesicht des Originals.

„Bemerkst du in deinem Bild keine Veränderung?" fragte sie.

„In meinem? – Nein!" erwiderte Walter und betrachtete es aufmerksam. „Aber laß sehen! Doch; da ist eine geringfügige Veränderung – eine Verbesserung des Bildes selber, wie mir scheint, wenn auch nicht so sehr der Ähnlichkeit. Der Ausdruck ist lebhafter als gestern, als ob ein glänzender Gedanke aus den Augen strahlte und sich auf die Lippen drängte. Jetzt, da ich den Ausdruck erfaßt habe, erscheint er mir sehr deutlich."

Während er in diese Betrachtungen vertieft war, wandte Elinor sich dem Maler mit einem Blick voll Schmerz und Furcht zu und hatte das Gefühl, als erwiderte er den ihren mit Verständnis und Mitleid – doch weshalb eigentlich, das konnte sie nur unklar ahnen.

„Dieser Blick", flüsterte sie schaudernd. „Wie ist er dahin gekommen?"

„Madam", sagte der Maler ernst, faßte sie an der Hand und führte sie zur Seite, „in beiden Bildern habe ich nur gemalt, was ich sah. Der Künstler – der wahre Künstler – muß hinter die Fassade sehen können. Es ist eine Gabe – seine stolzeste, und doch oft auch eine schmerzliche Gabe –, die innerste Seele zu erkennen und sie mit einer Macht, die ihm selber unbegreiflich ist, auf der Leinwand glühen oder dunkeln zu lassen, mit Blicken, die die Gedanken und Gefühle vieler Jahre ausdrücken. Wie gerne würde ich in diesem gegenwärtigen Fall selber an einen Irrtum glauben!"

Sie hatten sich inzwischen dem Tisch genähert, auf dem mit Kreide gezeichnete Köpfe lagen, Hände, die fast so viel Ausdruck besaßen wie sonst Gesichter, efeuüberwachsene Kirchtürme, strohgedeckte, kleine Bauernhäuser, uralte, vom Blitz gespaltene Bäume, orientalische und antike Gewänder und noch mehr dieser pittoresken Sujets, wie sie einem Künstler in unbewachten Augenblicken einfallen. Indem er diese Blätter scheinbar achtlos durcheinanderschob, kam eine Bleistiftskizze von zwei Figuren zum Vorschein.

„Sollte ich mich geirrt haben", fuhr er fort, „sollte Ihr Herz sich nicht in Ihrem Porträt widergespiegelt sehen – sollten Sie nicht heimlich Ursache haben, meiner Zeichnung des anderen zu vertrauen –, dann ist es noch nicht zu spät, um sie zu ändern. Ich könnte auch die Handlung dieser beiden Figuren ändern. Aber würde das das Ereignis beeinflussen?"

Er wies auf die Skizze. Ein Zittern durchlief Elinors Körper; ein Schrei drängte sich auf ihre Lippen; doch sie hielt ihn zurück, mit jener Selbstbeherrschung, die allen, die Gedanken voll Furcht und Entsetzen in ihrem Busen verbergen, zur zweiten Natur wird. Sich vom Tisch wegdrehend, bemerkte sie, daß Walter inzwischen nahe genug gekommen war, um die Skizze erkennen zu können, wenn sie auch nicht sagen konnte, ob sein Blick wirklich darauf gefallen war.

„Wir möchten nicht, daß Sie die Bilder ändern", sagte sie hastig. „Wenn mein Bild traurig ist, so werde ich in Wirklichkeit durch den Gegensatz nur um so fröhlicher wirken."

„So sei es", antwortete der Maler und verneigte sich. „Mögen eure Leiden so geringfügig sein, daß nur eure Bilder sich darüber kränken! Und eure Freuden – mögen sie tief und echt sein und sich auf diesem lieblichen Gesicht spiegeln, bis es meine Kunst gänzlich Lügen straft!"

Nach der Heirat von Walter und Elinor wurden die beiden Bilder zum herrlichsten Schmuck ihres Heimes. Sie hingen nebeneinander, nur durch ein schmales Stück Täfelung voneinander getrennt. Sie schienen sich beständig anzublicken und sahen doch immer auch dem Beschauer ins Auge. Weitgereiste Herren, die von solchen Dingen etwas zu verstehen behaupteten, zählten die beiden Bilder zu den hervorragendsten Leistungen der modernen Porträtmalerei, während das gewöhnliche Publikum sie mit den Originalen verglich, Zug für Zug, und vor lauter Bewunderung für die

Ähnlichkeit von einer Begeisterung in die andere fiel. Den tiefsten Eindruck machten die Bilder jedoch auf eine dritte Gruppe, die weder aus weitgereisten noch aus gewöhnlichen Leuten bestand, dafür aber aus Menschen, die mit einer natürlichen Sensibilität begabt waren. Diese warfen zuerst vielleicht nur einen achtlosen Blick auf die Bilder, waren aber bald derart daran interessiert, daß sie Tag für Tag wiederkamen und diese gemalten Gesichter studierten, als wären es die Seiten eines Zauberbuchs. Walter Ludlows Porträt zog zuerst ihre Aufmerksamkeit auf sich. In seiner und seiner jungen Frau Abwesenheit diskutierten sie manchmal darüber, was das eigentlich für ein Ausdruck war, den der Maler seinen Zügen hatte verleihen wollen; alle stimmten darin überein, daß es ein Ausdruck von ernster Bedeutsamkeit war, ohne daß auch nur zwei aus diesem Kreis ihn auf gleiche Weise gedeutet hätten. In bezug auf Elinors Bild gab es nicht so viele verschiedene Meinungen. Der Unterschied bestand eher darin, daß sie die Ursache und Stärke der Düsternis auf ihrem Antlitz verschieden einschätzten, aber allen schien es eine Düsternis, wie sie zum natürlichen Temperament ihrer jungen Freundin nicht im geringsten passen wollte. Ein besonders phantasiebegabter Mann verkündete als Ergebnis ausgiebigen Nachdenkens, daß beide Bilder Teil eines einheitlichen Entwurfs sein mußten und daß die melancholische Stärke des Gefühls auf Elinors Gesicht in Beziehung stehe zum Ausdruck lebhafterer Empfindung oder, wie er es nannte, wilder Leidenschaftlichkeit auf Walters Gesicht. Obgleich in der Kunst des Zeichnens nicht bewandert, begann er sogar eine Skizze, auf der Haltung und Gebärde der beiden Gestalten dem beiderseitigen Ausdruck entsprechen sollten.

Die Freunde munkelten inzwischen untereinander, daß Elinors Gesicht von Tag zu Tag nachdenklicher würde, ja, daß sie sich bald zu einem wahren Abbild ihres Porträts zu verwandeln drohe. Walter dagegen nahm keineswegs den lebhaften Ausdruck an, den der Maler ihm auf der Leinwand verliehen hatte, sondern wurde zurückhaltend und niedergeschlagen, ohne alle äußere Anzeichen von Leidenschaft, die vielleicht in seinem Inneren glühte. Nach einiger Zeit hängte Elinor schließlich einen prachtvollen purpurfarbenen Seidenvorhang, mit Blumen bestickt, mit schweren goldenen Quasten besetzt, vor die Bilder, unter dem Vorwand, daß der Staub die Farben verdunkeln oder das Licht sie trüben könnte. Es war genug. Und ihre Besucher begriffen, daß die Falten der schweren Seide nie zurückgezogen, noch die Bilder in ihrer Gegenwart erwähnt werden durften.

Die Zeit verging; und der Maler kehrte zurück. Er war so weit nach Norden gegangen, bis er die silbernen Kaskaden der Crystal Hills gesehen und vom Gipfel des höchsten Berges von Neu-England über den weiten Umkreis von Wolken und Wäldern geblickt hatte. Aber er entweihte diese Szene nicht, indem er sie mit seiner Kunst nachäffte. Auf dem Lake George hatte er lange in einem Kanu gelegen und hatte seine Seele zum Spiegel seiner Lieblichkeit und Majestät gemacht, bis kein Bild des Vatikan deutlicher vor ihm stand als diese Erinnerung. Mit indianischen Jägern war er zum Niagara gegangen und hatte seinen ohnmächtigen Pinsel in den Abgrund geschleudert, in der Erkenntnis, daß er das Tosen des Wassers genausowenig malen konnte wie alles andere, das diesen überwältigenden Katarakt ausmachte. Überhaupt empfand er nur selten den Drang, die Natur zu kopieren, es sei denn als Rahmen für ein Gesicht, eine menschliche Gestalt, erfüllt von Geist, Schmerz, oder Leidenschaft. Davon hatten ihm seine abenteuerlichen Wanderungen reichlichen Vorrat gebracht; die strenge Würde der Indianerhäuptlinge, die dunkle Lieblichkeit indianischer Mädchen, das häusliche Leben in den Wigwams, das verstohlene Anschleichen, der Kampf im Schatten düsterer Fichten, die Grenzfestung mit ihrer Garnison, die Anomalie des alten französischen Hellebardiers, der bei Hofe erzogen, aber in der Wildnis ergraut war – das waren die Szenen und die Porträts, die er festgehalten hatte.

Die Glut gefahrvoller Augenblicke, Blitze heftiger Leidenschaft, Kämpfe voll ungezügelter Wildheit, Liebe, Haß, Schmerz, Wahnsinn – mit einem Wort, das ganze abgenutzte Herz der alten Welt hatte sich ihm in neuer Form geoffenbart. Seine Mappe war voller graphischer Illustrationen zu den Bänden seiner Erinnerung, die sein Genie in die eigene Substanz verwandeln und mit Unsterblichkeit tränken sollte. Er fühlte, daß der tiefe Sinn seiner Kunst, nach dem er überall gesucht hatte, endlich gefunden war.

Doch mitten in der Starre und Lieblichkeit der Landschaft, mitten in den Gefahren der Wälder, mitten in ihrem überwältigenden Frieden hatten zwei Gestalten, zwei Weggenossen ihn immer begleitet. Wie alle Menschen, die in einem alles andere ausschließenden Ziel befangen sind, stand auch er abseits von der Masse der Menschen. Er hatte keine Wünsche, keine Freuden, keine Neigungen, die sich nicht auf seine Kunst bezogen. Obwohl er ein entgegenkommendes Benehmen hatte und gerade war im Denken und Handeln, waren seine Gefühle nicht zärtlich; sein Herz war kalt; kein lebendes Geschöpf konnte ihm so nahe kommen, daß es ihn gewärmt hätte. Diesen beiden jedoch brachte er aufs eindringlichste jenes Interesse entgegen, das ihn immer schon den Objekten seines Pinsels verbunden hatte. Mit intensivster Einfühlung hatte er in ihre Seelen gespäht und, was er dort sah, in ihren Zügen festgehalten, so daß er nur knapp jene Vollkommenheit verfehlte, die kein Genie jemals erreicht, die des eigenen strengen Maßstabs. Er hatte dem Dämmer der Zukunft – so glaubte er wenigstens – ein furchtbares Geheimnis entrissen und es in den Porträts zögernd enthüllt. So viel von sich selbst, seiner Phantasie, allen seinen Kräften hatte er in die Studie von Walter und Elinor gegeben, daß er sie beinahe als seine eigenen Geschöpfe betrachtete, wie alle die tausend anderen, mit denen er das Reich der Bilder bevölkert hatte. Daher huschten sie durch das Zwielicht der Wälder, schwebten im Dunst über den Wasserfällen, blickten ihm aus dem Spiegel des Sees entgegen und schwanden auch nicht im mittäglichen Licht der Sonne. Sie geisterten durch seine malerische Phantasie, aber nicht als Nachäffungen des Lebens oder als bleiche Kobolde der Toten, sondern als Porträts, jedes mit dem unveränderlichen Ausdruck, den seine Magie den Kavernen der Seele entlockt hatte. Er vermochte es nicht, den Atlantik zu überqueren, ohne zuvor noch einmal die Originale dieser luftigen Bilder zu sehen.

„O holde Kunst!" dachte der Maler bei sich, während er durch die Straßen ging. „Du Abbild der Kunst des Schöpfers! Die unzähligen Formen, die im Nichts wandeln, erwachen auf einen Wink von dir zum Leben. Die Toten feiern Auferstehung. Du rufst sie an ihre alten Stätten zurück und gibst ihren grauen Schatten den Widerschein eines besseren Lebens, irdisch und unsterblich zugleich. Du bringst die flüchtigen Augenblicke der Geschichte zurück. Bei dir gibt es keine Vergangenheit, denn unter deiner Berührung wird alles Große auf ewig gegenwärtig; berühmte Männer überdauern die Zeiten in der sichtbaren Vorführung eben jener Taten, die sie zu dem gemacht haben, was sie sind. O du mächtige Kunst! die du kaum mehr bewußte Vergangenheit in jenen schmalen Streifen Sonnenlichtes stellst, den wir das Jetzt nennen, kannst du die gänzlich verhüllte Zukunft zwingen, ihr hier begegnen? Hab ich es denn nicht vollbracht? Bin ich nicht dein Prophet?"

Dergestalt erfüllt von stolzer, wenn auch melancholischer Glut, hätte er beinahe laut aufgeschluchzt, während er durch die geschäftigen Straßen schritt, unter Leuten, die von seinen Träumen nichts wußten, sie nicht begriffen hätten und nichts darum gaben. Es ist nicht gut für den Menschen, nur dem eigenen einsamen Ehrgeiz zu frönen. Wenn nicht andere um ihn sind, an deren Beispiel er sich halten kann, dann werden seine Gedanken, Wünsche und Hoffnungen maßlos und er dem Anschein nach, ja vielleicht in Wahrheit, ein Irrer. Während er, mit beinahe übernatürlichem Scharfsinn, in anderen

Busen las, übersah der Maler das Chaos in seinem eigenen.

„Und das hier müßte das Haus sein", sagte er und betrachtete die Fassade von oben bis unten, bevor er klopfte. „Der Himmel helfe meinem Verstand! Dieses Bild! Mir scheint, es wird nie wieder vergehen. Ob ich die Fenster ansehe oder das Tor, immer steht es da im Rahmen, mit kraftvollen Strichen, in glühenden Farben – die Gesichter der Porträts – die Gestalten und die Handlung auf der Zeichnung!"

Er klopfte.

„Die Porträts! Sind sie hier?" fragte er den Bedienten; und dann, sich fassend – „deine Herrschaft, meine ich. Ist sie zu Hause?"

„Sehr wohl, mein Herr", antwortete dieser, und den malerischen Aufzug bemerkend, in dem der Künstler aufzutreten beliebte, fügte er hinzu: „Und die Porträts ebenfalls."

Der Besuch wurde in einen Empfangsraum geführt, den eine Mitteltür mit einem inneren Raum von gleicher Größe verband. Da das erste Gemach leer war, näherte er sich dem Eingang des zweiten, wo seine Augen jene lebenden Gestalten wie auch ihre gemalten Darsteller grüßten, die so lange Gegenstand seines lebhaftesten Interesses gewesen waren. An der Schwelle hielt er unwillkürlich inne.

Sie hatten sein Kommen nicht bemerkt. Walter und Elinor standen vor ihren Porträts. Er hatte gerade die reichen, schweren Falten des seidenen Vorhangs zurückgeschlagen und hielt dessen goldene Quaste in der einen Hand, während die andere die seiner jungen Frau gefaßt hielt. Die Bilder, monatelang verhangen, strahlten in ungebrochenem Glanz, es schien, als würfen viel mehr sie selber einen düsteren Schein in den Raum, als daß ein erborgtes Licht sie beleuchtete. Elinors Bild hatte sich in Wahrheit als beinahe prophetisch erwiesen. Nachdenklichkeit und sanfte Trauer waren auf ihrem Gesicht einander gefolgt und hatten sich im Fluß der Zeit zu stiller Qual vertieft. Nur eine Beimischung von Schrekken brauchte es noch, dann war der Ausdruck des Bildes vollkommen erfüllt. Walters Gesicht blickte mürrisch und stumpf, nur manchmal von jähen Blitzen durchzuckt, deren rasch schwindendes Licht nur um so tiefere Verfinsterung zurückließ. Sein Blick ging von Elinor zu ihrem Porträt, dann zu seinem eigenen, in dessen Betrachtung er schließlich versank.

Dem Maler war es, als hörte er hinter sich den Schritt des Schicksals, wie es auf sein Ohr zuschritt. Ein seltsamer Gedanke schoß ihm durch den Kopf. Hatte das Schicksal am Ende seine eigene Gestalt angenommen, ihn zum Boten und Handlanger des Unheils gemacht, das er selber vorausgedeutet hatte?

Noch immer stand Walter stumm vor dem Bild, Zwiesprache mit ihm haltend wie mit seinem eigenen Herzen, sich gänzlich dem Bann des Bösen hingebend, das der Maler in seine Züge gelegt hatte. Ein Licht glomm langsam in seinen Augen auf; und während Elinor die zunehmende Wildheit seines Gesichtes beobachtete, nahm ihr eigenes den Ausdruck des Entsetzens an; und als er sich schließlich zu ihr wandte, war die Übereinstimmung mit ihren beiden Porträts vollkommen.

„Unser Schicksal ist über uns!" schrie Walter. „Stirb!"

Damit zog er ein Messer, stützte sie, da sie zu Boden sinken wollte, und zielte auf ihre Brust. In der Bewegung sowie in Ausdruck und Haltung standen dem Maler jetzt leibhaftig die Gestalten seiner Zeichnung vor Augen. Das Bild in allen seinen furchtbaren Farben war vollendet.

„Halt, Wahnsinniger!" rief er streng.

Er war aus der Tür hervorgetreten und hatte sich zwischen die beiden Unseligen gestellt, unerschüttert im Glauben an seine Macht, in ihr Geschick ebenso eingreifen zu können, wie er imstande war, eine Szene auf der Leinwand zu ändern. Wie ein Magier stand er da, der die Gespenster bannt, die er beschworen hatte.

„Wie!" stieß Walter Ludlow hervor und sank von heftiger

Erregung wieder in stumpfe Düsternis. „Fällt das Schicksal seinem eigenen Ratschluß in den Arm?"

„Unglückliche Elinor!" sagte der Maler. „Habe ich Sie nicht gewarnt?"

„Das haben Sie", erwiderte Elinor ruhig, und ihr Entsetzen wich wieder dem stummen Schmerz, den es aufgestört hatte. „Aber ich habe ihn geliebt."

Liegt in dieser Erzählung nicht eine tiefe Moral? Könnte das Ergebnis einer oder aller unserer Taten vorausgeahnt und uns gezeigt werden – so würden manche sagen: Schicksal, und weiterhasten – andere würde ihr heftiges Begehren vor sich hertreiben – aber keinen hielten sie zurück, die „Prophetischen Bilder".

Endicott und das rote Kreuz

Über zwei Jahrhunderte ist es her, da wurde zur Mittagszeit eines Herbsttages vom Fahnenträger einer Salemer Miliztruppe, die unter Führung von John Endicott zu kriegerischem Exerzieren angetreten war, die englische Fahne entfaltet. Es war das eine Zeit, in der die aus religiösen Gründen ausgewanderten Neu-Engländer daran gewöhnt waren, oft ihre Rüstungen umzuschnallen und sich in der Handhabung der Kriegswerkzeuge zu üben. Seit den Zeiten der ersten Besiedlung waren die Aussichten dieses Landes noch nie so düster gewesen. Die Meinungsverschiedenheiten zwischen Karl I. und seinen Untertanen wurden damals, und auch danach noch mehrere Jahre lang, auf dem Boden des Parlaments ausgetragen. Das Vorgehen des Königs und seiner Minister wurde um so tyrannischer und gewalttätiger, als die Opposition noch nicht genügend Vertrauen in die eigene Kraft besaß, um königlichem Unrecht mit dem Schwert in der Hand zu begegnen. Der bigotte, hochfahrende Primas Laud, der Erzbischof von Canterbury, entschied über alle religiösen Angelegenheiten des Reiches und war daher im Besitz einer Machtfülle, mit der er die beiden puritanischen Kolonien von Plymouth und Massachusetts jederzeit dem völligen Ruin preisgeben konnte. Uns sind Beweise dafür überliefert, daß unsere Vorfahren sich dieser Gefahr bewußt, zugleich aber fest entschlossen waren, daß ihr junges Land nicht kampflos fallen dürfe, auch nicht unter der gewaltigen Kraft von des Königs rechtem Arm.

So sahen die Zeiten aus, als die Falten des englischen Banners mit dem Roten Kreuz in seinem Feld über einer Kompanie von Puritanern aufgerollt wurde. Der Anführer, der berühmte Endicott, war ein Mann von ernstem, entschlossenem Gesichtsausdruck, den ein grauer Bart, der den oberen Teil seines Brustpanzers bedeckte, noch mehr verfinsterte. Dieses Rüstungsstück war derart blank geputzt, daß die ganze Umgebung sich in dem schimmernden Stahl spiegelte. Im Mittelpunkt des Spiegelbildes stand ein Gebäude von bescheidener Bauart – es besaß weder Turm noch Glocke, um es als das vorzustellen, was es war, nämlich das Andachtshaus. Als Sinnbild für die Gefahren der Wildnis mochte das grimme Haupt eines Wolfes dienen, der vor kurzem noch innerhalb des Dorfbezirks erlegt und darauf, um auf diese Weise den Anspruch auf Beutegeld zu belegen, der Gepflogenheit gemäß über den Türstock des Gotteshauses genagelt worden war. Das Blut troff noch auf die Schwelle herab.

Und auch sonst waren zu dieser mittäglichen Stunde so viele andere charakteristische Züge der puritanischen Zeiten und Gebräuche zu sehen, daß wir versuchen wollen, sie in einer Skizze festzuhalten, die jedoch längst nicht so lebendig sein kann wie ihr Spiegelbild auf John Endicotts schimmerndem Brustharnisch.

In nächster Nachbarschaft des heiligen Gebäudes stand jenes bedeutsame Werkzeug puritanischer Autorität, die Staupsäule – die Erde rund herum war festgestampft von den Füßen jener Übeltäter, die man hier Mores gelehrt hatte. An einer Ecke des Gotteshauses stand der Pranger, an der anderen Ecke der Block; und durch eine – für unsere Skizze wenigstens – glückliche Fügung war gerade der Kopf eines Episkopalen, den man noch dazu für einen heimlichen Katholiken hielt, in grotesker Haltung in der ersteren Vorrichtung eingeschlossen, während ein Spießgeselle im Bösen, der geräuschvoll seinen Becher auf die Gesundheit des Königs geleert hatte, mit den Beinen in letzterer steckte. Auf den Stufen des Andachtshauses standen Seite an Seite eine männliche und eine weibliche Gestalt. Der Mann, eine lange, dünne, abgezehrte Verkörperung des Fanatismus, trug auf der Brust eine Tafel: „Der störrische Evangelist", woraus man erkennen konnte, daß er es gewagt hatte, die Heilige Schrift auf seine Weise auszulegen, ohne das unfehlbare Urteil der weltlichen und religiösen Führer darüber einzuholen. Er sah nicht so aus, als würde ihn der Pranger vom feurigen Glauben an seine Irrlehren abbringen können. Die Frau trug die Zunge in einer Klammer, als passende Strafe dafür, daß sie dieses unbotmäßige Glied gegen die Kirchenältesten gewetzt hatte; aber Gesicht und Haltung der Schuldigen ließen befürchten, daß in dem Augenblick, in dem die Klammer entfernt würde, eine Wiederholung des Verstoßes alsogleich nach Erfindung neuer Mittel der Züchtigung verlangen würde.

Die oben beschriebenen Personen waren dazu verurteilt, ihre Schmach zur Mittagszeit eine Stunde lang zu ertragen. Aber in der Menge standen einige, deren Strafe ein ganzes Leben lang dauerte; einigen waren die Ohren gestutzt, wie jungen Hunden, anderen die Initialen ihres Verbrechens in die Wangen eingebrannt worden; einer war da mit geschlitzten und versengten Nasenlöchern, wieder ein anderer hatte einen Strick um den Hals, den er weder abnehmen noch unter seinen Kleidern verstecken durfte. Mich dünkt, er muß oft schmerzlich versucht gewesen sein, das andere Ende des Stricks an irgendeinem passenden Ast oder Balken festzumachen. Dann stand da auch eine junge Frau von nicht geringer Schönheit, deren Strafe darin bestand, daß sie vor aller Welt und vor den Augen ihrer eigenen Kinder auf ihrem Kleid über der Brust den Buchstaben E tragen mußte. Und sogar ihre Kinder wußten, was dieser Buchstabe bedeutete. Der Schande die Stirn bietend, hatte das verlorene und verzweifelte Geschöpf das verhängnisvolle Zeichen in kunstvoller Näharbeit mit Goldfaden auf scharlachrotes Tuch gestickt; so daß das große E vielleicht auch „Ehre" bedeuten konnte – alles andere jedenfalls als „Ehebrecherin".

Möge der Leser sich von diesen Beweisen frevelhaften Betragens jedoch nicht dazu verleiten lassen, die Zeiten der Puritaner für verworfener zu halten als die eigenen, wenn wir heute auch durch die gleiche Straße gehen, die diese Skizze beschreibt, ohne bei Mann oder Frau auf äußere Abzeichen der Verfehlung zu stoßen. Es war eben die Gepflogenheit unserer Vorfahren, auch die heimlichsten Sünden aufzuspüren und sie unbestechlich und unerschrocken im hellen Licht des Mittags der Schande auszusetzen. Wäre dies heute noch der Brauch, wir fänden leicht Anlaß genug für eine nicht minder pikante Beschreibung.

Bis auf die oben beschriebenen Missetäter und die kranken und gebrechlichen Personen war die gesamte männliche Bevölkerung der Stadt in den Reihen der Miliz zu sehen. Ein paar stattliche Wilde standen in all der Pracht und Würde des ursprünglichen Indianers abseits und betrachteten das Schauspiel. Ihre mit Steinspitzen versehenen Pfeile waren Kinderspielzeug im Vergleich zu den Luntenschloßmusketen der Puritaner und hätten an den Stahlhelmen und den gehämmerten, eisernen Brustplatten, die jeden Soldaten wie in seiner eigenen Festung einschlossen, höchstens harmlos gerattert.

Mit einem Auge voll Stolz blickte der tapfere John Endicott auf seine entschlossene Schar und schickte sich an, die militärischen Übungen des Tages fortzusetzen.

„Los, ihr Wackeren!" sprach er und zog sein Schwert. „Laßt uns diesen armen Heiden zeigen, daß wir starke Männer sind, die ihre Waffen zu führen verstehen! Wohl ihnen, wenn sie uns nicht zwingen, es ihnen im Ernste zu beweisen!"

Die eisengepanzerte Kompanie stand in Reih und Glied, Mann für Mann zog den schweren Kolben der Muskete an den linken Fuß heran und erwartete in dieser Stellung die Befehle des Hauptmanns. Aber als Endicott die Front nach links, dann nach rechts mit den Augen maß, gewahrte er in einiger Entfernung einen Mann, der eines Gesprächs gewürdigt werden mußte. Es handelte sich um einen älteren Herrn in schwarzem Mantel und Kragen, mit hohem Hut, einem samtenen Käppchen darunter – im Gewand eines puritanischen Geistlichen eben. Ehrwürden trug in der Hand einen Stab, der wohl erst kürzlich im Walde abgeschnitten worden, und seine Schuhe waren schlammverschmiert, so, als wäre er zu Fuß durch die Sümpfe der Wildnis gewandert. Er sah ganz wie ein Pilger aus, auch eine gewisse apostolische Würde unterstrich noch diesen Eindruck. Eben in dem Augenblick, da Endicott ihn gewahrte, legte der Geistliche den Stock beiseite und beugte sich über eine helle, sprudelnde Quelle, die in einer Entfernung von etwa einem Dutzend Yards von der Kirche ins Sonnenlicht sprudelte. Doch ehe der gute Mann trank, wandte er sein Gesicht voll Dankbarkeit himmelwärts; dann hielt er seinen grauen Bart mit einer Hand zur Seite und schöpfte mit der hohlen anderen Hand den einfachen Trank.

„Was seh ich! Guter Mr. Williams!" rief Endicott. „Willkommen daheim, in unserer Stadt des Friedens! Wie geht's unserem werten Gouverneur Winthrop? Und was sind die Nachrichten aus Boston?"

„Der Gouverneur befindet sich wohl, geschätzter Herr", antwortete Roger Williams, indem er seinen Stock wieder aufnahm und näherkam. „Und was die Nachrichten anlangt, so habe ich hier einen Brief, den Seine Exzellenz, wohl wissend, daß ich heute hier ankommen sollte, meiner Obhut übergab. Eine Nachricht von großer Wichtigkeit dürfte darin enthalten sein; denn gestern erreichte uns ein Schiff aus England."

Mr. Williams, der Geistliche von Salem, der allen Zuschauern natürlich gut bekannt war, war inzwischen zu der Stelle gelangt, wo Endicott unter der Fahne seiner Kompanie stand, und übergab den Brief des Gouverneurs in seine Hände. Auf das breite Siegel war Winthrops Wappen eingedrückt. Endicott riß den Brief hastig auf und fing zu lesen an; doch während sein Auge die Seite herabglitt, lief eine grimmige Veränderung über sein männliches Gesicht. Blut leuchtete durch, bis sein Antlitz in innerem Feuer zu glühen schien; die Vermutung, daß bald auch der Brustpanzer rot glühen würde vom zornigen Feuer des Busens, den er bedeckte, schien nicht von der Hand zu weisen. Beim Ende angelangt, schüttelte er den Brief leidenschaftlich in seiner Hand, daß er so laut knatterte wie die Fahne über Endicotts Kopf.

„Schlechte Nachrichten sind das, Mr. Williams", sagte er; „schlechtere kamen nie nach Neu-England. Ohne Zweifel kennt Ihr den Inhalt des Briefes?"

„In der Tat", versetzte Roger Williams; „denn der Gouverneur besprach sich in dieser Angelegenheit mit meinen Amtsbrüdern in Boston; ebenso wurde auch meine Meinung eingeholt. Und Seine Exzellenz läßt Euch durch mich ersuchen, daß die Nachricht nicht mir nichts dir nichts ausposaunt wird, damit nicht das Volk sich zu einem Ausbruch hinreißen läßt und so dem König und dem Erzbischof eine Handhabe gegen uns liefert."

„Der Gouverneur ist ein weiser Mann – ein weiser Mann, und sanftmütig und milde", sagte Endicott und preßte die Zähne zusammen. „Dennoch muß ich nach eigenem bestem Wissen und Gewissen handeln. Es ist kein Mann noch Weib noch Kind in Neu-England, dem diese Nachricht nicht so naheginge wie das eigene Leben; und wenn John Endicotts Stimme laut genug ist, so sollen Mann, Weib und Kind die Nachrichten hören. Soldaten, schwenkt in ein hohles Karree! Merkt auf, gute Leute! Hier gibt es für alle was zu hören!"

Die Soldaten rückten um ihren Anführer zusammen; und er und Roger Williams standen miteinander unter dem Banner des Roten Kreuzes, während die Frauen und die alten Männer nach vorn drängten und die Mütter ihre Kinder emporhoben, damit sie Endicotts Gesicht sehen konnten. Ein paar leichte Schläge auf die Trommel gaben das Signal zu Ruhe und Aufmerksamkeit.

„Brüder und Schwestern, Soldaten und Bürger dieses Exils", begann Endicott mit starker Erregung, die er jedoch machtvoll beherrschte, „zu welchem Ende seid ihr aus dem Land eurer Geburt fortgegangen? Zu welchem Ende, sage ich, haben wir die grünen und fruchtbaren Felder verlassen, die Hütten, die alten Herrschaftsgebäude, in denen wir geboren wurden und aufwuchsen, die Friedhöfe, wo unsere Vorväter begraben liegen? Zu welchem Ende sind wir hierhergekommen, um unsere Grabsteine in der Wildnis aufzurichten? Und eine brüllende Wildnis ist es! Wolf und Bär lauern in Rufweite von unseren Hütten. Der Wilde liegt im düsteren Schatten der Wälder im Hinterhalt. Die unnachgiebigen Wurzeln der Bäume zerbrechen unsere Pflugschar, wenn wir die Erde pflügen wollen. Unsere Kinder schreien nach Brot, und wir müssen im Sand der Küste graben, um ihren Hunger zu stillen. Ich sage, zu welchem Ende haben wir dieses Land mit der kargen Erde und dem winterlichen Himmel gesucht? Ging es uns denn nicht um den freien Genuß unserer Bürgerrechte? Ging es uns nicht um die Freiheit, Gott nach unserem eigenen Gewissen zu verehren?"

„Das nennt Ihr Gewissensfreiheit?" unterbrach ihn eine Stimme von den Stufen des Andachtshauses.

Es war der störrische Evangelist.

Ein trauriges, stilles Lächeln huschte über das milde Gesicht von Roger Williams. Aber Endicott, fortgerissen von der Erregung des Augenblicks, schüttelte zornig sein Schwert gegen den Schuldigen – bei einem Manne wie ihm eine unheildrohende Geste.

„Was hast du mit Gewissen zu tun, du Schurke?" schrie er. „Ich sagte Freiheit, Gott zu verehren, ich redete nicht von der Zuchtlosigkeit, die gegen Gott frevelt und ihn lächerlich macht. Unterbrich nicht meine Rede! Oder ich lasse dich an Hals und Füßen in den Block schließen bis morgen um die gleiche Stunde! Mir hört zu, Freunde, nicht dem verfluchten Schwätzer! Wie ich eben sagte, wir haben alles geopfert und sind in ein Land gezogen, von dem die Alte Welt kaum Kunde hatte, auf daß wir eine neue Welt für uns selber bauen und mühsam einen Pfad von hier in den Himmel suchen. Doch was glaubt ihr? Dieser Sohn eines schottischen Tyrannen – dieser Enkel eines papistischen, ehebrecherischen schottischen Weibes, deren Tod bewies, daß auch eine goldene Krone nicht immer ein gesalbtes Haupt vor dem Richtblock bewahrt –"

„Nein, Bruder, nein", fiel Mr. Williams ein; „deine Worte ziemen sich nicht in der verschwiegenen Kammer, um wieviel weniger noch auf der öffentlichen Straße."

„Gib Frieden, Roger Williams!" antwortete Endicott herrisch. „Für das Geschäft, das jetzt zu tun ist, ist mein Verstand besser als der deine. Ich sage euch, ihr Verbannten, daß Karl von England und Laud, der Erzpriester von Canterbury, unser grimmigster Feind, entschlossen sind, uns bis hierher zu verfolgen. Sie haben den Vorsatz gefaßt, so sagt der Brief, einen General-Gouverneur herüberzusenden, in dessen Brust sie Recht und Billigkeit dieses Landes legen wollen. Außerdem haben sie vor, die götzendienerischen Zeremonien der englischen Episkopalkirche einzuführen; wenn also Laud, als Kardinal von Rom, dem Papst die Zehe küßt, so steht es ihm frei, Neu-England, an Händen und Füßen gebunden, der Gewalt seines Herrn und Meisters auszuliefern!"

Ein tiefes Stöhnen der Menge – ein Laut des Zorns, aber auch der Angst und Sorge – war die Antwort auf diese Nachricht. „Seht euch vor, Brüder", fuhr Endicott mit steigendem Nachdruck fort, „wenn dieser König und dieser Erz-Prälat ihren Willen haben, so werden wir bald ein Kreuz auf dem Turm des Gotteshauses sehen, das wir gebaut haben, und einen Hochaltar darinnen und rundherum Wachsstöcke, die auch am hellichten Mittag brennen. Die Altarschelle werden wir vernehmen und die Stimmen der papistischen Priester, wie sie die Messe sagen. Aber glaubt ihr denn, ihr christlichen Männer, daß wir solche Greuel dulden, ohne das Schwert zu ziehen? Ohne daß ein Schuß fällt? Ohne daß Blut vergossen wird, und sei es auf den Stufen der Kanzel? Nimmermehr – zeigt denn eure kräftigen Hände und eure starken Herzen! Hier stehen wir auf unserem Grund und Boden, den wir mit unserem Hab und Gut gekauft haben, mit unserem Schwerte gewonnen, mit unseren Äxten gerodet, im Schweiß unseres Angesichts bebaut, den wir geheiligt haben mit unseren Gebeten zu jenem Gott, der uns hierhergeleitet! Wer kann uns hier zu Sklaven machen? Was schert uns dieser bemützte Prälat – oder dieser gekrönte König? Was schert uns England?"

Endicott starrte in die aufgeregten Gesichter der Menge, die jetzt von seinem Geist erfüllt war, und wandte sich dann jählings um zum Fahnenträger, der dicht hinter ihm stand.

„Offizier, senkt Eure Fahne!" sagte er.

Der Offizier tat, wie ihm geheißen; und Endicott schwang das Schwert, stieß die Waffe durch das Tuch hindurch und riß mit seiner linken Hand das Rote Kreuz vollständig aus der Fahne heraus. Dann schwenkte er das zerfetzte Banner über seinem Kopf.

„Du niederträchtiger Frevler!" schrie vom Pranger her der Anhänger der englischen Hochkirche, der sich nicht länger beherrschen konnte. „Du hast das Symbol unserer heiligen Religion geschmäht!"

„Verrat, Verrat!" brüllte der Königstreue im Block. „Er hat des Königs Banner geschändet!"

„Vor Gott und den Menschen will ich mich zu meiner Tat bekennen", antwortete Endicott. „Schlag einen Wirbel, Trommler! – schreit, Soldaten und Volk! – zu Ehren der Fahne Neu-Englands. Weder Papst noch Tyrann haben jetzt mehr teil an ihr!"

Mit einem triumphierenden Aufschrei hieß das Volk eine Tat gut, die zu dem Kühnsten gehört, was unsere Geschichte kennt. Und für immer sei der Name Endicotts geehrt! Wir blicken zurück durch den Nebel der Zeitalter und erkennen in dem Herausreißen des Roten Kreuzes den ersten Vorboten jener Befreiung, die unsere Väter erkämpften, und zwar zu einer Zeit, da die Knochen dieses aufrechten Puritaners schon über ein Jahrhundert lang im Staube moderten.

Die Halle der Phantasie

Es ist mir zu verschiedenen Malen passiert, mich plötzlich in einem bestimmten Gebäude zu finden, das verschiedene Charakteristika einer öffentlichen Börse aufweist. Das Innere besteht aus einer geräumigen Halle mit einem Fußboden aus weißem Marmor. Darüber wölbt sich eine hohe Kuppel, von zwei langen Säulenreihen getragen, deren phantastische Architektur wahrscheinlich von den maurischen Ruinen der Alhambra inspiriert wurde, vielleicht auch von irgendeinem verzauberten Gebäude aus Tausendundeiner Nacht. Die Fenster dieser Halle sind so breit, so prachtvoll in der Anlage, so kunstvoll in der Ausführung, daß sie außer in den gotischen Kathedralen der Alten Welt nicht ihresgleichen haben. Und wie ihre Vorbilder lassen auch sie das Licht des Himmels nur durch buntes, bemaltes Glas ein, das die Halle mit vielfarbigem Glanz erfüllt und auf dem Marmorboden schöne oder auch groteske Zeichnungen entwirft; so daß die in ihr Weilenden gleichsam eine visionäre Atmosphäre einsaugen und die Phantasiebilder des poetischen Geistes mit Füßen treten. Diese Merkwürdigkeiten, in einem Stilgemisch verbunden, das noch wilder ist, als selbst die amerikanischen Architekten üblicherweise für statthaft halten, bewirken, daß das ganze Gebäude den Eindruck eines Traumgebildes macht, wo man vielleicht nur mit dem Fuß auf den Boden zu stampfen braucht, und schon löst sich alles auf und zerfällt in seine Bestandteile. Doch mit Hilfe jener Umbauten und Instandsetzungsarbeiten, wie die aufeinanderfolgenden Zeitläufte sie erfordern, wird die Halle der Phantasie wahrscheinlich länger stehen als selbst das solideste Gebäude, das jemals die Erde deckte.

Keineswegs wird einem der Eintritt in dieses Gebäude zu jeder Zeit gestattet; dennoch findet fast jeder in diesem oder jenem Abschnitt seines Lebens einmal hinein. Bei meinem letzten Besuch war ich ganz unabsichtlich hineingeraten, während mein Kopf sich eifrig mit einer müßigen Geschichte befaßte, und ich war ganz bestürzt über die Menschenmenge, die plötzlich neben mir aufzuquellen schien.

„Gott steh mir bei! Wo bin ich!" rief ich, mich nur dunkel an die Halle erinnernd.

„Du bist an einem Ort", sagte ein Freund, der zufällig in der Nähe stand, „der in der Welt der Vorstellung die gleiche Stellung einnimmt wie die New Yorker Exchange, die Pariser Börse und der Rialto in der Welt des Handels. Alle, die in dieser mystischen Region zu tun haben, sei es oberhalb, unterhalb oder jenseits der Wirklichkeit, kommen hier zusammen und verhandeln über ihre Träume."

„Diese Halle ist ein höchst edles Gebäude", bemerkte ich.

„Jawohl", erwiderte er. „Doch was wir hier sehen, ist nur ein kleiner Teil. In den oberen Stockwerken soll es Räume geben, wo die Erdenmenschen sich mit den Mondmenschen unterhalten. Und in den düsteren Zellen unter unseren Füßen, die in Verbindung mit den Regionen der Hölle stehen, werden Monster und Chimären gefangengehalten und mit jeder Verderbtheit gefüttert."

Rund um die Halle standen in Nischen und auf Sockeln die Statuen oder Büsten von Männern, die irgendwann einmal im Reich der Vorstellung und den ihm benachbarten Bezirken Herrscher und Halbgötter gewesen waren. Da war das herrliche alte Gesicht Homers; die abgezehrte und hinfällige Gestalt und das lebhafte Gesicht von Aesop; die düstere Erscheinung Dantes; der wilde Ariost; Rabelais' Lächeln voll tiefgründiger Heiterkeit; der tiefe, erschütternde Humor des Cervantes, der alle überstrahlende Shakespeares; Spenser, würdiger Gast in einem allegorischen Gebäude; die strenge Gottesgelehrtheit eines Milton; und Bunyan, aus einfachstem Lehm geformt und doch durchdrungen von himmlischem Feuer – sie waren es, die vor allem meine Blicke auf sich zogen. Fielding,

Richardson und Scott standen auf äußerst prächtigen Sockeln. In einer abgelegenen, finsteren Nische war auch unserem Landsmann, dem Autor von Arthur Mervyn, eine Büste aufgestellt.

„Neben diesen unzerstörbaren Denkmälern des echten Genius", sagte mein Gefährte, „hat jedes Jahrhundert Statuen seiner eigenen, ephemeren Lieblinge aufgestellt, und zwar aus Holz."

„Ich bemerkte bereits ein paar zerbröckelte Reste dieser Statuen", sagte ich. „Doch ich nehme an, daß von Zeit zu Zeit das Vergessen mit seinem riesigen Besen die Halle betritt und sie alle vom Marmorboden fegt. Einem solchen Schicksal wird diese schöne Statue von Goethe hier aber sicher entgehen."

„Und sein Nachbar ebenso – Emanuel Swedenborg", sagte er. „Waren jemals zwei Männer von transzendenter Vorstellungskraft einander so unähnlich?"

In der Mitte der Halle sprudelt ein Zierbrunnen, dessen Fluten ständig neue Formen annehmen und sich mit den wechselnden Farben aus der bunten Atmosphäre rund um ihn schmükken. Man kann sich unmöglich ausmalen, welche fremdartige Lebhaftigkeit sich dem Bilde durch den magischen Tanz dieses Brunnens mitteilt, mit seinen endlosen Metamorphosen, in denen der phantasiebegabte Betrachter jede gewünschte Form erkennen mag. Manche glauben, daß sein Wasser aus derselben Quelle stammt wie das des Kastalischen Brunnens, andere wieder preisen den Brunnen, weil er, wie sie meinen, die Kraft eines Jungbrunnens mit der Kraft vieler anderer Zauberbrunnen vereinigt, wie sie seit alten Zeiten in Sage und Lied gefeiert werden. Da ich nie davon trank, kann ich auch keine dieser Eigenschaften selber bezeugen.

„Habt Ihr jemals von diesem Wasser getrunken?" fragte ich meinen Freund.

„Hin und wieder einen Schluck", erwiderte er. „Aber es gibt Männer, die ihren Durst ausschließlich davon stillen – oder zumindest sagt man ihnen das nach. In manchen Fällen ließ sich eine berauschende Wirkung des Wasser beobachten."

„Ich bitte Euch, laßt uns die Wasser-Trinker aus der Nähe betrachten", sagte ich.

Also gingen wir die phantastischen Säulen entlang, bis wir zu einer Stelle kamen, wo eine ganze Anzahl von Personen sich auf einen Haufen drängte, ins Licht eines der großen bemalten Fenster getaucht, das nicht nur sie, sondern selbst den Marmorboden, über den wir schritten, mit einem Glorienschein zu bedecken schien. Die meisten Mitglieder der Gruppe waren Männer mit breiter Stirn, grüblerischen Gesichtern und nachdenklichen, nach innen gerichteten Augen, doch brauchte es nicht viel, um sie zum Lachen zu bringen; noch aus dem tiefsten Grabesernst und dem höchsten Gedankenflug sprühte die gute Laune. Einige gingen auf und ab oder lehnten schweigend und einsam an den Säulen der Halle, einen verzückten Ausdruck im Gesicht, so als erzittere die Luft rund um sie von süßer Musik, oder als seien ihre Herzen drauf und dran, im Lied zu vergehen. Der eine oder andere blickte vielleicht manchmal verstohlen auf die Umstehenden, um zu sehen, ob seine poetische Verzückung wohl auch gebührend beachtet wurde. Andere standen gruppenweise beisammen und unterhielten sich, mit einer Lebhaftigkeit des Ausdrucks, einem locker sitzenden Lächeln, einem leichten, intellektuellen Lachen, dem man ansah, wie rasch die Pfeile des Witzes zwischen ihnen hin und her schwirrten. In einem der lebhaftesten unter ihnen erkannte ich Holmes.

Einige hatten sich höheren Gegenständen zugewandt, so daß ihre ruhigen melancholischen Seelen Mondstrahlen aus ihren Augen sandten. Während ich mich in ihrer Nähe herumtrieb – denn ich fühlte mich innerlich zu diesen Männern hingezogen, als hätte mich der Gleichklang des Gefühls, wenn schon nicht des Genius, als einen der Ihren in ihre Reihen gestellt –, erwähnte mein Freund die Namen mehrerer Angehöriger dieser Gruppe. In der Welt haben diese Namen einen guten Klang, manche sind ihr seit Jahren wohlvertraut; andere dringen täglich tiefer in das Herz der Allgemeinheit. Bryant ist aus seiner Redaktion hierhergekommen, das Gesicht nicht mehr verzerrt vom politischen Kleinkrieg, sondern mit einem Ausdruck, als wäre seine Seele erfüllt von Thanatopsis oder jenen herrlichen Stanzen über das zukünftige Leben. Percival, bei dessen Anblick man immer das Gefühl hat, einen Blick auf einen scheuen Vogel der Wildnis zu erhaschen, hatte sich in den tiefsten Schatten zurückgezogen, der hier zu finden war. Auch Dana war hier; wenn auch die Allgemeinheit schon seit geraumer Zeit von seinen Besuchen in der Halle der Phantasie durchaus nicht das geringste mehr profitierte, war er doch in jungen Jahren in ihre düsteren Höhlen hinabgestiegen und hatte von dort einen Schatz von dunklen, niederdrückenden Geschichten heraufgeholt. Halleck, so schien mir, war in diese purpurne Atmosphäre wohl eher in der Absicht geschlendert, sich zu amüsieren, als daß ein starker Antrieb seiner Natur ihn hergeführt hätte; und Willis sah trotz seines unveräußerlichen Rechts auf Zutritt doch so sehr wie ein Mann von Welt aus, daß er kaum hierher zu gehören schien. Sprague war auf einen Sprung von der Globe Bank herübergekommen, den Federkiel noch hinterm Ohr. Pierpont war wohl in der Hoffnung erschienen, die zornige Glut der Debatten zu dämpfen – ein Feuer, dem der Altar des sanften Dichterherzens keine Stätte bieten dürfte.

Mitten unter diesen vielen Zelebritäten erblickte ich die Gestalt eines Freundes, den ich ganz sicher Tausende von Meilen entfernt glaubte. Seine Augen starrten aufwärts in die hohe Kuppel, als hätte einer gesagt: EXCELSIOR.

„Das ist doch Longfellow!" rief ich. „Seit wann ist er aus Deutschland zurück?"

„Der unwichtigste Teil seiner Person – das heißt, der körperliche Mensch – ist wahrscheinlich in diesem Augenblick noch immer dort, unter einer Wassersäule", erwiderte mein Gefährte. „Doch wo auch sein Körper sein mag, sein Geist wird immer den Weg in die Halle der Phantasie finden. Seht:

dort ist auch Washington Irving, von dem alle Welt annimmt, daß er eben in Spanien das ernste Amt eines Gesandten bekleidet."

Und dort stand ja auch der bekannte Geoffrey Crayon, im strahlenden Licht eines Fensters, das aussah wie das gemalte Symbol seiner eigenen köstlichen Phantasie. Mr. Cooper dagegen geruhte, sich in einem eher düsteren Lichte zu zeigen; er dachte offenbar eher über eine Rede in einer Verleumdungsklage nach als über eine Szene in einer jener Geschichten, die ihn zu einem der bedeutendsten Männer in dieser verzauberten Halle machten. Doch wehe mir! Unter diesen Poeten und Männern der Vorstellungskunst bewege ich mich auf schlüpfrigem Boden, denn sie zu bemerken ist vielleicht ebenso riskant, wie sie in der Menge etwa nicht zu erkennen. Wie gern würde ich alle ihre Namen in kosmischem Staub blasonieren! Doch muß ich mich leider damit begnügen, jene aufzuzählen, auf die der Zufall meinen Blick lenkte. Da war Washington Allston, in seiner dreifachen Rolle als Maler, Romanschreiber und Poet mit dreifachem Anspruch auf das Bürgerrecht der Halle ausgestattet; John Neal, dessen zügellose Muse Lauffeuer ausstößt und sie mit einem enormen Rauchschwall begleitet, und Lowell, der Poet jener Generation, die jetzt die Bühne betritt. Der junge Autor von Dolon war hier, eingehüllt in einen dichten Nebel metaphysischer Vorstellungen. Epes Sargent und Mr. Tuckerman waren erschienen, um Mitarbeiter für ihre jeweiligen Magazine zu werben. Hillard war Ehrenmitglied dieser poetischen Gruppe, und zwar als Spensers Herausgeber, wenn er vielleicht auch vorgezogen hätte, auf eigene Rechnung aufzutreten. Mr. Poe war aufgrund seiner Phantasie bereitwillig Einlaß gewährt worden, doch drohte man ihm als Angehörigem der widerwärtigen Kaste der Kritiker gleichzeitig mit dem Hinauswurf.

Unter der sangesfreudigen und einfallsreichen Menge gab es auch eine Anzahl von Damen. Ich weiß nicht, ob ihre Eintrittskarten mit der echten Unterschrift Apollos gezeichnet waren; in jedem Fall hatten sie jedoch schon aus purer Höflichkeit ein Recht auf Zutritt. Miss Sedgwick war ein geehrter Gast, wenn auch die Atmosphäre der Halle der Phantasie nicht unbedingt jenes Licht ist, das ihr am besten zu Gesicht steht. Endlich sah ich auch Mr. Rufus Griswold, mit Bleistift und Notizbuch, wie er eifrig die Namen aller anwesenden Dichter und Dichterinnen festhielt, außerdem auch einige, denen außer ihm kein Mensch jemals einen Besuch hier zugetraut hätte.

„Dank sei dem Himmel", sagte ich zu meinem Gefährten, während wir uns in einen anderen Teil der Halle begaben, „daß wir mit diesem reizbaren, launischen, scheuen, stolzen, unvernünftigen Haufen von Lorbeer-Sammlern fertig sind. Ich liebe sie in ihren Werken, aber mein Bedürfnis, sie auch anderswo anzutreffen, ist sehr gering."

„Ich sehe, daß Ihr Euch ein altes Vorurteil angeeignet habt", sagte mein Freund, der mit den meisten dieser Persönlichkeiten bekannt war, studierte er doch die Poesie und war auch selbst nicht gänzlich ohne poetisches Feuer. „Doch soviel ich aus Erfahrung sagen kann, sind auch Männer von Genie mit geselligen Tugenden begabt; besonders in unserer Zeit scheint sich ein Gemeinschaftsgefühl unter ihnen auszubilden, das in der Vergangenheit ohne Beispiel ist. Als Männer wollen sie nichts Besseres als mit ihren Mitmenschen auf gleichem Fuße verkehren; und als Autoren haben sie ihre sprichwörtliche Eifersucht abgelegt und bekennen sich als Mitglieder eines einzigen, großzügigen Ordens."

„Die Welt ist nicht dieser Auffassung", antwortete ich. „In der allgemeinen Gesellschaft wird ein Autor kaum anders aufgenommen als wir einfache Bürger in der Halle der Phantasie. Wir starren ihn an, als hätte er nichts unter uns zu suchen, und fragen uns, ob er überhaupt imstande ist, an unseren Geschäften Anteil zu nehmen."

„Das ist jedenfalls eine recht närrische Frage", sagte er. „Hier haben wir zum Beispiel einen Typ von Männern vor uns, wie wir ihn täglich auf der Börse treffen. Aber welcher

Dichter in dieser Halle ist ein größerer Narr der Vorstellung als selbst der weiseste unter ihnen?"

Und er deutete auf eine Gruppe von Personen, welche, obwohl sich die Tatsache kaum ableugnen ließ, doch zutiefst beleidigt gewesen wären, hätte man ihnen mitgeteilt, sie befänden sich in der Halle der Phantasie. Ihre Gesichter waren von Runzeln und Falten durchzogen, von denen jede einzelne das Andenken an eine bestimmte Lebenserfahrung zu sein schien. Ihre Augen hatten jenen durchtriebenen, berechnenden Glanz, der so schnell und sicher alles herausfindet, was ein Geschäftsmann über Charakter und Absichten seiner Mitmenschen wissen muß. Wenn man sie ansah, wie sie da standen, hätte man sie leicht für geehrte und vertrauenswürdige Mitglieder der Handelskammer halten können, die das wahre Geheimnis des Reichtums besaßen und deren Einsicht sie zu Beherrschern Fortunas machte. Ihre Gespräche klangen so vernünftig, so sehr ums Detail besorgt, daß der Wahnwitz ihrer Ziele völlig dahinter verschwand, so daß selbst die wildesten Projekte sich wie nüchterne, bescheidene, alltägliche Unternehmungen ausnahmen. Daher zuckte auch der Zuhörer nicht zusammen bei der Vorstellung von Städten, die gleichsam durch Zauberkraft mitten im Herzen wegloser Urwälder entstanden; von Straßen, dort angelegt, wo jetzt die See hin- und herschwappte; von mächtigen Flüssen, deren Lauf aufgehalten werden sollte, um die Maschinen einer Baumwollspinnerei zu drehen. Nur mit großer Anstrengung – und selbst dann kaum – gelang es dem Geist, sich selbst davon zu überzeugen, daß derartige Spekulationen nicht weniger Gebilde der Phantasie waren als der alte Traum von Eldorado, oder von Mammons Höhle oder jeder anderen Vision des Goldes, die jemals von einem hungernden Poeten oder einem romantischen Abenteurer beschworen worden.

„Auf mein Wort", sagte ich, „gefährlich ist es, solchen Träumern zu lauschen! Ihr Wahnsinn ist ansteckend."

„Sehr richtig", sagte mein Freund, „denn sie halten die Halle der Phantasie irrtümlich für echte Ziegel und echten Zement und ihre purpurne Luft für unverfälschtes Sonnenlicht. Aber der Dichter kennt sich hier aus, er wird sich daher im wirklichen Leben viel weniger leicht zum Narren machen."

„Hier dagegen", bemerkte ich, als wir etwas weitergegangen waren, „sehen wir eine andere Klasse von Träumern – die im übrigen für den Genius unseres Landes ganz besonders kennzeichnend ist."

Vor uns sahen wir die Erfinder phantastischer Maschinen. An den Säulen der Halle lehnten die Modelle ihrer Schöpfungen und boten ein gutes Anschauungsmaterial für das Ergebnis, das man im allgemeinen von dem Versuch erwarten darf, Tagträume in die Wirklichkeit umzusetzen. Die Analogie ist auf dem Gebiet der physikalischen Erscheinungen wohl nicht weniger stichhaltig als auf dem der moralischen. Hier gab es zum Beispiel das Modell einer Eisenbahn, die durch die Luft fuhr, und eines Tunnels, der sich durch den Meeresboden wühlte. Hier stand eine Maschine – gestohlen, wie ich glaube – zum Zwecke der Destillation von Wärme aus Mondschein; eine andere zum Zwecke der Kondensation von Morgennebel in Würfel aus Granit, aus denen dann die ganze Halle der Phantasie neu aufgebaut werden sollte. Ein Mann stellte eine Art von Linse vor, mit deren Hilfe es ihm gelungen war, aus dem Lächeln einer Dame Sonnenwärme zu erzeugen, und er hatte die Absicht, mittels dieser wunderbaren Erfindung die ganze Erde zu bestrahlen.

„Das ist doch nichts Neues", sagte ich, „was wir an Sonnenwärme haben, stammt auch schon jetzt fast immer vom Lächeln einer Dame."

„Zugegeben", antwortete der Erfinder, „aber meine Maschine wird eine ständige Zufuhr für den häuslichen Gebrauch sichern – während dieser bisher äußerst knapp war."

Ein anderer hatte den Plan, die Spiegelungen von Gegenständen in einem Teich festzuhalten und auf diese Weise die lebensähnlichsten Porträts zu gewinnen, die man sich nur denken konnte; der nämliche Herr demonstrierte, daß es möglich war, in den prachtvollen Wolken des Sonnenuntergangs Damenkleider waschecht einzufärben. Es gab wenigstens fünfzig verschiedene Arten von Perpetua mobilia; eines davon ließ sich auf den Witz von Zeitungsredakteuren und überhaupt Schreibern aller Art anwenden. Professor Espy war hier, und zwar mit einem gar fürchterlichen Sturm in einem Gummibehälter. Ich könnte noch viele andere dieser utopischen Erfindungen aufzählen; aber schließlich kann man im Patentamt in Washington jederzeit eine noch viel einfallsreichere Sammlung besichtigen.

Nun ließen wir die Erfinder links liegen und unterwarfen die Bevölkerung der Halle einem ganz allgemeinen Überblick. Es gab hier viele Personen, deren Recht auf Eintritt einzig in einer kleinen Schrulle des Gehirns zu bestehen schien, welche für die Dauer ihrer Existenz im Verhältnis ihres Besitzers zur wirklichen Welt eine Veränderung hervorrief. Es ist bemerkenswert, wie wenige es gibt, die nicht irgendwann einmal aus diesem Grund Zutritt erlangen, sei es durch abstrakte Grübeleien, sei es durch kurzlebige Gedankenblitze; sei es in einer die Augen blendenden Erwartung oder in einer lebhaften Erinnerung; denn im Schoße der Hoffnung wie auch der Erinnerung kann sich die Realität selbst zum Ideal verklären und den Träumer in die Halle der Phantasie entrücken. Manche Unglücklichen allerdings schlagen hier ihr permanentes Domizil und Geschäftslokal auf und infizieren sich dabei mit Gewohnheiten, die sie für jede reale Verwendung im Leben ein für allemal untauglich machen.

Doch sämtlichen gefährlichen Einflüssen zum Trotz haben wir dennoch Ursache, Gott dafür zu danken, daß es einen solchen Ort gibt, der uns vor der Kälte und Düsternis des wirklichen Lebens Zuflucht bietet. Hierher eilt der Gefangene, seiner finsteren, engen Zelle und seinen verrosteten Ketten entfliehend, um in dieser verzauberten Atmosphäre wieder frei zu atmen. Der Kranke erhebt sich von seinem schlaffen Kissen und findet die Kraft, hierher zu wandern, obwohl seine abgezehrten Glieder ihn nicht einmal bis zur Schwelle seiner Kammer trügen. Der Verbannte streift durch die Halle der Phantasie, um die Heimaterde noch einmal zu sehen. In dem Augenblick, da dieses Tor sich vor ihm öffnet, fällt die Bürde der Jahre von des alten Mannes Schultern. Trauernde lassen ihren tiefen Schmerz am Eingang zurück und treffen hier mit den Verblichenen zusammen, deren Gesichter sonst nirgends mehr zu sehen wären, bis der Gedanke das einzig Wirkliche geworden ist. Mit Fug und Recht kann man behaupten, daß denen, die niemals den Weg in diese Halle finden, nur die eine Hälfte des Lebens offensteht, und zwar die niedrigere, die irdische Hälfte. Auch darf ich zu erwähnen nicht vergessen, daß im Observatorium des Gebäudes sich jenes wunderbare Perspektivglas befindet, durch welches die Hirten der Vergnüglichen Berge dem Guten Christen den fernen Schein der Himmlischen Stadt gezeigt hatten. Das Auge des Glaubens sieht auch heute noch gern hindurch.

„Hier fallen mir einige Herren ins Auge", sagte ich zu meinem Freund, „die möglicherweise einen nachdrücklichen Anspruch darauf erheben, zu den wirklichsten Personen gezählt zu werden, die wir im Augenblick haben."

„Gewiß", erwiderte er. „Wenn ein Mann seiner Zeit voraus ist, muß er sich mit einem Wohnsitz in dieser Halle zufriedengeben, und zwar so lange, bis die trödelnden Generationen seiner Mitmenschen ihn endlich eingeholt haben. Bis dahin kann er im ganzen Universum keine andere Herberge finden. Doch die Phantasien des gegenwärtigen Tages sind die tiefsten Wirklichkeiten des zukünftigen."

„Es ist recht schwierig, sie in dem prachtvollen und verwirrenden Licht dieser Halle auseinanderzuhalten", setzte ich hinzu.

„Das weiße Sonnenlicht des wirklichen Lebens wäre notwendig, sie zu prüfen. Ich neige dazu, sowohl an den Männern als auch an ihren Beweisführungen zu zweifeln, solange ich sie nicht in diesem wahrhaftigen Medium erblickt habe."

„Vielleicht ist Euer Glaube an das Ideal tiefer, als Ihr selber wahrhaben wollt", sagte mein Freund. „Wenigstens seid Ihr ein Demokrat; und mir scheint, man braucht keinen geringen Glauben an das Ideal, um einer solchen Überzeugung anzuhängen."

Unter den Persönlichkeiten, denen diese Bemerkungen galten, fanden sich die meisten unserer berühmten Reformer, sei es auf dem Gebiet der Physik, der Politik, der Moral oder der Religion. Es gibt keinen sichereren Weg, in die Halle der Phantasie zu gelangen, als sich selber in den Strudel einer Theorie zu werfen; denn welche Marksteine an Tatsachen auch entlang ihres Flusses aufgestellt werden – es gibt ein Naturgesetz, das ihn zwingt, seinem Laufe zu folgen. Und möge es dann so sein; mögen hier der weise Verstand und das weite Herz ihr Werk tun; und das Gute und Wahre erhärtet sich nach und nach zur Tatsache, während der Irrtum hinweggeschmolzen wird und sich unter den Schatten der Halle verflüchtigt. Ich hoffe daher, daß keiner, der an den Fortschritt der Menschheit glaubt und sich über ihn freut, daran Anstoß nimmt, daß ich seine anerkannten Führer und Apostel in der phantastischen Beleuchtung dieser bunten Glasfenster erkannte. Ich liebe und achte diese Männern genau wie er selber. Ein lieber Freund von mir war darunter, der mit seiner ganzen Kraft darum gekämpft hatte, die Blutflecken aus dem Gesetzbuch wegzuwaschen; und ob er nun zu guter Letzt erfolgreich ist oder nicht, kein Philanthrop braucht sich dessen zu schämen, auf einer Ebene mit O'Sullivan zu stehen.

Mitten unter diesen Leuchten der Gegenwart freute ich mich sehr, meine alten Freunde von Brook Farm begrüßen zu können, in deren Gesellschaft einst auch ich, wenngleich jetzt ein Abtrünniger, die Hitze manches Sommertages ertragen hatte, während wir uns gemeinsam für das vollkommene Leben abrackerten. Doch die Verwirklichung ihrer Idee scheint so weit fortgeschritten zu sein, daß ihren sonnverbrannten Gesichtern und von der Arbeit ausgemergelten Gestalten der Zutritt in die Halle der Phantasie bald versagt sein wird. Auch Mr. Emerson war da, an eine Säule gelehnt, umgeben von einer bewundernden Menge von Schriftstellern und Lesern des Dial sowie von allen möglichen Transzendentalisten und Anhängern des Neuen, die die Kraft seines Verstandes durch den nachdrücklichen Einfluß verrieten, den er auf ihren eigenen ausgeübt hatte. Ich nehme an, er war in die Halle gekommen, um entweder eine Tatsache oder aber einen wirklichen Mann zu finden; beides konnte er hier genausogut finden wie anderswo auch. Es gibt keinen ernsthafteren Sucher nach der Wahrheit als ihn, und nur wenige erfolgreichere Finder; wenn auch die Wahrheit in seinen Händen manchmal eine mystische Unwirklichkeit, ja Schattenhaftigkeit annimmt. Im nämlichen Teil der Halle stand auch Jones Very, allein, in einem Kreis, den kein anderer Sterblicher außer ihm betreten und aus dem er nicht entfliehen konnte.

Hier war auch Mr. Alcott, mit zwei oder drei Freunden, die sein Geist sich assimiliert und in seine Heimat nach Neu-England gezogen hatte, ungeachtet dessen, daß ein Ozean sich zwischen ihnen dehnte. In der ganzen verzauberten Halle gab es keinen anderen Mann, dessen bloße Gegenwart, dessen sprechende Blicke und Gesten so starken Eindruck machten wie die dieses großen mystischen Erneuerers. So ruhig und mild war er, so heiligmäßig anzusehen, so still in der Wiedergabe dessen, worüber seine Seele grübelte, daß man sich leicht vorstellen konnte, wie seine Orphischen Sprüche aus einem Brunnen in seiner Brust aufstiegen, der mit dem unendlichen Abgrund des Gedankens in Verbindung stand.

„Hier ist ein Prophet", rief mein Freund begeistert, „ein Träumer, eine körperlose Idee mitten in unserer tatsächlichen Existenz. Ein späteres Zeitalter wird in ihm vielleicht den Mann erkennen; vielleicht löst sich seine nebelhafte Erscheinung bis dahin aber auch in den Strahlen der Sonne auf. Doch darauf kommt es nicht an; denn sein Einfluß wird dann bereits die Atmosphäre durchdrungen haben, wird von Generationen aufgenommen worden sein, die den ursprünglichen Apostel der Idee nicht mehr kennen, die sie zu ihrer irdischen Angelegenheit gemacht haben. Ein solcher Geist kann nicht durch das menschliche Leben gehen und die Menschheit genauso verlassen, wie er sie gefunden hat!"

„Jedenfalls darf er Euch als seinen Schüler betrachten", sagte ich lächelnd; „und zweifellos ist der Geist eines Systems in ihm, aber nicht das Fleisch. Ich stelle ihn gern jenem scharfen und mächtigen Verstand gegenüber, der nicht weit von hier steht."

„Ah, Ihr meint Mr. Brownson!" erwiderte mein Gefährte. „Gott verhüte, daß er mit dem Fuß aufstampft oder seine Stimme erhebt; in diesem Fall würde sich die Halle der Phantasie nämlich sofort auflösen wie ein Rauchkringel! Wie ist er denn nur hier hereingekommen?"

Wollte ich die Schar aller echten oder selbsternannten Reformer beschreiben, die diesen Ort der Zuflucht bevölkerten, ich fände kein Ende. Sie waren die Vertreter einer unruhigen Zeit, in der die Menschheit danach trachtete, das ganze Gewebe der alten Bräuche abzuwerfen wie ein löchriges Gewand. Viele von ihnen waren in den Besitz eines einzigen kristallischen Wahrheitsfragments gelangt, dessen Glanz sie nun derart blendete, daß sie im ganzen weiten Universum nichts anderes mehr wahrzunehmen vermochten. Hier gab es Männer, deren Glaube die Gestalt einer Kartoffel angenommen hatte; andere, deren lange Bärte eine tiefe geistige Bedeutung hatten. Hier war ein Gegner der Sklaverei, der diese eine Idee vor sich her schwang wie einen eisernen Dreschflegel. Mit einem Wort, in tausend Gestalten traten hier das Gute wie das Böse auf, Glauben und Unglauben, Weisheit und Unsinn, es war eine äußerst buntgemischte Menge, unter der ich Mrs. Abigail Folsom zu erwähnen nicht vergessen darf, wenn auch keineswegs als Typ für das Ganze.

Dennoch mußte selbst das Herz des eingefleischten Konservativen, wenn er der menschlichen Bruderschaft nicht abschwören wollte, in Mitgefühl mit dem Geiste schlagen, der alle diese unzähligen Theorien durchwehte. Dem Mann mit trägem Herzen schadete es nicht, ihren Narreteien zu lauschen. Tief drinnen, jenseits der Reichweite des Verstandes, erkannte die Seele, daß alle diese unterschiedlichen und einander widersprechenden Ausprägungen der Menschheit sich in einem Gefühl vereinten. Sei die individuelle Theorie auch so wild, wie die Einbildung sie nur immer ersinnen konnte, so erkannte der weisere Geist dennoch darin das Ringen der Menschheit nach einem besseren, einem reineren Leben als jenem, das bisher auf Erden verwirklicht war. Mein Glaube erstarkte, während ich doch alle ihre Pläne ablehnte. Denn es konnte nicht sein, daß die Welt immer so weitergehen sollte wie bisher; ein Boden, in dem das Glück eine so seltene Blume, Tugend so oft eine verfaulte Frucht ist; ein Schlachtfeld, auf dem das Gute Prinzip, den Schild über den Kopf geschwungen, sich vor dem Ansturm widriger Einflüsse kaum noch retten kann. Von solchen Gedanken fortgetragen, blickte ich durch eines der bemalten Glasfenster, und siehe! die ganze Außenwelt war in jenes in verschwommener Weise großartige Licht getaucht, das der Halle der Phantasie eigen ist; so daß es in diesem Augenblick durchaus möglich erschien, irgendeinen Plan zur Vervollkommnung der Menschheit auch wirklich durchzuführen. Doch ach! Wenn die Reformer die Welt, in die ihr Los sie gestellt hat, auch wirklich begreifen wollen, dann müssen sie aufhören, die Welt durch bemalte Fenster zu betrachten. Doch sie verwenden sie nicht nur als ihr Medium, sie halten dieses Licht irrtümlich auch noch für den klarsten Sonnenschein.

„Kommt", sagte ich zu meinem Freund, aus tiefer Versunkenheit erwachend, „laß uns hinwegeilen, sonst fühle ich mich versucht, eine Theorie aufzustellen – in welchem Falle man bekanntlich über jedem Manne das Kreuz machen kann."

„Kommt denn hierher", antwortete er. „Hier haben wir eine Theorie, die alle anderen verschlingt und vernichtet."

Er führte mich in einen entfernten Teil der Halle, wo eine Menge von Zuhörern sich in gespanntester Aufmerksamkeit rund um einen älteren Mann drängte, der einfach, aufrichtig und vertrauenswürdig aussah. Mit einem Ernst, der einen unverrückbaren Glauben in seine eigenen Lehrsätze zeigte, verkündete er, daß der Untergang der Welt unmittelbar bevorstehe.

„Das ist ja Vater Miller persönlich!" rief ich aus.

„Kein Geringerer", sagte mein Freund, „und beachtet den pittoresken Gegensatz zwischen seiner Lehre und den Lehren der Reformer, die wir gerade in Augenschein genommen haben. Sie haben es auf die irdische Vollkommenheit des Menschen abgesehen und entwerfen Pläne, die davon ausgehen, daß die unsterbliche Seele für sehr lange, vielleicht für ewig mit der körperlichen Natur verbunden sein wird. Doch andererseits kommt hier der gute Vater Miller und zerstreut mit einem Zug seiner unerbittlichen Theorie ihre Träume in alle Winde, wie verwelkte Blätter im Herbststurm."

„Möglicherweise ist das die einzige Methode, wie man die Menschheit wieder herausholt aus den vielen Verlegenheiten, in die sie gestürzt ist", antwortete ich. „Doch ich würde wünschen, daß die Welt noch so lange bestehen bleibt, bis irgendeine große Moral sich herausgestellt hat. Ein Rätsel ist aufgegeben. Doch wo ist die Lösung? Die Sphinx brachte sich erst um, nachdem ihr Rätsel durchschaut war. Wird es denn nicht ebenso sein mit der Welt? Wenn ich aber morgen in Flammen aufgehe, dann begreife ich nicht, wozu das Ganze gut war, oder inwiefern das Universum durch unser Dasein und durch unsere Vernichtung weiser und besser geworden ist."

„Wir wissen nicht, was für gewaltige Wahrheiten im Akt verkörpert sind, einfach in der Existenz des Globus und seiner Bewohner", sprach mein Gefährte. „Vielleicht wird es uns offenbart, nachdem der Vorhang über unserer Katastrophe gefallen ist; oder, und auch das ist nicht unmöglich, das ganze Drama, mit uns als unfreiwilligen Akteuren, ist zur Erbauung einer ganz anderen Gruppe von Zuschauern aufgeführt worden. Ich sehe nicht ein, warum es so unerläßlich sein soll, daß wir selber begreifen, was hier vorgeht. Und da unsere Einsicht doch so lächerlich beschränkt und oberflächlich ist, wäre es absurd, den Fortbestand der Welt aufgrund der Tatsache zu erwarten, daß sie bisher anscheinend vergeblich existierte."

„Die arme alte Erde", murmelte ich. „Man muß offen zugeben, daß sie Fehler die Menge hat; aber ich kann es nicht ertragen, sie untergehen zu sehen."

„Das bedeutet nicht viel", sagte mein Freund. „Auch die Glücklichsten unter uns waren ihrer schon oft und nachdrücklich müde."

„Das bezweifle ich", sagte ich eigensinnig; „die Wurzeln der menschlichen Natur reichen tief hinunter in diese Erde; und wir lassen uns nur widerwillig verpflanzen, sei es auch zum Zwecke eines höheren Wachstums im Himmel. Ich bezweifle, ob der Untergang der Erde wirklich einen einzigen Menschen mit Dankbarkeit erfüllen würde – ausgenommen vielleicht den einen oder anderen Geschäftsmann in Terminnot, dessen Wechsel einen Tag nach dem Weltuntergang fällig sind."

Dann vermeinte ich einen Aufschrei zu hören, mit dem die Menge gegen das von Vater Miller prophezeite Ende protestierte. Der Liebende rang mit der Vorsehung um seine vorausgeahnte Seligkeit. Eltern flehten, daß die Erde doch noch an die siebzig Jahre länger überleben möge, um nicht ihr neugeborenes Kind um sein Leben zu prellen. Ein jugendlicher Poet murrte, weil es dann keine Nachwelt mehr gäbe, um die Genialität seiner Verse zu bewundern. Die Reformer verlangten samt und sonders noch ein paar tausend Jahre, um ihre Theorien zu erproben, nachher mochte das Universum ruhig dahinfahren. Ein Mechaniker, der gerade an der Vervollkommnung der Dampfmaschine arbeitete, ersuchte um gerade so viel Zeit, um sein Modell fertigzustellen. Ein Geizhals bestand darauf, daß der Weltuntergang als ein ihm persönlich zugefügtes Unrecht aufgefaßt werden müsse, sollte ihm nicht erlaubt werden, vorher noch eine bestimmte Summe zu seinem ungeheuren Haufen Gold hinzuzufügen. Ein kleiner Junge wollte jammernd wissen, ob der Jüngste Tag noch vor Weihnachten kommen und ihn um die erhofften Schleckereien bringen würde. Kurz, niemand schien es recht zu sein, daß diese sterbliche Szenerie ausgerechnet jetzt geschlossen werden sollte. Doch muß man bedenken, daß die Gründe, warum die Menge die Fortdauer der Welt wünschte, in den meisten Fällen so absurd waren, daß nur zu hoffen ist, daß der Ewigen Weisheit weit bessere Gründe dafür bekannt waren – sonst hätte diese feste Erde im Nu hinwegschmelzen müssen.

Was mich angeht, und ohne auf verschiedene, rein private und persönliche Gründe einzugehen, wünschte ich wirklich den Fortbestand unserer alten Mutter – und zwar um ihres teuren Selbst willen.

„Die arme alte Erde!" wiederholte ich. „Was ich bei ihrer Vernichtung am meisten bejammern würde, ist gerade jene Erdhaftigkeit, die keine andere Sphäre, keine andere Form der Existenz erneuern oder ersetzen kann. Der Duft der Blumen, der Geruch des frisch gemähten Grases; die wohltuende Wärme des Sonnenscheins und die Schönheit eines Sonnenuntergangs unter Wolken; die Behaglichkeit und fröhliche Glut des Kaminfeuers; die Pracht der Berge, der Seen, der Wasserfälle und der liebliche Reiz der ländlichen Landschaft; ja selbst der dicht fallende Schnee und die graue Atmosphäre, durch die er herabsinkt – das alles und unzählige andere genußreiche irdische Dinge müßten mit der Erde zugrunde gehen. Die Lustbarkeiten auf dem Lande; die Gemütlichkeit; das offene, weitzähnige Gelächter, in dem Leib und Seele so herzhaft übereinstimmen! Ich fürchte, keine andere Welt kann uns derartiges bieten. Was die rein moralischen Befriedigungen anlangt, so können die Guten sie in jeder Form der Existenz finden. Doch wo das Materielle und das Moralische gemeinsam bestehen, was soll dort geschehen? Und dann unsere stummen vierfüßigen Freunde und die geflügelten Sänger unserer Wälder? Ist es denn nicht recht, ihren Verlust zu beklagen, und sei es in den heiligen Hainen des Paradieses?"

„Ihr redet wie ein leibhaftiger Erdgeist, wie durchtränkt mit dem Geruch frisch aufgeackerter Erde!" rief mein Freund.

„Ich wehre mich nicht einmal so sehr dagegen, daß ich es bin, der alle diese Freuden verlieren sollte", fuhr ich fort; „doch die Vorstellung, daß sie für immer von der Liste der Freuden gestrichen wären, schmerzt mich zutiefst."

„Das muß auch nicht sein", antwortete er. „Ich sehe keine zwingende Logik in dem, was Ihr sagt. In dieser Halle der Phantasie stehend, erkennen wir, wie weit selbst der erdverhaftete Intellekt des Menschen sich Umstände erschaffen kann, welche, wenn wir sie auch schattenhaft und visionär nennen mögen, dies doch kaum in stärkerem Maße sind als jene, die uns im wirklichen Leben umgeben. Darum zweifelt nicht daran, daß der körperlose Geist des Menschen sich die Welt und die Zeit selber erschaffen kann, mit allen ihren besonderen Freuden, sollte es im ewigen und unendlichen Leben noch so etwas wie menschliche Sehnsucht geben. Doch ich kann mir nicht vorstellen, daß wir wirklich geneigt sein sollten, das armselige Theater noch einmal von vorn zu beginnen."

„Oh, Ihr seid undankbar gegenüber der Mutter Erde!" entgegnete ich. „Komme, was mag, ich werde sie nie vergessen! Noch werde ich mich damit zufrieden geben, daß sie nur in der Idee existieren soll. Ich möchte, daß ihr großer, runder und fester Leib niemals stirbt und daß auch weiterhin das freundliche Geschlecht der Menschen auf ihr wohne, die ich für viel besser halte als sie sich selber. Nichtsdestoweniger überlasse ich die ganze Angelegenheit der Vorsehung und werde mich indessen bemühen, so zu leben, daß die Welt jeden Augenblick untergehen könnte, ohne mich in Verzweiflung darüber zu finden, daß ich sonst nirgends Fuß fassen kann."

„Das ist ein lobenswerter Vorsatz", sagte mein Begleiter und blickte auf seine Uhr. „Doch kommt; es ist die Stunde des Essens. Wollt Ihr mir bei meiner vegetarischen Diät Gesellschaft leisten?"

Und so entführte uns eine so nüchterne Sache wie eine Einladung zum Essen, die noch dazu nichts Solideres verhieß als Gemüse und Obst, noch im nämlichen Augenblick aus der Halle der Phantasie. Als wir durch das Tor schritten, begegneten wir den Geistern verschiedener Personen, die Dr. Collyer in einem magnetischen Schlaf hierher gesandt hatte. Ich blickte mich um nach den gemeißelten Säulen und den Metamorphosen des schimmernden Brunnens und wünschte fast, das ganze Leben in dieser visionären Szenerie verbringen zu können, wo die wirkliche Welt mit ihren scharfen Kanten mich nie stoßen würde, wo ich sie nur durch bunte Glasfenster betrachten müßte. Doch für jene, die alle ihre Tage in der Halle der Phantasie vergeuden, hat sich Vater Millers Prophezeiung schon erfüllt, für sie ist die feste Erde bereits zu einem vorzeitigen Ende gekommen. Lassen wir es uns daher an einem gelegentlichen Besuch genügen, um die Grobheit des wirklichen Lebens ein wenig zu vergeistigen und um in unserem Geiste einen Zustand vorwegzunehmen, in dem die Idee alles sein wird.

Das Muttermal

In der zweiten Hälfte des vergangenen Jahrhunderts lebte ein großer Gelehrter, eine Kapazität auf allen Gebieten der Naturphilosophie, der kurz vor dem Zeitpunkt, an dem unsere Geschichte einsetzt, das Erlebnis einer geistigen Anziehung erfahren hatte, die ihm stärker erschienen war als jede chemische. Er hatte sein Laboratorium in der Obhut eines Assistenten gelassen, seine edle Erscheinung vom Ruß des Schmelzofens gereinigt, die Säureflecken von seinen Fingern gewaschen und eine schöne Frau dazu überredet, seine Gemahlin zu werden. In diesen Tagen, als die vergleichsweise junge Entdeckung der Elektrizität sowie anderer verwandter Geheimnisse der Natur Wege in das Gebiet des Wunderbaren zu öffnen schien, war es durchaus nicht ungewöhnlich, daß die Liebe zur Wissenschaft an Tiefe und verzehrender Kraft mit der Liebe zu einer Frau wetteifern konnte. Der höhere Verstand, die Phantasie, der Geist, ja selbst das Herz, alles konnte hier seine Sättigung finden, in Forschungen nämlich, die, wie manche ihrer glühendsten Anhänger glaubten, von einer Stufe erhabenen Wissens zur anderen schreiten würden, bis der Philosoph endlich die Hand an das Geheimnis der Schöpfung zu legen, ja vielleicht selber neue Welten zu erschaffen imstande war. Wir wissen nicht, ob Aylmer diesen Glauben an eine mögliche vollkommene Herrschaft des Menschen über die Natur teilte. Seine Hingabe an das Studium der Natur war allerdings bereits zu tief in ihm verwurzelt, als daß es einer anderen Leidenschaft jemals gelingen konnte, ihn gänzlich davon zu befreien. Vielleicht, daß die Liebe zu seinem jungen Weib sich als das stärkere Gefühl erwies; doch nur, indem sie sich mit seiner Liebe zur Wissenschaft verband und damit die Kraft der letzteren mit der ersteren vereinte.

Tatsächlich fand eine solche Vereinigung statt; woraus sich nicht nur wahrhaft bemerkenswerte Folgen ergaben, sondern auch eine eindrucksvolle Moral. Eines Tages, nicht lange nach ihrer Hochzeit, saß Aylmer seiner Frau gegenüber und starrte sie an, von offensichtlicher Unruhe gequält, die immer stärker wurde, bis er endlich zu sprechen begann.

„Georgiana", sagte er, „hast du nie daran gedacht, das Mal auf deiner Wange entfernen zu lassen?"

„Aber gewiß nicht", versetzte sie lächelnd; doch als sie seinen Ernst sah, errötete sie heftig. „Um dir die Wahrheit zu sagen – man hat mir so oft gesagt, daß mir dieses Mal charmant stünde, daß ich einfältig genug war, daran zu glauben."

„Auf einem anderen Gesicht wäre es vielleicht in der Tat ein zusätzlicher Reiz", antwortete ihr Mann. „Aber nie auf deinem! Nein, liebste Georgiana! Du kamst beinahe vollkommen aus den Händen der Natur, so daß selbst dieser äußerst geringfügige Mangel – von dem wir gar nicht wissen, ob er überhaupt ein Mangel oder nicht doch ein Reiz ist – mich quält, als das sichtbare Zeichen irdischer Unvollkommenheit."

„Dich quält, mein Gemahl!" rief Georgiana, zutiefst verletzt, in vorübergehendem Ärger errötend, dann jedoch in Tränen ausbrechend. „Warum holtest du mich dann von der Seite meiner Mutter? Du kannst doch nicht lieben, was dich quält!"

Zum Verständnis dieser Unterhaltung müssen wir erwähnen, daß mitten auf Georgianas linker Wange ein seltsames Mal war, tief eingewachsen in Haut und Fleisch ihres Gesichtes. Auf der gesunden, wenn auch zarten Rosigkeit ihres Gesichts war das Mal von einem kräftigeren Purpur, der seine Gestalt sich nur undeutlich von der Rosenwange abheben ließ. Wenn sie errötete, wurde das Mal noch undeutlicher, bis es unter dem heftigen Ansturm des Bluts, das die ganze Wange in seine brennende Glut tauchte, endlich vollends verschwand. Wenn aber der Wechsel des Gefühls sie erbleichen ließ, dann war das Mal wieder da, ein purpurner Fleck mitten im Schnee, mit einer Schärfe, die Aylmer manchmal erschauern ließ. In seiner Gestalt ähnelte das Mal einer menschlichen Hand, wenn auch von zwergenhafter Größe. Georgianas Anbeter hatten oft gesagt, daß bei ihrer Geburt eine Fee ihre Hand auf die Wange des Säuglings gelegt und ihren Abdruck hinterlassen habe, zum Zeichen, daß es Georgiana gegeben sein würde, über alle Herzen eine zauberische Macht auszuüben. Gar manch ein verzweifelter Verehrer hätte sein Leben dafür aufs Spiel gesetzt, seine Lippen auf die geheimnisvolle Hand pressen zu dürfen. Allerdings dürfen wir nicht verschweigen, daß dieser feenhafte Handabdruck, je nach Temperament des Betrachters, eine höchst unterschiedliche Wirkung ausüben konnte. Manche überempfindliche Personen – es handelte sich dabei ausschließlich um Georgianas Geschlechtsgenossinnen – behaupteten, daß diese Blutige Hand, wie sie das Mal nannten, Georgianas Schönheit nicht nur zerstöre, sondern sie geradezu häßlich erscheinen lasse. Aber genausogut könnte man auch behaupten, daß einer jener kleinen blauen Flecken, die selbst im reinsten Marmor manchmal vorkommen, die Statue der Eva von Powers in ein Ungeheuer, in ein Monstrum verwandelt. Jene männlichen Betrachter, deren Bewunderung das Mal nicht noch erhöhte, begnügten sich damit, es hinwegzuwünschen, auf daß die Welt wenigstens ein Beispiel des vollkommenen Liebreizes ohne den Anschein eines Mangels besäße. Nach der Hochzeit – vorher hatte er der Sache wenig oder keine Beachtung geschenkt – entdeckte Aylmer, daß er zu dieser letzteren Gruppe gehörte.

Wäre sie weniger schön gewesen, hätte der Neid selber etwas anderes an ihr auszusetzen gefunden, so hätte die Zierlichkeit dieser nachgeahmten Hand, die bald undeutlich gezeichnet erschien, bald sich verlor, bald wieder deutlich hervortrat, die mit jeder Welle des Gefühls, die in ihrem Herzen klopfte, an- und abschwoll – so hätte diese Hand seine Zuneigung vielleicht noch verstärkt. Aber da er sie sonst so vollkommen fand, wurde ihm dieser eine Mangel mit jedem Augenblick ihres gemeinsamen Lebens immer unerträglicher. Das Mal wurde zum Kainszeichen der Menschheit, das die Natur einmal in dieser, dann in jener Gestalt jedem ihrer Produkte unauslöschlich aufdrückt, um damit anzudeuten, daß sie zeitlich begrenzt und vergänglich sind, oder daß ihre Vollkommenheit nur unter Schweiß und Schmerzen geboren werden kann. Die purpurne Hand war ein Zeichen des eisernen Griffs, in dem die Sterblichkeit auch die Höchsten und Reinsten der Irdischen gefangenhält und sie damit auf eine Stufe mit den Niedrigsten stellt, auf eine Stufe sogar mit dem Tier, dessen sichtbare Gestalt gleich der ihren wieder zu Staub werden muß. Auf diese Art, indem er das Mal als Symbol dafür ansah, daß auch seine Frau der Sünde, der Trauer, dem Verfall und dem Tod ausgeliefert war, versetzte Aylmers düstere Einbildungskraft ihn bald in einen Zustand, in dem das Mal ihm Angst und Entsetzen einjagte, bis ihm schließlich weit mehr davor graute, als Georgianas seelische oder sinnliche Schönheit ihn jemals entzückt hatte. In all den Stunden, die ihre glücklichsten hätten sein müssen, fing er, ohne es zu wollen – nein, geradezu gegen sein ausdrückliches Bemühen –, immer wieder von diesem einen verhängnisvollen Gegenstand zu sprechen an. Was zunächst ohne Bedeutung schien, verband sich bald mit unzähligen Gedankengängen und Gefühlszuständen, daß es schließlich im Mittelpunkt aller Dinge stand. Wenn er in der Morgendämmerung erwachte, fielen Aylmers Augen auf das Gesicht seiner Frau und erkannten dort das Symbol der Unvollkommenheit; und wenn sie am abendlichen Herd besammensaßen, wanderten seine Augen verstohlen zu ihrer Wange und sahen im flackernden Schein des Holzfeuers die Geisterhand, die von Sterblichkeit kündete, wo er gern anbetend in die Knie gesunken wäre. Es dauerte nicht lang, und Georgiana fing an, unter diesem Blick zu erschauern. Ein Blick, mit dem eigenartigen Ausdruck, den sein Gesicht jetzt oft zeigte, genügte, um die Rosen ihrer Wangen in tödliche Blässe zu verwandeln, auf der die Purpurhand nur um so deutlicher hervortrat, wie ein Relief aus Rubinen auf dem weißesten Marmor.

Spät eines Nachts, als die Lichter schon so spärlich brannten, daß der Fleck auf den Wangen der Armen kaum mehr zu erkennen war, schnitt zum erstenmal sie selber freiwillig den Gegenstand an.

„Weißt du noch, mein lieber Aylmer", sagte sie mit einem schwachen Versuch zu lächeln, „ob – und was – du letzte Nacht von dieser gräßlichen Hand geträumt hast?"

„Keineswegs", antwortete Aylmer voll Unruhe; doch dann fügte er hinzu – trocken und kalt, um die Stärke seiner Erregung zu verbergen: „Wenn ich davon geträumt hätte, wäre es kein Wunder; denn bevor ich einschlief, hatte ich an nichts anderes gedacht."

„Und du hast auch davon geträumt!" fuhr Georgiana fort, hastig, damit nicht ein Tränenstrom ihr das Wort abschneiden konnte. – „Ein furchtbarer Traum! Daß du dich nicht mehr daran erinnerst! Wie ist es möglich, einen solchen Satz zu vergessen: ‚Jetzt ist es in ihrem Herzen – wir müssen es herausreißen!' Denk nach, mein Gemahl. Um alles in der Welt möchte ich, daß du dich an diesen Traum erinnerst!"

Das Gemüt ist in einem traurigen Zustand, wenn der Schlaf, der alles umfangende, seine Schemen nicht mehr in dem düsteren Bezirk seiner Herrschaft halten kann, sondern ihnen erlaubt, hervorzubrechen, so daß sie das Leben des Tages mit Geheimnissen belasten, die einem tieferen Dasein angehören. Jetzt erinnerte Aylmer sich wieder an seinen Traum. Er hatte sich vorgestellt, wie er zusammen mit seinem Diener Aminidab eine Operation durchführte, um das Mal zu entfernen. Aber je tiefer das Messer eindrang, um so tiefer sank auch die Hand, bis endlich ihr winziger Griff sich um Georgianas Herz zu schließen schien; aber auch da noch war ihr Mann unerbittlich entschlossen, sie herauszureißen oder herauszuschneiden.

Als der Traum in seiner vollen Gestalt in sein Gedächtnis

gestiegen war, empfand Aylmer vor seiner Frau ein Gefühl der Schuld. Die Wahrheit bahnt sich oft, vermummt in die Gewänder des Schlafes, einen Weg zum Bewußtsein und spricht dann mit schonungsloser Offenheit von Dingen, über die wir uns in wachem Zustand einer unbewußten Selbsttäuschung hingeben. Bis jetzt war er sich des tyrannischen Einflusses nicht bewußt geworden, den diese eine Vorstellung auf seinen Geist ausübte, noch hatte er erkannt, wie weit zu gehen er bereit war, nur um sich seine Unruhe vom Leibe zu schaffen.

„Aylmer", begann Georgiana feierlich von neuem, „ich weiß nicht, welches Opfer es uns beide kosten wird, mich von diesem fürchterlichen Mal zu befreien. Vielleicht werde ich nach seiner Entfernung ewig entstellt sein, vielleicht auch geht das Mal so tief wie das Leben selber. Aber wissen wir denn, ob es eine Möglichkeit gibt – zu welchen Bedingungen auch immer –, den eisernen Griff dieser kleinen Hand, die sich auf mich legte, bevor ich noch zur Welt kam, zu lösen?"

„Liebste Georgiana, ich habe an diesen Gegenstand viele Gedanken verwendet", unterbrach Aylmer sie hastig – „und ich bin überzeugt, daß das Mal ohne weiteres entfernt werden kann."

„Wenn es auch nur im geringsten möglich erscheint", fuhr Georgiana fort, „so laß uns den Versuch wagen, was es auch koste! Gefahr bedeutet mir nichts; denn solange dieses gräßliche Zeichen mich zum Gegenstand deines Abscheus und Entsetzens macht, solange ist mir das Leben eine Last, die ich mit Freuden abwerfe. Entferne diese schreckliche Hand, oder nimm mein unglückliches Leben! Du besitzt tiefe wissenschaftliche Erkenntnisse! Die ganze Welt weiß es. Du hast große Wunder vollbracht. Vermagst du nicht, dieses winzige, unscheinbare Mal zu entfernen, das ich mit der Spitze zweier kleiner Finger bedecken kann? Geht das über deine Kraft, wenn du doch damit selber den Frieden zu finden, deine Frau aber vom Wahnsinn zu retten vermöchtest?"

„Edelstes, teuerstes, süßestes Weib!" rief Aylmer hingerissen, „zweifle nicht an meiner Kraft. Ich habe an diese Sache die tiefsten Gedanken verwendet – Gedanken, die mich fast bis zu jenem Punkt führten, an dem ich ein weniger vollkommenes Wesen als dich schon selber erschaffen könnte. Georgiana, du hast mich tiefer als je zuvor zum Herzen der Wissenschaft vordringen lassen. Ich fühle, daß ich imstande bin, diese teure Wange ebenso makellos werden zu lassen wie ihre Schwester; und wie groß wird mein Triumph dann sein, Geliebteste, wenn es mir gelungen ist zu verbessern, was die Natur an ihrem schönsten Werk unvollkommen gelassen hat! Selbst Pygmalion kann kein größeres Entzücken empfunden haben, als sein steinernes Frauenbild zum Leben erwachte, als es dann mir vergönnt sein wird!"

„Dann ist es also beschlossen", sagte Georgiana mit schwachem Lächeln – „Und Aylmer, schone mich nicht, auch wenn du finden solltest, daß das Mal in meinem Herzen Zuflucht sucht." Zart küßte ihr Mann ihre Wange – die rechte Wange –, nicht die, die den Aufdruck der purpurnen Hand trug.

Am nächsten Tag teilte Aylmer seiner Frau jenen Plan mit, der ihm Gelegenheit zu ausgiebigem Studium und dauernder Beobachtung geben sollte, deren die beabsichtigte Operation bedurfte; ebenso würde Georgiana dadurch in den Genuß jener völligen Ruhe gelangen, die für das Gelingen der Operation notwendig war. Sie würden sich beide in jene geräumige Wohnung zurückziehen, die Aylmer als sein Laboratorium eingerichtet hatte und wo er im Lauf seiner arbeitsreichen Jugend jene Entdeckungen gemacht hatte, die ihm die Bewunderung aller gelehrten Gesellschaften in Europa eintrugen. Ruhig in seinem Laboratorium sitzend, hatte der bleiche Denker die Geheimnisse der höchsten Wolkenregionen und der tiefsten Abgründe erforscht, hatte herausgefunden, welche Ursachen die Feuer der Vulkane entzündeten und am Leben erhielten, hatte das Geheimnis der Quellen gelüftet und wie es kommt, daß sie aus dem dunklen Busen der Erde springen, die einen so rein und hell, die anderen wieder reich an heilenden Kräften. Hier auch hatte er noch früher die Wunder des menschlichen Leibes studiert und herauszufinden versucht, wie die Natur es machte, alle die kostbaren Einflüsse aus Luft und Erde und der geistigen Welt so zu vermischen, daß daraus der Mensch, ihr Meisterwerk, geschaffen und genährt wird. Dieses letztere Gebiet hatte Aylmer jedoch seit langem hinter sich gelassen, in unwilliger Anerkennung jener Wahrheit, über die alle Forscher früher oder später stolpern, daß nämlich die große Mutter Natur uns zwar damit unterhält, daß sie scheinbar im hellen Licht der Sonne wirkt, in Wirklichkeit jedoch streng darauf bedacht ist, die Geheimnisse nicht zu verraten, so daß sie, ihrer vorgetäuschten Offenheit zum Trotz, uns in Wirklichkeit nichts zeigt als die Ergebnisse. Zwar erlaubt sie uns, ihr ins Handwerk zu pfuschen, wenn auch selten mit gutem Ausgang; aber wie ein eifersüchtiger Patentinhaber gestattet sie uns niemals, selber etwas zu erschaffen. Nunmehr jedoch nahm Aylmer seine halbvergessenen Studien wieder auf; keineswegs erfüllt von jenen Hoffnungen und Wünschen, die ihn damals geleitet hatten, sondern weil hier manche physiologischen Wahrheiten zu erkennen waren, die in Richtung jener Behandlung lagen, die er für Georgiana geplant hatte. Als er sie über die Schwelle des Laboratoriums führte, fühlte sich Georgiana kalt und zittrig. Aylmer blickte ihr heiter ins Gesicht, um sie zu beruhigen, aber die heftige Glut des Mals auf der Bleichheit ihrer Wangen entsetzte ihn derart, daß er sich eines krampfartigen Schauderns nicht erwehren konnte. Da fiel seine Frau in Ohnmacht.

„Aminidab! Aminidab!" schrie Aylmer und stampfte heftig mit dem Fuß auf den Boden.

Alsbald trat aus einer inneren Kammer ein Mann von kleiner, untersetzter Gestalt, mit zottigem Haar über einem Gesicht, das rußig vom Rauch des Schmelzofens war. Dieser Mensch war Aylmers Gehilfe während seiner ganzen wissenschaftlichen Laufbahn gewesen, zu welchem Amt er in bewundernswerter Weise geeignet war, nicht nur wegen seiner mechanischen Gewandtheit, sondern auch wegen der Geschicklichkeit, mit der er alle praktischen Einzelheiten in den Versuchen seines Herrn ausführen konnte, ohne auch nur das geringste davon zu begreifen. Mit seiner ungeheuren Kraft, dem zottigen Haar, dem verrußten Aussehen und der unbeschreiblichen Erdhaftigkeit, die ihm anhaftete, schien er die physische Natur des Menschen zu verkörpern, während Aylmers schlanke Gestalt, sein bleiches, vom Denken gezeichnetes Gesicht nicht weniger geeignet schienen, seinen geistigen Teil darzustellen.

„Mach die Tür des Boudoirs auf, Aminidab", sagte Aylmer, „und brenne eine Räucherkerze an."

„Ja, Herr", antwortete Aminidab und blickte wie gebannt auf Georgianas reglose Gestalt; dann brummte er in sich hinein: „Wäre sie meine Frau, nie würde ich mich von diesem Mal trennen."

Als Georgiana das Bewußtsein wiedererlangte, bemerkte sie, daß die Luft, die sie einatmete, voll von duftenden Wohlgerüchen war, deren sanfte Eindringlichkeit sie aus der todähnlichen Ohnmacht zurückgerufen hatte. Ihre Umgebung kam ihr wie verzaubert vor. Aylmer hatte die verrußten, schmutzigen, düsteren Räume, in denen er in der Blüte seiner Jahre im Verborgenen geforscht hatte, in eine Flucht von prächtigen Zimmern umgewandelt, dem zurückgezogenen Aufenthalt einer reizenden Dame angemessen. Von den Wänden hingen herrliche Teppiche, Würde und Schönheit miteinander verbindend, wie das sonst kein Schmuck zu erreichen vermag; wie sie so von der Decke zum Boden herabfielen, schien es, als ob ihre reichen, üppigen Falten, alle Ecken und Kanten verhüllend, die Klause hier vom unendlichen Raum abtrennten. Was Georgiana betraf, so hätte dies auch ein Pavillon mitten in den Wolken sein können. Das Licht der Sonne hätte seine chemischen Versuche gestört, deshalb hatte Aylmer es ausgeschlossen und durch wohlriechende Lampen ersetzt, deren Schein verschieden gefärbt war, sich jedoch zu einem weichen, purpurnen Schimmer vereinte. Jetzt kniete er an der Seite seiner Frau und beobachtete sie ernst, aber ohne Besorgnis; er vertraute seiner Kunst, er fühlte, daß er imstande war, einen magischen Kreis um sie zu ziehen, in den kein Übel einzudringen vermochte.

„Wo bin ich? – Ach, ich entsinne mich!" sagte Georgiana matt und legte die Hand auf die Wange, um das gräßliche Mal vor den Augen ihres Mannes zu verbergen.

„Fürchte nichts, Liebste!" rief er, „schrick nicht vor mir zurück! Glaube mir, Georgiana, ich bin dir beinahe dankbar für diesen einzigen Makel, weil es mir solches Vergnügen bereitet, ihn zu entfernen!"

„Oh, schone mich!" antwortete seine Frau traurig. „Ich bitte dich, sieh nicht wieder hin. Ich werde dein krampfhaftes Schaudern nie vergessen."

Um Georgiana zu trösten, um die Last der Wirklichkeit von ihrem Gemüt zu nehmen, setzte Aylmer jetzt ein paar von den leichten, spielerischen Geheimnissen in Szene, die ihn seine Wissenschaft neben ernsteren und tieferen Dingen gelehrt hatte. Luftige Gestalten, völlig körperlose Ideen, Formen von ungreifbarer Schönheit kamen und tanzten vor ihr, flüchtige Fußspuren auf Lichtstrahlen setzend. Wenn sie auch eine ungefähre Vorstellung von der Methode dieser optischen Täuschungen besaß, so war die Illusion doch beinahe vollkommen genug, um sie glauben zu lassen, ihr Mann sei ein Herrscher in der Welt der Geister. Später, als sie den Wunsch verspürte, einen Blick über die Mauern ihrer Klause zu werfen, da glitt sofort, wie als unmittelbare Erfüllung dieses Wunsches, die Prozession des äußeren Lebens auf einem Schirm an ihr vorbei. Szenen und Gestalten des wirklichen Lebens waren mit größter Vollkommenheit dargestellt, mit jener faszinierenden, wenn auch nicht in Worte zu fassenden Andersartigkeit allerdings, die ein Bild, eine Figur, einen

Schatten immer um so vieles anziehender sein läßt als das Original. Als sie dessen müde war, führte Aylmer ihr ein Gefäß vor Augen, das mit Erde gefüllt war. Sie sah es sich an, mit geringer Neugierde zunächst, entdeckte aber bald zu ihrer größten Überraschung, wie ein Samenkorn aus der Erde emporsproß. Dann kam der schlanke Stengel – langsam entfalteten sich die Blätter – und mitten unter ihnen erblühte eine vollkommene, liebliche Blume.

„Das ist Zauberei!" rief Georgiana. „Ich wage nicht, sie zu berühren."

„Doch, doch, wage es nur", antwortete Aylmer, „pflücke sie und atme ihren Duft ein, solange sie blüht. In wenigen Augenblicken schon wird die Blume verwelken und nichts zurücklassen außer ihren braunen Samenkapseln – doch aus ihnen kann ein Geschlecht sich fortpflanzen, das ebenso vergänglich ist wie sie selber."

Aber kaum hatte Georgiana die Blume berührt, als die Pflanze wie von einem Pesthauch befallen schien; ihre Blätter wurden kohlrabenschwarz, wie im Feuer verkohlt.

„Der Antrieb muß zu stark gewesen sein", sagte Aylmer nachdenklich.

Um sie für das mißlungene Experiment zu entschädigen, schlug Aylmer seiner Frau vor, mittels eines wissenschaftlichen Prozesses, den er selbst erfunden hatte, ihr Bildnis aufzunehmen, indem er nämlich Lichtstrahlen auf eine polierte Metallplatte fallen ließ. Georgiana stimmte zu – doch als sie das Ergebnis sah, war sie erschrocken über die bis zur Unkenntlichkeit verwischten Linien ihrer Züge; wo die Wange hätte sein sollen, war nichts als der winzig kleine Umriß einer Hand. Aylmer riß die Platte an sich und warf sie in einen Krug mit ätzender Säure.

Bald hatte er diese beschämenden Mißerfolge vergessen. In den Pausen zwischen Studium und chemischen Experimenten kam er zu ihr, erschöpft, mit gerötetem Gesicht, jedoch offensichtlich gestärkt von ihrer Gegenwart, und sprach in glühenden Farben von den Möglichkeiten seiner Kunst. Er trug ihr die Geschichte der langen Dynastie der Alchimisten vor, die Jahrhunderte damit zugebracht hatten, nach dem universellen Lösungsmittel zu forschen, durch welches das Goldene Prinzip aus allen rohen und gemeinen Stoffen hervorgelockt werden könnte. Allem Anschein nach glaubte Aylmer, daß es den einfachsten Regeln wissenschaftlicher Logik zufolge durchaus im Bereich des Möglichen läge, dieses langersehnte Mittel zu entdecken; aber, so fügte er hinzu, ein Philosoph, der tief genug in die Dinge eindrang, um diese Macht zu erlangen, würde es dank der erhabenen Weisheit, die damit Hand in Hand ging, unter seiner Würde finden, diese Macht auch auszuüben. Seine Ansichten in bezug auf das Elixier des Lebens waren nicht weniger seltsam. Er ließ sehr deutlich durchblicken, daß es durchaus in seiner Macht stand, eine Flüssigkeit zu brauen, die das Leben auf Jahre, vielleicht auf ewig verlängerte; aber dadurch würde ein Mißton in der Natur entstehen, den die ganze Welt, vor allem aber der, der das Unsterblichkeitsserum getrunken hatte, zu verfluchen Anlaß fände.

„Aylmer, sprichst du im Ernst?" fragte Georgiana und starrte ihn verwirrt und furchtsam an. „Fürchterlich ist es, solche Macht zu besitzen, ja nur davon zu träumen!"

„Oh, zittre nicht, meine Liebe!" sagte ihr Mann, „nie würde ich weder dir noch mir Schaden zufügen wollen, indem ich unser beider Leben derart unharmonischen Einflüssen aussetzte. Aber bedenke doch, ich bitte dich, wie wenig im Vergleich damit dazu gehört, diese kleine Hand zu entfernen."

Bei der Erwähnung des Mals fuhr Georgiana wie immer zusammen, als hätte ein rotglühendes Eisen ihre Wange berührt.

Aylmer wandte sich wieder seiner Arbeit zu. Sie hörte seine Stimme aus der entlegenen Ofenkammer, wie er Aminidab Anweisungen gab, dessen Antworten rauh, grob, mißtönend klangen, mehr wie das Grunzen oder Knurren eines Tieres denn wie menschliche Rede. Nach stundenlanger Abwesenheit erschien Aylmer wieder bei ihr und schlug ihr vor, das Kabinett zu besichtigen, in dem er seine chemischen Produkte und natürlichen Schätze der Erde aufbewahrte. Zur ersteren Gruppe gehörte eine kleine Phiole, die, so erklärte er, einen milden, aber überaus starken Duftstoff enthielt, mit dem man die Winde schwängern konnte, die ein ganzes Königreich durchwehten. Der Inhalt dieser kleinen Phiole war von unschätzbarem Wert; noch während er redete, zerstäubte er ein paar Tropfen in der Luft, die den Raum sofort mit himmlischem, belebendem Zauberduft erfüllten.

„Und was ist dies?" fragte Georgiana und deutete auf eine kleine Kristallkugel, die eine goldfarbene Flüssigkeit enthielt. „Es ist so herrlich anzusehen, daß ich mir vorstellen könnte, dies sei das Elixier des Lebens."

„In gewissem Sinn ist es das auch", antwortete Aylmer, „oder nennen wir es eher das Elixier der Unsterblichkeit. Dies ist das kostbarste Gift, das jemals auf dieser Welt gebraut wurde. Damit kann ich jedem Sterblichen, auf den du etwa mit dem Finger zeigst, eine ganz bestimmte Lebensspanne zumessen. Die Stärke der Dosis entscheidet, ob er jahrelang dahinsiechen oder aber beim nächsten Atemzug tot umfallen wird. Kein König auf seinem bewachten Thron wäre seines Lebens sicher, wenn ich, ein einfacher Bürger, mir dächte, daß das Wohl von Millionen mich dazu berechtigt, es ihm zu rauben."

„Wozu besitzest du ein so fürchterliches Mittel?" fragte Georgiana voll Entsetzen.

„Mißtraue mir nicht, Liebste", antwortete ihr Mann lächelnd; „seine heilende Kraft ist noch größer als seine todbringende. Doch sieh! Hier ist ein starkes Schönheitsmittel. Ein paar Tropfen davon in ein Gefäß mit Wasser gegeben, und schon lassen sich Sommersprossen so leicht abwaschen, als würdest du dir die Hände reinigen. Eine stärkere Lösung allerdings würde alle Farbe von den Wangen nehmen und aus der rosigsten Schönheit ein bleiches Gespenst machen."

„Willst du mit dieser Lösung meine Wange baden?" fragte Georgiana ängstlich.

„O nein!" antwortete ihr Mann hastig – „dieses Mittel wirkt nur oberflächlich. In deinem Fall brauchen wir eine Arznei, die tiefer geht."

In seinen Gesprächen mit Georgiana erkundigte sich Aylmer immer sehr gründlich nach ihren Empfindungen, ob ihr das Eingeschlossensein nicht zu viel würde, ob sie die in den Räumen herrschende Temperatur als angenehm empfände. Diese Fragen kamen ihr so klar gerichtet vor, daß Georgiana allmählich vermutete, bereits jetzt bestimmten physischen Einflüssen ausgesetzt zu sein, die sie entweder mit der wohlriechenden Luft einatmete oder mit den Speisen zu sich nahm. Ebenso schien es ihr – vielleicht war es auch nur reine Einbildung –, als würde ihr Organismus von irgend etwas aufgewühlt; eigenartige, undeutliche Empfindungen krochen durch ihre Adern und prickelten halb schmerz-, halb lustvoll in ihrem Herzen.

Doch sooft sie ihren Mut zusammennahm und in den Spiegel blickte, sah sie ihr Spiegelbild, bleich wie eine weiße Rose, und auf ihrer Wange eingestempelt das Purpurmal. Nicht einmal Aylmer haßte es jetzt so sehr wie sie.

Um die Langeweile jener Stunden zu vertreiben, die ihr Mann seinen Kombinationen und Analysen widmen mußte, beschäftigte sich Georgiana jetzt mit den Büchern in seiner wissenschaftlichen Bibliothek. In vielen alten, geschwärzten Folianten stieß sie auf Kapitel voller Poesie und Romantik. Da gab es die Werke der Philosophen des Mittelalters, wie Albertus Magnus, Cornelius Agrippa, Paracelsus und des berühmten Mönchs, der das prophetische Eherne Haupt geschaffen hatte. Alle diese alten Naturforscher waren ihrem Jahrhundert voraus gewesen, ohne doch gänzlich von seinem Aberglauben frei zu sein, und daher glaubte das Volk – und vielleicht glaubten sie es sogar selber –, daß sie durch ihre Erforschung der Natur Gewalt über die Natur erlangt hatten, übertragen aus dem Reich der Körper in das Reich der Geister. Kaum weniger seltsam und phantastisch waren die ersten Bände der Verhandlungen der Royal Society, in denen die Mitglieder, denen die Grenzen der natürlichen Möglichkeiten kaum bewußt waren, stets aufs neue von Wundern berichteten, oder aber von Methoden, Wunder zu wirken.

Was aber Georgiana den größten Eindruck machte, war ein großer Folio-Band von ihres Gatten eigener Hand, in dem er jedes Experiment seiner Forscherlaufbahn festgehalten hatte: seinen ursprünglichen Zweck, die Methoden, die er für seine Durchführungen ausgewählt hatte, schließlich Erfolg oder Mißerfolg, zusammen mit den Umständen, denen der jeweilige Ausgang zuzuschreiben war. Dieses Buch war in Wahrheit sowohl Geschichte wie auch Symbol seines leidenschaftlichen, ehrgeizigen, phantasievollen, zugleich aber auch diesseitigen arbeitsamen Lebens. Die physikalischen Details behandelte er, als ob es hinter ihnen nichts mehr gäbe; und dennoch gelang es ihm, vermittels seines heftigen Strebens nach dem Unendlichen, nicht nur alles zu vergeistigen, sondern auch sich selber vor dem Materialismus zu retten. Noch der Lehmklumpen gewann unter seinen Händen eine Seele. Georgiana las und las und zollte dabei Aylmer immer größere Verehrung, auch liebte sie ihn jetzt noch mehr als zuvor, aber ihr Glaube an seine Urteilskraft war vielleicht nicht mehr ganz so ungetrübt wie früher. So viel er auch vollbracht hatte, so konnte sie doch unmöglich übersehen, daß seine glänzendsten Erfolge, verglichen mit dem Ideal, das er angestrebt hatte, fast durchweg Fehlschläge waren. Seine strahlendsten Diamanten waren nichts als Kieselsteine und wurden von ihm auch als solche empfunden, wenn man sie mit den Kostbarkeiten verglich, die ihm unerreichbar blieben. Die Aufzeichnungen dieses Bandes voll jener großartigen Leistungen, die seinen Autor berühmt gemacht hatten, waren dennoch von tiefer Melancholie überschattet. Das Buch war nichts als das traurige Eingeständnis, belegt durch eine endlose Reihe von Beispielen, von der Unzulänglichkeit des Menschen als Ganzem – Geist, der, mit Lehm beladen, im Stoffe schaffen muß –, von der Verzweiflung auch, die den höheren Menschen befällt, wenn er alle seine Pläne immer wieder von seinem irdischen Teil vereitelt sieht. Vielleicht erkennt jeder Mensch, den, auf welchem Gebiet auch immer, ein Genius leitet, in Aylmers Berichten das Abbild seiner eigenen Erfahrung.

Georgiana war von diesen Gedanken so tief bewegt, daß sie das Gesicht auf den geöffneten Band legte und in Tränen ausbrach. In dieser Lage fand sie ihr Mann.

„Es ist gefährlich, im Buch eines Zauberers zu lesen", sagte er, lächelnd zwar, dennoch unruhig und leicht verärgert. „Georgiana, in diesem Band gibt es Seiten, die ich selbst kaum ansehen kann, ohne meinen Verstand zu verlieren. Nimm dich in acht, daß er dir nicht ebenso gefährlich wird!"

„Das Buch hat mich gelehrt, dich mehr denn je zu verehren", sagte sie.

„Ah! Warte nur auf diesen einen Erfolg", antwortete er, „und dann verehre mich, wenn du willst. Dann werde ich mich selbst dessen nicht für unwürdig halten. Doch komm! Ich suchte dich auf, um dem himmlischen Glanz deiner Stimme zu lauschen. Singe für mich, Geliebte!"

Und so goß sie die flüssige Musik ihrer Stimme vor ihm aus, um den Durst seines Geistes zu löschen. Darauf nahm er in knabenhaft übermütiger Laune von ihr Abschied, versicherte ihr, daß ihre Abgeschiedenheit nur mehr von kurzer Dauer, das Ergebnis jedoch bereits völlig sicher sei. Kaum war er gegangen, als Georgiana den unwiderstehlichen Drang empfand, ihm zu folgen. Sie hatte vergessen, Aylmer von einem Symptom zu berichten, das seit zwei oder drei Stunden bereits ihre Aufmerksamkeit gefangennahm. Es war eine Empfindung in dem verhängnisvollen Mal, die, ohne schmerzhaft zu sein, ihren ganzen Körper mit Unruhe erfüllte. Hinter ihrem Mann hereilend, drang sie zum erstenmal ins Laboratorium ein. Der erste Gegenstand, der ihr ins Auge fiel, war der Schmelzofen, jener heiße, fieberhafte Werker, in rotem Schein des Feuers erglühend, der, nach den Mengen von Ruß zu schließen, die ihn bedeckten, bereits seit Urzeiten in Gang sein mußte. Ein Destillierapparat war in vollem Betrieb. An den Wänden standen Retorten, Röhren, Zylinder, Schmelztiegel und andere der chemischen Forschung dienende Geräte. Eine elektrische Maschine stand zu sofortigem Gebrauch bereit. Die Luft war drückend schwül, von gasförmigen Gerüchen geschwängert, die durch die Prozesse der Wissenschaft aus den Elementen herausgepreßt worden waren. Die strenge, fast häßliche Einfachheit des Raumes mit seinen nackten Wänden und dem Backsteinpflaster nahm sich in Georgianas Augen, die an die phantastische Eleganz ihres Boudoirs gewöhnt waren, recht seltsam aus. Was aber ihre Aufmerksamkeit mehr als alles andere, ja fast ausschließlich fesselte, war Aylmers Aussehen. Bleich wie der Tod, von Angst erfüllt, beugte er sich selbstvergessen über den Schmelzofen, als ob es von seiner höchsten Wachsamkeit abhing, ob die Flüssigkeit, die hier eben destilliert wurde, zu einem Trank unsterblichen Glücks – oder endlosen Elends wurde. Welch ein Unterschied zu dem heiteren, sorglosen Gebaren, das er angenommen hatte, um Georgiana Mut einzuflößen!

»Vorsicht jetzt, Aminidab! Gib acht, du menschliche Maschine! Vorsicht, du Mann aus Lehm!« brummte Aylmer, mehr zu sich selber als zu seinem Gehilfen. »Es braucht nur einen Gedanken zu viel, oder einen Gedanken zu wenig, und alles ist vorbei!«

»Ho! Ho!«, murmelte Aminidab – »seht, Herr, seht!« Hastig hob Aylmer die Augen; als er Georgiana erblickte, errötete er zuerst, dann wurde er noch bleicher als zuvor, endlich stürzte er zu ihr und packte sie so heftig am Arm, daß der Abdruck seiner Finger darauf zurückblieb.

»Was hast du hier zu suchen? Mißtraust du deinem Manne?" herrschte er sie an. „Willst du den Pesthauch deines verhängnisvollen Males über meine Arbeit blasen? Das ist nicht wohl getan. Geh, Spionin, geh!"

„Mein Aylmer", sagte Georgiana mit jener Festigkeit, die sie in so hohem Maß ihr eigen nannte, „nicht du hast das Recht, dich zu beklagen. Du bist es, der seinem Weibe mißtraut! Du hast mir verborgen, mit welch schwerer Sorge du dem Fortschritt dieses Experimentes folgst. Denk nicht so unwürdig von mir, mein Gemahl! Sag mir, was es ist, das uns bedroht; und fürchte nicht, daß ich zurückschrecke, denn mein Einsatz ist bei weitem kleiner als der deine!"

„Nein, nein, Georgiana!", antwortete Aylmer ungeduldig. „Es kann nicht sein."

„Ich unterwerfe mich", antwortete sie ruhig. „Und ich werde jeden Trank nehmen, den du mir bringst, Aylmer, wenn auch aus dem gleichen Grund, aus dem ich auch eine Dosis Gift nehmen würde, wenn deine Hand sie mir reichte."

„Mein edles Weib", sagte Aylmer, zutiefst bewegt, „erst jetzt erkenne ich die Höhe und Tiefe deines Wesens. Nichts soll dir mehr verborgen sein. Wisse denn, daß diese Purpurhand, so oberflächlich sie erscheint, sich doch in deinem Inneren festgekrallt hat mit einer Kraft, von der ich zuvor nichts ahnte. Schon habe ich Mittel angewandt, die stark genug sind, um alles zu verändern – bis auf deinen gesamten Organismus. Nur eines bleibt uns noch zu tun. Wenn auch das versagt, sind wir verloren."

„Warum zögertest du, mir dies zu sagen?" fragte sie.

„Deshalb, Georgiana", sagte Aylmer leise, „weil Gefahr besteht."

„Gefahr? Es gibt nur eine Gefahr – daß dieses schreckliche Zeichen auf meiner Wange bleibt!" rief Georgiana. „Entferne es! Entferne es! – und achte nicht der Gefahr – oder wir verlieren noch beide den Verstand!"

„Gott weiß es, deine Worte sind nur allzu wahr", sagte Aylmer bedrückt. „Und jetzt, Liebste, geh wieder in dein

Boudoir. Es wird nicht mehr lange dauern, bis alles erprobt ist.“

Er geleitete sie zurück und nahm mit einer feierlichen Zärtlichkeit von ihr Abschied, die viel deutlicher noch als seine Worte sagte, wieviel jetzt auf dem Spiele stand. Als er sie verlassen hatte, verfiel Georgiana in tiefes Nachdenken. Sie betrachtete Aylmers Charakter jetzt mit größerem Verständnis als je zuvor, und ihr Herz frohlockte, wenn auch zitternd, über seine hohe Liebe, die so rein und edel war, daß sie nur das Vollkommene annehmen und sich nicht in erbärmlicher Weise mit einem Wesen zufriedengeben konnte, das mehr der Erde verhaftet war, als Aylmer es sich erträumt hatte. Sie fühlte, um wie vieles kostbarer ein solches Gefühl war als jene niedrige Art der Liebe, die sich um ihretwillen mit ihren Mängeln abgefunden und dadurch des Verrats an der heiligen Liebe schuldig gemacht hätte, indem sie das vollkommene Ideal auf die Stufe des Wirklichen herunterzog. Und sie betete mit ihrem ganzen Wesen darum, seine höchste und tiefste Vorstellung einen Augenblick lang zu erfüllen. Länger als einen Augenblick konnte es nicht sein, das wußte sie wohl; denn sein Geist war immer in Bewegung, immer im Steigen, verlangte in jedem neuen Augenblick nach etwas, das über den Umkreis des eben Vergangenen hinausging.

Das Geräusch der Schritte ihres Mannes brachte sie wieder zu sich. Er trug einen kristallenen Becher mit einer Flüssigkeit, die farblos wie Wasser, aber so strahlend war, als sei es der Trank der Unsterblichkeit. Aylmer war bleich; doch schien dies eher die Folge einer höchsten Anspannung seines Geistes zu sein als der Ausdruck von Angst und Zweifel.

„Die Zubereitung des Tranks war vollkommen“, sagte er als Antwort auf Georgianas Blick. „Wenn nicht meine ganze Kunst mich im Stich läßt, kann es nicht mißlingen.“

„Wäre es nicht um deinetwillen, mein liebster Aylmer“, bemerkte seine Frau, „so wünschte ich, ich könnte dieses Muttermal der Sterblichkeit ablegen, indem ich die Sterblichkeit selber gegen eine andere Art des Daseins tauschte. Das Leben ist nur ein trauriger Besitz für jene, die diese Stufe der moralischen Höhe erreicht haben, auf der ich jetzt stehe. Wäre ich schwächer und schwachsichtiger, so wäre ich vielleicht glücklich. Wäre ich stärker, so könnte ich vielleicht in Hoffnung ausharren. Da ich nun aber bin, wie ich bin, so dünkt mich, daß von allen Sterblichen mir das Sterben am leichtesten fiele."

„Du wärest des Himmels würdig, ohne den Tod schmecken zu müssen", antwortete ihr Mann. „Aber warum reden wir vom Sterben! Es ist unmöglich, daß der Trank versagt. Schau, wie er auf diese Pflanze wirkt!"

Auf dem Fensterbrett stand eine Geranie, die Blätter von häßlichen gelben Flecken verunstaltet; Aylmer goß ein paar Tropfen der Flüssigkeit auf die Erde, aus der die Pflanze wuchs. In kürzester Zeit, sobald die Wurzeln der Pflanze die Feuchtigkeit aufgenommen hatten, lösten sich die häßlichen Flecken in ein kräftiges, gesundes Grün auf.

„Es brauchte keines Beweises", sagte Georgiana ruhig. „Gib mir den Becher. In freudiger Zuversicht vertraue ich vollkommen deinem Wort."

„Trinke denn, du edles Wesen!" rief Aylmer in glühender Bewunderung. „Kein Makel der Unvollkommenheit liegt über deinem Geist! Aber auch dein Leib soll bald ganz vollkommen sein!"

Sie trank die Arznei und reichte ihm den leeren Becher.

„Es kommt mir vor wie Wasser aus einem himmlischen Brunnen; denn es enthält ich weiß nicht welch feinen Duft und Wohlgeschmack. Es löscht den fieberhaften Durst, der seit vielen Tagen meine Kehle ausdörrt. Jetzt, Liebster, laß mich schlafen. Meine irdischen Sinne falten sich über meiner Seele wie die Blätter über dem Herzen der Rose bei Sonnenuntergang."

Die letzten Worte sagte sie mit leichtem Widerstand, als koste es sie beinahe mehr Kraft, als sie aufbringen konnte, die schwachen, in die Länge gezogenen Silben auszusprechen. Kaum waren sie ihren Lippen entfallen, da war sie auch schon eingeschlummert. Aylmer saß neben ihr und beobachtete sie mit jenen Gefühlen, die einem Manne zustehen, der den Wert seines gesamten Daseins auf dem Prüfstand sieht. Daneben und zugleich jedoch bewegte ihn der Drang nach philosophischer Erkenntnis, wie er den Mann der Wissenschaft auszeichnet. Nicht das kleinste Symptom entging ihm. Ein höheres Rot der Wange – eine leichte Unregelmäßigkeit des Atems – ein Flattern des Augenlides – ein kaum wahrnehmbares Zittern, das durch den ganzen Leib lief –, das waren die Beobachtungen, die er, während die Augenblicke vorüberzogen, in seinen Folioband eintrug. Tiefstes Nachdenken hatte den vorangegangenen Seiten des Bandes seinen Stempel aufgedrückt; aber die Gedanken vieler Jahre hatten sich alle in dieser letzten versammelt.

Während dieser Beschäftigung verfehlte er nicht, immer wieder auf die verhängnisvolle Hand zu starren, und nie, ohne zu schaudern. Einmal jedoch drückte er, aus einem seltsamen, ihm unbegreiflichen Impuls heraus, seine Lippen auf das Mal. Mitten im Kuß freilich schrak seine Seele davor zurück, und Georgiana fing aus ihrem tiefen Schlaf heraus an, sich unruhig zu bewegen und zu murmeln, als wollte sie sich dagegen wehren. Wieder nahm Aylmer seine Wache auf. Und er sollte nicht enttäuscht werden. Die Purpurhand, die zu Anfang auf Georgianas marmorbleicher Wange besonders deutlich hervorgetreten war, verlor langsam an Deutlichkeit. Nicht, daß Georgianas Gesicht an Farbe gewonnen hätte; aber das Mal wurde bei jedem Ein- und Ausatmen weniger klar erkennbar. Seine Gegenwart war furchtbar gewesen, sein Scheiden war noch fürchterlicher. Wer einmal zusah, wie die Farben des Regenbogens langsam am Himmel verblassen, kann sich vorstellen, auf welche Weise dieses geheimnisvolle Zeichen Abschied nahm.

„Bei Gott, es ist schon fast weg!" sagte Aylmer zu sich, in

einer Ekstase, die er kaum zu bändigen wußte. „Kaum kann ich die Umrisse erkennen! Erfolg! Erfolg! Jetzt ist es nur mehr vom schwächsten Rosa. Wenn nur ein wenig Farbe in ihr Gesicht stiege, so wäre das Mal verschwunden. Aber sie ist so bleich!" Er zog den Vorhang zur Seite und ließ das helle Tageslicht durchs Fenster in den Raum und auf ihre Wange fallen. In diesem Augenblick hörte er ein gurgelndes, heiseres Gelächter, mit dem, wie er seit langem wußte, sein Diener Aminidab Begeisterung auszudrücken pflegte.

„Ah, du Lehmklumpen! Ah, du erdhafte Masse!" rief Aylmer lachend, wie in einem Rausch. „Gut hast du mir gedient! Materie und Geist – Erde und Himmel – beide haben ihr Teil dabei verrichtet! Lache, du Geschöpf der Sinne! Du hast dir dein Anrecht darauf redlich verdient!"

Diese lauten Worte weckten Georgiana. Langsam öffnete sie die Augen und schaute in den Spiegel, den ihr Mann eigens dafür bereitgehalten hatte. Ein schwaches Lächeln zuckte über ihre Lippen, als sie sah, daß die Purpurhand, die einst mit ihrem verhängnisvollen Glühen ihr gemeinsames Glück verscheucht hatte, kaum noch zu sehen war. Doch dann suchten ihre Augen Aylmers Gesicht – mit einem Ausdruck von Angst und Bestürzung, den Aylmer sich durchaus nicht erklären konnte.

„Mein armer Aylmer!" murmelte sie.

„Arm? Nein, reich! Reicher, glücklicher als alle anderen!" rief er aus. „Meine unvergleichliche Braut, es ist gelungen! Du bist vollkommen!"

„Mein armer Aylmer!" wiederholte sie, mit schier übermenschlicher Zärtlichkeit. „Du hast Hohes gewollt! – Du hast Edles vollbracht! Bereue nicht, daß du mit diesen hohen und reinen Gefühlen das Beste verworfen hast, das die Erde für dich bereithielt. Aylmer, liebster Aylmer – ich sterbe!"

Ach – es war nur zu wahr! Die verhängnisvolle Hand hatte mit dem Geheimnis des Lebens gerungen, sie, die das Band war, das die Seele eines Engels an eine irdische Gestalt geknüpft hatte. Als der letzte Purpurschimmer des Mals – dieses einzigen Zeichens menschlicher Unvollkommenheit – von ihrer Wange wich, da stieg auch der letzte Atemzug der nun vollkommenen Frau in die Atmosphäre, und die Seele zögerte noch einen Augenblick neben ihrem Gatten und flog dann himmelwärts. Dann ertönte wieder das heisere, kichernde Lachen! Immer wieder freut sich auf diese Weise das große irdische Geschick seines sicheren Triumphs über das unsterbliche Wesen, das in dieser Sphäre des Halbausgereiftseins nach der Vollständigkeit eines höheren Zustandes verlangt. Hätte Aylmer tiefere Weisheit erlangt, er hätte jenes Glück, das sein irdisches Leben aus dem gleichen Stoff weben wollte wie das himmlische, nicht von sich geworfen. Doch die besonderen Umstände erwiesen sich als zu stark für ihn; er versäumte es, über den schattigen Bezirk der Zeit zu blicken und ein für allemal in der Ewigkeit zu leben, um so die vollkommene Zukunft in der Gegenwart zu erkennen.

Die himmlische Eisenbahn

Es ist noch gar nicht so lange her, da besuchte ich, durchs Tor der Träume gehend, jene Weltgegend, in der die berühmte Stadt der Vernichtung liegt. Es war mir eine große Genugtuung zu erfahren, daß der aufs allgemeine Wohl gerichtete Sinn einiger Einwohner erst kürzlich zwischen dieser volkreichen, blühenden Stadt und dem Himmlischen Jerusalem eine Eisenbahn hatte bauen lassen. Da ich gerade etwas Zeit zur Verfügung hatte, beschloß ich, eine gewisse ausgreifende Neugier durch eine Reise dorthin zu befriedigen. Daher nahm ich eines schönen Morgens, nachdem ich die Hotelrechnung bezahlt und den Träger angewiesen hatte, mein Gepäck auf dem Rücksitz zu verstauen, meinen Platz in einer Kutsche ein, und los ging's in Richtung Bahnhof. Dabei hatte ich das Glück, in einem Herrn Schönfärber einen Reisegenossen zu treffen, der zwar das Himmlische Jerusalem noch nie selbst besucht hatte, mit dessen Recht und Gesetz, Politik, Gebräuchen und Statistiken jedoch ebenso vertraut schien wie mit denen der Stadt der Vernichtung, wo er geboren war. Da er außerdem nicht nur ein Direktor der Eisenbahngesellschaft, sondern auch einer ihrer größten Aktionäre war, war er sehr wohl imstande, mir über dieses lobenswerte Unternehmen jede gewünschte Information zu erteilen.

Unsere Kutsche ratterte aus der Stadt hinaus und fuhr kurz hinter der Stadtgrenze über eine Brücke von eleganter Konstruktion, die jedoch, wie ich fürchtete, für mein beachtliches Gewicht wohl zu leicht war. Zu beiden Seiten der Brücke erstreckte sich ein riesiger Sumpf, dessen Anblick und Geruch nicht peinlicher hätten sein können, hätten alle Rinnsteine der Welt ihre verseuchten Gewässer dahin geleitet.

„Hier sehen Sie", bemerkte Herr Schönfärber, „den berühmten Sumpf der Verzweiflung – eine Schande für die ganze Gegend; um so größer, als es ein leichtes wäre, ihn trockenzulegen."

„Soviel mir bekannt ist", erwiderte ich, „hat man seit unvordenklichen Zeiten immer wieder Anstrengungen zu diesem Ende unternommen. Bunyan berichtet, daß etwa zwanzigtausend Wagenladungen nützlicher Ermahnungen hineingekippt wurden – leider ohne Erfolg."

„Das läßt sich denken! Welche Wirkung kann man sich denn von derart gehaltlosem Zeug versprechen?" rief Herr Schönfärber. „Bitte beachten Sie diese wirklich bequeme Brücke. Die Fundamente dafür erhielten wir, indem wir verschiedene Ausgaben von Morallehren in den Sumpf warfen, einige Bände französischer Philosophie, deutschen Rationalismus, Abhandlungen, Predigten, Essays moderner Kirchenmänner, Auszüge aus Platon, Konfuzius, verschiedene Hindu-Weise, dazu noch ein paar scharfsinnige Bibelexegesen – und mit Hilfe eines bestimmten chemischen Prozesses konnten wir das alles in eine Masse verwandeln, die so hart ist wie Granit. Den ganzen Morast könnte man mit ähnlichem Zeug auffüllen."

Mir schien es zwar, daß die Brücke in ganz beachtlicher Weise wackelte und hin- und herschwankte; und sosehr Herr Schönfärber auch auf ihren soliden Fundamenten beharrte, mich hätten keine zehn Pferde dazu gebracht, sie in einem vollbesetzten Omnibus zu überqueren; besonders, wenn jeder Fahrgast mit so viel schwerem Gepäck beladen wäre wie Herr Schönfärber und meine eigene Person. Nichtsdestoweniger passierten wir die Brücke ohne Zwischenfall und fanden uns bald darauf im Bahnhofsgelände ein. Dieses geräumige, saubere Gebäude steht dort, wo früher das kleine Pförtchen war, das, wie alle älteren Pilger sicher noch wissen, genau in der Mitte der Straße stand und wegen seiner unbequemen Enge für den Reisenden von umfangreichem Bauche und fortschrittlicher Gesinnung ein arges Hindernis darstellte. Den Leser von John Bunyan wird es freuen zu hören, daß Evangelist,

der alte Freund des Guten Christen, der jedem Pilger eine mystische Pergamentrolle zu überreichen pflegte, jetzt hinter dem
Schalter sitzt. Zugegeben, daß verschiedene übelwollende Personen jede Identität zwischen dem alten Evangelisten und der
hier gegenwärtigen, achtbaren Persönlichkeit ableugnen und
sogar vorgeben, im Besitze von Beweisen zu sein, die diesen
als Betrüger entlarven. Ohne mich in diese Auseinandersetzung einzumischen, möchte ich nur bemerken, daß zumindest
meiner eigenen Erfahrung nach die viereckigen Stücke Papp-
deckel, die man heutzutage den Passagieren überreicht, auf
der Reise bei weitem bequemer und handlicher sind als die
alten Pergamentrollen. Ob sie allerdings an den Toren des
Himmlischen Jerusalem mit gleicher Bereitwilligkeit entge-
gengenommen werden, dazu kann ich nichts sagen.

Im Bahnhofsgebäude befand sich bereits eine große Anzahl
von Fahrgästen, die alle auf die Abfahrt des Zuges warteten.
Nach Ansehen und Benehmen dieser Personen zu urteilen,
hatte sich die allgemeine Einstellung zu einer Himmlischen
Pilgerfahrt aufs günstigste gewandelt. Bunyans Herz wäre sicher vor Freude gehüpft, hätte er das sehen können. Statt eines einsamen, in Fetzen gekleideten Menschen, der mit einer
schweren Last auf dem Rücken sich mühsam zu Fuß fort-
schleppte, während die ganze Stadt ihn verhöhnte, sah man
hier Gruppen aus der ersten Gesellschaft, die angesehensten
Leute der Gegend, sich auf die Pilgerfahrt in die Himmlische
Stadt begeben, und so vergnügt, als wäre es eine sommerliche
Landpartie. Unter den Herren befanden sich verschiedene, die
in hohem, verdienten Ansehen standen, Beamte, Politiker,
Millionäre, deren Beispiel nicht verfehlen konnte, das Ansehen der Religion bei ihren geringeren Brüdern um ein Er-
kleckliches zu heben. Auch in den Damenabteilen sah ich zu
meiner Freude Blüten und Zierden jener eleganten Gesellschaft, die den gehobenen Kreisen der Himmlischen Stadt sicherlich wohlanstehen werden. Man unterhielt sich plaudernd
über die Tagesneuigkeiten, über Nachrichten aus der Politik

und aus dem Geschäftsleben oder über die leichteren Gegenstände des Vergnügens; während die Religion, ohne Zweifel das wichtigste Anliegen, geschmackvollerweise völlig im Hintergrund blieb. Auch ein Ungläubiger hätte wenig oder gar nichts gehört, das seine Gefühle verletzt hätte.

Ich möchte eines besonderen Vorteils dieser neuen Methode, auf Pilgerfahrt zu gehen, zu erwähnen nicht vergessen. Unsere unermeßlich schweren Bürden brauchen wir nun nicht mehr, wie es von alters her der Brauch war, auf unseren Schultern zu schleppen; sie wurden samt und sonders bequem im Gepäckwagen verstaut und, so versicherte man mir, am Ende der Reise ihren jeweiligen Besitzern ausgehändigt. Und noch etwas wird das Ohr des geneigten Lesers erfreuen. Man wird sich vielleicht daran erinnern, daß zwischen dem Hüter des Pförtchens und dem Fürsten Beelzebub von alters eine Feindschaft bestand und daß die Anhänger der zuletzt genannten vortrefflichen Persönlichkeit auf ehrliche Pilger, während diese an die Pforte klopften, tödliche Pfeile zu schießen pflegten. Es muß sowohl dem oben erwähnten gefeierten Potentaten wie auch den verdienstvollen und fortschrittlichen Direktoren der Eisenbahn hoch angerechnet werden, daß sie sich dazu bereit erklärten, diesen Disput auf der Grundlage des gegenseitigen Kompromisses auf friedliche Weise aus der Welt zu schaffen. Die Untertanen des Fürsten sind jetzt recht zahlreich bei der Bahn beschäftigt; die einen kümmern sich ums Gepäck, die anderen sammeln Brennmaterial, andere wieder heizen die Maschinen – lauter überaus passende, ihrem Wesen entsprechende Beschäftigungen; und ich kann nur auf Ehre und Gewissen versichern, daß man bei keiner anderen Bahngesellschaft Personal findet, das so willig und aufmerksam seine Arbeit macht und die Fahrgäste mit so viel Fürsorge umgibt. Jeder wirklich gute Mensch muß sich einer derart zufriedenstellenden Auflösung eines uralten Gegensatzes freuen.

„Wo ist Herr Großherz?" erkundigte ich mich. „Ohne

Zweifel haben die Direktoren diesen berühmten alten Streiter zum Oberlokomotivführer der Eisenbahn gemacht?"

„Nun, ähäm", sagte Herr Schönfärber mit einem trockenen Hüsteln, „man hat ihm eine Stellung als Bremser geboten, aber um die Wahrheit zu sagen, unser Freund Großherz ist auf seine alten Tage steif und beschränkt geworden. Er hat so viele Pilger zu Fuß auf dieser Straße geführt, daß er es für Sünde hält, anders zu reisen. Außerdem hat der alte Knabe in dem ewigen Streit mit Fürst Beelzebub derart leidenschaftlich Partei genommen, daß er mit den Untertanen des Fürsten wahrscheinlich ständig rauft oder unfeine Ausdrücke ihnen gegenüber gebraucht hätte, und dann hätten die ganzen Unannehmlichkeiten wieder von vorne begonnen. Daher waren wir im großen und ganzen auch nicht unglücklich, als der alte Großherz beleidigt in die Himmlische Stadt abzog und uns dadurch die Möglichkeit bot, einen besser geeigneten und willigeren Mann einzustellen. Und dort kommt der Lokomotivführer. Sie werden ihn sicherlich sofort erkennen."

Die Lokomotive nahm jetzt ihren Platz vor den Waggons ein; ich muß bekennen, daß sie auf mich weit mehr wie eine Art von mechanischem Dämon wirkte, bereit, uns höllenwärts zu ziehen, denn wie ein vertrauenswürdiges Mittel zur Erreichung des Himmlischen Jerusalem. Obendrauf saß eine Gestalt, fast zur Gänze von Rauch und Flammen eingehüllt, die – der Leser möge nicht erschrecken – aus ihrem Mund und Bauch nicht weniger hervorzuschießen schienen als aus dem messingenen Unterleib der Lokomotive.

„Täuschen mich meine Augen?" rief ich. „Was, beim Himmel, soll denn das sein? Ein lebendes Geschöpf? – in diesem Fall kann es sich nur um einen Zwilling der Maschine handeln, auf dem es reitet."

„Pa! Sie sind aber dumm!" rief Herr Schönfärber und schlug eine herzhafte Lache auf. „Erkennen Sie nicht den Apollyon, diesen alten Widersacher des Guten Christen, mit dem er im Tal der Demütigungen einen so heftigen Zusam menstoß hatte? Er war natürlich als Lokomotivführer besonders geeignet; es ist uns gelungen, ihm die Abneigung gegen die Pilgerfahrten im allgemeinen abzugewöhnen, und so haben wir ihn als Oberlokomotivführer eingestellt."

„Bravo, Bravo!" rief ich in unbezähmbarem Enthusiasmus. „Darin erkennt man die Fortschrittlichkeit unseres Zeitalters; das beweist so gut wie irgend etwas, daß alle modrigen Vorurteile auf dem bestem Wege sind, ausgerottet zu werden. Und wie wird der Gute Christ sich freuen, wenn er von dieser glücklichen Verwandlung seines alten Widersachers erfährt! Ich werde mir ein besonderes Vergnügen daraus machen, ihn nach unserer Ankunft in der Himmlischen Stadt davon zu unterrichten."

Nachdem die Passagiere es sich alle in ihren Sitzen bequem gemacht hatten, ratterten wir fröhlich davon und hatten schon nach zehn Minuten eine größere Strecke Weges zurückgelegt als vermutlich der Gute Christ in mühevollem Fußmarsch an einem ganzen Tag. Während wir, gleichsam auf dem Schwanz eines Blitzes reitend, hinausblickten, war es überaus lächerlich, zwei staubbedeckte Fußwanderer zu beobachten, im alten Gewand der Pilger, mit Bettlerschale und Stab, die mystischen Pergamentrollen in der Hand, die unerträglich schweren Lasten auf dem Rücken. Die aufdringliche Hartnäckigkeit dieser guten Leute, die darauf bestanden, sich unter Geächz und Gestöhn über den mühsamen Fußweg zu rackern, anstatt sich die modernen Errungenschaften zunutze zu machen, erregte unter uns Klügern die größte Heiterkeit. Wir grüßten die beiden Pilger mit manch witziger Bemerkung und einer wahren Salve von Gelächter; als sie uns daraufhin schmerzlich, ja geradezu – ich weiß, es klingt absurd – mitleidig anblickten, kannte unsere Erheiterung keine Grenzen mehr. Apollyon wollte nicht hinter uns zurückstehen und verfiel darauf, ihnen Rauch und Flamme der Lokomotive – oder seines eigenen Atems – ins Gesicht zu blasen, bis sie hinter einem heißen Rauchvorhang beinahe verschwanden. Diese kleinen, harmlosen Scherze belustigten uns ungemein und verhalfen den beiden Pilgern ohne Zweifel zu der Genugtuung, sich als Märtyrer betrachten zu können.

In einiger Entfernung vom Bahnkörper erblickten wir nun ein größeres, altmodisches Gebäude, ein, wie Herr Schönfärber bemerkte, traditionsreiches Rast- und Gasthaus, in dem früher die Pilger gern abgestiegen waren. In Bunyans Buch wird es als Haus des Übersetzers erwähnt.

„Es war schon lange mein Wunsch, diesen alten Bau einmal zu besichtigen", sagte ich.

„Wie Sie sehen, zählt es allerdings nicht zu unseren Stationen", sagte mein Gefährte. „Der Hüter stellte sich dem Bau der Eisenbahn heftig entgegen; und nicht zu Unrecht, wie sich herausstellte, da ihn die Bahnlinie links liegen ließ und ihm damit die bessere Kundschaft einfach vor der Nase wegschnappte. Der Fußweg führt auch heute noch an seiner Tür vorbei, und der würdige alte Herr erhält denn auch hin und wieder den Besuch eines einfachen Reisenden, den er dann mit Speise und Trank bewirtet, die so altmodisch sind wie er selber."

Noch bevor unsere Unterhaltung über diesen Gegenstand zu einem Abschluß kam, sausten wir an jener Stelle vorüber, wo beim Anblick des Kreuzes dem Guten Christen seine schwere Last von den Schultern gefallen war. Das diente Herrn Schönfärber, Herrn Lebe-der-Welt, Herrn Verbirg-Sünde-im-Herzen, Herrn Schuppiges-Gewissen und einigen anderen Herren aus der Stadt Meide-die-Reue als Anlaß, die unschätzbaren Vorteile zu preisen, die uns aus der Sicherheit unseres Gepäcks erwuchsen. Ich selber stimmte genauso wie alle anderen Fahrgäste aus vollem Herzen in ihr Loblied ein, denn unser aller Gepäck war voll von Dingen, die auf der ganzen Welt hochgeschätzt werden; und besonders besaß jeder von uns eine reiche Kollektion an liebgewordenen Gewohnheiten, die, so hofften wir, auch in den feinen Kreisen der Himmlischen Stadt durchaus nicht etwa aus der Mode

Liebe Artemis & Winkler-Bücherfreunde

Um Sie auch weiterhin über das Programm des Artemis & Winkler Verlages unterrichten zu können, bitten wir Sie, diese Karte an uns zu senden und Ihre persönlichen Interessensgebiete anzukreuzen.

Wir möchten nicht versäumen, Sie darauf hinzuweisen, daß Ihr Name und Ihre Anschrift bei Rücksendung dieser Karte gespeichert werden. So können wir Sie weiterhin regelmäßig mit unseren Informationen versorgen.

☐ Winkler Weltliteratur

☐ Literatur zum Thema Goethe

☐ Antike

☐ Kultur- und Geistesgeschichte

☐ Artemis Kunst- und Reiseführer

☐ Kinder- und Jugendsachbücher

☐ Architektur

☐ Nachschlagewerke

Postfach 33 01 20 · 8000 München 33 – Postfach · CH-8024 Zürich

Artemis & Winkler

Verlag Artemis & Winkler

Absender (in Druckschrift ausfüllen)

Vorname

Name

Beruf

Straße

PLZ   Ort

Diese Karte habe ich dem nachstehend aufgeführten Buch entnommen:

Ihre Bestellung richten Sie bitte an Ihre Buchhandlung.

Verlag
Artemis & Winkler
Werbeabteilung
Postfach 33 01 20
8000 MÜNCHEN 33

sein würden. Das wäre doch ein allzu trauriges Spektakulum gewesen, einen Schatz an derart kostbaren Artikeln ins Grab taumeln zu sehen. Unter angenehmen Betrachtungen darüber, wie unvergleichlich angenehmer unsere Lage doch war als jene der früheren Pilger, wie auch mancher engstirniger gegenwärtiger, fanden wir uns bald am Fuße des Hügels Schwierigkeit. Mitten durch das Herz dieses felsigen Berges ist ein Tunnel geführt worden, eine bewundernswerte Konstruktion, mit hohen Rundbögen und einem breiten, zweigleisigen Bahnkörper; und wenn nicht durch einen unglücklichen Zufall die Erde und der Fels einstürzen, dann wird dieser Tunnel der Geschicklichkeit und dem Unternehmungssinn des Erbauers ein ewiges Denkmal sein. Gleichsam nebenbei und von selber ergab sich außerdem der unschätzbare Vorteil, daß der Schutt aus dem Inneren des Hügels Schwierigkeit dazu verwendet werden konnte, das Tal der Demütigung aufzuschütten, so daß man nicht mehr gezwungen ist, in diese unerfreuliche, ja ungesunde Schlucht hinabzusteigen.

„Das ist in der Tat ein unerhörter Fortschritt", sagte ich. „Allerdings hätte ich mich doch über eine Gelegenheit gefreut, den Palast der Schönheit zu besichtigen und die reizenden jungen Damen kennenzulernen – Fräulein Vorsicht, Fräulein Frömmigkeit, Fräulein Barmherzigkeit und alle die anderen –, die dort die Pilger willkommen heißen."

„Junge Damen!" rief Herr Schönfärber, sobald er vor lauter Lachen die Sprache wiedergefunden hatte. „Und gar reizende junge Damen! Aber mein Bester, das sind doch alte Jungfern, jede einzelne von ihnen – prüde, steif, trocken, eckig –, und ich wage zu behaupten, daß seit den Tagen von des Guten Christen Pilgerfahrt keine einzige von ihnen auch nur daran gedacht hat, die Fasson ihres Kleides zu ändern."

„O wenn dem so ist", versetzte ich sehr erleichtert, „dann fällt es mir nicht schwer, auf ihre Bekanntschaft zu verzichten."

Der gute Apollyon heizte die Maschine jetzt stärker an,

vielleicht, um die peinlichen Erinnerungen bald loszuwerden, die sich an den Ort seines Treffens mit dem Guten Christen knüpften – mit den bekannten katastrophalen Folgen. Dem Reiseführer des Guten Christen entnahm ich, daß wir jetzt nur mehr wenige Meilen vom Tal der Todesschatten entfernt waren; in Anbetracht unserer gegenwärtigen Geschwindigkeit würden wir wohl viel eher in diese düstere Region eintauchen, als irgendeinem von uns lieb sein konnte. Die Wahrheit zu sagen, ich erwartete mir nichts Besseres, als entweder in den Graben auf der einen oder in den Sumpf auf der anderen Seite geschleudert zu werden. Aber als ich meine Befürchtungen Herrn Schönfärber mitteilte, versicherte er mir, daß die Schwierigkeiten dieses Abschnitts unserer Reise auch bei ungünstigen Verhältnissen stark übertrieben worden seien und daß ich beim gegenwärtigen Zustand der Anlage mich hier so sicher fühlen dürfte wie auf irgendeiner Straße der Christenheit.

Noch während wir uns unterhielten, schoß der Zug durch den Eingang dieses gefürchteten Tales. Zwar muß ich bekennen, daß in meiner Narrheit mein Herz auf einmal bedeutend schneller schlug, als wir über die Chaussee brausten – dennoch wäre es höchst ungerecht, hier mit Lob für die Kühnheit dieser originellen Schöpfung sowie für die Geschicklichkeit derer, die sie ins Werk setzten, hintanzuhalten. Und es erfüllte mich mit Dankbarkeit zu sehen, wie sehr man sich bemüht hatte, die ewige Düsternis aufzuhellen und dem Mangel an strahlendem Sonnenlichte zu begegnen, dessen Schein niemals unter diese gräßlichen Schatten gedrungen war. Zu diesem Zweck wird das brennbare Gas, das in Massen dem Boden entströmt, in Röhren gesammelt und durch diese in eine vierfache Reihe von Lampen geleitet, die die ganze Länge der Durchfahrt säumen. Auf diese Weise wurde aus dem feurigen, schwefeligen Fluch, der auf ewig über dem Tale lastet, ein Schein gewonnen; ein Schein allerdings, der in den Augen schmerzt, eine Beleuchtung mit sehr merkwürdigen Folgen, wie ich an den verblüffenden Veränderungen sah, die mit den Gesichtern meiner Reisegenossen vorgingen. Verglichen mit dem natürlichen Tageslicht, besteht hier der gleiche Gegensatz wie zwischen Wahrheit und Lüge; doch wenn der Leser selbst jemals durch das Dunkle Tal gereist ist, so wird er wissen, daß man dort dankbar ist für jeden Lichtschein, den man bekommen kann; wenn nicht vom Himmel über ihm, dann vom versengten Boden unter ihm. Der rote Glutschein dieser Lampen war so stark, daß es schien, als sei der Bahnkörper zu beiden Seiten von Feuermauern eingeschlossen, zwischen denen wir mit Blitzgeschwindigkeit dahinschossen, während hallendes Donnergrollen das Tal mit seinem Echo füllte. Wäre die Lokomotive jetzt entgleist – eine Katastrophe, die, so hörte ich es rund um mich flüstern, keineswegs die erste ihrer Art wäre –, so hätte uns ohne Zweifel der bodenlose Abgrund aufgenommen, wenn es denn einen solchen Ort gibt. Und noch während verschiedene jämmerliche Dummheiten dieser Art mein Herz erzittern ließen, fuhr plötzlich ein gräßlicher Schrei durch das Tal auf uns zu, als hätten tausend Teufel ihre Lungen zerrissen; dieser Schrei entpuppte sich jedoch als nichts Ärgeres denn als Pfiff der Lokomotive, die in eine Station einfuhr.

Die Stelle, an der wir jetzt hielten, ist die nämliche, die unser Freund Bunyan – ein ehrlicher Mann, allerdings voll phantastischer Ideen und Vorstellungen – als den Schlund der Hölle bezeichnet hat, in Ausdrücken, die so unverblümt sind, daß ich sie hier nicht zu wiederholen gedenke. Es muß sich hier jedoch um einen Irrtum handeln; denn Herr Schönfärber nützte die Zeit unseres Aufenthalts in der rauchigen, gespenstischen Höhle, um uns zu beweisen, daß Tophet nicht einmal eine metaphorische Existenz zugesprochen werden konnte. Vielmehr handelte es sich bei diesem Ort, so versicherte er uns, um den Krater eines erloschenen Vulkans, wo die Direktoren zum Zwecke der Erzeugung von Eisen für die Eisenbahn Schmiedewerkstätten hatten errichten lassen. Von dorther bezieht man auch einen reichen Vorrat an Brennstoff für die Lokomotiven. Wer einmal in die schwarze Finsternis des breiten Höhlenschlundes gestarrt hat, aus dem dann und wann riesenhafte, düstere Flammenzungen hervorschossen – und die seltsamen, halb Gestalt gewordenen Monster gesehen hat, und die Visionen von gräßlich grotesken Gesichtern, zu denen der Rauch sich zu verdichten schien – und wer das schaudernde Gemurmel gehört hat, und die Schreie, und das tiefe, schaurige Flüstern der lodernden Flammen, aus dem Worte sich formten, die man beinahe meinte verstehen zu können – der hätte sich genauso gierig auf Herrn Schönfärber bequeme Erklärung gestürzt, wie wir das taten. Überdies waren die Bewohner dieser Höhle von wenig angenehmem Äußeren, finster, rußverschmiert, mißgestalt, mit verkrüppelten Füßen, und düster-rotem Glutschein in den Augen; als stünden ihre Herzen in Flammen, die aus den oberen Fenstern hinauszüngelten. Ich fand es recht befremdlich, daß die Arbeiter in der Schmiede ebenso wie diejenigen, die Brennstoff in die Lokomotive füllten, ganz eindeutig Rauch aus Mund und Nase hervorstießen, sobald ihr Atem etwas kürzer ging.

Unter denen, die müßig den Zug umstanden, die meisten von ihnen an Zigarren ziehend, die sie an der Flamme des Kraters entzündet hatten, erkannte ich zu meiner Bestürzung nicht wenige, die, wie ich sicherem Vernehmen nach wußte, sich vor nicht allzu langer Zeit per Eisenbahn auf den Weg nach dem Himmlischen Jerusalem gemacht hatten. Sie sahen finster, wild und rußig aus, in der Tat kaum von den Eingeborenen der Gegend hier zu unterscheiden; und wie diese zeigten sie eine abstoßende Neigung zu bösartigen Witzen und Spötteleien, eine Gewohnheit, die ihre Gesichtszüge in Verzerrung hatte erstarren lassen. Da ich mit einer dieser Gestalten recht gut bekannt gewesen war – einem trägen, nichtsnutzigen Burschen mit Namen Nimm-es-leicht –, rief ich ihn an und fragte ihn, was er hier zu suchen hätte.

„Wollten Sie denn nicht", so fragte ich, „nach der Himmlischen Stadt reisen?"

„Richtig", versetzte Herr Nimm-es-leicht und paffte mir unbekümmert Rauch in die Augen. „Aber was ich darüber hörte, klang so wenig verlockend, daß ich mir nicht die Mühe machte, jenen Hügel zu erklimmen, auf dem die Stadt steht. Nichts los, kein Geschäft, kein Spaß – nichts zu trinken, Rauchen verboten – und von morgens früh bis abends spät Kirchenmusikgeklimper und -geleier. An einem solchen Ort könnte ich es nicht aushalten, selbst wenn sie mir freie Kost und Quartier anbieten würden!"

„Aber, mein lieber Herr Nimm-es-leicht", rief ich, „warum haben Sie denn gerade diesen Ort zu Ihrem Wohnsitz gewählt?"

„Oh", erwiderte der Tunichtgut grinsend, „es ist so schön warm, man trifft viele alte Freunde, und überhaupt, mir gefällt es. Ich hoffe, Sie recht bald wieder hier zu sehen. Wünsche eine gute Reise!"

Während er noch redete, bimmelte die Glocke der Lokomotive, und wir brausten davon, nachdem ein paar Passagiere aus-, aber keine neuen zugestiegen waren. Immer vorwärts durch das Tal stürzend, waren wir wieder, wie zuvor, wie geblendet von grell glühenden Gaslaternen. Aber mitten in der Düsternis dieses feurigen Scheines war es manchmal, als drängten verzerrte Gesichter mit dem Aussehen und Ausdruck verschiedener Sünden oder übler Leidenschaft durch diesen Vorhang von Licht, uns anstarrend, eine große, schwärzliche Hand ausstreckend, gleichsam um unseren Zug aufzuhalten. Fast schien es mir, als seien es meine eigenen Sünden, die mich so erschreckten. Das waren Launen der Phantasie – nichts sonst, ohne Zweifel –, Einbildungen, deren ich mich von Herzen schämen sollte –, aber während der ganzen Fahrt durch das Dunkle Tal war ich von dieser Art von Wachträumen verfolgt, gequält, schmerzlich verwirrt. Die stickigen Gase dieser Gegend verpesteten das Gehirn. Als endlich das Tageslicht mit dem Feuerschein der Laternen zu kämpfen anfing, verblaßten diese leeren Trugbilder, bis sie endlich beim ersten Sonnenstrahl, der unsere Errettung aus dem Tal der Todesschatten grüßte, gänzlich verschwanden. Und ehe wir uns eine Meile davon entfernt hatten, hätte ich schon geschworen, daß diese ganze düstere Wegstrecke nichts gewesen war als ein Traum.

Am Ausgang des Tales befindet sich, wie John Bunyan erwähnt, eine Höhle, in der zu seiner Zeit zwei grausame Riesen hausten, Papst und Heide, die den Boden rund um ihre Wohnung mit den Knochen geschlachteter Pilger bedeckt hatten. Diese abstoßenden alten Troglodyten sind nicht mehr da; aber in ihrer verlassenen Höhle hat sich jetzt ein anderer fürchterlicher Riese eingenistet, der es sich zur Aufgabe gemacht hat, ehrliche Reisende zu ergreifen und sie mit üppigen Mahlzeiten aus Rauch, Nebel, Mondschein, rohen Kartoffeln und Sägemehl für seine Tafel zu mästen. Er ist Deutscher von Geburt und heißt der Riese Transzendentalist; was aber seine Gestalt angeht, seine Gesichtszüge, sein Wesen, ja seine Natur im allgemeinen, so ist es die Besonderheit dieser ungeheuren Mißgeburt, daß niemand sie bisher zu beschreiben vermochte, nicht einmal der Unhold selber. Im Vorbeifahren am Schlund der Höhle gelang es uns, einen kurzen Blick auf ihn zu werfen, eine Gestalt von mehr als seltsamen Proportionen, die mehr wie ein schwarzer Nebelhaufen aussah. Er schrie uns etwas nach, drückte sich aber derart merkwürdig aus, daß wir nicht wußten, was er damit meinte, noch, ob wir uns dadurch ermutigt oder erschreckt fühlen sollten.

Der Tag neigte sich bereits dem Abend zu, als der Zug in die alte Stadt Eitelkeit donnerte, deren Jahrmarkt noch immer in voller Blüte steht und in konzentrierter Form alles zeigt, was es Glänzendes, Fröhliches, Verlockendes gibt unter der Sonne. Da es meine Absicht war, mich hier des längeren aufzuhalten, vernahm ich mit Vergnügen, daß zwischen den Städtern und den Pilgern nicht mehr jener Mangel an Einvernehmen herrschte, der die ersteren zu derart beklagenswerten Schritten getrieben hatte wie die Verfolgung des Guten Christen und das feurige Martyrium des Gläubigen. Ja im Gegenteil, die neue Eisenbahn bringt nicht nur einen ständigen Zustrom an Fremden, sie belebt auch den Handel ganz ungemein, der Herr der Stadt Eitelkeit ist ihr größter Magnat, und die Besitzenden der Stadt zählen zu deren größten Aktionären. Viele Reisende steigen hier aus, um sich zu amüsieren oder um auf dem Jahrmarkt zu verdienen, und bleiben hier, anstatt weiter in die Himmlische Stadt zu reisen. So anziehend ist diese Stadt, daß man Leute oft sagen hört, dies sei der einzige und wahre Himmel, steif und fest behauptend, es gäbe keinen anderen, und die, die ihn woanders suchten, seien eitle Träumer; und wenn die angeblich so strahlende Himmlische Stadt auch nur eine Meile hinter den Toren von Eitelkeit läge, sie wären nicht so verrückt, sich dorthin aufzumachen. Ohne diesen – möglicherweise übertriebenen – Lob- und Preisreden beizupflichten, muß ich doch bekennen, daß mein Aufenthalt in dieser Stadt in der Hauptsache ein angenehmer und mein Umgang mit deren Bewohnern immer lehrreich und unterhaltsam für mich war.

Da ich von Haus aus eine ernste Natur besitze, wandte ich meine Aufmerksamkeit mehr den dauerhaften Vorteilen zu, die sich aus einem hiesigen Aufenthalt ziehen ließen, als den sprudelnden Vergnügungen, die das große Ziel allzu vieler Reisender sind. Der christliche Leser, der seit Bunyans Zeiten keine Beschreibung der Stadt mehr gesehen hat, wird überrascht sein, wenn er erfährt, daß fast jede Straße eine eigene Kirche hat und daß der hochwürdige Klerus nirgends in höherem Ansehen steht als auf dem Jahrmarkt der Eitelkeit. Gewiß steht ihnen soviel Ansehen auch zu; denn die Maximen der Weisheit und Tugend, die von ihren Lippen fallen, stammen aus einer nicht weniger tiefen geistigen Quelle und führen uns zu einem nicht weniger erhabenen religiösen Ziel als jene der größten Philosophen des Altertums. Um dieses uneingeschränkte Lob zu rechtfertigen, brauche ich nur einige Namen zu erwähnen: Ehrwürden Seicht-Tief, Ew. Stolper-zur-Wahrheit, den guten alten Pfarrer Ew. Heute-Dieses, der sein Amt demnächst an Ew. Morgen-Jenes abzugeben beabsichtigt, zusammen mit Ew. Konfusius, Kleister-Geist; und endlich, der letzte ist der beste, Ew. Dr. Doktrinbläser. Das Werk dieser hervorragenden Gottesgelehrten wird von dem zahlloser Hilfsprediger unterstützt, die auf alle Gegenstände menschlicher und göttlicher Wissenschaft ein derart tiefes Wissen breiten, daß sich nunmehr jeder Mensch eine vielseitige Bildung aneignen kann, ohne auch nur lesen zu lernen. Auf diese Weise, indem sie sich des Mediums der menschlichen Stimme bedient, wird die Literatur ätherisch; das Wissen selber wirft alles ab, was schwer ist und Gewicht hat – ausgenommen sein Gold, so dürfen wir wohl annehmen – und verhaucht in einem Laut, der sich ungesäumt in das stets offene Ohr der Allgemeinheit stiehlt. Diese wahrhaft genialen Methoden stellen eine Art von Mechanismus dar, vermittels dessen Nachdenken und Studieren einem jeden vorgekaut werden, ohne daß dieser sich auch nur der geringsten Mühe dafür unterziehen müßte. Ein ähnlicher Mechanismus erzeugt individuelle Moral en gros. Diese wirklich großartige Errungenschaft wird von der Gesellschaft zu allen möglichen tugendhaften Zwecken ins Werk gesetzt; der einzelne hat dabei nichts weiter zu tun, als sozusagen seine eigene Tugendration in den gemeinsamen Topf zu werfen; der Präsident und die Direktoren werden dann dafür sorgen, daß die Mischung gerecht verteilt wird. Diese und nicht wenige andere wunderbare Fortschritte auf dem Gebiete der Ethik, Religion und Literatur, wie der tüchtige Herr Schönfärber sie mir auseinanderlegte, verfehlten nicht, mich mit unverhohlener Bewunderung für den Jahrmarkt der Eitelkeit zu erfüllen.

Es würde einen Band füllen – und das in einer Zeit der Broschüren –, wollte ich alle meine Beobachtungen in dieser großen Hauptstadt menschlicher Geschäftigkeit und menschli-

cher Vergnügungen festhalten. Zahllos waren die Vertreter
der Gesellschaft – die Mächtigen, die Weisen, die Witzigen,
die Berühmten aus allen Gebieten des Lebens –, Fürsten, Präsidenten, Poeten, Generäle, Künstler, Schauspieler, Mensch-
heitsverbesserer, die auf dem Jahrmarkt ihre Geschäfte machten und bereit waren, für Dinge, die sie sich in den Kopf
gesetzt hatten, die höchsten Preise zu zahlen. Auch wenn man
nicht die Absicht hatte, irgend etwas zu kaufen oder zu verkaufen, war es sehr wohl der Mühe wert, im Basar herumzu-
lungern und die verschiedenen Arten von Geschäften zu beobachten, die hier gemacht wurden.

Manche Käufer machten, so meinte ich, einen recht närrischen Handel. Ein junger Mann zum Beispiel, der ein ansehn-
liches Vermögen geerbt hatte, verwandte einen beachtlichen
Teil desselben zum Erwerb von Krankheiten, und mit dem
Rest bezahlte er einen großen Haufen Reue und einen Anzug
aus Fetzen. Ein wunderschönes Mädchen tauschte ein Herz,
so klar wie Kristall, das noch dazu ihr einziger Besitz zu sein
schien, gegen ein anderes Juwel von der gleichen Art, das
aber so verbraucht und abgeschabt war, daß es völlig wertlos schien. In einem Geschäft gab es viele Kronen aus Lor-
beer und Myrthe, nach denen Soldaten, Autoren, Staatsmän-
ner und verschiedene andere Leute begierig Schlange standen;
manche bezahlten diese jämmerlichen Kränze mit ihrem Leben; andere mit jahrelangem Schuften und Plagen; und viele
opferten dafür, was ihnen das Kostbarste war, mußten sich
aber am Ende dennoch ohne Krone fortstehlen. Denn es gab
eine Art von Wechsel oder Zahlungsmittel, Gewissen genannt,
nach dem offenbar große Nachfrage bestand, mit dem man
kaufen konnte, was man wollte. Ja, es gab wenige wirklich
wertvolle Dinge, die man erwerben konnte, ohne einen beachtlichen Teil der Zahlungssumme in dieser Währung auszulegen; und kaum ein Unternehmen erwies sich als gewinn-
trächtig, dessen Besitzer es nicht verstanden hatte, genau zum
richtigen Zeitpunkt seinen Vorrat an Gewissen auf den Markt

zu werfen. Da diese Währung allerdings die einzige von bleibendem Wert war, so konnte jeder, der sich von seinem Vorrat trennte, mit Sicherheit damit rechnen, sich am Ende unter den Verlierern zu befinden. Manche dieser Transaktionen hatten einen recht fragwürdigen Charakter. So kam es zum Beispiel vor, daß ein Kongreßabgeordneter seinem Geldbeutel durch den Verkauf seines Wahlkreises wieder auf die Beine half; und man gab mir zu verstehen, daß schon viele Amtsbrüder ihr Land zu einem sehr bescheidenen Preis verkauft hatten. Viele verkauften ihr Glück für einen Pappenstiel. Nach goldenen Ketten bestand rege Nachfrage; um sich in ihren Besitz zu setzen, brachten die Leute so gut wie jedes Opfer. Und wer, wie es in dem alten Sprichwort heißt, ein kostbares Gut gegen ein Lied an den Mann bringen wollte, der fand den ganzen Jahrmarkt voller Kunden; und überall standen Linsengerichte herum, die dampfend heiß auf Leute warteten, die sie mit ihrem Erstgeburtsrecht bezahlten. Einige Dinge gab es allerdings, die auf dem Jahrmarkt der Eitelkeit nicht käuflich zu erwerben waren. Wenn ein Kunde seinen Vorrat an Jugend erneuern wollte, dann boten ihm die Händler einen Satz falscher Zähne und eine kupferfarbene Perücke an; und wen es nach Seelenruhe verlangte, dem empfahlen sie Opium oder eine Flasche Brandy.

Oft geschah es, daß Leute ihren Landbesitz und ihre goldenen Schlösser in der Himmlischen Stadt zu äußerst ungünstigem Wechselkurs gegen ein paar Jahre Mietrecht in einem kleinen, schäbigen, ungemütlichen Anwesen auf dem Jahrmarkt der Eitelkeit eintauschten. Fürst Beelzebub nahm persönlich großes Interesse an dieser Art von Handel und ließ sich manchmal gar dazu herab, sich selber mit solchen Kleinigkeiten abzugeben. Einmal hatte ich das Vergnügen, ihn dabei zu beobachten, wie er mit irgendeinem Jammerlappen um dessen Seele feilschte, die Seine Hoheit, nach langem Handeln von beiden Seiten, endlich für etwa den Gegenwert von Sixpence erwerben konnte, wobei der Fürst mit einem Lächeln bemerkte, daß er bei diesem Handel den kürzeren gezogen habe.

Während ich so durch die Straßen der Eitelkeit schritt, wurden meine Haltung und Benehmen von Tag zu Tag denen der Stadtbewohner ähnlicher. Schon erschien mir der Ort gleichsam als Heimat; der Gedanke daran, meine Reise nach der Himmlischen Stadt fortzusetzen, war beinahe ganz aus meinem Geiste gewichen. Da wurde ich plötzlich wieder daran erinnert, und zwar durch den Anblick jener beiden einfachen Pilger, über die wir zu Beginn unserer Reise, als Apollyon ihnen Ruß und Dampf ins Gesicht geblasen hatte, so herzlich gelacht hatten. Da standen sie, mitten im dichtesten Gedränge der Eitelkeit – die Händler boten ihnen Purpur, feines Linnen und Juwelen an; Männer von Witz und Scharfsinn machten auf ihre Kosten Scherze; ein paar dralle Dirnen warfen ihnen von der Seite lockende Blicke zu; und der wohlwollende Herr Schönfärber flüsterte ihnen über die Schulter seine Weisheiten ins Ohr und deutete dabei auf einen eben erst aufgeführten Tempel – aber da standen diese beiden Biedermänner und ließen einfach durch ihre dickschädelige Weigerung, an Geschäft und Vergnügen auch nur im geringsten Anteil zu nehmen, die ganze Szenerie in wildem, monströsem Lichte erscheinen.

Einer der beiden – sein Name war Bleib-beim-Rechten – las in meinem Gesicht, so nehme ich wenigstens an, Teilnahme, ja Bewunderung, die sich zu meiner eigenen Überraschung für diese beiden Männer in mein Herz schlich. Das veranlaßte ihn, mich anzureden.

„Mein Herr", fragte er mit trauriger, zugleich aber sanfter und freundlicher Stimme, „nennt auch Ihr Euch einen Pilger?"

„Allerdings", gab ich zurück. „Mein Recht auf diesen Titel kann nicht bezweifelt werden. Ich halte mich nur vorübergehend auf dem Jahrmarkt der Eitelkeit auf, mein Ziel ist die Himmlische Stadt, die ich vermittels der neuen Eisenbahn zu erreichen gedenke."

„Ach, guter Freund", versetzte Herr Bleib-beim-Rechten, „ich versichere Euch und bitte Euch von Herzen, meinen Worten Glauben zu schenken – dieses ganze Unternehmen ist ein Trugbild. Euer ganzes Leben lang könnt Ihr mit dieser Bahn fahren, und solltet Ihr auch tausend Jahre alt werden, Ihr würdet nie über den Jahrmarkt der Eitelkeit hinauskommen! Und wenn Ihr auch meintet, durch die Tore der Gesegneten Stadt zu schreiten, es wäre nichts Besseres als elende Täuschung Eurer Sinne."

„Der Herr der Himmlischen Stadt", fiel der zweite Pilger ein, mit Namen Zu-Fuß-zum-Himmel, „hat sich geweigert – und wird sich immer weigern –, dieser Eisenbahn eine Konzession für sein Gebiet zu erteilen; ohne dieselbe kann aber kein Passagier hoffen, jemals einen Fuß in den Himmel zu setzen. Daher muß jeder, der eine Fahrkarte kauft, damit rechnen, daß sein Konto mit dem Verlust des Fahrgeldes belastet wird – nämlich dem Wert seiner eigenen Seele."

„Puh, Unsinn!" rief Herr Schönfärber und zog mich am Ärmel fort. „Diese Burschen sollten wegen Verleumdung angezeigt werden. Wenn die Gesetze auf dem Jahrmarkt der Eitelkeit noch wie früher wären, so könnten wir die beiden jetzt durch die Eisenstäbe der Gefängnisfenster grinsen sehen."

Dieser Vorfall hinterließ jedoch einen tiefen Eindruck in meinem Gemüt und trug, zusammen mit anderen Umständen, dazu bei, daß mir die Lust an einem dauernden Aufenthalt in der Stadt Eitelkeit verging; natürlich war ich aber doch nicht so einfältig, auf meinen ursprünglichen Plan, leicht und bequem per Bahn weiterzureisen, zu verzichten. Immerhin drängte es mich jetzt immer heftiger danach, abzureisen. Es gab da etwas Seltsames, was mich sehr beunruhigte; mitten unter den Geschäften und Vergnügungen des Jahrmarkts war nichts gewöhnlicher, als daß ein Mensch – sei es auf einem Fest, im Theater, in der Kirche, beim Handeln mit Ehre und Reichtum, oder bei welcher Beschäftigung auch immer, und so ungelegen die Unterbrechung auch kommen mochte –

plötzlich verschwand, wie eine Seifenblase, und nicht mehr gesehen wurde; und so sehr hatten sich die Menschen hier an derartige kleine Vorkommnisse gewöhnt, daß sie ruhig, als ob nichts gewesen wäre, in dem, was sie eben taten, fortfuhren. Mir allerdings erging es anders.

Nach einem recht langen Aufenthalt auf dem Jahrmarkt nahm ich also, noch immer Herrn Schönfärber an meiner Seite, die Reise nach der Himmlischen Stadt wieder auf. Nur eine kurze Strecke hinter den Vororten der Eitelkeit fuhren wir an dem alten Silberbergwerk vorbei, das Demas zuerst entdeckte und das jetzt bestens ausgenutzt wird, indem es beinahe die ganze Welt mit Münzen beliefert. Wenig später kamen wir zu der Stelle, wo Lots Weib in Gestalt einer Salzsäule jahrtausendelang gestanden hatte. Neugierige Reisende haben sie seither Stück für Stück weggetragen. Würde Bedauern immer so schwer bestraft wie damals an dieser armen Dame, meine Sehnsucht nach den verlorenen Genüssen des Jahrmarkts der Eitelkeit hätte vielleicht einen ähnlichen Wandel in meiner Körpersubstanz bewirkt, zukünftigen Pilgern als Mahnmal.

Das nächste, was uns ins Auge fiel, war ein ausgedehntes Gebäude aus moosüberwachsenem Gestein, aber in einem modernen, recht luftigen Stil erbaut. Unweit dieses Hauses kam die Lokomotive mit dem üblichen gräßlichen Knirschen zum Stillstand.

„Das war früher einmal der Ansitz des fürchterlichen Riesen Verzweiflung", bemerkte Herr Schönfärber; „seit dessen Tod jedoch hat Herr Schwach-Gläubiger es restaurieren lassen und betreibt nunmehr ein hervorragendes Gästehaus hier. Es ist dies eine unserer Haltestellen."

„Das Haus scheint mir nicht sehr solide gebaut", versetzte ich mit einem Blick auf die schweren und dennoch zerbrechlichen Mauern. „Ich neide dem Herrn Schwach-Gläubiger nicht seine Behausung. Eines Tages wird sie über den Köpfen ihrer Bewohner einstürzen."

„Wir jedenfalls werden nicht dabei umkommen", sagte Herr Schönfärber, „denn Appollyon setzt die Lokomotive schon wieder unter Dampf."

Die Bahnlinie tauchte jetzt in eine Schlucht in den Ergötzlichen Bergen und überquerte das Feld, auf dem in früheren Zeiten die Blinden gestolpert und zwischen Gräbern umhergeirrt waren. Irgendein Böswilliger hatte einen dieser alten Grabsteine mitten auf die Gleise gelegt, so daß die Waggons des Zuges plötzlich fürchterlich ins Schleudern kamen. Hoch oben an einem Abhang der zerklüfteten Berge erblickte ich eine rostige Eisentür, von Efeu und Gebüsch fast ganz überwachsen, aus deren Fugen jedoch Rauch hervorquoll.

„Ist dies", so fragte ich, „eben jene Tür mitten im Gebirge, die, wie die Schäfer dem Guten Christen versicherten, nichts ist als ein Seitenweg zur Hölle?"

„Die Schäfer haben doch nur Scherz gemacht", versetzte Herr Schönfärber lächelnd. „Das ist nicht mehr und nicht weniger als das Tor einer Höhle, die als Rauchküche zur Zubereitung von Hammelschinken verwendet wird."

Meine Erinnerungen an die Reise werden jetzt für eine kurze Spanne Weges verworren und unklar; eine seltsame Schläfrigkeit überkam mich, die dem Umstand zu verdanken war, daß wir nun über die Verzauberten Gründe fuhren, wo die Luft einen schläfrig macht. Ich erwachte jedoch in dem Augenblick, da wir über die Grenze des lieblichen Landes Beulah fuhren. Alle Passagiere rieben sich die Augen, verglichen ihre Chronometer und beglückwünschten sich gegenseitig dazu, so pünktlich das Ziel ihrer Reise zu erreichen. Die süße Brise dieser milden Gegend strich erfrischend in unsere Nasenlöcher; wir sahen den schimmernden Strahl silbriger Springbrunnen, überschattet von prachtvoll belaubten, mit herrlichen Früchten behangenen Bäumen, denen Reiser aus den Himmlischen Gärten aufgepfropft waren. Während wir wie ein Hurrikan dahinstürmten, hörten wir einmal das Schlagen von Flügeln, und in der Luft über uns erschien die strahlende

Gestalt eines Engels, dahineilend auf himmlischer Mission. Die Lokomotive kündete nun die unmittelbar bevorstehende Ankunft in der Endstation an, und zwar mit einem letzten, gräßlichen Geheul, aus dem man alle Arten von Heulen und Zähneknirschen, die bitteren Schreie der Wut, vermischt mit dem wilden Gelächter eines Teufels oder eines Wahnsinnigen, herauszuhören vermeinte. Auf unserer Reise hatte Apollyon bei keiner Station verabsäumt, seine Begabung, der Pfeife seiner Dampflokomotive die greulichsten Töne zu entlocken, freien Lauf zu lassen; aber bei dieser letzten, höchsten Anstrengung übertraf er sich selber, erzeugte ein wahrhaft höllisches Heulen und Kreischen, das nicht nur die friedlichen Einwohner von Beulah aufscheuchen mußte, sondern seinen Mißton sogar durch die Pforten des Himmels sandte.

Während das entsetzliche Gelärme noch in unseren Ohren dröhnte, hörten wir eine jubelnde Musik, als spielten tausend Instrumente zusammen, hohe und tiefe, lieblich und triumphierend zugleich und voller Süße, um das Nahen eines weithin berühmten Helden zu feiern, der sich tapfer geschlagen und einen glorreichen Sieg errungen hatte und der nun gekommen war, um seine verbeulten Waffen für immer abzulegen. Aufblickend, um herauszufinden, was wohl die Ursache dieses frohen Klanges sein möchte, erkannte ich beim Verlassen des Waggons, daß eine unübersehbare Menge von strahlenden Gestalten sich auf dem anderen Ufer des Flusses versammelt hatte, um zwei arme Pilger, die eben aus seinen Fluten stiegen, willkommen zu heißen. Es waren dieselben, die Apollyon und wir alle zu Anfang unserer Reise mit Hohngelächter, Spottreden und kochendem Dampf verfolgt hatten, dieselben, deren asketische Gestalten und einprägsame Worte mitten unter den wilden Zechbrüdern des Jahrmarkts der Eitelkeit an mein Gewissen gerührt hatten.

„Wie erstaunlich gut sind doch diese Männer vorangekommen!" rief ich Herrn Schönfärber zu. „Ich wünschte, wir wären eines guten Empfanges ebenso sicher wie diese."

„Keine Angst, keine Angst!" antwortete mein Freund. „Kommen Sie! – Beeilen Sie sich! – die Fähre wird sofort ablegen; schon in drei Minuten sind Sie auf der anderen Seite des Flusses. Dort werden Sie sicher Mietwagen finden, die Sie zu den Stadttoren hinauffahren."

Eine Dampffähre, die letzte technische Errungenschaft auf dieser bedeutenden Straße, lag am Ufer, paffend und schnaubend und alle jene weiteren unangenehmen Geräusche ausstoßend, die auf sofortige Abfahrt hindeuten. Ich hastete zusammen mit den anderen Passagieren an Bord; die meisten von ihnen befanden sich in größter Aufregung; die einen plärrten nach ihrem Gepäck; andere rauften ihr Haar und greinten, das Schiff werde bald entweder sinken oder explodieren; andere waren vom Schaukeln der Wellen schon grün im Gesicht; einige starrten voller Schreck auf die widerwärtige Gestalt des Steuermanns; und wieder andere waren von der schläfrigen Luft der Verzauberten Gründe noch ganz benommen. Nach dem Ufer zurücksehend, sah ich zu meiner Verblüffung Herrn Schönfärber dort stehen und zum Abschied mit der Hand winken!

„Kommen Sie denn nicht auch in die Himmlische Stadt?" rief ich.

„Nein, nein!" antwortete er mit einem merkwürdigen Lächeln und der gleichen ekelhaften Verzerrung der Gesichtszüge, die ich bei den Bewohnern des Dunklen Tales bemerkt hatte. „Nein, danke! Ich bin nur aus Vergnügen an Ihrer reizenden Gesellschaft so weit mitgekommen. Leben Sie wohl! Wir sehen uns bald wieder."

Und dann brach mein vortrefflicher Freund, Herr Schönfärber, in schallendes Gelächter aus; und während er noch prustete, strömte ihm ein Rauchring aus Mund und Nasenlöchern; und aus jedem Auge schoß glitzernd eine fahle Flamme, über alle Zweifel hinaus beweisend, daß sein Herz in rotem Feuer glühte. Der unverschämte Teufel! Die Existenz von Tophet abzuleugnen, wenn seine Feuerqualen die eigene Brust zerrissen! Ich stürzte an die Reling, um durch einen Sprung das Ufer zu erreichen. Aber die Räder, die eben anfingen, sich zu drehen, sprühten einen Regen von Wassertropfen über mich, so kalt – so todeskalt, voll jener Eiseskälte, die diese Wasser nicht verlassen wird, ehe nicht der Todesengel selber in ihren Fluten ertrinkt –, daß ich voll Schauder und Herzklopfen erwachte. Dem Himmel sei Dank, es war ein Traum!

Das Brandopfer der Erde

Einstmals – ob in der Vergangenheit oder Zukunft, hat wenig oder nichts zu besagen – hatte sich auf dieser weiten Welt abgenutzter Plunder in solcher Überfülle angesammelt, daß die Bewohner beschlossen, sich mittels eines großen Freudenfeuers von ihm zu befreien. Die Gegend, die man auf Anraten der Versicherungsgesellschaften dafür wählte und die genauso zentral gelegen war wie jeder andere Punkt auf dem Globus, war eine der ausgedehntesten Prärien des Westens, wo keine menschliche Ansiedlung durch die Flammen in Gefahr geriet und eine gewaltige Zuschauermenge die Darbietung ungestört bewundern konnte. Da ich für Schauspiele dieser Art etwas übrighabe und mir überdies einbildete, das Aufleuchten des Freudenfeuers könne irgendeine tiefe moralische Wahrheit enthüllen, die sich bisher in Nebel oder Dunkelheit verborgen hatte, richtete ich es so ein, daß ich hinfahren und anwesend sein konnte. Bei meinem Eintreffen hatte man an den Haufen des zum Verbrennen verurteilten Abfalls bereits Feuer gelegt, obwohl er noch verhältnismäßig klein war. Inmitten der grenzenlosen Ebene schimmerte in der Abenddämmerung gleich einem fernen Stern, der einsam am Firmament steht, nur ein einziger flackernder Lichtschein, bei dessen Anblick niemand die mächtige Feuersglut vorausahnen konnte, die noch folgen sollte. Doch unablässig kamen von nah und fern Fußgänger herbei, Frauen mit aufgehaltenen Schürzen, Reiter, Schubkarren, schwerfällige Packwagen und andere große und kleine Fahrzeuge, alle beladen mit Dingen, die sich für nichts anderes mehr eigneten als fürs Verbrennen.

„Welches Material hat man verwendet, um das Feuer zu entzünden?" erkundigte ich mich bei einem der Umstehenden, denn ich wollte den ganzen Vorgang von Anfang bis Ende kennenlernen.

Die angesprochene Person war ein gesetzter Mann von etwa fünfzig Jahren, der offenbar als Zuschauer hergekommen war; er machte auf mich sofort den Eindruck, als ob er für sich den wahren Wert des Lebens und dessen Wechselfälle erwogen hätte und darum nur geringes persönliches Interesse für die Meinung aufbrächte, welche die Welt darüber hegte. Bevor er meine Frage beantwortete, blickte er mir beim Schein des flackernden Feuers ins Gesicht.

„Ach, irgend so ein sehr trockenes und leicht brennbares Zeug", versetzte er, „das sich für diesen Zweck hervorragend eignet – genaugenommen nichts anderes als Zeitungen von gestern, Zeitschriften vom letzten Monat und welkes Laub vom letzten Jahr. Da kommt gerade wieder ein Haufen alten Plunders, der Feuer fangen wird wie eine Handvoll Holzspäne."

Bei diesen Worten näherten sich einige rauhe Männer dem Rand des Feuers und warfen, so schien es, den ganzen Abfall des Heroldsamtes hinein: kunstvoll gemalte Wappenschilde, die Helmzieren und Sinnbilder berühmter Familien, Stammbäume, die wie Lichterketten weit in den Nebel dunkler Zeiten zurückreichten, zusammen mit Ordenssternen, Hosenbändern und reichbestickten Kragen, die allesamt, sosehr sie auch dem ungeschulten Auge wie nutzloser Tand vorkamen, einst eine erhebliche Bedeutung besessen hatten und von den Verehrern der glorreichen Vergangenheit tatsächlich noch immer zu den wertvollsten moralischen oder materiellen Gütern gezählt wurden. In diesem wirren Haufen, von dem ein Armvoll nach dem anderen in die Flammen geworfen wurde, befanden sich zahllose Embleme von Ritterorden, darunter solche von allen europäischen Herrschern und Napoleons Kreuz der Ehrenlegion, dessen Bänder sich mit denen des alten St.-Ludwigs-Ordens verwickelten. Ins Feuer flogen auch die Medaillen unserer eigenen Gesellschaft der Cincinnati, mit deren

Hilfe, wie uns die Geschichte berichtet, die Königsbezwinger der Revolution beinahe einen erblichen Ritterorden begründet hätten. Und daneben gab es die Adelspatente deutscher Grafen und Barone, spanischer Granden und englischer Peers, von der wurmzerfressenen Urkunde mit der Unterschrift Wilhelm des Eroberers bis hin zum funkelnagelneuen Pergament des letzten Lords, der seine Ehren aus Viktorias schöner Hand empfangen hatte.

Beim Anblick der dichten, von züngelnden Flammen durchzuckten Rauchsäulen, die aus diesem gewaltigen Scheiterhaufen irdischer Auszeichnungen hervorbrachen und emporwirbelten, stieß die Masse der plebejischen Zuschauer einen Freudenschrei aus und klatschte so lautstark in die Hände, daß das Himmelsgewölbe widerhallte. Das war für sie der Augenblick des nach langen Jahren errungenen Triumphs über Geschöpfe aus dem gleichen Staub und mit den gleichen moralischen Schwächen, die sich Vorrechte angemaßt hatten, welche nur den besseren Hervorbringungen des Himmels zustehen. Doch jetzt stürzte auf den lodernden Haufen ein grauhaariger Mann von gebieterischer Statur zu, der einen Rock trug, von dessen Brust augenscheinlich ein Ordensstern oder ein anderes Rangabzeichen gewaltsam abgerissen worden war. Sein Gesicht ließ nicht auf große geistige Fähigkeiten schließen; aber er hatte das Benehmen – die gewohnheitsmäßige und fast angeborene Würde – eines Mannes, der mit der Vorstellung der eigenen sozialen Überlegenheit aufgewachsen ist und bis zu diesem Augenblick noch nie erlebt hat, daß man sie in Frage stellt.

„Leute", rief er, indem er den Untergang dessen, was ihm das Teuerste war, mit Gram und Erstaunen, aber auch mit einer gewissen Größe anstarrte, „Leute, was habt ihr getan? Dieses Feuer verzehrt alles, was euch über die Barbarei erhebt oder verhindert, daß ihr wieder in sie zurücksinkt. Wir, die Vertreter der privilegierten Orden, haben über die Jahrhunderte hinweg den alten ritterlichen Geist lebendig erhalten, das vornehme und großmütige Denken, das höhere, das reinere, das kultiviertere und empfindsamere Leben! Mit dem Adel verwerft ihr auch den Dichter, den Maler, den Bildhauer – alle die schönen Künste; denn wir waren ihre Gönner und schufen die Atmosphäre, in der sie gediehen. Durch die Abschaffung der majestätischen Rangunterschiede verliert die Gesellschaft nicht nur ihre Anmut, sondern auch ihren festen Halt ..."

Er hätte zweifellos noch mehr gesagt, doch da erhob sich ein ausgelassener, verachtungsvoller und empörter Aufschrei, der den Appell des gestürzten Edelmanns völlig ertränkte, so daß dieser mit einem verzweifelten Blick auf seine halb verkohlte Ahnentafel in die Menge zurückwich und froh war, sich hinter seiner soeben erworbenen Bedeutungslosigkeit verschanzen zu können.

„Er soll seinen Sternen danken, daß wir ihn nicht mit ins Feuer geworfen haben!" brüllte ein roher Kerl und versetzte der Glut einen verächtlichen Fußtritt. „Und fortan soll es keiner mehr wagen, ein verschimmeltes Stück Pergament vorzuweisen als Freibrief dafür, daß er seine Mitmenschen schikanieren darf! Wenn er einen starken Arm hat – schön und gut; das ist eine Form der Überlegenheit. Wenn er Geist, Klugheit, Mut, Charakterstärke besitzt, dann soll er sich mit diesen Eigenschaften durchsetzen, so gut er kann. Aber vom heutigen Tage an darf kein Sterblicher mehr auf Rang und Achtung hoffen, der bloß auf die vermoderten Gebeine seiner Vorfahren zählt! Mit diesem Unsinn ist jetzt Schluß!"

„Und gerade zur rechten Zeit", bemerkte der bedächtige Zuschauer neben mir – allerdings mit leiser Stimme, „sofern kein schlimmerer Unsinn an seine Stelle tritt. Aber in jedem Fall hat sich diese Art von Unsinn überlebt."

Es war wenig Zeit, über die Asche dieses altehrwürdigen Abfalls nachzusinnen oder moralische Betrachtungen anzustellen; denn bevor er noch halb verbrannt war, näherte sich von jenseits des Ozeans eine neue Menschenmenge, welche die Pur-

purgewänder von Fürsten und die Kronen, Reichsäpfel und Zepter von Kaisern und Königen mit sich trugen. All diese Dinge waren als nutzloser Tand verworfen worden; sie eigneten sich allenfalls als Spielzeug für die Kindheit der Welt oder als Ruten, mit denen man sie in ihrer Unmündigkeit leiten und züchtigen konnte, aber eine voll erwachsene universale Menschheit nicht mehr beleidigen durfte. Diese königlichen Insignien waren einer solchen Verachtung anheimgefallen, daß die vergoldeten Kronen und Flitterroben des Königsdarstellers vom Drury-Lane-Theater gleichfalls auf den Haufen geworfen wurden, zweifellos in dem Bestreben, damit die königlichen Kollegen auf der großen Bühne der Welt zu verhöhnen. Es war ein seltsames Gefühl, die englischen Kronjuwelen wiederzuerkennen, die im Feuer glühten und funkelten. Einige von ihnen stammten noch aus der Zeit der Sachsenfürsten; andere waren mit riesigen Steuersummen erworben oder vielleicht der toten Stirn hindustanischer Eingeborenenpotentaten entrissen worden; und alle zusammen verglühten nun mit einem blendenden Schein, als wäre ein Stern auf diese Stelle gefallen und in tausend Stücke zerplatzt. Der Glanz der untergegangenen Monarchien spiegelte sich nur noch in diesen unschätzbaren Edelsteinen. Doch genug davon! Es wäre ermüdend zu beschreiben, wie der Mantel des Kaisers von Österreich zu Asche wurde oder wie die Säulen und Pfeiler des französischen Throns sich in ein Häufchen Asche verwandelten, die sich nicht von der Asche irgendeines anderen Holzes unterscheiden ließ. Hinzufügen möchte ich jedoch noch, daß ich einen verbannten Polen bemerkte, der das Freudenfeuer mit dem Zepter des russischen Zaren schürte, das er hinterher in die Flammen schleuderte.

„Der Geruch versengter Kleider ist hier nicht zu ertragen", versetzte mein neuer Bekannter, als der Wind uns in den Rauch einer königlichen Garderobe einhüllte. „Entfernen wir uns aus dem Wind und sehen wir uns einmal an, was sie auf der anderen Seite des Feuers machen!"

Wir gingen also um das Feuer herum und kamen gerade rechtzeitig, um die Ankunft einer langen Prozession von Washingtonern – so nennen sich die Verfechter der Enthaltsamkeit heutzutage – mitzuerleben, die begleitet waren von Tausenden der irischen Anhänger Pater Mathews, welcher große Apostel ihren Zug anführte. Sie leisteten einen reichen Beitrag zum Freudenfeuer, der in nichts Geringerem bestand als sämtlichen Branntweintonnen und -fässern der Welt, welche sie über die Prärie vor sich her rollten.

„Und jetzt, meine Kinder", rief Pater Mathew, als sie den Rand des Feuers erreicht hatten, „nur noch einen einzigen Schub, und das Werk ist getan! Dann wollen wir zurücktreten und zuschauen, wie Satan mit seinem eigenen Branntwein verfährt!"

Also zog sich die Prozession, nachdem sie ihre hölzernen Behälter in Reichweite der Flammen abgestellt hatte, in eine sichere Entfernung zurück und sah zu, wie sie sehr bald in einer Lohe zerbarsten, die bis zu den Wolken emporschoß und den Himmel selbst in Brand zu stecken drohte. Und das hätte durchaus geschehen können. Denn hier war der Vorrat an geistigen Getränken aus der ganzen Welt vereint, und statt wie vormals ein irres Leuchten in den Augen des einzelnen Trinkers zu entzünden, stieg er nun mit einem sinnverwirrenden Feuerschein, der die gesamte Menschheit aufschreckte, in die Luft empor. Es war der Zusammenschluß all der wilden Feuer, die sonst die Herzen von Millionen versengt hätten. Unterdessen wurden unzählige Flaschen edlen Weins in die Glut geworfen, die den Inhalt verzehrte, als ob sie ihn liebte, und wie alle Trinker immer fröhlicher und hitziger wurde, je mehr sie trank. Nie wieder wird der unersättlich durstige Feuerteufel dergestalt verwöhnt werden! Hier kamen die Schätze berühmter Lebemänner zusammen – Spirituosen, die auf dem Ozean geschaukelt worden waren und in der Sonne heranreiften und lange im Innern der Erde lagerten – der blasse, der goldene, der rötliche Saft der vorzüglichsten Rebenhänge – die gesamte Tokajer Weinernte –, alle vereinigten sich zu einem einzigen Strom mit dem Fusel der ordinären Kneipen und bewirkten, daß die Flammen hoch emporschlugen. Und während sie wie ein riesenhafter Turm aufstiegen, der bis an das Gewölbe des Firmaments heranzureichen und sich im Licht der Sterne zu verlieren schien, johlte die Menge, als frohlocke das weite Erdenrund über seine Erlösung von einem uralten Fluch.

Doch die Freude war nicht allgemein. Viele befürchteten, das menschliche Leben werde düsterer sein als je zuvor, sobald das kurze Feuerwerk in sich zusammengesunken sei. Während die Reformer am Werk waren, vernahm ich die gemurmelten Proteste mehrerer ehrenwerter Herren mit roten Nasen und Gichtschuhen, und ein zerlumpter Ehrenmann, dessen Gesicht einem erloschenen Kaminfeuer glich, äußerte jetzt unverhohlener und kühner seine Unzufriedenheit.

„Wozu taugt denn diese Welt noch", sagte der treffliche Zecher, „wenn wir nie mehr fröhlich sein können? Womit soll sich der arme Mann in seinem Leid und Kummer trösten? Wie soll er sein Herz warmhalten vor den kalten Winden dieser freudlosen Erde? Und welchen Ersatz bietet ihr ihm für die Erquickung, die ihr ihm raubt? Wie sollen alte Freunde am Kamin beisammensitzen, wenn die Gläser nicht mehr lustig klingen? Die Pest hole eure Reform! Das ist eine traurige Welt, eine gemeine Welt, in der sich für einen ehrlichen Kerl das Leben nicht mehr lohnt, nachdem die alte Gemütlichkeit für immer dahin ist!"

Diese Tirade löste bei den Umstehenden große Heiterkeit aus. Doch so albern die Ansicht auch war, ich konnte nicht umhin, Mitleid mit der aussichtslosen Lage des trefflichen Zechers zu empfinden, dessen Zechkumpane sich einer nach dem anderen davongeschlichen und den armen Kerl allein zurückgelassen hatten, ohne eine Menschenseele, die ihm beim Trinken zugeprostet hätte, ja ohne einen einzigen Schluck Branntwein. Das entsprach freilich nicht ganz dem wahren Sachverhalt; denn ich hatte ihn dabei beobachtet, wie er im entscheidenden Augenblick eine Flasche mit erstklassigem Brandy, die dem Feuer entgangen war, gestohlen und in die Tasche gesteckt hatte.

Nachdem die Reformer alle alkoholischen Getränke auf ihre Weise beseitigt hatten, trieb sie ihr Eifer als nächstes dazu an, das Feuer mit sämtlichen Teekisten und Kaffeesäcken der Welt anzuheizen. Und dann kamen die Pflanzer aus Virginia mit ihren Tabakernten. Als diese auf den Scheiterhaufen des Nutzlosen geworfen wurden, wuchs er zur Größe eines Berges an und erfüllte die Atmosphäre mit einem so mächtigen Geruch, daß ich glaubte, wir könnten nie mehr reine Luft atmen. Die Opferung dieses Krauts schien dessen Liebhaber mehr zu erregen als alle anderen, die sie bislang erlebt hatten.

„Nun ja, sie haben dafür gesorgt, daß meine Pfeife nicht mehr brennt", sagte ein alter Herr, indem er selbige verärgert in die Flammen warf. „Was soll noch aus dieser Welt werden? Alles Köstliche und Urwüchsige – die ganze Würze des Lebens – wird als unnütz verdammt. Wenn sich diese verrückten Reformer, nachdem sie das Feuer geschürt haben, jetzt selber hineinstürzten, wäre alles nur noch halb so schlimm!"

„Nur Geduld", versetzte ein standfester Konservativer, „am Ende kommt es noch so weit. Zuerst werden sie uns hineinschmeißen und zuletzt sich selber."

Nach den allgemeinen und systematischen Reformmaßnahmen wandte ich mich nun den individuellen Beiträgen zu diesem denkwürdigen Freudenfeuer zu. In vielen Fällen hatten sie etwas sehr Belustigendes. Ein armer Teufel warf seinen leeren Geldbeutel hinein und ein anderer ein Päckchen gefälschte oder ungültig gewordene Banknoten. Elegante Damen übergaben den Flammen ihre Hüte der letzten Saison nebst Haufen von Bändern, gelben Spitzen und vielen anderen kaum getragenen Putzartikeln, die sich im Feuer als noch weniger haltbar erwiesen als in der Mode. Zahlreiche Liebesleute beiderlei Geschlechts – sitzengebliebene Jungfern oder Junggesellen sowie Ehepaare, die einander überdrüssig geworden waren – verbrannten bündelweise wohlriechende Liebesbriefe und verliebte Sonette. Ein Hintertreppenpolitiker, der durch den Verlust seines Amtes brotlos geworden war, warf sein Gebiß hinein, das allerdings künstlich war. Der hochwürdige Herr Sidney Smith – der eigens zu diesem Zweck den Atlantik überquert hatte – trat mit bitterem Lächeln an das Feuer heran und überantwortete ihm gewisse Schuldverschreibungen, die nicht eingelöst worden waren, obgleich sie das prächtige Siegel eines souveränen Staates trugen. Ein kleiner Junge von fünf Jahren warf im Bewußtsein seiner für diese Zeit typischen Frühreife seine Spielsachen hinein; ein Hochschulabsolvent sein Diplom; ein Apotheker, den die Ausbreitung der Homöopathie ruiniert hatte, seinen ganzen Vorrat an Drogen und Arzneien; ein Arzt seine Bibliothek; ein Pfarrer seine alten Predigten; und ein feiner Herr der alten Schule seinen Sittenkodex, den er einst zum Nutzen der nachfolgenden Generation verfaßt hatte. Eine Witwe, zu einer zweiten Ehe fest entschlossen, ließ schlauerweise das Miniaturporträt ihres ersten Mannes verschwinden. Ein junger Mann, der von seiner Geliebten einen Korb bekommen hatte, hätte am liebsten sein verzweifeltes Herz in die Flammen geschleudert, wenn er nur gewußt hätte, wie er es sich aus der Brust reißen sollte. Ein amerikanischer Schriftsteller, dessen Werke vom Publikum nicht beachtet wurden, warf Feder und Papier ins Feuer und widmete sich fortan einer weniger zermürbenden Tätigkeit. Ich bekam einen gelinden Schrecken, als ich mit anhörte, wie mehrere höchst respektierlich wirkende Damen den Vorschlag äußerten, ihre Kleider und Unterröcke den Flammen zu übergeben und die Tracht, zugleich aber auch die Manieren, Pflichten, Ämter und Verbindlichkeiten des anderen Geschlechts zu übernehmen.

Welchen Vorteil sie sich von diesem Vorhaben versprachen, vermag ich nicht zu sagen; denn meine Aufmerksamkeit wurde plötzlich auf ein armes, betrogenes und halb dem

Wahnsinn verfallenes Mädchen gelenkt, das sich mit einem Aufschrei, es sei das wertloseste aller lebenden oder toten Geschöpfe, ins Feuer zu stürzen versuchte, inmitten des ganzen verdorbenen und zerbrochenen Plunders der Welt. Doch ein guter Mensch eilte herbei, sie zu retten.

„Geduld, mein armes Kind!" sagte er, als er sie der heftigen Umarmung des Engels der Zerstörung entriß. „Habe nur Geduld und füge dich in den Willen des Himmels. Solange du noch eine lebendige Seele hast, kann alles wieder so werden, wie es ursprünglich war. Diese materiellen Dinge, diese Erzeugnisse der menschlichen Phantasie, taugen nur noch zum Verbrennen, wenn ihre Zeit vorbei ist. Aber deine Zeit ist die Ewigkeit!"

„Ja", erwiderte das unglückliche Mädchen, dessen Raserei sich inzwischen in eine tiefe Niedergeschlagenheit verwandelt hatte, „ja – und die Sonne ist in ihnen erloschen."

Unter den Zuschauern lief unterdessen das Gerücht um, alle Waffen und Kriegsmunition sollten ins Feuer geworfen werden, ausgenommen das gesamte Schießpulver der Welt, das man, weil dies die sicherste Methode sei, bereits im Meer versenkt habe. Bei dieser Kunde erhob sich ein großer Meinungsstreit. Der hoffnungsfrohe Menschenfreund erblickte darin ein Zeichen, daß das Zeitalter des Friedens angebrochen sei, wohingegen Leute anderen Schlages, nach deren Auffassung die Menschheit ein Gezücht von Bulldoggen war, prophezeiten, daß die alte Mannhaftigkeit, Begeisterung, Vornehmheit, Großmütigkeit und Hochherzigkeit des Menschengeschlechts insgesamt verschwinden würden, weil diese Eigenschaften, so behaupteten sie, Blut als Nahrung verlangten. Sie trösteten sich jedoch mit der Überzeugung, daß die vorgeschlagene Abschaffung des Krieges auf die Dauer undurchführbar sei.

Wie dem auch sei, unzählige schwere Kanonen, deren Donner seit langem in der Schlacht den Ton angab – die Artillerie der Armada, der Belagerungstroß Marlboroughs und die gegnerischen Geschütze Napoleons und Wellingtons –, wurden mitten ins Feuer geschoben. Dank der ständigen Zufuhr trockenen Brennmaterials war es inzwischen so mächtig geworden, daß weder Bronze noch Eisen ihm zu widerstehen vermochten. Es war ein wundervoller Anblick, wie diese furchtbaren Mordinstrumente wie Wachsspielzeug dahinschmolzen. Dann zogen die Armeen der Erde, deren Musikkapellen Triumphmärsche spielten, um den Feuerofen herum und schleuderten ihre Musketen und Schwerter hinein. Die Bannerträger warfen noch einen Blick zu ihren Fahnentüchern hinauf, die allesamt von Kugeln durchlöchert und mit den Namen der siegreichen Schlachten bestickt waren, ließen sie noch ein letztes Mal im Wind flattern und senkten sie dann in die Flammen, die sie packten und zu den Wolken emporwirbelten. Als diese Zeremonie vorüber war, hielt die Welt keine einzige Waffe mehr in der Hand, abgesehen vielleicht von ein paar alten königlichen Rüstungen und verrosteten Schwertern sowie anderen Trophäen der Revolution in unseren staatlichen Zeughäusern. Und nun wurden die Trommeln gerührt, und alle Trompeten schmetterten gemeinsam, als Vorspiel zur Proklamation des ewigen Weltfriedens und zu der Ankündigung, daß Ruhm nicht mehr durch Blut zu erringen sei, sondern daß der Wettstreit des Menschengeschlechts hinfort der Förderung des allgemeinen Wohls dienen solle und daß in den künftigen Annalen der Erde nicht mehr die Tapferkeit, sondern die Wohltätigkeit den Preis davontragen werde. Diese segensreiche Botschaft wurde entsprechend schnell verbreitet und löste bei jenen grenzenlosen Jubel aus, welche sich vor den Schrecken und der Sinnlosigkeit des Krieges entsetzt hatten.

Ich bemerkte indes, wie ein grimmiges Lächeln über das narbenbedeckte Gesicht eines würdevollen alten Heerführers huschte – seiner vom Krieg gezeichneten Gestalt und seiner reichen Uniform nach zu schließen, hätte er einer von Napoleons berühmten Marschällen sein können –, der soeben, wie das übrige Militär der Welt, seinen Degen weggeschleudert hatte, welcher ein halbes Jahrhundert lang seiner Rechte so vertraut gewesen war.

„Ja, ja", murrte er. „Laß sie nur verkünden, was sie wollen, aber am Ende werden wir feststellen, daß dieser ganze Unsinn den Waffenschmieden und Kanonengießereien nur mehr Arbeit einbringt!"

„Aber, Sir!" rief ich verwundert aus, „können Sie sich vorstellen, daß das Menschengeschlecht jemals wieder in seinen früheren Wahnsinn verfällt und noch einmal Schwerter schmiedet und Kanonen gießt?"

„Das wird gar nicht nötig sein", bemerkte höhnisch lächelnd ein Mann, der Menschenfreundlichkeit weder kannte noch an sie glaubte. „Als Kain seinen Bruder erschlagen wollte, war eine Waffe schnell gefunden."

„Wir werden ja sehen", versetzte der altgediente Heerführer. „Sollte ich mich geirrt haben, um so besser; doch nach meiner Ansicht – ohne daß ich mir anmaße, diesen Gegenstand philosophisch zu erörtern – hat die Notwendigkeit des Krieges viel tiefere Ursachen, als diese braven Leute annehmen. Wie? Wenn es einen Platz gibt, auf dem die Einzelmenschen ihre kleinen Streitereien austragen, soll es dann keinen großen Gerichtshof für die Regelung nationaler Probleme geben? Das Schlachtfeld ist das einzige Gericht, wo solche Auseinandersetzungen beigelegt werden können."

„Sie vergessen, General", entgegnete ich, „daß auf dieser hohen Stufe der Zivilisation die Verbindung von Vernunft und Menschenliebe genau das Tribunal darstellt, das notwendig ist."

„Ah, das hatte ich allerdings vergessen", sagte der alte Kriegsmann und hinkte davon.

Das Feuer sollte nun mit Gegenständen gespeist werden, denen man bis dahin eine noch größere Bedeutung für das Wohl der Gesellschaft beigemessen hatte als dem bereits verzehrten Kriegsgerät. Eine Abordnung von Reformern war um die ganze Erde gereist auf der Suche nach den Maschinen, mit

denen die verschiedenen Nationen üblicherweise die Todesstrafe vollzogen. Ein Erschauern lief durch die Menge, als
diese gräßlichen Geräte herbeigeschleppt wurden. Selbst die
Flammen schienen zunächst zurückzuschrecken und enthüllten die Form und die mörderischen Vorrichtungen der einzelnen Geräte in ihrem hellen Feuerschein, was allein schon genügte, die Menschheit von dem langwährenden tödlichen Irrtum des Gerichtswesens zu überzeugen. Diese alten Instrumente der Grausamkeit – diese schrecklichen mechanischen
Ungeheuer – diese Erfindungen, deren Verwirklichung offenbar etwas Schlimmeres voraussetzte als das natürliche Menschenherz und die, von grausigen Legenden umwoben, in den
düsteren Winkeln alter Verliese auf der Lauer gelegen hatten
– boten sich jetzt den Blicken dar. Henkersbeile, noch ver-
krustet von adligem und königlichem Blut, und eine riesige
Sammlung von Stricken, mit denen man plebejischen Opfern
den Atem abgeschnürt hatte, wanderten gemeinsam ins Feuer.
Ein Aufschrei begrüßte die Ankunft der Guillotine, die auf
denselben Rädern herangerollt wurde, welche sie einst in Paris von einer blutbesudelten Straße zur anderen befördert
hatten. Aber der lauteste Beifallssturm erhob sich und verkündete dem fernen Himmel den Triumph der erlösten Erde,
als der Galgen erschien. Ein übel aussehender Bursche stürzte
jedoch vor und versuchte, indem er sich unter heiserem Geheul den Reformern in den Weg stellte, deren Vorhaben mit
roher Gewalt zu behindern.

Es ist wohl nicht allzu verwunderlich, daß der Henker alles tat, um die Maschine zu schützen und zu retten, der er
seinen Lebensunterhalt und edlere Menschen den Tod ver-
dankten. Doch es verdient Beachtung, daß Menschen ganz
anderer Herkunft – selbst die Angehörigen jener geheiligten
Klasse, deren Obhut die Welt ihr Heil anzuvertrauen geneigt
ist – die Auffassung des Henkers teilten.

„Haltet ein, meine Brüder!" rief einer von ihnen. „Ihr seid
irregeleitet durch falsche Menschenliebe! Ihr wißt nicht, was

ihr tut. Der Galgen ist ein Werkzeug, das dem Himmel dient. Tragt ihn also demütig zurück und richtet ihn an seinem alten Platz auf, damit die Welt nicht schon bald dem Untergang und der Verwüstung anheimfalle!"

„Weiter, weiter!" brüllte ein Anführer der Reformer. „In die Flammen mit dem verfluchten Instrument blutiger politischer Macht! Wie kann die menschliche Gesetzgebung Wohlwollen und Liebe heischen, wenn sie darauf beharrt, als ihr wichtigstes Symbol den Galgen zu errichten? Noch einen kräftigen Stoß, gute Freunde, und die Welt ist erlöst von ihrem größten Irrtum!"

Tausend Helfer, die sich nichtsdestoweniger vor der Berührung ekelten, packten jetzt mit an und stießen die unselige Last weit, weit hinein in die Mitte des tosenden Feuerofens. Dort bot sie nun ihr verhängnisvolles und verabscheuungswürdiges Bild den Blicken dar, zuerst schwarz, dann rot verkohlt und schließlich zu Asche geworden.

„Das war richtig!" rief ich aus.

„Ja, das war richtig", versetzte – jedoch mit weniger Begeisterung, als ich erwartet hatte – der bedächtige Betrachter, der noch immer neben mir stand; „richtig, wenn die Welt für diesen Schritt gut genug wäre. Der Gedanke an den Tod läßt sich freilich nicht so leicht ausschalten im menschlichen Dasein, zwischen der Zeit der ursprünglichen Unschuld und jenem anderen Zustand der Reinheit und Vollkommenheit, den zu erreichen uns vielleicht bestimmt ist, nachdem wir unsere Lebensbahn durchmessen haben. Doch in jedem Fall ist es gut, daß man jetzt den Versuch unternimmt."

„Zu nüchtern gesprochen! Viel zu nüchtern!" rief voller Ungeduld der hitzige junge Anführer des Triumphes. „Hier soll das Herz ebenso sprechen wie der Verstand. Und was die Reife – und was den Fortschritt angeht, so soll die Menschheit stets das tun, was sie zum gegebenen Zeitpunkt als das Höchste, Gütigste und Edelste erkannt hat; und dies kann gewiß nicht falsch sein oder zur falschen Zeit geschehen!"

Ich weiß nicht, ob es an der allgemeinen Erregung lag oder ob die guten Leute rings um das Freudenfeuer mit jedem Augenblick tatsächlich mehr erleuchtet wurden – jedenfalls ergriffen sie nun Maßnahmen, bei denen ich ihnen auf die Dauer kaum noch folgen konnte. So warfen beispielsweise einige ihre Heiratsurkunden in die Flammen und erklärten sich zu Anhängern einer höheren, heiligeren und umfassenderen Bindung, als es jene ist, die seit Anbeginn der Zeiten in Form des ehelichen Bandes bestanden hat. Andere begaben sich eilends in die Gewölbe der Banken und die Schatzkammern der Reichen – die allesamt in dieser schicksalhaften Stunde dem ersten, der kam, offenstanden – und holten ganze Ballen Papiergeld, um die Glut zu entfachen, und Tonnen von Münzen, die in ihr dahinschmolzen. Hinfort, so sagten sie, solle die universale Nächstenliebe, ungemünzt und unerschöpflich, die goldene Währung der Welt sein. Bei dieser Botschaft erbleichten die Bankiers und die Börsenspekulanten, und ein Taschendieb, der in der Menschenmenge reiche Ernte gehalten hatte, fiel, vom Schlag getroffen, tot um. Einige Geschäftsleute verbrannten ihre Journale und Hauptbücher, die Quittungen und Schuldverschreibungen ihrer Gläubiger sowie alle übrigen Belege für die Außenstände, während eine wohl noch größere Gruppe ihren Reformeifer dadurch befriedigte, daß sie jede unangenehme Erinnerung an eigene Schulden hinopferte. Dann wurde der Ruf laut, es sei an der Zeit, die Grundbesitzurkunden den Flammen zu übergeben und alles Land der Erde der Allgemeinheit zurückzuerstatten, da man es ihr unrechtmäßig genommen und höchst ungleich an Einzelpersonen verteilt habe. Eine andere Partei forderte, daß alle geschriebenen Verfassungen, Regierungserklärungen, Rechtsvorschriften, Gesetzbücher und alles andere, dem menschliche Findigkeit ihre willkürlichen Gesetze aufzuprägen gewagt habe, sogleich vernichtet werden müßten, damit die vollkommene Welt so frei sei wie der Mensch bei seiner Erschaffung.

Ob diesen Vorschlägen entsprechende Taten folgten, weiß

ich nicht; denn soeben bahnte sich etwas an, was meine Anteilnahme unmittelbarer erregte.

„Seht! Seht! Was für Haufen von Büchern und Broschüren!" rief ein Kerl, der offenbar kein Literaturfreund war.
„Jetzt werden wir ein prächtiges Feuerwerk erleben!"

„Das ist recht", sagte ein moderner Philosoph. „Jetzt befreien wir uns endlich von der Gedankenfracht der Toten, die
bisher so schwer auf dem Verstand der Lebenden gelastet hat,
daß er unfähig war, sich wirkungsvoll zu betätigen. So ist's
recht, meine Freunde! Ins Feuer damit! Jetzt wird die Welt
tatsächlich erleuchtet!"

„Aber was soll aus dem Handel werden?" schrie ein aufge-
brachter Buchhändler.

„Oh, die Händler sollen ihre Waren auf jeden Fall begleiten", bemerkte ein Schriftsteller kühl. „Das gibt einen vornehmen Scheiterhaufen!"

Das Menschengeschlecht hatte mittlerweile wahrhaftig eine Entwicklungsstufe erreicht, die so weit über das hinausging, was die weisesten und geistreichsten Männer früherer
Zeiten je erträumt hatten, daß es einfach absurd gewesen wäre, die Erde noch länger mit deren armseligen Hervorbringungen auf literarischem Gebiet zu belasten. Demgemäß hatte man die Buchhandlungen, die Bücherstände, die öffentlichen und privaten Bibliotheken und sogar die kleinen Bücher-
borde am ländlichen Kamin gründlich durchsucht und alles
bedruckte Papier der Welt, ob gebunden oder ungebunden,
herbeigeholt, damit unser ruhmreiches Freudenfeuer, das bereits so groß wie ein Berg war, noch höher anschwelle. Dick-
leibige Folianten, in denen die mühselige Arbeit von Lexiko-
graphen, Kommentatoren und Enzyklopädisten steckte, wurden hineingeworfen, versanken bleischwer in der Glut und
verkohlten zu Asche wie morsches Holz. Die kleinen reich-
vergoldeten französischen Bücher des vorigen Jahrhunderts,
unter ihnen die hundert Bände von Voltaire, verschwanden
unter einem leuchtenden Funkenregen und kleinen Stichflam-

men, wohingegen die Gegenwartsliteratur derselben Nation mit rotem und blauem Schein verbrannte und die Gesichter der Zuschauer in ein infernalisches Licht tauchte, so daß sie alle wie gescheckte Teufel aussahen. Von einer Sammlung deutscher Erzählungen stieg ein schwefliger Gestank auf. Die englischen Klassiker gaben ein ausgezeichnetes Brennmaterial ab und wiesen insgesamt die Eigenschaften solider Eichenholzscheite auf. Miltons Werke zumal warfen einen mächtigen Feuerschein und verwandelten sich allmählich in rote Kohle, die länger vorzuhalten schien als fast alle anderen Bestandteile des Scheiterhaufens. Shakespeare sandte eine Flamme von so wunderbarem Glanz empor, daß die Menschen die Augen beschatteten wie gegen die Strahlen der Mittagssonne; selbst als die Werke seiner Ausdeuter auf ihn fielen, hörte er nicht auf, aus dem hochgetürmten Haufen heraus ein sinnbetörendes Licht zu verbreiten. Es ist meine Überzeugung, daß er noch immer so hell leuchtet wie einstmals.

„Könnte ein Dichter doch eine Lampe an dieser herrlichen Flamme enzünden", bemerkte ich, „er würde dann sein mitternächtliches Öl zu einem guten Zweck verbrauchen."

„Ebendies haben die modernen Dichter nur zu gern getan – oder wenigstens versucht", entgegnete ein Kritiker. „Der größte Vorteil, den man von dieser Verbrennung alter Literatur erwarten kann, ist zweifellos der, daß die Schriftsteller fortan gezwungen sind, ihre Lampen an der Sonne oder an den Sternen zu entzünden."

„Sofern sie so hoch hinaufreichen können", sagte ich. „Aber diese Aufgabe verlangt einen Riesen, der hinterher das Licht unter die kleinen Menschen verteilt. Nicht jeder kann das Feuer vom Himmel stehlen wie Prometheus; doch als dieser seine Tat vollbracht hatte, wurde das Feuer in tausend Herden entzündet."

Ich beobachtete voller Staunen, wie wenig sich das Verhältnis zwischen dem Umfang des Werkes eines bestimmten Autors und der Leuchtkraft und Dauer der Verbrennung voraussagen ließ. So gab es zum Beispiel keinen einzigen Quartband aus dem letzten Jahrhundert – geschweige denn aus dem gegenwärtigen –, der es in diesem Punkt mit einem kleinen goldverzierten Kinderbuch, den „Melodien der Mutter Gans", hätte aufnehmen können. Das „Leben und Sterben des Tom Thumb" überdauerte die Biographie Marlboroughs. Ein Heldenepos – nein, gleich ein Dutzend davon – wurde zu weißer Asche, ehe noch das einzelne Blatt einer alten Ballade zur Hälfte verzehrt war. In mehr als einem Fall brachten dicke Bände mit hochgerühmten Versen nicht mehr zustande als erstickenden Qualm, während das unbeachtete Lied eines namenlosen Sängers, das vielleicht in der Ecke einer Zeitung stand, zu den Sternen emporschwebte, getragen von einer Flamme, die nicht weniger leuchtete als diese. Was die Eigenschaften der Flamme angeht, so schien mir Shelleys Dichtung ein reineres Licht auszusenden als nahezu alle anderen Werke seiner Zeit; es bildete einen schönen Gegensatz zu den unregelmäßigen und gespenstischen Strahlen und Rauchschwaden, die von den Bänden Lord Byrons hervorgingen und hochwirbelten. Und einige Gedichte von Tom Moore verbreiteten einen Duft wie von brennenden Räucherkerzen.

Mit besonderem Interesse beobachtete ich die Verbrennung amerikanischer Schriftsteller, und mit der Uhr in der Hand notierte ich mir, wie lange die meisten von ihnen brauchten, um sich aus schäbig gedruckten Büchern in gleichförmige Asche zu verwandeln. Es wäre allerdings gehässig, wenn nicht gefährlich, diese furchtbaren Geheimnisse zu verraten, so daß ich mich mit der Bemerkung begnüge, daß es nicht immer der am meisten beredete Autor war, der auf dem Scheiterhaufen den glänzendsten Eindruck machte. Im besonderen erinnere ich mich, daß sich ein schmaler Gedichtband von Ellery Channing als außerordentlich leicht entflammbar erwies, obwohl, die Wahrheit zu sagen, einzelne Partien auf sehr unangenehme Weise zischten und spuckten. Ein merkwürdiges Phänomen zeigte sich bei verschiedenen einheimischen und ausländischen Schriftstellern. Ihre Bücher gingen, obgleich sie höchst ansehnlich wirkten, nicht in Flammen auf oder schieden ihren Geist in schwelenden Rauch aus, sondern schmolzen plötzlich dahin, als ob sie aus Eis bestanden hätten.

Falls es kein Mangel an Bescheidenheit ist, meine eigenen Werke zu erwähnen, so muß ich hier bekennen, daß ich mit väterlicher Anteilnahme nach ihnen Ausschau hielt, doch vergebens. Höchstwahrscheinlich werden sie sich beim ersten Ansturm der Glut in Rauch aufgelöst haben; bestenfalls kann ich hoffen, daß sie in ihrer stillen Art ein paar schimmernde Funken zu diesem abendlichen Schaugepränge beitrugen.

„Ach, wehe mir!" so bemitleidete sich ein bedrückt dreinschauender Mann mit einer grünen Brille. „Die Welt ist völlig zugrunde gerichtet, und es gibt nichts mehr, wofür sich zu leben lohnte! Mein Dasein hat seinen Sinn verloren. Weder für Geld noch für gute Worte kann man jetzt noch ein Buch bekommen!"

„Dies", bemerkte der gelassene Beobachter neben mir, „ist ein Bücherwurm – einer von denen, die dazu geboren sind, an toten Gedanken herumzunagen. Seine Kleider sind, wie Sie sehen, mit dem Staub der Bibliotheken bedeckt. Er hat keine innere Ideenquelle, und nachdem nun die alten Bestände vernichtet sind, kann ich mir beim besten Willen nicht vorstellen, was aus dem armen Kerl werden soll. Haben Sie kein Wort des Trostes für ihn?"

„Mein werter Herr", sagte ich zu dem verzweifelten Bücherwurm, „ist nicht die Natur besser als ein Buch? ist nicht das Menschenherz tiefgründiger als alle philosophischen Lehrmeinungen? ist nicht das Leben reicher an Wissen, als die Weltbetrachter der Vergangenheit in Maximen zu fassen vermochten? Seien Sie guten Mutes! Das große Buch der Zeit liegt noch immer weit aufgeschlagen vor uns, und wenn wir es richtig lesen, wird es für uns zu einem Band voll ewiger Wahrheit."

„O meine Bücher, meine Bücher, meine kostbaren gedruckten Bücher!" wiederholte der hilflose Bücherwurm. „Meine einzige Wirklichkeit war ein gebundenes Buch; und jetzt wollen sie mir nicht einmal mehr eine unscheinbare Broschüre lassen!"

Tatsächlich gingen soeben die letzten Überreste der Literatur aller Zeiten auf den flackernden Haufen nieder, und zwar in Gestalt eines Schauers von Broschüren aus den Druckerpressen der Neuen Welt. Auch sie wurden augenblicklich verzehrt, und zum erstenmal seit Kadmos' Tagen war die Welt frei von der Seuche des geschriebenen Worts – eine beneidenswerte Lage für die Schriftsteller der nächsten Generation!

„Nun – was bleibt jetzt noch zu tun?" fragte ich ein wenig beunruhigt. „Wenn wir nicht die Erde selbst in Brand stecken und uns dann mutig in den unendlichen Raum stürzen, können wir meines Erachtens die Reform nicht mehr weiter vorantreiben."

„Sie irren sich gewaltig, guter Freund", sagte der Beobachter. „Glauben Sie mir, das Feuer wird nicht erlöschen, ehe man es mit einem Brennmaterial versorgt hat, das viele Menschen, die bis jetzt bereitwillig mitgemacht haben, erschrecken wird."

Desungeachtet schien der Eifer für ein Weilchen nachzulassen, während die Anführer der Bewegung vermutlich überlegten, was sie als nächstes tun sollten. In dieser Pause warf ein Philosoph seine Hypothese in die Flammen – ein Opfer, das von denen, die es zu würdigen verstanden, als das bedeutendste bezeichnet wurde, das bislang dargebracht worden war. Die Verbrennung war indes keineswegs beeindruckend. Einige Unermüdliche, die es verschmähten, sich auch nur einen Augenblick lang auszuruhen, sammelten inzwischen im Wald alle dürren Blätter und herabgefallenden Äste, die das Freudenfeuer höher emporlodern ließen als je zuvor. Doch das war nur eine Nebenhandlung.

„Da kommt das frische Brennmaterial, das ich gemeint habe", sagte mein Nebenmann.

Zu meinem Erstaunen trugen die Leute, die jetzt den leeren Platz rings um das berghohe Feuer betraten, Chorhemden und andere Priestergewänder, Mitren, Krummstäbe und allerlei papistische und protestantische Embleme, mit denen sie offensichtlich dieses große Autodafé zu krönen gedachten. Kreuze von den Turmspitzen alter Kathedralen wurden so bedenkenlos auf den Scheiterhaufen geworfen, als hätten die Gläubigen vieler Jahrhunderte, die in langen Reihen an den hoch aufragenden Türmen vorübergezogen waren, nicht zu ihnen als den heiligsten Symbolen aufgeblickt. Die Taufbekken, in denen die Kinder Gott geweiht wurden, und die Abendmahlskelche, aus denen die Frommen den heiligen Trank empfangen hatten, fielen gleichfalls der Vernichtung anheim. Vielleicht am stärksten wurde mein Herz gerührt, als ich unter diesen geweihten Gegenständen Bruchstücke der schlichten Kommuniontische und schmucklosen Kanzeln erkannte, die man aus den Bethäusern in Neu-England herausgebrochen hatte. Diesen einfachen Bauwerken hätte man gestatten sollen, ihren sakralen Zierat, den ihre puritanischen Gründer gestiftet haben, unversehrt zu behalten, auch wenn selbst der mächtige Bau von St. Peter seine geplünderten Schätze zu dem furchtbaren Brandopfer beitrug. Doch ich spürte, daß dies nur die Äußerlichkeiten der Religion waren, die am leichtesten von jenen Geistern, die ihre tiefe Bedeutung am besten kannten, aufgegeben werden konnten.

„Alles ist gut", sagte ich heiter. „Die Waldpfade sollen die Schiffe unserer Kathedrale sein – das Firmament selbst soll ihre Decke bilden! Wozu ist ein irdisches Dach zwischen der Gottheit und ihren Anbetern erforderlich? Unser Glaube kann es sich leisten, auf alle Dekorationen zu verzichten, mit denen ihn sogar die heiligsten Menschen umkleidet haben, und er wird in seiner Einfachheit nur um so erhabener dastehen."

„Gewiß", sagte mein Gefährte. „Doch werden sie es dabei bewenden lassen?"

Der Zweifel, der in dieser Frage steckte, war wohl begründet. Bei der bereits beschriebenen allgemeinen Bücherverbrennung war ein heiliges Buch – das nicht zum Katalog der menschlichen Literatur gehörte und dennoch in einem bestimmten Sinne an seiner Spitze stand – verschont geblieben. Aber der Titan der Erneuerung – ein Engel oder Teufel, in seiner Doppelnatur zu Taten fähig, die beiden Charakteren wohl anstanden – schien nunmehr, nachdem er zunächst nur die alten und brüchigen Formen zerschmettert hatte, seine furchtbare Hand an die Hauptpfeiler zu legen, die das gesamte Gebäude unseres moralischen und religiösen Systems trugen. Die Bewohner der Erde waren mittlerweile viel zu aufgeklärt, um ihren Glauben noch in starre Formeln zu fassen oder das Spirituelle durch irgendwelche Analogien zu unserer materiellen Existenz einzugrenzen. Wahrheiten, von denen einmal die Himmel erzitterten, waren jetzt nur noch Legenden von der Kindheit der Welt. Was blieb demnach als letztes Opfer menschlichen Irrens für diesen schrecklichen Scheiterhaufen noch übrig als jenes Buch, das in früheren Jahrhunderten als himmlische Offenbarung galt, für die gegenwärtige Menschheit aber nur noch eine Stimme aus einer niederen Sphäre war? So geschah es! Auf den lodernden Haufen der Irrtümer und der überlebten Wahrheiten – jener Dinge also, welche die Erde nie gebraucht hatte oder nicht mehr brauchte oder deren sie wie ein Kind überdrüssig geworden war – sank nun die schwere Kirchenbibel, das große alte Buch, das so lange auf dem Samtkissen der Kanzel gelegen und aus dem die feierliche Stimme des Pastors an so manchem Sabbat heilige Texte vorgetragen hatte. Genauso verfuhr man mit der Familienbibel, die der längst im Grabe ruhende Hausvater seinen Kindern in Freud und Leid, am Kamin und im sommerlichen Schatten der Bäume, vorgelesen hatte und die von einer Generation zur anderen weitervererbt worden war. Nicht anders erging es der kleinen Taschenbibel, dem Seelenfreund irgendeines leidgeprüften Erdenbürgers, der in einer standhaft ertragenen Prüfung auf Leben und Tod aus ihr Mut geschöpft hatte, im festen Glauben an die Unsterblichkeit.

Sie alle flogen in die wilde, rebellische Feuersglut; und dann raste mit verzweifeltem Geheul, das wie die empörte Klage der Erde über den Verlust des himmlischen Sonnenlichts klang, ein heftiger Sturm über die Ebene; und er schüttelte die gigantische Flammenpyramide und verstreute die Asche der halbverkohlten Greuel über die Zuschauer ringsum.

„Das ist entsetzlich!" sagte ich, und ich spürte, wie meine Wangen erbleichten, und sah, daß eine ähnliche Veränderung in den Gesichtern der Umstehenden vorging.

„Seien Sie dennoch guten Mutes", entgegnete der Mann, mit dem ich schon so oft gesprochen hatte. „Seien Sie guten Mutes – aber frohlocken Sie auch noch nicht allzusehr; denn die Wirkung dieses Freudenfeuers ist bei weitem nicht so gut oder schlimm, wie die Welt gerne glauben möchte."

„Wie kann das zugehen?" rief ich ungeduldig. „Hat es nicht alles verzehrt? Hat es nicht alle irdischen oder göttlichen Attribute unseres Menschseins, die genügend Substanz besaßen, um den Flammen Nahrung zu bieten, verschlungen oder zum Schmelzen gebracht? Bleibt uns morgen früh noch etwas, was besser oder schlechter ist als ein Haufen Glut oder Asche?"

„Ganz gewißlich", sagte mein bedächtiger Freund. „Kommen Sie morgen früh hierher – oder dann, wenn die brennbaren Bestandteile des Scheiterhaufens völlig ausgebrannt sind –, und Sie werden in der Asche alles wirklich Wertvolle wiederfinden, das Sie haben ins Feuer fliegen sehen. Glauben Sie mir: Die Welt von morgen wird sich mit dem Gold und den Edelsteinen bereichern, welche die Welt von heute weggeworfen hat. Keine einzige Wahrheit ist zerstört oder unter der Asche so tief begraben, als daß sie nicht schließlich wieder ausgescharrt werden würde."

Das war eine merkwürdige Versicherung. Und doch war ich geneigt, sie zu glauben, und das um so mehr, als ich zwischen den lodernden Flammen ein Exemplar der Heiligen

Schrift bemerkte, dessen Seiten nicht zu schwarzem Zunder geworden waren, sondern ein noch blendenderes Weiß annahmen, da nun die Fingerabdrücke der menschlichen Unvollkommenheit ausgetilgt waren. Gewisse Randbemerkungen und Kommentare hielten freilich der Hitzeprobe nicht stand, aber nicht eine Silbe, die der Feder der Inspiration entflossen war, litt den geringsten Schaden.

„Ja – das ist der Beweis für das, was Sie gesagt haben", antwortete ich dem Beobachter. „Aber wenn nur das Böse die Macht des Feuers zu spüren bekommt, dann war ja die Verbrennung von unschätzbarem Nutzen. Ja, wenn ich es recht verstehe, so haben Sie Ihre Zweifel, ob durch sie die Hoffnung auf eine bessere Welt erfüllt werden könne."

„Hören Sie sich einmal an, was diese würdigen Herren reden", sagte er und zeigte auf eine Gruppe, die vor dem flakkernden Scheiterhaufen stand. „Möglicherweise verraten sie Ihnen wider Willen etwas Wissenswertes."

Die Personengruppe, auf die er deutete, bestand aus der brutalen und höchst erdverbundenen Gestalt, die sich so wütend zum Verteidiger des Galgens aufgeschwungen hatte – kurzum, aus dem Henker –, sowie dem letzten Dieb und dem letzten Mörder, die sich alle drei um den letzten Säufer geschart hatten. Der zuletzt Genannte ließ gerade großzügig die Branntweinflasche herumgehen, die er vor der allgemeinen Vernichtung der Weine und Spirituosen gerettet hatte. Diese kleine Gesellschaft schien auf der untersten Stufe der Niedergeschlagenheit angelangt zu sein; denn die drei dachten, daß die geläuterte Welt notwendigerweise ganz anders aussehen müsse als die Zustände, die sie bisher gekannt hatten, und deshalb nur ein sonderbarer und trübseliger Aufenthalt für Leute ihres Schlages sein könne.

„Das Beste, was ich uns allen raten kann, ist dies", meinte der Henker, „daß ich, sobald wir den letzten Tropfen Branntwein vertilgt haben, euch, meinen drei Freunden, am nächsten Baum zu einem gemütlichen Ende verhelfe und mich dann ebenfalls am selben Ast aufhänge. Diese Welt ist nichts mehr für unsereinen."

„Na, na, meine guten Leute!" sagte ein dunkelhäutiger Mensch, der sich jetzt zu der Gruppe gesellte – sein Gesicht war in der Tat erschreckend dunkel, und seine Augen glühten röter als das Freudenfeuer. „Seid nicht so bedrückt, meine lieben Freunde; ihr werdet noch gute Tage erleben. Es gibt nämlich etwas, was diese Besserwisser vergessen haben ins Feuer zu werfen, und darum taugt die ganze Feuersbrunst überhaupt nichts – ja, selbst wenn sie die Erde insgesamt zu Asche verbrannt hätten!"

„Und was könnte das sein?" fragte eifrig der letzte Mörder.

„Nun denn, nichts anderes als das menschliche Herz!" erwiderte der dunkelgesichtige Fremdling mit einem unheilverkündenden Grinsen. „Und wenn ihnen keine Methode einfällt, diese üble Höhle zu läutern, dann werden aus ihr abermals alle Formen des Unrechts und Elends hervorgehen – die gleichen alten Formen, vielleicht gar noch schlimmere –, die sie heute mit so gewaltigem Aufwand in Asche verwandelt haben. Ich habe die ganze lange Nacht dabeigestanden und mir ins Fäustchen gelacht, während ich ihnen bei der Arbeit zuschaute. Ja, ich gebe euch mein Wort darauf, daß die Welt dennoch die alte bleibt!"

Dieses kurze Gespräch gab mir reichlich Stoff zum Nachdenken. Welch traurige Wahrheit – falls es denn eine Wahrheit war –, daß das uralte Streben des Menschen nach Vollkommenheit lediglich dazu gedient haben sollte, ihn dem Spott des bösen Prinzips auszusetzen, nur weil an der eigentlichen Wurzel des Ganzen ein verhängnisvoller Irrtum geschehen war! Das Herz – das Herz: dies war der kleine, doch grenzenlose Raum, in dem das Urübel steckte, von dem das Verbrechen und Elend der äußeren Welt bloße Ausprägungen waren. Wird dieser innere Raum geläutert, so werden sich die vielen Formen des Bösen, welche die Außenwelt heimsuchen und uns heute fast als unsere einzige Wirklichkeit erscheinen, in schattenhafte Phantome verwandeln und von selber verschwinden. Doch wenn wir nicht tiefer eindringen als unser Verstand und nur mit diesem schwachen Instrument das Böse zu erkennen und zu überwinden trachten, wird unser ganzes Vorhaben nur ein so wesenloser Traum bleiben, daß es wenig bedeutet, ob das Freudenfeuer, das ich so getreulich beschrieben habe, etwas war, was wir gerne als eine wahre Begebenheit bezeichnen, also eine Flamme, an der man sich die Finger verbrennen kann – oder nur ein phosphorisches Aufleuchten und ein Gleichnis, das ich mir ausgedacht habe!

Der Schöpfer des Schönen

Ein älterer Mann ging, seine hübsche Tochter am Arm, die Straße entlang und trat aus dem Dunkel des bewölkten Abends in das Licht, das aus dem Fenster eines kleinen Ladens auf das Pflaster fiel. Es war ein vorspringendes Fenster; und innen hingen allerlei Uhren – aus Doublé, aus Silber und ein paar aus Gold –, die alle ihr Zifferblatt von der Straße abgewandt hatten, unhöflich, als weigerten sie sich, den Vorübergehenden zu verraten, wie spät es war. Im Laden, quer zum Fenster, saß ein junger Mann, das blasse Gesicht ernst über einen empfindlichen Mechanismus geneigt, auf den der helle Lichtkegel einer Schirmlampe fiel.

„Was mag Owen Warland wohl vorhaben?" murmelte der alte Peter Hovenden, selbst ein Uhrmacher im Ruhestand und einstmals der Lehrmeister ebendieses jungen Mannes, dessen Tätigkeit ihn jetzt so neugierig machte. „Was mag der Bursche wohl vorhaben? In den letzten sechs Monaten bin ich nie an seinem Laden vorbeigekommen, ohne ihn so fleißig bei der Arbeit zu sehen wie jetzt. Er würde seine üblichen Verrücktheiten noch übertreffen, wenn er auf der Suche nach dem Perpetuum mobile wäre. Und doch kenne ich mich in meinem alten Gewerbe gut genug aus, um mit Sicherheit sagen zu können, daß das, womit er sich gerade so eifrig beschäftigt, nicht zu einem Uhrwerk gehört."

„Es kann doch sein, Vater", sagte Annie, ohne der Frage großes Interesse zuzuwenden, „daß Owen dabei ist, eine neue Art Chronometer zu erfinden. Ich bin überzeugt, daß er dazu genügend Talent hat."

„Pah, Kind! Sein Talent reicht nicht, etwas Besseres als ein mechanisches Spielzeug zu erfinden", erwiderte ihr Vater, dem Owen Warlands unstete Begabung früher viel Ärger gemacht hatte. „Die Pest über ein solches Talent! Das einzige, was meines Wissens jemals dabei herausgekommen ist, bestand darin, daß er in meinem Laden die Ganggenauigkeit von einigen der besten Uhren verdorben hat. Er würde die Sonne von ihrer Bahn ablenken und den ganzen Zeitablauf durcheinanderbringen, wenn er mit seinem Talent, wie gesagt, etwas Größeres schaffen könnte als ein Kinderspielzeug!"

„Still, Vater! Er kann dich hören", flüsterte Annie und drückte den Arm des alten Mannes. „Seine Ohren sind so fein wie seine Gefühle, und du weißt, wie leicht man diese verwirren kann. Gehen wir weiter!"

Damit stapften Peter Hovenden und seine Tochter Annie davon, ohne miteinander zu sprechen, bis sie in einer Seitenstraße der Stadt an der offenen Tür einer Schmiede vorüberkamen. Drinnen konnten sie die Esse sehen, die bald hell aufloderte und die hohe, verrußte Decke erhellte, bald nur einen kleinen Umkreis des von Kohlen übersäten Bodens beleuchtete, je nachdem, ob der Blasebalg seinen Atem ausstieß oder wieder in seine riesigen ledernen Lungen einsog. In den Augenblicken der Helligkeit waren die Gegenstände in den entlegenen Winkeln der Werkstatt und die Hufeisen, die an den Wänden hingen, leicht zu erkennen; in der vorübergehenden Dunkelheit schien das Feuer schemenhaft inmitten eines grenzenlosen Raums zu glimmen. In diesem Wechsel von roter Lohe und Finsternis bewegte sich die Gestalt des Schmiedes, die durchaus würdig war, in einem so malerischen Licht- und Schattenspiel aufzutreten, in dem die leuchtende Glut mit der schwarzen Nacht kämpfte, als ob die eine der anderen jeweils ihre Schönheit und Kraft abringen wollte. Soeben zog er eine weißglühende Eisenstange aus den Kohlen heraus, legte sie auf den Amboß, hob seinen mächtigen Arm und war gleich darauf eingehüllt in Myriaden von Funken, die seine Hammerschläge in die Dunkelheit ringsum versprühten.

„Ja, das ist ein erfreulicher Anblick", sagte der alte Uhrmacher. „Ich weiß, was es heißt, Gold zu bearbeiten, aber es ist etwas ganz anderes, wenn jemand mit Eisen umzugehen versteht. Er wendet seine Mühe an etwas Handfestes. Was meinst du, Tochter Annie?"

„Sprich bitte nicht so laut, Vater", flüsterte Annie. „Robert Danforth könnte dich hören."

„Und was wäre, wenn er mich hörte?" entgegnete Peter Hovenden. „Ich sag's noch einmal, es ist eine gute und gesunde Sache, wenn man sich nur auf seine Kraft und die handfeste Wirklichkeit verläßt und sein Brot als Schmied mit dem nackten, sehnigen Arm verdient. Ein Uhrmacher quält sich ab mit seinen Rädchen, die sich umeinander drehen, oder büßt seine Gesundheit oder die Schärfe seiner Augen ein, wie es bei mir der Fall war; und in der Mitte des Lebens oder wenig später findet er keine Arbeit mehr in seinem eigenen Beruf und taugt auch zu nichts anderem mehr, ist aber zu arm, um sorgenfrei leben zu können. Deshalb, ich sage es noch einmal, weiß ich die bloße Körperkraft so sehr zu schätzen. Und wie sie einen Mann davor bewahrt, sich mit Unsinn abzugeben! Hast du jemals von einem Schmied gehört, der ein solcher Narr gewesen wäre wie Owen Warland da drüben?"

„Wohl gesprochen, Onkel Hovenden!" rief Robert Danforth von der Esse her, mit einer so vollen, tiefen und fröhlichen Stimme, daß sie von der Decke widerhallte. „Und was meint Miss Annie zu dieser Weisheit? Vermutlich denkt sie, es sei vornehmer, eine Damenuhr zusammenzuflicken, als ein Hufeisen zu schmieden oder einen Bratrost zu machen!"

Annie zog ihren Vater weiter, ohne ihm Zeit zu einer Antwort zu lassen.

Doch wir müssen zu Owen Warlands Laden zurückkehren und uns mehr Gedanken über seine Geschichte und seinen Charakter machen, als es Peter Hovenden, wahrscheinlich auch dessen Tochter Annie oder Owens alter Schulkamerad

Robert Danforth bei einem so belanglosen Gegenstand für angebracht gehalten hätten. Seit der Zeit, da seine kleinen Hände ein Federmesser zu halten vermochten, war Owen durch eine reiche Erfindungsgabe aufgefallen, die ihn befähigte, hübsche Figuren, vor allem die Formen von Blumen und Vögeln, aus Holz zu verfertigen, und manchmal schien er sich zum Ziel gesetzt zu haben, die verborgenen Geheimnisse der Mechanik zu ergründen. Aber stets ging es ihm dabei um Anmut, nicht um die Imitation von nützlichen Dingen. Er baute nicht, wie die Mehrzahl der bastelfreudigen Schulbuben, kleine Windmühlen hinter einer Scheunenwand oder Wassermühlen am nahen Bach. Wer diese Eigenart des Jungen entdeckte und es daraufhin für der Mühe wert hielt, ihn genauer zu beobachten, hatte zuweilen Grund zu der Vermutung, daß er die schönen Bewegungen der Natur nachzubilden versuchte, wie sie sich im Vogelflug oder im Verhalten kleiner Tiere offenbaren. Hier schien sich in der Tat eine Liebe zum Schönen zu entwickeln, die ihn zum Dichter, Maler oder Bildhauer hätte bestimmen können und die von aller groben Zweckmäßigkeit so völlig frei war, wie es auf eine der Schönen Künste nur selten zutraf. Mit ungewöhnlichem Abscheu betrachtete er die starren und regelmäßigen Vorgänge der üblichen mechanischen Geräte. Als man ihm einmal eine Dampfmaschine vorführte, in der Erwartung, daß sein intuitiver Sinn für mechanische Prinzipien dadurch befriedigt werde, erbleichte er, und ihm wurde übel, als ob man ihm etwas Ungeheuerliches und Unnatürliches gezeigt hätte. Dieses Entsetzen wurde zum Teil durch die Größe und die furchtbare Kraft des eisernen Arbeitstiers ausgelöst; denn Owen besaß gewissermaßen einen mikroskopisch feinen Geist und eine natürliche Vorliebe für das Winzige, entsprechend seinem zwergenhaften Körper und der erstaunlichen Zierlichkeit und geschickten Behutsamkeit seiner Hände. Nicht, daß dadurch sein Schönheitssinn zu einem Sinn für das Niedliche verkleinert worden wäre. Die Idee des Schönen besteht unabhängig von der Größe und kann sich in einem winzigen Raum, der nur noch der mikroskopischen Untersuchung zugänglich ist, ebenso vollkommen entfalten wie in den gewaltigen Dimensionen, die der Regenbogen umspannt. Jedenfalls war angesichts dieser charakteristischen Winzigkeit von Owen Warlands Objekten und Hervorbringungen die Welt noch weniger imstande, als sie es sonst gewesen sein mochte, sein Genie zu würdigen. Die Familie des Knaben wußte nichts Besseres zu tun – vielleicht weil es auch nichts Besseres gab –, als ihn zu einem Uhrmacher in die Lehre zu geben, in der Hoffnung, seine merkwürdige Begabung dadurch in rechte Bahnen lenken und einem nützlichen Zweck zuführen zu können.

Wie Peter Hovenden über seinen Lehrling dachte, ist bereits gesagt worden. Er konnte mit dem Jungen nichts Rechtes anfangen. Gewiß, die Berufsgeheimnisse hatte er sich in unglaublich kurzer Zeit zu eigen gemacht. Aber er vergaß oder verachtete rundweg die große Aufgabe des Uhrmachergewerbes und scherte sich so wenig um die Messung der Zeit, als hätte sie sich in der Ewigkeit aufgelöst. Solange Owen indes unter der Obhut seines alten Meisters stand, war es dank seines Mangels an Durchsetzungskraft möglich, seine schöpferischen Eskapaden durch strenge Ermahnungen und scharfe Beaufsichtigung in Grenzen zu halten. Als er jedoch seine Lehrzeit beendet und den kleinen Laden übernommen hatte, den Peter Hovenden infolge seines nachlassenden Augenlichts aufzugeben gezwungen war, da erkannten die Leute, wie wenig sich Owen Warland dazu eignete, die alte, blinde Mutter Zeit auf ihrem täglichen Weg zu geleiten. Eines seiner vernünftigsten Vorhaben bestand darin, einen musikalischen Apparat in das Werk seiner Uhren einzubauen, damit alle herben Dissonanzen des Lebens melodisch klängen und jeder flüchtige Augenblick als goldener Tropfen der Harmonie in den Abgrund der Vergangenheit fiele. Wenn ihm eine lange in Familienbesitz befindliche Uhr zur Reparatur anvertraut wurde – eine jener großen, altmodischen Uhren, die beinahe mit der menschlichen Natur zusammengewachsen sind, nachdem sie die Lebensspanne vieler Generationen ausgemessen haben –, brachte er vor ihrem ehrwürdigen Zifferblatt einen Reigen oder Leichenzug von Figuren an, welche zwölf fröhliche oder traurige Stunden darstellen sollten. Durch verschiedene Schrullen dieser Art setzte der junge Uhrmacher sein Ansehen bei jenen biederen und nüchternen Menschen aufs Spiel, die der Meinung sind, man dürfe keine Scherze treiben mit der Zeit, ob man sie nun als ein Medium des Fortschritts und Wohlergehens in dieser Welt oder der Vorbereitung auf die zukünftige betrachtete. Seine Kundschaft nahm rasch ab – ein Mißgeschick freilich, das Owen Warland wahrscheinlich seinen Glücksfällen zurechnete, denn er gab sich immer mehr einer geheimen Tätigkeit hin, die all sein Wissen und handwerkliches Geschick erforderte und gleichermaßen die charakteristischen Neigungen seines Genies voll beanspruchte. Diese Aufgabe hatte ihn schon viele Monate lang beschäftigt.

Nachdem der alte Uhrmacher und dessen hübsche Tochter aus dem Dunkel der Straße Owen Warland zugesehen hatten, wurde dieser von einem Nervenflattern befallen, bei dem seine Hand so heftig zitterte, daß er die heikle Arbeit, an der er gerade saß, unterbrechen mußte.

„Es war Annie!" murmelte er. „Ich hätte es am Klopfen meines Herzens erkennen müssen, noch bevor ich die Stimme ihres Vaters hörte. Ach, wie es klopft! Ich werde heute abend kaum noch an diesem herrlichen Mechanismus weiterarbeiten können. Annie – liebste Annie – du solltest meinem Herzen und meiner Hand Festigkeit verleihen und sie nicht so erschüttern; denn wenn ich versuche, den Geist der Schönheit selbst in eine Form zu bringen und ihm Bewegung zu geben, so geschieht es doch nur um deinetwillen. O du mein klopfendes Herz, beruhige dich! Wenn meine Anstrengungen so vereitelt werden, dann suchen mich verworrene und unerfüllbare Träume heim, die mir morgen meine Schaffenskraft rauben."

Als er gerade versuchen wollte, sich wieder seiner Arbeit zuzuwenden, ging die Ladentür auf und ließ niemanden anders ein als die kräftige Gestalt, die Peter Hovenden im Licht und Schatten der Schmiede eine Weile bewundert hatte. Robert Danforth überbrachte einen kleinen selbstverfertigten Amboß von besonderer Konstruktion, den der junge Künstler jüngst bei ihm bestellt hatte. Owen prüfte das Gerät und erklärte, daß es seinen Wünschen entspreche.

„Nun ja", sagte Robert Danforth, dessen mächtige Stimme den Laden wie mit dem Klang eines Kontrabasses erfüllte, „ich meine, daß ich allen Aufgaben, die in mein Fach schlagen, gewachsen bin; in deinem würde ich allerdings eine schlechte Figur machen, mit einer Faust wie dieser", setzte er lachend hinzu, indem er seine riesige Hand neben die schmale von Owen legte. „Doch was heißt das schon? Ich lege in einen einzigen Schlag mit dem Vorschlaghammer mehr Muskelkraft hinein, als du seit deiner Lehrzeit insgesamt aufgebracht hast. Stimmt das etwa nicht?"

„Sehr wahrscheinlich", antwortete Owen mit seiner leisen, zarten Stimme. „Kraft ist ein irdisches Ungeheuer. Ich habe mit ihr nichts im Sinn. Meine Stärke, sowenig ich auch davon besitzen mag, ist ganz und gar von geistiger Art."

„Na schön. Aber was hast du eigentlich vor, Owen?" fragte sein alter Schulkamerad, noch immer mit so volltönender Stimme, daß der Künstler zusammenfuhr, zumal da sich die Frage auf ein Thema bezog, das ihm so heilig war wie der alles verzehrende Traum seiner Phantasie. „Die Leute sagen, du versuchst das Perpetuum mobile zu erfinden."

„Das Perpetuum mobile? – Unsinn!" entgegnete Owen Warland mit einer Gebärde des Abscheus, denn ihn plagten allerlei kleine Verdrießlichkeiten. „Das wird nie erfunden werden! Es ist ein Traum, der nur jene Menschen verführen kann, deren Hirn sich von der Materie foppen läßt, aber nicht mich. Im übrigen, wenn eine derartige Erfindung möglich wäre, würde ich sie nicht für der Mühe wert halten, weil dann das Geheimnis lediglich für Zwecke verwendet würde, die mittlerweile die Dampf- und Wasserkraft erfüllen. Ich habe nicht den Ehrgeiz, mich als Schöpfer einer neuartigen Baumwollmaschine feiern zu lassen."

„Das wäre freilich sehr komisch!" rief der Schmied, der in ein solch dröhnendes Gelächter ausbrach, daß Owen und die Glasglocken auf seiner Werkbank im Gleichklang erzitterten. „Nein, nein, Owen! Keines deiner Kinder wird jemals Gelenke und Sehnen aus Eisen haben. Nun, ich will dich jetzt nicht länger stören. Gute Nacht, Owen, und viel Erfolg; und wenn du einmal Hilfe brauchst, so kannst du auf mich zählen, sofern es mit einem tüchtigen Hammerschlag auf den Amboß getan ist!"

Und nochmals laut auflachend, verließ der Mann der rohen Körperkraft den Laden.

„Wie sonderbar ist es doch", murmelte Owen Warland vor sich hin, den Kopf auf die Hand gestützt, „daß all mein Grübeln, meine Vorsätze, meine Leidenschaft für das Schöne, das Bewußtsein meiner Macht, es zu schaffen – eine feinere, ätherischere Macht, von der dieser irdische Riese nicht die geringste Ahnung hat –, daß alles, alles mir so eitel und nichtig erscheint, sobald Robert Danforth meinen Weg kreuzt! Er könnte mich noch zum Wahnsinn treiben, wenn ich öfters mit ihm zusammenträfe. Seine derbe, ungeschlachte Kraft verdunkelt und verwirrt das geistige Element in mir. Aber auch ich werde auf meine Art stark sein. Ich werde mich ihm nicht beugen!"

Er holte unter einem Glas ein winziges mechanisches Gebilde hervor, das er in den hellen Lichterschein der Lampe legte und mit einem feinen Stahlwerkzeug zu bearbeiten fortfuhr, während er es aufmerksam durch ein Vergrößerungsglas betrachtete. Einen Augenblick später sank er jedoch auf seinen Stuhl zurück und schlug die Hände zusammen, mit einem so entsetzlichen Ausdruck im Gesicht, daß seine schmalen Züge so eindrucksvoll wirkten wie die eines Riesen.

„O Gott! Was habe ich getan!" rief er aus. „Die Ausdünstung, der Einfluß dieser rohen Kraft – sie hat mich irregemacht und meine Wahrnehmung getrübt! Ich habe die eine Bewegung gemacht – die eine verhängnisvolle Bewegung –, die ich von Anfang an gefürchtet hatte! Jetzt ist alles vorbei – die Arbeit von Monaten – die Erfüllung meines Lebens! Ich bin ruiniert!"

Und da saß er nun in seltsamer Verzweiflung, bis seine Lampe in ihrer Fassung zu flackern begann und den Schöpfer des Schönen im Dunkeln zurückließ.

Es ist nun einmal so, daß Ideen, die in der Vorstellungswelt heranreifen und ihr so köstlich erscheinen und wertvoller als alles, was die Menschen jemals als Werte betrachtet haben, die Gefahr in sich tragen, durch die Berührung mit dem Praktischen erschüttert und vernichtet zu werden. Der ideale Künstler braucht darum unbedingt eine Stärke des Charakters, die sich freilich mit dessen Empfindlichkeit kaum vereinbaren läßt; er muß sich seinen Glauben an sich selber bewahren, während ihn gleichzeitig die ungläubige Welt mit ihren Zweifeln überfällt; er muß sich gegen die ganze Menschheit behaupten und sein eigener Schüler sein, was sowohl sein Genie betrifft als auch die Ziele, die es anstrebt.

Eine Zeitlang unterlag Owen Warland in dieser strengen, aber unvermeidlichen Prüfung. Er ließ einige Wochen träge verstreichen, in denen er den Kopf ständig in den Händen vergrub, so daß die Leute in der Stadt kaum jemals Gelegenheit fanden, sein Gesicht zu sehen. Als er es endlich wieder dem Licht des Tages entgegenhob, war auf ihm eine kalte, trübe, namenlose Veränderung wahrzunehmen. Nach Meinung Peter Hovendens und jener Vertreter der Weltklugheit indes, die glauben, das Leben müsse wie ein Uhrwerk mit Bleigewichten reguliert werden, war dies eindeutig eine Veränderung zum Besseren. Tatsächlich widmete sich Owen nun mit verbissenem Eifer seinem Beruf. Es war verblüffend, den dumpfen Ernst zu beobachten, mit dem er die Räder einer großen, alten Silberuhr untersuchte, zum Entzücken des Besitzers, der sie so lange in seiner Tasche getragen hatte, bis er sie für einen Bestandteil seines Lebens hielt, und der jetzt ihre Behandlung eifersüchtig überwachte. Dank des guten Rufs, den sich Owen Warland dadurch erwarb, wurde er von der zuständigen Obrigkeit aufgefordert, die Kirchturmuhr zu regulieren. Er führte diesen Auftrag von öffentlichem Interesse mit so bewundernswertem Erfolg aus, daß die Kaufleute an der Börse mürrisch seine Verdienste anerkannten; die Krankenschwester murmelte sein Lob, wenn sie im Krankenzimmer die Arznei verabreichte; der Liebhaber pries ihn zur Stunde des verabredeten Stelldicheins; und die Stadt im allgemeinen dankte Owen dafür, daß jetzt das Essen pünktlich auf den Tisch kam. Mit einem Wort, das schwere Gewicht, das auf seinen Lebensgeistern lastete, sorgte allenthalben für Ordnung, nicht nur in seinem eigenen Bereich, sondern auch überall dort, wo die ehernen Klänge der Kirchenglocke zu vernehmen waren. Es war ein zwar winziger, aber für seine gegenwärtige Lage charakteristischer Umstand, daß er, wenn er Namen oder Initialen in Silberlöffel einzugravieren hatte, die erforderlichen Buchstaben in einem möglichst schlichten Stil schrieb und auf die Fülle phantasievoller Schnörkel verzichtete, die bislang seine Arbeiten dieser Art ausgezeichnet hatten.

Während der Periode dieser glücklichen Verwandlung machte der alte Peter Hovenden eines Tages seinem ehemaligen Lehrling einen Besuch.

„Nun, Owen", sagte er, „es freut mich, von allen Seiten soviel Gutes über dich zu hören, zumal von der Stadtuhr da drüben, die zu jeder der vierundzwanzig Stunden dein Lob verkündet. Höre nur ein für allemal auf mit deinem albernen Gerede über das Schöne, das niemand verstehen konnte, weder ich noch sonst jemand, noch am Ende du selber – laß nur davon ab, und der Erfolg im Leben ist so gewiß wie das Licht des Tages. Ja, wenn du auf diesem Wege voranschreitest, würde ich es sogar wagen, diese meine kostbare alte Uhr von dir kurieren zu lassen, obwohl ich, abgesehen von meiner Tochter Annie, auf der Welt nichts Wertvolleres besitze."

„Ich würde mich kaum trauen, sie anzufassen, Sir", entgegnete Owen mit niedergeschlagener Stimme; denn die Gegenwart seines alten Meisters drückte ihn nieder.

„Mit der Zeit", sagte dieser, „mit der Zeit wirst du auch das schaffen."

Mit der Freiheit, die natürlicherweise aus seiner einstigen Autorität erwuchs, fuhr der alte Uhrmacher fort, die Arbeit, mit der Owen gerade beschäftigt war, sowie auch andere Dinge, die noch in Vorbereitung waren, kritisch zu betrachten. Der Künstler vermochte indessen kaum den Kopf zu erheben. Nichts war seiner Natur so entgegengesetzt wie die kalte, phantasielose Klugheit dieses alten Mannes, bei deren Berührung sich alles, ausgenommen die dichteste Materie der physischen Welt, in einen Traum verwandelte. Owen stöhnte innerlich und betete flehentlich darum, von ihm befreit zu werden.

„Aber was ist das?" rief Peter Hovenden plötzlich, indem er eine staubbedeckte Glasglocke aufhob, unter der ein mechanisches Etwas zum Vorschein kam, so zerbrechlich und winzig wie der Körper eines Schmetterlings. „Was haben wir denn hier? Owen, Owen! In diesen kleinen Ketten und Rädern und Schaufeln steckt Hexerei! Sieh her, mit einem einzigen Druck meines Zeigefingers und Daumens bewahre ich dich nun vor aller künftigen Gefahr!"

„Um Himmels willen", schrie Owen Warland, der mit erstaunlicher Energie aufsprang, „wenn Sie mich nicht zum Wahnsinn treiben wollen – rühren Sie das nicht an! Der leiseste Druck Ihres Fingers würde mich auf immer zugrunde richten."

„Aha, junger Mann! So ist das also?" sagte der alte Uhrmacher und blickte ihn so durchdringend an, daß Owens Seele unter der Bitterkeit des profanen Tadels qualvoll litt. „Nun, dann geh deinen eigenen Weg! Aber ich mahne dich nochmals daran, daß in diesem kleinen Mechanismus dein böser Geist steckt. Soll ich ihn austreiben?"

„Sie sind mein böser Geist", erwiderte Owen sehr erregt, „Sie und die harte, rauhe Welt! Die bleiernen Gedanken und die Mutlosigkeit, die Sie auf mich übertragen, sind meine Hemmschuhe. Sonst hätte ich schon längst die Aufgabe erfüllt, für die ich geschaffen bin."

Peter Hovenden schüttelte den Kopf in einer Mischung aus Verachtung und Empörung, welche die Menschheit, deren Vertreter er war, all jenen Narren entgegenzubringen sich für berechtigt hält, die andere Schätze suchen als die verstaubten auf der breiten Landstraße. Dann verabschiedete er sich mit erhobenem Zeigefinger und einem höhnischen Lächeln, das den Künstler hinterher noch viele Nächte lang im Traum heimsuchte. Zu der Zeit, als ihn sein alter Meister besuchte, war Owen vermutlich gerade so weit, sich wieder der Aufgabe zuzuwenden, die er im Stich gelassen hatte; doch durch dieses düstere Ereignis wurde er in den Zustand zurückgeworfen, aus dem er sich soeben allmählich gelöst hatte.

Aber das in seiner Seele angelegte Streben hatte während seiner scheinbaren Untätigkeit lediglich neue Kraft gesammelt. Im Laufe des Sommers gab er sein Gewerbe fast völlig auf und gestattete es der Mutter Zeit, soweit die alte Dame durch die ihm anvertrauten Wand- und Taschenuhren repräsentiert wurde, aufs Geratewohl im Leben der Menschen umherzuirren und in der Aufeinanderfolge der bestürzten Stunden ein unsägliches Durcheinander anzurichten. Er vergeudete den Sonnenschein, wie die Leute sagten, indem er in den Wäldern und Feldern und an den Ufern der Bäche umherwanderte. Dort fand er wie ein Kind Vergnügen daran, Schmetterlinge zu jagen oder die Bewegungen der Wasserinsekten zu beobachten. Es lag etwas wahrhaft Geheimnisvolles in der gespannten Aufmerksamkeit, mit der er diese lebendigen Spielzeuge betrachtete, wie sie sich im Wind tummelten, oder mit der er den Körperbau eines prachtvollen Insekts untersuchte, das er gefangen hatte. Die Schmetterlingsjagd war ein angemessenes Sinnbild für das ideale Streben, für das er so viele goldene Stunden hingegeben hatte. Doch würde er die Idee des Schönen jemals so mit Händen greifen können wie den Schmetterling, der sie symbolisierte? Köstlich waren ohne Zweifel diese Tage und der Seele des Künstlers gemäß. Sie waren erfüllt von leuchtenden Einfällen, die seine geistige Welt durchschimmerten, so wie die Schmetterlinge die äußere Atmosphäre durchschimmerten, und sie waren im Augenblick für ihn Wirklichkeit, unbelastet von der Mühsal und der Verwirrung und den vielen Enttäuschungen, die den Versuch begleiteten, sie dem sinnlichen Auge sichtbar zu machen. Ach, daß sich der Künstler, sei es in der Poesie oder auf irgendeinem anderen Gebiet, nicht mit dem inneren Genuß des Schönen zufriedengeben mag, sondern das flüchtige Geheimnis über die Grenze seines ätherischen Reiches hinaus verfolgen und das zarte Wesen beim groben Zugriff zermalmen muß! Owen Warland verspürte den Drang, seinen Ideen eine äußere Form zu geben, ebenso unwiderstehlich in sich wie all jene Dichter und Maler, welche die Welt in eine blassere und mattere Schönheit gekleidet haben, weil sie den Reichtum ihrer Visionen nur unvollkommen wiederzugeben vermochten.

Die Nacht war jetzt für ihn die Zeit, in der die eine Idee, der er seine ganze geistige Tätigkeit widmete, allmählich wieder Gestalt annahm. Beim Anbruch der Dämmerung schlich er in die Stadt zurück, schloß sich in seinem Laden ein und arbeitete viele Stunden lang mit geduldigen und behutsamen Händen. Manchmal wurde er durch das Klopfen des Nachtwächters aufgeschreckt, der zu später Stunde, wenn alle Welt schlafen sollte, durch die Ritzen von Owen War-lands Fensterläden den Schein der Lampe bemerkte. Das Tageslicht hatte für Owens krankhaft empfindliches Gemüt offenbar etwas Zudringliches, das sein Vorhaben störte. Deshalb saß er an bewölkten und unfreundlichen Tagen da und stützte den Kopf auf die Hände, sein reizbares Gehirn gleichsam einhüllend in einen Nebel zielloser Grübeleien; denn es war für ihn eine Erholung, wenn er der scharfen Bestimmtheit entrinnen konnte, mit der er während seiner mühseligen nächtlichen Arbeit seinen Gedanken Gestalt verleihen mußte.

Aus einem solchen Erstarrungszustand wurde er durch das Erscheinen von Annie Hovenden herausgerissen, die mit der Selbstverständlichkeit einer Kundin und zugleich mit der Vertraulichkeit einer Jugendfreundin den Laden betrat. Sie hatte ihren silbernen Fingerhut an einer Stelle durchgewetzt und wollte ihn von Owen reparieren lassen.

„Ich weiß freilich nicht, ob du dich zu einer Arbeit herabläßt", sagte sie lachend, „da du doch jetzt so sehr mit dem Problem beschäftigt bist, einer Maschine Geist einzuhauchen."

„Wie kommst du denn auf die Idee, Annie?" fragte Owen und fuhr überrascht hoch.

„Oh, die stammt aus meinem eigenen Kopf", antwortete sie, „und aus einer Bemerkung, die ich einmal von dir gehört habe, vor langer Zeit, als du noch ein Junge warst und ich ein kleines Kind. Aber sag, willst du mir meinen armen Fingerhut flicken?"

„Für dich tu ich doch alles, Annie", sagte Owen Warland, „alles; selbst wenn ich in Robert Danforths Schmiede arbeiten müßte."

„Das wäre aber ein hübscher Anblick!" versetzte Annie, die mit unmerklicher Geringschätzung die kleine, schmächtige Gestalt des Künstlers betrachtete. „Nun, hier ist der Fingerhut."

„Das ist wirklich ein seltsamer Einfall von dir", sagte Owen, „diese Vergeistigung der Materie."

Und dabei huschte ihm der Gedanke durch den Sinn, daß dieses junge Mädchen die Gabe besitze, ihn besser zu verstehen als die ganze übrige Welt. Und was für eine Hilfe und Stärkung wäre es für ihn bei seinen einsamen Anstrengungen, wenn er die Sympathie des einzigen Wesens gewinnen könnte, das er liebte! Menschen, die sich durch ihre Bestrebungen vom allgemeinen Leben und Treiben absondern – die entweder der Menschheit vorauseilen oder abseits stehen–, werden häufig von einem Gefühl innerer Kälte befallen, das den Geist erschauern läßt, als hätte er die vereisten Einöden an den Polen gestreift. Was der Prophet, der Dichter, der Reformator, der Verbrecher oder irgendein anderer Mensch, der menschliche Regungen verspürt, aber durch ein besonderes Schicksal von der Masse getrennt ist, empfinden mag, das empfand auch der arme Owen Warland.

„Annie", rief er und wurde bei dem Gedanken bleich wie der Tod, „wie gerne würde ich dir das Geheimnis meines Vorhabens verraten! Du könntest es, glaube ich, richtig einschätzen. Du würdest es, das weiß ich, mit einer Ehrerbietung anhören, die ich von der harten, materialistischen Welt nicht erwarten darf."

„Warum auch nicht? Gewiß würde ich das tun", erwiderte Annie und lachte leichthin. „Komm, erklär mir rasch, was dieses kleine Windrädchen bedeuten soll, das so zierlich gearbeitet ist, als ob es ein Spielzeug für die Feenkönigin wäre. Schau her, ich setze es einmal in Bewegung."

„Halt!" schrie Owen. „Halt!"

Annie hatte das winzige Teilstück eines komplizierten Mechanismus, das schon mehr als einmal erwähnt worden ist, so behutsam wie nur möglich mit der Spitze einer Nadel angestoßen, als der Künstler sie mit solcher Gewalt am Handgelenk packte, daß sie laut aufschrie. Voller Entsetzen sah sie die Zuckungen heftiger Wut und Qual, die seine Züge verzerrten. Im nächsten Augenblick ließ er den Kopf in die Hände sinken.

„Geh, Annie", murmelte er, „ich habe mich getäuscht und muß dafür büßen. Ich sehnte mich nach Sympathie – und dachte – und bildete mir ein – und träumte –, du könntest sie mir geben. Aber du hast nicht den Talisman, Annie, der dir Zugang zu meinen Geheimnissen verschaffen könnte. Diese Berührung hat die Arbeit von Monaten zunichte gemacht und die Idee eines ganzen Lebens! Es war nicht dein Fehler, Annie – aber du hast mich zugrunde gerichtet!"

Armer Owen Warland! Er hatte tatsächlich einen Irrtum begangen, wenn auch einen entschuldbaren; denn sollte je ein menschlicher Geist den Vorgängen, die für ihn so heilig waren, genügend Ehrfurcht entgegenbringen können, dann mußte es der einer Frau sein. Selbst Annie Hovenden hätte ihn vielleicht nicht enttäuscht, wenn die tiefe Einsicht der Liebe sie erleuchtet hätte.

Der Künstler verbrachte den folgenden Winter auf eine Art und Weise, die alle Menschen, welche bislang von ihm noch eine hoffnungsvolle Meinung gehegt hatten, davon überzeugte, daß er in Wahrheit unwiderruflich zur Nutzlosigkeit verdammt sei, was die Welt, und zu einem schlimmen Ende, was ihn selber betraf. Der Tod eines Verwandten hatte ihn in den Besitz einer kleinen Erbschaft gebracht. Da er so von der Notwendigkeit zu arbeiten befreit war und die festigende Wirkung einer großen Aufgabe – groß zumindest für ihn – verloren hatte, gab er sich Gewohnheiten hin, vor denen ihn, sollte man meinen, eigentlich schon die Zartheit seiner Konstitution hätte bewahren müssen. Doch sobald sich der ätherische Teil eines genialen Menschen verdüstert, gewinnt der irdische Teil einen um so unberechenbareren Einfluß, weil der Charakter jetzt aus dem Gleichgewicht gebracht ist, das die Vorsehung ihm so genau angepaßt hat und das bei gröberen Naturen auf andere Weise aufrechterhalten wird. Owen Warland probierte aus, welchen Scheingenuß die Ausschweifung zu gewähren vermochte. Er betrachtete die Welt durch das goldene Medium des Weines und sann den Gesichten nach, die so fröhlich den Rand des Glases umtanzen und die Luft mit den Gestalten holden Wahnsinns bevölkern, welche nur zu bald gespenstisch werden und vergehen. Selbst nachdem diese ernüchternde und unvermeidliche Veränderung stattgefunden hatte, hörte der junge Mann nicht auf, den verhexten Becher zu leeren, obgleich dessen Dunst das Dasein nur in Finsternis hüllte und die Finsternis mit Schemen erfüllte, die ihn verhöhnten. Es kam dabei zu einer gewissen Reizbarkeit des Geistes, die, da sie wirklich vorhanden und die tiefste Regung war, deren sich der Künstler in diesem Zustand bewußt wurde, unerträglicher war als alle eingebildeten Nöte und Ängste, die der unmäßige Weingenuß heraufbeschwören mochte. Im letzteren Fall konnte er sich selbst in seiner schlimmen Lage noch erinnern, daß alles nur Täuschung war; im ersteren war für ihn die schwere Qual sein wirkliches Leben.

Aus diesem gefährlichen Zustand erlöste ihn ein Zwischenfall, den mehrere Personen miterlebten, dessen Wirkung auf Owen Warlands Gemüt jedoch auch der Gescheiteste nicht zu erklären oder zu erahnen vermochte. Es war ganz einfach. Als der Künstler an einem warmen Frühlingsnachmittag mit seinen Zechkumpanen bei einem Glas Wein saß, flog ein prachtvoller Schmetterling zum offenen Fenster herein und flatterte um seinen Kopf herum.

„Ah!“ rief Owen, der schon einiges getrunken hatte. „Bist du wieder lebendig geworden, Kind der Sonne und Gespiele des Sommerwinds, nach deinem trübseligen Winterschlaf? Dann wird es Zeit für mich, an die Arbeit zu gehen!“

Und das halb geleerte Glas auf dem Tisch stehen lassend, ging er fort und hat seitdem, soviel man weiß, nie wieder einen Tropfen Wein getrunken.

Jetzt nahm er seine Wanderungen durch Wälder und Felder wieder auf. Man könnte sich vorstellen, daß der schillernde Schmetterling, der so geisterhaft durch das Fenster geflogen kam, als Owen mit den rauhen Gesellen beisammensaß, tatsächlich ein Geist gewesen sei, ausgesandt mit dem Auftrag, ihn in das reine, ideale Leben zurückzurufen, das ihn unter den Menschen zu einer so vergeistigten Erscheinung gemacht hatte. Man könnte sich gleichfalls vorstellen, daß Owen fortging, um diesen Geist in seiner sonnigen Heimat zu suchen; denn wie schon im vorhergehenden Sommer konnte man ihn dabei beobachten, daß er sich vorsichtig an die Stelle heranschlich, wo sich ein Schmetterling niedergelassen hatte, und sich in dessen Betrachtung verlor. Wenn das Tier auf-flog, folgten seine Augen der geflügelten Erscheinung, als ob ihm ihre luftige Bahn den Weg zum Himmel zeige. Was aber konnte der Sinn der unzeitgemäßen Mühen sein, die er von neuem auf sich nahm, wie der Nachtwächter an den Licht-streifen erkannte, welche die Lampe durch die Ritzen von Owen Warlands Fensterläden warf? Die Leute in der Stadt hatten nur eine einzige Erklärung für all diese Absonderlich-keiten. Owen Warland war verrückt geworden! Wie umfas-send plausibel – wie befriedigend auch und beruhigend für die beleidigten Gemüter der Beschränkten und Stumpfsinni-gen – ist doch diese einfache Methode, mit alledem abzurech-nen, was jenseits der Grenzen der alltäglichsten Welt vor-geht! Von den Tagen des heiligen Paulus bis hin zu unserem armen kleinen Schöpfer des Schönen hat man die gleiche Zauberformel benutzt, um alle Geheimnisse in den Worten und Taten jener Menschen zu enträtseln, die zu weise oder zu gut sprachen oder handelten. In Owen Warlands Fall mag das Urteil seiner Mitbürger sogar richtig gewesen sein. Viel-leicht war er verrückt. Der Mangel an Mitgefühl – der Ge-gensatz zwischen ihm und seinen Nachbarn, der den Zwang zu einem gesitteten Benehmen aufhob – hätte ausgereicht, ihn so weit zu bringen. Oder möglicherweise hatte er gerade so viel ätherische Ausstrahlung aufgefangen, daß sie ihm, wenn sie sich mit dem gewöhnlichen Tageslicht vermischte, im irdi-schen Sinne zu verstören vermochte.

Als der Künstler eines Abends von seinem üblichen Streifzug heimgekehrt war und soeben den Schein seiner Lampe auf die heikle Arbeit gerichtet hatte, die er so oft unterbrochen, aber immer wieder aufgenommen hatte, als läge sein Schicksal in seinem Mechanismus verborgen, wurde er durch das Eintreten des alten Peter Hovenden überrascht. Wann immer Owen diesem Mann begegnete, schrak sein Herz zusammen. Von allen Menschen war der alte Uhrmacher der schrecklichste, und zwar wegen seines scharfen Verstandes, der so genau sah, was er sah, und so unerbittlich leugnete, was er nicht sehen konnte. Doch bei dieser Gelegenheit hatte er nur ein paar freundliche Worte vorzubringen.

„Owen, mein Junge", sagte er, „du mußt uns morgen abend besuchen."

Der Künstler begann irgendeine Entschuldigung zu stammeln.

„Oh, aber es muß sein", sprach Peter Hovenden, „schon um jener Tage willen, als du noch zu unserem Haushalt gehört hast. Wie, mein Junge, du weißt nicht, daß meine Tochter Annie mit Robert Danforth verlobt ist? Wir veranstalten, auf unsere bescheidene Art, ein Fest, um das Ereignis zu feiern."

„Ach!" sagte Owen.

Mehr als diese eine kleine Silbe brachte er nicht heraus; sie klang alt und unbeteiligt, zumindest für das Ohr eines Mannes vom Schlage Peter Hovendens, und doch lag in ihr der erstickte Aufschrei aus dem Herzen des armen Künstlers, den er in seinem Inneren unterdrückte wie jemand, der einen bösen Geist niederhält. Aber einen kleinen Ausbruch, den der alte Uhrmacher nicht bemerkte, gestattete er sich dennoch. Er hob das Werkzeug, mit dem er gerade seine Arbeit beginnen wollte, empor und ließ es auf den kleinen Mechanismus fallen, der ihn abermals Monate des Nachdenkens und Mühens gekostet hatte. Er wurde mit einem Schlag zertrümmert.

Owen Warlands Geschichte wäre nicht einigermaßen repräsentativ für das mühselige Leben derer gewesen, die das Schöne zu gestalten trachten, wenn sich nicht, neben allen anderen Widrigkeiten, die Liebe eingemischt hätte, um seine geschickte Hand zu lähmen. Äußerlich betrachtet, war er kein feuriger oder unternehmungslustiger Liebhaber; die Stürme und Wandlungen seiner Leidenschaft beschränkten sich so völlig auf die Vorstellungswelt des Künstlers, daß selbst Annie kaum mehr davon merkte, als sie mit dem intuitiven Wahrnehmungsvermögen einer Frau erahnte. Aber für Owen füllte diese Leidenschaft den ganzen Rahmen seines Daseins aus. Er hatte die Zeit, in der sich Annie als unfähig zu einem tieferen Verstehen erwies, aus seinem Gedächtnis gelöscht und weiterhin all seine Träume von einem künstlerischen Erfolg beharrlich mit ihrem Bild verbunden; sie war die sichtbare Gestalt, in der sich ihm die geistige Macht offenbarte, die er verehrte und auf deren Altar er ein nicht unwürdiges Opfer darzubringen hoffte. Natürlich hatte er sich damit nur selber getäuscht; Annie Hovenden besaß nicht jene Eigenschaften, mit denen seine Phantasie sie ausgestattet hatte. So wie sie sich seinem inneren Auge darstellte, war sie ebensosehr seine eigene Schöpfung, wie es der geheimnisvolle Mechanismus sein würde, falls er jemals verwirklicht werden sollte. Wäre er durch das Mittel einer vom Erfolg gekrönten Liebe von seinem Irrtum überzeugt worden, hätte er Annie für sein Herz gewonnen und dann zusehen können, wie sie sich von einem Engel in eine ganz gewöhnliche Frau verwandelte, so hätte ihn wohl diese Enttäuschung mit aller Kraft zu der einzigen Aufgabe zurückgetrieben, die ihm noch verblieben war. Hätte er jedoch andererseits in Annie das entdeckt, was er sich in seiner Phantasie erträumte, so wäre sein Dasein so reich an Schönheit geworden, daß er in schierem Überschwang das Schöne in würdigeren Formen verkörpert hätte, als er sie bisher erstrebt hatte. Aber die Gestalt, in der sein Gram ihn heimsuchte, das Gefühl, daß der Engel seines Lebens ihm entrissen und einem rohen Mann aus Lehm und Eisen übergeben worden war, der dessen Dienste weder benötigte noch zu schätzen wußte, dies war die eigentliche Perversion des Schicksals, die das Menschenleben zu unsinnig und widerspruchsvoll erscheinen läßt, als daß es noch einmal Raum bieten könnte für Hoffnung oder Angst. Owen Warland blieb nichts anderes übrig, als sich hinzusetzen wie ein Mann, den ein Schlag betäubt hat.

Er wurde von einer Krankheit befallen. Nach seiner Genesung setzte seine schmächtige, schlanke Gestalt mehr Fleisch an, als sie jemals besessen hatte. Seine mageren Wangen rundeten sich; seine zarte kleine Hand, die so durchgeistigt wirkte und wie geschaffen war für elfenhafte Verrichtungen, wurde plumper als die Hand eines wohlgenährten Säuglings. Seine ganze Erscheinung nahm etwas Kindliches an, so daß ein Fremder versucht sein mochte, ihm den Kopf zu tätscheln – um dann plötzlich innezuhalten und sich zu fragen, was für eine Art Kind er vor sich habe. Es war, als hätte der Geist seinen Körper verlassen, der nun gleichsam pflanzenhaft weitergedieh. Nicht, daß Owen Warland verblödet gewesen wäre. Er konnte sprechen, und das nicht einmal unvernünftig. Ja, die Leute begannen ihn für so etwas wie einen Schwätzer zu halten; denn er redete gern ermüdend lange von mechanischen Wunderdingen, über die er in Büchern gelesen, die er jedoch als völlig unglaubwürdig erkannt hatte. Unter anderem zählte er dazu den von Albertus Magnus konstruierten Eisernen Mann und den Ehernen Kopf des Klosterbruders Bacon sowie aus neuerer Zeit die automatische kleine Kutsche mit Pferden, die angeblich für den Dauphin von Frankreich angefertigt worden war; des weiteren ein Insekt, das gleich einer lebendigen Fliege das Ohr umsummte, aber nur ein Apparat aus winzigen Stahlfedern war. Dann kannte er auch noch die Geschichte einer Ente, die umherwatschelte und schnatterte und fraß; hätte allerdings ein ehrsamer Bürger sie zum Abendessen erstanden, so hätte er sich durch die bloße mechanische Nachbildung einer Ente betrogen gesehen.

„Doch all diese Berichte", sagte Owen Warland, „sind, wie ich heute überzeugt bin, nichts als Schwindeleien."

Dann gestand er gewöhnlich mit geheimnisvollen Andeutungen ein, daß er früher anders gedacht habe. In seinen müßigen und träumerischen Tagen habe er es in gewissem Sinne für möglich gehalten, mechanische Apparate zu vergeistigen und den auf diese Weise geschaffenen neuen Formen des Lebens und der Bewegung eine Schönheit zu verleihen, die jenes Ideal verkörpern könne, das der Natur bei all ihren Geschöpfen vorgeschwebt habe, das zu verwirklichen sie sich aber nie die Mühe mache. Er schien indes von dem Verfahren, das zu diesem Ziel führen sollte, oder von der Konstruktion selbst keine genaue Vorstellung mehr zu haben.

„Ich habe das alles verworfen", sagte er dann. „Es war ein Traum, wie ihn junge Menschen brauchen, um sich selber zu täuschen. Heute, da ich ein wenig gesunden Menschenverstand besitze, muß ich lachen, wenn ich nur daran denke."

Armer, armer und tief gesunkener Owen Warland! Dies waren die Anzeichen dafür, daß er kein Bewohner mehr jener höheren Sphäre war, die uns unerkannt umgibt. Er hatte seinen Glauben an das Unsichtbare verloren und brüstete sich nun, wie es solche Unglücklichen unterschiedslos tun, mit seiner Klugheit, die so vieles verwarf, was selbst seine Augen zu sehen vermochten, und blindlings nur dem vertraute, was er mit Händen greifen konnte. Das ist die Kalamität der Menschen, in denen das geistige Element abstirbt und die nichts behalten als den groben Verstand und dessen Bestreben, sich immer mehr jenen Dingen anzugleichen, die er allein erfassen kann. Doch in Owen Warland war der Geist nicht tot oder dahingeschwunden; er schlief nur.

Wie er wieder erwachte, ist nicht überliefert. Vielleicht wurde der dumpfe Schlaf durch einen jäh aufzuckenden Schmerz unterbrochen. Vielleicht erschien, wie schon einmal, der Schmetterling und umschwebte Owens Kopf und begeisterte ihn – da ja dieses Geschöpf der Sonne dem Künstler stets eine geheimnisvolle Botschaft zu überbringen hatte –, begeisterte ihn aufs neue für seine einstige Lebensaufgabe. Ob nun Schmerz oder Glück seine Adern schwellte, als erstes verspürte er den Drang, dem Himmel dafür zu danken, daß er ihn wieder in das gedankenvolle, phantasiereiche und ungewöhnlich feinfühlige Wesen verwandelt hatte, das er seit langem nicht mehr war.

„Und nun an die Arbeit", sagte er. „Noch nie habe ich dafür soviel Kraft in mir gespürt wie jetzt!"

Doch so stark er sich auch fühlte, zu noch größerem Eifer trieb ihn die Angst an, der Tod könne ihn mitten in seiner Arbeit überraschen. Diese Angst ist vielleicht allen Menschen gemeinsam, die mit ihrem Herzen ein – nach ihrer Meinung – so hohes Ziel anstreben, daß das Leben nur noch wichtig erscheint als Voraussetzung für die Erreichung dieses Ziels. Solange wir das Leben an sich lieben, fürchten wir uns nur selten davor, es zu verlieren. Doch sobald wir das Leben erhalten wollen, um eine Aufgabe zu erfüllen, erkennen wir seine Hinfälligkeit. Allerdings geht mit diesem Gefühl der Unsicherheit ein starker Glaube einher, daß der Pfeil des Todes uns nichts anhaben kann, solange wir an einem Auftrag arbeiten, den die Vorsehung uns als unser Werk zugeteilt zu haben scheint und dessen Abbruch der Welt Anlaß zur Trauer geben würde. Kann der Philosoph, der eine große Idee in sich trägt, welche die Menschheit verändern soll, glauben, daß er aus seinem sinnvollen Dasein in dem Augenblick abberufen wird, in dem er Atem holt, um das erleuchtende Wort auszusprechen? Sollte er so abtreten, müßten vielleicht mühselige Jahrhunderte vergehen, ja der ganze Lebenssand der Welt könnte, Körnchen um Körnchen, verrinnen, bis ein anderer großer Geist imstande wäre, jene Wahrheit darzulegen, die schon damals hätte verkündet werden können. Aber die Geschichte bietet viele Beispiele dafür, daß der hervorragendste Geist, der in einer bestimmten Epoche menschliche Gestalt angenommen hatte, vor der Zeit von hinnen scheiden mußte, ohne daß es ihm, soweit menschliches Urteil dies zu entscheiden vermag, vergönnt gewesen wäre, seine Mission auf dieser Erde zu erfüllen. Der Prophet stirbt; und der Mensch mit dem erstarrten Herzen und dem trägen Gehirn lebt weiter. Der Dichter läßt sein halb gesungenes Lied zurück oder vollendet es, außerhalb der Reichweite menschlicher Ohren, in einem himmlischen Chor. Der Maler – wie zum Beispiel Allston – hinterläßt eine Leinwand mit einem halb fertigen Entwurf, dessen unvollkommene Schönheit uns betrübt, und geht dahin, um das Fehlende – wenn es nicht unehrerbietig ist, so zu reden – in den Farben des Himmels zu malen. Doch vermutlich werden solche unvollständigen irdischen Entwürfe nirgendwo vollendet. Dieses so häufige Scheitern von Plänen, die dem Menschen am teuersten sind, muß als Beweis dafür gelten, daß das auf Erden Geschaffene, sosehr es auch durch Frömmigkeit oder Genialität verklärt sein mag, keinerlei Wert besitzt, außer als Übung und Offenbarung des Geistes. Im Himmel ist selbst der schlichteste Gedanke erhabener und melodischer als Miltons Gesang. Würde dieser somit den Wunsch haben, einer Strophe, die er hier unten nicht beendet hat, dort noch einen Vers hinzuzufügen?

Doch kehren wir zu Owen Warland zurück! Es war sein – gutes oder böses – Schicksal, das Ziel seines Lebens zu erreichen. Übergehen wir seine lange Zeit intensiven Denkens, sehnsuchtsvoller Bemühungen, minuziöser Arbeit und verheerender Angst, gekrönt von einem Augenblick des einsamen Triumphes; stellen wir uns all dies nur im Geiste vor, und beobachten wir dann den Künstler, wie er an einem Winterabend Einlaß in Robert Danforths Kaminrunde sucht. Dort traf er den Mann von Eisen an, dessen massige Erscheinung durch häusliche Einflüsse gründlich erwärmt und besänftigt war. Und da war auch Annie, inzwischen zu einer Matrone geworden, die viel von dem schlichten und derben Wesen ihres Mannes angenommen hatte, aber, wie Owen Warland noch immer glaubte, eine zartere Anmut besaß, welche sie zur Vermittlerin zwischen Kraft und Schönheit hätte befähigen können. Wie es der Zufall wollte, war an diesem Abend auch der alte Peter Hovenden Gast am Kamin seiner Tochter; und sein wohlvertrauter Ausdruck scharfer, kalter Kritik war das erste, was der Künstler wahrnahm.

„Mein alter Freund Owen!" rief Robert Danforth, aufspringend und die zarten Finger des Künstlers mit einer Hand drückend, die an das Hantieren mit Eisenstangen gewöhnt war. „Das ist freundlich und gutnachbarlich, uns endlich einmal zu besuchen! Ich hatte schon gefürchtet, dein Perpetuum mobile habe dir die Erinnerung an die alten Zeiten weggezaubert."

„Wir freuen uns, dich zu sehen", sagte Annie, während ein Erröten ihre matronenhaften Wangen färbte. „Es war nicht sehr freundschaftlich von dir, uns so lange warten zu lassen."

„Nun, Owen", fragte der alte Uhrmacher zur Begrüßung, „wie kommst du mit dem Schönen voran? Hast du es endlich zustande gebracht?"

Der Künstler antwortete nicht sogleich, weil ihn der Anblick eines kräftigen kleinen Kindes verwirrte, das sich auf dem Teppich wälzte – ein Persönchen, das geheimnisvoll aus dem Unendlichen aufgetaucht war, aber in seiner ganzen Erscheinung etwas so Handfestes und Solides hatte, als wäre es aus dem dichtesten Stoff geformt, den die Erde hervorzubringen vermöchte. Dieser hoffnungsvolle Kleine krabbelte auf den Neuankömmling zu, setzte sich – wie Robert Danforth diese Haltung beschrieb – auf seinen Podex und starrte Owen mit einer so altklug prüfenden Miene an, daß die Mutter nicht umhin konnte, einen stolzerfüllten Blick mit ihrem Mann zu wechseln. Den Künstler beunruhigte indes die Miene des Kindes, denn er bildete sich ein, eine Ähnlichkeit zwischen diesem und Peter Hovendens üblichem Gesichtsausdruck zu erkennen. Er hätte sich vorstellen können, daß der alte Uhrmacher zu dieser Babygestalt zusammengeschrumpft sei und aus diesen Babyaugen hervorschaue und – was er jetzt wirklich tat – die boshafte Frage wiederhole: „Das Schöne, Owen! Wie kommst du mit dem Schönen voran? Ist es dir endlich gelungen, das Schöne zustande zu bringen?"

„Es ist mir gelungen", erwiderte der Künstler mit einem kurzen Aufleuchten des Triumphes in den Augen und mit einem versonnenen Lächeln, das jedoch in eine solche Gedankentiefe eingetaucht war, daß es fast traurig wirkte. „Ja, meine Freunde, es ist wahr. Es ist mir gelungen!"

„Tatsächlich!" rief Annie, auf deren Gesicht ein Ausdruck mädchenhafter Fröhlichkeit erschien. „Und ist es jetzt gestattet zu fragen, worin das Geheimnis besteht?"

„Natürlich; um es zu enthüllen, bin ich ja hergekommen", antwortete Owen Warland. „Ihr sollt das Geheimnis erfahren und sehen und berühren und besitzen! Denn, Annie – wenn ich die Freundin meiner Knabenjahre noch so nennen darf –, Annie, als Hochzeitsgeschenk für dich habe ich diesen vergeistigten Mechanismus, diese Harmonie der Bewegung, dieses Geheimnis der Schönheit geschaffen! Es kommt reichlich spät; aber gerade wenn wir im Leben voranschreiten, wenn die Dinge ihre frischen Farben und unsere Seelen ihr feines Wahrnehmungsvermögen zu verlieren beginnen, brauchen wir den Geist der Schönheit am nötigsten. Falls – verzeih mir, Annie –, falls du den Wert dieses Geschenks zu schätzen weißt, kann es nie zu spät kommen!"

Mit diesen Worten holte er etwas hervor, das wie ein Schmuckkästchen aussah. Es war von ihm mit eigener Hand kunstvoll aus Ebenholz geschnitzt und mit einer eingelegten phantasievollen Perlenzeichnung verziert, die einen Knaben auf der Jagd nach einem Schmetterling darstellte, welcher sich an einer anderen Stelle in einen geflügelten Geist verwandelt hatte und nun himmelwärts flog, während der Knabe oder Jüngling aus seinem starken Verlangen eine solche Kraft geschöpft hatte, daß er von der Erde zu einer Wolke und von der Wolke zu himmlischen Höhen emporstieg, um das Schöne zu gewinnen. Dieses Ebenholzkästchen öffnete der Künstler und bat Annie, einen Finger auf den Rand zu legen. Sie tat es, hätte jedoch beinahe aufgeschrien, als ein Schmetterling herausflatterte und, sich auf ihrer Fingerspitze niederlassend, seine überaus prächtigen purpurnen und goldgefleckten Flügel auf und ab bewegte wie in einem Vorspiel zum Flug. Es ist unmöglich, mit Worten die Herrlichkeit, den Schimmer und den zierlichen Prunk zu beschreiben, die in der Schönheit dieses Gegenstandes harmonisch verschmolzen. Der ideale Schmetterling der Natur war hier in seiner ganzen Vollendung Wirklichkeit geworden, nicht nach dem Muster der verblaßten Insekten, die zwischen irdischen Blumen umherfliegen, sondern gleich jenen, die über die Gefilde des Paradieses dahinschweben, wo sie mit Engelskindern und den Geistern der abgeschiedenen Neugeborenen spielen. Ein dichter Flaum war auf seinen Flügeln zu erkennen; der Glanz seiner Augen schien von Geist beseelt zu sein. Der Schein des Kaminfeuers umfunkelte dieses Wunder – die Kerzen schimmerten auf ihm –, doch es leuchtete offensichtlich mit eigener Strahlkraft und erhellte den Finger und die ausgestreckte Hand, auf denen es ruhte, gleichsam mit dem weißen Feuer edler Steine. Angesichts seiner makellosen Schönheit war die Frage nach seiner Größe völlig belanglos. Selbst wenn seine Schwingen das Firmament überwölbt hätten, wäre sein Anblick für den Geist nicht befriedigender und beglückender gewesen.

„Wie schön! Wie schön!" rief Annie aus. „Ist er lebendig? Ist er wirklich lebendig?"

„Lebendig? Aber natürlich", antwortete ihr Mann. „Meinst du vielleicht, ein Mensch wäre so geschickt, einen Schmetterling zu machen – oder würde sich die Mühe nehmen, einen zu machen, wenn doch jedes Kind an einem einzigen Sommernachmittag Dutzende davon fangen kann? Lebendig? Gewiß! Aber dieses hübsche Kästchen ist zweifellos eine Arbeit unseres Freundes Owen und macht ihm alle Ehre."

Im selben Augenblick regte der Schmetterling aufs neue

seine Flügel mit einer so lebensechten Bewegung, daß Annie zusammenfuhr und sogar vor Ehrfurcht erstarrte; denn trotz der Aussage ihres Mannes konnte sie sich nicht klar darüber werden, ob dies ein lebendiges Wesen oder ein mechanisches Wunderwerk sei.

„Ist er lebendig?" fragte sie abermals, noch ernster als zuvor.

„Urteile selber", sagte Owen Warland, der dastand und ihr mit ungeteilter Aufmerksamkeit ins Gesicht blickte.

Der Schmetterling schwang sich jetzt in die Luft empor, umflatterte Annies Kopf und entschwebte in einen fernen Winkel des Wohnzimmers, blieb aber immer noch wahrnehmbar durch den Sternenschimmer, der ihn bei jedem Flügelschlag umgab. Das Kind auf dem Boden verfolgte die Flugbahn mit seinen altklugen kleinen Augen. Nachdem er das Zimmer durchflogen hatte, kehrte er in einer Spirale zurück und ließ sich wieder auf Annies Finger nieder.

„Aber ist er nun wirklich lebendig?" rief sie abermals; und der Finger, auf dem das herrliche Rätselwesen saß, zitterte dermaßen, daß sich der Schmetterling mit seinen Flügeln im Gleichgewicht halten mußte. „Sag mir, ob er lebendig ist oder ob du ihn geschaffen hast."

„Warum fragen, wer ihn geschaffen hat, wenn er so schön ist?" entgegnete Owen Warland. „Lebendig? Ja, Annie; man kann durchaus sagen, daß er Leben besitzt, denn er hat mein Sein in sich aufgesogen, und im Geheimnis dieses Schmetterlings und in seiner Schönheit – die nicht bloß äußerlich ist, sondern so tief wie sein ganzes Wesen – verkörpern sich der Verstand, die Phantasie, die Sensibilität, die Seele eines Schöpfers des Schönen! Ja, ich habe ihn erschaffen. Aber" – und hier veränderte sich sein Gesichtsausdruck ein wenig – „dieser Schmetterling bedeutet mir heute nicht mehr das gleiche wie damals, als ich ihn in den Tagträumen meiner Jugend von ferne erblickte."

„Was er auch sei, er ist jedenfalls ein hübsches Spielzeug", sagte der Schmied und grinste vor kindlichem Entzücken. „Ich möchte nur wissen, ob er sich wohl herabläßt, auf einem so großen plumpen Finger wie dem meinen Platz zu nehmen. Halte ihn hierher, Annie!"

Auf Anweisung des Künstlers berührte Annies Fingerspitze die ihres Mannes, und nach einem Augenblick des Zögerns flatterte der Schmetterling von der einen zur anderen hinüber. Er bereitete sich auf einen zweiten Flug vor, indem er auf ähnliche, wenn auch nicht gleiche Weise wie beim ersten Versuch mit den Flügeln schlug; dann hob er sich vom derben Finger des Schmiedes ab, stieg in einer allmählich größer werdenden Kreisbahn zur Decke empor, flog einmal in einem Bogen durch das Zimmer und kehrte in einer wellenförmigen Bewegung zu seinem Ausgangspunkt zurück.

„Nun, das übertrifft die ganze Natur!" rief Robert Danforth, der damit das kräftigste Lob aussprach, das er auszudrücken vermochte; und hätte er es dabei belassen, dann wäre so leicht kein sprachgewandterer und empfindungsreicherer Mensch imstande gewesen, mehr dazu zu sagen. „Das geht über meinen Verstand, muß ich gestehen! Doch was soll's? In einem einzigen tüchtigen Schlag meines Vorschlaghammers steckt mehr echter Nutzen als in der ganzen fünfjährigen Arbeit, die unser Freund Owen für diesen Schmetterling vergeudet hat!"

Da klatschte das Kind in die Hände und gab ebenso lautes wie unverständliches Lallen von sich, womit es offensichtlich seinen Wunsch ausdrücken wollte, daß man ihm den Schmetterling zum Spielen geben solle.

Unterdessen blickte Owen Warland verstohlen auf Annie, um festzustellen, ob sie ihres Mannes Ansicht über den unterschiedlichen Wert des Schönen und des Praktischen teilte. Bei all ihrer Freundlichkeit Owen gegenüber, bei aller Begeisterung und Bewunderung, mit der sie das zauberhafte Werk seiner Hände und die Inkarnation seiner Idee betrachtete, zeigte sich bei ihr eine geheime Verachtung – zu geheim vielleicht, als daß sie ihr selber bewußt geworden wäre, und spürbar nur für ein intuitives Wahrnehmungsvermögen wie das des Künstlers. Aber Owen hatte sich in den letzten Stadien seines Vorhabens über jenen Bereich erhoben, in dem ihm eine solche Entdeckung hätte zur Qual werden können. Er wußte, daß die Welt und Annie als die Vertreterin der Welt niemals, welches Lob sie auch spenden mochten, das richtige Wort sagen oder die richtigen Empfindungen aufbringen konnten, welche die vollkommene Belohnung für einen Künstler gewesen wären, der, indem er eine erhabene Idee durch nichtige Materie versinnbildlichte und irdischen Stoff in das Gold des Geistes verwandelte, das Schöne dem Werk seiner Hände einverleibt hatte. Nicht erst in diesem letzten Augenblick mußte er einsehen, daß die Belohnung für alle hohe Leistung in dieser selbst zu suchen ist, oder daß man sie sonst vergebens sucht. Es gab jedoch eine Auffassung der Sache, die Annie und deren Mann und sogar Peter Hovenden durchaus verstanden hätten und die sie davon überzeugt hätte, daß die jahrelange Mühe einem würdigen Zweck gedient habe. Owen Warland hätte ihnen erzählen können, daß dieser Schmetterling, dieses Spielzeug, dieses Hochzeitsgeschenk eines armen Uhrmachers für die Frau eines Schmieds in Wahrheit ein kostbares Kunstwerk sei, das ein König mit Auszeichnungen und gewaltigen Summen erstehen und unter den Kleinodien seines Reiches als das ungewöhnlichste und wunderbarste aufbewahren würde. Aber der Künstler lächelte nur und behielt das Geheimnis für sich.

„Vater", sagte Annie, die meinte, daß ein lobendes Wort des alten Uhrmachers seinen ehemaligen Lehrling erfreuen werde, „komm doch her und bewundere diesen hübschen Schmetterling!"

„Schauen wir ihn uns einmal an", sagte Peter Hovenden und erhob sich von seinem Stuhl mit jener spöttischen Miene, welche die Leute, wie auch ihn selber, stets an allem außer der greifbaren Materie zweifeln ließ. „Hier ist mein Finger, auf den er sich setzen soll. Ich verstehe ihn besser, wenn ich ihn einmal berührt habe."

Doch zu Annies wachsendem Erstaunen ließ das Insekt, als sich die Fingerspitze ihres Vaters gegen die ihres Mannes preßte, auf welcher der Schmetterling noch immer ruhte, die Flügel sinken und drohte im nächsten Augenblick auf den Boden zu fallen. Selbst die leuchtenden Goldflecken auf seinen Flügeln und seinem Leib wurden matter, sofern ihre Augen sie nicht täuschten, und der funkelnde Purpur trübte sich, und der Sternenschimmer, der die Hand des Schmieds umglitzerte, verblaßte und erlosch.

„Er stirbt! er stirbt!" schrie Annie entsetzt.

„Es ist ein empfindliches Gebilde", erklärte der Künstler ruhig. „Wie ich euch schon sagte, hat es eine geistige Essenz eingesogen – nennt sie Magnetismus oder wie ihr wollt. In einer Atmosphäre des Zweifels und Spotts erleidet sein erlesenes Feingefühl Qualen, genauso wie die Seele dessen, der ihm sein eigenes Leben eingehaucht hat. Es hat bereits seine Schönheit eingebüßt; in wenigen Augenblicken wäre sein Mechanismus unheilbar versehrt."

„Nimm die Hand weg, Vater!" flehte Annie und erbleichte. „Hier ist mein Kind; laß den Schmetterling auf seiner unschuldigen Hand ruhen. Dort wird er sich vielleicht wieder erholen und seine Farben heller aufleuchten lassen als je zuvor."

Ihr Vater zog den Finger mit einem sauren Lächeln zurück. Daraufhin schien der Schmetterling die Fähigkeit der willentlichen Bewegung wiederzuerlangen, während seine Farben weitgehend ihren ursprünglichen Glanz annahmen und der Sternenschimmer, der sein ätherischstes Attribut war, ihn von neuem mit einem Glorienschein umgab. Als er von Robert Danforths Hand auf den kleinen Kinderfinger überwechselte, verstärkte sich diese Strahlung zunächst so sehr, daß sie den Schatten des kleinen Kerls deutlich sichtbar an die Wand warf. Der Kleine streckte indessen seine pummelige

Hand aus, wie er es bei seinem Vater und seiner Mutter gesehen hatte, und betrachtete das Flattern der Insektenflügel mit kindlichem Entzücken. Dennoch lag auf seinem Gesicht ein merkwürdiger Ausdruck von überlegener Klugheit, der Owen Warland das Gefühl gab, als hätte er den alten Peter Hovenden vor sich, dessen unerbittlicher Skeptizismus sich teilweise, und nur teilweise, zu kindlichem Glauben gemildert habe.

„Wie gescheit der kleine Schelm schaut!" flüsterte Robert Danforth seiner Frau zu.

„Ich habe noch nie bei einem Kind einen solchen Gesichtsausdruck gesehen", entgegnete Annie, die ihr Kind aus gutem Grund weit mehr bewunderte als den künstlichen Schmetterling. „Mein Liebling begreift das Geheimnis besser als wir."

Als ob der Schmetterling, genauso wie der Künstler, etwas spürte, was dem Wesen des Kindes nicht völlig gemäß war, ließ er seine Farben abwechselnd aufleuchten und verblassen. Schließlich erhob er sich von der kleinen Kinderhand mit einer schwerelosen Bewegung, die ihn ohne Anstrengung emporzutragen schien, als ließe sich dieses schöne Traumgebilde durch die ätherischen Instinkte, die sein Herr ihm eingegeben hatte, unwillkürlich in eine höhere Sphäre hinauftreiben. Wäre es dabei auf kein Hindernis gestoßen, so wäre es vielleicht in den Himmel entschwebt und unsterblich geworden. Aber so erhellte sein Glanz nur die Zimmerdecke; das herrliche Gewebe seiner Flügel rieb sich an diesem irdischen Stoff, und ein paar Funken, Sternenstaub vergleichbar, sanken nach unten und lagen glimmend auf dem Teppich. Dann kam der Schmetterling flatternd herabgeflogen, doch statt zu dem Kind zurückzukehren, fühlte er sich offensichtlich zu der Hand des Künstlers hingezogen.

„Nicht doch, nicht doch!" murmelte Owen Warland, als ob sein Werk ihn verstehen könnte. „Du hast dich aus dem Herzen deines Meisters fortbegeben. Für dich gibt es kein Zurück mehr."

Mit einer schwankenden Bewegung und eine zitternde Strahlung aussendend, versuchte sich der Schmetterling gleichsam zu dem Kind hinüberzuretten und wollte sich schon auf dessen Finger niederlassen. Aber während er noch in der Luft schwebte, schnappte der kleine Vertreter der Erdenkraft, auf dessen Gesicht der scharfe und hintertriebene Ausdruck seines Großvaters lag, nach dem wunderbaren Insekt und zerdrückte es in seiner Hand. Annie schrie auf! Der alte Peter Hovenden schlug ein kaltes und höhnisches Lachen an. Der Schmied öffnete mit seiner rohen Kraft die Kinderhand und fand in ihr ein Häuflein glitzernder Bruchstücke, aus denen das Geheimnis der Schönheit auf immer geflohen war. Und was Owen Warland anging, so blickte er gelassen auf das, was das Ende seiner Lebensarbeit zu sein schien und dennoch das Ende nicht war. Er hatte einen ganz anderen Schmetterling als diesen hier gefangen. Sobald der Künstler hoch genug emporgestiegen war, um das Schöne zu vollbringen, hatte das Symbol, durch das er es den menschlichen Sinnen begreifbar machte, für ihn nur noch geringen Wert, während sein Geist sich im Genuß der wahren Wirklichkeit selbst genügte.

Rappaccinis Tochter

Vor sehr langer Zeit kam ein junger Mann namens Giovanni Guasconti aus dem südlicheren Teil Italiens nach Padua, um an der dortigen Universität zu studieren. Giovanni, der nur einen bescheidenen Vorrat an Golddukaten in der Tasche hatte, quartierte sich in einem hohen, düsteren Zimmer eines alten Gebäudes ein, das so würdig aussah, als ob es der Palast eines paduanischen Edelmanns gewesen wäre, und das tatsächlich über dem Portal das Wappen einer längst ausgestorbenen Familie trug. Der junge Fremdling, der in dem großen Gedicht seines Landes nicht unbewandert war, erinnnerte sich, daß Dante einen Ahnherrn dieser Familie und vielleicht sogar einen Bewohner ebendieses Hauses als einen Teilhaber an den unendlichen Qualen seines „Inferno" geschildert hatte. Diese Erinnerungen und Gedankenverbindungen sowie die Neigung zu Herzenskummer, die bei einem jungen Mann, der zum erstenmal von seiner Heimat getrennt ist, ganz natürlich ist, bewogen Giovanni, einen tiefen Seufzer auszustoßen, als er sich in dem trostlosen und schlecht möblierten Zimmer umsah.

„Heilige Jungfrau, Signore", rief die alte Dame Lisabetta, die, bezaubert durch die auffallend schöne Gestalt des Jünglings, freundlich bemüht war, dem Zimmer ein wohnliches Aussehen zu geben, „was für ein Seufzer aus der Brust eines jungen Mannes! Kommt Ihnen dieses alte Bauwerk düster vor? Dann stecken Sie um Himmels willen den Kopf zum Fenster hinaus, und Sie werden sehen, daß die Sonne hier genauso hell scheint wie in Neapel."

Guasconti befolgte mechanisch den Rat der alten Frau, aber er war nicht ganz ihrer Meinung, daß die Sonne in der Lombardei so heiter sei wie in Süditalien. Immerhin fiel ihr Licht auf einen Garten unter dem Fenster und umfing mit ihrem wohltuenden Einfluß eine Vielzahl von Pflanzen, die offenbar mit ungewöhnlicher Sorgfalt gepflegt wurden.

„Gehört dieser Garten zum Haus?" fragte Giovanni.

„Gott bewahre, Signore – es sei denn, er brächte bessere Küchenkräuter hervor als die, welche jetzt da unten wachsen", antwortete die alte Lisabetta. „Nein; der Garten wird eigenhändig von Signor Giacomo Rappaccini besorgt, dem berühmten Arzt, von dem man gewiß bis hinunter nach Neapel gehört hat. Es heißt, daß er aus diesen Pflanzen Arzneien destilliert, die so heilkräftig sind wie Zaubertränke. Sie können den Signor Doktor oft bei der Arbeit sehen, vielleicht auch die Signorina, seine Tochter, wenn sie die seltsamen Blumen pflückt, die in dem Garten wachsen."

Die alte Frau hatte nun für das Äußere des Zimmers so viel getan, wie sie nur konnte, und entfernte sich, indem sie den jungen Mann dem Schutz der Heiligen anbefahl.

Giovanni wußte vorerst nichts Besseres zu tun, als auf den Garten unter seinem Fenster hinabzuschauen. Aus dessen Aussehen schloß er, daß es sich um einen jener botanischen Gärten handelte, die es in Padua früher gab als anderswo in Italien, ja in der ganzen Welt. Möglicherweise war er einstmals auch der Lustgarten einer reichen Familie, denn in der Mitte stand die Ruine eines Marmorbrunnens, der mit erlesener Kunst gestaltet, aber so elend verfallen war, daß man aus den übriggebliebenen Resten den ursprünglichen Entwurf nicht mehr erschließen konnte. Das Wasser sprudelte und glitzerte im Sonnenlicht noch immer so fröhlich wie einst. Ein leises Plätschern stieg zum Fenster des jungen Mannes empor und gab ihm das Gefühl, als wäre der Brunnen ein unsterblicher Geist, der unaufhörlich und ohne Rücksicht auf die Veränderungen um ihn her sein Lied sang – in einem Jahrhundert in Marmor eingefaßt, in einem anderen als vergängliche Fragmente auf der Erde zerstreut. Rings um den Teich, in den sich das Wasser ergoß, wuchsen verschiedene Pflanzen, die sehr viel Feuchtigkeit zu benötigen schienen, um ihre riesigen Blätter und in einigen Fällen hinreißend prächtige Blüten zu ernähren. Ein Strauch vor allem, der aus einer Marmorschale in der Mitte des Teiches hervorwuchs, trug eine verschwenderische Fülle purpurner Blüten, von denen jede einzelne den Schimmer und die Üppigkeit eines Edelsteins hatte; und alle zusammen erzeugten einen solchen Glanz, daß er wohl genügt hätte, den Garten zu erhellen, selbst wenn die Sonne nicht geschienen hätte. Jedes kleinste Stück des Bodens war bestanden mit Pflanzen und Kräutern, die, wenn auch weniger schön, dennoch von eifriger Pflege zeugten, als besäßen sie alle individuellen Vorzüge, die dem wissenschaftlichen Geist, der sie betreute, wohl bekannt waren. Einige standen in reich mit alten Bildwerken verzierten Urnen, andere in gewöhnlichen Blumentöpfen; manche krochen schlangengleich über den Boden oder rankten sich hoch empor, wobei sie beim Klettern jede Möglichkeit ausnutzten, die sich ihnen bot. Eine Pflanze hatte sich um eine Statue des Vertumnus gewunden, die von dem hängenden Laubwerk, welches so geschickt angeordnet war, daß es einem Bildhauer als Vorlage hätte dienen können, gänzlich verschleiert und umhüllt war.

Während Giovanni noch am Fenster stand, vernahm er ein Rascheln hinter einem Laubvorhang und erkannte, daß jemand im Garten bei der Arbeit war. Bald darauf kam die Gestalt in Sicht, und es zeigte sich, daß es kein gewöhnlicher Arbeiter war, sondern ein hochgewachsener, abgezehrter, fahl und kränklich aussehender Mann, der ein schwarzes Gelehrtengewand trug. Er hatte die Mitte des Lebens überschritten, hatte graues Haar, einen schütteren grauen Bart und ein Gesicht, das von Intelligenz und Bildung in einzigartiger Weise geprägt war, aber wohl niemals, selbst nicht in jungen Jahren, viel Herzenswärme ausgestrahlt hatte.

Nichts hätte die Aufmerksamkeit überbieten können, mit der dieser wissenschaftliche Gärtner alle Pflanzen untersuchte, die an seinem Weg standen; es war, als dränge sein Blick in ihr innerstes Wesen ein, um ihre schöpferische Natur zu beobachten und zu ergründen, warum ein Blatt diese Form und ein anderes jene angenommen hatte und weshalb sich die einzelnen Blüten in Färbung und Duft unterschieden. Doch trotz seines scharfen Wahrnehmungsvermögens gab es keinen Ansatz zu einer vertrauten Beziehung zwischen ihm und diesen pflanzlichen Wesen. Im Gegenteil, er vermied es, sie tatsächlich zu berühren oder ihre Düfte unmittelbar einzuatmen, und das mit solcher Vorsicht, daß es Giovanni höchst unangenehm auffiel; denn der Mann benahm sich wie jemand, der zwischen feindlichen Mächten umherwandelt, etwa zwischen wilden Tieren oder tödlich giftigen Schlangen oder bösen Geistern, die ihm ein furchtbares Ende bereiten würden, falls er sie auch nur einen Augenblick lang gewähren ließe. Auf die Phantasie des jungen Mannes wirkte es seltsam erschreckend, dieses unsichere Gebaren an einem Mann zu bemerken, der einen Garten hegte, sich also der einfachsten und unschuldigsten menschlichen Beschäftigung hingab, die für die Stammeltern des Menschengeschlechts vor dem Fall Freude und Mühe zugleich bedeutet hatte. War dieser Garten vielleicht das Paradies der modernen Welt? und war dieser Mann, der in dem, was unter seinen Händen gedieh, soviel Böses verspürte, der Adam?

Während der mißtrauische Gärtner die toten Blätter abriß oder den allzu üppigen Wuchs der Sträucher beschnitt, waren seine Hände von dicken Handschuhen geschützt. Als er auf seinem Gang durch den Garten zu der prachtvollen Pflanze kam, die ihre purpurnen Edelsteine neben dem Marmorbrunnen herabhängen ließ, bedeckte er Mund und Nasenlöcher mit einer Art Maske, als verberge sich in all dieser Schönheit ein noch tödlicheres Unheil. Doch als ihm selbst dann noch seine Aufgabe zu gefährlich erschien, trat er zurück, legte die Maske wieder ab und rief laut, aber mit der unsicheren Stimme eines von einem inneren Leiden befallenen Menschen: „Beatrice! – Beatrice!"

„Hier bin ich, Vater! Was möchtest du?" rief eine kräftige, jugendliche Stimme aus dem Fenster des gegenüberliegenden Hauses, eine Stimme, die so kräftig war wie ein Sonnenuntergang in den Tropen und Giovanni, der nicht wußte, warum, an tiefe Purpur- oder Scharlachtöne und an köstliche Wohlgerüche gemahnte. „Bist du im Garten?"

„Ja, Beatrice", erwiderte der Gärtner, „und ich brauche deine Hilfe."

Kurz darauf erschien in einem reliefverzierten Portal die Gestalt eines jungen Mädchens, mit ebensoviel Geschmack geschmückt wie die prächtigste der Blumen, schön wie der Tag und in so voller und lebhafter Jugendblüte, daß eine Nuance mehr schon zuviel gewesen wäre. Sie strotzte vor Leben, Gesundheit und Energie, welche Eigenschaften indes alle in ihrer Fülle gleichsam durch den Gürtel der Jungfräulichkeit zusammengehalten und eingeengt und zusammengeschnürt waren. Doch Giovannis Phantasie schien sich krankhaft verändert zu haben, während er in den Garten hinabschaute; denn die fremde Schöne machte auf ihn den Eindruck, als wäre sie ebenfalls eine Blume, eine menschliche Schwester der Pflanzenwesen, ebenso schön wie diese, ja noch schöner als die herrlichste von ihnen, die man aber auch nur mit Handschuhen berühren und der man sich nicht ohne Maske nähern dürfe. Als Beatrice den Gartenweg entlangschritt, war zu erkennen, daß sie mehrere Pflanzen berührte und deren Duft einatmete, denen ihr Vater so beharrlich ausgewichen war.

„Hier, Beatrice", sagte der letztere, „sieh einmal, wieviel Pflege unser kostbarster Schatz dringend verlangt. Doch da ich so hinfällig bin, müßte ich es vielleicht mit dem Tode bezahlen, wenn ich mich ihm so weit näherte, wie es die Umstände erfordern. Deshalb muß ich wohl diese Pflanze deiner alleinigen Obhut anvertrauen."

„Das tue ich doch mit Freuden", erklang wiederum die volle Stimme der jungen Dame, indem sie sich zu der prächtigen Pflanze niederbeugte und die Arme ausbreitete, als ob sie sie umarmen wollte. „Ja, meine Schwester, mein Augenstern, es wird Beatrices Aufgabe sein, dich zu hegen und zu pflegen; und du wirst es ihr lohnen mit deinen Küssen und deinem wohlriechenden Atem, der für sie der Odem des Lebens ist!"

Dann wandte sie mit der ganzen Zärtlichkeit ihres Wesens, die schon in ihren Worten so deutlich zum Ausdruck gekommen war, der Pflanze all jene Aufmerksamkeit zu, die diese zu verlangen schien; und hoch oben am Fenster rieb sich Giovanni die Augen und begann fast zu zweifeln, ob dort unten ein Mädchen seine Lieblingsblume pflegte oder ob eine Schwester der anderen ihre Zuneigung bekundete. Die Szene dauerte nicht lange. Ob nun Doktor Rappaccini seine Gartenarbeit beendet oder ob sein wachsames Auge das Gesicht des Fremden erspäht hatte, jedenfalls nahm er jetzt seine Tochter beim Arm und zog sich mit ihr zurück. Schon brach der Abend herein; bedrückende Ausdünstungen schienen von den Pflanzen aufzusteigen und am offenen Fenster vorbeizustreichen, und Giovanni schloß den Laden, legte sich zu Bett und träumte von einer üppigen Blume und einem schönen Mädchen. Blume und Mädchen waren verschieden und dennoch gleich und beide umgeben von einer seltsamen Gefahr.

Aber das Licht des Morgens hat die Eigenschaft, die Verirrungen der Phantasie oder selbst des Urteilsvermögens wieder zu klären, denen wir beim Niedergang der Sonne oder in den Schatten der Nacht oder im weniger bekömmlichen Mondenschein verfallen können. Als Giovanni aus dem Schlaf auffuhr, stieß er als erstes das Fenster auf und schaute hinunter auf den Garten, den er in seinen Träumen so reich mit Geheimnissen erfüllt hatte. Er war überrascht und ein wenig beschämt, als er sah, wie real und handfest er sich in den ersten Strahlen der Sonne erwies, welche die Tautropfen an Blättern und Blüten vergoldeten und, indem sie jeder seltsamen Blume eine leuchtendere Schönheit verliehen, alles wieder in die Grenzen der alltäglichen Erfahrung rückten. Der junge Mann freute sich, daß er inmitten der öden Stadt das Vorrecht besaß, seinen Blick an diesem Fleckchen Erde mit seiner lieblichen und üppigen Vegetation weiden zu können. Es würde ihm, so sagte er sich, als eine symbolische Sprache dienen und seine Verbindung mit der Natur aufrechterhalten. Freilich waren jetzt weder der kränkliche und vom Denken verzehrte Doktor Giacomo Rappaccini noch dessen wunderschöne Tochter zu sehen, so daß Giovanni nicht zu entscheiden vermochte, wieviel von der Einzigartigkeit, die er den beiden zugestand, ihren eigenen Eigenschaften und wieviel seiner persönlichen wunderwirkenden Phantasie zuzuschreiben war. Doch er war bestrebt, das ganze so nüchtern wie möglich zu betrachten.

Im Lauf des Tages suchte Giovanni Signor Pietro Baglioni auf, Professor der Medizin an der Universität und Arzt von hervorragendem Ruf, dem er ein Empfehlungsschreiben überbracht hatte. Der Professor war ein älterer Herr von augenscheinlich heiterer Gemütsart und mit einem Benehmen, das beinahe aufgeräumt genannt werden konnte; er hielt den jungen Mann zum Mittagessen da und vertrieb ihm die Zeit sehr angenehm durch seine freimütige und anregende Unterhaltung, vor allem nachdem er sich mit ein oder zwei Flaschen Toskanerwein aufgewärmt hatte. Da Giovanni annahm, daß Vertreter der Wissenschaft, die in derselben Stadt wohnten, miteinander verkehren müßten, benutzte er die Gelegenheit, den Namen von Doktor Rappaccini zu erwähnen. Aber der Professor reagierte darauf nicht mit der erwarteten Herzlichkeit.

„Es stünde einem Lehrer der göttlichen Heilkunst schlecht an", entgegnete Professor Pietro Baglioni auf eine Frage Giovannis, „bei einem so hervorragend tüchtigen Arzt wie Rappaccini mit verdientem und wohlerwogenem Lob zu sparen. Doch andererseits könnte ich es schwerlich mit meinem Gewissen vereinbaren, wenn ich es zuließe, daß ein vortrefflicher Jüngling wie Sie, Signor Giovanni, der Sohn meines alten Freundes, irrige Vorstellungen von einem Mann hegt, der vielleicht einmal Ihr Leben und Sterben in der Hand haben wird. Die Wahrheit ist, daß unser verehrter Doktor Rappaccini ein ebenso bedeutender Wissenschaftler ist wie nur irgendein Mitglied unserer Fakultät – von einer einzigen Ausnahme vielleicht abgesehen – in Padua oder in ganz Italien. Aber es bestehen gewisse schwere Bedenken gegen seine Berufsauffassung."

„Und welche wären das?" fragte der junge Mann.

„Leidet mein Freund Giovanni an irgendwelchen körperlichen oder seelischen Krankheiten, daß er sich so eifrig nach Ärzten erkundigt?" sagte der Professor mit einem Lächeln. „Doch was Rappaccini angeht, so heißt es von ihm – und ich, der ich den Mann gut kenne, kann bezeugen, daß es wahr ist –, er kümmere sich unendlich viel mehr um die Wissenschaft als um die Menschen. Seine Patienten interessieren ihn nur als Objekte für irgendein neues Experiment. Er würde menschliches Leben, übrigens auch sein eigenes, oder das, was ihm am teuersten ist, opfern, um den Berg des von ihm angehäuften Wissens auch nur um den Umfang eines Senfkorns zu vergrößern."

„Er scheint mir in der Tat ein schrecklicher Mann zu sein", versetzte Guasconti, der sich das kalte und rein intellektuelle Erscheinungsbild Rappaccinis ins Gedächtnis rief. „Und doch, verehrter Professor, ist er nicht ein edler Geist? Sind denn viele Menschen einer so durchgeistigten Liebe zur Wissenschaft fähig?"

„Gott behüte!" antwortete der Professor etwas gereizt, „es sei denn, sie haben eine vernünftigere Auffassung von der Heilkunst, als sie Rappaccini vertritt. Nach seiner Theorie sind alle heilkräftigen Wirkungen in jenen Stoffen vereinigt, die wir als vegetabilische Gifte bezeichnen. Diese erzeugt er mit eigener Hand, und er soll sogar neue Giftarten hervorgebracht haben, noch zerstörerischer als alle, mit welchen die Natur ohne den Beistand dieses gelehrten Herrn jemals die Welt heimgesucht hätte. Daß der Signor Doktor mit derlei gefährlichen Substanzen weniger Unheil anrichtet, als man erwarten könnte, ist unbestritten. Hin und wieder, das muß man zugeben, hat er tatsächlich – oder scheinbar – wunderbare Heilerfolge erzielt. Doch wenn Sie meine persönliche Meinung wissen wollen, Signor Giovanni: Man sollte diese vereinzelten Erfolge nicht zu hoch bewerten – sie waren wahrscheinlich ein Werk des Zufalls –, sondern ihn streng zur Verantwortung ziehen für seine Mißerfolge, die man zu Recht als sein eigenes Werk betrachten muß."

Der Jüngling hätte Baglionis Ansichten wohl mit mancherlei Vorbehalten aufgenommen, wenn er gewußt hätte, daß dieser und Doktor Rappaccini seit langem einen akademischen Streit miteinander austrugen, in dem der letztere nach allgemeiner Auffassung der Überlegene war. Wenn der Leser sich selber ein Urteil bilden möchte, so können wir ihn auf gewisse in Fraktur gedruckte Traktate von beiden Parteien hinweisen, die in der medizinischen Fakultät der Universität Padua aufbewahrt werden.

„Ich weiß nicht, hochgelehrter Herr Professor", entgegnete Giovanni, nachdem er über das, was er von Rappaccinis ausschließlichem wissenschaftlichen Streben gehört hatte, gründlich nachgedacht hatte, „ich weiß nicht, wie sehr dieser Arzt seine Kunst liebt, aber sicherlich gibt es etwas, was ihm noch teurer ist. Er hat eine Tochter."

„Aha!" rief der Professor lachend. „Jetzt ist unser Freund Giovanni mit seinem Geheimnis herausgerückt. Sie haben von seiner Tochter gehört, nach der alle jungen Männer in Padua verrückt sind, obwohl nicht einmal ein halbes Dutzend das Glück gehabt hat, sie von Angesicht zu sehen. Ich weiß nicht viel über Signorina Beatrice, außer daß Rappaccini sie tief in seine Wissenschaft eingeführt haben soll und daß sie, jung und schön, wie die Fama sie beschreibt, schon jetzt befähigt wäre, einen Lehrstuhl zu besetzen. Vielleicht hat ihr Vater sie für den meinen bestimmt! Es mögen noch andere absurde Gerüchte umgehen, über die zu reden oder auf die zu hören sich nicht lohnt. Doch nun, Signor Giovanni, trinken Sie Ihr Glas Lacrimae Christi aus!"

Guasconti kehrte zu seinem Quartier zurück, ein wenig erhitzt von dem Wein, dem er kräftig zugesprochen hatte und der nun sein Gehirn mit absonderlichen Phantasien überschwemmte, die alle um Doktor Rappaccini und die schöne Beatrice kreisten. Als er unterwegs an einem Blumenladen vorbeikam, erstand er einen frischen Strauß.

Oben in seinem Zimmer angekommen, nahm er am Fenster Platz, doch im Schatten der dicken Mauer, so daß er in den Garten hinabschauen konnte, ohne große Gefahr zu laufen, entdeckt zu werden. Alles, worauf sein Blick fiel, lag in tiefer Einsamkeit da. Die seltsamen Pflanzen badeten sich im Sonnenlicht und nickten einander zuweilen sanft zu, als wollten sie sich ihrer Anteilnahme und Zusammengehörigkeit versichern. In der Mitte, neben dem verfallenen Brunnen, stand der herrliche Strauch, dicht behängt mit seinen purpurnen Edelsteinen; sie funkelten in der Luft und strahlten zurück aus der Tiefe des Teiches, der überzufließen schien vor dem farbigen Schimmer des üppigen Spiegelbildes, das in ihn eingetaucht war. Zunächst lag, wie gesagt, der Garten ganz einsam da. Doch schon bald – wie Giovanni es halb gehofft, halb befürchtet hatte – tauchte in dem reliefgeschmückten antiken Portal eine Gestalt auf und kam zwischen den Reihen der Pflanzen näher, deren unterschiedliche Düfte sie einatmete wie eines jener alten klassischen Fabelwesen, die von süßen Wohlgerüchen lebten. Als der junge Mann Beatrice nun zum zweitenmal betrachtete, wurde er mit einem jähen Erschrekken gewahr, wie sehr ihre Schönheit das Bild seiner Erinnerung übertraf; so leuchtend, so lebhaft war der Charakter dieser Schönheit, daß das Mädchen im Sonnenschein strahlte und, wie sich Giovanni selber zuflüsterte, die schattigen Stellen des Gartenwegs regelrecht erhellte. Da er ihr Gesicht jetzt deutlicher erkennen konnte als bei der ersten Gelegenheit, überwältigte ihn der Ausdruck der Schlichtheit und Lieblichkeit – Eigenschaften, die in seine Vorstellung von ihrem Wesen noch nicht eingegangen waren und ihn aufs neue fragen ließen, was für eine Art Mensch sie wohl sein möge. Auch diesmal konnte er nicht umhin, eine Analogie zwischen dem schönen Mädchen und dem herrlichen Strauch, der seine juwelengleichen Blüten über den Brunnen niederhängen ließ, festzustellen oder sich einzubilden, eine Ähnlichkeit, die Beatrice in einer phantastischen Laune offensichtlich durch den Schnitt ihres Kleides und die Auswahl seiner Farben noch zu steigern trachtete. .

Als sie sich dem Strauch näherte, breitete sie wie mit leidenschaftlicher Inbrunst die Arme aus und drückte die Zweige in einer so innigen Umarmung an sich, daß ihre Züge in diesem Blätterbusen verschwanden und ihre schimmernden Locken sich gänzlich mit den Blüten vermischten.

„Gib mir deinen Hauch, Schwester", rief Beatrice aus; „denn ich vergehe in der gewöhnlichen Luft! Und gib mir diese deine Blüte, die ich mit sanftester Hand vom Stengel löse und dicht an meinem Herzen berge."

Mit diesen Worten pflückte Rappaccinis schöne Tochter eine der vollsten Blüten vom Strauch und wollte sie gerade an ihrem Busen befestigen. Doch in diesem Augenblick, sofern der Weingenuß Giovannis Sinne nicht verwirrt hatte, geschah etwas Eigenartiges. Ein kleines orangefarbenes Reptil, eine Eidechsen- oder Chamäleonart, kroch zufällig unmittelbar vor Beatrices Füßen über den Weg. Es kam Giovanni so vor – doch aus dieser Entfernung hätte er eigentlich etwas so Winziges kaum erkennen können –, es kam ihm jedenfalls so vor, als ob ein paar Tropfen von dem abgebrochenen Blütenstengel auf den Kopf der Eidechse fielen. Einen Augenblick lang wand sich das Reptil heftig und lag dann reglos in der Sonne. Beatrice beobachtete dieses erstaunliche Phänomen und bekreuzigte sich traurig, aber ohne Überraschung; und sie zögerte deswegen auch nicht, sich die todbringende Blume an den Busen zu stecken. Dort wirkte sie noch röter und funkelte fast mit der blendenden Wirkung eines kostbaren Steins, und sie fügte damit dem Kleid und der Erscheinung des Mädchens den einzigen angemessenen Zauber hinzu, den nichts auf der Welt hätte ersetzen können. Giovanni beugte sich indes aus dem Schatten des Fensters vor und schrak murmelnd und zitternd wieder zurück.

„Bin ich wach? Habe ich meine Sinne beisammen?" sprach er zu sich selber. „Was für ein Geschöpf ist das? Soll ich es schön nennen – oder unaussprechlich schrecklich?"

Beatrice schlenderte unterdessen unbekümmert durch den Garten und näherte sich immer mehr der Stelle unter Giovannis Fenster, so daß er den Kopf ganz aus seinem Versteck vorrecken mußte, um die gespannte und schmerzliche Neugier befriedigen zu können, die sie in ihm erregte. Im selben Augenblick kam ein wunderschönes Insekt über die Gartenmauer geflogen; es war vielleicht durch die Stadt geirrt und hatte zwischen den alten Behausungen der Menschen weder Blüten noch Grün gefunden, bis die schweren Düfte von Doktor Rappaccinis Gewächsen es aus der Ferne herlockten. Das geflügelte Leuchtwesen ließ sich nicht auf den Blüten nieder, sondern schien von Beatrice angezogen zu werden, hielt zögernd in der Luft inne und umschwirrte ihren Kopf. Nun, in diesem Fall mußten sich Giovanni Guascontis Augen wirklich getäuscht haben. Doch wie dem auch sei, er hatte den Eindruck, daß das Insekt, während Beatrice es noch mit kindlichem Entzücken betrachtete, ermattete und zu ihren Füßen niederfiel; seine leuchtenden Flügel erbebten, dann war es tot – und er konnte dafür keine andere Ursache entdecken als die Wirkung ihres Atems. Beatrice bekreuzigte sich abermals und seufzte tief auf, als sie sich über das tote Insekt beugte.

Eine impulsive Bewegung Giovannis veranlaßte sie, die Augen zum Fenster zu erheben. Dort erblickte sie den schönen Kopf des jungen Mannes – eher einen griechischen als italienischen Kopf, mit feinen, ebenmäßigen Zügen und golden schimmernden Locken –, der auf sie hinabstarrte, wie ein in der Luft schwebendes Wesen. Ohne recht zu wissen, was er tat, warf Giovanni den Blumenstrauß hinunter, den er bisher in der Hand gehalten hatte.

„Signorina", sagte er, „dies sind reine und gesunde Blumen. Tragen Sie sie Giovanni Guasconti zuliebe!"

„Danke, Signore", erwiderte Beatrice mit ihrer volltönenden Stimme, die wie Musik aus ihr hervorströmte, und mit einer fröhlichen, halb kindlichen und halb fraulichen Miene. „Ich nehme Ihr Geschenk an und würde es gerne mit dieser kostbaren Purpurblüte vergelten; doch wenn ich sie in die Luft werfe, wird sie nicht bis zu Ihnen gelangen. So muß sich Signor Guasconti eben mit meinem Dank begnügen."

Sie hob den Strauß vom Boden auf und eilte dann, als schäme sie sich innerlich, ihre jungfräuliche Zurückhaltung aufgegeben und den Gruß eines Fremden erwidert zu haben, durch den Garten zurück ins Haus. Doch so wenige Augenblicke auch indessen vergingen, es schien Giovanni, daß sein schöner Strauß in ihrem Griff bereits zu welken begann, als sie gerade in dem reliefgeschmückten Portal verschwinden wollte. Es war ein müßiger Gedanke, denn er konnte auf diese große Entfernung unmöglich eine welke Blume von einer frischen unterscheiden.

Viele Tage nach dieser Begebenheit mied der junge Mann das Fenster, das auf Doktor Rappaccinis Garten hinausging, als könnte ihm, wenn er sich zu einem Blick verführen ließe, durch etwas Häßliches und Ungeheuerliches das Augenlicht geraubt werden. Ihm war bewußt, daß er sich durch die Aufnahme der Beziehung zu Beatrice bis zu einem gewissen Grade dem Einfluß einer unbegreiflichen Macht ausgesetzt hatte. Sollte sich sein Herz in einer echten Gefahr befinden, so wäre es das klügste gewesen, seine Wohnung und sogar Padua auf der Stelle zu verlassen, das nächstklügste, sich soweit wie möglich an den vertrauten und alltäglichen Anblick Beatrices zu gewöhnen, um sie auf diese Weise entschieden und systematisch in den Bereich der gewöhnlichen Erfahrung einzubeziehen. Am allerwenigsten durfte Giovanni ihren Anblick meiden und dennoch gleichzeitig diesem außerordentlichen Wesen so nahe bleiben, daß die Nähe und die Möglichkeit gar des vertrauten Umgangs den wilden Phantasiegebilden, die seine Vorstellungskraft ihm unablässig vorgaukelte, eine Art Substanz und Realität verleihen würden. Guasconti hatte kein tief empfindendes Herz – oder zumindest waren dessen Tiefen noch nicht ausgelotet worden –, aber er verfügte über eine lebhafte Phantasie und ein leidenschaftliches südländisches Temperament, das jeden Augenblick einen höheren Fiebergrad erstieg. Ob nun Beatrice diese schrecklichen Eigenschaften besaß oder nicht – den todbringenden Atemhauch, die Verwandtschaft mit jenen so schönen und unheilvollen Blumen, auf die Giovannis Beobachtungen hindeuteten –, auf jeden Fall hatte sie seinem Organismus ein brennendes und subtiles Gift eingeflößt. Es war nicht Liebe, obgleich ihre üppige Schönheit ihn rasend machte, auch nicht Entsetzen, selbst wenn er glaubte, daß ihr Geist von derselben verderblichen Essenz durchsetzt sei, die auch ihren Leib zu durchdringen schien, sondern ein wilder Trieb der Liebe und des Entsetzens, der beiden entstammte und wie die eine brannte und wie das andere erschauerte. Giovanni wußte nicht, was er fürchten, und noch weniger, was er hoffen sollte; doch Hoffnung und Furcht bekriegten sich ständig in seiner Brust, abwechselnd einander besiegend und immer wieder sich erhebend, um den Kampf zu erneuern. Gesegnet seien alle einfachen Gefühle, ob sie nun dunkel oder hell sind! Die unziemliche Mischung aus beiden ist es, welche die flackernde Lohe der höllischen Regionen hervorbringt.

Zuweilen versuchte er das Fieber seines Geistes durch einen raschen Gang in den Straßen Paduas oder vor den Stadttoren zu lindern; seine Schritte paßten sich dem Pochen in seinem Gehirn an, so daß sich der Spaziergang gewöhnlich zu einem Wettrennen steigerte. Eines Tages jedoch hielt ihn jemand an; sein Arm wurde von einem würdevollen Herrn ergriffen, der sich, als er den jungen Mann erkannt hatte, umwandte und ihn heftig atmend einholte.

„Signor Giovanni! bleiben Sie doch stehen, mein junger Freund!" rief er. „Kennen Sie mich denn nicht mehr? Das könnte schon sein, wenn ich mich ebenso verändert hätte wie Sie."

Es war Baglioni, dem Giovanni seit ihrem ersten Zusammentreffen ausgewichen war, da er befürchtete, der scharfsinnige Professor könne zu tief in seine Geheimnisse eindringen. Um Fassung ringend, starrte er wild aus seiner inneren Welt hinaus in die äußere und sagte, wie in einem Traum befangen:

„Ja, ich bin Giovanni Guasconti. Und Sie sind Professor Pietro Baglioni. Doch jetzt lassen Sie mich gehen!"

„Noch nicht – noch nicht, Signor Giovanni Guasconti", sagte der Professor lächelnd, aber den Jüngling zugleich mit einem ernsten Blick musternd. „Wie? Bin ich Seite an Seite mit Ihrem Vater aufgewachsen und soll nun seinen Sohn in diesen alten Straßen Paduas wie einen Fremden vorüberlassen? Bleiben Sie stehen, Signor Giovanni, denn wir müssen ein paar Worte wechseln, ehe wir auseinandergehen."

„Dann aber schnell, hochverehrter Herr Professor, schnell!" sagte Giovanni mit fieberhafter Ungeduld. „Sehen Euer Gnaden denn nicht, daß ich es eilig habe?"

Während er noch sprach, kam ein schwarzgekleideter Mann die Straße entlang, vornübergebeugt und mit unsicheren Schritten wie ein Kranker. Sein Gesicht war ganz von einer kränklichen und fahlen Farbe überzogen, aber dennoch so stark vom Ausdruck eines durchdringenden und lebhaften Verstandes geprägt, daß ein Betrachter leicht die bloß physischen Merkmale hätte übersehen und nur diese wunderbare Kraft bemerken können. Im Vorübergehen wechselte diese Person einen kühlen und distanzierten Gruß mit Baglioni, richtete jedoch seine Augen mit solcher Schärfe auf Giovanni, als wollte er alles, was an diesem bemerkenswert war, genau erfassen. Nichtsdestoweniger lag in dem Blick eine eigentümliche Gelassenheit, die nur ein spekulatives, aber kein menschliches Interesse an dem jungen Mann zu verraten schien.

„Das ist Doktor Rappaccini!" flüsterte der Professor, als der Fremde vorbeigegangen war. „Hat er jemals zuvor Ihr Gesicht gesehen?"

„Nicht, daß ich wüßte", antwortete Giovanni, der bei dem Namen zusammengefahren war.

„Er *hat* Sie gesehen! er muß Sie gesehen haben!" versetzte Baglioni hastig. „Aus irgendeinem Grunde sind Sie für diesen Mann der Wissenschaft ein Studienobjekt. Ich kenne diesen Blick an ihm. Es ist der gleiche, der sein Gesicht kalt erhellt, wenn er sich über einen Vogel, eine Maus oder einen Schmetterling beugt, die er bei der Durchführung irgendeines Experiments durch den Duft einer Blume getötet hat – ein Blick, so tief wie die Natur selber, aber ohne die wärmende Liebe der Natur. Signor Giovanni, ich setze mein Leben dagegen, daß sie das Objekt in einem Experiment Rappaccinis sind!"

„Wollen Sie mich zum Narren halten?" rief Giovanni leidenschaftlich aus. „*Dies*, Signor Professor, wäre ein ungehöriges Experiment."

„Geduld, nur Geduld!" entgegnete der Professor unbeirrt. „Ich sage Ihnen, mein armer Giovanni, daß Rappaccini ein wissenschaftliches Interesse an Ihnen hat. Sie sind in schreckliche Hände gefallen! Und die Signorina Beatrice? Welche Rolle spielt sie in diesem mysteriösen Vorgang?" Doch hier riß sich Guasconti los, weil er Baglionis Hartnäckigkeit unerträglich fand, und er war schon verschwunden, bevor ihn der Professor abermals beim Arm packen konnte. Dieser sah dem jungen Mann aufmerksam nach und schüttelte den Kopf.

„Das darf nicht sein", sagte Baglioni zu sich selber. „Der Jüngling ist der Sohn meines alten Freundes, und ihm soll kein Leid geschehen, vor dem ihn die Elixiere der Heilkunst bewahren können. Im übrigen ist es eine unerhörte Unverschämtheit von Rappaccini, mir den Burschen gewissermaßen aus den Händen zu reißen und ihn für seine teuflischen Experimente zu benutzen. Und dann seine Tochter! Man muß auf der Hut sein. Vielleicht, hochgelehrter Rappaccini, kann ich dich dort treffen, wo du nicht einmal im Traum daran denkst!"

Unterdessen war Giovanni auf Umwegen weitergewandert und stand schließlich vor der Tür seiner Wohnung. Als er die Schwelle betrat, begegnete ihm die alte Lisabetta, die schmunzelte und lächelte und offenkundig darauf bedacht war, seine Aufmerksamkeit zu erregen – allerdings vergebens, denn die Aufwallung seiner Gefühle war vorübergehend einer kalten, dumpfen Leere gewichen. Er wandte den Blick voll dem verwelkten Gesicht zu, das sich zu einem Lächeln verzog, schien es jedoch nicht wahrzunehmen. Die alte Dame hielt ihn deshalb am Mantel fest.

„Signore! – Signore!" flüsterte sie, noch immer übers ganze Gesicht lächelnd, so daß es einer grotesken, in Jahrhunderten nachgedunkelten Holzschnitzerei nicht unähnlich sah. „Hören Sie, Signore! Es gibt einen privaten Eingang zum Garten!"

„Was sagen Sie da?" rief Giovanni und drehte sich schnell um, als ob ein lebloser Gegenstand jäh zu fieberischem Leben erwacht wäre. „Ein privater Eingang zu Doktor Rappaccinis Garten?"

„Pst! pst! – nicht so laut!" wisperte Lisabetta, indem sie ihm ihre Hand auf den Mund legte. „Ja, in den Garten des ehrwürdigen Doktors, wo Sie alle seine schönen Gewächse sehen können. So mancher junge Mann in Padua würde Gold dafür geben, wenn er Zugang zu diesen Blumen fände." Giovanni drückte ihr ein Goldstück in die Hand.

„Zeigen Sie mir den Weg!" sagte er.

Ein Verdacht, wahrscheinlich geweckt durch seine Unterredung mit Baglioni, fuhr ihm durch den Kopf, daß nämlich das Eingreifen der alten Lisabetta vielleicht mit der Intrige, welcher Art sie auch sei, zusammenhängen könne, in die nach Ansicht des Professors Doktor Rappaccini ihn hineinzuziehen trachtete. Doch obwohl ein solcher Argwohn Giovanni verwirrte, war er nicht geeignet, ihn zurückzuhalten. Sobald er die Möglichkeit erkannte, sich Beatrice zu nähern, erschien es ihm absolut lebensnotwendig, dies zu versuchen. Es war ihm gleichgültig, ob sie ein Engel oder ein Dämon war; er befand sich unwiderruflich in ihrem Bann und mußte dem Gesetz gehorchen, das ihn in immer enger werdenden Kreisen einem Ziel entgegenwirbelte, welches er nicht vorauszuahnen wagte. Und doch befiel ihn seltsamerweise plötzlich ein Zweifel, ob sein starkes Interesse ihn nicht täuschte – ob es wirklich so tief und aufrichtig war, daß es ihm das Recht gab, sich jetzt auf eine unberechenbare Situation einzulassen –, ob es nicht nur die Phantasievorstellung eines jugendlichen Gehirns war, die bloß oberflächlich oder überhaupt nicht mit seinem Herzen in Beziehung stand!

Er blieb stehen – zögerte – drehte sich halb um – ging dann aber weiter. Seine verrunzelte Führerin geleitete ihn durch mehrere finstere Gänge und schloß endlich eine Tür auf, durch die, sobald sie sich auftat, der Anblick und das Geräusch raschelnder, im gebrochenen Sonnenlicht schimmernder Blätter drangen. Giovanni trat vor, und nachdem er sich einen Weg durch das Laubgewirr eines Busches gebahnt hatte, der mit seinen Ranken den verborgenen Eingang umhüllte, stand er unter seinem Fenster, auf dem freien Platz in Doktor Rappaccinis Garten.

Wie oft kommt es vor, daß wir uns, wenn Unmögliches geschieht und Träume ihre flüchtige Substanz zu greifbarer Wirklichkeit verdichten, gelassen, ja kalt-selbstbeherrscht inmitten von Umständen wiederfinden, deren Vorahnung uns in einen Taumel der Freude oder Qual versetzen würde. Dem Schicksal gefällt es, uns auf solche Weise zu hintergehen. Die Leidenschaft wählt sich selber die Zeit aus, wann sie auf die Bühne stürzen will, und hält sich träge zurück, wenn ein günstiges Zusammentreffen von Ereignissen ihren Auftritt zu fordern scheint. Genauso verhielt es sich jetzt mit Giovanni. Tag für Tag hatte sein fieberndes Blut in den Pulsen gepocht bei dem unwahrscheinlichen Gedanken, mit Beatrice zu sprechen, ihr von Angesicht zu Angesicht in ebendiesem Garten gegenüberzustehen, eingetaucht in das orientalische Sonnenlicht ihrer Schönheit, und ihrem unverstellten Blick das Geheimnis zu entreißen, das er für das Rätsel seines eigenen Daseins hielt. Doch jetzt war seine Brust von einem sonderbaren und unangemessenen Gleichmut erfüllt. Er ließ seinen Blick über den Garten schweifen, um festzustellen, ob Beatrice oder ihr Vater zugegen sei, und als er erkannt hatte, daß er allein war, begann er die Pflanzen kritisch zu untersuchen.

Er betrachtete sie samt und sonders mit Unbehagen; ihre Pracht erschien ihm wild, hemmungslos und sogar unnatürlich. Da gab es kaum ein Gewächs, vor dem ein Wanderer, der einsam durch einen Wald streift, nicht entsetzt zurückweichen würde, wenn er es wild wachsend anträfe, so als starre ihn ein unirdisches Gesicht aus dem Dickicht an. Manche würden ein zartfühlendes Gemüt durch den Schein der Künstlichkeit abstoßen, denn sie ließen auf eine solche Vermischung, ja gleichsam auf ein so ehebrecherisches Verhalten verschiedener Pflanzenarten schließen, daß das Ergebnis nicht mehr Gottes Schöpfung war, sondern die monströse Ausgeburt einer verderbten menschlichen Phantasie, die nur auf eine böswillige Verhöhnung der Schönheit aus war. Sie waren wahrscheinlich das Resultat von Versuchen, bei denen es in einigen Fällen gelungen war, Pflanzen, die an und für sich lieblich waren, zu einer Mischung von jener fragwürdigen und unseligen Art zu vereinen, die für die gesamte Vegetation des Gartens bezeichnend war. Kurzum, Giovanni erkannte nur zwei oder drei Pflanzen der Sammlung, und diese gehörten, wie er sehr wohl wußte, giftigen Arten an. Während er noch eifrig mit solchen Betrachtungen beschäftigt war, vernahm er das Rascheln eines seidenen Gewandes und, sich umwendend, erblickte er Beatrice, die gerade aus dem reliefgeschmückten Portal heraustrat.

Giovanni hatte sich keine Gedanken darüber gemacht, wie er sich verhalten solle; ob er sich wegen seines Eindringens in den Garten entschuldigen müßte oder ob er so tun sollte, als befinde er sich hier mit dem geheimen Einverständnis, wenn nicht gar auf Wunsch von Doktor Rappaccini oder dessen Tochter. Doch Beatrices Benehmen beruhigte ihn, obwohl es ihn noch immer im Zweifel darüber ließ, auf wessen Betreiben er hier Zugang erlangt hatte. Sie schritt leichtfüßig den Pfad entlang und traf neben dem verfallenen Brunnen mit ihm zusammen. Ihr Gesicht verriet Überraschung, die sich jedoch bald durch einen schlichten und freundlichen Ausdruck der Freude aufhellte.

„Sie sind ein Blumenkenner, Signore", sagte Beatrice lächelnd und spielte damit auf den Strauß an, den er ihr aus dem Fenster zugeworfen hatte. „Es ist deshalb nicht verwunderlich, daß der Anblick der kostbaren Sammlung meines Vaters Sie gereizt hat, sie sich einmal näher anzuschauen. Wenn er hier wäre, könnte er Ihnen viele merkwürdige und interessante Dinge über das Wesen und die Lebensgewohnheiten dieser Gewächse erzählen, denn er hat sich ein Leben lang mit solchen Forschungen befaßt, und dieser Garten ist seine Welt."

„Und Sie selber, mein Fräulein", bemerkte Giovanni, „auch Sie kennen sich, wenn man dem Gerede glauben darf, gründlich aus mit den Eigenschaften, welche diese reichen Blüten und diese würzigen Wohlgerüche anzeigen. Wenn Sie sich herabließen, meine Lehrerin zu werden, so würde ich mich als ein tüchtigerer Schüler erweisen, als wenn mich Signor Rappaccini persönlich unterwiese."

„Gibt es solche müßigen Gerüchte?" fragte Beatrice, die ihre Worte mit der Musik eines freundlichen Lachens begleitete. „Meinen die Leute wirklich, ich sei bewandert in der Pflanzenwissenschaft meines Vaters? Was für ein Witz! Nein; obgleich ich zwischen diesen Blumen aufgewachsen bin, kenne ich von ihnen nicht mehr als ihre Farben und Düfte; und manchmal kommt es mir vor, als würde ich selbst diese geringen Kenntnisse gern wieder loswerden. Es gibt viele Blumen hier, und zwar ganz unauffällige, die mich erschrecken und beleidigen, wenn mein Blick auf sie fällt. Doch bitte, Signore, glauben Sie nicht diese Geschichten über mein Wissen! Glauben Sie von mir nichts, was Sie nicht mit eigenen Augen sehen!"

„Und muß ich alles glauben, was ich mit eigenen Augen gesehen habe?" fragte Giovanni anzüglich, während ihn die Erinnerung an die voraufgegangenen Szenen schaudern ließ. „Nein, Signorina, Sie verlangen zu wenig von mir. Heißen Sie mich nichts glauben, außer was von Ihren eigenen Lippen kommt!"

Es schien, als habe Beatrice ihn verstanden. Eine tiefe Röte schoß in ihre Wangen, aber sie sah Giovanni offen in die Augen und erwiderte seinen unbehaglich argwöhnischen Blick so hoheitsvoll wie eine Königin.

„Ich bitte Sie darum, Signore!" entgegnete sie. „Vergessen Sie alles, was Sie sich in bezug auf mich eingebildet haben. Es mag zwar den äußeren Sinnen wahr erscheinen, kann aber dennoch in seinem Wesen falsch sein. Doch die Worte, die von Beatrice Rappaccinis Lippen kommen, gelangen wahr aus den Tiefen des Herzens nach außen. Ihnen können Sie glauben!!"

Ein leidenschaftlicher Ernst durchglühte ihre ganze Erscheinung und strahlte auf Giovannis Bewußtsein aus wie das Licht der Wahrheit selber. Doch während sie sprach, war die Luft um sie her erfüllt von einem reichen und köstlichen, wenngleich flüchtigen Duft, den der junge Mann aus einem unbestimmten Widerwillen dennoch kaum in seine Lunge einzusaugen wagte. Es war vielleicht der Geruch der Blumen. Konnte es aber nicht auch Beatrices Atem sein, der ihre Worte mit einer seltsamen Kraft erfüllte, als hätte sie sie mit ihrem Herzblut durchtränkt? Eine Schwäche überkam Giovanni wie ein Schatten und verging wieder; es war ihm, als blicke er durch die schönen Augen des Mädchens in ihre durchsichtige Seele, und seine Zweifel und Ängste verflogen. Der Anflug der Leidenschaft, der Beatrices Verhalten bestimmt hatte, verschwand; sie gab sich jetzt heiter und schien an dem Umgang mit dem Jüngling ein reines Vergnügen zu finden, ganz wie ein Mädchen auf einer einsamen Insel empfinden mag, wenn es sich mit einem Reisenden aus der zivilisierten Welt unterhält. Augenscheinlich waren ihre Lebenserfahrungen auf den Umkreis dieses Gartens beschränkt. Sie sprach nun über so einfache Dinge wie das Tageslicht oder die Sommerwolken und stellte Fragen, die sich auf die Stadt oder auf Giovannis ferne Heimat, seine Freunde, seine Mutter und seine Schwestern bezogen – Fragen, in denen sich eine solche Abgeschiedenheit und ein solcher Mangel an Vertrautheit mit Gebräuchen und Gegenständen kundtaten, daß Giovanni ihr antwortete wie einem kleinen Kind. Ihr Geist verströmte vor ihm wie ein frisches Bächlein, das gerade den ersten Sonnenstrahl auffängt und sich über die Spiegelbilder der Erde und des Himmels wundert, die auf seine Oberfläche fallen. Doch es stiegen auch Gedanken aus einer tiefen Quelle auf und juwelengleich funkelnde Phantasien, als ob Diamanten und Rubine mit den Blasen des Brunnenwassers emporsprudelten. Hin und wieder durchzuckte die Seele des jungen Mannes ein Gefühl der Verwunderung, daß er Seite an Seite mit dem Wesen schritt, das seine Vorstellungskraft so stark beeinflußt, das er sich in solchen Schreckensfarben ausgemalt und in dem er so eindeutige Anzeichen furchtbarer Eigenschaften beobachtet hatte – und daß er sich nun mit Beatrice wie ein Bruder unterhielt und sie ihm so menschlich und mädchenhaft vorkam. Derartige Überlegungen währten indes nicht lange; die Ausstrahlung ihres Charakters war zu real, als daß er einem nicht sogleich vertraut gewesen wäre.

Unter solch freimütigen Gesprächen waren sie durch den Garten gewandert und nach mancherlei Umwegen bei dem verfallenen Brunnen angelangt, neben dem der prachtvolle Busch mit seinem Reichtum glühender Blüten stand. Er verströmte einen Duft, in dem Giovanni den gleichen erkannte, den er Beatrices Atem zugeschrieben hatte, nur daß er unvergleichlich viel kräftiger war. Als ihr Blick auf den Busch fiel, bemerkte Giovanni, wie sie ihre Hand an den Busen preßte, als ob ihr Herz plötzlich schmerzhaft pochte.

„Zum erstenmal in meinem Leben", murmelte sie, zu dem Busch gewandt, „habe ich dich vergessen!"

„Ich erinnere mich, Signorina", sagte Giovanni, „daß Sie mir neulich versprochen haben, mich mit einem dieser lebenden Edelsteine für den Strauß zu belohnen, den ich, vor Glück kühn geworden, Ihnen vor die Füße geworfen habe. Gestatten Sie mir, daß ich mir jetzt als Andenken an diese Begegnung einen abpflücke."

Mit ausgestreckter Hand machte er einen Schritt auf den Busch zu. Doch Beatrice stürzte vor und stieß einen Schrei aus, der ihm wie ein Dolch durchs Herz fuhr. Sie ergriff seine Hand und zog sie mit der ganzen Kraft ihrer schmalen Gestalt zurück. Giovanni erschauerte bei ihrer Berührung bis in die letzte Faser.

„Fassen Sie ihn nicht an!" rief sie mit einer Stimme voller Todesangst. „Nicht um Ihr Leben! Er bringt Unheil!"

Damit entfloh sie, ihr Gesicht verhüllend, und verschwand in dem reliefgeschmückten Portal. Als Giovanni ihr mit den Augen folgte, gewahrte er die abgezehrte Gestalt und das bleiche durchgeistigte Gesicht Doktor Rappaccinis, der – wer weiß, wie lange schon – im Schatten des Eingangs die Szene beobachtet hatte.

Kaum war Guasconti allein in seinem Zimmer, als das Bild Beatrices in seine leidenschaftlich aufgewühlten Gedanken zurückkehrte, erfüllt von all dem Zauber, der es umgab, seit er sie zum erstenmal erblickt hatte, und nun gleichermaßen durchdrungen von der milden Wärme mädchenhafter Fraulichkeit. Sie war ein Mensch: In ihrer Natur waren alle sanften weiblichen Eigenschaften vereint; sie war im höchsten Maße verehrungswürdig; sie war gewiß der größten und heroischsten Liebe fähig. Jene Zeichen, die er bislang als Beweise für eine erschreckende Absonderlichkeit ihrer körperlichen und moralischen Verfassung angesehen hatte, waren nunmehr entweder vergessen oder hatten sich dank der subtilen Selbsttäuschung der Leidenschaft in eine goldene Zauberkrone verwandelt, die Beatrice um so bewundernswerter machte, je einzigartiger sie war. Was häßlich gewirkt hatte, war jetzt schön, oder es schlich sich, falls ein solcher Wandel nicht gelang, davon und verbarg sich unter jenen formlosen Halbgedanken, die sich in dem dunklen Bereich jenseits des Tageslichts unseres vollen Bewußtseins zusammendrängen. So verbrachte er die Nacht und schlief nicht eher ein, als bis die Morgendämmerung die schlummernden Blumen in Doktor Rappaccinis Garten aufzuwecken begann, wohin die Träume Giovanni unfehlbar führten. Die Sonne ging auf zu der ihr vorgeschriebenen Zeit, und als ihre Strahlen auf die Lider des jungen Mannes fielen, erwachte er mit einem Gefühl des Schmerzes. Sobald er hellwach war, verspürte er ein Brennen und Stechen in der Hand – in der rechten Hand – in jener Hand also, die Beatrice mit der ihrigen ergriffen hatte, als er eine der juwelengleichen Blüten pflücken wollte. Auf dem Rücken dieser Hand war jetzt ein purpurnes Mal, wie der Abdruck von vier schmalen Fingern, und am Handgelenk das Zeichen eines schlanken Daumens sichtbar.

Oh, wie eigensinnig hält doch die Liebe – oder selbst das heimtückische Trugbild der Liebe, das in der Phantasie erblüht, aber im Herzen keine tiefen Wurzeln schlägt –, wie eigensinnig hält sie an ihrem Glauben fest, bis der Augenblick kommt, da sie sich in dünnen Nebel auflösen muß! Giovanni wickelte ein Taschentuch um die Hand und fragte sich, was für ein böses Wesen ihn wohl gestochen haben mochte, doch vergaß er bald seinen Schmerz, weil er wieder seinem Traum von Beatrice nachhing.

Auf die erste Begegnung folgte eine zweite im unausweichlichen Ablauf dessen, was wir Schicksal nennen. Eine dritte; eine vierte; und schließlich war das Zusammensein mit Beatrice im Garten kein besonderes Ereignis mehr in Giovannis

Alltag, sondern machte gleichsam den ganzen Zeitraum aus, in dem er lebte; denn die Vorfreude auf diese verzückte Stunde und die Erinnerung an sie füllten den Rest seiner Tage aus. Nicht anders erging es auch Rappaccinis Tochter. Sie wartete auf das Erscheinen des Jünglings und flog mit so vorbehaltlosem Vertrauen an seine Seite, als ob sie seit frühester Kindheit Spielgefährten gewesen wären – als ob sie immer noch solche Spielgefährten wären. Wenn ihn ein ungewöhnlicher Zufall daran hinderte, zur verabredeten Zeit zu kommen, stand sie unter seinem Fenster und ließ den lieblichen Klang ihrer Stimme emporsteigen, der ihn in seinem Zimmer umschwebte und in seinem Herzen widerhallte: „Giovanni! Giovanni! Warum zögerst du? Komm herunter!" – und er eilte hinab in dieses Paradies der giftigen Blumen.

Doch trotz all dieser innigen Vertrautheit lag in Beatrices Benehmen eine gewisse Zurückhaltung, die sie so streng und unveränderlich beibehielt, daß der Gedanke, sie zu durchbrechen, ihm kaum kam. Nach allen erkennbaren Zeichen zu urteilen, liebten sie einander; Liebe sprach aus ihren Augen, die das heilige Geheimnis aus den Tiefen der einen Seele in die Tiefen der anderen übertragen, als wäre es zu kostbar, um einem beiläufigen Flüstern anvertraut zu werden; Liebe lag auch in ihren Worten, in jenen Ausbrüchen der Leidenschaft, da aus ihren Herzen geformte Laute hervorbrachen wie die Zungen einer lange verborgenen Flamme; und doch hatte es kein Lippensiegel, keinen Händedruck und nicht einmal die leiseste Liebkosung gegeben, wie sie die Liebe fordert und heiligt. Er hatte noch nie eine ihrer schimmernden Locken berührt; ihr Kleid – so streng war beider Körper durch eine Schranke getrennt – hatte ihn noch nie in einem Windhauch gestreift. In den wenigen Fällen, in denen Giovanni versucht zu sein schien, die Grenze zu überschreiten, wurde Beatrice so traurig, so ernst, und ihr Gesicht nahm dann einen Ausdruck so hoffnungsloser, vor sich selbst schaudernder Einsamkeit an, daß kein gesprochenes Wort nötig war, ihn zurückzuhalten.

In solchen Augenblicken erschrak er über den furchtbaren Verdacht, der gleich einem Ungeheuer aus den Höhlen seines Herzens aufstieg und ihm ins Gesicht starrte; seine Liebe wurde dann schwach und matt wie der Morgennebel; nur seine Zweifel hatten noch Gewicht. Doch wenn sich Beatrices Gesicht nach dieser flüchtigen Beschattung aufhellte, ging in dem rätselhaften undurchsichtigen Wesen, das er mit soviel Scheu und Entsetzen betrachtet hatte, eine jähe Verwandlung vor; sie war nun wieder das schöne und ungekünstelte Mädchen, und er fühlte, daß sein Geist sie mit einer Sicherheit kannte, die alles andere Wissen überstieg.

Geraume Zeit war unterdessen seit Giovannis letzter Begegnung mit Baglioni vergangen. Eines Morgens wurde er jedoch unangenehm überrascht durch einen Besuch des Professors, an den er seit Wochen kaum gedacht hatte und den er gerne noch länger vergessen hätte. Da er sich so lange einer ihn völlig beherrschenden Erregung überlassen hatte, ertrug er keine anderen Menschen, es sei denn, sie nähmen uneingeschränkt Anteil an seinem gegenwärtigen Gefühlszustand. Doch eine solche Anteilnahme war von Professor Baglioni nicht zu erwarten.

Der Besucher plauderte ein Weilchen unbekümmert über den Klatsch, der in der Stadt und in der Universität umging, und wandte sich dann einem anderen Thema zu.

„Ich habe kürzlich einen alten Klassiker gelesen", sagte er, „und bin dabei auf eine Geschichte gestoßen, die mich sonderbar gefesselt hat. Vielleicht kennen Sie sie. Sie handelt von einem indischen Prinzen, der Alexander dem Großen eine schöne Frau als Geschenk sandte. Sie war so lieblich wie die Morgenröte und so prächtig wie der Sonnenuntergang; doch was sie besonders auszeichnete, war ein gewisser köstlicher Wohlgeruch ihres Atems – köstlicher als ein Garten voll persischer Rosen. Alexander verliebte sich, wie es einem jugendlichen Eroberer wohl ansteht, auf den ersten Blick in diese wunderbare Fremde. Doch ein zufällig anwesender weiser

Arzt entdeckte ein furchtbares Geheimnis, das diese Frau betraf."

„Und worin bestand es?" fragte Giovanni, der die Augen niederschlug, um denen des Professors auszuweichen.

„Daß diese schöne Frau", fuhr Baglioni mit Nachdruck fort, „seit ihrer Geburt mit Giften genährt worden war, bis sich ihr ganzer Organismus damit so vollgesogen hatte, daß sie selber zum tödlichsten Gift wurde, das es je gegeben hat. Gift war ihr Lebenselement. Mit dem köstlichen Hauch ihres Atems verpestete sie selbst die Luft. Ihre Liebe wäre Gift gewesen! ihre Umarmung der Tod! Ist das nicht eine wunderliche Geschichte?"

„Eine kindische Fabel", erwiderte Giovanni, der nervös von seinem Stuhl aufsprang. „Ich wundere mich, daß Euer Gnaden neben Ihren ernsthafteren Studien noch Zeit finden, solchen Unsinn zu lesen."

„Übrigens", versetzte der Professor, der sich beunruhigt umschaute, „was für ein sonderbarer Duft ist hier in Ihrer Wohnung? Ist das der Geruch Ihrer Handschuhe? Er ist schwach, aber köstlich und trotzdem durchaus nicht angenehm. Wenn ich ihn länger einatmen müßte, würde mir vermutlich übel. Er ist wie der Duft einer Blume – aber ich sehe nirgendwo Blumen im Zimmer."

„Es sind auch keine da", entgegnete Giovanni, der bei den Worten des Professors blaß geworden war, „und es gibt, glaube ich, hier auch keinen Duft, außer in Euer Gnaden Einbildung. Gerüche, die ja eine Art Element aus sinnlichen und geistigen Bestandteilen sind, täuschen uns gern auf diese Weise. Die Erinnerung an einen Duft, ja die bloße Vorstellung eines solchen, kann leicht für bare Wirklichkeit gehalten werden."

„Gewiß; aber meine nüchterne Einbildungskraft spielt mir nur selten einen solchen Streich", sagte Baglioni, „und wenn ich mir schon irgendeinen Geruch einbilde, dann ist es bestimmt der einer scheußlichen Arznei, der höchstwahrscheinlich an meinen Fingern haftet. Unser verehrungswürdiger Freund Rappaccini versetzt, wie ich gehört habe, seine Medikamente mit Essenzen, die köstlicher sind als die Wohlgerüche Arabiens. Ebenso wird zweifellos die schöne und gelehrte Signorina Beatrice ihren Patienten Tränke verabreichen, die so süß sind wie der Atem einer Jungfrau. Aber wehe dem, der sie schluckt!"

In Giovannis Gesicht spiegelten sich viele widerstreitende Empfindungen. Der Ton, in dem der Professor auf die reine und liebliche Tochter Rappaccinis angespielt hatte, war eine Folter für seine Seele; und dennoch verlieh die angedeutete Auffassung ihres Charakters, die seiner eigenen widersprach, mit einemmal tausend vagen Verdächtigungen einen festen Umriß, die ihn nun angrinsten wie ebenso viele Dämonen. Doch er gab sich alle Mühe, sie zu unterdrücken und Baglioni mit dem unerschütterlichen Glauben eines wahren Liebenden zu antworten.

„Signor Professor", sagte er, „Sie waren der Freund meines Vaters – vielleicht haben Sie die Absicht, sich auch seinem Sohn gegenüber freundlich zu erweisen. Ich möchte Ihnen keine anderen Gefühle entgegenbringen als Ehrerbietung und Ergebenheit. Aber ich bitte Sie zu bedenken, Signore, daß es ein Thema gibt, über das wir uns nicht unterhalten sollten. Sie kennen die Signorina Beatrice nicht. Sie können deshalb nicht das Unrecht – ich könnte sogar sagen, die Lästerung – ermessen, das man ihrem Charakter durch ein leichtfertiges oder verletzendes Wort antut."

„Giovanni! mein armer Giovanni!" erwiderte der Professor mit einer sanften Miene des Mitleids. „Ich kenne dieses unglückliche Mädchen weit besser als Sie. Sie werden jetzt die Wahrheit über den Giftmischer Rappaccini und seine giftige Tochter erfahren. Ja, sie ist ebenso giftig wie schön! Hören Sie mich an; denn selbst wenn Sie meinem grauen Haar Gewalt antun sollten, so werden Sie mich damit nicht zum Schweigen bringen. Die alte Fabel von der indischen Frau ist durch die tiefe und tödliche Wissenschaft Rappaccinis und in der Person der holden Beatrice Wirklichkeit geworden!"

Giovanni stöhnte und verbarg dabei sein Gesicht in den Händen.

„Ihr Vater", fuhr Baglioni fort, „ließ sich durch natürliche Zuneigung nicht davon abhalten, sein Kind auf diese entsetzliche Weise seinem krankhaften Wissensdrang zu opfern. Denn er ist – wir wollen ihm Gerechtigkeit widerfahren lassen – ein so wahrer Wissenschaftler wie jeder, der jemals sein eigenes Herz in einer Retorte destilliert hat. Welches Schicksal steht nun aber Ihnen bevor? Ohne jeden Zweifel sind Sie als Material für irgendein neues Experiment ausersehen. Vielleicht wird der Tod das Resultat sein – vielleicht aber auch ein noch furchtbareres Geschick! Wenn Rappaccini das vor Augen hat, was er das Interesse der Wissenschaft nennt, schreckt er vor nichts zurück!"

„Das ist ein Traum!" murmelte Giovanni vor sich hin. „Es ist bestimmt nur ein Traum!"

„Aber", versetzte der Professor, „seien Sie guten Mutes, Sohn meines Freundes! Für die Rettung ist es noch nicht zu spät. Möglicherweise gelingt es uns sogar, dieses unselige Kind in die Grenzen der normalen Natur zurückzubringen, denen ihres Vaters Wahnsinn sie entfremdet hat. Betrachten Sie dieses kleine Silbergefäß! Der berühmte Benvenuto Cellini hat es mit eigener Hand gearbeitet, und es ist gewiß würdig, der schönsten Dame in Italien als Liebesgabe überreicht zu werden. Doch sein Inhalt ist von unschätzbarem Wert. Ein einziger kleiner Schluck dieses Gegengifts hätte die stärksten Gifte der Borgias unschädlich gemacht. Zweifeln Sie nicht, daß es gegen die eines Rappaccini genauso wirksam sein wird. Schenken Sie das Gefäß und die darin enthaltene kostbare Flüssigkeit Ihrer Beatrice, und warten Sie das Ergebnis hoffnungsvoll ab."

Baglioni legte eine kleine, kunstvoll gearbeitete Silberphiole auf den Tisch und zog sich zurück, damit das, was er gesagt hatte, seine Wirkung auf das Gemüt des jungen Mannes tun möge.

„Wir werden Rappaccini schon noch in die Quere kommen!" sagte er kichernd zu sich selber, als er die Treppe hinabstieg. „Aber wenn wir die Wahrheit über ihn bekennen sollen, so ist er ein wunderbarer Mann! – wirklich ein wunderbarer Mann! Allerdings auch ein schändlicher Empiriker in seinen Methoden und darum untragbar für all jene, welche die guten alten Regeln des ärztlichen Berufs achten!"

Seit Giovanni mit Beatrice bekannt war, hatten ihn zuweilen, wie gesagt, dunkle Zweifel an ihrem Charakter geplagt. Doch sie hatte sich ihm so eindringlich als ein schlichtes, natürliches, höchst liebevolles und argloses Geschöpf zu erkennen gegeben, daß ihm das Bild, das Professor Baglioni entworfen hatte, so fremd und unglaubwürdig vorkam, als befände es sich nicht in Übereinstimmung mit seiner eigenen ursprünglichen Auffassung. Gewiß, es verbanden sich häßliche Erinnerungen mit dem Augenblick, in dem er das schöne Mädchen zum erstenmal flüchtig gesehen hatte; er konnte nicht völlig den Blumenstrauß vergessen, der in ihrer Hand welkte, und auch nicht das Insekt, das augenscheinlich durch keine andere Einwirkung als den Duft ihres Atems in der sonnigen Luft verendet war. Aber diese Vorfälle, die sich im lauteren Licht ihres Charakters auflösten, besaßen nicht mehr die Beweiskraft von Tatsachen, sondern waren inzwischen als fehlgedeutete Phantasien erkannt worden, durch welches Zeugnis der Sinne sie auch scheinbar bestätigt worden sein mochten. Es gibt etwas, was wahrer und wirklicher ist als das, was wir mit den Augen sehen und mit dem Finger berühren können. Auf solche besseren Beweise hatte Giovanni sein Vertrauen in Beatrice gegründet, auch wenn er sich dabei eher von der bezwingenden Macht ihrer guten Eigenschaften als von einem tiefen und großmütigen Glauben auf seiner Seite bestimmen ließ. Doch nunmehr vermochte sich sein Geist nicht mehr auf der Höhe zu halten, zu der ihn der anfängliche Enthusiasmus der Leidenschaft emporgetragen hatte; er sank hinab, wühlte im Schmutz irdischer Zweifel umher und besudelte damit die lichte Reinheit von Beatrices Bild. Nicht, daß er sie aufgegeben hätte; er war nur von Mißtrauen erfüllt. Er beschloß, sie einer entscheidenden Probe zu unterwerfen, die ihm ein für allemal Gewißheit darüber verschaffen sollte, ob es in ihrer physischen Natur jene schrecklichen Eigenarten gab, von denen man annehmen mußte, daß sie ohne eine entsprechende Entartung der Seele nicht existieren konnten. Was die Eidechse, das Insekt und die Blumen betraf, so hätten ihn bei der großen Entfernung seine Augen täuschen können. Wenn er jedoch in einem Abstand von nur wenigen Schritten das plötzliche Absterben einer einzigen frischen und gesunden Blume in Beatrices Hand beobachten könnte, dann wäre jede weitere Frage überflüssig. Mit diesem Gedanken eilte er zum Blumenladen und erstand einen Strauß, auf dem noch die Juwelen der morgendlichen Tautropfen funkelten.

Es war die gewohnte Stunde der täglichen Zusammenkunft mit Beatrice. Ehe Giovanni in den Garten hinabstieg, versäumte er es nicht, seine Gestalt im Spiegel zu betrachten – eine Eitelkeit, die bei einem schönen jungen Mann zu erwarten war, die aber, da sie in diesem aufgeregten und fieberhaften Augenblick zutage trat, auf eine gewisse Oberflächlichkeit des Gefühls und Unaufrichtigkeit des Charakters hindeutete. Jedenfalls blickte er in den Spiegel und sprach zu sich selber, daß nie vorher seine Züge eine so reiche Anmut, seine Augen ein solches Feuer und seine Wangen einen so warmen Schimmer überschäumenden Lebens besessen hatten.

„Zumindest", sagte er sich, „ist ihr Gift noch nicht in meinen Organismus eingedrungen. Ich bin keine Blume, die in ihrer Hand verdorrt!"

Bei diesem Gedanken wandte er seinen Blick dem Strauß zu, den er noch nicht aus der Hand gelegt hatte. Ein Schauer unbeschreiblichen Entsetzens durchzuckte seinen Körper, als er bemerkte, daß die betauten Blumen bereits die Köpfe hängen ließen; sie sahen aus wie etwas, was tags zuvor noch frisch und lieblich gewesen war. Giovanni wurde bleich wie Marmor und stand regungslos vor dem Spiegel, in dem er sein Abbild anstarrte wie die Erscheinung eines Ungeheuers. Ihm fiel Baglionis Bemerkung über den Duft ein, der angeblich das Zimmer erfüllte. Es mußte das Gift in seinem Atem gegewesen sein! Dann schauderte ihn – es schauderte ihn vor sich selbst! Aus seiner Erstarrung erwachend, beobachtete er mit neugierigen Augen eine Spinne, die eifrig damit beschäftigt war, ihr Netz am altertümlichen Gesims des Zimmers aufzuhängen, und das kunstvolle Gewebe der sich kreuzenden Fäden so tatkräftig und lebhaft hin und her spann wie nur je eine Spinne, die von einer alten Decke herabbaumelte. Giovanni beugte sich dem Tier entgegen und hauchte tief und lange seinen Atem aus. Die Spinne hielt plötzlich in ihrer Arbeit inne; das Netz erzitterte unter einem Beben, das vom Körper der kleinen Künstlerin ausging. Noch einmal stieß Giovanni seinen Atem aus, tiefer, länger und durchsetzt mit einem giftigen Gefühl, das aus seinem Herzen kam; er wußte nicht, ob es aus Bosheit oder nur aus Verzweiflung geschah. Die Spinne zuckte krampfhaft mit den Gliedern und hing tot über dem Fenster.

„Verfluchter! Verfluchter!" murmelte Giovanni, sich selber anredend. „Bist du schon so giftig geworden, daß dieses widerliche Tier durch deinen Atem verendet?"

Im selben Augenblick stieg der Klang einer vollen, süßen Stimme aus dem Garten empor: „Giovanni! Giovanni! Die Stunde ist schon angebrochen! Warum zögerst du? Komm herab!"

„Ja", murmelte Giovanni wieder. „Sie ist das einzige Geschöpf, das mein Atem nicht umbringen kann! Ich wollte, er könnte es!"

Er stürzte hinunter und stand einen Augenblick später vor Beatrices leuchtenden und liebevollen Augen. Eben noch wa-

ren sein Zorn und seine Verzweiflung so heftig in ihm aufge-
flackert, daß er nichts sehnlicher gewünscht hätte, als sie mit
einem Blick zu vernichten. Doch in ihrer unmittelbaren Gegenwart wurden Einflüsse spürbar, die zu wirklich waren,
als daß er sie sogleich hätte abschütteln können: Erinnerungen an die zarte und gütige Macht ihrer weiblichen Natur,
die ihn so oft in fromme Ruhe eingehüllt hatte; Erinnerungen
an so viele heilige und leidenschaftliche Ergießungen ihres
Herzens, wenn die lautere Quelle aus ihren Tiefen hervorbrach und sich in ihrer Klarheit seinem inneren Auge zu erkennen gab; Erinnerungen, welche Giovanni, wenn er sie zu
schätzen gewußt hätte, davon überzeugt haben würden, daß
dieses ganze häßliche Geheimnis nichts als eine irdische Täuschung und die wahre Beatrice ein himmlischer Engel war,
trotz des Nebels des Bösen, der sich über ihr zusammengezogen zu haben schien. Auch wenn er zu solch hohem Glauben
nicht fähig war, so hatte ihre Gegenwart doch noch nicht
gänzlich ihren Zauber verloren. Giovannis Wut wurde her-
abgemildert zu einem Ausdruck düsterer Empfindungslosig-
keit. Mit ihren wachen Sinnen spürte Beatrice sofort, daß sich
zwischen ihnen ein schwarzer Abgrund aufgetan hatte, den
weder er noch sie zu überschreiten vermochten. Sie gingen nebeneinander her, traurig und schweigsam, und kamen so zu
dem Marmorbrunnen und zum Teich, in dessen Mitte der
Busch mit den juwelengleichen Blüten wuchs. Giovanni erschrak, als ihm bewußt wurde, mit welchem Genuß – ja, mit
welchem Heißhunger – er den Duft der Blumen einatmete.

„Beatrice", fragte er unvermittelt, „woher stammt dieses
Gewächs?"

„Mein Vater hat es erschaffen", antwortete sie einfach.

„Erschaffen! erschaffen!" wiederholte Giovanni. „Was
meinst du damit, Beatrice?"

„Er ist auf eine erschreckende Weise vertraut mit den Geheimnissen der Natur", entgegnete Beatrice, „und in derselben Stunde, in der ich den ersten Atemzug tat, brach diese

Pflanze aus der Erde hervor, der Sproß seiner Wissenschaft, seines Geistes, während ich nur sein irdisches Kind war. Komm ihr nicht zu nah!" fuhr sie fort, als sie mit Schrecken bemerkte, daß Giovanni sich dem Busch nähern wollte. „Sie besitzt Eigenschaften, von denen du kaum etwas ahnst. Aber ich, liebster Giovanni – ich wuchs auf und erblühte mit dieser Pflanze und wurde genährt mit ihrem Atem. Sie war meine Schwester, und ich liebte sie mit menschlicher Zuneigung, denn – ach! hast du es nicht vermutet? – da war ein furchtbares Verhängnis."

Hier blickte Giovanni sie so finster an, daß sie innehielt und zu zittern begann. Doch ihr Glaube an seine zärtliche Liebe beruhigte sie wieder und ließ sie erröten, weil sie einen Augenblick an ihm gezweifelt hatte.

„Da war ein furchtbares Verhängnis", fuhr sie fort, „die Folge von meines Vaters unseliger Liebe zur Wissenschaft, die mich am Umgang mit meinesgleichen hinderte. Bis der Himmel mir dich gesandt hat, liebster Giovanni – oh, wie einsam war deine arme Beatrice!"

„War das ein schlimmes Verhängnis?" fragte Giovanni und blickte sie fest an.

„Erst seit kurzem weiß ich, wie schlimm es war", erwiderte sie zärtlich. „O ja, aber mein Herz war erstarrt und darum ruhig."

Aus Giovannis düsterer Bedrücktheit brach seine Wut hervor wie ein Blitzstrahl aus einer dunklen Wolke.

„Verfluchte!" schrie er voll bösartigem Hohn und Ingrimm. „Und weil dir deine Einsamkeit lästig wurde, hast du mich ebenfalls von der Wärme des Lebens getrennt und in dein Reich der unaussprechlichen Schrecken gelockt!"

„Giovanni!" rief Beatrice und wandte ihre großen leuchtenden Augen seinem Gesicht zu. Die Gewalt seiner Worte hatte ihre Seele noch nicht erreicht; sie war nur wie vom Donner gerührt.

„Ja, du giftiges Geschöpf!" fuhr Giovanni fort, vor Erregung außer sich. „Das hast du getan! Du hast mich zugrunde gerichtet! Du hast meine Adern mit Gift gefüllt! Du hast aus mir eine ebenso hassenswerte, häßliche, widerliche und todbringende Kreatur gemacht, wie du selber bist – ein Weltwunder von ungeheuerlicher Abscheulichkeit! Nun, wenn uns schon das Glück beschieden ist, daß unser Atem auf uns selber genauso tödlich wirkt wie auf andere, wollen wir unsere Lippen in einem einzigen Kuß unsäglichen Hasses vereinen und so sterben!"

„Was ist über mich gekommen?" murmelte Beatrice, und ein leises Stöhnen entrang sich ihrer Brust. „Heilige Jungfrau, erbarme dich meiner, eines armen Kindes mit gebrochenem Herzen!"

„Du! Du betest?" rief Giovanni, noch immer mit dem gleichen teuflischen Hohn. „Sogar die Gebete, die von deinen Lippen kommen, verpesten die Luft mit Tod. Ja, ja; laß uns beten! Gehen wir zur Kirche und tauchen wir unsere Finger in das geweihte Wasser am Portal! Die nach uns kommen, werden dann sterben wie an der Pest. Laß uns das Kreuzzeichen in der Luft machen! Sie wird den Fluch in der Gestalt des heiligen Symbols überallhin verbreiten!"

„Giovanni", sagte Beatrice ruhig, denn ihr Gram überstieg ihre Leidenschaft, „warum machst du dich mit mir gemein durch diese schrecklichen Worte? Ich, das ist wahr, ich bin das entsetzliche Wesen, als das du mich bezeichnest. Aber du! – was brauchst du anderes zu tun, als dich schaudernd von meinem gräßlichen Elend abzuwenden, fortzugehen aus diesem Garten, dich unter Menschen deines Schlages zu mischen und zu vergessen, daß auf Erden jemals ein solches Ungeheuer umherkroch wie die arme Beatrice?"

„Willst du dich unwissend stellen?" fragte Giovanni, der sie finster betrachtete. „Sieh her! Diese Macht verdanke ich der reinen Tochter Rappaccinis!"

Ein Schwarm sommerlicher Insekten schwirrte durch die Luft auf der Suche nach der Nahrung, die ihnen die Blumendüfte des verhängnisvollen Gartens verhießen. Sie umkreisten Giovannis Kopf und wurden offensichtlich aus dem gleichen Grund von ihm angezogen, der sie einen Augenblick lang in den Bannkreis verschiedener Büsche gelockt hatte. Er hauchte sie mit seinem Atem an und lächelte Beatrice bitter zu, als mindestens zwanzig Insekten tot zu Boden fielen.

„Ich sehe es! Ich sehe es!" schrie Beatrice auf. „Das ist die todbringende Wissenschaft meines Vaters! Nein, nein, Giovanni; ich war es nicht! Niemals, niemals! Ich habe nur davon geträumt, dich zu lieben und eine Weile mit dir zusammenzusein und dich dann gehen zu lassen, um nur dein Bild in meinem Herzen zu behalten. Denn, Giovanni, glaube mir, wenn auch mein Körper mit Gift ernährt worden sein mag, mein Geist ist Gottes Schöpfung und verlangt nach Liebe wie nach dem täglichen Brot. Doch mein Vater! – er hat uns in diesem entsetzlichen Bund der Sympathie vereint. Ja, verachte mich! – zertritt mich! – töte mich! Oh, was bedeutet schon der Tod nach solchen Worten aus deinem Mund? Aber ich war es nicht! Nicht um eine Welt der Wonne hätte ich das tun können!"

Giovannis leidenschaftliche Erregung hatte sich in ihrem Ausbruch erschöpft. Jetzt überkam ihn ein Gefühl der Trauer, vermischt mit Zärtlichkeit, über die innige und einzigartige Verbindung zwischen Beatrice und ihm. Sie standen da, gleichsam umfangen von einer äußersten Einsamkeit, die auch der heftigste Andrang menschlichen Lebens nicht hätte verschlimmern können. Doch hätte nicht die Wüste der Menschheit ringsum dieses verlassene Paar enger zusammenschließen müssen? Wenn die beiden grausam zueinander waren, wer sollte dann freundlich zu ihnen sein? Im übrigen, so dachte Giovanni, bestand denn für ihn nicht noch die Hoffnung, in die Grenzen der gewöhnlichen Natur zurückzukehren und dabei Beatrice – die erlöste Beatrice – an der Hand zu führen? O schwacher und selbstsüchtiger und unwürdiger Geist, der noch von der Möglichkeit einer irdischen Vereinigung und eines irdischen Glücks träumen konnte, nachdem eine so tiefe Liebe wie die Beatrices durch Giovannis zerstörerische Worte so bitter geschmäht worden war! Nein, nein; eine solche Hoffnung konnte es nicht geben. Beatrice mußte mit gebrochenem Herzen traurig die Schwelle der Zeitlichkeit überschreiten – sie mußte ihre Wunden in einer Quelle des Paradieses kühlen und ihren Gram im Licht der Unsterblichkeit vergessen – und *dort* wieder gesunden!

Aber Giovanni wußte das nicht.

„Liebe Beatrice", sagte er und trat auf sie zu, während sie wie stets bei seiner Annäherung zurückwich, doch diesmal aus einem anderen Grund, „liebste Beatrice, unser Schicksal ist noch nicht ganz so aussichtslos. Schau! Hier habe ich eine Arznei, die, wie mir ein weiser Arzt versichert hat, mächtig und fast göttlich in ihrer Wirkung ist. Sie besteht aus Ingredienzien, die jenen, mit denen dein entsetzlicher Vater dieses Unheil über dich und mich gebracht hat, genau entgegengesetzt sind. Sie wurde aus geweihten Kräutern destilliert. Sollten wir sie nicht gemeinsam trinken und uns so von allem Bösen befreien?"

„Gib sie mir!" sagte Beatrice, die Hand nach der kleinen Silberphiole ausstreckend, die Giovanni aus seinem Busen zog. Mit sonderbarem Nachdruck fügte sie hinzu: „Ich will davon trinken – aber warte du das Ergebnis ab."

Sie setzte Baglionis Gegengift an die Lippen, doch im selben Augenblick trat Rappaccinis Gestalt aus dem Portal hervor und kam langsam auf den Marmorbrunnen zu. Als der bleiche Mann der Wissenschaft sich näherte, schien er den schönen Jüngling und das Mädchen mit triumphierender Miene zu betrachten, wie ein Künstler, der sein Leben damit verbracht hat, ein Bild oder eine Statue zu schaffen, und am Ende mit seinem Erfolg zufrieden ist. Er blieb stehen – sein gebeugter Körper straffte sich in einer bewußten Anstrengung, und er breitete seine Hände über den beiden aus mit der Gebärde eines Vaters, der Segen auf seine Kinder herabfleht. Aber es waren dieselben Hände, die Gift in den Strom ihres Lebens geträufelt hatten! Giovanni zitterte. Beatrice erschauerte nervös und preßte eine Hand an ihr Herz.

„Meine Tochter", sagte Rappacini, „du bist nicht mehr einsam in der Welt! Pflücke einen dieser kostbaren Edelsteine von deiner Schwesterpflanze und fordere deinen Bräutigam auf, ihn an seiner Brust zu tragen. Das wird ihm jetzt nicht mehr schaden! Meine Wissenschaft und die Sympathie zwischen dir und ihm haben so tief auf seinen Organismus eingewirkt, daß er nun nichts mehr gemein hat mit gewöhnlichen Männern, so wie du, Tochter meines Stolzes und meines Triumphes, nichts mehr mit gewöhnlichen Frauen gemein hast. So wandert denn weiter durch die Welt, einander in höchster Liebe zugetan, doch allen anderen Menschen ein Grauen!"

„Mein Vater", sagte Beatrice mit schwacher Stimme – und während sie sprach, hielt sie noch immer die Hand auf ihr Herz gepreßt –, „warum hast du dieses elende Schicksal über dein Kind verhängt?"

„Elend!" rief Rappaccini aus. „Was meinst du damit, törichtes Mädchen? Hältst du es für ein Elend, daß du mit wunderbaren Gaben bedacht bist, gegen die keines Feindes Gewalt oder Stärke etwas ausrichten kann? Elend, daß du imstande bist, den Mächtigsten mit einem Atemzug zu vernichten? Elend, daß du ebenso schrecklich wie schön bist? Möchtest du denn lieber in der Lage einer schwachen Frau sein, die allem Übel ausgesetzt und zu keinem fähig ist?"

„Ich wäre gern geliebt und nicht gefürchtet worden", murmelte Beatrice, zu Boden sinkend. „Doch darauf kommt es jetzt nicht mehr an; ich gehe dorthin, Vater, wo das Böse, das du meinem Wesen einzuflößen bestrebt warst, vergehen wird wie ein Traum – wie der Duft dieser giftigen Blumen, der inmitten der Blumen des Paradieses meinen Atem nicht mehr verpesten wird. Lebe wohl, Giovanni! Deine haßerfüllten Worte sind wie Blei in meinem Herzen – aber auch sie werden von mir abfallen, wenn ich emporsteige. Oh, war nicht von Anfang an mehr Gift in deiner Natur als in der meinen?"

Da für Beatrice – so gründlich hatte Rappaccinis Kunst auf ihre irdische Hülle eingewirkt – Gift Leben bedeutet hatte, bedeutete das mächtige Gegengift ihren Tod. Und so starb das arme Opfer des menschlichen Scharfsinns, der hintergangenen Natur und jenes Verhängnisses, das alle solche Versuche entarteten Wissens begleitet, zu ihres Vaters und Giovannis Füßen. In diesem Augenblick schaute Professor Pietro Baglioni aus dem Fenster und rief mit einer Stimme, in der sich Triumph und Entsetzen mischten, dem wie vom Donner gerührten Mann der Wissenschaft zu: "Rappaccini! Rappaccini! Ist *dies* das Ergebnis Ihres Experiments?"

Main-Street

Ein würdig aussehender Mann macht eine Verbeugung und
wendet sich an das Publikum. Bei meinem täglichen Spaziergang auf der bedeutendsten Straße meiner Geburtsstadt habe
ich mir oft überlegt: Wenn man die Entwicklung dieser
Hauptverkehrsstraße seit ihrer Kindheit und die Mannigfaltigkeit der charakteristischen Szenen, die sich in den mehr als
zweihundert Jahren ihres Bestehens auf ihr abgespielt haben,
in einem abwechslungsreichen Panorama dem Auge darbie-
ten könnte, so wäre das eine ungemein wirkungsvolle Methode, den Gang der Zeit zu veranschaulichen. Um diese Idee
zu verwirklichen, habe ich eine Bilderfolge, etwa in der Art
eines Marionettentheaters, verfertigt, die es mir ermöglicht,
nur durch die Drehung einer Kurbel die vielgestaltige und
vielfarbige Vergangenheit vor dem Zuschauer wiedererstehen
zu lassen und ihm die Geister seiner Vorfahren im Ablauf der
historischen Ereignisse vorzuführen. Machen Sie sich das Vergnügen, meine Herrschaften, treten Sie ein und nehmen Sie
Platz vor diesem geheimnisvollen Vorhang! Die Rädchen und
Federn meiner Maschine sind bestens geölt; eine Vielzahl von
Puppen haben ihre Rollenkostüme angelegt und verkörpern
alle erdenklichen Moderichtungen, vom Umhang und Koller
der Puritaner bis zur neuesten Oak-Hall-Jacke; die Lampen
sind angezündet und werden hell aufleuchten wie die Mittagssonne oder verblassen wie das Mondlicht oder ihre Strahlen in einer Novemberwolke verhüllen, ganz wie es die jeweilige Szene erfordert; kurzum, die Vorstellung wird jeden Augenblick beginnen. Wenn nichts schiefgeht – wie beispielsweise die Verwechslung eines Bildes, wodurch die Menschen
und Begebenheiten eines Jahrhunderts mitten in ein anderes
versetzt würden, oder das Reißen eines Drahtes, das dem

Lauf der Zeit ein jähes Ende bereiten könnte –, falls derlei Mißgeschicke ausbleiben, die bei einem so komplizierten Mechanismus immerhin möglich sind, bin ich überzeugt, meine Damen und Herren, daß die Darbietung Ihren vollen Beifall finden wird.

Ding-a-ding-ding! ertönt die Glocke; der Vorhang geht auf, und wir erblicken – nein, nicht eigentlich die Main-Street, sondern das laubbedeckte Waldstück, durch welches sich später ihr staubiges Pflaster hinziehen soll.

Man erkennt auf den ersten Blick, daß dies der urtümliche und jungfräuliche, der ewig junge und altehrwürdige Wald ist, begrünt mit frischen Trieben und dennoch gleichsam ergraut unter dem Schnee unzähliger Jahre, der sich auf seinen ineinander verwobenen Zweigen gesammelt hat. Die Axt des weißen Mannes hat noch keinen einzigen Baum gefällt; sein Fuß hat noch kein einziges der welken Blätter zertreten, die der Herbst seit der Sintflut auf dem Boden aufgehäuft hat. Doch siehe! unter der Wölbung der herabhängenden Äste verläuft bereits ungefähr in ost-westlicher Richtung ein kaum ausgetretener Pfad, als ob sich eine Vorhersage oder Vorahnung der künftigen Straße ins Herz des feierlichen alten Waldes eingeschlichen hätte. Immer weiter erstreckt sich diese kaum wahrnehmbare Spur, die einmal über eine natürliche Bodenerhebung hinwegsteigt und ein andermal in einer Vertiefung sanft abfällt; hier schneidet sie sich mit einem Bächlein, das wie eine Schlange im Sonnenlicht glitzert und sich auf der Suche nach einem nahen Schlupfwinkel flink im Unterholz verbirgt; dort stellt sich ihr der massige Leib eines Urwaldriesen in den Weg, der seine unberechenbare Lebensspanne durchmessen hat und vor schierer Altersschwäche umgesunken ist und nun in der jungen Vegetation begraben liegt, welche aus seinen Überresten hervorwächst. Welche Füße haben wohl diesen Pfad gebahnt, der fast nicht zu sehen ist? Horch! Hören wir sie jetzt nicht leise im Laub rascheln? Wir gewahren eine Indianerin – eine majestätische, königliche

Frau, sofern ihr geisterhaftes Abbild sie getreulich wiedergibt –, denn dies ist die große Squaw Sachem, die zusammen mit ihren Söhnen von der mythischen Frühzeit bis hin zu Agawam herrschte. Der rote Häuptling, der an ihrer Seite einherschreitet, ist Wappacowet, ihr zweiter Gemahl, der Priester und Zauberer, dessen Gesänge später die bleichgesichtigen Siedler mit grausigen Phantomen erschrecken wird, welche zu mitternächtlicher Stunde im Walde tanzen und schreien. Doch größer noch wäre das Entsetzen des indianischen Geisterbeschwörers, wenn er auf der spiegelnden Oberfläche des Teichs zu seinen Füßen die gleißenden Wunderwerke vorhersehen könnte, die der weiße Mann einst errichten wird; wenn er wie im Traum die steinerne Fassade der stattlichen Halle erblicken könnte, die ihren Schatten auf ebendieses Fleckchen Erde werfen wird; wenn er wüßte, daß das künftige Gebäude ein vornehmes Museum beherbergen wird, in dem neben zahllosen Schätzen der Erde und des Meeres auch ein paar indianische Pfeilspitzen als Hinterlassenschaft einer untergegangenen Rasse aufbewahrt werden!

Keinerlei Vorahnungen solcher Art beunruhigen die Squaw Sachem und Wappacowet. Sie ziehen weiter im Schattengewirr der Bäume, unterhalten sich hochgemut über Angelegenheiten des Staates und der Religion und bilden sich ohne Zweifel ein, ihre Weltordnung werde auf ewig fortbestehen. Noch ist die Landschaft, die sie umgibt, erfüllt von naturgegebenem Leben. Das Grauhörnchen rennt an den Baumstämmen empor und raschelt im hohen Geäst. Sprang dort nicht ein Hirsch davon? Und jetzt ist der surrende Flügelschlag eines Rebhuhns zu hören. Ich meine sogar das grausame, tückische Auge eines Wolfs zu erkennen, der sich in das undurchdringliche Dickicht da drüben zurückzieht. Hier also, inmitten der rauschenden Bäume, wandeln die Indianerkönigin und der Indianerpriester, während die Schwermut der weiten Wildnis über ihnen schwebt und deren düsteres Geheimnis wie etwas Übernatürliches anrührt; und nur selten dringen für einen Augenblick zitternde Streifen Sonnenlicht hinab und lassen die Federn im dunklen Haar der beiden aufschimmern. Ist es möglich, daß jemals die dichtbevölkerte Straße einer Stadt in diese dämmerige Einsamkeit – über diese stillen Haufen der vermodernden Baumstümpfe und durch die von grünem Quellmoos bedeckten sumpfigen Stellen – führen und das chaotische Gewirr der großen Bäume durchdringen wird, die ein Wirbelsturm entwurzelt und durcheinandergeworfen hat? Dies ist eine Wildnis seit Urbeginn der Schöpfung. Darf sie nicht eine Wildnis bleiben in alle Ewigkeit?

Hier, in diesem frühen Stadium der Vorführung, beginnt ein grämlicher Herr, der eine blaue Brille mit Bügeln aus Berliner Stahl trägt und am äußersten Ende der ersten Reihe sitzt, bereits seine Kritik zu äußern.

„Das Ganze ist eine üble Geldschneiderei", bemerkt er nicht gerade leise. „Die Bäume sehen eher wie Unkraut im Garten aus denn wie ein Urwald; die Squaw Sachem und Wappacowet haben steife Pappgelenke, und die Eichhörnchen, der Hirsch und der Wolf bewegen sich mit der Anmut eines Spielzeugäffchens aus Holz, das an einem Stock rauf- und runterrutscht."

„Ich bin Ihnen für Ihre offene Meinungsäußerung sehr verbunden, Sir", erwidert der Vorführer mit einer Verneigung. „Vielleicht haben Sie recht. Die menschliche Kunst hat ihre Grenzen, und deshalb müssen wir die Zuschauer bitten, uns hin und wieder mit ihrer Phantasie ein wenig zu Hilfe zu kommen."

„Von mir können Sie eine solche Hilfe nicht erwarten", entgegnet der Kritiker. „Es ist meine Art, die Dinge so zu sehen, wie sie sind. Doch los! Machen Sie weiter! Die Bühne wartet."

Die Vorstellung geht weiter.

Als wir den Blick wieder der Bühne zuwenden, bemerken wir, daß inzwischen Fremde in die Einsamkeit vorgedrungen sind. An mehreren Stellen zwischen den Bäumen blitzen erhobene Äxte in der Sonne auf. Roger Conant, der erste Siedler von Naumkeag, hat schon vor Monaten seine Hütte am Rand des Waldpfades errichtet, und in diesem Augenblick durchquert er gerade mit geschulterter Flinte in östlicher Richtung die Waldkulisse, beladen mit den besten Stücken eines erlegten Hirsches. Seine stämmige Gestalt, bekleidet mit einem ledernen Wams und einer Hose aus demselben Material, schreitet unbeirrt einher und strahlt so viel physische Kraft und Energie aus, daß man fast meinen möchte, selbst die Bäume würden zur Seite treten, um ihm Platz zu machen. Und das müssen sie in der Tat; denn so bescheiden auch die Rolle ist, die Roger Conant in der Geschichte gespielt hat, er gehört dennoch zu jenen Männern, welche im Gefüge des menschlichen Daseins ihren Platz nicht nur finden, sondern sich selber schaffen: Als ein ebenso bedächtiger wie tatkräftiger Mann hat er den Keim zu einer Stadt gelegt. Dort steht seine Behausung, deren rohe Architektur manche Eigenheiten des indianischen Wigwams und manche des Blockhauses aufweist und auch etwas von den strohgedeckten Landhäusern im alten England hat, wo dieser wackere Bauer geboren und aufgewachsen ist. Die Wohnstätte ist von einer einige Morgen großen Rodung umgeben, auf der zwischen Baumstümpfen der Mais prächtig gedeiht und die ringsum begrenzt wird durch den dunklen Wald, welcher schweigend und feierlich darauf herabzustarren scheint, als wundere er sich über die Fülle des Sonnenlichts, die der weiße Mann um sich verbreitet. Ein Indianer, halb verborgen im dämmrigen Schatten, starrt ebenfalls verwundert herüber.

In der Tür der Hütte erkennt man die Ehefrau mit den rosigen Wangen der Engländerin. Gewiß singt sie zu ihrer Hausarbeit eine Psalmenweise; oder sie seufzt vielleicht in der Erinnerung an den fröhlichen Klatsch und Tratsch und das ganze gesellige Leben in ihrem Heimatdorf jenseits des unermeßlichen, melancholischen Ozeans. Doch im nächsten Augenblick lacht sie mit verständnisinniger Freude über das muntere Treiben ihrer kleinen Kinderschar und wendet sich gleich darauf erwartungsfroh um, als sie die Schritte ihres Mannes vernimmt, die sich der rohbehauenen Schwelle nähern. Wie köstlich muß es für jene sein, die wie Roger Conant und seine Frau ein Paradies in ihrem Herzen tragen, wenn sie, wie diese beiden, eine neue Welt entdecken, in der sie dieses Paradies verwirklichen können, anstatt in den altangestammten Wohnstätten der Menschen zu leben, wo schon so viele Herdfeuer angezündet wurden und wieder erloschen sind, daß selbst die leuchtenden Farben des Glücks etwas von ihrem Glanz verloren haben! Dieses Paar bewohnt sein wildes Paradies keineswegs allein; denn jetzt kommt die Gevatterin Massey, die junge Frau von Jeffrey Massey, die einen Säugling an der Brust trägt, aus ihrem nahegelegenen Haus. Conants Frau hat ein Kind gleichen Alters; und aus diesem Umstand wird sich später einmal die historisch bedeutsame Streitfrage ergeben, welches der beiden Babys in der neuen Stadt als erstes das Licht der Welt erblickt hat.

Doch seht! Roger Conant hat noch mehr Nachbarn, die in seiner Sichtweite wohnen. Peter Palfrey hat sich ebenfalls ein Haus gebaut, desgleichen Balch und Norman und Woodbury. Ihre Behausungen scheinen – das bewirkt die sinnreiche Konstruktion dieser mechanischen Bilderschau – vor unseren Augen an verschiedenen Stellen der Kulissen aus dem Boden gewachsen zu sein. Der von den Nagelschuhen der kräftigen und gewichtigen Engländer immer stärker ausgetretene Waldweg hat inzwischen so scharfe Konturen angenommen, wie sie selbst die hundertfache Zahl leichter Indianermokassins niemals hätte hervorbringen können. Schon bald wird er zu einer Straße werden. Im Augenblick verbindet er indes nur eine Rodungsfläche mit der anderen; er führt durch schattige Waldstücke und über sonnenbeschienene Lichtungen, zeichnet sich aber bereits überall als eine klare Linie ab, an der sich menschliche Geschäftigkeit zu entfalten beginnt. Bei dem Sumpfloch da drüben hat man zwei Bäume gefällt und so nebeneinandergelegt, daß sie einen Übergang bilden. An einer anderen Stelle hat die Axt ein wirres Durcheinander umgestürzter Bäume und ineinander verhedderter Äste beseitigt, das ein Hurrikan verursacht hatte. Die kleinen Kinder, die gerade laufen gelernt haben, stolpern jetzt nur noch selten über ein Hindernis, solange sie nicht von dem Pfad abweichen, um unter den Bäumen Waldbeeren zu suchen. Und neben den Füßen der Erwachsenen und der Kinder tragen die gespaltenen Hufe der kleinen Rinderherde, die das wildwachsende Gras abweidet, das Ihrige dazu bei, daß die Trasse der künftigen Hauptstraße immer tiefer ausgetreten wird. Auch Ziegen weiden hier und beknabbern die Zweige, die über dem Weg hängen. An den entlegeneren Stellen, wo der schwarze Schatten des Waldes die Fußspuren der Menschen zu verhüllen trachtet, schleicht nicht selten ein abgemagerter Wolf umher, der einem Zicklein oder Kälbchen auflauert oder mit gierigen Augen die beerensammelnden Kinder verschlingt, auf die er sich am liebsten stürzen würde. Und die Indianer, die aus ihren fernen Wigwams hierherkommen, um sich die Siedlung des weißen Mannes anzuschauen, betrachten staunend die tiefe Spur, die er bereits hinterlassen hat, und vielleicht überkommt sie Trauer bei dem flüchtigen Gedanken, daß dieser schwere Schritt sich dereinst einen Weg durch das ganze Land bahnen und die wilden Wälder, den wilden Wolf und den wilden Indianer gleichermaßen zertreten wird. Genauso wird es kommen. Das Pflaster der Main-Street muß über das Grab des roten Mannes hinwegführen.

Schaut! Das ist ein Schauspiel, das von einem Trompetenstoß angekündigt werden sollte, falls Naumkeag jemals solche heitere Musik vernommen hat, und vom Donner der Kanonen, der in den Wäldern widerhallt. Eine Prozession – diese Bezeichnung verdient sie sehr wohl, da sie eine neue Epoche in der Geschichte der Straße einleitet –, eine Prozession zieht auf dem Pfad näher. Das gute Schiff Abigail ist aus England eingetroffen und hat Waren und Güter für die Bequemlichkeit der Siedler und den Handel mit den Indianern mitgebracht; es hat auch Menschen mitgebracht und, was das wichtigste ist, einen Gouverneur für die neue Niederlassung. Roger Conant und Peter Palfrey haben sich mit ihren Gefährten zur Küste begeben, um ihn willkommen zu heißen; und jetzt geleiten sie mit soviel Pomp und Triumph, wie ihre rauhe Lebensart zuläßt, die vom Meer angespülten Einwanderer zu ihren Häusern. Als Endicott die Bühne betritt, vereinigen zwei altehrwürdige Bäume ihre Zweige hoch über seinem Haupt und bilden so einen Triumphbogen aus lebendem Grün, unter dem er mit seiner Frau, die sich an seinen Arm lehnt, stehenbleibt, um den ersten Eindruck der neuen Heimat in sich aufzunehmen. Die alten Siedler betrachten ihn nicht weniger eindringlich, als er den altersgrauen Wald und den unebenen Boden der Rodungen betrachtet. Ihnen gefällt sein bärtiges Gesicht, das von dem breitkrempigen und spitzen Puritanerhut beschattet wird – ein entschlossenes, ernstes und gedankenvolles Gesicht, in dem gleichwohl jene heitere Stimmung aufleuchten kann, die charakterstarke Menschen befähigt, die ihnen gestellten Aufgaben fröhlich anzupacken. Auch seine Gestalt, wie man sie hier vor sich sieht, angetan mit einem Wams und einer Kniehose aus düsterem Tuch, ist von männlichem Zuschnitt, so recht geeignet, Mühen und Entbehrungen auf sich zu nehmen, aber auch geeignet, das schwere Schwert zu führen, das am Ledergurt hängt. Seine Erscheinung ist eine bessere Empfehlung für das Herrscheramt als die pergamentene Bestallungsurkunde, die er bei sich trägt, auch wenn ihr das große Siegel des Londoner Rats noch soviel Gewicht verleiht. Peter Palfrey nickt Roger Conant zu. „Der hochwürdige Beirat hat weise gehandelt", meinen sie beide. „Er hat unter tausend den richtigen Mann zu unserem Gouverneur gewählt." Dann werfen sie ihre Hüte in die Luft – sie und all ihre ungehobelten Gefährten, von denen die meisten gegerbte Tierhäute tragen, weil ihre alten Kleider aus billigem Woll- und Halbleinenzeug in den vielen

Monaten längst zerfetzt und zerrissen sind –, sie alle werfen ihre Hüte hoch und begrüßen ihren neuen Gouverneur und Anführer mit einem herzhaften englischen Willkommensruf. Wir hören ihn geradezu mit eigenen Ohren, so vollkommen ist dieser Vorgang in diesem lebensechten, diesem fast magischen Bild dargestellt.

Doch habt ihr die Dame bemerkt, die sich an Endicotts Arm lehnt? – eine schöne Rose aus einem englischen Garten, die nun in frischeres Erdreich verpflanzt werden soll. Es mag sein, daß viele Jahre – ja, Jahrhunderte – nach dem Dahinwelken dieser anmutigen Blüte andere Blumen derselben Art aus demselben Boden hervorwachsen und andere Generationen mit vererbter Schönheit erfreuen werden. Plagt uns diese Vision nicht schon jetzt? Hat nicht die Natur die Form unversehrt bewahrt, weil sie es bedauern würde, wenn sich das Urbild für immer den Blicken der Menschen entzöge, nachdem es nur ein einziges Mal irdische Gestalt angenommen hat. Erkennen wir nicht im Antlitz jener schönen Frau das Modell der Gesichter, die in Augenblicken des Glücks noch immer dort erstrahlen, wo damals ein Waldpfad war, inzwischen aber längst eine belebte Straße entstanden ist?

„Das ist zu albern! einfach unerträglich!" murrt derselbe Kritiker, der schon vorher sein Mißfallen geäußert hat. „Man zeigt uns eine Pappfigur, wie sie ein Kind mit einer sehr stumpfen Schere ausschneiden könnte, und dieser Kerl verlangt von uns, wir sollen darin das Musterexemplar der vererbten Schönheit erblicken!"

„Aber Sie sehen das Ganze nicht aus dem richtigen Blickwinkel, Sir", bemerkte der Vorführer. „Sie sitzen viel zu nahe und haben deshalb nicht den besten Eindruck von meiner Bilderschau. Ich wäre Ihnen sehr verbunden, wenn Sie auf dieser anderen Bank Platz nähmen; und ich kann Ihnen versichern, daß das Schauspiel dank der richtigen Verteilung von Licht und Schatten dann einen völlig anderen Effekt machen wird."

„Pah!" entgegnet der Kritiker. „Ich brauche kein anderes Licht und keinen anderen Schatten. Ich habe Ihnen bereits gesagt, daß es meine Art ist, die Dinge so zu sehen, wie sie sind."

„Ich möchte den Urheber dieser kunstreichen Darbietung darauf hinweisen", läßt sich ein vornehmer Herr vernehmen, der sich bisher sehr interessiert gezeigt hat, „ich möchte darauf hinweisen, daß Anna Gower, die erste Frau von Gouverneur Endicott, die mit ihm aus England kam, keine Nachkommen hinterlassen hat und daß wir es folglich nicht dieser ehrenwerten Dame zu verdanken haben, wenn heutzutage Muster an weiblicher Schönheit unter uns weilen."

Der Vorführer hat gegen diese genealogische Klarstellung nichts einzuwenden und verweist wieder auf das Szenenbild.

Während dieser kleinen Unterbrechung hat augenscheinlich die angelsächsische Tatkraft, wie man heute zu sagen pflegt, auf der Bühne vor uns einiges zuwege gebracht. Aus so vielen Schornsteinen steigt jetzt Rauch zum Himmel empor, daß fast schon der Eindruck einer Dorfstraße entsteht, obgleich alles noch so kunstlos und unvollkommen wirkt, daß man meinen möchte, eine einzige Welle der sich aufbäumenden wilden Natur könne es wieder hinwegschwemmen. Doch in der Mitte des Bildes ist bereits das eine Bauwerk zu sehen, das diesem kühnen Unternehmen Dauer verheißt. Dort steht das Bethaus, ein kleines Gebäude mit niedrigem Dach und ohne Glockenturm, errichtet aus frischbehauenen rohen Balken, die noch voller Saft sind und an denen hier und da noch ein Stück Rinde hängt. Ein schlichterer Tempel ist der Verehrung der Gottheit wohl nie geweiht worden. Es ist merkwürdig, daß Menschen, die doch die Alternative hatten, unter dem ehrfurchtgebietenden Gewölbe des Firmaments niederzuknien, in dieses enge Loch kriechen und dort an die Gegenwart Gottes glauben konnten. So könnte man sich zumindest die Empfindungen dieser Waldsiedler vorstellen, die es gewohnt waren, unter den verschwebenden Bögen riesiger Kathedralen zu stehen oder ihre althergebrachte Gottesverehrung in den alten efeuumrankten englischen Dorfkirchen darzubringen, in deren Umkreis die Gebeine ihrer Vorfahren aus vielen Generationen ruhten. Wie konnten sie auskommen ohne die geschnitzten Altäre? ohne die gemalten Fenster, durch die das Licht eines gewöhnlichen Tages geheiligt wurde, wenn es die glorreichen Gestalten der Heiligen durchdrang? ohne das hohe Dach, das, wie man annehmen darf, von den Gebeten durchtränkt war, die seit Jahrhunderten zum Himmel emporgestiegen waren? ohne den vollen Klang der feierlichen Orgel, der die Schiffe durchhallte, die ganze Kirche erfüllte und die Seele auf einer Woge hörbarer Frömmigkeit entrückte? Sie brauchten nichts von alledem. Ihr Andachtshaus war, wie ihre Liturgie, nackt, einfach und streng. Aber die Inbrunst eines wiedererstarkten Glaubens brannte gleich einer Lampe in ihren Herzen und verschönerte alles, was sie umgab, mit ihren Strahlen; sie verwandelte diese neuen Wände und diesen engen Raum in ihre eigene Kathedrale und barg in sich selbst jene spirituellen Geheimnisse und Erfahrungen, für welche eine sakrale Architektur, gemalte Kirchenfenster und die großartige Feierlichkeit der Orgel nur ferne und unvollkommene Symbole sind. Nach einer Weile jedoch, noch zu ihren Lebzeiten oder in der nachfolgenden Generation, begannen diese Lampen schwächer oder mit einem weniger echten Glanz zu brennen; und dann erwies es sich, wie hart, kalt und beschränkt ihr Dasein war – wie sehr das, was sie Freiheit nannten, einem eisernen Käfig glich!

Genug davon! Schaut wieder auf das Bild und seht, wie die vorgenannte angelsächsische Tatkraft nun über die Straße dahinzieht und mit ihren kräftigen Schritten eine regelrechte Wolke von Staub emporwirbelt. Denn dort bauen gerade die Zimmerleute ein neues Haus, dessen Gebälk in England aus englischer Eiche gefertigt und zusammengepaßt wurde und das an Bord eines Schiffes herüberkam; und hier vollführt ein Schmied ein gewaltiges Getöse auf seinem Amboß, auf dem er Werkzeuge und Waffen in Form hämmert; und da drüben setzt ein Stellmacher, der sich rühmt, ein Londoner Handwerker zu sein, der sein Metier regelrecht erlernt hat, eine Garnitur Wagenräder zusammen, deren Spuren schon bald zu sehen sein werden. Der Urwald weicht immer mehr zurück; die Straße hat den aromatischen Duft der Kiefern und der Ambersträucher verloren, die einst unter ihnen wuchsen. Die zarten und bescheidenen Wildblumen, diese sanften Kinder der unberührten Natur, die bleich im alles verhüllenden Schatten standen, sind eingegangen und verschwunden, wie Sterne, die im hellen Licht erlöschen. Die Gärten sind eingezäunt und prunken mit Kürbisbeeten, Reihen von Kohl und sogar, obwohl der Gouverneur wie der Pfarrer dies mißbilligen, mit breitblättrigen Tabakspflanzen, welche die Züchter nur heimlich oder überhaupt nicht genießen dürfen. Seit einem Jahr hat man keinen Wolf mehr heulen hören oder um die Häuser schleichen sehen, ausgenommen jenen Einzelgänger, dessen grauer Kopf, unter dem sich eine Blutlache gebildet hat, jetzt über dem Eingang des Bethauses hängt. Die Rebhühner laufen schon lange nicht mehr über den vielbegangenen Weg. Von all den wilden Lebewesen, die einst hier anzutreffen waren, kommen nur noch die Indianer in die Siedlung, um die Felle von Bibern und Ottern, von Bären und Wapitis zu bringen, die sie bei Endicott gegen Waren aus England eintauschen. Und dort ist der kleine John Massey zu sehen, der Sohn von Jeffrey Massey und der Erstgeborene von Naumkeag, ein Kind von sechs oder sieben Jahren, das neben der Schwelle seines Vaterhauses spielt. Welches Kind ist wohl am besten gediehen – die Stadt oder der Knabe?

Die Roten haben längst gemerkt, daß sie die Straße nicht mehr frei benutzen dürfen, es sei denn mit Duldung und Erlaubnis der Siedler. Um ihnen Respekt vor der Macht der Engländer einzuflößen, veranstaltet die städtische Miliz oftmals Appelle und Übungen und die gepanzerte Truppe eine eindrucksvolle Parade, so wie die, welche wir soeben die

Straße hinaufziehen sehen. Da kommen sie, fünfzig Mann oder mehr, alle mit blankpolierten Brustpanzern und Stahlkappen, die kühn in der Sonne blitzen; sie haben ihre schwergewichtigen Musketen geschultert, ihre Schärpen um die Hüften geschlungen und halten ihre brennenden Lunten in der Hand, und vorneweg spielen die Trommler und Pfeifer eine fröhliche Weise. Seht! schreiten sie nicht einher wie echte Krieger? Agieren sie nicht wie Soldaten, die sich auf den Schlachtfeldern bewährt haben? Das ist durchaus nicht zuviel gesagt; denn diese Schar besteht aus genau dem gleichen Material wie jene, mit der Cromwell die Macht eines Königshauses niederzuzwingen sich anschickt; und sein berühmtes Regiment der „Eisenseiten" könnte sich aus ebensolchen Männern rekrutieren. In jeder Hinsicht war Neu-England damals die Quintessenz und Blüte dessen, was im Mutterland die Oberhand gewinnen sollte. Manch ein mutiger und weiser Mann mußte auf den Ruhm verzichten, der ihm in der englischen Geschichte zugewachsen wäre, weil er mit unseren Vorfahren den Atlantik überquerte. Manch ein tapferer Offizier, der sich in den Schlachten von Marston Moor oder Naseby ausgezeichnet hätte, vergeudete seinen kriegerischen Eifer als Kommandant eines aus Holzstämmen errichteten Forts, wie es jenes war, das man jetzt auf dem sanft ansteigenden Gelände rechts vom Weg erblickt – seine Fahnen flattern im Wind, und die todbringenden Mündungen der Feldschlangen und Kanonen starren über die Brustwehr hinweg.

In großer Zahl kamen nunmehr die Menschen nach Neu-England; manche, weil das alte, schwere Gefüge von Kirche und Staat über ihren Häuptern zusammenzubrechen drohte; andere, weil sie angesichts eines solchen Niedergangs verzweifelten. Unter denen, die nach Naumkeag kamen, befanden sich historische und legendäre Gestalten, deren Füße auf allen Wegen, die sie beschritten, eine leuchtende Spur hinterlassen haben. Ihr sollt ihre lebenswahren Abbilder – oder ihre Schemen, wenn ihr so wollt – schauen, wie sie auf der Main-

Street umhergehen, wie sie einander mit einem vertraulichen Nicken begrüßen, wie sie stehen bleiben, um sich zu unterhalten, wie sie beten, Waffen tragen, arbeiten oder von der Arbeit ausruhen. Hier kommt gerade Hugh Peters, ein ernster, ruheloser Mann, der rasch ausschreitet, als würde er angetrieben von jenem naturgegebenen Betätigungsdrang, der ihn später in gefährliche Auseinandersetzungen verwickelte, der ihn zum Kaplan und Ratgeber Cromwells aufsteigen ließ und ihm schließlich ein blutiges Ende bereitete. Vor dem Bethaus hält er inne, um einen Gruß mit Roger Williams auszutauschen, dessen Gesicht, wie mir scheint, eine sanftere, freundlichere und großzügigere Gesinnung verrät als das von Peters und der dennoch nicht weniger eifrig für das eintritt, was er für den Willen Gottes oder das Wohl der Menschheit hält. Und seht! hier tritt ein Gast Endicotts auf, der aus den Wäldern kommt, durch welche ihn der Weg von Boston geführt hat und die mit ihrem rauhen Geäst seine Kleider zerrissen und ihm mit ihren Sümpfen und Bächen die Füße durchnäßt haben. Doch in der milden und ehrwürdigen, wenngleich keineswegs greisenhaften Erscheinung von Gouverneur Winthrop liegt etwas – Anstand und Ausgeglichenheit –, was die Unordnung seines Aufzugs vergessen macht und bei uns den Eindruck erweckt, als hätte er ein ebenso feierliches und kostbares Gewand angelegt, wie er es vermutlich in der Ratsversammlung der Kolonie getragen hat. Ist dieser Charakterzug nicht wunderbar ausgeprägt in unserer geisterhaften Darstellung seiner Person? Aber wer ist denn dieser Würdenträger, der gerade die Straße überquert, um den Gouverneur zu begrüßen? Eine eindrucksvolle Persönlichkeit in seinem dunklen Samtmantel, mit einem grauen Bart und einer goldenen Kette, die über seiner Brust hängt; sie hat das gebieterische Gehabe eines Mannes, der den höchsten Rang in der bedeutendsten aller Städte bekleidet. Von allen Männern der Welt hätten wir ihn, den Lord Mayor von London – was Sir Richard Saltonstall mehrfach gewesen ist –, in einer waldumschlossenen Siedlung der westlichen Wildnis am wenigsten anzutreffen gehofft.

Weiter unten auf der Straße sehen wir Emanuel Downing, einen bedächtigen und ehrenwerten Bürger, und seinen Sohn George, einen Grünschnabel, der noch eine große Karriere vor sich hat; sein wandlungsfähiger und flinker Charakter und sein weites Gewissen werden ihm nicht nur den Aufstieg sichern, sondern ihn auch vor dem Sturz bewahren. Dort steht eine weitere Gestalt, auf deren charakteristisches Äußeres und ausdrucksvolle Gebärden ich gerne den Ruf meiner Marionettenschau gründen will. Habt ihr nicht schon den absonderlichen, verschmitzten Humor in diesem Gesicht entdeckt – die Verschrobenheit im Benehmen – eine gewisse unbeschreibliche Eigenwilligkeit –, kurzum, all die Merkmale eines Originals, die zwar unverkennbar ausgeprägt sind, aber durch einen Sinn für klerikale Selbstbeherrschung zurückgedrängt werden? Dies ist Nathaniel Ward, der Pfarrer von Ipswich, der allerdings bekannter geworden ist als der einfache Flickschuster von Agawam. Er nagelte seine Sohlen so gewissenhaft und nähte das Oberleder so solide, daß seine Schuhe noch fast wie neu sind, obwohl sie bereits vor rund zweihundert Jahren weggeworfen wurden. Als nächsten erkennen wir unter diesen Puritanern und „Rundköpfen" das Musterbeispiel eines Kavaliers, und zwar an der gedrehten Schmachtlocke, dem phantastisch gestutzten Bart, dem gestickten Wams, dem Zierdegen, dem vergoldeten Dolch und all den anderen stutzerhaften Attributen, welche die tollkühnen Galane auszeichneten, die für die Sache König Karls so unbesonnen ins Verderben ritten. Das ist Morton von Merry Mount, der gekommen ist, um sich mit Endicott zu beraten, aber schon bald dessen Gefangener sein wird. Die bleiche, abgezehrte Frau im weißen Gewand, die dort drüben langsam durch die Straße gleitet, ist Lady Arabella, die ihr eigenes Grab in der jungfräulichen Erde sucht. Die andere weibliche Gestalt, die inmitten einer angespannt lauschenden Gruppe das Wort zu führen scheint – man könnte fast meinen, daß sie predige oder doziere –, das ist Ann Hutchinson. Und hier kommt Vane.

„Aber, mein werter Herr", ruft derselbe Herr dazwischen, der vorhin das genealogische Wissen des Vorführers in Frage gestellt hat, „gestatten Sie mir zu bemerken, daß diese historischen Persönlichkeiten unmöglich auf der Main-Street zusammengetroffen sein können. Sie alle haben vielleicht oder sogar wahrscheinlich irgendwann einmal unsere alte Stadt besucht, aber niemals gleichzeitig; Sie haben sich hier Anachronismen zuschulden kommen lassen, die mich mit Schaudern erfüllen!"

„Der Bursche", fügt der ziemlich unhöfliche Kritiker hinzu, „hat eine lange Reihe von historischen Namen auswendig gelernt, die er jetzt kunterbunt in sein sogenanntes Puppenspiel hineinstopft, ohne sich darum zu scheren, ob diese Leute Zeitgenossen waren oder nicht – er schmeißt sie einfach zusammen. Hat man eine solche Unverschämtheit schon jemals erlebt? Wenn man sich seinen laufenden Kommentar anhört, sollte man meinen, diese schäbigen angemalten Pappstückchen, die kaum die entfernteste Ähnlichkeit mit einer menschlichen Gestalt aufweisen, hätten die Größe und Ausdruckskraft von Michelangelos Bildern. Nun denn! Fahren Sie fort, Sir!"

„Sir, Sie zerstören die Illusion der Vorstellung", wendet der Vorführer schüchtern ein.

„Illusion! Was für eine Illusion?" entgegnet der Kritiker mit einem verächtlichen Schnauben. „Beim Wort eines Gentleman, ich entdecke keine Illusion in dem jämmerlich beschmierten Stück Leinwand, das Ihren Hintergrund darstellt, oder in diesen Pappschnipseln, die davor herumtanzen. Die einzige Illusion, mit Verlaub, sind die Worte des Puppenspielers – und die ist obendrein eine schlimme Enttäuschung!"

„Wir, die wir in der Öffentlichkeit auftreten", erwidert der Vorführer sanftmütig, „müssen zuweilen auf schonungslose

Kritik gefaßt sein. Doch nur zu Ihrem eigenen Vergnügen, Sir, möchte ich Sie ersuchen, sich einen anderen Platz zu suchen. Setzen Sie sich weiter hinten, neben die junge Dame, in deren Gesicht sich, wie ich beobachtet habe, jede einzelne Szene widerspiegelt. Machen Sie mir die Freude, dort Platz zu nehmen, und ich gebe Ihnen mein Wort drauf, daß die Pappstückchen echtes Leben gewinnen und daß die beschmierte Leinwand zu einem ätherischen und abwechslungsreichen Abbild dessen wird, was sie darzustellen vorgibt.“

„Das weiß ich besser“, versetzt der Kritiker und macht es sich mit verstockter, aber selbstzufriedener Unbeweglichkeit wieder auf seinem Platz bequem. „Und was mein Vergnügen angeht, so kann ich es am besten beurteilen, wenn ich genau dort bleibe, wo ich bin.“

Der Vorführer verneigt sich und winkt mit der Hand; und auf dieses Zeichen hin, als ob der Wandel der Zeiten auf seine Genehmigung zum Weitermachen gewartet hätte, erwacht die Straße auf der Bühne zu neuem Leben.

Jahre sind über unseren Schauplatz hinweggegangen und haben den Waldweg in eine staubige Durchgangsstraße verwandelt, die von Gassen und Querstraßen geschnitten wird und mit einigem Recht schon als Main-Street bezeichnet werden kann. Auf vielen Grundstücken, wo einst die Blockhütten standen, in denen die ersten Siedler Zuflucht suchten, sind jetzt Häuser von merkwürdiger Bauart emporgewachsen. Diese späteren Gebäude sind zwar, wie man sieht, in einem einheitlichen Stil gehalten, weisen aber im einzelnen eine solche Mannigfaltigkeit auf, daß die Neugier des Betrachters geweckt wird und jedes Bauwerk, genauso wie der Charakter seines Besitzers, einen eigentümlichen, unverwechselbaren Eindruck hervorruft. Die meisten haben in der Mitte einen riesigen Kamin mit einer so weiten Öffnung, daß es für die Hexen ein leichtes gewesen sein muß, durch sie davonzufliegen, was sie gewöhnlich taten, wenn sie dem Schwarzen Mann im Wald einen Besuch abstatten wollten. Um diesen gewaltigen Kamin drängen sich die Holzhäuser mit ihren zahlreichen Giebeln, die jeder für sich in einer Spitze auslaufen; das erste Stockwerk mit den vergitterten Fenstern ragt über das Erdgeschoß vor, und an der Eingangstür, die oft einen Rundbogen aufweist, hängt außen ein Eisenhammer, mit dem die Hand eines Besuchers ein donnerndes Getöse vollführen kann. Die Fachwerkrahmen dieser Häuser verhalten sich zu denen neueren Datums wie das Skelett eines alten Riesen zum zarten Knochenbau eines modernen Lebemanns. Viele dieser Häuser haben sich dank der ungewöhnlichen Stärke und Festigkeit des Eichengebälks über einen Zeitraum hinweg erhalten, in dem die Stabilität von Ziegeln und Steinen vermutlich nachgelassen hätte, so daß wir die alten Gebäude noch immer an ihrem angestammten Platz erblicken können, sosehr sich auch die Straße durch fortschreitenden Verfall und ständigen Wiederaufbau bis in unsere Tage verändert hat. So erkennen wir beispielsweise an der oberen Ecke der grünen Gasse, der nachmaligen North-Street, das neuerbaute Curwen House, an dem die Zimmerleute gerade die letzte Schindelreihe annageln. An der unteren Ecke steht ein anderes Wohnhaus – zeitweise diente es einem erfolglosen Alchimisten als Heimstatt –, das gleichfalls unsere Generation überdauern und sie vielleicht noch lange überleben wird. Auf solche Weise, durch das Medium dieser patriarchalischen Bauwerke, haben wir nunmehr so etwas wie eine verwandtschaftliche und ererbte Beziehung zur Main-Street hergestellt.

So groß auch die Veränderungen innerhalb weniger Jahre sind, der einzelne Tag schleicht nur träge durch die Puritanersiedlung. Er soll jetzt vor euren Augen vorüberziehen, zusammengedrängt in eine Spanne von wenigen Augenblicken. Das graue Licht des frühen Morgens breitet sich langsam über den Schauplatz; und der Nachtwächter, der die Aufgabe hat, die Stunden an den Straßenecken auszurufen, läßt zum letztenmal seine Glocke erklingen und begibt sich müde heim, genauso wie die Eulen, die Fledermäuse und das übrige Nachtgetier. Fensterläden werden aufgestoßen, als ob die Stadt an diesem Sommermorgen die Augen aufschlüge. Aus dem Haus stolpert noch ganz verschlafen der Kuhhirte mit seinem Horn; sobald er es an die Lippen setzt, ertönt ein durchdringendes Geschmetter, das sich zwar im Bild nicht darstellen läßt, aber die aufgestellten Ohren einer jeden Kuh in der Siedlung erreicht und ihr verkündet, daß es Zeit ist, die taufrische Weide aufzusuchen. Ein Haus nach dem anderen erwacht und stößt aus seinem Kamin lockigen Rauch aus, dem Atem gleich, der vor den Nüstern gefriert; und wie diese weißen Rauchkringel, obgleich sie mit irdischen Beimengungen durchsetzt sind, zum Himmel emporklettern, so steigt auch aus jeder Wohnstatt das Morgengebet, dessen fromme Essenz seine menschliche Unvollkommenheit mit sich zieht, hinauf zum Thron des himmlischen Vaters.

Nach dem Frühstück begeben sich die Bewohner nicht wie gewöhnlich auf ihre Felder oder in ihre Werkstätten, sondern bleiben daheim oder wandeln vielleicht auf der Straße umher, mit ernster Gelassenheit und zugleich mit einer gelösten und unbeschwerten Miene, die weder zu einem Feiertag noch zu einem Sabbat paßt. Dieser vorübergleitende Tag ist in der Tat keines von beiden, aber er ist auch kein gewöhnlicher Werktag, obgleich er etwas von allen dreien an sich hat. Es ist der „Donnerstag der Belehrung", eine Einrichtung, die Neu-England schon vor langer Zeit aufgegeben und nahezu vergessen hat, aber wohl besser beibehalten hätte, weil sie sowohl das geistliche als auch das alltägliche Leben betrifft und beides miteinander verbindet. Die äußere Form, in der dieser Tag begangen wird und die sich hier unseren Augen darbietet, ist jedoch recht fragwürdig. Es ist gewissermaßen ein Tag der öffentlichen Schande, ein Tag, an dem Übeltäter, die sich einen geringfügigen Verstoß gegen die strengen puritanischen Gesetze haben zuschulden kommen lassen, ihren schmachvollen Lohn empfangen. In diesem Augenblick bindet der Konstabler einen Müßiggänger an den Schandpfahl und verabreicht ihm mit der neunschwänzigen Katze die verdiente Strafe. Seit Sonnenaufgang steht Daniel Fairfield auf der Treppe des Bethauses mit einem Strick um den Hals, den er bis an sein Lebensende sichtbar zu tragen verurteilt worden ist; Dorothy Talby ist an der Ecke der Prison Lane, wo ihr mütterliches Gesicht der Glut der heißen Sonne ausgesetzt ist, an einen Pfahl gekettet, und das nur, weil sie die Hand gegen ihren Gatten erhoben hat; zugleich erkennen wir hinter den Gitterstäben des großen Holzkäfigs, der mitten auf dem Schauplatz steht, ein menschliches Wesen oder ein wildes Tier – oder beides in einem –, das durch dieses öffentliche Schandgericht gezwungen wird, zu brüllen und die Zähne zu fletschen und an den starken Eichenstäben zu rütteln, als wollte es ausbrechen und die kleinen Kinder zerreißen, die ihm zuschauen. Mit derlei ersprießlichen Darbietungen vertreiben sich die guten Leute in den ersten Stunden des Tages der Belehrung die Zeit. Am frühen Vormittag reitet ein Fremder – der erste Fremde, der an diesem Morgen ankommt – auf seinem geduldigen Rößlein gemächlich die Straße entlang. Er sieht wie ein Geistlicher aus; und als er näher kommt, erkennen wir in ihm den Pfarrer von Lynn, der als Prediger verpflichtet wurde und der auf dem Ritt durch die altersgraue Wildnis seine Ansprache rekapituliert hat. Seht, wie sich die ganze Einwohnerschaft jetzt in das Bethaus drängt, wobei die meisten eine so düstere Miene aufsetzen, daß die Sonne kaum heller wirkt als ein Schatten, wenn sie auf die Gesichter fällt. Da kommen die Dreizehn Männer, die unerbittlichen Herrscher einer unerbittlichen Gemeinschaft! Da kommt John Massey, der Erstgeborene der Stadt, inzwischen ein Jüngling von zwanzig Jahren, dessen Blick mit auffälligem Interesse zu der drallen Maid hinüberschweift, die gleichzeitig mit ihm die Treppe hinaufsteigt. Da humpelt Goody Foster heran, eine griesgrämige und verbitterte alte Vettel, die eher zum Fluchen als zum Beten hergekommen zu sein scheint und die viele Nachbarn im Verdacht haben, hin und wieder auf einem

Besenstiel durch die Luft zu reiten. Vor unseren Augen schleicht sich jetzt auch mit verschämtem Gesicht ebenjener arme Faulenzer und Taugenichts hinein, dessen Züchtigung am Schandpfahl wir soeben mit angesehen haben. Als letzter kommt der Sittenwärter der Gemeinde, der ein paar Buben vor sich herschiebt, die er unter Gottes heiliger Sonne beim Spielen in einer Seitengasse erwischt hat. Welcher Einwohner von Naumkeag, dessen Erinnerungen weiter als dreißig Jahre zurückreichen, erschauert nicht noch immer beim Anblick dieses Ungeheuers seiner Kindheit, das zwar wohl schon damals längst der Vergangenheit angehörte, aber als Schreckgespenst in seinem Kinderglauben und als „Buhmann" in den Drohungen seines Kindermädchens noch weiterlebte!

Es wird sich kaum lohnen zu warten, bis die Strafpredigt nach zwei oder gar drei Drehungen des Stundenglases zu Ende ist. Deshalb sorge ich als Herr über Licht und Finsternis dafür, daß sich die Dämmerung und dann die sternlose Nacht über die Straße senke, und lasse den Nachtwächter mit der Laterne, deren Schein seine Schritte erhellt, wieder auftreten, damit er träge von einer Ecke zur anderen wandert und schläfrig den schläfrigen oder träumenden Menschen die Stunden verkündet. Wir können uns, wenn schon nicht aus anderen Gründen, allein deswegen glücklich preisen, weil wir nicht in jenen Tagen leben mußten. Wahrhaftig, als der erste Schwung und Ansporn der geistigen Erhebung nachgelassen hatte, als aus der neuen Siedlung zwischen Wald und Meer tatsächlich eine kleine Stadt geworden war, da muß sich das Alltagsleben, das kaum Zerstreuung und Freude kannte, eintönig dahingeschleppt haben, während andererseits seine Strenge nicht verhindern konnte, daß es zu schlimmen Entstellungen der moralischen Natur kam. Ein solches Dasein war ein Unheil für den Verstand und ein Unheil für das Herz, zumal nachdem eine Generation ihre düstere Religion und ihre unecht gewordene religiöse Inbrunst an die nächste weitergegeben hatte; denn diese Eigenheiten nahmen unvermeidlich die Form der Heuchelei und Übertreibung an, als sie von dem Vorbild und den Vorschriften anderer Menschen abgeleitet wurden und nicht mehr von der ursprünglichen geistigen Quelle. Die Söhne und Enkel der ersten Siedler waren engherziger und weniger hochgemut als ihre Vorfahren. Die letzteren waren hart, streng, unduldsam, aber nicht abergläubisch, nicht einmal fanatisch, und verfügten, wenn man das von Menschen jener Zeit überhaupt sagen kann, über eine weitblickende Weltklugheit. Aber für die nachfolgende Generation war es unmöglich, in himmlischer Freiheit unter der strengen Disziplin aufzuwachsen, die jene mit finsterer Entschlossenheit eingeführt hatten; ja, es könnte sogar sein, daß selbst wir noch nicht all die ungünstigen Einflüsse abgeschüttelt haben, die, neben vielen guten, von unseren puritanischen Vorfahren ausgegangen sind. Danken wir Gott dafür, daß er uns solche Ahnen geschenkt hat, und auch alle späteren Geschlechter sollten ihm nicht weniger innig danken, daß sie sich einen Schritt weiter von ihnen entfernt haben im Fortgang der Zeiten.

„Was soll das alles?" ruft der Kritiker. „Eine Predigt? Wenn ja, dann war sie im Programm nicht vorgesehen."

„Sehr wahr", erwidert der Vorführer, „und ich bitte das Publikum um Vergebung."

Schaut jetzt wieder auf die Straße, und betrachtet die merkwürdigen Leute, die auf ihr erscheinen. Ihre Kleider sind abgerissen und ungepflegt, ihre Gesichter eingefallen, ihre Gestalten ausgemergelt; denn sie sind durch unwegsame Wüsteneien hierhergelangt, mußten Hunger und Entbehrungen erdulden und hatten keine andere Bleibe als einen hohlen Baum, das Lager eines wilden Tieres oder einen Indianerwigwam. Doch selbst in der unwirtlichsten und schutzlosesten dieser Zufluchtsstätten lauerten nur halb so viele Gefahren, wie nun in der breiten Straße der Christen auf sie warten, die beiderseits von festen Häusern und warmen Herdfeuern gesäumt wird und in der das Bethaus dort drüben das alles beherrschende Zentrum bildet. Diese Wanderer haben vom Himmel eine Gabe empfangen, die in allen Epochen der Weltgeschichte die Strafe des Leidens und der Verfolgung, Verachtung, Feindschaft und sogar den Tod nach sich gezogen hat – eine Gabe, die so furchtbar für ihre Besitzer ist, aber seit jeher allen anderen Menschen noch verhaßter, weil ihr bloßes Vorhandensein scheinbar alles umzustürzen droht, was in arbeitsreichen Jahrhunderten aufgebaut wurde –, die Gabe einer neuen Idee. Man kann sie diesen Menschen ansehen, denn sie erleuchtet ihre Gesichter, ja ihre ganze so irdische und plumpe Erscheinung mit einem Licht, das alles durchdringt, und macht der aufgeschreckten Gemeinde bewußt, daß die Fremden nicht so sind wie sie selber, keine Brüder oder Nachbarn von gleicher Denkungsart. Es ist jetzt, als ob ein Erdbeben die Stadt erschüttere, dessen Schwingungen an jedem Herd zu spüren sind und insbesondere den Glockenturm des Bethauses erzittern lassen. Die Quäker sind da! Wir sind in Gefahr! Seht nur, sie treten unsere weisen und wohlbegründeten Gesetze in der Person unseres höchsten Würdenträgers mit Füßen; denn Gouverneur Endicott, inzwischen ein alter Mann, der die langgewohnte Autorität seines Amtes ausstrahlt, geht vorüber – und keiner dieser respektlosen Vagabunden hat den Hut vor ihm gezogen! Habt ihr bemerkt, wie der weißbärtige puritanische Gouverneur unheildrohend die Stirn gerunzelt hat, als er sich umwandte und in seinem Zorn halb den Stab hob, der ihm in seinem Alter zur unerläßlichen Stütze geworden ist? Da kommt der alte Mr. Norris, unser verehrter Pfarrer. Werden sie den Hut abnehmen und ihm ihre Ehrerbietung erweisen? Nein: die Hüte kleben ihnen so fest auf dem häßlichen Schädel, als ob sie dort angewachsen wären, und die gottlosen Kerle, die noch schlimmer sind als die heidnischen Indianer, begaffen unseren hochwürdigen Herrn Pastor mit einem sonderbaren Ausdruck des Spotts, des Mißtrauens, der Ungläubigkeit und der völligen Mißachtung seines geweihten Standes, was ihm sofort bewußt wird, und zwar um so schmerzlicher bewußt, als er so etwas noch nie erlebt oder sich vorgestellt hat.

Doch seht dort drüben! Können wir unseren Augen noch trauen? Eine Quäkerin, angetan mit einem Sacktuch und das Haupt mit Asche bestreut, hat die Stufen des Bethauses bestiegen. Sie wendet sich an das Volk mit einer wilden, schrillen Stimme – wild und schrill muß sie schon sein, wenn sie zu einer solchen Gestalt passen soll –, welche die Leute erbeben und erbleichen läßt, obwohl sie mit offenem Mund herbeiströmen, um die Frau zu hören. Sie zieht kühn über die etablierte Obrigkeit her; sie spricht abfällig über den Pfarrer und seine Kirche. Viele Zuhörer sind entsetzt; manche weinen, und andere lauschen mit hingebungsvoller Aufmerksamkeit, als hätte eine lebendige Wahrheit zum ersten Male die Kruste der Gewohnheit durchbrochen, ihre Herzen erreicht und sie zum Leben erweckt. Hier muß etwas geschehen; denn sonst haben wir unseren Glauben umsonst übers Meer gebracht, und es wäre besser, der alte Wald, der sein wirres Geäst ausbreitete und aus einsamen Tiefen seine flüsternde Stimme zum Himmel erhob, stünde noch immer hier an der Stelle dieser ehrbaren Straße, wenn auf ihr solche Blasphemien ausgesprochen werden dürfen.

Das dachten die alten Puritaner. Welche Maßnahmen sie ergriffen, läßt sich teilweise an den Bildern ablesen, die jetzt vor unseren Augen vorüberziehen. Joshua Buffum steht am Pranger. Cassandra Southwick wird ins Gefängnis abgeführt. Und dort wird eine Frau – es ist Ann Coleman –, die bis zur Taille nackt und an das Hinterende eines Karrens angebunden ist, mit der Geschwindigkeit eines flotten Spaziergängers durch die Main-Street gezogen, gefolgt vom Konstabler mit einer Peitsche, deren Schnüre mehrfach geknotet sind. Kräftige Arme hat dieser Konstabler, und jedesmal, wenn er mit seiner Peitsche ausholt, erscheinen Runzeln und Falten auf seiner Stirn und zugleich ein Lächeln auf seinen Lippen. Er liebt seinen Beruf, dieser pflichtgetreue Beamte, und er legt sein Herz in jeden Streich, eifrig darauf bedacht, die Anweisungen von Major Hawthornes Vollstreckungsbefehl dem Sinn und dem Buchstaben nach zu erfüllen. Soeben ist ein Hieb niedergesaust, der eine blutige Strieme hinterläßt! Zehn solche Hiebe werden in Salem, zehn in Boston und zehn in Dedham verabreicht, und bedeckt mit diesen dreißig blutigen Striemen muß die Frau in den Wald getrieben werden. Eine unregelmäßige rote Spur zieht sich durch die Main-Street; doch der Himmel gebe, daß so, wie der Regen vieler Jahre auf sie niedergegangen ist und sie nach und nach weggewaschen hat, auch ein barmherziger Tau diesen grausigen Blutfleck aus der Lebensgeschichte des Züchtigers getilgt haben möge!

Geh dahin, du geisterhafter Konstabler, und verfüge dich an den Ort deiner Qual! Unterdessen scheint, dank der lautlosen Operation des Mechanismus hinter der Bühne, eine beträchtlich lange Zeit über die Straße dahingegangen zu sein. Die älteren Häuser fangen schon an zu verwittern infolge der zahlreichen Oststürme, die in nicht weniger als vierzig Jahren die ungestrichenen Schindeln und Bretter durchfeuchtet haben. Dieses Alter können wir nunmehr der Stadt zuschreiben, wenn wir nach dem Aussehen von John Massey, dem Erstgeborenen, urteilen, den seine Nachbarn jetzt Gevatter Massey nennen und den wir da drüben als gesetzten, fast herbstlich wirkenden Mann inmitten seiner Kinder erblicken. Für die Patriarchen der Siedlung ist die Main-Street zweifellos noch immer etwas, was erst gestern entstanden ist, kaum älter, wenn auch dauerhafter, als ein Weg, den man in den Schnee geschaufelt hat. Aber für die Leute, die im mittleren Alter stehen oder ein wenig älter sind und in ihrer Kindheit oder frühen Jugend hierherkamen, stellt die Straße ein seit langem bestehendes und selbstverständliches Werk dar, dem sie ihre ganze Kraft und Liebe geweiht haben. Und die Jüngeren, die in dieser Straße geboren wurden und deren früheste Erinnerungen in die Zeit zurückreichen, als sie über die Schwelle des Vaterhauses krabbelten oder auf dem Rasenstreifen neben ihr umhertollten, betrachten sie als einen der immerwährenden Bestandteile unserer Menschenwelt – so alt wie die Berge mit ihren großen Weiden oder die Landspitze der Hafenbucht. Ihre Väter und Großväter erzählen ihnen, daß sich hier noch vor wenigen Jahren ein Wald erstreckte, durch dessen Schattengewirr nur ein einsamer Fußpfad führte. Eine nutzlose Legende! Die jungen Leute können sie sich nicht als wahr und wirklich vorstellen. Für sie ist die Main-Street vielmehr eine richtige Straße, die es mit den volkreichen Prachtstraßen der Städte jenseits des Meeres sehr wohl aufnehmen könnte. Die alten Puritaner erzählen ihnen von den Menschenmengen, die durch Cheapside und Fleet-Street und Strand eilen, und von dem Trubel, der bei Temple Bar herrscht. Sie beschreiben die London Bridge, die selber eine Straße mit Häusern auf beiden Seiten ist. Sie sprechen vom riesigen Komplex des Tower und von der feierlichen Größe der Westminster-Abtei. Die Kinder lauschen und fragen immer wieder, ob die Straßen von London länger und breiter seien als die, welche vor ihrem Vaterhaus vorbeiführt; ob der Tower größer sei als das Gefängnis in der Prison Lane; ob die alte Abtei mehr Menschen fasse als unser Bethaus. Nichts vermag sie zu beeindrucken, was sie nicht selber erlebt haben.

Es kommt ihnen auch wie ein Märchen vor, daß jemals Wölfe hier umhergestreift sein sollen oder daß die Squaw Sachem und ihr Sohn, der Häuptling, einst über dieses Gebiet herrschten und wie souveräne Potentaten mit den englischen Siedlern verhandelten, die damals so gering an Zahl und Wind und Wetter ausgesetzt waren, heute aber so mächtig sind. Dort seht ihr eine kleine Gruppe von Schulbuben um einen betrunkenen Indianer herumstehen, der selber ein Fürst aus der Sippe der Squaw Sachem ist. Er ist mit ein paar Biberfellen hergekommen, um sie zu verkaufen, und hat bereits den größten Teil des Erlöses für das verhängnisvolle Feuerwasser ausgegeben. Hat dieses Bild nicht etwas Mitleiderregendes an

sich, und verrät es nicht fast alles über den gewaltigen Fortschritt und Wohlstand der einen Rasse und den vom Schicksal verhängten Niedergang der anderen, wenn die Kinder der
Fremdlinge ihren Spott mit dem Enkel der großen Squaw
Sachem treiben?

Aber die ganze rote Rasse ist nicht mit jener wilden Fürstin
und ihrer Nachkommenschaft untergegangen. Diese Soldaten,
die jetzt die Straße entlangmarschieren, künden den Ausbruch
des Krieges gegen den Indianerhäuptling „King Phillip" an,
und die jungen Männer, die Blüte von Essex, ziehen aus, um
die Dörfer am Connecticut zu verteidigen, wo beim Bloody
Brook eine furchtbare Schlacht stattfinden wird, bei der kaum
einer aus dieser tapferen Schar mit dem Leben davonkommt.
Und dort aus dem stattlichen Herrenhaus mit den drei Gie-
belspitzen und den zwei spitzen Türmchen beiderseits der Tür
tritt soeben der wackere Hauptmann Gardner heraus, der seine bestickte Jacke aus Büffelleder und seinen Federhut trägt.
Sein treues Schwert in der stählernen Scheide streift klirrend
die Eingangsstufen. Seht, wie sich die Leute hinter ihren Türen und Fenstern drängen, als der Kavalier vorüberreitet, wobei er sein feuriges Roß so elegant zügelt und ganz so aus-
schaut wie der Inbegriff und das Symbol kriegerischer Tüch-
tigkeit – auch er bestimmt zum Soldatentod bei der aussichtslosen Attacke auf die Festung der Narragansetts.

„Das feurige Roß sieht wie ein Schwein aus", wirft der Kritiker ein, „und Hauptmann Gardner selbst wie der Teufel,
allerdings wie ein sehr zahmer und stark verkleinerter Teufel."

„Sir, Sir!" ruft der ständig angegriffene Vorführer, der
jetzt völlig die Geduld verliert, denn er hat sich auf die Figuren von Hauptmann Gardner und dessen Pferd besonders
viel zugute gehalten, „ich merke, daß es hoffnungslos ist, Ihnen gefällig zu sein. Bitte, Sir, tun Sie mir den Gefallen, Ihr
Geld zurückzunehmen und zu gehen!"

„Nicht doch!" antwortet der rücksichtslose Kritiker. „Ich

fange gerade an, mich für die Geschichte zu interessieren. Kommen Sie! Drehen Sie Ihre Kurbel, und lassen Sie noch ein paar von diesen Narreteien vom Stapel!"

Der Vorführer reibt sich erregt die Stirn, läßt das Stöckchen, mit dem er auf die Hauptdarsteller deutet, durch die Luft sausen – aber mit der Ergebung, die allen Dienern der Öffentlichkeit eigen ist, faßt er sich schließlich wieder und fährt fort.

Enteile, enteile, o Zeit! Errichte hier neue Häuser, und reiße die Bauwerke von gestern nieder, die bereits rostrotes Moos angesetzt haben! Rufe den Pfarrer ins Haus der jungen Braut, und fordere ihn auf, sie mit ihrem glücklichen Bräutigam zu verbinden! Laß die jugendlichen Eltern ihr erstgeborenes Kind ins Bethaus tragen, wo es die Taufe empfangen soll! Klopf an die Türe, aus der sogleich der dunkle Leichenzug hervorkommen wird! Sorge dafür, daß die aufeinanderfolgenden Generationen auf der Straße Handel treiben, reden, streiten oder freundschaftlichen Umgang miteinander pflegen, so wie es ihre Väter taten! Walte in gewohnter Weise Tag für Tag deines Amtes, Mutter Zeit, auf dieser verkehrsreichen Straße, wo deine Schritte seit so vielen Jahren den Staub aufgewirbelt haben! Doch gerade jetzt führst du eine Prozession an, die, nachdem wir sie einmal gesehen haben, nie mehr wiederkehren soll und nur als ein gräßlicher Traum oder eine wahnsinnige Ausgeburt deines alten Gehirns in der Erinnerung haften bleibt.

„Drehen Sie Ihre Kurbel, sage ich", brüllt der unerbittliche Kritiker, „und zeigen Sie uns, was jetzt auch kommen mag, ohne weitere Vorreden!"

Der Vorführer hält es für das Beste, sich schweigend zu fügen.

Hier reitet also nun der ehrenwerte Hauptmann Curwen, der Sheriff von Essex, an der Spitze einer bewaffneten Eskorte, die eine Gruppe von verurteilten Häftlingen vom Gefängnis zur Hinrichtungsstätte auf dem Galgenhügel geleitet.

Die Hexen! Man kann sie gar nicht verwechseln. Die Hexen! Während sie die Prison Lane heraufkommen und in die Main-Street einbiegen, wollen wir ihre Gesichter betrachten, als ob wir zu der bleichen Menge gehörten, die sich so neugierig um sie drängt, aber dann wieder schaudernd zurückweicht, so daß in der dichten Menschenmenge eine freie Gasse entsteht. Hören wir uns einmal an, was die Leute sagen.

Da ist der alte George Jacobs, seit sechzig Jahren allenthalben als ein Mann bekannt, der, soviel wir wissen, rechtschaffen war in allen Lebenslagen, ruhig und ohne Tadel, ein guter Ehemann, bevor seine fromme Frau abberufen wurde aus dem Elend, das da kommen sollte, und ein guter Vater seinen Kindern, die sie ihm hinterließ. Ach! als diese glückselige Frau in den Himmel einging, war George Jacobs' Herz leer, sein Herd verwaist, sein Leben zerbrochen; seine Kinder hatten inzwischen geheiratet und waren in ihr eigenes Heim gezogen; und der umherschweifende Satan gewahrte diesen verzweifelten alten Mann, dem das Dasein zur Plage und Last geworden war, und fand eine Gelegenheit, ihn in Versuchung zu führen. So wurde der elende Sünder verlockt, sich in die Luft zu erheben und zwischen den Wolken umherzufliegen; und er ist überführt, an einer Hexenversammlung im fernen Falmouth teilgenommen zu haben, in jener Nacht, als ihn seine nächsten Nachbarn mit seinem vom Rheuma gekrümmten Rücken zu seiner eigenen Haustür hineingehen sahen. Da ist auch John Willard, den wir ebenfalls für einen ehrlichen Mann gehalten haben und der so geschickt und rührig in seinem Gewerbe war, so praktisch, so interessiert am Alltagsgeschehen und so pflichteifrig in seinem kleinen Laden, wo er Indianermais und alle möglichen Landesprodukte gegen englische Waren eintauschte. Wie konnte ein solcher Mann die Zeit finden oder sich dazu hinreißen lassen, seinen eigentlichen Beruf aufzugeben und ein Hexenmeister zu werden? Es ist ein Geheimnis, es sei denn, der Schwarze Mann hätte ihn mit Bergen von Gold verführt. Seht das betagte Ehepaar

– wahrlich ein trauriger Anblick –, John Proctor und Frau Elizabeth. Wenn es im Bezirk Essex je zwei alte Leute gegeben hat, die ein wahres christliches Leben zu führen und die letzte kurze Strecke ihres Erdenweges voller Hoffnung zurückzulegen schienen, dann war es ebendieses Paar. Dennoch haben wir gehört, wie Zeugen zur Befriedigung des ehrenwerten Oberrichters Sewall, des ganzen Gerichts und der Geschworenen unter Eid aussagten, Proctor und seine Frau hätten ihre hämischen und grimassenschneidenden verrunzelten Gesichter in den Schlafstuben der Kinder gezeigt und die unschuldigen armen Kleinen in der Nacht erschreckt. Sie oder ihre geisterhaften Erscheinungen sollen Nadeln in die Körper der Heimgesuchten gesteckt und bei ihnen durch eine Berührung oder nur durch einen Blick gefährliche Ohnmachtsanfälle bewirkt haben. Und während wir dachten, der alte Mann lese seiner alten Ehefrau, die derweil in der Kaminecke saß und strickte, aus der Bibel vor, sind die beiden greisen Missetäter auf einem einzigen Besenstiel zum Schornstein hinausgefahren und zu einem Hexensabbat geflogen, weit fort in den Tiefen des kalten, dunklen Waldes. Wie töricht! Schon mit Rücksicht auf ihre rheumatischen alten Glieder wären sie besser daheimgeblieben. Aber sie mußten sich auf die Reise begeben; und das Lachen ihrer altersschwachen, gackernden Stimmen ertönte um die Mitternachtsstunde hoch oben in der Luft. Jetzt, da sie am sonnigen Vormittag dem Galgen entgegenschwanken, hat der Teufel Grund zu lachen.

Hinter den beiden – die einander stützen und offenbar Trost und Mut zusprechen, auf eine wahrhaft mitleiderregende Weise, sofern es keine Sünde wäre, die alte Hexe und den alten Hexenmeister zu bemitleiden –, hinter ihnen schreitet eine Frau mit einem dunklen, stolzen Gesicht, das einmal schön war, und einer noch immer majestätischen Gestalt. Kennt ihr sie? Es ist Martha Carrier, die der Teufel in einer bescheidenen Hütte antraf, und als er ihr ins unzufriedene Herz blickte und dort Stolz entdeckte, verführte er sie mit der Verheißung, sie solle die Königin der Hölle werden. Und jetzt geht sie mit demselben hochfahrenden Wesen in ihr Königreich ein, und durch ihren unerschütterlichen Stolz verwandelt sie diese Prozession der Schande in einen Triumphzug, der sie zu den Pforten ihres Höllenpalastes geleiten und sie auf den Flammenthron setzen soll. Noch in dieser Stunde wird sie ihre königliche Würde empfangen.

Den jammervollen Zug beschließt ein schwarzgekleideter Mann von schmächtiger Statur und dunkler Gesichtsfarbe, der um den Hals den Kragen eines Geistlichen trägt. Viele Male in den vergangenen Jahren wandte sich dieses Antlitz auf der Kanzel des Östlichen Bethauses dem Himmel zu, wenn Ehrwürden Mr. Burroughs den Herrgott anzurufen schien. Wie? er? Der heiligmäßige Mann! der gelehrte! der weise! Wie konnte der Teufel ihn versuchen? Seine Mitgefangenen sind zum größten Teil dumpfe, ungebildete Geschöpfe, manche von Natur aus kaum halb bei Verstand, andere infolge ihres hohen Alters nicht mehr ganz zurechnungsfähig. Sie waren eine leichte Beute für den Zerstörer. Das gilt aber nicht für diesen George Burroughs, wie wir an dem inneren Licht erkennen, das aus seinem dunklen Gesicht leuchtet und, so könnte man fast sagen, seine Gestalt wie ein Glorienschein umgibt, trotz Schmutz und Entbehrungen einer langen Haft – trotz des tiefen Schattens, der auf ihn fallen muß, während der Tod an seiner Seite geht. Wie konnte Satan eine Bestechungssumme aufbringen, die groß genug war, diesen Mann zu verführen und zu überwältigen? Ach! vielleicht hat der Versucher gerade in der Macht des großen forschenden Verstandes die Schwäche entdeckt, die dem Priester zum Verhängnis wurde. Dieser Mann lechzte nach Wissen; er versuchte in eine Welt voller Geheimnisse einzudringen; zuerst rief er, wie die Zeugen beschworen, die Geister seiner beiden verstorbenen Frauen an und sprach mit ihnen über Dinge, die jenseits des Grabes liegen; und als deren Antworten das heftige und sündhafte Verlangen seines Geistes nicht mehr zu stillen vermochten, rief er Satan an und wurde erhört. Doch wenn man ihn anschaut – wer könnte ihn für schuldig halten, hätte er die Beweise nicht gekannt? Wer würde nicht sagen, während wir sehen, wie er den schwachen und alten Komplizen seines furchtbaren Verbrechens Trost spendet – während wir seine lauten Gebete hören, die unverhofft aus den Tiefen seines Herzens hervorzusprudeln und himmelwärts zu fliegen scheinen – während wir ein Leuchten gewahren, das seine Züge erhellt, als entstamme es der jenseitigen Welt, von der ihn nur noch wenige Schritte trennen –, wer würde da nicht sagen, daß auf der staubigen Bahn der Main-Street ein christlicher Heiliger jetzt dem Märtyrertod entgegenschreitet? Kann es nicht sein, daß der Erzfeind den Richtern und Geschworenen zu gerissen war und sich ins Fäustchen lachte, weil er sie zu dem schrecklichen Irrtum zu verleiten vermochte, auf dem Altar geheiligtes Blut als angemessenes Opfer zu vergießen? Ach! nein; denn hört nur den weisen Cotton Mather an, der hoch zu Roß in aller Gemütsruhe auf die verwirrte Menschenmenge einredet und ihr klarmacht, daß alles fromm und gerecht zugegangen ist und daß die Macht des Satans an diesem Tag in Neu-England den Todesstreich erhalten soll.

Der Himmel gebe es! Der große Gelehrte muß im Recht sein! Führt also die armen Geschöpfe in den Tod! Seht ihr die Kinder und jungen Mädchen, die dort beisammenstehen, und zwischen ihnen das alte verhutzelte Indianerweib, das sich Tituba nennt? Das sind die Opfer. Schaut doch, wie Satan gerade in diesem Augenblick seine Macht und Bosheit beweist! Mercy Parris, die Tochter des Pfarrers, wird von einem Blitzstrahl aus Martha Carriers Augen getroffen und bricht auf der Straße zusammen, von entsetzlichen Krämpfen geschüttelt und mit Schaum vor dem Mund, wie die Besessenen, von denen die Heilige Schrift berichtet. Jagt die verfluchten Hexen zum Galgen, ehe sie noch mehr Unheil stiften! ehe sie ihre verdorrten Arme ausstrecken und mit den Händen die Pest in die Menge werfen! ehe sie, als ihr letztes

Vermächtnis, einen Gifthauch über das Land verbreiten, auf daß es hinfort keine Frucht und keinen Grashalm mehr trage und nur noch tauge als Grab für ihre unseligen Leichname! Sie ziehen weiter; und der alte George Jacobs gerät vor Schwäche ins Stolpern; aber Gevatter Proctor und seine Frau lehnen sich aneinander und schreiten recht kräftig aus, wenn man ihr Alter bedenkt. Mr. Burroughs scheint mit seinem geistlichen Rat Martha Carrier beizustehen, deren Gesicht und Gebaren mir jetzt sanfter und demütiger erscheinen als vorher. In der Menge gehen unterdessen Entsetzen, Angst und Mißtrauen um; der Freund blickt voll Argwohn auf seinen Freund, der Mann auf seine Frau und die Frau auf ihn, ja sogar die Mutter auf ihr kleines Kind, als ob sie alle in jedem Wesen, das Gott erschaffen hat, eine Hexe vermuteten oder einen Ankläger fürchteten. Niemals, niemals wieder möge solch hemmungsloser Wahn in dieser oder in irgendeiner anderen Gestalt auf der Main-Street sein Unwesen treiben!

In euren Blicken, meine nachsichtigen Zuschauer, erkenne ich die Kritik, die ihr aus Höflichkeit nicht aussprecht. Diese Szenen erscheinen euch allzu düster. Das sind sie auch tatsächlich; aber der Tadel sollte dem düsteren Geist unserer Vorfahren gelten, die in das Gewebe ihres Daseins kaum einen einzigen goldenen oder rosenfarbenen Faden einzogen, und nicht mir, der ich wie ein Tropenkind das Sonnenlicht liebe und mit ihm am liebsten die ganze Welt vergolden würde, wenn ich nur wüßte, wo ich soviel davon finden könnte. Damit ihr mir glaubt, will ich euch eine Szene aus dem – wie mir meine Nachforschungen gezeigt haben – einzigen Lebensbereich vorführen, in dem unsere Ahnen ihre verhärteten alten Herzen durch Wein und starke Getränke zu erweichen pflegten und sich einen Ausbruch grimmiger Fröhlichkeit gestatteten.

Hier ist sie, und sie beginnt in demselben Haus, aus dem wir den wackeren Hauptmann Gardner in den Krieg ziehen sahen. Was? Ein Sarg, der auf Männerschultern ruht, und sechs betagte Herren als Sargträger und ein langer Zug von Trauergästen mit schwarzen Handschuhen und schwarzen Hutbändern, und alles schwarz weit und breit, ausgenommen die weißen Taschentücher, die jeder Leidtragende in der Hand hält, um sich die Tränen abzuwischen. Jetzt, meine verehrten Gönner, seid ihr mir böse. Ihr wart zu einem Hochzeitstanz eingeladen und findet euch nun in einem Leichenbegängnis wieder. Sei's drum; doch schaut zurück auf alle geselligen Bräuche Neu-Englands im ersten Jahrhundert seines Bestehens, und vergegenwärtigt euch all seine Wesenszüge, und wenn ihr außer den Beerdigungen auch nur einen einzigen Anlaß findet, bei dem ausgelassene Fröhlichkeit durch die allgemeine Praxis geheiligt war, so will ich ohne jedes weitere Wort mein Puppentheater in Brand stecken. Dies ist die Trauerfeier für den alten Gouverneur Bradstreet, den Patriarchen und Überlebenden der ersten Siedlergeneration, der die Witwe Gardner heiratete und nun, im hohen Alter von vierundneunzig Jahren, von seinen Mühen ausruht. Der weißbärtige Leichnam, der seines Geistes irdische Hülle war, liegt jetzt unter diesem Sargdeckel. Manches Faß Bier und Most ist angezapft worden, und mancher Becher mit gewürztem Wein und Aquavit wurde geleert. Warum sonst sollten die Träger torkeln, die den schwankenden Sarg stützen? und die betagten Sargbegleiter ebenfalls, die feierlich neben ihm einherzuschreiten versuchen? und warum treten die Trauergäste einander auf die Fersen? und warum, wenn diese Frage erlaubt ist, sollte die Nase von Ehrwürden Mr. Noyes, durch welche er soeben seine Leichenrede von sich gegeben hat, leuchten wie eine rotglühende Kohle? Aber, aber, meine alten Freunde! Zieht dahin mit eurer sterblichen Last und legt sie fröhlichen Herzens ins Grab! Die Menschen sollten die Freiheit haben, sich auf ihre Weise zu amüsieren, jeder nach seinem Geschmack; aber Neu-England muß für einen lebenslustigen Mann ein schrecklicher Aufenthalt gewesen sein, wenn sein einziger Zechkumpan der Tod war!

Hinter einem Nebelschleier, der sich über den Schauplatz gesenkt hat, enteilen einige Jahre, die unserer Aufmerksamkeit entgehen. Als die Luft wieder durchsichtig wird, erblicken wir einen gebrechlichen alten Mann, der über die Straße humpelt. Erkennt ihr ihn wieder? Wir sahen ihn zuerst als Baby auf dem Arm der Gevatterin Massey, als die jungfräulichen Bäume ihren Schatten auf Roger Conants Hütte warfen; wir sahen ihn als den Knaben, den Jüngling, den Mann, der in all den aufeinanderfolgenden Szenen seine bescheidene Rolle spielte und gleichsam die Meßzahl verkörperte, an der wir das Alter seiner gleichaltrigen Stadt ablesen konnten. Und hier ist er nun, der alte Gevatter Massey, auf seinem letzten Gang – oft hält er inne – oft beugt er sich über seinen Stab – und er erinnert sich, wessen Haus an diesem oder jenem Platz stand und wessen Feld oder Garten einst die Stelle der jüngeren Häuser einnahm. Er kennt den Grund für jede Biegung und Wendung der großen Straße, die in ihrer anpassungsfähigen und formbaren Kindheit gezwungen wurde, von der geraden Linie abzuweichen, damit sie an der Tür eines jeden Siedlers vorbeiführe. Die Main-Street ist noch immer jung; der gleichaltrige Mann hat das Ende seines Lebens erreicht. Bald wird er dahingegangen sein, ein Patriarch von achtzig Jahren, doch als Erstgeborener der Stadt behält er in unserer Lokalgeschichte so etwas wie ein kindliches Leben.

Beachtet die Verwandlung, die sich, wie eine Episode in einem Zaubermärchen, soeben im Bruchteil einer Sekunde vollzogen hat, während euer Blick auf der Szene ruhte. Die Main-Street ist verschwunden. An ihrer Stelle erscheint eine winterliche Schneewüste, über der die kalte, helle Sonne gerade noch hervorlugt, welche die weiße Unendlichkeit mit einem ganz feinen und ätherischen rosigen Hauch überzieht. Das ist der große Schneesturm von 1717, berühmt wegen der gewaltigen Schneemassen, die von den Bergen herabkamen und das ganze Land unter sich begruben. Es scheint, als ob die Straße, deren Wachstum wir so aufmerksam verfolgt haben – angefangen von ihrer ersten Phase, als sie noch ein Indianerpfad war, bis hin zu ihrer Ausstattung mit vornehmen Bürgersteigen –, mit einem Schlag ausgelöscht worden und in eine trostlose Unwegsamkeit zurückgesunken wäre als zu der Zeit, da noch der Urwald diese Gegend bedeckte. Die riesigen Anhäufungen und Wogen des Schnees haben alle vom Menschen gesetzten Grenzen überschwemmt und alle sichtbaren Zeichen menschlicher Besitztümer getilgt. Nachdem die Spuren der Vergangenheit und des bisher Erreichten untergegangen sind, sollte die Menschheit nunmehr die Freiheit haben, neue Wege zu beschreiten und sich von anderen Gesetzen als den bis dahin gültigen leiten zu lassen, vorausgesetzt freilich, daß das Menschengeschlecht nicht erloschen ist und es sich noch lohnt, den Gang des Lebens über diese kalte, verlassene Einöde, die vor uns liegt, weiterzuverfolgen. Doch es mag sein, daß die Lage nicht so aussichtslos ist, wie sie erscheint. Dieser mächtige Eiszapfen, der so freudlos in der Sonne glitzert, muß der von gefrorenen Graupeln überkrustete Glockenturm des Bethauses sein. Auch jene großen Haufen, die wir irrtümlich für Schneeverwehungen gehalten haben, sind Häuser, die bis zu den Traufen begraben sind und deren spitze Dächer durch die auf ihnen liegenden Schneemassen eine runde Form angenommen haben. Jetzt steigt eine Rauchwolke dort auf, wo ich den Schornstein der Schiffstaverne vermute – und eine weitere – noch eine – und noch eine aus den Schornsteinen anderer Gebäude, in denen trotz des gefrorenen Überzugs noch ein behagliches Kaminfeuer, häuslicher Frieden, das muntere Treiben der Kinder und die Geruhsamkeit des Alters am Leben sind.

Doch es ist Zeit für einen Szenenwechsel. Diese trübselige Eintönigkeit sollte eure Standhaftigkeit nicht so sehr auf die Probe stellen wie einer unserer heutigen Neu-England-Winter, die eine so große Leere, eine so melancholische Todesstarre in unserem Dasein hinterlassen, das so kurz ist, daß in ihm eigentlich immer Sommer herrschen müßte. An dieser Stelle zumindest kann ich mich einmal zum Herrn der Jahreszeiten aufschwingen. Eine Drehung der Kurbel soll den Schnee auf der Main-Street dahinschmelzen lassen und die Bäume in vollem Laub zeigen, die Rosensträucher in Blüte und einen grünen Rasenstreifen längs des Bürgersteigs. Da! Doch was ist das? Wie? Die Szene will nicht wechseln. Ein Draht ist gerissen. Die Straße bleibt weiterhin unter dem Schnee begraben, und das Schicksal von Herkulaneum und Pompeji hat seine Parallele in dieser Katastrophe.

Ach! meine freundlichen und wohlwollenden Zuschauer, ihr ahnt ja nicht das Ausmaß eures Mißgeschicks. Die Szenen, die jetzt folgen sollten, wären weitaus erfreulicher als das Vergangene. Die Straße hätte sich der bildlichen Darstellung weit würdiger erwiesen, und die Taten der Bewohner nicht weniger. Wie hätte sich euer Interesse gesteigert, wenn ich aus dem kalten Schatten der alten Zeit aufgetaucht wäre, nachdem ich meinen langen und beschwerlichen Weg zurückgelegt habe, und die Grenze unseres Menschenalters überschritten hätte, um euch endlich in den Sonnenschein der Gegenwart zu führen und euch einen Abglanz des Lebens zu zeigen, das gerade an uns vorübergleitet! Eure eigene Schönheit, meine anmutigen Mitbürgerinnen, hätte euch aus meinem Bild entgegengeleuchtet. Jeder Herr, der auf der Straße umherwandelt, würde sein Gesicht und seine Gestalt, seinen Gang, sein charakteristisches Armschwenken und seine Jacke wiedererkennen, die er gestern getragen hat. Ferner hätte ich – und darum tut es mir am meisten leid – die Straße in ihrer ganzen Länge, von Buffum's Corner abwärts, in ein strahlend helles Licht getaucht, um das große Feuerwerk anläßlich von General Taylors Siegesfeier darzustellen. Am Ende wollte ich mit einer allerletzten Drehung der Kurbel die Zukunft hervorzaubern und euch zeigen, wer morgen auf der Main-Street spazierengehen und wessen Leichenzug vielleicht auf ihr entlangziehen wird!

Aber wie die meisten anderen Pläne des Menschen bleibt

auch dieses Vorhaben unvollendet, und ich habe jetzt nur noch zu vermelden, daß alle Damen und Herren, die mit der Darbietung des heutigen Abends nicht zufrieden sein mögen, am Ausgang ihr Eintrittsgeld zurückerhalten werden.

„Dann geben Sie mir meins", ruft der Kritiker und streckt seine Hand aus. „Ich habe gesagt, daß sich Ihre Vorführung als Humbug herausstellen werde, und damit habe ich recht behalten. Rücken Sie also meinen Vierteldollar heraus!"

Ethan Brand

Ein Kapitel aus einem aufgegebenen Roman

Der Kalkbrenner Bartram, ein derber, grobschlächtiger Mann, geschwärzt von Kohlenstaub, saß bei Einbruch der Nacht wartend vor seinem Ofen, während sich sein kleiner Sohn damit vergnügte, aus den umherliegenden Marmorstücken Häuser zu bauen, als von dem Hang, der sich unten erstreckte, ein schallendes Gelächter empordrang, das nicht fröhlich, sondern schwerfällig und sogar feierlich klang, wie ein Windstoß, der das Astwerk des Waldes schüttelt.

„Vater, was ist das?" fragte der Kleine, der sein Spiel unterbrach und sich zwischen die Knie seines Vaters drückte.

„Oh, ein Betrunkener, nehme ich an", erwiderte der Kalkbrenner, „ein ausgelassener Bursche, der aus der Schenke im Dorf kommt und sich drinnen nicht richtig zu lachen traute, weil er Angst hatte, das Dach könnte davonfliegen. Da steht er nun am Fuße des Graylock und hält sich die Seiten vor Lachen."

„Aber, Vater", sagte das Kind, das feinfühliger war als der stumpfsinnige, nicht mehr ganz junge Grobian, „er lacht aber nicht so wie ein Mann, der sich freut. Darum erschreckt der Lärm mich so!"

„Sei kein Narr, Kleiner!" rief der Vater verdrießlich. „Aus dir wird nie ein Mann, glaube ich; du hast zuviel von deiner Mutter. Ich habe erlebt, wie du dich schon über ein raschelndes Blatt aufgeregt hast. Horch! Da kommt ja der lustige Bursche. Du wirst sehen, daß er ganz harmlos ist."

Als Bartram und sein kleiner Sohn so miteinander sprachen, saßen sie vor demselben Kalkofen, der die Kulisse von Ethan Brands einsamem und grüblerischem Leben gewesen war, bevor dieser sich aufmachte, die Unvergebbare Sünde zu suchen. Viele Jahre waren, wie wir gesehen haben, seit jener unheilvollen Nacht vergangen, in der die Idee erstmals aufkeimte. Der Ofen auf dem Berg war jedoch unerschütterlich stehengeblieben und hatte sich nicht im geringsten verändert, seitdem Ethan Brand seine finsteren Gedanken in die heftige Glut des Feuerlochs geworfen und sie gleichsam zu dem einen Gedanken verschmolzen hatte, der fortan sein Leben beherrschte. Es war ein rohes, rundes, turmähnliches Gebilde, ungefähr zwanzig Fuß hoch, erbaut aus schweren, unbehauenen Steinen und zum größten Teil von einem hoch aufgeschütteten Erdwall umgeben, so daß man die Marmorblöcke und -stücke mit einer Karre heranschaffen und von oben hineinwerfen konnte. Am Fuße des Turms befand sich eine Öffnung wie ein Ofenloch, aber groß genug, um einen Mann in gebückter Haltung einzulassen, und versehen mit einer massiven Eisentür. Wenn der Rauch und die Flammenstrahlen durch die Spalten und Ritzen dieser Tür drangen, die in den Berg hineinzuführen schien, glich sie beinahe dem Privateingang der Hölle, den die Hirten auf den „Köstlichen Bergen" den Pilgern zu zeigen pflegten.

Es gibt viele solche Kalköfen in dieser Gegend, die dazu dienen, den weißen Marmor zu verbrennen, aus dem die Berge zu einem großen Teil bestehen. Manche von ihnen, die schon vor vielen Jahren errichtet wurden und seit langem verlassen dastehen, in deren leerem, oben offenem Innenraum Unkraut wächst und wo sich in den Ritzen zwischen den Steinen Gras und wilde Blumen festgesetzt haben, sehen bereits wie Überreste aus dem Altertum aus und werden vielleicht dennoch von den Flechten kommender Jahrhunderte überzogen werden. Andere, in denen der Kalkbrenner noch tagaus, tagein sein Feuer unterhält, locken den Bergwanderer an, der sich auf einem Baumstamm oder Marmorblock niederläßt, um mit dem Einsamen ein bißchen zu plaudern. Es ist eine weltfremde und womöglich, wenn der Kalkbrenner zum Sinnieren neigt, eine überaus beschauliche Tätigkeit, wie sich im Fall von Ethan Brand zeigte, dessen Gedanken in längst verflossenen Tagen so seltsame Wege gingen, während das Feuer in ebendiesem Ofen brannte.

Der Mann, der jetzt das Feuer hütete, war von anderem Schlag und belastete sich mit keinen anderen Gedanken als den wenigen, die zu seinem Gewerbe notwendig waren. In kurzen Abständen riß er krachend die schwere Eisentür auf und warf, das Gesicht von der unerträglichen Glut abwendend, gewaltige Eichenklötze hinein oder schürte das mächtige Feuer mit einer langen Stange. Im Ofen erblickte man die züngelnden und zischenden Flammen und den brennenden Marmor, den die starke Hitze schon fast geschmolzen hatte, während draußen der Widerschein des Feuers zitternde Schatten auf das Gewirr der Waldbäume warf und im Vordergrund das leuchtende, rötliche Bild der Hütte, den Brunnen neben der Tür, die athletische, kohlebeschmierte Gestalt des Kalkbrenners und das halb erschreckte Kind erhellte, das im Schatten seines Vaters Schutz suchte. Und wenn sich dann die Tür wieder schloß, war alles in das milde Licht des Halbmonds getaucht, das sich vergebens bemühte, die verschwommenen Umrisse der umliegenden Berge nachzuzeichnen; und hoch am Himmel glitt eine Wolkenansammlung vorüber, die noch rosig überhaucht war von der untergehenden Sonne, obwohl hier unten, wo sich der Hang talwärts senkte, das Sonnenlicht schon längst verschwunden war.

Der kleine Junge kroch jetzt noch näher an seinen Vater heran, als sich von unten Schritte näherten und eine menschliche Gestalt das Buschwerk beiseite schob, das sich unter den Bäumen zusammendrängte.

„Hallo! wer ist da?" rief der Kalkbrenner, verärgert über die Ängstlichkeit seines Sohnes und doch zugleich halb von ihr angesteckt. „Kommt her und zeigt Euch wie ein Mann, oder ich schmeiße Euch diesen Marmorbrocken hier an den Kopf!"

„Ihr entbietet mir einen groben Willkommensgruß", entgegnete eine düstere Stimme, als der Unbekannte näher kam. „Doch ich verlange und erwarte keinen freundlicheren, nicht einmal an meinem eigenen Herd."

Um besser sehen zu können, riß Bartram die Eisentür des Ofens auf, aus dem sogleich ein greller Lichtschein hervorbrach, der das Gesicht und die Gestalt des Fremdlings voll traf. Für ein unaufmerksames Auge hatte dessen äußere Erscheinung nichts besonders Auffälliges an sich; es war ein Mann in einem derben, braunen ländlichen Anzug, hochgewachsen und hager, mit dem Stab und den schweren Schuhen eines Wandersmanns. Als er nähertrat, richtete er seine Augen, die ungewöhnlich leuchteten, angestrengt auf die helle Glut des Ofens, als ob er in ihm etwas Bedeutsames erblickte oder zu erblicken hoffte.

„Guten Abend, Fremdling", sagte der Kalkbrenner. „Woher kommt Ihr so spät am Tage?"

„Ich kehre heim von meiner Suche", antwortete der Wandersmann; „denn sie ist nun endlich zu Ende."

„Betrunken oder verrückt!" murmelte Bartram vor sich hin. „Mit dem Kerl werde ich noch Ärger bekommen. Je eher ich ihn davonjage, desto besser."

Der kleine Junge, der am ganzen Leibe zitterte, flüsterte seinem Vater etwas zu und bat ihn, die Ofentür zu schließen, damit es nicht mehr so hell sei; denn im Gesicht des Mannes war etwas, was anzuschauen er sich fürchtete und wovon er trotzdem den Blick nicht abwenden konnte. Ja, selbst der dumpfe und träge Geist des Kalkbrenners erkannte allmählich ein unbeschreibliches Etwas in diesem hageren, durchfurchten und gedankenverlorenen Antlitz, das von wirrem grauem Haar eingerahmt war, und in diesen tief eingesunkenen Augen, die wie Feuerbrände im Eingang einer geheimnisvollen Höhle flackerten. Doch als er die Tür zugemacht hatte, wandte sich der Fremde ihm zu und sprach mit so ruhiger, vertrauter Stimme, daß Bartram das Gefühl hatte, er habe es schließlich doch mit einem gesunden und vernünftigen Mann zu tun.

„Eure Arbeit geht dem Ende zu, wie ich sehe", sagte der Fremde. „Dieser Marmor ist schon seit drei Tagen im Feuer. In ein paar Stunden wird sich der Stein in Kalk verwandeln."

„Wer seid Ihr denn?" rief der Kalkbrenner aus. „Ihr kennt Euch anscheinend in meinem Gewerbe genauso gut aus wie ich."

„Das mag wohl sein", sagte der Fremde, „denn ich habe denselben Beruf viele lange Jahre ausgeübt, und zwar hier, an ebendieser Stelle. Aber Ihr seid neu in dieser Gegend. Habt Ihr noch nie etwas von Ethan Brand gehört?"

„Von dem Mann, der sich aufmachte, um die Unvergebbare Sünde zu suchen?" fragte Bartram lachend.

„Ja, den meine ich", entgegnete der Fremde. „Er hat gefunden, was er suchte, und deshalb ist er zurückgekommen."

„Was? dann seid Ihr Ethan Brand persönlich?" rief der Kalkbrenner verwundert. „Ich bin neu hier, wie Ihr sagt; und es soll achtzehn Jahre her sein, seitdem Ihr den Hang des Graylock-Berges verlassen habt. Aber ich kann Euch versichern, die Leute da unten im Dorf reden noch immer von Ethan Brand und von dem seltsamen Auftrag, der ihn bewog, seinen Kalkofen aufzugeben. Nun, habt Ihr also die Unvergebbare Sünde gefunden?"

„So ist es", sagte der Fremde ruhig.

„Wenn die Frage erlaubt ist", fuhr Bartram fort, „wo könnte sie sein?"

Ethan Brand legte einen Finger auf sein Herz. „Hier!" erwiderte er.

Und dann brach er in ein höhnisches Lachen aus, ohne daß Freude seine Züge erhellte, sondern als bewege ihn vielmehr die unfreiwillige Einsicht in sein unsäglich widersinniges Tun, weil er in der ganzen Welt etwas, was ihm von allen Dingen am nächsten war, gesucht und in allen Herzen, außer seinem eigenen, nach etwas ausgeschaut hatte, was sich in keiner anderen Brust verbarg. Es war das gleiche bedächtige, schwerfällige Lachen, das den Kalkbrenner fast erschreckt hatte, als es den Auftritt des Wandersmanns ankündigte.

Es tönte schaurig über den Hang dahin. Ein Lachen, das fehl am Platze ist, zur unrechten Zeit erklingt oder einem verworrenen Gefühlszustand entspringt, gehört wohl zu den schrecklichsten Ausdrucksformen der menschlichen Stimme. Das Lachen eines Schlafenden, und sei es auch nur ein kleines Kind – das Gelächter eines Wahnsinnigen – das wilde, kreischende Gelächter eines Idioten, all dies sind Laute, die wir zuweilen nur mit Entsetzen hören und stets am liebsten wieder vergessen würden. Die Dichter können sich bei Teufeln und bösen Geistern keine Lautäußerung vorstellen, die zu diesen furchtbaren Wesen besser paßte als ein Lachen. Und sogar der stumpfsinnige Kalkbrenner spürte, wie es an seinen Nerven zerrte, als der Fremdling in sein eigenes Herz schaute und ein Lachen ausstieß, das in die Nacht hinaus scholl und in den Bergen undeutlich widerhallte.

„Joe", sagte er zu seinem kleinen Sohn, „spring hinunter in die Dorfschenke und erzähle dort den lustigen Gesellen, daß Ethan Brand zurückgekommen ist und daß er die Unvergebbare Sünde gefunden hat!"

Der Knabe lief davon, um seinen Auftrag auszuführen, gegen den Ethan Brand keinen Einwand erhob, ja, den er kaum zu beachten schien. Er setzte sich auf einen Baumstamm und starrte unverwandt auf die Eisentür des Ofens. Als das Kind außer Sichtweite war und das Geräusch seiner flinken, leichten Füße verstummte, die zuerst auf welkem Laub und dann auf dem steinigen Bergpfad dahinliefen, begann es dem Kalkbrenner leid zu tun, daß er es hatte gehen lassen. Er merkte, daß die Gegenwart des Kleinen eine Schranke zwischen dem Gast und ihm selber errichtet hatte und daß er sich nun von Mann zu Mann mit einem Menschen auseinandersetzen mußte, der, seinem eigenen Eingeständnis zufolge, die einzige Untat begangen hatte, mit welcher der Himmel kein Erbarmen kennt. Die unbestimmte Schwärze dieser Untat lag gleichsam wie ein Schatten auf ihm. Die eigenen Sünden regten sich in der Seele des Kalkbrenners und erfüllten sein Gedächtnis mit einer dichtgedrängten Schar böser Schemen, die ihre Verwandtschaft mit der Größten Sünde bekundeten – was immer das auch sein mochte –, welche die verderbte menschliche Natur sich auszudenken und zu lieben vermochte. Sie alle gehörten einer Familie an; sie wanderten zwischen Bartrams und Ethan Brands Brust hin und her und überbrachten dunkle Grüße von dem einen zum anderen.

Dann fielen Bartram die Geschichten ein, die sich um diesen seltsamen Mann rankten, welcher über ihn gekommen war wie ein Schatten der Nacht und sich an seiner alten Wirkungsstätte wieder häuslich einrichtete, nachdem er so lange fort gewesen war, daß die Toten, die schon vor Jahren dahingeschieden und begraben waren, ein größeres Recht als er gehabt hätten, in ihre vertraute Umgebung zurückzukehren. Ethan Brand, so hieß es, hatte sich im gespenstischen Feuerschein ebendieses Ofens mit dem Satan selbst eingelassen. Die Legende hatte bisher nur Heiterkeit ausgelöst, aber jetzt wirkte sie eher unheimlich. Dieser Erzählung zufolge hatte Ethan Brand, bevor er sich auf die Suche machte, Nacht für Nacht einen Teufel aus der heißen Glut des Kalkofens hervorgelockt, um sich mit ihm über die Unvergebbare Sünde zu besprechen; Mensch und Teufel hätten sich gemeinsam bemüht, eine Form der Schuld ausfindig zu machen, die weder gesühnt noch vergeben werden konnte. Und wenn der erste Lichtschimmer den Gipfel des Berges berührt habe, sei der Teufel durch die Eisentür in den Ofen gekrochen und habe im stärksten Element, dem Feuer, so lange ausgeharrt, bis er wieder hervorgerufen worden sei, um an dem schrecklichen Auftrag mitzuwirken, die Schuldfähigkeit des Menschen so zu erweitern, daß sie selbst die ansonsten unendliche Gnade des Himmels übersteigen würde.

Während der Kalkbrenner noch mit diesen entsetzlichen Gedanken rang, erhob sich Ethan Brand von dem Baumstamm und riß die Tür des Ofens auf. Die Handlung paßte so sehr zu dem, was in Bartrams Geist vorging, daß dieser fast damit rechnete, er werde den Bösen rotglühend aus den tobenden Flammen hervorgehen sehen.

„Halt, halt!" schrie er und versuchte sich zu einem Lächeln zu zwingen, denn er schämte sich seiner Ängste, obwohl sie ihn überwältigten. „Holt jetzt um Gottes willen nicht Euren Teufel heraus!"

„Mann!" entgegnete Ethan Brand ungerührt, „wozu brauche ich den Teufel? Ich habe ihn auf meinem Weg zurückgelassen. Er gibt sich nur mit solchen halbherzigen Sündern ab, wie Ihr einer seid. Fürchtet Euch nicht, weil ich die Tür geöffnet habe. Ich tue das nur aus alter Gewohnheit und will Euer Feuer ein wenig schüren, wie ein Kalkbrenner, der ich ja einmal war."

Er stocherte in den dicken Kohlen herum, legte Holz nach und beugte sich dann vor, um in das hohle Gefängnis des Feuers zu blicken, ohne die starke Glut zu beachten, die sein Gesicht rötete. Der Kalkbrenner saß da und beobachtete ihn, und ihm kam halb der Verdacht, sein seltsamer Gast habe die Absicht, zwar nicht einen Teufel zu beschwören, aber sich wenigstens in die Flammen zu stürzen und sich auf solche Weise den Augen der Menschen zu entziehen. Ethan Brand trat indes ruhig zurück und machte die Ofentür zu.

„Ich habe", sagte er, „schon in manches Menschenherz geblickt, das vor sündigen Leidenschaften siebenmal heißer brannte als der Feuerofen dort drüben. Doch ich habe dort nicht gefunden, was ich suchte. Nein, nicht die Unvergebbare Sünde!"

„Was ist das, die Unvergebbare Sünde?" fragte der Kalkbrenner und wich ein Stückchen weiter von seinem Gefährten zurück, zitternd vor Angst, daß seine Frage beantwortet würde.

„Das ist eine Sünde, die in meiner eigenen Brust gedieh", erwiderte Ethan Brand und richtete sich hoch auf, erfüllt von jenem Stolz, der alle Schwärmer seines Schlages auszeichnet. „Eine Sünde, die sonst nirgendwo gedieh! Die Sünde eines Verstandes, der über die menschliche Brüderlichkeit und die Anbetung Gottes triumphierte und alles ihren eigenen mächtigen Forderungen unterordnete! Die einzige Sünde, die als Belohnung ewige Qualen verdient! Ehrlich gesagt, wenn ich sie noch einmal begehen könnte, ich würde die Schuld auf mich laden. Ohne Zögern nehme ich die Strafe an!"

„Der Mann ist wirr im Kopf", murmelte der Kalkbrenner vor sich hin. „Er mag ja ein Sünder sein, wie wir alle – nichts wäre wahrscheinlicher –, aber ich möchte schwören, daß er außerdem verrückt ist."

Dennoch fühlte er sich unbehaglich in seiner Lage, allein mit Ethan Brand auf diesem abgeschiedenen Hang, und er war ganz froh, als er das rauhe Stimmengewirr und die Schritte einer offensichtlich recht großen Menschengruppe vernahm, die über die Steine stolperte und sich einen Weg durch das Unterholz bahnte. Bald erschien auch die ganze Bande der Müßiggänger, die zu den Stammkunden der Dorfschenke gehörten, darunter drei oder vier Individuen, die seit Ethan Brands Aufbruch Winter für Winter am Kamin des Schankraums ihren Flip getrunken und Sommer für Sommer auf der Veranda ihre Pfeife geraucht hatten. Laut lachend und mit allen Stimmen wild durcheinanderredend, tauchten sie jetzt im Mondlicht und in den schmalen Streifen des Feuerscheins auf, die den freien Platz vor dem Kalkofen erhellten. Bartram öffnete die Tür wieder einen Spaltbreit, damit die ganze Gesellschaft Ethan Brand und dieser sie genauer in Augenschein nehmen konnte.

Unter den alten Bekannten befand sich ein einstmals weitverbreiteter, inzwischen fast ausgestorbener Typ, den man früher mit Sicherheit im Hotel eines jeden aufstrebenden Dorfes im ganzen Land antraf. Das war der Posthalter. Der gegenwärtige Vertreter dieser Gattung war ein verwelkter und verdorrter runzliger und rotnasiger Mann in einer elegant geschnittenen kurzschößigen braunen Jacke mit Messingknöpfen, der seit unvordenklichen Zeiten sein Pult in einer Ecke der Schankstube stehen hatte und noch immer dieselbe Zigarre zu paffen schien, die er sich vor zwanzig Jahren angesteckt hatte. Er war berühmt für seinen trockenen Witz, den er allerdings wohl weniger einer echten humoristischen Begabung als einer gewissen würzigen Mischung aus Grog und Tabakrauch verdankte, welche nicht nur alle seine Gedanken und Äußerungen, sondern auch seine ganze Person durchdrang. Ein anderes wohlbekanntes, wenngleich merkwürdig verändertes Gesicht war das von Advokat Giles, wie ihn die Leute aus Höflichkeit noch immer anredeten – ein zerlumpter ältlicher Mann mit schmutzigen Manschetten und Werghosen. Dieser arme Teufel war in seinen besseren Tagen, wie er es nannte, einmal ein Rechtsanwalt gewesen, ein gewiegter Fachmann, der bei den Litiganten des Dorfes großes Ansehen genoß; doch Flip und Grog und Punsch und Cocktails hatten bewirkt, daß er seine geistige Tätigkeit mit den verschiedensten Arten und Graden körperlicher Arbeit vertauschen mußte, bis er zuletzt, wie er sich selber ausdrückte, in einem Seifenfaß landete. Mit anderen Worten: Giles war jetzt ein kleiner Seifensieder. Er stellte nur noch den Torso eines menschlichen Wesens dar, denn ein Teil des Fußes war durch eine Axt abgehauen worden, und der teuflische Zugriff einer Dampfmaschine hatte ihm eine ganze Hand weggerissen. Doch obgleich die körperliche Hand fehlte, blieb eine geistige Gliedmaße erhalten; wenn Giles nämlich den Armstumpf ausstreckte, fühlte er, wie er beharrlich beteuerte, die unsichtbaren Finger noch genauso intensiv wie vor der Amputation. Ein verkrüppelter und bedauernswerter Kerl war er, aber trotzdem keiner, auf dem die Welt herumtrampeln konnte und den zu verachten sie das Recht hatte, weder in diesem noch in irgendeinem früheren Stadium seines Unglücks, weil er sich den Mut und Geist eines Mannes bewahrt hatte, weil er nichts geschenkt haben wollte und weil er mit der einen Hand – und das war die linke – einen verbissenen Kampf gegen Not und widrige Umstände führte.

Mit der Gruppe war auch noch eine andere Person gekommen, die zwar in gewisser Hinsicht Advokat Giles glich, aber im übrigen sich stark von ihm unterschied. Es war der Dorfarzt, ein Mann von etwa fünfzig Jahren, den wir in einem früheren Abschnitt seines Lebens in seiner beruflichen Eigenschaft anläßlich eines Krankenbesuchs bei Ethan Brand hätten vorstellen können, zu der Zeit, als der letztere angeblich dem Wahnsinn verfallen war. Jetzt war er ein rotgesichtiger, roher und brutaler, doch gleichwohl noch halbwegs herrenhaft wirkender Mann, in dessen Redeweise, Gesten und Manieren etwas Wildes, Hinfälliges und Verzweifeltes lag. Der Branntwein beherrschte diesen Mann wie ein böser Geist und machte ihn so bösartig und ungestüm wie ein wildes Tier und so elend wie eine verlorene Seele; aber er besaß anscheinend eine solche wunderbare Geschicklichkeit, eine solche naturgegebene Heilbegabung, die alles, was die medizinische Wissenschaft zu vermitteln vermochte, weit übersteigt, daß die Gesellschaft an ihm festhielt und ihn nicht völlig untergehen ließ. Im Sattel hin und her schwankend und mit schwerer Zunge lallend, besuchte er im Umkreis von vielen Meilen alle Krankenzimmer in den Bergstädten; und manchmal brachte er einen Sterbenden wie durch ein Wunder wieder auf die Beine, doch zweifellos schickte er ebensooft einen Patienten in ein Grab, das um Jahre zu früh geschaufelt worden war. Der Doktor hatte ständig eine Pfeife im Mund, die er stets, wie jemand in Anspielung auf sein gewohnheitsmäßiges Fluchen meinte, am Höllenfeuer anzündete.

Diese drei Ehrenmänner drängten sich vor, begrüßten Ethan Brand, jeder auf seine Weise, und forderten ihn auf, am Inhalt einer gewissen schwarzen Flasche teilzuhaben, in welcher er, wie sie versicherten, etwas finden werde, was zu suchen sich mehr lohne als die Unvergebbare Sünde. Kein Geist, der sich durch angestrengte, einsame Meditation auf eine hohe Stufe der Schwärmerei emporgeschwungen hat, vermag die Berührung mit niedrigen und vulgären Gesinnungen und Gefühlen zu ertragen, der Ethan Brand jetzt ausgesetzt war. Er begann zu zweifeln – und seltsamerweise war es ein schmerzhafter Zweifel –, ob er tatsächlich die Unvergebbare Sünde gefunden und ob er sie in seinem eigenen Ich gefunden habe. Die große Frage, der er sein Leben, und mehr als sein Leben, gewidmet hatte, erschien ihm jetzt wie eine Täuschung.

„Verlaßt mich", sagte er bitter, „ihr wüsten Unmenschen, die ihr euch selber dazu gemacht habt, indem ihr eure Seele durch üble Trunksucht zerstört! Ich bin fertig mit euch. Vor vielen, vielen Jahren habe ich in euren Herzen herumgetastet und nichts gefunden, was mir weitergeholfen hätte. Geht jetzt!"

„Na, na, Ihr ungehobelter Kerl", rief der hitzige Doktor, „erwidert Ihr so die Freundlichkeit Eurer besten Freunde? Dann will ich Euch einmal die Wahrheit sagen. Ihr habt die Unvergebbare Sünde ebensowenig gefunden wie der kleine Joe da drüben. Ihr seid nichts weiter als ein Verrückter – das habe ich Euch schon vor zwanzig Jahren gesagt –, weder besser noch schlechter als ein Verrückter, und der rechte Kumpan für den alten Humphrey dort!"

Damit zeigte er auf einen schäbig gekleideten alten Mann mit langem weißen Haar, hagerem Gesicht und unsteten Augen. Schon seit einigen Jahren wanderte dieser Alte in den Bergen umher und erkundigte sich bei allen Reisenden, denen er begegnete, nach seiner Tochter. Das Mädchen hatte sich offenbar einer Gruppe von Zirkusartisten angeschlossen; gelegentlich gelangten Berichte über sie ins Dorf, und man erzählte sich herrliche Geschichten über ihre glänzenden Auftritte, bei denen sie hoch zu Roß in die Manege einritt oder wundervolle Drahtseilakte vorführte.

Der weißhaarige Vater trat nun auf Ethan Brand zu und starrte ihm unsicher ins Gesicht.

„Man hat mir erzählt, Ihr wärt auf der ganzen Erde herumgekommen", sagte er und rang flehentlich die Hände. „Ihr müßt meine Tochter gesehen haben, denn sie spielt eine große Rolle in der Welt, und alle wollen sie sehen. Hat sie Euch eine Nachricht für ihren alten Vater mitgegeben oder gesagt, wann sie zurückkommen will?"

Ethan Brands Augen wichen dem Blick des alten Mannes aus. Diese Tochter, von der er so sehnlichst einen Gruß erwartete, war nämlich die Esther unserer Erzählung – dasselbe Mädchen, das Ethan Brand mit solch kalter und erbarmungsloser Zielstrebigkeit zum Gegenstand eines psychologischen Experiments gemacht und dessen Seele er dabei mißbraucht, ausgenutzt und vielleicht sogar zugrundegerichtet hatte.

„Ja", murmelte er, indem er sich von dem greisen Wanderer abwandte; „es ist keine Täuschung. Es gibt eine Unvergebbare Sünde!"

Während all dies vor sich ging, spielte sich im Umkreis des heiteren Lichts, neben dem Brunnen und vor der Hüttentür, eine fröhliche Szene ab. In großer Zahl war die Dorfjugend, junge Männer und Mädchen, den Hang hinaufgeeilt, neugierig darauf, Ethan Brand kennenzulernen, den Helden so vieler Legenden, die ihr von Kindesbeinen an vertraut waren. Da die jungen Leute jedoch nichts Besonderes an ihm entdeckten – er war nichts weiter als ein sonnverbrannter Wandersmann in einem schlichten Gewand und mit staubigen Schuhen, der dasaß und ins Feuer starrte, als ob aus der Kohlenglut Phantasiegebilde aufstiegen –, wurden sie seines Anblicks rasch müde. Es traf sich, daß ein anderes Amüsement ihre Aufmerksamkeit fesselte. Ein alter deutscher Jude, der mit einem Diorama auf dem Rücken umherzog, hatte sich gerade dem Dorf auf der Bergstraße genähert, als die Gesellschaft von ihr abbog; und in der Hoffnung, das Geschäft des Tages zu machen, hatte der Schausteller die Gruppe bis zum Kalkofen begleitet.

„Kommt schon, alter Deutscher", rief ein junger Mann, „zeigt uns Eure Bilder, wenn Ihr beschwören könnt, daß es sich lohnt, sie anzuschauen!"

„O ja, Captain", antwortete der Jude, der jedermann, ob aus Höflichkeit oder Berechnung, mit dem Titel Captain anredete. „Ich werde euch allerdings ein paar einmalige Bilder zeigen!"

Also baute er seinen Kasten auf, lud die jungen Männer und Mädchen ein, durch die Glasöffnungen des Apparats zu blicken, und schickte sich an, als Meisterwerke der bildenden Kunst eine Serie der jämmerlichsten Kritzeleien und Schmierereien vorzuführen, die jemals ein wandernder Schausteller seinem Publikum zuzumuten gewagt hatte. Die Bilder waren abgenutzt, ja sogar zerfleddert, voller Risse und Eselsohren, von Tabakrauch verfärbt und insgesamt in einem höchst beklagenswerten Zustand. Einige zeigten angeblich Städte, öffentliche Gebäude und Burgruinen in Europa; andere stellten Napoleons Schlachten und Nelsons Seegefechte dar; und zwischendrin erschien eine riesenhafte, braune, behaarte Hand – man hätte sie für die Hand des Schicksals halten können, obgleich es in Wahrheit nur die des Schaustellers war –, die mit dem Zeigefinger auf verschiedene Szenen der Schlachtenbilder deutete, während ihr Besitzer dazu einen historischen Kommentar abgab. Als die Vorstellung, deren schäbige Qualität große Heiterkeit hervorgerufen hatte, beendet war, forderte der Deutsche den kleinen Joe auf, seinen Kopf in den Kasten zu stecken. Durch die Vergrößerungsgläser betrachtet, nahm das runde, rosige Gesicht des Jungen das höchst befremdliche Aussehen eines unermeßlich großen Titanenkinds an; sein Mund grinste breit, und die Augen und die ganze Miene strahlten vor Freude über diesen Scherz. Doch plötzlich erbleichte das fröhliche Gesicht, und sein Ausdruck schlug in Entsetzen um; denn dieser leicht beeindruckbare und erregbare Knabe spürte, daß ihn Ethan Brands Auge durch das Glas anstarrte.

„Ihr macht dem kleinen Mann Angst, Captain", sagte der deutsche Jude und richtete sich aus seiner gebückten Haltung auf, so daß die dunklen, festen Umrisse seines Gesichts deutlicher hervortraten. „Doch blickt noch einmal hinein, und auf mein Wort, ich kann Euch zufällig etwas sehr Schönes zeigen!"

Ethan Brand schaute einen Augenblick lang in den Kasten, dann fuhr er zurück und blickte den Deutschen starr an. Was hatte er gesehen? Offenbar nichts; denn ein neugieriger Jüngling, der fast gleichzeitig hineinlugte, erkannte nur ein leeres Stück Leinwand.

„Jetzt weiß ich, wer Ihr seid", flüsterte Ethan Brand dem Schausteller zu.

„Ach, Captain", wisperte der Jude aus Nürnberg mit einem geheimnisvollen Lächeln, „ich finde, das war eine große Belastung für meinen Schaukasten – diese Unvergebbare Sünde! Meiner Treu, Captain, meine Schultern sind ganz müde, nachdem ich sie den lieben langen Tag über den Berg geschleppt habe."

„Still!" versetzte Ethan Brand streng, „oder verfügt Euch dort drüben in den Brennofen!"

Die Vorführung des Juden war kaum zu Ende, als ein großer, älterer Hund – der offensichtlich sein eigener Herr war, da keiner der Anwesenden Anspruch auf ihn erhob – den Augenblick für gekommen hielt, die allgemeine Aufmerksamkeit auf sich zu lenken. Bislang hatte er sich wie ein sehr ruhiger, braver alter Hund benommen, der von einem zum anderen gegangen war und sein Anschlußbedürfnis dadurch zeigte, daß er seinen rauhen Kopf jeder freundlichen Hand darbot, die sich die Mühe nahm, ihn zu tätscheln. Doch jetzt begann dieser gesetzte und ehrwürdige Vierbeiner urplötzlich aus eigenem Antrieb, und ohne daß ihn jemand auch nur im geringsten dazu aufgefordert hätte, hinter seinem eigenen Schwanz herzurennen, der, was die Widersinnigkeit seines Unterfangens noch erhöhte, ein gutes Stück kürzer war, als er hätte sein sollen. Noch nie hat man einen so überstürzten Eifer bei der Verfolgung eines unerreichbaren Ziels gesehen; noch nie hat man ein so aufgeregtes Knurren, Jaulen, Bellen und Fauchen vernommen – es war, als bestünde zwischen den beiden Körperenden des albernen Viehs eine unversöhnliche Todfeindschaft. Immer schneller drehte sich der Köter im Kreise; und immer schneller flog sein unerreichbarer kurzer Schwanz; und immer lauter und böser wurde sein wütendes, feindseliges Gebell, bis der verrückte alte Hund völlig erschöpft war und, ohne seinem Ziel auch nur im mindesten nähergekommen zu sein, seine Vorführung ebenso plötzlich beendete, wie er sie begonnen hatte. Im nächsten Augenblick war er wieder der sanfte, ruhige, vernünftige und ehrenwerte Hund, der sich am Anfang bemüht hatte, Anschluß an die Gesellschaft zu finden.

Wie nicht anders zu erwarten, wurde die Darbietung mit allgemeinem Gelächter, Händeklatschen und Dacapo-Rufen bedacht; darauf antwortete der vierbeinige Schauspieler mit Schwanzwedeln, sofern man die Bewegungen seines kurzen Schwanzes überhaupt als Wedeln bezeichnen darf, doch er schien völlig außerstande zu sein, seine sehr erfolgreiche Vorstellung zum Ergötzen der Zuschauer noch einmal zu wiederholen.

Unterdessen hatte Ethan Brand wieder auf seinem Baumstamm Platz genommen; und möglicherweise betroffen durch die Erkenntnis, daß zwischen seinem eigenen Fall und dem des sich selber verfolgenden Köters eine entfernte Ähnlichkeit bestand, stieß er sein entsetzliches Lachen aus, das mehr als jedes andere äußere Zeichen seinen inneren Zustand verriet. Von diesem Augenblick an war es mit der Fröhlichkeit der Leute aus; sie standen entgeistert da und befürchteten, daß der unheimliche Laut die Luft bis zum Horizont erfüllen und als donnerndes Echo von Berg zu Berg springen könne,

um ihre Ohren endlos zu quälen. Indem sie einander zu-
flüsterten, daß es schon spät sei, daß der Mond schon untergehen wolle und daß diese Augustnacht kühl zu werden
drohe, eilten sie nach Hause und überließen es dem Kalkbrenner und dem kleinen Joe, mit dem ungebetenen Gast fertigzuwerden, so gut sie es vermochten. Abgesehen von diesen
drei menschlichen Wesen, lag der freie Platz auf dem Hang
jetzt einsam da, eingebettet in die unermeßliche Düsternis des
Waldes. Wo dessen dunkler Saum verlief, fiel der flackernde
Feuerschein auf die mächtigen Stämme und das schwärzliche
Blattwerk der Kiefern, unter die sich das hellere Grün junger
Eichen, Ahornbäume und Pappeln mischte, während hier
und da die Riesenrümpfe abgestorbener Bäume auf der laub-
bedeckten Erde vermoderten. Und der kleine Joe – ein furcht-
sames und phantasievolles Kind – hatte das Gefühl, als hielte
der schweigende Wald den Atem an, bevor sich irgend etwas
Furchtbares ereignete.

Ethan Brand warf noch mehr Holz ins Feuer und schloß
die Tür des Ofens; dann blickte er über die Schulter den
Kalkbrenner und dessen Sohn an und riet oder vielmehr befahl ihnen, sich schlafen zu legen.

„Ich kann nämlich nicht schlafen", sagte er. „Da sind ein
paar Dinge, über die ich nachdenken muß. Ich werde auf das
Feuer aufpassen, so wie ich es in den alten Zeiten gewohnt
war."

„Und dann holt Ihr vermutlich den Teufel aus dem Ofen
heraus, damit er Euch Gesellschaft leistet", murmelte Bartram, der mit der oben erwähnten schwarzen Flasche nähere
Bekanntschaft gemacht hatte. „Aber paßt nur auf, wenn es
Euch beliebt, und ruft so viele Teufel, wie Ihr wollt! Ich
meinerseits kann jetzt ein Schläfchen ganz gut brauchen.
Komm, Joe!"

Als der Junge seinem Vater in die Hütte folgte, blickte er
sich noch einmal nach dem Wandersmann um, und Tränen
stiegen ihm in die Augen; denn sein sanftes Gemüt spürte

intuitiv die öde, schreckliche Einsamkeit, in die sich dieser Mann selber gehüllt hatte.

Sowie die beiden fort waren, setzte Ethan Brand sich hin, um dem Knacken des brennenden Holzes zu lauschen und die kleinen Feuergeister zu beobachten, die durch die Spalten der Tür drangen. Diese einst so vertrauten Kleinigkeiten fesselten indes seine Aufmerksamkeit kaum, während er tief in seiner Seele den allmählichen, aber wunderlichen Wandel bedachte, den die Suche, welcher er sein Leben geweiht hatte, bewirkt hatte. Er erinnerte sich, wie sich der Tau der Nacht auf ihn herniedergesenkt hatte – wie der dunkle Wald ihm zugeflüstert hatte – wie die Sterne ihm geleuchtet hatten –, damals vor vielen Jahren, als er, ein einfacher und von Liebe erfüllter Mann, sein Feuer hütete und dabei seinen Gedanken nachhing. Er erinnerte sich, mit wieviel Zärtlichkeit, Anteilnahme und Menschheitsliebe und wieviel Mitleid mit menschlicher Schuld und Not er erstmals über jene Ideen nachzudenken begonnen hatte, die später sein Leben bestimmten; mit wieviel Ehrfurcht er damals in das Herz der Menschen geblickt hatte, das für ihn ein ursprünglich göttlicher Tempel war, der aller Entweihung zum Trotz einem Bruder heilig sein mußte; mit wieviel entsetzlicher Angst er das Gelingen seines Vorhabens abzuwenden versucht und darum gebetet hatte, daß ihm die Unvergebbare Sünde niemals enthüllt werden möge. Dann folgte jene mächtige geistige Entwicklung, die nach und nach das Gleichgewicht zwischen seinem Verstand und seinem Herzen zerstörte. Die Idee, die sein Dasein beherrschte, hatte sich als ein Mittel der Erziehung erwiesen; sie hatte seine Fähigkeiten so fortentwickelt, bis sie den höchsten Gipfel erreicht hatten, der ihnen zugänglich war; sie hatte ihn von der Stufe eines ungebildeten Arbeiters zu jener sternenhellen Höhe emporgetragen, welche die Philosophen der Welt, beladen mit dem Wissen der Universitäten, vergebens zu erklimmen trachteten. Soviel über den Verstand! Aber wo war das Herz geblieben? Das war allerdings verdorrt – zusammengeschrumpft – verhärtet – vernichtet! Es hatte aufgehört, im Gleichtakt mit dem Universum zu schlagen. Er hatte die magnetische Kette der Menschheit losgelassen. Er war kein Menschenbruder mehr, der die Kammern oder Kerker der allgemeinen Menschennatur mit dem Schlüssel heiliger Sympathie öffnete, die ihm das Recht gab, an all ihren Geheimnissen teilzuhaben; vielmehr war er jetzt ein kalter Beobachter, der in der Menschheit das Objekt seines Experiments erblickte und am Ende Mann und Frau in seine Marionetten verwandelte, an deren Drähten er so lange zog, bis sie solche Verbrechen begingen, wie er sie für seine Untersuchung brauchte.

So wurde aus Ethan Brand ein vom Teufel Besessener. Das begann in dem Augenblick, als seine moralische Natur mit der Aufwärtsbewegung seines Verstandes nicht mehr Schritt zu halten vermochte. Und jetzt hatte er als seine höchste Leistung und letzte Entwicklungsstufe – als die leuchtende, üppige Blüte und die reiche, köstliche Frucht seines lebenslangen Strebens – die Unvergebbare Sünde hervorgebracht!

„Was soll ich noch suchen? Was noch vollbringen?" sprach Ethan Brand zu sich selbst. „Meine Aufgabe ist erledigt, und gut erledigt!"

Mit einer gewissen Behendigkeit sprang er von dem Baumstamm hoch, stieg auf den Erdwall, der vor der steinernen Umfassungsmauer des Kalkofens aufgeschüttet war, und erreichte so die Spitze des Bauwerks. Die Öffnung hatte von Rand zu Rand eine Weite von vielleicht zehn Fuß und gab den Blick frei auf die oberste Schicht des gewaltigen Marmorhaufens, mit welcher der Ofen beschickt worden war. All diese unzähligen Marmorblöcke und -stücke waren rotglühend und brannten lichterloh, und aus ihnen schossen blaue Flammen hoch empor, die aufflackerten und wild umhertanzten, wie in einem magischen Kreis, und dann in sich zusammensanken und von neuem emporstiegen, in einer rastlosen, vielgestaltigen Bewegung. Als sich der einsame Mann über diese feurige Masse beugte, traf ihn die sengende Hitze mit einem Anhauch, der ihn, so sollte man meinen, in einem Nu hätte verbrennen und vernichten müssen.

Ethan Brand richtete sich auf und reckte seine Arme hoch empor. Die blauen Flammen spielten auf seinem Gesicht und tauchten es in das irre, grausige Licht, das allein zu seinem Ausdruck paßte; es war das Gesicht eines Teufels, der sich in den Abgrund der schlimmsten Qualen hinabstürzen will.

„O Mutter Erde", rief er, „die du nicht mehr meine Mutter bist und in deren Schoß dieser Leib niemals zurückkehren wird! O Menschheit, deren brüderliche Gemeinschaft ich verlassen und deren großes Herz ich mit Füßen getreten habe! O Sterne des Himmels, die mir einst leuchteten, als wollten sie mir den Weg nach vorne und nach oben weisen! – lebt wohl auf immer! Komm, todbringendes Element des Feuers – sei fortan mein treuer Freund! Umarme mich, wie ich dich umarme!"

In dieser Nacht durchdrang ein gräßliches Gelächter den Schlaf des Kalkbrenners und seines kleinen Sohns; undeutliche Bilder des Schreckens und der Angst suchten sie in ihren Träumen heim und schienen in der elenden Hütte noch immer gegenwärtig zu sein, als die beiden beim ersten Licht des Tages die Augen aufschlugen.

„Auf, Junge, auf!" rief der Kalkbrenner und blickte sich um. „Dem Himmel sei Dank, daß die Nacht endlich vorbei ist; lieber würde ich ein ganzes Jahr lang hellwach an meinem Kalkofen sitzen, als so eine Nacht noch einmal zu erleben. Dieser Ethan mit seiner albernen Unvergebbaren Sünde hat mir keinen besonderen Gefallen getan, indem er meinen Platz einnahm!"

Er verließ die Hütte, gefolgt von dem kleinen Joe, der die Hand seines Vaters fest umklammert hielt. Die frühe Sonne ergoß bereits ihr Gold über die Berggipfel, und obgleich die Täler noch im Schatten lagen, lächelten sie heiter in der Erwartung eines strahlenden Tages, der es sehr eilig zu haben schien. Das Dorf, das ringsum von sanft anschwellenden Hügeln eingeschlossen war, sah aus, als hätte es in der großen hohlen Hand der Vorsehung friedlich geruht. Alle Häuser waren deutlich zu erkennen; die kleinen Türme der beiden Kirchen reckten sich empor und fingen mit ihren vergoldeten Wetterhähnen einen ersten Schimmer des von der Sonne vergoldeten Himmels ein. In der Schenke herrschte schon reges Leben, und die Gestalt des alten verdorrten Posthalters, die Zigarre im Mund, zeigte sich auf der Veranda. Das Haupt des alten Graylock war von einer goldenen Wolke gekrönt. Auch über die Brüste der umliegenden Berge waren graue Nebelschwaden in phantastischen Formen verstreut, von denen einige weit ins Tal hinabreichten, andere bis zu den Gipfeln emporstiegen und wieder andere, die derselben Dunst- oder Wolkenfamilie zugehörten, im goldenen Glanz der oberen Atmosphäre schwebten. Schweifte der Blick über die Wolken hin, die auf den Hügeln ruhten, und von dort aus hinauf zu den vornehmeren Geschwistern, die durch die Lüfte segelten, so hatte man fast das Gefühl, als könnte ein sterblicher Mensch auf diese Weise zu den himmlischen Gefilden emporsteigen. Erde und Himmel vermischten sich dergestalt, daß man ein Traumbild zu schauen meinte.

Um den Zauber des Vertrauten und Anheimelnden zu erhöhen, den die Natur so gern über einer derartigen Landschaft ausbreitet, rasselte die Postkutsche die Bergstraße hinab, und der Kutscher stieß in sein Horn; das Echo bemächtigte sich der Töne und verwob sie zu einer prächtigen und abwechslungsreichen und kunstvollen Melodie, an welcher der eigentliche Urheber nur geringen Anteil hatte. Die hohen Berge führten miteinander ein Konzert auf, zu dem jeder eine Tonfolge von ätherischer Lieblichkeit beitrug.

Das Gesicht des kleinen Joe hellte sich sogleich auf.

„Lieber Vater", rief er und hüpfte ausgelassen hin und her, „dieser fremde Mann ist verschwunden, und der Himmel und die Berge scheinen sich darüber zu freuen!"

„Ja", brummte der Kalkbrenner und fluchte dazu, „aber er hat das Feuer ausgehen lassen, und wir haben es bestimmt nicht ihm zu verdanken, wenn die fünfhundert Scheffel Kalk nicht verdorben sind. Sollte ich den Kerl hier noch einmal zu fassen bekommen, dann würde ich ihn am liebsten in den Ofen stecken!"

Er nahm die lange Stange in die Hand und stieg auf den Ofen. Nach einer Weile rief er seinen Sohn.

„Komm herauf, Joe!" befahl er.

Also kletterte der kleine Joe auf den Erdwall und stellte sich neben seinen Vater. Der gesamte Marmor war zu makellosem, schneeweißem Kalk verbrannt. Doch obenauf, in der Mitte des Kreises, lag – ebenfalls schneeweiß und ganz und gar zu Kalk geworden – ein menschliches Skelett in der Haltung eines Menschen, der sich nach langer schwerer Arbeit zum Schlafen ausstreckt. Zwischen den Rippen – höchst merkwürdig – befand sich etwas, was die Form eines Menschenherzens hatte.

„Bestand denn das Herz dieses Burschen aus Marmor?" rief Bartram, einigermaßen verwirrt bei diesem Anblick. „Jedenfalls ist es anscheinend zu einem besonders guten Kalk verbrannt; und wenn ich die ganzen Knochen zusammenrechne, ist mein Ofen um einen halben Scheffel reicher."

Mit diesen Worten hob der grobe Kalkbrenner seine Stange, und als er sie auf das Skelett warf, zerfielen die Überreste von Ethan Brand zu Staub.

Federkopf

„Dickon", rief Mutter Rigby, „eine Kohle für meine Pfeife!"
Die Pfeife stak im Mund der alten Dame, als sie diese Worte
sprach. Dort hatte sie sie hingesteckt, nachdem sie mit Tabak
gefüllt war, doch sie bückte sich nicht, um sie am Herde zu
entzünden; überhaupt gab es dort kein Anzeichen, aus dem
sich etwa schließen ließ, daß heute morgen schon Feuer gemacht worden war. Unverzüglich nach Lautwerden des Be-
fehls jedoch stieg aus dem Pfeifenkopf heftige rote Glut und
von Mutter Rigbys Lippen eine Rauchwolke. Woher die
Kohle kam und wie sie von einer unsichtbaren Hand an Ort
und Stelle gebracht wurde, das habe ich nie herausfinden
können.

„Ausgezeichnet!" sprach Mutter Rigby und nickte mit dem
Kopf. „Dank dir, Dickon! Bleib in der Nähe, Dickon, für den
Fall, daß du wieder gebraucht wirst!"

Die gute Frau war so früh aufgestanden (die Sonne war
nämlich noch kaum aufgegangen), weil sie gedachte, eine Vogelscheuche anzufertigen, die sie mitten in ihrem kleinen
Maisfeld aufstellen wollte. Es war jetzt die letzte Woche im
Mai, und die Krähen und Amseln hatten die kleinen grünen,
eingerollten Blätter, die eben erst aus dem Boden herauslug-
ten, schon entdeckt. Sie war daher entschlossen, eine Vogelscheuche zu bauen, so lebensecht, wie man sie nur je gesehen
hatte, und sie noch heute morgen vom Scheitel bis zur Sohle
fertig zu machen, damit sie unverzüglich ihren Wachdienst
antreten konnte. Nun war Mutter Rigby (wie sicher jeder gehört hat) eine der schlauesten und mächtigsten Hexen von
Neu-England, und es hätte ihr nur geringe Mühe bereitet, eine Vogelscheuche zu machen, so fürchterlich, daß der Pfarrer
selber sich davor entsetzte. Doch diesmal, da sie in ungewöhn-

lich guter Laune erwacht war und ihre Tabakspfeife sie noch weiter besänftigt hatte, ging ihre Absicht dahin, etwas Feines, Schönes, Prächtiges herzustellen, und nicht etwas Häßliches, Greuliches. „Ich will doch nicht in meinem eigenen Maisfeld, ja beinahe vor meiner Haustür ein Schreckgespenst stehen haben", sagte Mutter Rigby zu sich selber und stieß eine Rauchwolke aus; „natürlich könnte ich, wenn ich wollte; aber ich bin des ewigen Zauberns müde, ich werde mich diesmal an das Gewöhnliche halten – einfach der Abwechslung halber. Außerdem hat es keinen Sinn, die kleinen Kinder im Umkreis von einer Meile zu erschrecken, wenn es auch wahr ist, daß ich eine Hexe bin!"

In ihrem Kopf war es daher eine abgemachte Sache, daß die Vogelscheuche einen vornehmen Herrn der Zeit vorstellen sollte, soweit das vorhandene Material dies eben gestattete. Es kann vielleicht nicht schaden, die wichtigsten Gegenstände aufzuzählen, die bei der Komposition der Figur Verwendung fanden.

Der wichtigste einzelne Posten, wenn er auch äußerlich kaum zur Geltung kam, war wahrscheinlich ein gewisser Besenstiel, auf dem Mutter Rigby manch luftigen mitternächtlichen Galopp geritten war und der der Vogelscheuche jetzt als Wirbelsäule diente, oder, in der Sprache der Ungebildeten, als Rückgrat. Einer ihrer Arme war ein unbrauchbar gewordener Dreschflegel, den Gevatter Rigby oft geschwungen hatte, bevor seine traute Gemahlin ihn aus dieser Welt in die nächste geekelt hatte; der andere Arm bestand, wenn ich nicht irre, aus einem Puddinglöffel und der gebrochenen Querleiste eines Stuhles, am Ellenbogen lose zusammengebunden. Was nun die Beine angeht, so war das rechte der Stiel einer Hacke, das linke jedoch ein ganz gewöhnlicher, beliebiger Stecken vom Holzstoß. Lungen, Magen und andere Sachen dieser Art waren nichts Besseres als ein Mehlsack, mit Stroh ausgestopft. Wir haben nun Knochengerüst und die gesamte Körperlichkeit unserer Vogelscheuche vorgestellt, mit Ausnahme des Kopfes; und dieser wurde ganz vortrefflich dargestellt von einem nur leicht verwelkten und geschrumpelten Kürbis, in den Mutter Rigby zwei Löcher für die Augen schnitt sowie einen Schlitz für den Mund, während sie in der Mitte einen bläulichen Buckel stehen ließ, der die Nase vorstellen sollte. Das Gesicht war wirklich ein recht anständiges Gesicht.

„Ich habe zumindest schon weit schlechtere auf menschlichen Schultern sitzen sehen", sagte Mutter Rigby. „Und wie so mancher vornehme Herr hat nicht einen Kürbiskopf, genau wie meine Vogelscheuche?"

In diesem Fall sollten erst die Kleider den Menschen machen. Also nahm die gute Alte von einem Haken einen ehrwürdigen pflaumenfarbenen Mantel, made in London, mit Spuren von Stickerei an den Säumen, Manschetten, Taschenklappen und Knopflöchern, doch jämmerlich abgetragen und verschossen und fadenscheinig durch und durch. Auf der linken Brust gähnte ein rundes Loch; hier war entweder ein Orden abgerissen worden, oder aber es hatte das heiße Herz eines früheren Trägers den Stoff ganz und gar versengt. Die Nachbarn raunten, daß dieses prächtige Stück aus der Garderobe des Schwarzen Mannes stamme, der es in Mutter Rigbys Hütte ablege, um jederzeit bequem hineinschlüpfen zu können, wenn er an der Tafel des Gouverneurs großartig aufzutreten gedenke. Passend zum Mantel gab es auch eine Weste aus Samt, sehr weit, ehedem mit Blättergeranke bestickt, golden leuchtend, wie die Ahornblätter im Oktober, jetzt jedoch so gut wie gänzlich aus dem samtenen Gewebe verschwunden. Als nächstes kamen ein Paar scharlachfarbener Hosen, aus dem Besitz des französischen Gouverneurs von Louisbourg stammend, deren Knie die unteren Stufen des Thrones Ludwigs des Großen berührt hatten. Der Franzose hatte diese Kniehosen einem indianischen Powwow gegeben, der sie seinerseits der alten Hexe bei einem ihrer Tänze in den Wäldern gegen ein Maß Feuerwasser überlassen hatte. Überdies brachte Mutter Rigby auch noch ein Paar seidener Strümpfe zum Vorschein und zog sie der Figur über die Beine, wo sie sich so unkörperlich ausnahmen wie ein Traum, während die hölzerne Wirklichkeit der beiden Stecken durch die Löcher hindurch zu jämmerlicher Sichtbarkeit gelangte. Zu guter Letzt stülpte sie noch ihres toten Gatten Perücke auf den kahlen Scheitel des Kürbisses und krönte das Ganze mit einem schäbigen Dreispitz, von dem die längste Schwanzfeder eines Hahnes nickte.

Daraufhin stellte die alte Dame die Gestalt in einem Winkel ihrer Hütte auf und betrachtete kichernd diesen gelblichen Ansatz zu einem Gesicht, der seine knotige kleine Nase in die Luft steckte.

Das Wesen hatte einen merkwürdig selbstzufriedenen Ausdruck, genauso als wollte es sagen: „Komm und sieh mich doch an."

„Und du bist es auch wert, daß man dich ansieht – das ist eine Tatsache!" sprach Mutter Rigby, hingerissen von dem Werk ihrer Hände. „Ich habe schon manche Puppe gemacht, solange ich Hexe bin, aber mich dünkt, das ist die schönste von allen. Für eine Vogelscheuche beinahe zu schön. Nun gut, so stopfe ich mir eben noch ein Pfeifchen, dann gehen wir zusammen hinaus aufs Maisfeld."

Während sie ihre Pfeife stopfte, blickte die Alte weiterhin mit beinahe mütterlicher Zuneigung auf die Figur in der Ekke. Und um die Wahrheit zu sagen – ob es nun Zufall war oder Geschick, oder geradezu Hexerei –, in dieser lächerlichen Gestalt, aufgedonnert, wie sie war, mit ihrem zerlumpten Putzwerk, lag etwas wunderbar Menschliches; das Gesicht vollends schien seine gelbliche Oberfläche zu einem Grinsen zusammenzuschrumpfen – ein merkwürdiger Ausdruck zwischen Verachtung und Ausgelassenheit, als verstünde sich die Figur selber als einen Witz auf Kosten der Menschheit. Je länger Mutter Rigby die Scheuche ansah, um so besser gefiel sie ihr.

„Dickon", rief sie scharf, „noch eine Kohle für meine Pfeife!"

Kaum hatte sie diese Worte gesprochen, da lag auch schon, genauso wie vorher, eine rotglühende Kohle oben auf dem Tabak. Sie nahm einen tiefen Zug und paffte ihn wieder aus, mitten in den Strahl der Morgensonne, der sich durch die eine einzige verstaubte Scheibe ihres Hüttenfensters zwängte. Mutter Rigby legte immer viel Wert darauf, daß ihre Pfeife mit einem Stück feuriger Kohle von jener bestimmten Kaminecke abgeschmeckt wurde, von der auch dieses Stück gebracht worden. Aber wo diese Kaminecke war, oder wer die Kohle von dort gebracht hatte – abgesehen davon, daß der unsichtbare Bote auf den Namen ‚Dickon' zu hören schien –, das kann ich nicht sagen.

„Diese Puppe dort drüben", dachte Mutter Rigby, die Augen noch immer fest auf die Vogelscheuche geheftet, „ist einfach ein zu gutes Stück Arbeit, um sie den ganzen Sommer lang in einem Maisfeld stehen und die Krähen und Amseln schrecken zu lassen. Die ist eines besseren Schicksals wert. Na, ich habe gewiß mit schäbigeren Gestalten getanzt, wenn die Männer gerade rar waren, bei unseren Hexentreffen im Wald! Zum Teufel, soll ich ihn nicht sein Glück versuchen lassen, unter den anderen Strohfiguren und Hohlköpfen, die sich geschäftig in der Welt herumtreiben?"

Die alte Hexe paffte drei oder vier weitere Züge aus ihrer Pfeife und lächelte.

„An jeder Straßenecke wird er auf ein paar Dutzend Brüder stoßen!" fuhr sie fort. „Nun wohl; ich hatte eigentlich nicht vor, heute in der Hexerei zu pfuschen, abgesehen vom Anzünden meiner Pfeife; aber eine Hexe bin ich, eine Hexe werde ich immer sein, es hat keinen Zweck, sich davor zu drücken. Ich mache einen Mann aus meiner Vogelscheuche, und wäre es nur des Spaßes wegen!"

Während sie diese Worte murmelte, nahm Mutter Rigby die Pfeife aus ihrem eigenen Mund und steckte sie in den Schlitz, der den gleichen Gesichtsteil im Kürbisantlitz der Vogelscheuche darstellen sollte.

„Zieh, Kindchen, zieh!" sagte sie. „Zieh nur fest, mein schöner Junge! Dein Leben hängt daran!"

An ein Ding gerichtet, das nichts Besseres war als ein Gerüst aus Stecken, Stroh und alten Kleidern mit einem verschrumpelten Kürbis als Kopf (denn wie wir wissen, handelte es sich bei der Vogelscheuche eben darum), war dies zweifellos eine recht merkwürdige Aufforderung. Nichtsdestoweniger müssen wir sorgfältig bedenken, daß Mutter Rigby eine Hexe von ganz besonderer Macht und Geschicklichkeit war; wenn wir uns diese Tatsache pflichtschuldigst vor Augen halten, werden wir in den denkwürdigen Vorfällen dieses Berichts nichts sehen, was den Bereich der Glaubwürdigkeit überschreitet. Ja, die größte Schwierigkeit haben wir im Nu bewältigt, wenn wir uns nur selber dazu bringen können zu glauben, daß im gleichen Augenblick, da die alte Dame sie ziehen ließ, auch schon eine Rauchwolke aus dem Mund der Scheuche paffte. Sie paffte nur ganz schwach, zugegeben; aber eine Rauchwolke folgte auf die andere, und jede war kräftiger als die vorige. „Zieh nur fest, mein Süßer! Zieh nur, zieh, mein Schöner!" sagte Mutter Rigby immer wieder mit ihrem herzlichsten Lächeln. „Dir ist das der Hauch des Lebens, dafür hast du mein Wort!"

Ohne allen Zweifel, die Pfeife war verhext. Es muß ein Zauber entweder in dem Tabak oder auf der heftig glühenden Kohle gelegen haben, die so geheimnisvoll oben auf dem Tabak brannte, oder auch auf dem durchdringend duftenden Rauch, der dem erhitzten Kraut entströmte. Nach ein paar eher zögernden Anläufen blies die Figur jetzt wahre Rauchfahnen aus, die von der finsteren Ecke bis herüber in den Sonnenstrahl reichten. Dort wirbelten sie auseinander und verschmolzen mit den Wolken der Staubkörnchen. Offenbar strengte die Figur sich krampfhaft an; denn die nächsten zwei oder drei Züge waren schwächer, wenn auch die Kohle noch glühte und die Visage der Scheuche in ihren Schein tauchte. Die alte Hexe klatschte in ihre knochigen Hände und lächelte dem Werk ihrer Hände aufmunternd zu. Sie sah, daß der Zauber gut wirkte. Das verschrumpfte, gelbe Gesicht, das bisher eigentlich überhaupt keines gewesen war, trug bereits einen dünnen, sozusagen phantastischen Schleier von Menschenähnlichkeit, auf- und abhuschend, manchmal gänzlich verschwindend, mit dem nächsten Zug aus der Pfeife jedoch noch stärker hervortretend als je zuvor. Ebenso nahm die ganze Gestalt einen Ausdruck von Lebendigkeit an, so wie wir ihn etwa verwischten Wolkenformen zubilligen, uns mit diesem Zeitvertreib unserer Phantasie selber halb und halb überzeugend.

Wenn wir uns denn gründlicher in diese Sache mischen wollen, so darf füglich daran gezweifelt werden, ob in der schäbigen, abgetragenen, wertlosen, schlecht verbundenen Substanz der Vogelscheuche eine wirkliche Veränderung stattfand; ob das Ganze mehr als eine spektrale Illusion war, ein listiges Spiel von Licht und Schatten, jedoch derart ersonnen und gefärbt, daß es die Augen der meisten Menschen zu täuschen imstande war. Die Wunder der Hexenkunst scheinen immer eine recht oberflächliche Ausführung gehabt zu haben; immerhin, wenn die obige Erklärung des Vorgangs der Wahrheit nicht nahekommen sollte, so weiß ich jedenfalls keine bessere.

„Gut gezogen, mein hübscher Bursche!" rief die alte Mutter Rigby wieder. „Komm, noch ein guter, steifer Zug, mit voller Macht gezogen! Zieh um dein Leben, ich sag's dir! Zieh aus dem Grund deines Herzens – falls du überhaupt ein Herz samt dazugehörigem Herzensgrund besitzt! Diesen Mundvoll hast du eingesogen, als könntest du es nicht mehr lassen!"

Und dann winkte die Hexe der Vogelscheuche und legte so viel magnetische Kraft in ihre Geste, daß es unmöglich schien, sie nicht zu befolgen, so wie das Eisen sich nicht wehren kann, wenn es vom Magnetstein gerufen wird.

„Was lauerst du dort in der Ecke, du Tagedieb?" sagte sie. „Schreite vorwärts! Steht dir denn nicht die Welt offen?" Auf mein Wort – hätte ich die Geschichte nicht auf meiner Großmutter Knien gehört, und hätte sie nicht schon damals ihren Platz unter den glaubwürdigen Geschichten eingenommen, bevor noch meine kindliche Urteilskraft sie auf ihre Wahrscheinlichkeit überprüfte –, ich zweifle, daß ich die Stirn hätte, sie hier zu erzählen.

Mutter Rigbys Worten gehorsam, einen Arm vorgestreckt, wie um ihre ausgestreckte Hand zu erreichen, tat die Figur einen Schritt vorwärts – es war mehr eine Art Rucken und Zucken allerdings denn ein Schritt –, stolperte dann und hätte beinahe das Gleichgewicht verloren. Aber was erwartete die Hexe denn? Schließlich war es nichts als eine Vogelscheuche, auf zwei Stecken stelzend. Doch die hartnäckige alte Vettel blickte finster, winkte wieder, und warf die Energie ihrer Absicht mit so viel Macht auf die armselige Kombination aus faulem Holz, modrigem Stroh und zerfetzten Gewändern, daß das Ding gezwungen war, sich der Realität zum Trotz als Mann zu erweisen. Also trat es in den Sonnenstrahl. Da stand es nun – armer Teufel von einer Erfindung, der es war –, gehüllt in eine allerdünnste Schicht von Menschenähnlichkeit, durch die jederzeit das steife, brüchige, ungereimte, verschossene, zerlumpte, wertlose Flickwerk seiner Substanz blitzte, bereit, zu einem Häuflein auf dem Fußboden zusammenzusinken, in dem Bewußtsein, des aufrechten Ganges nicht würdig zu sein. Soll ich die Wahrheit bekennen? In ihrem gegenwärtigen Stand der Belebung erinnert mich die Vogelscheuche an verschiedene dieser lauwarmen Mißgeburten, aus grundverschiedenen Stoffen gebaut, die zum tausendsten Mal benutzt werden und doch immer gleich wertlos bleiben, mit denen die Romanzenschreiber (ich selber ohne Zweifel genauso wie die übrigen) die Welt der Dichtung so übervölkert haben.

Aber die grimmige alte Vettel wurde jetzt zornig, ihre diabolische Natur schnellte hervor (wie ein Schlangenkopf, der zischend aus ihrem Busen fuhr) bei diesem hasenherzigen Benehmen eines Dings, das zusammenzuflicken sie sich die Mühe genommen hatte.

„Zieh, Elender!" schrie sie wutentbrannt. „Zieh, zieh, zieh, du Ding aus Stroh und Leere! – Du Fetzenbankert! – Du Mehlsack! – Du Kürbiskopf! – Wo finde ich einen Namen, gemein genug, um dich damit zu bedenken! – Zieh, sage ich dir, und sauge zusammen mit dem Rauch dein phantastisches Leben ein; sonst reiße ich dir die Pfeife aus dem Mund und schmeiß dich dorthin, von wo diese rotglühende Kohle kommt!"

Angesichts derartiger Drohnungen hatte die unglückliche Vogelscheuche keine andere Wahl, als um ihr Leben an der Pfeife zu ziehen. Und da es denn sein mußte, zog sie gierig an der Pfeife und stieß derart kräftige Wolken von Tabakrauch aus, daß die winzige Küche des Hüttleins ganz eingenebelt wurde. Ein Sonnenstrahl kämpfte sich durch den Dunst, der Umriß der gesprungenen, staubigen Fensterscheibe an der gegenüberliegenden Wand ließ sich nur mehr undeutlich erkennen. Mutter Rigby indessen – den einen Arm in die Seite gestemmt, den anderen gegen die Figur gestreckt – ragte in der Düsternis auf wie ein finsterer Schatten, mit jenem Ausdruck in Gesicht und Gestalt, den sie an sich hatte, wenn sie ihre Opfer mit einem drückenden Alptraum heimsuchte und an ihrem Bett stand, um sich an ihrer Qual zu laben. Zitternd vor Angst und Schrecken paffte die arme Vogelscheuche vor sich hin. Man muß jedoch zugeben, daß ihre Anstrengungen einem ausgezeichneten Zwecke dienten; denn mit jedem weiteren Zug an der Pfeife verlor die Figur mehr von ihrer schwindligen, peinlichen Schwächlichkeit und gewann sichtbar an dichterer Substanz. Selbst ihre Kleider nahmen an der magischen Veränderung teil, erstrahlten im Glanz der Neuheit und glitzerten in der kunstvollen Goldstickerei, die doch schon seit langem verschossen war. Und ein gelbes Antlitz, nur halb sichtbar im Rauch, richtete seine glanzlosen Blicke auf Mutter Rigby.

Endlich ballte die alte Hexe eine Faust und schüttelte sie gegen die Figur. Nicht daß sie wirklich zornig gewesen wäre – sie handelte einfach dem Grundsatz gemäß, der vielleicht unwahr oder jedenfalls nicht die einzige Wahrheit ist, aber vielleicht doch die höchste Einsicht, die man von Mutter Rigby erwarten durfte –, daß schwache und schwerfällige Kreaturen, besserer Eingebungen unfähig, ihren Antrieb nur in der Furcht haben. Doch hier war der Haken. Sollte sie in dem, was sie jetzt zu bewirken suchte, keinen Erfolg haben, so war sie erbarmungslos entschlossen, das jämmerliche Schattenbild in seine ursprünglichen Bestandteile zu zerschlagen.

„Du hast das Aussehen eines Mannes", sagte sie streng. „Habe auch das Echo und den Schein einer Stimme! Ich befehle dir zu sprechen!"

Die Vogelscheuche ächzte, rang nach Luft, und stieß endlich ein Gemurmel hervor, das jedoch derart mit seinem rauchigen Atem vermischt war, daß man kaum sagen konnte, ob das wirklich eine Stimme war oder nur eine Tabakswolke. Einige Erzähler dieser Geschichte sind der Meinung, daß Mutter Rigbys Beschwörungen und die Heftigkeit ihres Willens einen Hausgeist in die Figur gezwungen hatten, dessen Stimme nun die ihre war.

„Mutter", murmelte die arme, erstickte Stimme, „sei nicht so grauslich zu mir! Ich möchte schon sprechen; aber da ich doch keinen Verstand habe, was soll ich sagen?" „Ah, du kannst sprechen, mein Liebling, wie?" schrie Mutter Rigby, und ihr grimmiger Gesichtsausdruck schmolz zu einem Lächeln.

„Und was soll ich sagen, fragt er! Sagen, haha! Bist du von der Bruderschaft der leeren Schädel, daß du von mir wissen willst, was du sagen sollst? Tausend Sachen sollst du sagen und sie tausendmal wiederholen, ohne daß du etwas gesagt hast! Ich sage dir, fürchte dich nicht! Wenn du hinaus in die Welt gehst (wohin ich dich unverzüglich zu senden gedenke), soll es dir an nichts mangeln, worüber du sprechen kannst! Sprich! Das wäre doch gelacht! Wenn du nur willst, sollst du reden können wie ein Wasserfall! Meiner Treu, dazu hast du Verstand genug!"

„Zu deinen Diensten, Mutter", erwiderte die Figur.

„Und das war gut gesagt, mein Hübscher!" antwortete Mutter Rigby. „Da hast du aus dir selber gesprochen, und hast doch nichts damit gesagt. Du sollst ein gutes Hundert solcher fertiger Sentenzen haben und fünfhundert als Zugabe. Und jetzt, mein Liebling, habe ich mir soviel Mühe mit dir gemacht, und du bist so schön geworden, daß ich dich wahrhaftig mehr liebe als irgendeine Hexenpuppe in der ganzen Welt; und ich habe schon Puppen aller Art gemacht – aus Lehm, Wachs, Stroh, Stecken, Nachtnebel, Morgendunst, Meeresschaum und Kaminrauch! Aber du bist die beste von allen. Daher hör gut zu, was ich dir jetzt sage!"

„Ja, gute Mutter", sagte die Figur, „aus ganzem Herzen!"

„Aus ganzem Herzen!" rief die alte Hexe, stemmte die Hände in die Seiten und lachte laut. „Du hast so eine hübsche Art zu sprechen! Aus ganzem Herzen. Und dabei legst du deine Hand auf die linke Seite deiner Weste, als hättest du dort tatsächlich eines!"

In allerbester Stimmung und voll Wohlwollen gegenüber diesem phantastischen Werk ihrer Laune eröffnete Mutter Rigby der Vogelscheuche, daß es jetzt an ihr sei, hinauszugehen und eine Rolle in der großen Welt zu spielen, wo, wie sie behauptete, nicht ein Mann aus einem Hundert mit mehr echter Substanz begabt war als sie selber, die Scheuche. Und damit sie ihren Kopf hoch tragen dürfe wie die anderen auch, vermachte sie ihr auf der Stelle einen Reichtum von unschätzbarem Ausmaß.

Dieser bestand einesteils aus einer Goldmine in Eldorado, andernteils aus zehntausend Anteilen an einer geplatzten Blase, aus einer halben Million Morgen Weingärten am Nordpol, aus einem Luftschloß und einem böhmischen Dorf, zusammen mit sämtlichen Einkünften und Zinsen, die ihr daraus erwachsen würden. Des weiteren vermachte sie ihr die Fracht eines bestimmten Schiffes, beladen mit Salz aus Cadiz, das sie selber mit Hilfe ihrer nekromantischen Künste vor zehn Jahren mitten im Ozean an der tiefsten Stelle hatte untergehen lassen. Falls sich das Salz nicht im Wasser gelöst hatte, sondern noch auf den Markt gebracht werden konnte, würde es unter Fischern gar manchen hübschen Pfennig einbringen. Damit es ihr aber auch nicht an flüssigem Gelde ermangele, gab sie ihr einen Kupferfarthing, in Birmingham hergestellt, sonst hatte sie nämlich kein Kleingeld bei sich, sowie einen Haufen Messing, das sie auf ihre Stirn drückte, die dadurch gelber wurde als je zuvor.

„Mit diesem Messing allein", sprach Mutter Rigby, „kannst du dir deinen Weg rund um die ganze Welt zahlen. Küß mich, mein schöner Liebling! Ich habe für dich getan, was ich konnte."

Damit es dem Abenteurer bei seinem glücklichen Start ins Leben an keinem erdenklichen Vorteil fehle, gab ihm diese großartige alte Dame überdies noch ein Zeichen, das ihn bei einem bestimmten Beamten einführen sollte, einem Mitglied des Rates, Kaufherrn und Kirchenältesten (die vier Funktionen machten zusammen nur einen Mann aus), der in der nahegelegenen Großstadt an der Spitze der Gesellschaft stand. Das Zeichen war nicht mehr und nicht weniger als ein einziges Wort, das Mutter Rigby der Vogelscheuche ins Ohr flüsterte, und das diese ihrerseits dem Beamten zuflüstern sollte.

„Gichtig, wie der alte Knabe ist, wird er dir dennoch den Laufburschen machen, sobald du ihm nur dieses eine Wort ins Ohr geflüstert hast", sagte die alte Hexe. „Mutter Rigby kennt den verehrungswürdigen Justice Gookin, und der verehrungswürdige Justice Gookin kennt Mutter Rigby!"

Hier schob die Hexe ihr runzliges Gesicht nahe an das der Puppe heran, von unbändigem Gelächter geschüttelt aus Entzücken über den Einfall, den sie jetzt zum besten geben wollte. „Der verehrungswürdige Master Gookin", flüsterte sie, „hat ein anmutiges Mädchen zur Tochter! Jetzt hör gut zu, mein Schatz! Du hast ein hübsches Lärvchen und selber Verstand genug! Doch, doch, Verstand genug! Du wirst selber besser davon denken, wenn du mehr vom Verstand der anderen Leute kennengelernt hast! Nun, bei deinem Äußeren und deinem Inneren bist du wohl der rechte Mann dazu, das Herz eines jungen Mädchens zu gewinnen! Zweifle niemals daran! Ich sage dir, daß es so sein wird. Setz nur ein kühnes Gesicht auf, seufze, lächle, schwenke deinen Hut, wirf das Bein vor wie ein Tanzmeister, lege deine rechte Hand an die linke Seite deiner Weste, und die hübsche Polly Gookin ist dein!"

Diese ganze Zeit über hatte das neue Geschöpf den dampfenden Duft seiner Pfeife eingesogen und wieder ausgestoßen – und schien jetzt dieser Beschäftigung mindestens ebenso des Genusses wegen zu obliegen, den sie gewährte, wie deshalb, weil sie eine notwendige Bedingung seiner Existenz war. Es war wunderbar zu sehen, wie überaus menschenähnlich das Geschöpf sich benahm. Seine Augen (es schien nämlich ein Paar zu besitzen) ruhten auf Mutter Rigby, und bei der jeweils passenden Gelegenheit nickte es oder schüttelte es den Kopf. Auch fehlte es ihm nicht an den passenden Worten – „Wirklich! Tatsächlich! Ich bitte Euch, sagt mir doch! Ist's möglich! Auf mein Wort! Unter keinen Umständen! Oh! Ah! Hem!" – und anderen gewichtigen Äußerungen, welche Aufmerksamkeit, Neugier, Zustimmung oder Ablehnung von seiten des Zuhörers zum Ausdruck bringen. Und wäret auch ihr zugegen gewesen und hättet zugesehen, wie die Scheuche gemacht wurde, ihr hättet euch kaum der Überzeugung erwehren können, daß sie die schlauen Ratschläge, die die Hexe ihr in die Nachäffung eines Ohres flüsterte, aufs beste begriff. Je ernsthafter ihre Lippen der Pfeife zusprachen, um so deutlicher wurde ihre Menschenähnlichkeit den sichtbaren

Tatsachen aufgedrückt; um so klüger ihr Gesichtsausdruck; um so lebendiger ihre Gesten und Bewegungen; und um so verständlicher ihre Stimme.

Auch ihre Kleider erstrahlten um so heller in unwirklicher Pracht. Selbst die Pfeife, in der der Zauber für dieses ganze Wunderwerk brannte, erschien jetzt nicht mehr als ein rauchgeschwärzter, irdener Stumpen, sondern wurde zu einer Meerschaumpfeife mit bemaltem Kopf und einem Mundstück aus Bernstein.

Nun stand vielleicht zu befürchten, daß das Leben dieser Illusion, da es doch mit dem Rauch der Pfeife eins zu sein schien, in dem Augenblick zu Ende sein würde, da der Tabak zu Asche geworden. Doch die alte Vettel sah diese Schwierigkeit voraus.

„Halte du die Pfeife, mein Teuerster", sagte sie, „während ich sie für dich fülle."

Es war ein trauriger Anblick, wie der vornehme junge Mann jetzt in eine Vogelscheuche zurückzuwelken schien, während Mutter Rigby die Asche aus der Pfeife schüttelte und sie aus ihrer Tabaksdose wieder füllte.

„Dickon", rief sie mit hoher, scharfer Stimme, „noch eine Kohle für die Pfeife!"

Kaum gesagt, glühte schon wieder der kräftige rote Feuerschein im Pfeifenkopf auf; und die Vogelscheuche, ohne auf die Einladung der Hexe zu warten, drückte das Rohr an die Lippen und tat ein paar heftige, krampfhafte Züge, die jedoch bald regelmäßig und ausgeglichen wurden.

„Nun, du Liebling meines Herzens", sprach Mutter Rigby, „was dir auch immer geschehen mag, halte dich an deine Pfeife. Dein Leben liegt darin; das wenigstens weißt du gewiß, wenn du auch sonst nichts weißt. Halte dich an deine Pfeife, sage ich! Rauche, paffe, stoß nur Wolken aus; und wenn einer Fragen stellt, so sag den Leuten, daß du es für deine Gesundheit tust, daß der Arzt es dir befohlen hat. Und, Süßer, wenn du bemerkst, daß deine Pfeife niederbrennt, dann verzieh dich in eine Ecke, und (zuerst mußt du dich mit Rauch anfüllen) rufe laut: ‚Dickon, eine frische Pfeife mit Tabak!' – und – ‚Dickon, noch eine Kohle für meine Pfeife!' –, und dann mußt du die Pfeife, so schnell du nur kannst, wieder in deinen hübschen Mund stecken; sonst bist du wieder ein Haufen aus Stecken und zerlumpten Gewändern, aus einem Strohsack und einem verschrumpelten Kürbis, statt eines galanten Herrn in goldbesticktem Mantel! Jetzt mach dich auf, mein Schatz, und Glück auf den Weg!"

„Fürchte nichts, Mutter!" sagte die Figur mit beherzter Stimme, eine kühne Rauchwolke ausstoßend. „Wenn denn ein Gentleman und ehrlicher Mann es zu etwas bringen kann, dann werde auch ich im Leben weiterkommen!"

„Geh, du wirst mich noch umbringen!" rief die alte Hexe und hielt sich die Seiten vor Lachen. „Das war gut gesagt. Ein Gentleman und ehrlicher Mann! Du spielst deine Rolle vollkommen. Und jetzt geh, mein schlaues Bürschchen! Und ich werde auf deinen Kopf wetten, daß du, als ein Mann von Mark und Kern, mit einem Verstand und mit dem Ding, das man Herz nennt, und allem übrigen, was ein Mann haben muß, es mit jedem andern Wesen auf zwei Beinen aufnehmen kannst. Um deinetwillen halte ich mich heute für eine bessere Hexe als gestern. Habe ich dich nicht gemacht? Und ich fordere alle Hexen Neu-Englands in die Schranken, es mir gleichzutun! Hier: nimm meinen Stock mit dir!"

Der Stab, der nur ein einfacher Eichenstecken war, nahm sofort das Aussehen eines Spazierstocks mit goldenem Knopf an. „Dieser Goldknopf hat ebensoviel Verstand in sich wie du", sagte Mutter Rigby, „und er wird dich geradewegs zur Haustür des verehrungswürdigen Master Gookin führen. Mach dich auf, mein schönes Kind, mein Liebling, mein Schatz, mein Teurer; und wenn dich einer nach deinem Namen fragt, so sag ihm, er sei Federkopf. Denn du hast eine Feder auf deinem Hut, ich habe eine Handvoll Federn in die Höhlung deines Kopfes gesteckt, und auch deine Perücke ist von jener Fasson, die man Federkopf nennt – also sei Federkopf dein Name!"

Federkopf trat aus der Hütte heraus und strebte männlichen Schrittes der Stadt zu. Mutter Rigby stand auf der Schwelle und beobachtete voll Freude, wie die Sonnenstrahlen auf ihm gleißten – als ob seine ganze Pracht wirklich wäre –, wie eifrig und liebevoll er seine Pfeife rauchte, und wie anmutig sein Gang war, ungeachtet einer kleinen Steifheit in den Beinen. Sie sah ihm nach, bis er ihr aus den Augen kam, dann sandte sie ihrem Liebling einen Hexensegen nach, bis eine Wegbiegung ihn ganz ihren Blicken entzog.

Am frühen Vormittag, als das Leben und Treiben in den Straßen der nahegelegenen Stadt auf seinem Höhepunkt war, erschien auf dem Bürgersteig plötzlich ein Fremder von äußerst vornehmer Erscheinung. Seine Haltung nicht weniger als seine Kleidung deutete auf nichts Geringeres hin als den Adelsstand. Er trug einen reichbestickten, pflaumenfarbenen Mantel, eine Weste aus teurem Samt, mit goldenem Blättergeranke prachtvoll geschmückt, ein Paar herrlicher scharlachroter Hosen, und die feinsten und glänzendsten weißen Seidenstrümpfe. Sein Kopf war mit einer Perücke bedeckt, so zierlich gepudert und gelegt, daß es ein Sakrileg gewesen wäre, sie mit einem Hut in Unordnung zu bringen; welchen er daher (und es war ein goldbetreßter Hut, geschmückt mit einer weißen Feder) unter dem Arm trug. Auf der Brust seines Mantels glitzerte ein goldener Stern. Seinen Stock mit dem goldenen Knopf handhabe er mit einer eleganten Grazie, wie sie den vornehmen Herren jener Zeit eben eigen war; und als Tüpfelchen auf dem i seiner vornehmen Ausstattung trug er um die Handgelenke Spitzenrüschchen von höchst ätherischer Feinheit, ein beredtes Zeugnis dafür ablegend, wie untätig und aristokratisch jene Hände sein mußten, die sie halb bedeckten.

Ein bemerkenswerter Punkt in der Ausstaffierung dieser hinreißenden Persönlichkeit war die phantastische Pfeife, die er in der linken Hand hielt, mit einem wunderbar bemalten Kopf und einem Mundstück aus Bernstein. Dieses drückte er alle fünf oder sechs Schritte an die Lippen und tat einen tiefen Zug, den er, nachdem er ihn einen Augenblick lang in den Lungen zurückgehalten hatte, höchst graziös wieder aus Mund und Nasenlöchern wirbeln ließ.

Wie man sich leicht denken kann, war die ganze Straße in größter Aufregung, um den Namen dieses Fremden zu erfahren. „Er ist irgendein hoher Adeliger, ohne Zweifel", sagte einer der Stadtleute. „Seht ihr den Stern auf seiner Brust?" „Nein; er strahlt zu hell, als daß man ihn genau erkennen könnte", sagte ein anderer. „Ja, er muß wohl ein Adliger sein, wie Ihr sagt. Doch mit welchem Fahrzeug, glaubt Ihr wohl, kann Seine Lordschaft wohl hierher gereist oder gefahren sein? Einen Monat ist es her, seit das letzte Schiff aus dem Mutterland hier eingetroffen ist; und wenn er über Land gekommen ist, von Süden her, wo, bitte, sind dann seine Diener und seine Equipage?"

„Er braucht keine Equipage, um seinen Rang anzudeuten", bemerkte ein Dritter. „Und wenn er auch in Fetzen zu uns käme, der Adel schiene noch durch ein Loch an seinem Ellenbogen. Eine so würdevolle Erscheinung ist mir noch nicht untergekommen. Der hat das alte normannische Blut in seinen Adern, dafür stehe ich ein."

„Ich halte ihn eher für einen Holländer oder für einen dieser Norddeutschen", sagte ein anderer Bürger. „Die Männer aus diesen Ländern haben immer die Pfeife im Mund."

„Die Türken auch", sagte sein Genosse. „Meinem Empfinden nach ist dieser Fremde am französischen Hof erzogen und hat dort Höflichkeit und Feinheit des Betragens gelernt, was niemand so gut versteht wie der französische Adel. Schaut euch einmal diesen Gang an! Ein gewöhnlicher Zuschauer könnte ihn vielleicht steif nennen – er würde vielleicht von einem Rucken und Zucken reden –, aber in meinen Augen hat er eine unaussprechliche Majestät, die nur durch ständige Beobachtung der Haltung des großen Monarchen erworben sein kann. Beruf und Stand dieses Fremden sind ja klar genug. Er ist ein französischer Botschafter und gekommen, um mit unserer Regierung über die Abtretung von Kanada zu verhandeln."

„Wahrscheinlich doch eher ein Spanier", sagte ein anderer, „daher seine gelbliche Hautfarbe. Oder, noch wahrscheinlicher, er stammt aus Havanna oder aus irgendeinem Hafen an der Nordostküste Südamerikas und will Licht in die Piraterien bringen, denen unser Gouverneur geheimen Vorschub leisten soll. Diese Siedler in Peru und Mexiko haben eine Haut, so gelb wie das Gold, das sie in ihren Minen schürfen."

„Gelb oder nicht gelb", rief eine Dame, „er ist ein schöner Mann! – so groß, so schlank! – so ein feines, vornehmes Gesicht mit einer so wohlgeformten Nase, und dieser empfindsame Ausdruck um den Mund! Und meiner Treu, wie hell sein Stern leuchtet! Da schießen ja die Flammen heraus!"

„Ganz wie aus Euren Augen, schöne Dame!" sagte der Fremde mit einer Verbeugung und einem Schwenken seiner Pfeife; denn er ging in diesem Augenblick gerade an der Gruppe vorbei. „Bei meiner Ehre, sie haben mich beinahe geblendet!"

„Hat man jemals ein so originelles und feinsinniges Kompliment gehört?" murmelte die Dame, außer sich vor Entzükken.

In der allgemeinen Bewunderung, die die Erscheinung des Fremden hervorrief, gab es nur zwei abweichende Stimmen. Die eine gehörte einem frechen Köter, der, nachdem er die Fersen der strahlenden Erscheinung beschnuppert hatte, den Schwanz zwischen die Beine klemmte, sich in seines Herrn Hinterhof schlich und dort ein abscheuliches Gejaule anstimmte. Die andere gehörte einem kleinen Kind, das mit äußerster Kraft seiner Lungen kreischte und irgendeinen unverständlichen Unsinn über einen Kürbis dabei plärrte.

Federkopf indessen schritt weiter die Straße entlang. Bis

auf das kurze Kompliment an die Dame und hie und da eine leichte Neigung des Kopfes als Antwort auf die tiefen Verbeugungen der Herumstehenden schien er völlig in seiner Pfeife aufzugehen. Es brauchte keines weiteren Beweises seines Rangs und seiner Bedeutung als den völligen Gleichmut, den er zur Schau trug, während die Neugier und Bewunderung der Stadt rund um ihn fast zum Tumult anschwoll. Gefolgt von der Menge, die sich hinter ihm gesammelt hatte, erreichte er endlich den Amtssitz des verehrungswürdigen Justice Gookin, trat durch das Tor, stieg die Stufen zum Eingang hinauf und klopfte. Inzwischen, und bevor seinem Klopfen Antwort ward, konnte man sehen, wie der Fremde die Asche aus seiner Pfeife klopfte. „Was hat er gesagt, in diesem scharfen Ton?" fragte einer der Zuschauer.

„Ich weiß auch nicht", antwortete sein Freund. „Aber die Sonne muß seine Augen geblendet haben. Wie matt und blaß Seine Lordschaft plötzlich aussieht! Gott segne meinen Verstand, was ist los mit mir?"

„Das Wunder ist", sagte der andere, „daß seine Pfeife, die doch den Augenblick zuvor ausgegangen war, schon wieder brennt, und mit der rötesten Kohle, die ich je sah. Um diesen Fremden ist irgend etwas Geheimnisvolles. Was das wieder für eine Rauchwolke war! Matt und blaß habt Ihr ihn genannt? Seht doch, wie er sich jetzt umdreht, der Stern auf seiner Brust steht fast in Flammen!"

„Wahrlich, wahrlich", sagte sein Gefährte, „und er wird nicht verfehlen, die hübsche Polly Gookin zu blenden, die ich da aus dem Kammerfenster herausgucken sehe."

Als die Tür jetzt aufging, drehte Federkopf sich zur Menge um, machte mit seinem Körper eine stattliche Verbeugung, wie ein großer Mann, der die Ehrerbietung der Geringeren dankend annimmt, und verschwand im Haus. Auf seinem Antlitz lag ein geheimnisvolles Lächeln, falls man es nicht besser ein Grinsen oder eine Grimasse nennen sollte; aber von der Menschenmenge, die ihn sah, scheint keiner genügend

Einsicht gehabt zu haben, um den illusorischen Charakter des Fremden zu erkennen – keiner, bis auf ein kleines Kind und einen Straßenköter.

Unsere Geschichte unterbricht jetzt kurz ihren schnurgeraden Lauf, überspringt die einführenden Erklärungen zwischen Federkopf und dem Handelsherrn und begibt sich auf die Suche nach der hübschen Polly Gookin. Sie war ein Fräulein mit einer weichen, runden Gestalt, hellem Haar und blauen Augen und einem lieblichen, rosigen Gesicht, das weder sehr klug noch auch sehr simpel aussah.

Diese junge Dame erhaschte einen Blick auf den strahlenden Fremden, während er noch auf der Schwelle stand, und ging unverzüglich daran, sich in Vorbereitung auf das Gespräch mit ihm zu schmücken: mit einem Spitzenhäubchen, einer Perlenkette, ihrem feinsten Tüchlein und ihrem steifsten Damastunterrock. Von ihrer Kammer in den Salon eilend, betrachtete sie sich darauf unaufhörlich in dem großen Spiegel und übte ein gefälliges Aussehen – hier ein Lächeln, da eine feierlich würdevolle Miene, jetzt wieder ein sanfteres Lächeln als das frühere –, ebenso küßte sie ihre Hände, warf den Kopf zurück, befächelte sich mit ihrem Fächer; und im Spiegel indessen gab ihr ein wesenloses kleines Mädchen alle ihre Bewegungen zurück und tat alle die närrischen Dinge, die auch Polly tat, ohne sie jedoch verlegen zu machen. Kurz, es lag eher an ihrer mangelnden Geschicklichkeit als an ihrem guten Willen, wenn es der hübschen Polly nicht gelang, aus sich ein so vollkommenes Kunstwerk zu machen, wie der erlauchte Federkopf selber es war; aber wenn sie so an ihrer eigenen Natürlichkeit herumpfuschte, konnte das Hexen-Phantom mit Fug und Recht hoffen, sie zu gewinnen.

Kaum hatte Polly gehört, wie ihres Vater gichtige Fußschritte, begleitet vom steifen Geklapper von Federkopfs hochhackigen Schuhen, sich der Tür des Salons näherten, als sie sich auch schon kerzengerade hinsetzte und ganz unschuldig ein Lied zu trällern begann.

„Polly! Meine Tochter Polly!" rief der alte Kaufherr. „Komm hierher, mein Kind."

Master Gookins Gesichtsausdruck, als er die Tür öffnete, war nachdenklich und verstört.

„Dieser edle Herr", fuhr er fort, den Fremden vorstellend, „ist der Ritter Federkopf – nein, um Verzeihung, Seine Lordschaft Federkopf –, der mir ein Andenken von einer alten Freundin gebracht hat. Sei Seiner Lordschaft zu Diensten, Kind, und erweise Ihr die Ehre, die Seiner Vortrefflichkeit gebührt."

Nach diesen knappen Worten der Einführung verließ der verehrungswürdige Beamte unvermittelt den Raum. Doch selbst in diesem kurzen Augenblick hätte Polly, hätte sie nur einmal ihren Vater angesehen und sich nicht ausschließlich in den strahlenden Fremden vertieft, gewarnt sein können, daß ein Unheil vor der Tür stand. Der alte Mann war unruhig, zerfahren und äußerst blaß. In der Absicht, ein höfliches Lächeln aufzusetzen, hatte er sein Gesicht zu einer Art galvanischem Grinsen verzogen, das er, kaum hatte Federkopf sich abgewandt, gegen ein finsteres Gesicht vertauschte, gleichzeitig seine Faust schüttelnd und mit dem Gichtbein aufstampfend – eine Ungezogenheit, die ihre eigene Strafe mit sich brachte. In Wahrheit scheint es so gewesen zu sein, daß Mutter Rigbys einführendes Wort, was immer es auch war, weit mehr auf die Furcht des Kaufmanns als auf seinen guten Willen anregend wirkte. Da er außerdem ein Mann von wunderbar scharfer Beobachtungsgabe war, hatte er bemerkt, daß die gemalten Figuren auf Federkopfs Pfeifenkopf sich bewegten. Bei näherem Hinsehen überzeugte er sich davon, daß diese Figuren nichts anderes waren als eine Gesellschaft kleiner Teufel, jeder wohl ausgestattet mit Hörnern und einem Schwänzchen, die mit Gesten diabolischer Belustigung Hand in Hand rund um den Pfeifenkopf tanzten. Und wie um seinen Verdacht zu bestätigen, hatte der Stern auf Federkopfs Brust, während Master Gookin seinen Gast durch einen dunklen Korridor von seinem Zimmer in den Salon führte, echte Funken gesprüht, die einen flackernden Schein auf Wände, Decke und Fußboden warfen.

Angesichts dieser sich allseits manifestierenden drohenden Vorzeichen braucht man sich nicht zu wundern, wenn der Kaufherr das Gefühl hatte, seine Tochter einer äußerst zweifelhaften Bekanntschaft auszuliefern. Im Winkel seiner Seele verfluchte er die einschmeichelnde Eleganz von Federkopfs Manieren, wie diese glänzende Persönlichkeit sich verneigte, lächelte, eine Hand aufs Herz legte, einen tiefen Zug aus der Pfeife einsog und die Atmosphäre mit dem rauchigen Dampf eines duftenden, sichtbaren Seufzers bereicherte. Nur zu gern hätte Master Gookin seinen gefährlichen Gast auf die Straße gesetzt. Aber Zwang und Schrecken saßen ihm in den Knochen. Wir müssen befürchten, daß dieser ehrsame alte Herr in einem früheren Abschnitte seines Lebens dem Bösen das eine oder andere Gelöbnis getan hatte, das er jetzt vielleicht durch das Opfer seiner einzigen Tochter einlösen mußte.

Zufällig war die Tür zum Salon zum Teil aus Glas, vor das ein seidener Vorhang gezogen war, dessen Falten etwas schief hingen. Und so stark war das Interesse, das der Kaufherr an den nun folgenden Vorgängen zwischen der hübschen Polly und dem galanten Federkopf nahm, daß er sich unter keinen Umständen hätte abhalten lassen, durch eine Spalte im Vorhang die Szene zu verfolgen.

Aber da war gar nichts besonders Wunderbares zu beobachten; nichts – bis auf die Kleinigkeiten von vorhin –, was den Verdacht bestätigte, daß die hübsche Polly von einer übernatürlichen Gefahr umgeben war. Zwar war der Fremde offensichtlich ein vollendeter und erfahrener Mann von Welt, zielbewußt und selbstsicher, und daher nicht die Art von Mann, dem die Eltern ein einfaches junges Mädchen anvertrauen durften, ohne ein scharfes Auge darauf zu haben, was dabei herauskam. Der würdige Beamte, der sich mit Menschen von jeder Sorte und jedem Werte unterhalten hatte, konnte nicht umhin festzustellen, daß jede Geste, jede Bewegung des vornehmen Federkopf den ihr zukommenden Platz einnahm; daß nichts an ihm natürlich oder gar roh geblieben war; eine wohlverdaute Konventionalität hatte sich restlos mit seinem Wesen vermischt und ihn in ein Kunstwerk verwandelt. Vielleicht war es gerade diese Eigenschaft, die ihn mit einer beinahe geisterhaften Schaurigkeit umhüllte. Es ist dies stets die Wirkung vollkommener, makelloser Künstlichkeit, wenn sie uns in menschlicher Gestalt entgegentritt, daß die Person uns unwirklich vorkommt, so, als hätte sie kaum Marks genug, um einen Schatten auf den Boden zu werfen. Was Federkopf betraf, so verband sich all dieses zu einem wilden, verwirrenden, phantastischen Eindruck, als wäre sein Leben eng verwandt mit dem Rauch, der sich aus seiner Pfeife aufwärtskräuselte.

Doch die hübsche Polly spürte nichts davon. Das Paar promenierte jetzt durch den Raum; Federkopf mit seinem zierlichen Schritt und seiner nicht weniger zierlichen Grimasse; das Mädchen mit angeborener, jungfräulicher Anmut, nur leicht angehaucht, aber nicht verdorben, von den etwas affektierten Manieren, mit denen dieses perfekte Kunstwerk, ihr Begleiter, sie anscheinend angesteckt hatte. Je weiter die Unterhaltung fortschritt, um so bezauberter war die hübsche Polly, bis sie nach Ablauf der ersten Viertelstunde (wie der alte Beamte anhand seiner Uhr feststellte) ganz offensichtlich drauf und dran war, sich zu verlieben. Und es hätte gar nicht der Hexerei bedurft, um sie so schnell gefügig zu machen; das Herz des armen Kindes glühte wohl bereits von selber so leidenschaftlich, daß sie wie in ihrem eigenen Feuer schmolz, reflektiert vom hohlen Abziehbild eines Liebhabers. Was immer Federkopf auch sagte, in ihrem Ohr fanden seine Worte Tiefe und Widerhall; und was immer er auch tat, in ihren Augen war es eine Heldentat. An diesem Punkt der Unterhaltung darf man bei Polly bereits eine Rötung der Wangen annehmen, ein zärtliches Lächeln um ihren Mund, sowie feuchte Sanftheit in ihrem Blick; indessen funkelte der Stern immer weiter auf Federkopfs Brust, und die kleinen Teufel sausten mit größerer Ausgelassenheit als je zuvor rund um den Pfeifenkopf. Oh, süße Polly Gookin, warum denn freuen sich diese Kobolde so irrsinnig darüber, daß das Herz eines dummen Mädchens einem Schatten zur Beute fallen soll? Ist das denn ein so ungewöhnliches Unglück? – ein so seltener Triumph? Nach einiger Zeit hielt Federkopf inne, warf sich in Positur und schien das schöne Mädchen aufzufordern, seine Gestalt zu betrachten und ihm dann noch länger Widerstand zu leisten, wenn es konnte. Sein Stern, seine Stickerei, seine Spangen, alles erglänzte in diesem Augenblick in unbeschreiblicher Pracht; die malerischen Farben seiner Tracht leuchteten noch tiefer und satter; über seiner ganzen Erscheinung lag der strahlende Glanz der Vollkommenheit, ein Zeichen dafür, daß ein wohlgeordnetes Betragen eben immer auf Hexenkunst zurückzuführen ist. Die Jungfer hob die Augen und ließ sie mit einem verschämten, hingerissenen Blick auf ihrem Begleiter ruhen. Dann jedoch, gleichsam, um zu erfahren, wie wohl ihre eigene einfache Anmut neben so viel Glanz zu bestehen vermöchte, warf sie einen Blick in den großen, bis zum Boden reichenden Spiegel, vor welchem sie eben zu stehen gekommen waren. Diese Glasplatte war eine der ehrlichsten auf der ganzen Welt, jeder Schmeichelei unfähig. Doch kaum hatten die Bilder, die sich darin spiegelten, Pollys Auge erreicht, als sie aufschrie, von des Fremden Seite zurückfuhr, ihn einen Augenblick in höchstem Entsetzen anstarrte und darauf entseelt zu Boden sank. Aber auch Federkopf hatte in den Spiegel geblickt, und was er dort sah, war nicht das glänzende Affentheater seines Äußeren, sondern eine Wiedergabe des schäbigen Flickwerks seiner wahren Beschaffenheit, von jeder Hexenkunst entblößt.

Das armselige Phantom! Fast tut es uns leid! Es warf seine Arme in einem Ausdruck der Verzweiflung empor, der mehr als alle anderen vorhergehenden Gesten seinem Anspruch auf Menschenähnlichkeit eine gewisse Rechtfertigung verlieh. Denn hier geschah es, vielleicht zum erstenmal, seit dieses so oft hohle und täuschende Leben der Sterblichen seinen Lauf begann, daß ein Trugbild sich selber gesehen und voll erkannt hatte.

Mutter Rigby saß in der Abenddämmerung dieses ereignisreichen Tages an ihrem Küchenherd und hatte gerade die Asche aus einer neuen Pfeife geklopft, als sie von der Straße her gehetztes Klappern vernahm. Doch klang es nicht so sehr wie das Trampeln menschlicher Schritte, sondern eher wie das Rattern von Stöcken oder das Scheppern trockener Knochen. „Ha!" dachte die alte Hexe, „was ist das für ein Schritt? Wessen Skelett ist da wohl dem Grabe entkommen?"

Eine Gestalt stürzte kopfüber durch die Hüttentür. Es war Federkopf! Seine Pfeife brannte noch; der Stern funkelte noch auf seiner Brust; die Stickerei leuchtete noch auf seinem Gewand; noch hatte er nicht in deutlich erkennbarer Weise jenen äußeren Schein verloren, der ihn mit unserer Gemeinschaft der Sterblichen verband. Und doch spürte man auf eine unerklärliche Art (so wie immer, wenn man etwas, was einen geblendet hat, endlich durchschaut) hinter dem ausgeklügelten Kunstwerk die armselige Wirklichkeit.

„Was ist denn schiefgegangen?" fragte die Hexe. „Hat der schnüffelnde Heuchler dort drüben meinen Liebling vor die Tür gesetzt? Der Elende! Ich werde ihm zwanzig Teufel schicken, ihn zu quälen, bis er dir seine Tochter auf den gebeugten Knien anbietet!"

„Nein, Mutter", sagte Federbusch verzagt, „das war es nicht."

„Hat das Mädchen sich über meinen Schatz lustig gemacht?" fragte Mutter Rigby, die Augen wild aufglühend wie zwei Kohlen von Tophet. „Ich werde ihr Gesicht mit Pickeln bedecken! Ihre Nase soll so rot sein wie die Kohle in deiner Pfeife! Die Vorderzähne sollen ihr ausfallen! Heute in einer Woche schon soll sie deiner gar nicht mehr wert sein!"

„Laß sie in Ruhe, Mutter!" antwortete der arme Federkopf. „Das Mädchen war schon halb gewonnen; und mir scheint, ein Kuß von ihren süßen Lippen hätte erst einen richtigen Menschen aus mir gemacht; aber", fügte er nach einer kurzen Pause hinzu, und dann mit einem Aufschrei voller Selbstverachtung, „ich habe mich selber gesehen! Mutter! Ich habe mich selber gesehen, als das erbärmliche, lumpige, hohle Ding, das ich bin! Ich will nicht mehr sein!"

Damit riß er sich die Pfeife aus dem Mund, schleuderte sie mit ganzer Kraft gegen den Kamin und sank im gleichen Augenblick auch schon zu Boden, ein Mischmasch aus Stroh und zerfetzten Gewändern, mit ein paar Stecken, die aus dem Haufen herausragten, und einem verschrumpelten Kürbis in der Mitte. Die Augenhöhlen waren jetzt ohne Glanz; nur die grob geschnitzte Spalte, die eben noch ein Mund gewesen, schien in einem verzweifelten Grinsen aufzuzucken und war soweit ganz menschlich.

„Armer Junge!" sprach Mutter Rigby und warf einen wehmütigen Blick auf die Überreste ihres unseligen Werkes. „Mein armer, lieber, hübscher Federkopf! In dieser Welt gibt es Tausende und Abertausende von Narren und Scharlatanen, die aus dem gleichen Trödel, aus abgetragenem, vergessenem, nichtsnutzigem Ramsch bestehen wie er! Und doch leben sie in bestem Ansehen und sehen sich nie selber als das, was sie sind! Warum soll meine arme Puppe die einzige sein, die sich selber erkennt und daran zugrunde geht?"

Unter diesem Gemurmel hatte die Hexe eine neue Tabakspfeife gestopft und hielt das Mundstück zwischen den Fingern, als überlege sie, ob sie sie in ihren eigenen Mund stecken solle oder in den von Federkopf.

„Armer Federkopf!" fuhr sie fort. „Ich könnte ihm ganz leicht noch einmal eine Chance geben und ihn morgen wieder hinaus in die Welt schicken. Doch lieber nicht! Er ist zu zartfühlend, zu empfindsam. Er hat offenbar zu viel Herz, um sich für seinen eigenen Vorteil zu schlagen in dieser hohlen und herzlosen Welt. Gut, gut! Also werde ich eben doch eine Vogelscheuche aus ihm machen. Das ist ein unschuldiger und nützlicher Beruf, der meinem Liebling wohl ansteht; wenn jeder seiner menschlichen Brüder einen ebenso nützlichen hätte, so stünde es besser um die Menschheit; und was diese Tabakspfeife anlangt, so brauche ich sie dringender als er!"

Mit diesen Worten steckte Mutter Rigby den Pfeifenstiel zwischen ihre Lippen. „Dickon!" rief sie in hohem, scharfem Ton, „noch eine Kohle für meine Pfeife!"

SKIZZEN

Der heimgesuchte Geist

Welch einzigartiger Augenblick ist jener erste, wenn du dich nach dem Auffahren aus mitternächtlichem Schlaf noch kaum besonnen hast! Durch das plötzliche Aufreißen der Augen scheinst du die Gestalten deines Traums in voller Versammlung um dein Bett herum überrascht zu haben und kannst sie, bevor sie wieder in die Dunkelheit entschwinden, noch mit einem umfassenden Blick erwischen. Oder, um das Bild zu wechseln, du findest dich für einen einzigen Augenblick hellwach im Land der Illusionen, in das der Schlaf dein Paß gewesen ist, und siehst seine geisterhaften Bewohner und seine wundersame Landschaft mit einer Einsicht in ihre Seltsamkeit, wie sie nie zu gewinnen ist, während der Traum noch ungestört verläuft. Der entfernte Klang einer Kirchturmuhr wird schwach vom Wind herangetragen. Du fragst dich, halb im Ernst, ob er sich an dein waches Ohr von einem grauen Turm herabgestohlen hat, der in den Gefilden deines Traumes stand. Während dies noch unentschieden bleibt, wirft eine andere Uhr ihr schweres Klirren über die schlummernde Stadt mit so vollem und plastischem Klang und solch langem Nachmurmeln der umgebenden Luft, daß du sicher bist, er müsse vom Kirchturm der nächsten Ecke ausgegangen sein. Du zählst die Schläge – eins – zwei –, und da hören sie schon auf, aber der Ton hallt nach, als ob sich ein dritter Schlag in der Glocke sammele.

Könntest du dir aus der ganzen Nacht eine Stunde des Wachens selber aussuchen, dann müßte es diese sein. Seit dem nüchternen Schlafengehen um elf hast du Ruhe genug gefunden, um den Druck der Mühsal des vergangenen Tages von dir genommen zu fühlen, während vor dir, bis dein Fenster von der Sonne vom „fernen Kathay" erhellt wird, noch fast die

Dauer einer Sommernacht liegt. Eine Stunde ist dem Wachsein gewidmet, wobei das geistige Auge halb geschlossen bleibt, zwei Stunden in angenehmen Träumen folgen und zwei in jenem seltsamsten aller Genüsse, dem Vergessen von Freud und Leid zugleich. Der Moment des Aufstehens gehört einer anderen Zeitordnung an und erscheint als so weit entfernt, daß das Eintauchen in die frostige Luft aus dem warmen Bett heraus noch nicht als Schrecken empfunden werden kann. Das Gestern ist bereits in den Schatten des Vergangenen getreten, das Morgen ist noch nicht aus der Zukunft aufgetaucht. Du hast eine Zwischenwelt gefunden, in die die Geschäftigkeit des Lebens nicht eindringt, da der vorübergehende Augenblick verweilt und so erst recht Gegenwart wird; ein Plätzchen, wo Vater Zeit in dem Glauben, er werde nicht beobachtet, sich am Wegrand niedersetzt, um Atem zu schöpfen. Ach, würde er doch dort einschlafen und die Sterblichen weiterleben lassen ohne Altern!

Bisher hast du völlig still gelegen, weil die leiseste Bewegung die Trümmer deines Schlafes verstreut hätte. Nun aber, wach ohne Widerruf, spähst du durch den halbgeöffneten Vorhang und siehst, daß das Fensterglas mit phantastischen Mustern von Eisblumen verziert ist und jede Scheibe so etwas darbietet wie einen gefrorenen Traum. Du wirst Zeit genug finden, der Analogie nachzugehen, während du darauf wartest, zum Frühstück gerufen zu werden. Durch den klargebliebenen Teil der Scheibe gesehen, dort, wo die silbernen Berggipfel der Frostlandschaft nicht hinaufreichen, ist der Kirchturm das auffallendste Objekt, dessen weiße Spitze dich auf den winterlichen Glanz des Firmaments verweist. Fast könntest du die Ziffern auf der Uhr unterscheiden, die gerade die Stunde geschlagen hat. So ein frostiger Himmel, die schneebedeckten Dächer, der lange Blick auf die gefrorene Straße, alles in Weiß, und das entfernte Gewässer, hart wie Fels, könnte dich selbst unter vier Decken und einem wollenen Halstuch frösteln lassen. Doch schau dir diesen einen glorreichen Stern an! Seine Strahlen lassen sich von allen anderen unterscheiden und werfen tatsächlich den Schatten des Fensterrahmens auf das Bett, mit einem tieferen Leuchten als das Mondlicht, obwohl im Umriß nicht so genau.

Du läßt dich fallen und wickelst, die ganze Zeit fröstelnd, deinen Kopf ins Tuch, aber weniger aus körperlicher Kälte, sondern vor der Idee einer Polaratmosphäre. Selbst Gedanken ist es zu kalt, sich herauszuwagen. Du denkst nach über den Luxus, eine ganze Existenz im Bette zu verbrauchen, wie eine Auster in der Schale, zufrieden mit der trägen Ekstase der Untätigkeit und schläfrig nur der köstlichen Wärme gewahr, wie du sie nun wieder fühlst. Ach! dieser Gedanke hat einen anderen häßlichen nach sich gezogen. Du denkst daran, wie die Toten durch den trüben Winter des Grabes in ihren kalten Tüchern und engen Särgen daliegen und kannst deine Phantasie nicht davon überzeugen, daß sie weder zusammenschrecken noch frösteln, wenn der Schnee über ihre kleinen Hügel treibt und der bittere Sturm gegen die Tore des Grabmals heult. Der trübselige Gedanke wird eine trübselige Menge um sich sammeln und über deine wache Stunde seinen Schatten werfen.

In den Tiefen eines jeden Herzens ist ein Grabgewölbe und ein Verlies, obgleich die Lichter, die Musik und das lustige Treiben darüber sie vergessen machen könnten, mitsamt all den Begrabenen oder Gefangenen, die sie verbergen. Aber zuweilen, und am häufigsten um Mitternacht, werden jene dunklen Behältnisse weit aufgetan. In einer Stunde wie dieser, da der Geist eine passive Empfindsamkeit, aber keine aktive Kraft hat; da die Einbildungskraft ein Spiegel ist, der allen Ideen Lebhaftigkeit verleiht, aber keine Macht hat, unter ihnen zu wählen oder ihnen zu steuern, dann bete darum, daß deine Sorgen schlafen mögen und daß die Brüderschaft der Reue nicht aus ihren Ketten bricht. Es ist zu spät! Ein Leichenzug gleitet an deinem Bett vorüber, in dem die Leidenschaft und das Gefühl körperliche Gestalt annehmen und die

Dinge des Geistes für das Auge zu trüben Spektren werden. Da kommt dein frühester Kummer, eine bleiche junge Leidtragende, die eine Schwesternähnlichkeit mit erster Liebe hat, traurig-schön und mit einer geheiligten Süße in ihren melancholischen Zügen und mit Grazie im Fallen ihrer schwarzen Robe. Als nächste erscheint ein Schatten zugrunde gerichteter Lieblichkeit, Staub in ihren goldenen Haaren, ihre glänzenden hellen Kleider alle verblichen und befleckt. Sie stiehlt sich mit hängendem Kopf aus deinem Blickfeld, was dir so schrecklich ist wie ein Vorwurf. Sie war deine liebste Hoffnung, aber eine trügerische; nenne sie also nun Enttäuschung. Ihr folgt eine strengere Gestalt, die Stirn in Falten, in Blick und Gesten eiserne Autorität; für sie gibt es keinen Namen, es sei denn den der Fatalität; ein Emblem des bösen Einflusses, der deine Geschicke regiert; ein Dämon, dem du dich am Anfang deines Lebens durch einen Irrtum überantwortet hast und dessen ewiger Sklave du wurdest, weil du dich einmal unterwarfest. Schau hin! jene teuflischen Züge, die in die Dunkelheit eingegraben sind, die gekräuselte Lippe der Verachtung, der Spott des lebhaften Auges, der erhobene Finger, der auf den wunden Punkt in deinem Herzen deutet! Erinnerst du dich an irgendeine Tat kolossaler Torheit, deretwegen du noch in der entlegensten Höhle der Erde erröten müßtest? Dann erkenne deine Schande.

Zieh vorüber, elender Aufzug! Gut ist's für den Wachenden, wenn er nicht auch noch, aufgebracht und elend, von einer wilden Bande umgeben wird, den Teufeln eines schuldigen Herzens, die in seinem Innern Höllenhofstatt halten. Was, wenn Reue die Züge eines Freundes annähme, dem du Unrecht getan hast? Was, wenn der Böse in Weiberkleidern käme, mit bleicher Schönheit inmitten von Sünde und Verlassenheit, und sich neben dir niederlegte? Was, wenn er zu Füßen deines Bettes stünde, in der Gestalt einer Leiche, mit blutigem Flecken auf seinem Leichentuch? Auch ohne solche Schuld genügt uns der Nachtmahr der Seele; dies schwere, schwere Sinken des Gemüts, die winterliche Trübsal des Herzens, die unbestimmte Angst des Geistes, die sich mit der Düsterkeit des Zimmers mischt.

Mit einer verzweifelten Anstrengung fährst du hoch und machst dich aus einer Art von bewußtem Schlaf los, blickst wild um dich in deinem Bett, als ob die Teufel überall wären, nur nicht in deinem heimgesuchten Geist. Gleichzeitig sendet die schlummernde glühende Asche im Kamin ein Aufleuchten, das den ganzen äußeren Raum bleich erhellt und durch die Tür der Bettkammer flackert, aber doch nicht ganz die Dunkelheit vertreiben kann. Dein Auge sucht nach irgend etwas, das dich an die lebendige Welt erinnert. Mit eifriger Präzision gewahrst du den Tisch in der Nähe der Feuerstätte, das Buch mit dem Elfenbeinmesser zwischen seinen Blättern, den geöffneten Brief, den Hut und die heruntergefallenen Handschuhe. Bald verlischt die Flamme, und damit ist die ganze Szene dahin, obwohl ihr Abbild eine Weile in deines Geistes Auge bleibt, nachdem die Dunkelheit die wirklichen Gegenstände verschlungen hat. Im ganzen Zimmer herrscht dieselbe Nacht wie vorher, nicht aber derselbe Trübsinn in deinem Herzen. Während dein Kopf auf das Kissen zurückfällt, denkst du – hier sei's nur geflüstert –, wie angenehm in diesen nächtlichen Einsamkeiten das Auf und Ab eines sanfteren Atems als der deine wäre, der leichte Druck eines zärtlicheren Busens, das ruhige Schlagen eines reineren Herzens, das seinen Frieden deinem sorgenvollen mitteilt, als ob die liebe Schläferin dich in ihren eigenen Traum einhüllte.

Ihr Einfluß ist über dich gekommen, obgleich sie keine Existenz hat außer in einem vorüberhuschenden Gedanken. Du sinkst an einem blumigen Platz nieder, an der Grenze von Schlaf und Wachsein, während deine Gedanken sich unverbunden, aber einander verwandt durch eine sie alle durchdringende Fröhlichkeit und Schönheit, vor dir in Bildern erheben. Das Vorüberrollen prachtvoller Schwadrone, die in der Sonne glitzern, wird abgelöst von der Munterkeit von

Kindern vor den Toren eines Schulhauses, unter dem funkelnden Schatten alter Bäume an der Biegung einer ländlichen Straße. Du stehst im sonnigen Regen eines Sommerschauers und wanderst unter den sonnigen Bäumen eines herbstlichen Waldes, blickst aufwärts auf den hellsten aller Regenbogen, der ein ungebrochenes Schneebrett überwölbt – auf der amerikanischen Seite der Niagara-Fälle. Dein Geist vergnügt sich am Spiel der tanzenden Flammen auf dem Herd eines jungen Mannes und seiner Braut und dem zwitschernden Vogelflug im Frühjahr um das neugebaute Nest. Du fühlst das lustige Hüpfen eines Schiffs vor der Brise und schaust auf die melodischen Füße rosiger Mädchen, wie sie ihren letzten und heitersten Tanz in einem hell erleuchteten Ballsaal drehen, und findest dich im glitzernden Rund eines überfüllten Theaters, während der Vorhang über eine helle und luftige Szene fällt.

Mit einem unwillkürlichen Hochfahren greifst du dir dein Bewußtsein und beweist dir, daß du halbwegs wach bist, indem du eine zweifelhafte Parallele zwischen dem menschlichen Leben und der eben vergangenen Stunde entwirfst. In beiden tauchst du auf aus Geheimnis, gehst durch Wechselfälle, auf die du nur wenig Einfluß hast, und wirst weitergetragen auf ein anderes Geheimnis zu. Nun folgt das Tönen der entfernten Uhr, mit schwächeren und schwächeren Schlägen, während du tiefer in die Wildnis des Schlafes eindringst. Es ist das Einläuten eines zeitweiligen Todes. Dein Geist hat sich davongemacht und wandert als ein freier Bürger unter den Gestalten der Schattenwelt, sieht seltsame Dinge, aber ohne Verwunderung oder Bestürzung. Vielleicht wird so ruhig der letzte Übergang sein, so ungestört, wie unter vertrauten Dingen, der Eintritt der Seele in ihr Ewiges Heim!

Monsieur du Miroir

Im ganzen Umkreis meiner Bekanntschaft gibt es niemanden, den ich aufmerksamer beobachtet hätte als den oben genannten Herrn und von dem ich trotzdem unter der Oberfläche, die er zu zeigen beliebt, weniger wahre Kenntnis hätte. Eifrig bemüht herauszufinden, wer und was er wirklich ist, wie mit mir verbunden, was die Ergebnisse unserer Gemeinsamkeit für ihn und für mich sein werden, die, ohne mein Zutun, auf Dauer zwischen uns eingerichtet zu sein scheint, — außerdem noch angefeuert durch die Neigungen eines Erforschers der menschlichen Natur, wiewohl im Zweifel, ob Monsieur du Miroir irgend etwas Menschliches hat außer der Gestalt, habe ich mich entschlossen, einige seiner bemerkenswerten Punkte dem Publikum vorzulegen, in der Hoffnung, mit einem Schlüssel zur Erklärung seines Charakters beehrt zu werden. — Möge der Leser keinen Teil des Berichts als nichtig ansehen, da ein Thema von so ernster Reflexion seine Bedeutung bis in die kleinsten Einzelheiten hinein verbreitet und man nicht von vornherein zu urteilen vermag, welcher abseitige Umstand die Dienste eines Blindenhundes in den Wirrungen dieser dunklen Untersuchung leisten kann. Und wie außergewöhnlich, wunderbar, übernatürlich und gänzlich unglaublich auch einige der wohlbedachten Enthüllungen erscheinen mögen, so gebe ich doch mein Ehrenwort, eine so heilige Rücksicht auf Tatsachen zu nehmen, als wenn meine Aussage unter Eid gegeben würde und die teuersten Interessen der in Frage stehenden Persönlichkeit auf dem Spiel stünden. Nicht etwa, daß Monsieur du Miroir Verbrecherisches vorzuwerfen wäre; auch wäre ich nicht der Mann, solches zu tun, gäbe es dafür Grund. Was mich am meisten beschwert, ist sein undurchdringliches Geheimnis; ein bloßer

Unfug, wenn es etwas Gutes verbirgt; im anderen Fall aber ist es um so schlimmer.

Wenn man mir unangebrachte Parteilichkeit vorwerfen könnte, dann würde Monsieur du Miroir nur hoffen dürfen, von ihr zu profitieren, statt unter ihr zu leiden, denn während der ganzen langen Zeit unseres Verkehrs hat es selten auch nur die leiseste Nichtübereinstimmung gegeben; zudem gibt es Gründe für die Annahme, daß es sich um einen nahen Verwandten von mir handelt, der deshalb ein Anrecht auf die beste Auskunft hat, die ich über ihn zu geben vermag. Er hat ohne Zweifel eine starke persönliche Ähnlichkeit mit mir und legt bei Beerdigungen in der Familie durchweg Trauerkleider an. Anderseits möchte sein Name auf französische Abkunft deuten; in welchem Fall ich, der ich es absolut vorziehe, daß mein Blut aus kühner britischer und reiner puritanischer Quelle strömt, mir erlaube, jede Verwandtschaft mit Monsieur du Miroir von mir zu weisen. Einige Genealogen verfolgen seinen Ursprung nach Spanien zurück und nennen ihn einen Ritter des Ordens der Caballeros de los Espejos, deren einer von Don Quijote überwältigt wurde. Was aber sagt Monsieur du Miroir selbst über seine Herkunft und sein Vaterland? Nicht ein einziges Wort sagte er je über diese Sache, und hier haben wir vielleicht schon einen seiner ganz besonderen Gründe, eine solche ärgerliche Geheimnistuerei aufrechtzuerhalten: es fehlt ihm nämlich zur Erklärung die Gabe des Redens. Manchmal sieht man, wie sich seine Lippen bewegen; seine Augen und Gesichtszüge sind mit wechselndem Ausdruck lebendig, als ob sie durch sichtbare Hieroglyphen seinem modulierten Atem korrespondierten; auch kann man ihn beobachten, wenn er mit so selbstzufriedener Miene einhält, als habe er die ganze Zeit ausgesprochen Kluges gesagt. Ob kluges oder dummes Zeug – Monsieur du Miroir ist der einzige Richter über seine eigenen Gesprächskünste, nachdem er nie auch nur eine Silbe geflüstert hat, die das Ohr eines anderen Zuhörers erreicht hätte. Ist er wirklich stumm? oder ist alle Welt taub? oder ist's lediglich Teil der Spaßigkeit meines Freunds, die nichts weiter bedeutet, als daß er uns zum Narren hält? Wenn dem so ist, dann hat er den Spaß ganz für sich.

Nach meiner Überzeugung ist dieser stumme Teufel, von dem Monsieur du Miroir besessen ist, der einzige Grund, warum er mir nicht die schmeichelhaftesten Freundschaftsbeteuerungen macht. In vielen Einzelheiten, ja, in all seinen erkennbaren und nicht übernatürlichen Punkten, ausgenommen den einen, daß ich gelegentlich, in großen Abständen, ein oder zwei Worte sage, besteht offenbar die größte Sympathie zwischen uns. So groß ist sein Vertrauen in meinen Geschmack, daß er sich von der allgemeinen Mode abwendet und mich in all seiner Kleidung kopiert. Nie probiere ich ein Kleidungsstück an, ohne daß ich Monsieur du Miroir in einem desselben Zuschnitts zu treffen erwarte. Er hat Zweitstücke aller meiner Westen und Krawatten, Hemdbrüste mit genau derselben Bügelfalte und einen alten Mantel für den privaten Gebrauch, der, wie ich argwöhne, von einem chinesischen Schneider in genauer Nachbildung eines alten geliebten Mantels von mir hergestellt ist, einschließlich Faksimile, Stich um Stich, eines Lappens auf dem Ellenbogen. Wahrlich, die einzigartigen und genauen Übereinstimmungen, die sowohl in den Zufälligkeiten des Tages als auch den ernsten Ereignissen unseres Lebens vorkommen, erinnern mich an jene zweifelhaften Legenden von Liebhabern, oder Zwillingen, Schicksalszwillingen, die zusammen gelebt, genossen, gelitten haben und als Einheit gestorben sind, und von denen jeder treu den letzten Seufzer vom Atem des anderen wiederholt hat, obwohl sie durch weite Gebiete von See und Land voneinander getrennt waren. Merkwürdig ist, daß meine Ungelegenheiten auch meinem Begleiter zugehören, obwohl ihre Last durch seine Teilnahme in keiner Weise erleichtert wird. Neulich morgens traf ich Monsieur du Miroir nach einer qualvollen Nacht der Zahnschmerzen mit einer solchen geschwollenen Plage in seiner Wange, daß meine eigenen Schmerzen sich verdoppelten, wie wohl auch die seinen, wenn ich nach der neuerlichen Verzerrung seines Gesichts urteilen darf. Treffen wir uns zufällig, wenn ich von mitternächtlichen Studien bleich oder vielleicht auch etwas erhitzt bin vom Nippen am Champagner, dann ist nichts gewisser, als daß der arme Kerl einen Anblick erschlaffter oder übererregter Energie bietet, der sich genauestens an meinen anlehnt. Das Auf und Ab meiner Launen teilt sich ihm mit, was zur Folge hat, daß der arme Monsieur du Miroir einen ganzen Sommertag durch mault und grollt oder auch ebenso lange lacht, aus keinem besseren Grund als den frohen oder trüben Grillen meines Hirns. Einmal litten wir gemeinsam unter einer dreimonatigen Krankheit und trafen in den ersten Tagen der Rekonvaleszenz wie Gespenster aufeinander. Wenn ich je verliebt war, schaute Monsieur du Miroir leidenschaftlich und zärtlich drein, und niemals hat mich meine Geliebte verstoßen, ohne daß dieser allzu empfindsame Herr Trübsal blies. Auch steigt seine Stimmung auf Blut- oder Fieberhitze oder auf die Temperatur kochenden Wassers je nach dem Maß des Unrechts, das doch bloß mir widerfahren zu sein scheint. Manchmal bin ich durch den Anblick so unverhältnismäßigen Zorns, der sich auf seiner Stirn abzeichnete, belustigt worden. Jedoch, wie rasch er auch bereit ist, meinen Streit zu dem seinen zu machen, kann ich mich nicht erinnern, daß er je so etwas wie einen Streich in meiner Sache geführt hätte, auch kann ich nicht recht sehen, daß mir irgend etwas wahrhaft und greifbar Gutes von seinen beständigen Einwirkungen in meine Angelegenheiten erwachsen wäre, so daß ich in meinen mißtrauischeren Stimmungen geneigt bin zu argwöhnen, daß die Sympathien des Monsieur du Miroir nur zur Schau gestellt sind und daher keinen Deut besser oder schlechter als die anderer Leute. Nichtsdestotrotz gebe ich mich, da jeder Sterbliche so etwas haben muß, das wie Sympathie aussieht, wobei weniger wichtig ist, ob es sich um die echte handelt oder nur eine dünn aufgetragene, mit der des Monsieur du Miroir zufrieden, so wie sie nun einmal ist, statt nach der wahren Münze zu forschen und dabei Gefahr zu laufen, auch noch auf die gefälschte verzichten zu müssen.

So intim, wie man sagen könnte, wir in mancher Hinsicht sind, wird sich der Leser kaum meine Unwissenheit bezüglich vieler wichtiger Umstände der Lebensart des Monsieur du Miroir vorstellen können. Noch habe ich nicht entdecken und nicht einmal raten können, was seine Geschäfte oder sein Zeitvertreib in den langen Zeiträumen sind, die manchmal ohne ein Interview vergehen. Selten begibt er sich in Gesellschaft, es sei denn, er werde von mir eingeführt. Gelegentlich habe ich allerdings einen unbestimmten Schimmer seines wohlbekannten Gesichts aufgefangen, wie er mich aus den Fenstern eines aristokratischen Wohnsitzes anblickte, in dem ich nicht als Gast geladen war, obwohl er ebensooft, das zu sagen betrübt mich, unvorsichtig genug war, sich in den verstaubten Scheiben der niedrigsten Wirtschaften und sogar noch übler angesehener Schlupfwinkel sehen zu lassen. Wenn in solchen Fällen unsere Augen aufeinander trafen, blickten wir beide bestürzt zu Boden. Anderseits darf auch nicht verborgen bleiben, daß ich meinen Freund, während ich meinen Weg durch den Alltagslärm ging, der an einer Kirche vorbeiführte, durch die hohen Fenster erkennen konnte, wie er zweifellos eine Privataudienz mit dem Glauben genoß, der sechs Tage lang in seinem verlassenen Tempel sitzt und dafür am siebenten alle Welt bei sich sieht. Mit welcher Glaubensgemeinschaft er am Sabbat Gottesdienst hält, brachte ich absolut nicht in Erfahrung, so unentbehrlich der Punkt für ein rechtes Urteil über seinen moralischen Charakter auch ist. Wenn die Glocken ihre heilige Musik ausstreuen, sehe ich ihn im allgemeinen in seinem besten schwarzen Anzug, desselben Schnitts wie der meine, und mit einer milden Feierlichkeit im Gesicht, die mich fast so erbaut wie die ungebrochene Rechtgläubigkeit meines Pastors. Aber wir sehen einander vor dem Ende des Gottesdienstes nicht wieder. Ob er mit den Episkopalen in die Kirche geht oder mit den Methodisten in ihr Gotteshaus, oder mit den Juden in die Synagoge, ob er sich in römisch-katholische Abgötterei verirrt hat oder universalistischen oder unitarischen Unglauben, das ist eine Sache, die Monsieur du Miroir, der nicht zu Kontroversen neigt, für sich behält. So vorbildlich auch in seinem weltlichen Charakter, kann er natürlich nicht mein volles Vertrauen erwarten, solange in dieser Sache die kleinste Zweideutigkeit bestehen bleibt.

In den Jahren meiner Eitelkeit habe ich ihn oft im Ballsaal gesehen, und würde es wiederum, wenn ich ihn dort aufsuchte. Wir haben uns im Tremont-Theater getroffen, wo er allerdings weder im Rang, Parkett noch den oberen Regionen Platz nahm und auch keinen einzigen Blick auf die Bühne warf, mochte der hellste Stern, sogar Fanny Kemble selber, dort leuchten. Nein, mein grillenhafter Freund zog es vor, sich im Foyer aufzuhalten, in der Nähe eines der großen Spiegel, die die Bilder des erleuchteten Raumes zurückwerfen. Er ist so voll von diesen unerklärlichen Exzentrizitäten, daß ich bei öffentlichen Anlässen von Monsieur du Miroir nicht gern Notiz nehme und nicht die entfernteste Verbindung mit ihm erkennen lasse. Er seinerseits hat nicht den geringsten Skrupel, wenn es gilt, meine Bekanntschaft zu erzwingen, selbst wenn sein gesunder Menschenverstand, sollte er ihn besitzen, ihn belehren müßte, daß ich ebenso willig einen Gruß mit Old Nick austauschen würde. Erst neulich geriet er im Eingang eines Metallwarengeschäfts in einen großen Messingkessel und schob seinen Kopf gleich darauf in eine glänzende neue Wärmpfanne, aus der heraus er mir einen gnadenlosen Blick der Wiedererkennung zuwarf. Er lächelte; ich auch; aber solche kindischen Scherze bringen anständige Leute dazu, etwas zurückhaltend gegenüber Monsieur du Miroir zu sein und ihn rigoroser zu schneiden als jeden anderen Herrn in der Stadt.

Eine der aufsehenerregendsten Eigenschaften dieser außergewöhnlichen Person ist seine Vorliebe für Wasser, in der er jeden Temperenzler übertrifft. Sein Vergnügen freilich besteht nicht so sehr darin, es zu trinken (in dieser Hinsicht genügt ihm eine sehr mäßige Menge bei jeder Gelegenheit), als sich damit bis über Kopf und Ohren zu besprengen, wo immer er es findet. Vielleicht ist er ein Wassermann oder ist der Ehe einer Nixe mit einem Sterblichen entsprungen und von daher durch angeborenes Recht so amphibisch wie die Kinder, die von den alten Flußgöttern oder Quellnymphen irdischer Liebe geschenkt wurden. War gerade kein sauberer Badeplatz in der Nähe, dann habe ich den närrischen Kerl in einem Pferdeteich entdeckt. Manchmal erfrischt er sich im Trog einer Dorfpumpe, ohne sich darum zu kümmern, was die Leute von ihm halten. Oft, während ich nach einem schweren Regenschauer meinen Weg sorgfältig auf der Straße suchte, war ich empört, Monsieur du Miroir in voller Kleidung von einer Pfütze zur nächsten planschen und in die dreckige Tiefe einer jeden springen zu sehen. Selten habe ich in einen Brunnen geblickt, ohne diesen lächerlichen Herrn am Boden auszumachen, von wo er wie durch ein langes Fernrohr hochblickt und wahrscheinlich Entdeckungen unter den Sternen bei Tageslicht macht. Über einsame Wege oder in pfadlosen Wäldern wandernd bin ich zu jungfräulichen Quellen gekommen, deren erster Entdecker gewesen zu sein mir eine angenehme Einbildung gewesen wäre; aber Monsieur du Miroir war vor mir da. Die Einsamkeit schien durch seine Anwesenheit nur noch verlassener. Ich habe mich über einen Abhang gebeugt, der über Lake George brütet – den die Franzosen das Weihwasserbecken der Natur nannten und dessen Wasser sie in ihren Blockhüttenkirchen oder in den Kathedralen jenseits des Ozeans benutzten –, und habe ihn tief unten in dem reinen Element gesehen. Auch bei Niagara, wo ich ihn und mich nur zu gern vergessen hätte, konnte ich nicht umhin, meinen Begleiter in dem stillen Wasser ganz dicht vor dem

Fall, gerade über Table Rock, zu beobachten. Würde ich je die Quellen des Nils erreichen, müßte ich damit rechnen, ihn auch dort zu treffen. Schwer zu verstehen ist, wie er sich bei leidlich guter Kleidung hält, es sei denn, er sei ein zweiter Ladurlad, dessen Gewänder von den Tiefen des Ozeans nicht durchfeuchtet werden können. Wie ich zugeben muß, scheinen seine Anzüge immer so trocken und so bequem zu sitzen wie meine eigenen. Aber als sein Freund möchte ich wünschen, daß er sich nicht so oft der Flüssigkeit aussetzte.

Alles, was ich bislang erzählt habe, läßt sich als kleine persönliche Seltsamkeiten begreifen, die auf so angenehme Weise die Oberfläche der Gesellschaft abwechslungsreich machen und die, obwohl sie uns manchmal ärgern, doch unseren täglichen Verkehr frischer und lebhafter gestalten, als wenn sie beseitigt würden. Ich habe mich jedoch schon durch gelegentliche Hinweise bemüht, den Weg für sehr viel merkwürdigere Dinge vorzubahnen, die, wären sie sogleich ans Licht gekommen, dazu geführt haben würden, daß Monsieur du Miroir als ein Schatten, ich selbst als jemand, der es mit der Wahrheit nicht so genau nimmt, und diese wahre Geschichte als Lügenmärchen angesehen worden wären. Nun aber, da der Leser mich als vertrauenswürdig erkannt hat, werde ich damit anfangen, ihn wirklich in Erstaunen zu setzen.

Um also ganz offen zu sprechen, – ich könnte die verblüffendsten Beweise dafür beibringen, daß Monsieur du Miroir zumindest ein Zauberer ist, wenn nicht gar einer aus jenem unirdischen Geschlecht, mit dem Zauberer umgehen. Er hat unerforschliche Methoden, sich mit der Geschwindigkeit des schnellsten Dampfschiffs oder der Eisenbahn von Ort zu Ort zu bewegen. Ziegelmauern, Eichentüren und eiserne Riegel hemmen seinen Weg nicht. Hier in meinem eigenen Zimmer zum Beispiel, während der Abend sich der Nacht zuneigt, sitze ich allein – der Schlüssel ist umgedreht und aus dem Schloß genommen, das Schlüsselloch mit Papier verstopft, damit ein garstiger kleiner Luftzug draußen bleibt.

Aber so einsam wie ich dazusitzen scheine, ich brauchte nur eine Lampe aufzunehmen und fünf Schritte nach Osten zu schreiten – Monsieur du Miroir würde mir da begegnen, ebenfalls mit einer Lampe in der Hand. Und nähme ich morgen die Postkutsche, ohne ihm auch nur den leisesten Wink über meine Absichten zukommen zu lassen, würde ich doch, in welchem Hotel ich mich auch finden würde, mein Zimmer mit dem unvermeidlichen Monsieur du Miroir zu teilen erwarten. Ginge ich aus extravaganter Laune beim Mondschein aus und stellte mich neben den Steinbrunnen der Shakerquelle in Canterbury, würde Monsieur du Miroir sich auf denselben närrischen Spaziergang begeben und unweigerlich dort mit mir zur Stelle sein. Soll ich des Lesers Verwunderung weiter steigern? Während ich diese letzten Sätze schrieb, blickte ich zufällig auf die große Rundung eines der Messingknöpfe des Kaminrosts und sieh da! Monsieur du Miroir in Miniatur, mit breitem Gesicht, grotesk verzerrt, als ob er sich über mein Erstaunen lustig mache. Aber er hat so viele Streiche dieser Art gespielt, daß sie allmählich um ihre Wirkung kommen. Einmal war er keck genug, sich in den Himmel der Augen einer jungen Dame zu stehlen, so daß ich, während ich schaute und nur von mir träumte, ihn auch in meinem Traume fand. Aber die Jahre haben ihn seither so verändert, daß er sich nicht einzubilden braucht, noch einmal in diese himmlischen Kreise einzuziehen.

Nach diesen wahrheitsgemäßen Auskünften liegt der Schluß nahe, daß, hätte Monsieur du Miroir solche Streiche in alter Hexerzeit gespielt, es übel mit ihm ausgegangen wäre; wenigstens wenn die Gerichtsdiener und der Landsturm einen Haftbefehl hätten ausführen können und der Gefängniswärter schlau genug gewesen wäre, ihn festzuhalten. Aber es ist mir oft als ein ganz einzigartiger Umstand vorgekommen, der entweder ein krankhaft mißtrauisches Temperament oder irgendeinen gewichtigen Grund für Furcht anzeigt, daß er sich niemals in Griffnähe selbst seines intimsten Freunds begibt.

Wenn man an ihn herantritt, um ihm zu begegnen, kommt er bereitwillig näher; streckt man ihm die Hand entgegen, reicht er seine eigene mit einer Miene äußersten Freimuts; aber obwohl man auf ein herzliches Schütteln rechnet, kriegt man nicht einmal seinen kleinen Finger zu fassen. So ist dieser Monsieur du Miroir schon ein schlüpfriger Bursche!

All das ist doch gewiß Anlaß zum Wundern. Nachdem ich vergeblich bemüht war, durch heftige Anstrengung meines eigenen Witzes einen befriedigenden Einblick in den Charakter des Monsieur du Miroir zu geben, wandte ich mich an gewisse weise Männer und auch an Bücher tiefgründiger Gelehrsamkeit, um herauszufinden, wer mich da verfolgt und warum. Ich hörte mir lange Vorträge an und fraß mich durch dicke Bände, ohne viel Erfolg außer der Erkenntnis, daß viele frühere Beispiele aus verschiedenen Zeiten von ähnlichen Verbindungen zwischen gewöhnlichen Sterblichen und Wesen, die die Eigenschaften des Monsieur du Miroir besitzen, aufgezeichnet sind. Vielleicht leben noch heute außer mir Leute, die solche Begleiter haben. Könnte Monsieur du Miroir noch dazu gebracht werden, seine Anhänglichkeit auf einen dieser Leute zu übertragen und dafür einem anderen seiner Art gestatten, die Stellung einzunehmen, die er jetzt mir gegenüber innehat! Wenn ich denn schon einen so zudringlichen Intimus haben muß, der mir in meiner privatesten Sphäre ins Gesicht starrt und mir sogar bis ins Schlafzimmer folgt, zöge ich denn doch – Skandal beiseite – die lachende Blüte eines jungen Mädchens dem dunklen und bärtigen Ernst meines jetzigen Begleiters vor. Aber solche Wünsche erfüllen sich nie. Obwohl man den Familienmitgliedern des Monsieur du Miroir, und das wohl zu Recht, vorgeworfen hat, sie besuchten ihre Freunde oft in glänzenden Sälen und selten in düsteren Verliesen, so legen sie doch immerhin eine seltene Treue gegenüber den Objekten ihrer ersten Zuneigung an den Tag, wie wenig anziehend ihr Äußeres oder wie unliebenswürdig ihr Wesen, wie unglücklich oder gar berüchtigt und von aller Welt verlassen sie auch sein mögen. So verhält es sich gewiß mit meinem Begleiter. Unsere Geschicke scheinen untrennbar miteinander verbandelt. Nachdem er sich auch in meine frühesten Erinnerungen einmischt, glaube ich, daß wir zusammen auf die Welt gekommen sind, so wie mein Schatten mir in den Sonnenschein folgt, und daß hinfort wie ehedem der Glanz oder das Elend meiner Umstände das Gesicht des Monsieur du Miroir bescheinen oder beschatten wird. So wie wir miteinander jung waren und jetzt beide fast im Zenit des Sommers stehen, so wird, falls uns ein langes Leben gewährt wird, jeder seine eigenen Runzeln auf der Stirn des anderen, seine weißen Haare auf des anderen Haupt zählen. Und wenn der Sargdeckel über mir geschlossen werden wird, wenn das Licht und die Gestalt, die, wahrer als wenn der Liebhaber solches seiner Geliebten schwört, das einzige Licht seines Lebens sind – wenn diese in die dunkle Kammer gelegt sind, wohin seine raschen und geheimen Schritte ihn nicht bringen können –, was soll aus dem armen Monsieur du Miroir werden? Wird er, mit meinen anderen Freunden, den Mut haben, auf mein bleiches Antlitz einen letzten Blick zu werfen? Wird er als erster im Trauerzug schreiten? Wird er oft kommen und um mein Grab herum sein, die Nesseln ausreißen und Blumen inmitten des Grünen pflanzen, wird er das Moos aus den Buchstaben meines Grabsteins kratzen? Wird er verweilen, wo ich gelebt habe, um die nachlässige Welt an einen Mann zu erinnern, der viel aufs Spiel gesetzt hat, um sich einen Namen zu machen, aber sich dann nicht mehr dafür interessiert, ob er gewonnen oder verloren hat?

Nicht auf diese Weise wird er seine Treue beweisen. Welch ein Graus, falls dieser mein Freund nach unserem letzten Lebewohl in die belebte Straße hinaustreten oder entlang unserem vielbesuchten alten Pfad am stillen Wasser streifen oder sich im häuslichen Kreis niedersetzen sollte, wo man unsere Gesichter am besten kennt und liebt! Nein, aber wenn der Strahl des Himmels mich nicht mehr segnet und kein nachdenkliches Lampenlicht mehr auf meine Studien scheint, das gemütliche Kaminfeuer den Sinnenden nicht mehr aufheitert, dann wird seine Aufgabe erfüllt sein und dieses mysteriöse Wesen für immer von der Erde verschwinden. Er wird in das dunkle Reich des Nichts eingehen, aber er wird mich dort nicht finden.

Es ist etwas Furchterregendes, in einer solchen Beziehung zu einem nur so unvollkommen bekannten Geschöpf zu stehen, und in der Idee, daß sich bis zu einem gewissen Grade alles, was mich betrifft, in seinen Konsequenzen auf ihn abbildet. Haben wir das Gefühl, daß ein anderer ganz genau das gleiche Geschick mit uns teilt, dann urteilen wir härter über unsere Aussichten und mißtrauen dem verführerischen Zauber, der ein unfehlbares Glück über unseren Lebensweg zu werfen scheint. In den letzten Jahren hat es tatsächlich vieles gegeben, was meinen Umgang mit Monsieur du Miroir getrübt hat. Wäre unsere Vereinigung nicht eine notwendige Bedingung unseres Lebens gewesen, wären wir einander schon entfremdet worden. In früher Jugend, als meine Zuneigungen warm und freizügig waren, liebte ich ihn sehr und konnte immer mal in seiner Gesellschaft eine vergnügliche Stunde verbringen, vorzüglich deshalb, weil sie mir eine so exzellente Einschätzung meiner selbst vermittelte. So sprachlos er war, hatte Monsieur du Miroir damals doch eine höchst angenehme Art, mich einen hüschen Burschen zu nennen, und ich erwiderte natürlich das Kompliment, so daß wir, je mehr wir einander Gesellschaft leisteten, um so größere Gecken aneinander wurden. Aber nun braucht sich keiner von uns beiden wegen eines solchen Malheurs Sorgen zu machen. Wenn wir uns zufällig treffen – denn es ist öfter Zufall als Absicht –, dann betrachtet ein jeder traurig des anderen Stirn, fürchtet sich vor den Runzeln dort, und des anderen Schläfe, wo sich das Haar zu früh zu lichten beginnt, und des anderen eingesunkene Augen, die nicht mehr ein freudiges Licht über

das ganze Gesicht werfen. Ich betrachte ihn unwillkürlich
als Zeugen meiner schwerfälligen Jugend, die mangels Hoffnung und Antrieb in Trägheit vertan wurde, oder ebenso
vertan in mühseliger Arbeit, die keinem weisen Beweggrund
entsprang und keinem guten Zwecke diente. Ich sehe, daß
der stille Trübsinn einer enttäuschten Seele sein Gesicht dunkel durchdrungen hat, wo die Schwärze der Zukunft sich mit
den Schatten der Vergangenheit zu mischen scheint und ihm
den Anblick eines Mannes gibt, der dem Verderben geweiht
ist. Ist der Gedanke zu abwegig, daß mein Schicksal dieses Abbild meiner selbst angenommen hat und mich deshalb mit so
unausgesetzter Zähigkeit verfolgt, wobei es jede Handlung,
die es zu kopieren scheint, in Wahrheit in Gang setzt und
mich durch den Vorwand täuscht, es sei an Ereignissen beteiligt, während es nur deren Sinnbild und Prophetie darstellt? Ich muß diesen Gedanken verbannen, denn er würfe
ein zu tiefes Grauen um meinen Begleiter. Bei unserem nächsten Treffen, so fürchte ich, ganz besonders, sollte es um
Mitternacht oder in der Einsamkeit stattfinden, werde ich
beiseite schauen und schaudern, worauf der auf so schlechte
Behandlung extrem sensibel reagierende Monsieur du Miroir
auch seine Augen abwenden und Horror und Ekel ausdrücken
wird.

Aber nein! Dies ist meiner nicht würdig! So wie ich vorzeiten seine Gesellschaft suchte wegen der bezaubernden
Träume von Frauenliebe, die er mir eingab, und weil ich in
seinem Anblick eine schöne Zukunft zu sehen meinte, so will
ich heute täglichen und langen Umgang mit ihm pflegen
gerade wegen der strengen Lektionen, die er mich im Man-
nesalter lehren wird. Mit verschränkten Armen wollen wir
von Angesicht zu Angesicht einander gegenübersitzen und
unser schweigendes Gespräch fortsetzen, bis eine weise Zuversicht just aus der Niedergeschlagenheit herauspräpariert
worden ist. Er wird sagen, und dies vielleicht im Zorn, daß
es nur an ihm sei, über den Verfall äußerlicher Ansehnlich-

keit zu trauern, die ja doch, solange sie währte, sein ein und alles war. Hast du aber nicht, so wird er fragen, einen Schatz in Reserve, dem jedes Jahr viel mehr Wert zulegen wird, als das Alter oder selbst der Tod jenem elenden Staub entreißen könnte? Er wird mir sagen, daß die Seele, selbst wenn die Lebensblüte vom Frost zerstört ist, nicht zitternd in ihrer Zelle zu sitzen braucht, sondern sich mannhaft anstrengen und eine freundliche Wärme an ihrer eigenen Tätigkeit gegen die herbstliche und winterliche Atmosphäre entzünden müsse. Und ich meinerseits werde ihm auftragen, guten Muts zu sein und es nicht übelzunehmen, wenn ich seine Locken zum Erbleichen bringen und ihn wie einen verschrumpelten Apfel zerknittern werde, da es mein Bemühen sein wird, sein Angesicht so durch Intellekt oder milde Wohltätigkeit zu verschönen, daß er von dem Wechsel sogar enorm profitieren würde. Aber hier wird wohl ein etwas trauriges Lächeln über das Gesicht des Monsieur du Miroir huschen.

Nachdem diese Sache hinlänglich diskutiert sein wird, werden wir andere nicht minder wichtige aufgreifen. Beim Nachdenken über seine Macht, mich bis in die entferntesten Regionen und in die Tiefen meiner privatesten Sphäre zu verfolgen, werde ich den Versuch, ihm zu entrinnen, mit dem hoffnungslosen Rennen vergleichen, das Menschen manchmal mit ihrem Gedächtnis, ihrem eigenen Herzen oder ihrem moralischen Selbst veranstalten, das, und sei es auch hinlänglich mit Sorgen belastet, einen Elefanten zum Zusammenbrechen zu bringen, doch niemals einen einzigen Schritt zurückbleibt. Ich werde mein Selbst betrachten, wie die Natur mir gebietet, und werde ihn zum Bild oder sichtbaren Typos dessen machen, worüber ich meditiere, auf daß mein Geist nicht mehr so vage herumtappt wie zuvor, seinen eigenen Schatten durch das Chaos verfolgt und nichts weiter fängt als die Monstren, die dort hausen. Dann wollen wir unsere Gedanken der geistigen Welt zuwenden, von deren Realität mein Gefährte mir ein Beispiel, wenn nicht ein Argument vermittelt. Denn da wir von der Existenz des Monsieur du Miroir nur das Auge als Zeuge haben, während alle anderen Sinne uns keinen Hinweis geben, daß eine solche Gestalt in Armeslänge vor uns steht, warum sollte es nicht unzählige Wesen dicht bei uns geben und warum sollten sie nicht mit ihrer großen Zahl Himmel und Erde erfüllen, obwohl keine körperliche Empfindung uns von ihnen Kenntnis geben kann? Ein Blinder könnte mit ebensoviel Recht behaupten dürfen, es gäbe keine Geister. Oh, es gibt sie! Und in diesem Augenblick, da der Gegenstand, über den ich schreibe, mich ganz erfüllt, sich mit feierlichen und ehrfürchtigen Assoziationen angereichert hat, die man ihm als am fremdesten am wenigsten zugetraut hätte, könnte ich mir einbilden, daß Monsieur du Miroir selbst ein Wanderer aus einer Geisterwelt ist, der nichts Menschliches an sich hat außer einem täuschenden Kleid der Sichtbarkeit. Mich deucht, ich würde jetzt erzittern, brächte seine Zaubermacht, auf der Suche nach mir durch alle Hindernisse hindurchzugleiten, ihn plötzlich vor mein Auge.

Und was ist dort? Mysteriöse Gestalt, hat das Zittern meiner Herzensstränge die deinen zum Mitschwingen gebracht und dich aus deinem Heim gerufen, unter die Tänzer des Nordlichts und die Schatten, die der Schein der untergehenden Sonne wirft, und die riesigen Spektren, die bei Tagesanbruch auf den Wolken erscheinen und den Bezwinger der Alpen ängstigen? Es hat mich, um die Wahrheit zu gestehen, hochfahren lassen, als ich einen vorsichtigen Blick durch das Zimmer warf und dabei eines ungebetenen Gastes gewahr wurde, der sein Auge auf das meine geheftet hielt. Monsieur du Miroir und kein anderer! Und da sitzt er immer noch und erwidert meine Blicke mit soviel Ehrfurcht und Neugier, als ob auch er einen einsamen Abend in phantastischen Überlegungen verbracht und mich zu ihrem Gegenstand gemacht hätte. So unnachahmlich täuschend macht er nach, daß ich fast im Zweifel bin, wer von uns beiden die visionäre Gestalt ist, oder ob nicht ein jeder des anderen Geheimnis ist und wir beide Zwillingsbrüder eines einzigen Schicksals in einander widerspiegelnden Sphären. O Freund, kannst du mich nicht hören und mir antworten? Zerbrich, was zwischen uns steht! Ergreife meine Hand! Sprich! Hör! Nur ein paar Worte möchten vielleicht das fieberhafte Sehnen meiner Seele nach einem Grundgedanken befriedigen, der mich durch dieses Labyrinth des Lebens führen, mich lehren würde, wozu ich geboren bin, wie meine Pflicht auf Erden zu erfüllen, und mir sagen, was der Tod ist. Aber ach, daß selbst jenes unwirkliche Bild es nicht bleiben lassen kann, mich nachzuäffen und über diese eitlen Fragen zu lächeln. – So vergöttern gleichsam die Sterblichen einen bloßen Schatten ihrer selbst, eine Erscheinung, die menschlicher Vernunft unterworfen ist, und verlangen von ihm, er möchte Mysterien entschleiern, die göttliche Weisheit so weit aufgedeckt hat, wie das zu unserer Lebensführung nötig ist, den Rest verhüllend.

Leb wohl, Monsieur du Miroir! Bei dir könnte man vielleicht, wie bei vielen Menschen, zweifeln, ob du weiser geworden bist, obwohl dein ganzes Geschäft aus „Reflexion" besteht.

Feuerkult

Es ist dies eine große Umwälzung im sozialen und häuslichen Leben – auch nicht weniger eine im Leben des zurückgezogenen Studierenden –, diese fast allgemeine Verdrängung des offenen Feuers durch den freudlosen und unfreundlichen Ofen. An einem solchen Morgen, wie er sich gerade finster um unser altes Pfarrhaus legt, vermisse ich das leuchtende Antlitz meines uralten Freundes, der auf dem Feuerplatz zu tanzen und die Rolle eines familiären Sonnenscheins zu spielen gewohnt war. Es ist traurig, wenn man sich vom bewölkten Himmel und der düsteren Landschaft abwendet – von dem Hügel da drüben, der von alten finsteren Fichten gekrönt ist, deren Nadeln ohne Sonnenschein so trostlos aussehen; vom kahlen Weideland und der aufgebrochenen Erde des Kartoffelfeldes, dessen braune Schollen hier und da durch den Schneefall der letzten Nacht verdeckt sind; vom angeschwollenen trägen Fluß mit seinen eisgesäumten Ufern, der seine blaugraue Strömung am Rande unseres Obstgartens vorbeiführt, wie eine von Kälte halb erstarrte Schlange –, es ist traurig, sich von einer so wenig tröstlichen Landschaft abzuwenden und dieselbe Grämlichkeit im Blick seines Arbeitszimmers brüten zu finden. Wo ist unser glänzender Gast, jener lebendige und bewegliche Geist, den Prometheus zur Zivilisierung der Menschen dem Himmel entwendete, um sie in ihrer winterlichen Trostlosigkeit aufzuheitern; der anheimelnde Mitbewohner, dessen Lächeln acht Monate lang im Jahr uns zureichender Trost über des Sommers langwieriges Kommen und frühes fluchtartiges Gehen gewesen ist? Wehe! Blinde Ungastlichkeit, die ihm Nahrung mißgönnte, Nahrung, die ihn heiter und quicklebendig hielt, hat ihn in ein eisernes Gefängnis geworfen und ihn gezwungen, sein Leben qualmend mit einer täglichen Hungerration zu fristen, die früher einmal zu dürftig für sein Frühstück gewesen wäre! Um wörtlich zu sein: wir machen heutzutage unser Feuer in einem luftdichten Ofen und versorgen es zwischen Morgendämmerung und hereinbrechendem Abend mit einem halben Dutzend Holzscheiten.

Ich persönlich werde mich mit dieser Ungeheuerlichkeit niemals abfinden. Wahrlich kann man sagen, daß ihretwegen die Welt trüber aussieht. In der einen oder anderen Weise, hie und da und überall um uns her, tilgen die Erfindungen der Menschen rasch das Pittoreske, das Poetische und das Schöne aus dem Leben. Das häusliche Kaminfeuer war Typus aller dieser Eigenschaften und schien Macht und Majestät und die wildeste Natur und dazu eine spirituelle Essenz mitten in unser Heim zu tragen und dabei doch mit uns in solcher Freundschaft zu hausen, daß seine Geheimnisse und Wunder kein Entsetzen erregten. Derselbe milde Gefährte, der so gelassen auf unseren Gesichtern ruhte, war der, der donnernd aus dem Ätna fährt und wild zum Himmel aufsteigt, wie ein sich aus Qualen losmachender Teufel, der um einen Platz unter den Engeln der oberen Sphären kämpft. Er ist's auch, der inmitten des krachenden Gewitters von Wolke zu Wolke springt. Er war's, dem die persischen Feueranbeter mit keiner unnatürlichen Verehrung huldigten; er hat London und Moskau verschlungen und dazu noch manche andere berühmte Stadt; er, der durch unsere eigenen dunklen Wälder zu rasen liebt und über unsere Prärien fegt und dessen nimmersattem Schlund, so sagt man, das Universum eines Tages zum letzten Festmahl gegeben werden wird. Dabei ist er ein guter Künstler und Handwerker, mit dessen Hilfe die Menschen imstande sind, eine Welt innerhalb der Welt zu erbauen, oder doch wenigstens die rohe Schöpfung, wie sie die Natur uns hingeworfen hat, zu glätten. Er schmiedet den mächtigen Anker und jedes geringere Gerät. Er treibt das Dampfschiff und zieht den Eisenbahnwagen. Und er war's, dieses Geschöpf schrecklicher

Macht und so vielseitigen Nutzens und umfassender Zerstörungskraft, der unser so munterer häuslicher Freund in Wintertagen war und den wir zum Gefangenen dieses eisernen Käfigs gemacht haben!

Wie gütig er war und, obwohl doch eine gewaltige Wirkkraft des Wandels, mit welcher Sanftmut er sich gab und wie er sich als Teil aller lebenslangen und urtümlichen Assoziationen darstellte, daß es gar scheinen möchte, er sei der Erzkonservative der Natur! Solange ein Mensch seinem häuslichen Feuer treu war, so lange würde er auch seinem Land und dem Gesetz treu bleiben, dem Gott, den seine Väter verehrten, dem angetrauten Weib seiner Jugend und auch allen anderen Dingen, die Instinkt oder Religion uns als heilig anzusehen gelehrt haben. Mit welcher süßen Demut hat dieser Elementargeist alle nötigen Dienste im Haushalt versehen, in dem er domestiziert war! Er konnte ein großes Diner bereiten, aber war sich auch nicht zu gut, eine Kartoffel zu rösten oder ein bißchen Käse zu schmoren. Wie menschlich kümmerte er sich um die eisigen Finger des Schuljungen, wie taute er des alten Mannes Glieder mit milder Wärme auf, die fast der Glut der Jugend gleichkam! Und wie sorgsam trocknete er die Rindslederstiefel, die durch Matsch und Schnee gestampft waren, und den von gefrorenen Graupeln steifen Pelz, wobei er auch noch das Wohlgefühl des treuen Hundes, der seinem Herrn durch den Sturm gefolgt war, im Auge hatte! Wann hätte er je eine Kohle verweigert, damit eine Pfeife angezündet würde, oder selbst einen Teil seiner eigenen Substanz, um eines Nachbars Feuer zu entfachen? Und wenn dann im Zwielicht ein Arbeiter oder Gelehrter oder ein Sterblicher, gleich welchen Alters, Geschlechts oder Standes, sich einen Stuhl heranzog, um neben ihm zu sitzen und in sein strahlendes Gesicht zu blicken, wie scharfsinnig, wie tief, wie umfassend war seine Sympathie mit der Stimmung von allem und jedem! Er hat gleichsam ihre innersten Gedanken abgebildet. Den Jungen zeigte er Szenen des zukünftigen abenteuerlichen Lebens; den Alten die Schatten vergangener Liebe und Hoffnung, und wenn alle irdischen Dinge schal geworden waren, erfreute er den Sinnenden am Kamin mit goldenen Durchblicken auf eine bessere Welt. Und während er so verschiedenartig mit der menschlichen Seele kommunizierte, hat dieser Tröster, dieser tiefe Moralist, dieser Maler zauberischer Bilder auch noch den Teekessel zum Kochen gebracht!

Den Charme dieser sanften, trauten Zuvorkommenheit und Hilfsbereitschaft hat es nicht gemindert, daß dieser mächtige Geist, hätte man ihm Gelegenheit gegeben, durch das friedliche Haus hindurch getobt wäre, die Bewohner in seine schrecklichen Arme geschlossen und nichts von ihnen übriggelassen hätte als ihre gebleichten Knochen. Die Möglichkeit rasender Zerstörung hat seine häusliche Güte nur schöner und rührender gemacht. Es war so lieb von ihm, der mit solcher Macht begabt ist, Tag um Tag und eine lange einsame Nacht nach der anderen auf der dunklen Feuerstätte zu hausen und nur ab und zu seine wilde Natur zu verraten, indem er seine rote Zunge aus dem Schornstein streckte! Gewiß hat er in der Welt viel Unheil angerichtet und ist bereit, dies fortzusetzen, aber sein warmes Herz macht alles wieder gut. Er war dem menschlichen Geschlecht wohlgesonnen; es hat ihm seine charakteristischen Schwächen verziehen.

Der gute alte Pastor, mein Vorgänger in diesem Hause, war mit den Bequemlichkeiten des Kamins wohlvertraut. Seine jährliche Zuweisung von Holz nach den Bedingungen seines Vertrages betrug nicht weniger als sechzig Klafter. Jedes Jahr wurde beinahe ein ganzer Wald aus Eichenklötzen zu Asche, in der Küche, im Wohnzimmer und in seinem kleinen Arbeitszimmer, in dem heutzutage sein unwürdiger Nachfolger – nicht im geistlichen Amt, sondern nur in seiner menschlichen Behausung – neben einem luftdichten Ofen sitzt und kritzelt. Ich liebe es, mir einen jener Tage neben dem offenen Feuer vorzustellen, da der gute Mann, ein Zeitgenosse unserer Revolution, so vor etwa fünfundsechzig Jahren in seinen frühen Mannesjahren war. Schon vor Sonnenaufgang hüpfte ohne Zweifel die Flamme über den grauen Säumen der Nacht und löste die Eisblumen auf, die sich wie ein Vorhang über die kleinen Fensterscheiben gezogen hatten. Es ist etwas Besonderes um den Anblick eines Feuers am Morgen; ein frischeres, kräftigeres Funkeln; das Fehlen der milden Reife, die nur durch halbverbrauchte Klötze und formlose, mit weißer Asche bedeckte Brandscheite und mächtige verkohlte Trümmer, Überbleibsel von Baumstämmen, die das hungrige Element stundenlang benagt hat, hervorgebracht werden kann. Am Morgen ist der Kamin auch frisch gefegt, der Messingrost auf Glanz geputzt, so daß das muntere Feuer sein Gesicht in ihm spiegeln kann. Sicherlich war das Seligkeit, wenn der Pastor, durch ein kräftiges Frühstück gestärkt, sich in seinen Lehnsessel und in seinen Pantoffeln niederließ, um The Whole Body of Divinity oder den Commentary on Job zu öffnen, oder welcher seiner alten Folio- oder Quartbände auch immer in den Bereich seiner wöchentlichen Predigten fiel. Es müßte sein eigener Fehler gewesen sein, wenn die Wärme und Glut dieses großzügigen Kamins nicht seine Rede durchströmt und seine Zuhörerschaft trotz des bittersten Nordwinds, der je mit einem Kirchturm rang, bei guter Stimmung gehalten hätte. Er liest, während die Hitze die steifen Einbände des Buches verbiegt; er schreibt ohne Erstarrung in seinem Herzen oder seinen Fingern und wirft mit freigebiger Hand neue Holzscheite auf das Feuer.

Jetzt kommt ein Gemeindemitglied herein. Mit welcher wohlmeinenden Wärme – und wie sollte er in irgendeinem seiner Attribute anders als warm sein? – begrüßt ihn der Pastor und setzt ihm einen Stuhl in die Nähe des Kamins, so daß der Gast es bald nötig findet, seine versengten Schienbeine mit seinen großen roten Händen zu reiben. Der geschmolzene Schnee tropft von seinen dampfenden Stiefeln und zischt auf dem Kamin. Seine runzlige Stirn entwirrt ihr Labyrinth von

Kreuz- und Querfalten. Wir verlieren eine Menge Freude an Kaminhitze, ohne eine solche Gelegenheit, ihre milde Wirkung auf die zu beobachten, die dem unfreundlichen Wetter ins Auge geschaut haben. Im Laufe des Tages tritt unser Pastor selbst vors Haus, vielleicht, um eine Runde seelsorgerischer Besuche zu machen, oder auch, um seinen Berg von Holzstoß aufzusuchen und die gigantischen Stämme in Scheite zu spalten, die für den Kamin geeignet sind. Er kehrt mit lebendigerem Sinn an sein geliebtes Feuer zurück. Während des kurzen Nachmittags kommt der westliche Sonnenschein in sein Arbeitszimmer und versucht, die rötliche Flamme auszustechen, aber nur mit kurzem Triumph, dem bald die hellere Glorie des Rivalen folgt. Schön ist es anzusehen, wie der Schein Kraft gewinnt, das Licht tiefer wird und allmählich klar umrissene Schatten der menschlichen Gestalt, des Tisches und der hochlehnigen Stühle auf die gegenüberliegende Wand wirft und schließlich, während die Dämmerung hereinbricht, den Raum mit lebendigerem Leuchten erfüllt und das Leben in rosigen Farben malt. Von fern her sieht der Wanderer die flackernde Flamme, wie sie auf den Scheiben tanzt, und begrüßt sie als Leuchtfeuer der Menschlichkeit, das ihn auf seinem einsamen Pfad daran erinnert, daß die Welt nicht nur aus Schnee und Einsamkeit und Trostlosigkeit besteht. Abends war wahrscheinlich das Arbeitszimmer belegt mit Frau und Familie des Geistlichen; Kinder tummelten sich vor dem Kamin, und Mieze saß gravitätisch mit ihrem Rücken zum Feuer oder schaute mit einem Anschein menschlicher Nachdenklichkeit in seine glühenden Tiefen. Zu guter Zeit wurde die reichliche Asche des Tages über die glimmenden Scheite gehäuft, und aus dem Haufen kamen Flammenstiche, und ein Rauch wie Weihrauch kroch nächtlich ruhig den Schornstein herauf.

Der Himmel verzeih es dem alten Kirchenmann! In seinem späteren Leben, als er fast neunzig Winter durch das Licht des Feuers erfreut worden war, als es ihn von der Kindheit bis zum höchsten Alter beschienen hatte und das nie, ohne sowohl seinen Geist wie auch sein Augenlicht zu erhellen, vielleicht auch zu seinem langen Leben beigetragen hatte, brachte er es über sich, den offenen Kamin mit Ziegelsteinen zuzumauern und dem Angesicht seines alten Freunds für immer Lebewohl zu sagen! Warum hat er nicht gleich auch ewigen Abschied vom Sonnenschein genommen? Seine sechzig Klafter Holz waren wahrscheinlich in neuerer Zeit zu einer sehr viel weniger generösen Versorgung geschrumpft, und es steht fest, daß das Pfarrhaus mit Zeit und Sturm rissig geworden war und die Kälte einließ; aber immerhin war es eins der traurigsten Zeichen für den Niedergang und Fall der offenen Feuerstätte, als der graue Patriarch sich dazu herabließ, Wärme an einem luftdichten Ofen zu suchen.

Und ich, desgleichen! der ich ein Heim in diesem alten Eulennest gefunden habe, seit der frühere Besitzer seinen Flug himmelwärts nahm, auch ich habe, zu meiner Schande, in der Küche, im Wohnzimmer und den Schlafräumen, Öfen aufgestellt. Man streife durch das Haus, wo man will, kein Anblick des erdgeborenen, himmelstrebenden Unholds vom Ätna, jenes, der sich im Gewitter tummelt, des Idols der Feueranbeter, des Verschlingers von Städten, des Waldrasenden, des Präriefegers, des künftigen Zerstörers unserer Erde, des alten Kaminkameraden, der sich so gesellig den Freuden und Kümmernissen des Haushalts anpaßte – kein Anblick dieses Mächtigen und Gütigen wird dem Auge einen Gruß entbieten. Er ist nur eine unsichtbare Gegenwart. Dort in seinem eisernen Käfig. Berühr ihn, und er verbrennt deine Finger. Es macht ihm Spaß, ein Kleid anzusengen oder anderen kleinen Unfug anzustellen, der seiner nicht würdig ist; denn seine Stimmung ist durch die Undankbarkeit der Menschen, für die er so warme Gefühle hegte und die er alle Künste lehrte, selbst die, ihm sein Gefängnis zu schmieden, verpatzt. In seinen Wutausbrüchen stößt er Schwaden von Rauch und schädliche Dämpfe durch die Ritze der Tür und schüttelt die Eisenwände seines Kerkers, bis die ornamentale Urne auf der

Ofenspitze umfällt. Wir zittern davor, daß er eines Tages ausbricht. Eine Menge Zeit verbringt er, beladen mit unsäglichem Gram, mit Seufzern, die langgezogen durch die Rohre hallen. Er amüsiert sich damit, all das Flüstern, das Stöhnen und die lauteren Töne oder das stürmische Heulen des Windes zu wiederholen, bis der Ofen zum Mikrokosmos der luftigen Welt wird. Gelegentlich gibt es merkwürdige Verbindungen von Geräuschen – Stimmen, die sich in der hohlen Eisenbrust fast zu Worten artikulieren, so sehr, daß meine Phantasie mich auf die Idee bringt, das Feuerholz müsse in dem lieblichen Wald klagender Bäume gewachsen sein, die ihren Jammer Dante zuhauchten. Ist der Zuhörer im Halbschlaf, so kann er leicht diese Stimmen für Geistergespräche halten und ihnen einen verständlichen Sinn beilegen. Dann gibt es wieder ein platschendes Geräusch, tripp, tripp, tripp, als ob ein Sommerregen im engen Raum des Ofens fiele.

Diese leeren und langweiligen Exzentrizitäten sind alles, was der luftdichte Ofen leisten kann als Ausgleich für die wertvollsten moralischen Einflüsse, die wir durch unser Aufgeben der offenen Feuerstelle verloren haben. Ist denn diese unsere Welt so hell, daß wir es uns leisten könnten, eine solche häusliche Quelle der Freude zu verstopfen und bei ihrer Verdunkelung dabeizusitzen, ohne in Trübsal zu verfallen?

Es ist meine Überzeugung, daß gesellige Zusammenkunft nicht mehr lange sein wird, was sie einstmals war, nachdem wir ihr ein so bedeutendes und belebendes Element wie das des Feuerscheins entzogen haben. Die Wirkungen werden sich stärker noch als an uns an unseren Kindern zeigen und an den ihnen folgenden Generationen, da unser Leben in seinem mechanischen Lauf vielleicht unverändert weitergeht, obwohl der beseelende Geist sich verändert hat. Dieses heilige Vermächtnis des Hausfeuers ist in ungebrochener Folge seit frühesten Zeiten überliefert und trotz aller Entmutigungen getreulich bewahrt worden, so wie das Gesetz über das Abendläuten der normannischen Eroberer, bis hinein in unsere schlimmen Tage, in denen es der Naturwissenschaft fast schon gelungen ist, es zu vernichten. Wir haben wenigstens unsere jugendlichen Erinnerungen, die vom Glühen des Herdes vergoldet sind; auch haben wir unsere lebenslangen Gewohnheiten und Assoziationen nach dem Prinzip des gemeinsamen Bandes durch den häuslichen Herd geordnet. Daher wird unser geselliger Freund, obwohl er uns für immer verlassen hat, doch in gewissem Grad geistig gegenwärtig sein, und mehr noch werden die leeren Formen, die einst so voll von seiner jauchzenden Gegenwart waren, unsere Sitten zu beherrschen fortfahren. Wir werden unsere Stühle zusammenrücken, wie wir und unsere Vorfahren es Tausende von Jahren hindurch gewohnt waren, und in einer öden und leeren Zimmerecke sitzen und, mit unechter Gemütlichkeit, von Dingen schwatzen, die zum heimischen Herd gehören. Eine Wärme aus der Vergangenheit, aus der Asche vergangener Jahre und aus der aufgeschürten Glut alter Zeit wird wohl zuweilen das Eis um unsere Herzen zum Schmelzen bringen. Unseren Nachfolgern aber wird es nicht mehr so ergehen. Nach der günstigsten Prognose werden sie die Feuerstelle in keiner vollkommeneren Form kennen als in der des mürrischen Ofens; aber wahrscheinlich werden sie in der Hitze zentraler Heizung aufwachsen, in Häusern, deren Fundamente, wie man meinen möchte, über dem höllischen Abgrund errichtet wurden, wo schwefelige Dämpfe und atemfeindliche Exhalationen durch die Öffnungen des Fußbodens aufsteigen. Nichts wird diesen armen Kindern die Mitte anziehend machen. Nie werden sie einander durch das besondere Medium des rötlichen Schimmers von loderndem Holz oder pechiger Kohle sehen, das dem menschlichen Geist eine so tiefe Einsicht in seine Weggenossen gibt und alle Menschlichkeit in einem herzlichen Herzensinneren zusammenschmelzen läßt. Häusliches Leben – sofern man es überhaupt noch häuslich nennen kann – wird sich in verschiedene Ecken flüchten und sich nie in einer Gemeinschaft zusammenfinden. Der leichte Klatsch, der lustige Scherz ohne Anspruch, die lebenslange praktische Aussprache über das Tägliche in beiläufiger Weise, die Seele der Wahrheit, die sich so oft in einem schlichten Wort am offenen Feuer verkörpert, werden von der Erde verschwinden. Das Gespräch wird sich die Aura der Debatte zuziehen, und alles moralische Miteinander wird sich in tödlichem Frost erkälten.

In klassischen Zeiten wurde die Ermahnung, „pro aris et focis" zu kämpfen – für die Altäre und die Herde –, als der stärkste Appell angesehen, der Patriotismus wecken konnte. Auch schien dies eine unsterbliche Äußerung, denn alle folgenden Zeitalter und Völker hatten seine Kraft anerkannt und waren ihr mit dem vollen Anteil an Männlichkeit, den die Natur ihnen mitgegeben hatte, gefolgt. Weise wurden Altar und Herd in einem mächtigen Satz zusammengefügt. Denn auch der Herd hat seine vertraute Heiligkeit. Die Religion hat sich neben ihm niedergelassen, nicht in priesterlichen Gewändern, mit denen sie sich vor dem Altar schmückt und dabei vielleicht verbirgt, sondern gekleidet in der simplen Tracht einer Matrone, die ihre Lehren mit der Milde der Stimme und des Herzens einer Mutter verkündet. Der heilige Herd! Wenn eine irdische und materielle Sache, oder vielmehr eine in Ziegel und Mörtel verkörperte göttliche Idee, die Ewigkeit moralischer Wahrheit besitzen zu können schien, dann war es diese. Alle verehrten sie. Der Mann, der seine Stiefel auf diesem heiligen Boden nicht auszog, hätte es auch fertiggebracht, zum Zeitvertreib auf dem Altar herumzutrampeln. Den Herd zu entwurzeln ist unsere Sache gewesen. Welche Reform können unsere Kinder noch vollbringen, außer auch noch den Altar zu stürzen? Und mit welchem Appell soll hernach, wenn der Atem feindlicher Heere sich mit den reinen kalten Lüften dieser unserer Heimat mischt, versucht werden, den angeborenen Mut aufzurufen? Für eure Herdfeuer kämpfen? Im ganzen Land wird es keine mehr geben.

Kämpft für eure Öfen! Ohne mich, bitte schön. Wenn ich in einer solchen Sache einen Streich führen soll, dann soll er für den Eindringling geführt werden; und der Himmel gebe, daß er die Schändlichkeit in kleine Stücke schlägt!

VORWORTE

Vorwort zu „Der sanfte Knabe"

Die Erzählung, von der nun dem Publikum eine neue Ausgabe vorgelegt wird, gehört zu den frühesten Versuchen aus ihres Autors Feder und scheint, nachdem sie bei ihrer ersten Veröffentlichung in einem der Almanache wenig Beachtung gefunden hatte, schließlich doch das Interesse einer größeren Gruppe von Lesern erweckt zu haben als irgendeines seiner späteren Produkte. Seinerseits hätte der Autor nur zu gern angenommen, daß eine geübtere Hand und eine geschultere Phantasie es ihm gestattet hätten, seine ersten ungelenken Versuche zu übertreffen, und tatsächlich gibt es auch mehrere unter seinen Zweimal Erzählten Geschichten, die ihn beim Wiederlesen weniger schmerzlich durch den Eindruck einer unvollkommenen und schlecht ausgeführten Konzeption berühren als Der sanfte Knabe. Doch die Meinung vieler (deren Urteil selbst in Fällen, in denen er und sie gleichermaßen unvoreingenommen sind, dem seinen durchaus vorzuziehen wäre) zwingt ihn zu der Schlußfolgerung, daß die Natur ihn bei dieser Gelegenheit tiefer in das Allgemeine Herz geführt hat, als die Kunst zu folgen vermochte. Es war keine Fähigkeit in ihm selber, keine Anstrengung, die willentlich zu wiederholen wäre, vielmehr ein Glücksfall, der sich auf seine Feder niederließ und ihr einiges an Vermögen über menschliches Mitgefühl mitteilte, das nochmals zu ergattern er sich wohl vergebens bemühen würde.

Kein Zeugnis über die Wirkung seiner Geschichte hat dem Autor so viel Freude gemacht wie das der gegenwärtigen Ausgabe zugrunde liegende. Wie schwächlich auch immer das schöpferische Vermögen, das die Figur Ilbrahims hervorbrachte, gewesen sein mag, hat es doch Einfluß auf ein anderes Gemüt genommen und so dem Leben der Einbildungskraft eine Schöpfung von tiefer und reiner Schönheit geschenkt. Die ursprüngliche Skizze des Puritaners und des Sanften Knaben, von der ein Stich jetzt der Erzählung beigegeben ist, hat – was die Künstlerin durchaus als ihren besten Lohn erachten dürfte – die warme Empfehlung des erstrangigen Malers in Amerika erhalten. Wenn nach so hoher Anerkennung der Autor sein eigenes bescheidenes Lob anfügen darf, dann möchte er sagen, daß alles, was er selbst an Schönheit und Ergriffensein auszudenken, aber dem er nicht in Worten Gestalt zu geben vermochte, in den wenigen und einfachen Linien dieser Skizze eingefangen und bildhaft geworden ist.

„Rappaccinis Tochter"
Aus den Schriften Aubépines

Wir erinnern uns nicht, Proben der Arbeiten M. de l'Aubépines in Übersetzung gesehen zu haben; ein Umstand, der um
so weniger verwunderlich ist, als sein Name nicht einmal vielen seiner eigenen Landsleute bekannt ist, so wenig wie dem
Beobachter ausländischer Literatur. Als Autor scheint er eine
unglückliche Mittellage zwischen den Transzendentalisten
(die, unter dem einen oder anderen Namen, an der gesamten
zeitgenössischen Literatur der Welt ihren Anteil haben) und
der großen Masse der Tintenkleckser einzunehmen, die sich
an den Geist und die Sympathien der Menge wenden. Ist er
auch nicht zu erlesen, aber eben doch zu abseitig, zu schattenhaft und insubstantiell in der Art, seine Themen zu entwik-
keln, um den Geschmack der letzteren Sorte zu befriedigen,
und wiederum zu populär, um die spirituellen und metaphy-
sischen Ansprüche ersterer zu befriedigen, so muß er sich notwendig ohne Publikum finden, außer hie und da einem einzelnen Leser oder möglicherweise einer isolierten Gruppe. Seine Werke, um ihnen Gerechtigkeit widerfahren zu lassen, er-
mangeln nicht gänzlich der Phantasie und Originalität; sie
hätten ihm sogar einen größeren Ruf verschaffen können,
frönte er nicht einer Neigung zur Allegorie, die leicht dahin führt, daß seine Handlungen und Charaktere den Anblick von Szenerie und Leuten in Wolkenkuckucksheim bieten und die menschliche Wärme aus seinen Konzepten stehlen. Seine Dichtungen sind zuweilen historisch, zuweilen zeit-
genössisch und haben manchmal, soweit sich das ausmachen
läßt, wenig oder gar keine Beziehung zu Zeit und Raum. Jedenfalls begnügt er sich im allgemeinen mit einer nur sehr
oberflächlichen Ausschmückung durch das Kostüm – mit der

denkbar schwächsten Nachbildung wirklichen Lebens – und bemüht sich, durch weniger auffällige Eigenarten seines Themas ein Interesse zu wecken. Gelegentlich findet ein Hauch von Natur, ein Regentropfen von Mitgefühl und Zärtlichkeit, oder ein Strahl Humor, seinen Weg mitten hinein in seine phantastische Bilderwelt und gibt uns das Gefühl, wir möchten uns letzten Endes doch noch innerhalb der Grenzen dieser unserer Erde befinden. Wir wollen dieser sehr kursorischen Notiz nur noch hinzufügen, daß M. de l'Aubépines Werke, sollte der Leser sie zufällig unter dem genau richtigen Gesichtspunkt aufnehmen, eine Mußestunde lang durchaus so gut zu unterhalten vermögen wie die eines begabteren Autors; anders benutzt aber können sie kaum umhin, sehr nach Unsinn auszusehen.

Unser Autor schreibt viel; er fährt mit einer so lobenswerten und unermüdlichen Weitschweifigkeit fort zu schreiben und zu publizieren, als ob seine Bemühungen von dem glänzenden Erfolg gekrönt wären, der so verdienterweise die von Eugene Sue begleitet. Sein erster Auftritt erfolgte durch eine Sammlung von Geschichten in einer langen Reihe von Bänden mit dem Titel „Contes deux fois racontées". Die Titel einiger seiner jüngeren Arbeiten (wir zitieren aus dem Gedächtnis) sind die folgenden: – „Le Voyage Céleste à Chemin de Fer", 3 Bände 1838. „Le nouveau Père Adam et la nouvelle Mère Eve", 2 Bände 1839. „Roderic; ou le Serpent à l'Estomac", 2 Bände 1840. „Le Culte du Feu", ein Folioband nachdenklicher Forschungen zu Religion und Ritual der alten persischen Feueranbeter, 1841 veröffentlicht. „La Soirée du Château en Espagne", 1 Band 8vo. 1842; und „L'Artiste du Beau; ou le Papillon Mécanique", 5 Bände 4to. 1843. Unsere etwas ermüdende Lektüre dieses erstaunlichen Katalogs von Bänden hat zu einer gewissen persönlichen Zuneigung und Sympathie für M. de L'Aubépine geführt, wenn auch keineswegs zur Bewunderung; und wir möchten gern das wenige in unserer Macht Stehende tun, um ihn der Gunst des amerikanischen Publikums zu empfehlen. Die folgende Erzählung ist eine Übersetzung seiner „Beatrice; ou la Belle Empoisonneuse", kürzlich in „La Revue Anti-Aristocratique" erschienen. Diese Zeitschrift, die von dem Conte de Bearhaven herausgegeben wird, ist seit einigen Jahren führend in der Verteidigung liberaler Prinzipien und der Rechte des Volkes, mit einer jeden Lobes würdigen Beharrlichkeit und Geschicklichkeit.

Das alte Pfarrhaus

Der Autor macht den Leser mit seiner Behausung bekannt

Zwischen zwei hohen Torpfeilern aus roh behauenem Stein hindurch (das Tor selbst war zu irgendeiner Zeit aus seinen Angeln gefallen) sahen wir die graue Front des alten Pfarrhauses, die den Blick durch eine von Eschen gesäumte Allee begrenzte. Es war zwölf Jahre her, seit der Leichenzug des ehrwürdigen Kirchenmannes, des letzten Bewohners, sich aus dieser Pforte dem Dorffriedhof zugewandt hatte. Der Fahrweg, der vor die Tür führte, wie überhaupt die volle Breite der Allee war von Gras fast überwachsen, das leckere Bissen abgab für zwei oder drei umherstreifende Kühe und einen alten Schimmel, der an der Straße für seinen Lebensunterhalt aufzukommen hatte. Die schillernden Schatten, die halb verschlafen zwischen der Haustür und der öffentlichen Straße lagen, waren eine Art spirituellen Mediums, durch das hindurch das Gebäude nicht ganz so aussah, als ob es zu unserer greifbaren Welt gehöre. Gewiß hatte es wenig gemein mit solchen gewöhnlichen Behausungen, die so dicht an der Straße stehen, daß jeder Vorbeiziehende gleichsam seinen Kopf in den häuslichen Kreis stecken kann. Die Figuren vorbeiwandernder Reisender sahen, wenn man sie aus diesen ruhigen Fenstern betrachtete, zu entfernt und zu undeutlich aus, als daß sie die Privatsphäre hätten beeinträchtigen können. In seiner Beinahe-Zurückgezogenheit und zugänglichen Abgeschiedenheit war der Ort gerade recht für die Wohnung eines Geistlichen, eines Manns, der dem menschlichen Leben nicht entfremdet ist, aber doch mitten in ihm umhüllt ist von einem Schleier, der aus vermischten trüben und hellen Farben gewoben ist. Es hätte sich um eins der altehrwürdigen Pfarrhäuser Englands handeln können, in denen durch viele Generationen eine Folge frommer Heiligmäßiger aus ihrer Jugend ins Alter schreiten und deren jeder ein Erbe von Rechtschaffenheit hinterläßt, das das Haus durchzieht und über ihm wie eine Atmosphäre schwebt.

Und wahrlich ist das alte Pfarrhaus bis zu jenem denkwürdigen Nachmittag, als ich es als mein Heim betrat, nie von einem Laienbewohner profaniert worden. Ein Priester hatte es gebaut; ein anderer Priester es übernommen; andere priesterliche Männer hatten es von Zeit zu Zeit bewohnt; Kinder, die in seinen Räumen geboren waren, wuchsen auf, um das Pfarreramt zu übernehmen. Furchterregend war der Gedanke, wie viele Predigten hier geschrieben worden sein müssen. Allein der letzte Bewohner, der, durch dessen Heimgang ins Paradies das Gebäude leer geworden war, hatte fast dreitausend Ansprachen verfaßt, abgesehen von den besseren, wenn auch nicht zahlreicheren, die spontan von seinen Lippen geströmt waren. Wie oft mußte er wohl die Allee auf- und abgeschritten sein und seine Meditationen auf die Seufzer und das sanfte Murmeln oder auf das tiefe und feierliche Brausen des Windes in den höchsten Wipfeln abgestimmt haben! In der Abwechslung dieser natürlichen Äußerungen konnte er für jede Passage seiner Predigt etwas Passendes finden, für Güte wie für Ehrfucht. Die Zweige über meinem Kopf erschienen schattenhaft mit erhebenden Gedanken wie mit rauschenden Blättern. Ich nahm Schande auf mich dafür, daß ich so lange ein Schreiber nichtsnutziger Geschichten gewesen war, und wagte zu hoffen, daß mit den fallenden Blättern der Allee Weisheit auf mich herabfallen würde, und daß ich im alten Pfarrhaus auf einen geistigen Schatz treffen würde, so viel wert wie jene Ansammlungen langversteckten Golds, nach denen Leute in moosbewachsenen Häusern suchen. Tiefsinnige Abhandlungen über Moral; eines Laien unzünftige und daher unvoreingenommene Ansichten über Religion; historische Werke, wie Bancroft sie geschrieben hätte, wenn er hier, wie er es einmal vorhatte, eingezogen wäre, mit hellleuchtenden Bildern über einer Tiefe philosophischer Gedanken; – dieser Art waren die Werke, die aus solcher Zurückgezogenheit zu fließen man hätte erwarten dürfen. Als bescheidenstes Ziel nahm ich mir wenigstens vor, einen Roman zu schreiben, der eine tiefe Lehre enthalten und physische Substanz genug haben sollte, für sich zu stehen.

Meine Zwecke befördernd und mir gleichsam keinen Vorwand lassend, sie nicht zu erfüllen, befand sich im hinteren Teil des Hauses die entzückendste kleine Ecke eines Studierzimmers, die je einem Gelehrten ihre trauliche Abgeschiedenheit angeboten hat. Hier hatte Emerson „Die Natur" geschrieben, denn damals hatte er das Pfarrhaus bewohnt und sich die assyrische Morgendämmerung und den paphischen Sonnenuntergang und den Aufgang des Mondes von der Höhe unseres östlichen Hügels angesehen. Als ich den Raum zum erstenmal sah, waren seine Wände schwarz vom Rauch ungezählter Jahre und noch mehr geschwärzt durch die grimmen Drucke puritanischer Geistlicher an den Wänden. Diese verdienstvollen Männer sahen merkwürdigerweise wie böse Engel aus, oder doch wenigstens wie Männer, die so beständig und so ernstlich mit dem Teufel gerungen hatten, daß einiges seiner rußigen Wildheit auf ihre eigenen Angesichter übergegangen war. Aber sie waren jetzt verschwunden. Ein freundlicher Anstrich und goldfarbene Tapeten erhellten den kleinen Raum, während der Schatten einer Weide, die sich an der überhängenden Dachrinne rieb, den aufmunternden westlichen Sonnenschein milderte. Anstelle der grimmigen Drukke sah man den süßen und liebreichen Kopf einer Madonna von Raffael und zwei kleine muntere Bilder des Comer Sees. Sonst fand sich an Dekor nur noch eine purpurne Blumenvase, immer frisch gefüllt, und eine bronzene Vase mit zierlichen Farnkräutern. Meine Bücher (wenige und keineswegs sehr ausgewählte, denn es war hauptsächlich Strandgut, wie der Zufall es mir zugespielt hatte) standen aufgeräumt im Zimmer und wurden selten durcheinandergebracht.

Das Studierzimmer hatte drei Fenster, ausgefüllt mit kleinen, altmodischen Scheiben, von denen jede einzelne gesprungen war. Die zwei auf der Westseite blickten oder blinzelten vielmehr zwischen den Weidenzweigen durch auf den Obstgarten hinab, wobei man durch die Bäume hindurch auch noch etliches vom Fluß sehen konnte. Das dritte, nach Norden, bot einen breiteren Blick auf den Fluß, an einer Stelle, wo er sein bis dahin obskures Wasser ins Licht der Geschichte entläßt. An eben diesem Fenster beobachtete der Geistliche, der damals im Pfarrhaus wohnte, den Ausbruch eines langen und tödlichen Kampfes zwischen zwei Nationen; er sah den unregelmäßigen Aufmarsch seiner Pfarrkinder auf dem jenseitigen Flußufer und auf dem diesseitigen die glitzernde Linie der Briten. Er wartete in einer Agonie von Spannung auf das Rattern der Musketen. Es kam – und es bedurfte nur eines sanften Winds, um den Rauch der Schlacht um sein stilles Haus zu wehen.

Vielleicht will der Leser – den ich als Gast im alten Pfarrhaus zu begrüßen nicht umhinkann, so daß ihm alle Dienste eines Fremdenführers zu Gebote stehen –, vielleicht will er die denkwürdige Stelle von etwas näher betrachten. Wir stehen jetzt am Ufer des Flusses. Mit Recht nennt man ihn Concord – den Fluß des Friedens und der Ruhe –, denn er ist gewiß der unerregbarste, trägste Fluß, der je unmerklich auf seine Ewigkeit, die See, zubummelte. Es ist wahrhaftig so, daß ich schon drei Wochen an seiner Seite gelebt hatte, bevor es mir völlig klar wurde, in welche Richtung die Strömung ging. Er macht nie einen lebhaften Anblick, außer wenn eine nordwestliche Brise seine Oberfläche an einem sonnigen Tag aufrührt. Aufgrund seiner unheilbar indolenten Natur ist er zu seinem Glück ungeeignet, je Sklave menschlicher Erfindungskraft zu werden, wie es das Schicksal so vieler wilder, freier Gebirgsbäche ist. Während jedes andere Ding gezwungen wird, sich irgendeinem nützlichen Zweck unterzuordnen, verbummelt er sein träges Leben in fauler Freiheit, ohne auch nur eine einzige Spindel zu drehen oder Wasserkraft genug zu spenden, um mit ihr das Korn zu mahlen, das an seinen Ufern wächst. Die Lahmheit seiner Bewegung erlaubt ihm nirgends einen hellen Kieselstrand, nicht einmal einen schmalen Streifen glitzernden Sandes an irgendeiner Stelle. Er schlummert zwischen breiten Streifen Grases, küßt das lange Gras von Weidegründen und netzt die überhängenden Zweige von Holunderbüschen und Weiden oder die Wurzeln von Ulmen und Eschen und Ahorngruppen. Schwertlilien und Binsen gedeihen entlang seinem sumpfigen Ufer; die gelbe Seerose breitet ihre weiten, flachen Blätter an den Rändern aus; auch gibt es in Mengen die duftende weiße Seerose, die sich gewöhnlich einen Platz aussucht, der so weit vom Ufer entfernt ist, daß man sie nur unter Gefahr, ins Wasser zu fallen, zu fassen kriegt.

Es ist ein Wunder, woher diese vollkommene Blume ihre Lieblichkeit und ihren Duft nimmt, wo sie doch dem schwarzen Schlamm entstammt, über dem der Fluß schläft, wo der schleimige Aal, der gesprenkelte Frosch und die Schlammschildkröte, die auch durch das ständige Waschen nicht sauber wird, hausen. Es handelt sich um genau denselben schwarzen Schlamm, aus dem die gelbe Seerose ihr obszönes Leben und ihren widerwärtigen Geruch saugt. So sehen wir auch in der Welt, wie einige Menschen nur das Häßliche und Böse aus moralischen Umständen assimilieren, die dem täglichen Leben anderer nur gute und schöne Ergebnisse, so wie den Duft himmlischer Blumen, zuführen.

Der Leser sollte nicht aufgrund meines Zeugnisses eine Abneigung gegen unseren schläfrigen Fluß entwickeln. Im Licht eines stillen und goldenen Sonnenuntergangs wird er über alle Beschreibung hinaus liebreizend; um so lieblicher wegen der Stille, die sich so gut mit der Stunde verträgt, wenn selbst der Wind, der den ganzen Tag getobt hat, sich gewöhnlich zur

Ruhe begibt. Jeder Baum und jeder Stein und jeder Grashalm ist genau abgebildet und nimmt in der Widerspiegelung eine ideale Schönheit an, so unansehnlich er auch in Wirklichkeit sein mag. Das kleinste Ding auf der Erde und der Anblick des weiten Firmamentes werden gleichermaßen ohne Anstrengung und mit der gleichen glücklichen Ausführung abgebildet. Der ganze Himmel glüht zu unseren Füßen; die plastischen Wolken schwimmen über den ungetrübten Spiegel des Flusses wie himmlische Gedanken durch ein friedfertiges Herz. Wir wollen daher unseren Fluß nicht als roh und unrein verleumden, solange er sich durch eine so zulängliche Abbildung des über ihm lastenden Himmels verherrlichen kann; oder, wenn wir an seine schmuddelige Farbe und die Schlammigkeit seines Bettes denken, möge er uns Symbol dafür sein, daß die irdischste menschliche Seele eine unendliche spirituelle Fähigkeit besitzt und die bessere Welt in ihren Tiefen bergen kann. Freilich ließe sich die gleiche Lehre aus jeder Pfütze in den Straßen einer Stadt ziehen – und da uns dieses überall gelehrt wird, muß es wahr sein.

Auf unserem Marsch zum Schlachtfeld haben wir einen etwas umwegigen Pfad genommen. Aber hier sind wir nun an dem Punkt, wo der Fluß von der alten Brücke überquert wurde, deren Besitz der unmittelbare Streitpunkt war. Auf unserer Seite wachsen zwei oder drei Ulmen und werfen einen weiten Umkreis von Schatten, die aber zu einer Zeit während der siebzig Jahre gepflanzt worden sein müssen, die seit dem Tag der Schlacht vergangen sind. Am jenseitigen Ufer erkennen wir, überhangen von einem Holundergebüsch, die steinernen Stützpfeiler der Brücke. Einmal, als ich ins Wasser blickte, entdeckte ich schwere Trümmer der hölzernen Balken, alle grün überwachsen vom Flußmoos eines halben Jahrhunderts, denn so lange schon haben auf dieser alten Straße das Trappeln der Pferde und menschliche Schritte aufgehört. Der Fluß hat hier etwa die Breite von zwanzig Stößen eines Schwimmerarmes; kein zu großer Abstand, wenn Kugeln hin-

und herüberfliegen. Alte Leute aus der Umgebung zeigen am westlichen Ufer genau die Stellen, auf denen unsere Landsleute fielen und starben, während diesseits des Flusses ein Obelisk aus Granit aus dem Boden ragt, der mit britischem Blut getränkt wurde. Das Mahnmal, das nicht höher ist als zwanzig Fuß, schickt sich eher für eine Sache von lokaler Bedeutung, aufgerichtet von den Einwohnern eines Dorfes, und nicht so sehr zur Erinnerung an eine Epoche unserer nationalen Geschichte. Von den Vätern dieses Dorfes aber wurde die berühmte Tat vollbracht, und ihren Nachkommen muß von Rechts wegen das Privileg bleiben, eine Gedenkstätte zu errichten.

Ein anspruchsloseres Mal des Kampfes, aber interessanter als der granitene Obelisk, kann man dicht an der Steinmauer sehen, die das Schlachtfeld vom Grundstück des Pfarrhauses trennt. Es ist das Grab – markiert von einem kleinen, moosüberwachsenen Fragment eines Steines am Kopfende, eines anderen am Fußende –, es ist das Grab von zwei britischen Soldaten, die in dem Gefecht erschlagen wurden und die seitdem friedvoll dort ruhen, wo Zechariah Brown und Thomas Davis sie beerdigt haben. So früh schon war ihr Feldzug beendet, nach einem ermüdenden Nachtmarsch von Boston, nach einem ratternden Feuerwechsel über den Fluß – und danach diese vielen Jahre der Ruhe! Die lange Prozession erschlagener Eindringlinge, die von den Schlachtfeldern der Revolution in die Ewigkeit gingen, führten diese beiden namenlosen Soldaten an.

Als wir einst über diesem Grabe standen, erzählte mir der Dichter Lowell eine Überlieferung, die einen der beiden dort unten Liegenden betraf. Die Geschichte hat etwas tief Eindrucksvolles, obwohl ihre Umstände mit der Wahrscheinlichkeit nicht ganz in Einklang gebracht werden können. Es traf sich, daß an jenem Aprilmorgen ein Junge im Dienste des Geistlichen an der Hintertür des Pfarrhauses Holz spaltete. Als der Schlachtlärm von der Brücke herübertönte, eilte er über das dazwischenliegende Feld, um zu sehen, was denn da los sei. Es ist, nebenbei bemerkt, recht merkwürdig, daß dieser Junge so eifrig am Werk gewesen sein soll, während die ganze übrige Bevölkerung von Stadt und Land durch den Vormarsch der britischen Truppen aus ihrem gewöhnlichen Treiben aufgeschreckt war. Wie dem auch sein möge, es ist überliefert, daß der Junge seine Arbeit liegenließ und auf das Schlachtfeld eilte, immer noch mit dem Beil in der Hand. Die Briten hatten sich zu dieser Zeit schon zurückgezogen, die Amerikaner verfolgten sie, und der Schauplatz des eben noch tobenden Kampfes war von beiden Parteien verlassen. Zwei Soldaten lagen auf dem Boden, der eine tot; aber der andere stützte sich, als der junge Neu-Engländer näherkam, mühsam auf seine Hände und Knie und starrte ihn geisterhaft an. Der Junge hob sein Beil – wie von einem nervösen Impuls getrieben, ohne Ziel, ohne Vorsatz, aus sensibler und leicht beeindruckbarer Natur heraus wohl eher als aus einer verhärteten –, hob sein Beil und gab dem verwundeten Soldaten einen wilden und tödlichen Schlag über den Kopf.

Ich möchte mir wünschen, daß das Grab geöffnet würde, denn gern wüßte ich, ob einer der beiden Skelettsoldaten die Spur eines Beils auf dem Schädel trägt. Die Geschichte trifft mich, als sei sie wahr. Oft habe ich mich bemüht, als ein intellektuelles und moralisches Exerzitium, mir diesen armen Jungen in seiner späteren Laufbahn vorzustellen und auszumachen, wie seine Seele gequält worden sein mußte von dem Blutfleck, den er sich ja zugezogen hatte, längst bevor die lange Gewöhnung an den Krieg menschliches Leben seiner Heiligkeit beraubt hatte, zu einer Zeit also, da es noch mörderisch erschien, einen Mitmenschen zu erschlagen. Dieser eine Umstand hat für mich mehr Frucht getragen als alles, was uns die Geschichte über den Kampf berichtet.

Im Sommer kommen viele Fremde, um sich das Schlachtfeld anzusehen. Was mich angeht, so ist meine Phantasie weder von diesem noch von einem anderen Schauplatz historischer Berühmtheit je sehr erregt worden; auch hätte der geruhsame Rand des Flusses nichts für mich von seinem Zauber verloren, wenn niemals Menschen dort gekämpft hätten und gestorben wären. In dem Streifen Landes, vielleicht hundert Yards in der Breite, welches sich zwischen dem Schlachtfeld und dem nach Norden blickenden Teil unseres alten Pfarrhauses erstreckt, mit der anschließenden Eingangsallee und dem Obstgarten, gibt es Interessantes aus wilderer Zeit. Hier stand, ehe der weiße Mann kam, in unbekannter Zeit ein indianisches Dorf, in bequemer Nähe des Flusses, aus dem die Einwohner einen beträchtlichen Teil ihrer Nahrung gezogen haben müssen. Der Standort läßt sich abgrenzen durch die Speer- und Pfeilspitzen, die Meißel und andere Geräte für Krieg, Arbeit und Jagd, die der Pflug aus dem Boden hebt. Man sieht da einen Steinsplitter, der unter dem bewachsenen Boden halb verborgen ist; er sieht nach nicht viel aus, aber wenn man Zuversicht genug hat, ihn aufzuheben, – siehe da! ein Überbleibsel aus indianischer Zeit. Thoreau, der eine merkwürdige Fähigkeit hat zu finden, was die Indianer hinterlassen haben, hat mich zuerst auf die Suche angesetzt, und ich habe mich später durch einige sehr vollkommene Stücke bereichert, die so roh gefertigt waren, daß sie fast aussahen, als habe der Zufall ihnen Form gegeben. Ihr großer Charme liegt in dieser Roheit und in der Individualität eines jeden Stückes, was es von den Produkten der Maschinen unserer Zivilisation unterscheidet, die alles nach einer Schablone machen. Es macht auch exquisites Vergnügen, mit eigener Hand eine Pfeilspitze aufzugreifen, die vor Jahrhunderten fallen gelassen und in der Zwischenzeit nie angefaßt wurde und die wir somit direkt aus der Hand des roten Jägers empfangen, der sie für sein Wild oder für seinen Feind bestimmt hatte. Ein solcher Vorfall hilft, das indianische Dorf inmitten des umgebenden Waldes wiederaufleben zu lassen, und ruft die bemalten Häuptlinge und Krieger, die Squaws bei ihrer häuslichen Arbeit und die sich im Wigwam vergnügenden Kinder ins Leben zurück, wie auch das Kleinkind, das vom Zweig eines Baumes hängend vom Wind leicht bewegt wird. Es läßt sich kaum sagen, ob es Freude oder Schmerz ist, nach solcher augenblicklicher Vision sich im hellen Tageslicht der Realität umzuschauen und Steinwälle, weiße Häuser, Kartoffelfelder und Männer zu sehen, die, bekleidet mit grobgewebten Hosen und in ihren Hemdsärmeln, verbissen hacken. Aber das ist Unsinn. Das alte Pfarrhaus ist besser als tausend Wigwams.

Das alte Pfarrhaus! Wir hätten es beinahe vergessen, aber wollen nun durch den Obstgarten zu ihm zurückkehren. Dieser wurde vom letzten Geistlichen gegen seinen Lebensabend hin angelegt, als die Nachbarn darüber lachten, daß ein weißhaariger Mann Bäume pflanzte, von denen Früchte zu ernten er nicht hoffen durfte. Selbst wenn das der Fall gewesen wäre, so hätte es nur ein um so besseres Motiv abgegeben, sie dennoch zu pflanzen, in der reinen und selbstlosen Hoffnung, seinen Nachfolgern etwas Gutes zu tun – ein Zweck, der durch ambitiösere Projekte so selten erreicht wird. Aber der alte Geistliche hat noch viele Jahre lang, ehe er das patriarchalische Alter von neunzig Jahren erreichte, Äpfel aus seinem Obstgarten gegessen und Silber und Gold seinem jährlichen Einkommen hinzugefügt, indem er den Überfluß veräußerte. Es ist angenehm, an ihn zu denken, wie er an den ruhigen Nachmittagen eines frühen Herbstes unter seinen Bäumen wandelt und hie und da eine vom Wind heruntergeschüttelte Frucht aufgreift, während er beobachtet, wie schwer die Äste vom Gewicht niedergedrückt werden, und nachrechnet, wie viele leere Mehlfässer von ihrer Last gefüllt werden würden. Ohne Zweifel liebte er jeden einzelnen Baum wie ein eigenes Kind. Ein Obstgarten unterhält ein Verhältnis zu den Menschen und verbindet sich leicht mit Herzensangelegenheiten. Die Bäume besitzen einen häuslichen Charakter; sie haben die wilde Natur ihrer Verwandten im Wald verloren und sind durch die Pflege, die sie von Menschen erfuhren, wie dadurch, daß sie ihre Bedürfnisse befriedigen, humanisiert worden. Auch gibt es unter den Apfelbäumen eine solche Individualität der Charaktere, daß sie einen zusätzlichen Anspruch darauf haben, Gegenstand menschlichen Interesses zu sein. Der eine ist harsch und verschroben in seinen Äußerungen; ein anderer gibt uns Frucht so mild wie Almosen. Einer ist brummig und unfreigebig und gönnt uns offenbar nicht einmal die wenigen Äpfel, die er trägt; ein anderer verausgabt sich in großherzigem Wohlwollen. Der Reichtum an grotesken Formen, in die sich die Apfelbäume krümmen, verfehlt nicht seine Wirkung auf die, die mit ihnen Bekanntschaft machen; sie reichen ihre verwachsenen Zweige und ergreifen so unsere Phantasie, daß wir sie als Humoristen und komische Käuze erinnern. Und was gibt es Melancholischeres als alte Apfelbäume, die noch an dem Ort herumstehen, an dem sich einstmals eine Heimstatt befunden hat, aber wo jetzt nur noch ein eingefallener Schornstein steht, der aus einem grasbewachsenen und unkrautübersäten Keller aufragt? Sie bieten ihre Früchte jedem Vorbeiwandernden an – Äpfel, die bitter-süß sind mit der Moral, wie die Zeit mit den Menschen umspringt.

Nie in dieser Welt hatte ich mit einer so angenehmen Sorge zu tun wie mit der, mich mit nur zwei oder drei Mündern, die zu stopfen mein Privileg war, als Alleinerben des Früchtereichtums zu finden, den der alte Pfarrer hinterlassen hatte. Den ganzen Sommer hindurch gab es Kirschen und Johannisbeeren; dann kam der Herbst mit seiner immensen Last an Äpfeln, die er, während er vorüberzog, beständig von seinen überladenen Schultern fallen ließ. An den stillsten Nachmittagen, wenn ich hinhörte, war der dumpfe Aufschlag eines Apfels vernehmbar; er fiel ohne einen Windhauch aus der bloßen Notwendigkeit vollkommener Reife. Außerdem gab es Birnbäume, die Scheffel nach Scheffel schwerer Birnen abwarfen; dann Pfirsichbäume, die mich in einem guten Jahr mit Pfirsichen plagten, die weder aufgegessen noch aufbewahrt noch ohne viel Arbeit und Umstände verschenkt werden konnten. Es war lohnend, durch solche Mühen sich der Idee von der unendlichen Freigebigkeit und unerschöpflichen Wohltat seitens unserer Mutter Natur zu versichern. Dieses Gefühl kann in Perfektion nur von den Bewohnern tropischer Inseln genossen werden, wo der Brotfruchtbaum, Kakao, Palme und Orange spontan wachsen und das immer-bereite Mahl anbieten; jedoch auch und fast ebensogut von einem lange an das Stadtleben gewöhnten Mann, der sich in eine solche Einsamkeit wie die des alten Pfarrhauses stürzt, wo er die Früchte von Bäumen pflückt, die er nicht gepflanzt hat und die daher nach seinem heterodoxen Geschmack die größte Ähnlichkeit mit denen haben, die im Garten Eden wuchsen. Es ist dies fünftausend Jahre lang ein Kernspruch gewesen, daß Mühsal das Brot versüßt, das sie verdient. Meinerseits (und ich spreche aus harter Erfahrung, die ich mir erwarb, als ich die rauhen Furchen auf Brook Farm bearbeitete) genieße ich am besten die freien Gaben der Vorsehung.

Nicht daß man etwa bestreiten könnte, daß die leichte Arbeit, die nötig ist, um einen mäßig ausgedehnten Garten zu kultivieren, dem Küchengemüse eine solche Würze gibt, wie man sie niemals im Gemüse des Marktgärtners finden kann. Männer ohne Nachkommen, wenn sie von den Freuden der Vaterschaft etwas mitbekommen möchten, sollten Samen in die Erde tun – sei's nun Kürbis, Bohnen, Mais oder auch nur eine Blume, oder gar nur ein wertloses Kraut –; sollten mit eigener Hand pflanzen, von Kindheit bis zur Reife pflegen, immer mit liebender Sorgfalt. Wenn es nicht zu viele sind, dann wird jede Pflanze zu einem Gegenstand individuellen Interesses. Mein Garten, der der Allee zum Pfarrhaus angrenzte, war genau von der rechten Größe. Ein oder zwei Stunden Arbeit am Morgen war alles, was er verlangte. Aber ein dutzendmal am Tage besuchte ich ihn, immer wieder mal, und stand in tiefem Nachdenken über meine Gemüsenachkommenschaft mit einer Liebe, die niemand teilen noch nachempfinden konnte, der nicht einmal am schöpferischen Prozeß teilgenommen hatte. Es war einer der bezauberndsten Anblicke der Welt zu beobachten, wie ein Bohnenbeet die Erde beiseite warf oder wie eine Reihe früher Erbsen gerade genug hervorguckte, um eine Linie zarten Grüns zu ziehen. Später in der Jahreszeit wurden die Kolibris von den Blüten einer bestimmten Sorte Bohnen angezogen; und diese kleinen spirituellen Besucher waren mir eine Freude, weil sie luftige Nahrung aus meinen Nektarbechern zu schlürfen geruhten. Schwärme von Bienen kamen und vergruben sich in den gelben Blüten der Sommerkürbisse. Auch das gab mir tiefe Befriedigung; obwohl sie, nachdem sie sich mit Süßigkeiten vollgeladen hatten, in einen mir unbekannten Stock fortflogen, der mir nichts wiedergeben würde im Austausch mit dem, was mein Garten beigesteuert hatte. Aber ich war froh, so einen Segen in den vorbeirauschenden Wind werfen zu können, in der Gewißheit, daß irgendwer davon profitieren und daß es etwas mehr Honig in der Welt geben würde, um das Saure und das Bittere zu mildern, über das die Menschen sich dauernd beklagen. Ja, wirklich; mein Leben war süßer um dieses Honigs willen.

Wenn ich schon von den Sommerkürbissen spreche, muß ich auch ein Wort über ihre schönen und abwechslungsreichen Formen sagen. Sie boten eine endlose Vielfalt von Urnen und Vasen, seichten oder tiefen, ausgebuchteten oder schlichten, geformt nach Mustern, die ein Bildhauer sich wohl zur Vorlage nehmen dürfte, nachdem die Kunst niemals etwas Graziöseres erdacht hat. Hundert Kürbisse in meinem Garten waren es wert – jedenfalls in meinen Augen –, in unzerstörbaren Marmor verwandelt zu werden. Sollte die Vorsehung je (aber ich weiß, sie wird nicht) mir einen Überfluß von Gold zuweisen, dann wird ein Teil davon für ein Service aus zartestem Porzellan ausgegeben werden, das in Formen von Sommerkürbissen gebildet sein soll, die von Stöcken geerntet wurden, die ich mit eigener Hand pflanzen werde. Sie wären besonders geeignet als Schüsseln, die Gemüse fassen.

Aber nicht nur wählerischer Schönheitskult wurde durch meine Mühen im Küchengarten befriedigt. Herzliche Freude empfand ich auch bei der Beobachtung des Wachstums der krummhalsigen Winterkürbisse von der ersten kleinen Knolle, der die verwelkte Blüte anhing, bis zu dem Zeitpunkt, da sie über den Boden verstreut lagen als große runde Burschen, die ihre Köpfe unter den Blättern bargen, aber ihre gewaltigen gelben Rundungen zur Mittagssonne emporstreckten. Wenn ich sie anblickte, dann hatte ich das Gefühl, daß durch mein Zutun etwas vollbracht worden war, für das zu leben es sich lohnte. Sie waren wirkliche, greifbare Existenzen, die der Geist ergreifen und an denen er sich erfreuen konnte. Auch ein Kohlkopf – besonders der frühe holländische Kohl, der zu monströsem Umfang wächst, bis oft sein ehrgeiziges Herz birst – ist etwas, worauf man stolz sein kann, wenn man mit dem Himmel und der Erde den Anspruch teilen darf, ihn hervorgebracht zu haben. Letztlich aber ist das größte Vergnügen uns für den Moment aufgehoben, an dem diese unsere Gemüsekinder auf dem Tisch dampfen und wir sie, wie Saturn, als Mahlzeit verzehren.

Nach dem Fluß, dem Schlachtfeld, dem Obstgarten, dem Garten beginnt der Leser wohl zu verzweifeln an der Aussicht, seinen Weg ins alte Pfarrhaus zurückzufinden. Doch ist es bei freundlichem Wetter die echteste Gastfreundschaft, ihn im Freien zu halten. Ich selbst wurde mit meiner Behausung nie ganz vertraut, bis mich ein gräßlicher Dauerregen unter ihrem Dach festhielt. Die Natur draußen hätte keinen finstereren Anblick bieten können als den, der sich mir aus den Fenstern meiner Studierstube heraus bot. Die große Weide hatte in ihren Blättern einen ganzen Wasserkatarakt aufgefangen und aufbewahrt, der von Zeit zu Zeit von häufigen Windstößen herausgeschüttelt wurde. Den ganzen Tag lang und insgesamt eine Woche tropf-tropf-tropfte und platsch-platsch-platschte der Regen aus den Rinnen, sprudelte und schäumte in die Tonnen unter den Öffnungen. Die alten ungestrichenen Schindeln des Hauses und der Nebengebäude waren schwarz vor Nässe, während die Moose, von altem Wuchs auf den Wänden, grün und frisch aussahen, als ob sie die neuesten Dinge und jüngsten Gedanken der Zeit wären. Die gewöhnlich spiegelglatte Oberfläche des Flusses war durch eine Unzahl von Regentropfen aufgerauht; die ganze Landschaft sah aus wie von Wasser durchtränkt und machte den Eindruck, als sei die Erde durch und durch naß wie ein Schwamm, während der Gipfel eines bewaldeten Hügels, so eine Meile etwa entfernt, in dichtem Nebel eingehüllt war, dort, wo der Dämon des Sturms sein Quartier aufgeschlagen hatte und noch schlimmere Ungemütlichkeiten zu planen schien.

Die Natur kennt keine Güte – keine Gastfreundschaft –, während es regnet. In der heftigsten Hitze sonniger Tage hält sie eine geheime Nachsicht in Reserve und heißt den Wanderer in schattigen Winkeln der Wälder willkommen, wohin die Sonne nicht dringen kann. Gegen ihre Stürme bietet sie keinen Schutz. Man schaudert, wenn man an die tiefen schattigen Schlupfwinkel denkt – schattenwerfende Wände –, in denen man an schwülen Nachmittagen so viel Freude gefunden hat. Nicht der kleinste belaubte Zweig ist dort, der einem nicht einen kleinen Schauer ins Gesicht spritzen würde. Vorwurfsvoll den undurchdringlichen Himmel betrachtend – falls da ein Himmel über der trüben Einförmigkeit der Wolken ist –, könnte man leicht aufbegehren gegen dieses ganze System des Universums, weil es die Auslöschung so vieler Sommertage in einem so kurzen Leben durch den zischenden und sprudelnden Regen mit sich bringt. Bei solcher Wetterlage – und wir müssen annehmen, daß es auch solches Wetter gab – muß Evas Laube im Paradies nur eine trostlose und schüttelfrostige Bleibe gewesen sein, nicht zu vergleichen mit dem alten Pfarrhaus, das eigene Ressourcen hatte, so daß man eine Woche Gefangenschaft angenehm verbringen konnte. Allein die Idee, auf einem Lager nasser Rosen zu schlafen!

Glücklich ist der, der an einem regnerischen Tage sich in einen großen Dachstuhl zurückziehen kann, der wie im Pfarrhaus angefüllt ist mit Gerümpel, das – aus einer Zeit vor der Revolution – von jeder Generation zurückgelassen worden ist. Unser Dachstuhl war eine überwölbte, durch kleine und verstaubte Fenster trüb erhellte Halle, in der bestenfalls Zwielicht herrschte, mit Ecken oder vielmehr Höhlen tiefer Dunkelheit, deren Geheimnisse ich nie ergründete, da ich vor ihrem Staub und ihren Spinnweben zu viel Respekt hatte. Die roh behauenen Balken und Sparren, die teils noch Baumrinde trugen, das primitive Mauerwerk der Kamine gaben dem Dachstuhl einen wilden, unzivilisierten Anblick, der so ganz anders war, als was man in dem ruhigen und schicklichen alten Haus sonst beobachten konnte. Auf der einen Seite freilich fand sich ein kleiner weißgetünchter Raum, der nach der Tradition die Heiligenkammer genannt wurde, weil heilige Männer in ihrer Jugend hier geschlafen, studiert und gebetet hatten. Mit seinem einen Fenster, dem kleinen Kamin und seiner Nebenkammer, die als Betzimmer zu brauchen war, gab er genau den Ort ab, an dem ein junger Mann sich mit erhabener Begeisterung inspirieren lassen und heilige Träume pflegen konnte. Die Bewohner hatten zu verschiedenen Zeiten kurze Aufzeichnungen und Stoßseufzer an die Wände geschrieben. Dort hing auch eine zerfledderte und verschrumpelte Leinwandrolle, die sich nach Inspektion als das kraftvoll gezeichnete Bild eines Geistlichen mit seiner Bibel in der Hand und in Perücke, Beffchen und Talar herausstellte. Als ich sein Gesicht zum Licht kehrte, betrachtete er mich mit einer Miene von Autorität, wie man sie bei Männern seines Standes heutzutage nur noch selten sieht. Das Original war Seelenhirt der Gemeinde vor mehr als einem Jahrhundert gewesen, ein Freund von Whitefield und diesem fast ebenbürtig an feuriger Beredsamkeit. Ich verbeugte mich vor dem Bildnis des würdigen Gottesmannes und kam mir vor, als sei ich jetzt dem Geist von Angesicht zu Angesicht begegnet, von dem, wie anzunehmen Grund vorlag, das Pfarrhaus heimgesucht wurde.

Häuser von einigem Alter in Neu-England haben so ausnahmslos Geister, daß es sich kaum lohnt, die Sache zu erwähnen. Unser Geist produzierte in einer bestimmten Ecke des Wohnzimmers tiefe Seufzer und raschelte zuweilen auf dem langen oberen Flur mit Papier, als ob er eine Predigt umblättere, wo er nichtsdestoweniger unsichtbar blieb, trotz des hellen Mondscheins, der durch das östliche Fenster fiel. Es ist nicht unwahrscheinlich, daß er von mir wünschte, ich möchte eine Auswahl von Vorträgen aus einer Schatulle voller Manuskripte, die auf dem Nachboden stand, edieren. Einmal, als Hillard und andere Freunde mit uns im Dämmerlicht plauderten, hörten wir ein raschelndes Geräusch, das mitten durch unsere Gesellschaft durchfegte, so dicht, als ob es gegen die Stühle streifte. Aber immer noch nichts war zu sehen. Eine noch merkwürdigere Sache war die mit der geisterhaften Dienstmagd, die man in der Küche hören konnte, wie sie in tiefster Mitternachtsstunde Kaffee mahlte, kochte, bügelte – kurzum, alle möglichen häuslichen Arbeiten versah –, obwohl man keine Spur von irgend etwas Vollbrachtem am nächsten Morgen finden konnte. Irgendeine vernachlässigte Pflicht ihres Dienstes – ein schlecht gestärktes Beffchen des Geistlichen – verstörte dies arme Mädchen in ihrem Grab und hielt sie ohne Lohn weiter an der Arbeit.

Wir wollen aber von dieser Abschweifung zurückfinden. Ein Teil der Bibliothek meines Vorgängers war auf dem Dachboden untergebracht, was für solchen trübseligen Plunder, wie ihn der größte Teil der Bücher abgab, in der Tat keine unpassende Aufbewahrung war. Auf einer Auktion wären die alten Bücher nichts wert gewesen. Auf diesem ehrwürdigen Dachboden besaßen sie jedoch ein von ihrem literarischen Wert unabhängiges Interesse als Erbstücke, von denen viele seit den Tagen der großen puritanischen Geistlichen durch eine ganze Reihe geweihter Hände hindurchgegangen waren.

Autographen berühmter Männer sah man da in verblaßter Tinte auf einigen ihrer Vorsatzblätter; Randbemerkungen oder eingebundene, dicht handschriftlich beschriebene Blätter in einer unleserlichen Kurzschrift, die vielleicht Dinge von tiefer Wahrheit und Weisheit verbargen. Die Welt wird ihrethalben nie besser sein. Einige Bücher waren lateinische Folianten von katholischen Autoren; andere zertrümmerten die Papisterei wie mit Vorschlaghämmern in einfachem Englisch. Eine Abhandlung über das Buch Hiob – die kein anderer als Hiob selbst zu lesen die Geduld aufgebracht hätte – füllte wenigstens zwanzig kleine, gedrungene Quartobände, pro Kapitel zwei bis drei Bände. Dann war da noch ein gewaltiger Folioband, ein Korpus der Theologie, ein, wie zu befürchten ist, zu korpulenter Korpus, als daß er das spirituelle Element der Religion enthalten könnte. Bände dieses Umfangs datierten aus einer Zeit von zweihundert und mehr Jahren vor der unseren und waren durchweg in schwarzem Leder gebunden; sie machten genau den Eindruck, den wir Zauberbüchern zuschreiben würden. Andere von ebenso hohem Alter waren von einem Format, das sie geeignet machte, in den umfänglichen Wamstaschen alter Zeit getragen zu werden; klein, aber so schwarz wie ihre dickeren Brüder und reichlich mit griechischen und lateinischen Zitaten bestückt. Diese kleinen alten Bände kamen mir vor, als seien sie zu sehr großen bestimmt gewesen, aber unglücklicherweise zu einem frühen Zeitpunkt ihrer Entwicklung verkümmert.

Der Regen trommelte aufs Dach und der Himmel schien trüb durch die staubigen Bodenfenster, während ich mich in diese ehrwürdigen Bücher vergrub, auf der Suche nach irgendeinem lebendigen Gedanken, der wie eine glühende Kohle oder wie ein unverlöschlicher Edelstein leuchten sollte unter dem toten Ramsch, der ihn so lange verborgen gehalten hatte. Ich fand jedoch keinen solchen Schatz; alles war gleichmäßig tot, und ich konnte nur tief und verwundert über die demütigende Tatsache sinnen, daß die Werke des menschlichen

Intellekts genau so verfallen wie die seiner Hände. Gedanken werden schimmelig. Was für die Geister der einen Generation gute und nahrhafte Speise gewesen war, gibt der nächsten nichts mehr zu beißen. Theologische Werke jedoch können nicht als Prüfstein der bleibenden und lebhaften Eigenschaften des menschlichen Geistes angesehen werden, weil solche Bücher nur selten ihren vorgeblichen Gegenstand berühren und daher besser überhaupt nicht geschrieben worden wären. Solange eine ungelehrte Seele rettende Gnade erringen kann, scheint kein tödlicher Irrtum darin zu liegen, theologische Bibliotheken als größtenteils Anhäufungen horrender Impertinenz anzusehen.

Viele seiner Bücher waren dem Geistlichen in den späteren Jahren seiner Lebenszeit zugekommen. Sie drohen hundert Jahre später sogar von noch geringerem Interesse zu sein als die älteren Werke, falls irgendein neugieriger Forscher so in ihnen wühlen würde wie ich jetzt. Bände der Zeitschriften *The Liberal Preacher* und *The Christian Examiner,* gelegentliche Predigten, Kontroversschriften, Traktate und andere Produkte ähnlich ephemerer Art nahmen den Platz der dikken schweren Bände der Vergangenheit ein. Physisch betrachtet, war der Unterschied wie der zwischen einer Feder und einem Klumpen Blei; intellektuell jedoch war das spezifische Gewicht von Alt und Neu so etwa das gleiche. Auch waren beide gleich frigid. Aber die älteren Bücher schienen wenigstens mit Ernst verfaßt worden zu sein; man konnte von ihnen mutmaßen, daß sie zu früherer Zeit Wärme besessen hatten, obwohl im Laufe der Zeit die erhitzten Massen bis zum Gefrierpunkt abgekühlt worden waren. Die Kälte der modernen Produkte anderseits war ihnen charakteristisch und inhärent und hatte offenbar wenig zu tun mit des Autors Vorzügen an Geist und Herz. Von diesem ganzen staubigen Haufen Literatur warf ich den geistlichen Teil beiseite und fühlte mich nicht weniger Christ, weil ich auf ihn verzichtete. Mir kam keine Hoffnung, die bessere Welt entweder auf einer gotischen Leiter alter Folianten zu ersteigen oder auf den Flügeln eines modernen Traktats dorthin zu fliegen.

Merkwürdigerweise behielt nichts irgendeinen Saft als das, was für den vorübergehenden Tag oder das Jahr geschrieben worden war, und zwar ohne den entferntesten Anspruch auf oder die Idee von Dauer. Da waren ein paar alte Zeitungen und noch ältere Almanache, die meinem geistigen Auge die Epochen, zu denen sie die Druckerpresse verlassen hatten, mit einer gänzlich unerklärlichen Deutlichkeit reproduzierten. Es war, als hätte ich zwischen den Büchern Stücke eines Zauberspiegels gefunden und in ihm Bilder eines vergangenen Jahrhunderts. Ich wandte meine Augen dem zerfledderten Bildnis zu, das ich erwähnt habe, und fragte den spröden geistlichen Herrn, wie es denn wohl käme, daß er und seine Amtsbrüder, nach mühsamstem Wühlen und Buddeln in ihrem Geist, nichts halb so Wirkliches produziert wie es die Zeitungsskribenten und Almanachschreiber in der Hitze des Augenblicks hingeworfen hatten. Das Bildnis blieb stumm, und so suchte ich mir selber eine Antwort. Das Zeitalter selbst schreibt Zeitungen und Almanache, die daher zu ihrer Zeit einen bestimmten Zweck und eine Bedeutung haben und eine Art von verständlicher Wahrheit für alle Zeiten, während die meisten anderen Werke – geschrieben von Männern, die sich eigens von ihrem Zeitalter absetzen – wahrscheinlich nur geringe Bedeutung besitzen, solange sie neu sind, und gar keine im Alter. Das Genie verschmilzt freilich viele Zeitalter in eins und bringt so etwas Dauerndes hervor, aber eben doch in ähnlicher Funktion wie der des Schreibers für den Tag. Ein geniales Werk ist nur die Zeitung eines Jahrhunderts, oder, wenn es sich so fügt, von hundert Jahrhunderten.

So leichthin ich von diesen alten Büchern gesprochen habe, bleibt mir doch eine abergläubische Verehrung für Literatur jeder Art. Ein gebundenes Buch hat in meinen Augen einen Zauber, der dem ähnlich ist, den der fromme Muselman für Manuskriptfragmente empfindet. Er bildet sich ein, daß jene vom Wind herbeigewehten Zeugnisse vielleicht durch irgendeinen frommen Vers geheiligt sind; ich, daß jedes neue Buch, oder ein altes, das „Sesam öffne dich" enthalten könnte – den Zauberschlüssel, der Schätze entdeckt, die in irgendeiner ungeahnten Höhle der Wahrheit verborgen sind. So kehrte ich nicht ohne Traurigkeit der Bibliothek des alten Pfarrhauses den Rücken.

Gesegnet war der Sonnenschein, als er wiederkam, gegen Abend eines anderen stürmischen Tags, vom Rand des westlichen Horizonts her glänzend, während massive Wolkenbänke alle nur mögliche Düsterkeit drohten, aber es nur fertigbrachten, durch ihre starken Schattenkontraste das goldene Licht zu hellerem Leuchten zu entzünden. Der Himmel lächelte die so lange nicht geschaute Erde unter seinem schweren Lid an. Morgen auf die Gipfel der Hügel und die Waldpfade!

Oder es könnte sein, daß Ellery Channing den Weg zum Haus hinauf schritte, um mit mir einen Ausflug zum Fischen auf dem Fluß zu unternehmen. Einzigartige und glückliche Zeiten waren das, als wir alle beschwerlichen Förmlichkeiten und enggeschnürten Gewohnheiten beiseite warfen und uns der freien Luft überließen, um während eines hellen Halbkreises der Sonne zu leben wie Indianer oder wie irgendeine weniger konventionelle Rasse. Unser Boot gegen die Strömung rudernd, zwischen weiten Wiesen, drehten wir in den Assabeth ab. Ein lieblicherer Strom als dieser eine Meile oberhalb seiner Vereinigung mit dem Concord ist niemals auf Erden geflossen – nirgendwo sogar, außer um die inneren Regionen einer dichterischen Phantasie zu laben. Er ist vor Wind durch Wald und Hügel geschützt, so daß hier kaum ein Kräuseln des schattigen Wassers wäre, auch wenn anderswo ein Hurrikan bliese. Die Strömung verweilt hier so sanft, daß die bloße Kraft des Willens im Ruderer ausreichend scheint, das Boot voranzubringen. Sie fließt heraus aus der innersten Privatsphäre und dem tiefsten Herzen des Waldes, die ihm zuflüstert, ruhig zu sein, während der Strom von seinen schilfigen Ufern zurückflüstert, als ob Fluß und Wald einander zum Schlaf zu überreden versuchten. Ja, der Fluß schläft, während er dahinfließt, und träumt vom Himmel und vom wölbenden Laub, aus dem Schauer gebrochenen Sonnenlichts fallen und im Kontrast zur ruhigen Tiefe der vorherrschenden Färbung Flecken lebhaftester Hochstimmung hervorbringen. Von dieser ganzen Szene trägt der schlummernde Fluß ein Traumbild in seinem Busen. Welches ist nun wirklicher – das Abbild oder das Original? die Objekte, wie sie unseren gröberen Sinnen greifbar werden, oder ihre Apotheose im Strom? Gewiß stehen die entkörperten Abbilder der Seele näher. Hier aber hatten sowohl das Original wie die Abspiegelung einen ideellen Zauber und – wäre der Gedanke nur bizarrer gewesen – ich hätte mir einbilden mögen, daß der Fluß sich aus der reichen Szenerie der Innenwelt meines Gefährten weggestohlen hätte; nur wäre dann die Vegetation entlang seinen Ufern von orientalischem Charakter gewesen.

So mild und unaufdringlich der Fluß ist, scheint der ruhige Wald doch kaum gewillt, seine Passage zu erlauben. Die Bäume haben ihre Wurzeln direkt am Ufer und tauchen ihre hängenden Zweige ins Wasser. An einer Stelle erhebt sich das Ufer zur Höhe und am Abhang wachsen einige Schierlingspflanzen, beugen sich über den Strom mit ausgestreckten Armen, als ob sie zum Sprung entschlossen seien. An anderen Stellen ist das Ufer fast nicht höher als das Wasser, so daß die stille Versammlung der Bäume ihre Füße in die Flut hält, mit Laub gesäumt bis hinunter zur Oberfläche. Kardinalsblumen entzünden ihre gewundenen Flammen und erleuchten die dunklen Winkel im Gebüsch. Die Seerose wächst in Mengen in der Nähe des Ufers; eine deliziöse Blume, die, wie Thoreau mir sagt, ihren jungfräulichen Busen dem ersten Sonnenlicht öffnet und ihr Wesen durch den Zauber dieses freundlichen Kusses vollkommen macht. Er hat gesehen, wie sich ganze Beete geöffnet haben, eine nach der anderen, mit dem sich allmählich von Blume zu Blume stehlenden Sonnenaufgang, – ein Anblick, auf den man nicht hoffen darf, es sei denn, daß ein Dichter sein inneres Auge mit dem äußeren Organ zur gleichen Einstellung bringt. Weinstock windet sich hie und da um Busch und Baum und läßt seine Trauben in Reichweite der Hände des Bootsmanns über dem Wasser hängen. Oft vereint er zwei Bäume fremder Rasse in einer unauflöslichen Wirrnis, verheiratet Schierlingstanne und Ahorn gegen ihren Willen und bereichert sie mit purpurner Nachkommenschaft, ohne daß auch nur einer sie gezeugt hätte. Einer dieser ehrgeizigen Parasiten ist bis in die obersten Äste einer hohen Mastbaumkiefer geklettert und steigt immer noch auf von Zweig zu Zweig, nicht zufrieden, ehe nicht des Baums luftiger Wipfel mit einem Kranz seiner breiten Blätter und einer Traube gekrönt worden ist.

Der gewundene Flußlauf schloß stets die Szene hinter uns ab und eröffnete vor uns eine, die so ruhig und so lieblich war wie die zuvor. Wir glitten von Tiefe zu Tiefe und atmeten neue Abgeschiedenheit an jeder Biegung. Der scheue Eisvogel flog auf vom verdorrten nahen Ast auf einen entfernteren und stieß dabei einen schrillen Schrei des Ärgers oder der Angst aus. Enten, die seit dem Abend zuvor dort geschwommen waren, gerieten durch unser Kommen in Aufruhr, glitten über die glasige Fläche und brachen die Dunkelheit mit hellen Streifen auf. Ein Hecht schnellte aus dem Seerosenblatt. Die Schildkröte, die sich auf einem Stein gesonnt hatte, oder an der Wurzel eines Baumes, tauchte plötzlich mit einem Plumps ins Wasser. Der bemalte Indianer, der vor dreihundert Jahren sein Kanu den Assabeth entlang paddelte, konnte kaum eine wildere Sanftheit sehen, als wir sie an seinen Ufern dargestellt und in seinem Busen gespiegelt sahen. Auch hätte derselbe Indianer sein Mittagessen nicht einfacher zubereiten können. Wir zogen unser Boot an einem Punkt ans Ufer, an dem der überwölbende Schatten eine natürliche Laube bildete, und entzündeten mit den reichlich umherliegenden Tannenzapfen und vertrockneten Zweigen ein Feuer. Bald stieg der Rauch zwischen den Bäumen hoch, voll lieblichen Duftes, nicht schwer, träg und übersättigt, wie der Dampf in der Küche zu Haus, vielmehr munter und würzig. Der Geruch unseres Festmahls war verwandt mit den Walddüften, mit denen er sich mischte; kein Sakrileg wurde begangen durch unser Eindringen; die heilige Einsamkeit war gastfreundlich und gab uns Erlaubnis, in dem Winkel zu kochen und zu essen, der zugleich unsere Küche und unser Bankettsaal war. Es ist merkwürdig, wie schlichte Handreichungen in schöner Umgebung gemacht werden können, ohne daß ihre Poesie dadurch zerstört würde. Unser Feuer, das rot zwischen den Bäumen glühte, daneben wir, beschäftigt mit dem Essensritual und mit unserem auf einem moosüberwachsenen Baumstumpf ausgebreiteten Imbiß, – alle schienen im Einklang mit dem vorbeigleitenden Fluß und dem über uns rauschenden Laub. Was aber am seltsamsten war: unsere Freude beeinträchtigte anscheinend nicht die Majestät der erhabenen Wälder, selbst wenn die Kobolde der alten Wildnis und die Irrlichter, die in sumpfigen Flecken glimmten, in Haufen zu uns gestoßen wären, um mit uns zu plaudern, und ihr schrilles Gelächter unserer Ausgelassenheit hinzugefügt hätten. Es war ein Ort wie kein anderer, um den äußersten Unsinn, oder die tiefste Weisheit, von sich zu geben, oder das ätherische Geistesprodukt, das an beiden teilhat und je nach der Glaubensfähigkeit und der Einsicht des Zuhörers zu dem einen oder dem anderen wird.

Inmitten von Sonnenschein und Schatten, raschelndem Laub und seufzendem Wasser sprudelte unser Gespräch wie das Plätschern einer Quelle. Der zerstäubende Schaum kam von Ellery; von ihm kamen auch die Klumpen goldener Gedanken, die auf dem Boden des Brunnens glitzerten und unsere beiden Gesichter im Widerschein erhellten. Hätte er das unberührte Gold gewinnen und mit dem Münzzeichen prägen können, das allein Währung verbürgt, dann hätte die Welt davon Vorteil gehabt, er selber den Ruhm. Mein Sinn war reicher allein durch das Bewußtsein, daß jenes Gold da war. Aber der reichste Gewinn jener wilden Tage, für ihn und für mich, lag nicht in irgendeiner ausgeformten Idee, nicht in einer rechteckigen oder abgerundeten Wahrheit, die wir aus der unförmigen Masse des problematischen Rohstoffes herausgegraben hätten, sondern in der Freiheit von jedem Brauch und jeder Konvention und allen Fesseln, die der Mensch dem Menschen anlegt. Wir waren heute so frei, daß es unmöglich sein würde, morgen Sklave zu sein. Wenn wir die Schwelle des Hauses überschritten oder die dichtbevölkerten Pflastersteine der Stadt traten, flüsterten immer noch die Blätter der Bäume, die über den Assabeth hingen: „Seid frei! Seid frei!" Und daher gibt es entlang jenes schattigen Ufers von einem Haufen Asche und halbverkohlten Scheiten markierte Stellen, die in meiner Erinnerung nur ein bißchen weniger heilig sind als der Herd des häuslichen Feuers.

Und doch wie süß war es – als wir heimwärts glitten, den goldenen Fluß hinunter bei Sonnenuntergang –, wie süß war es, zurückzukehren ins System der menschlichen Gesellschaft, nicht wie in ein Gefängnis und an eine Kette, sondern wie in ein stattliches Gebäude, aus dem wir nach freiem Willen hinaustreten können in eine noch stattlichere Einfachheit! Wie sanft tadelte auch der Anblick des alten Pfarrhauses – das man am besten vom Fluß aus betrachtet, wie es überschattet von seiner Weide und umgeben vom Grün des Obstgartens und der Allee daliegt –, wie sanft tadelte sein grauer, schlichter Anblick die spekulativen Extravaganzen des Tages! Es war im Zusammenhang mit dem künstlichen Leben, über das wir hergezogen waren, geheiligt worden; es war viele Jahre lang, trotz allem, ein Heim gewesen; es war auch mein Heim jetzt. Nach diesen Gedanken schien es mir, daß alle Künstlichkeit und das Konventionsgebundene des Lebens doch nur eine ungreifbare dünne Schicht auf seiner Oberfläche ist, die der darunterliegenden Tiefe nichts anhaben kann. Als wir unser Boot dem Ufer zu steuerten, sahen wir auf einmal eine Wolke in

Form einer ungeheuren, gewaltigen Figur eines Jagdhundes, der sich über dem Haus zusammenkauerte, als ob er darüber Wache halten wolle. Dieses Symbol betrachtend, betete ich, die guten Einflüsse von oben möchten noch lange die Institutionen beschützen, die aus dem Herzen der Menschheit gewachsen waren.

Sollten meine Leser sich je dafür entscheiden, das zivilisierte Leben aufzugeben, Städte, Häuser und was immer an moralischen oder materiellen Enormitäten außer diesen die mißgeleitete Erfindungskraft unseres Geschlechts ersonnen hat, dann soll es im frühen Herbst sein. Dann wird die Natur ihn inniger lieben als zu jeder anderen Jahreszeit und ihn mit mütterlicherer Zärtlichkeit ans Herz drücken. Ich konnte in den ersten Herbsttagen kaum das Dach des alten Hauses über mir ertragen. Wie früh im Sommer kündigt sich der Herbst an! In einigen Jahren früher als in anderen, und in manchen sogar schon während der ersten Juliwochen. Es gibt kein anderes Gefühl, das dem gliche, welches durch diese schwache, zweifelhafte, und doch wirkliche Empfindung, falls man sie nicht eher eine Vorahnung nennen sollte, vom Absterben des Jahres verursacht wird – so gesegnet süß und traurig im gleichen Atem.

Sagte ich, daß kein Gefühl diesem gliche? Aber da ist die halb eingestandene Melancholie, ganz ähnlich, wenn wir in der vervollkommneten Stärke unseres Lebens dastehen und fühlen, daß die Zeit uns nun alle ihre Blumen gegeben hat und daß das nächste Werk ihrer nimmerfaulen Finger das sein wird, sie eine nach der anderen wieder fortzunehmen!

Ich habe vergessen, ob der Gesang der Grille nicht ein so frühes Vorzeichen des Herbstes ist wie irgendein anderes; der Gesang, den man eine hörbare Stille nennen könnte, denn wenn er auch laut ist und von weitem zu hören, so nimmt unser Sinn ihn doch nicht als Geräusch auf, so völlig hat sich sein Vorkommen den Begleitumständen der Jahreszeit einverleibt. Schade um die schöne Sommerzeit! Im August ist das

Gras noch grün auf den Hügeln und in den Tälern; das Laub der Bäume ist noch so dicht und so grün wie je; die Blumen blühen in reicherer Fülle entlang den Ufern des Flusses und an den Mauern und tief drinnen in den Wäldern; die Tage auch sind so heiß jetzt wie vor einem Monat, – und doch hören wir in jedem Windhauch und sehen in jedem Sonnenstrahl das geflüsterte Lebewohl, das Abschiedslächeln eines lieben Freundes. Inmitten aller Hitze ist Kühle; im brennenden Mittag Milde. Nicht eine Brise kann sich regen, ohne daß sie uns aufstört mit dem Atem des Herbstes. In den entfernten goldenen Strahlen, unter den Schatten der Bäume, ruht ein besinnlicher Glanz. Den Blumen, selbst den buntesten unter ihnen (und sie sind die prächtigsten des Jahres), ist eine sanfte Schwermut ihrer Pracht anvermählt, und eine jede typisiert den Charakter dieser köstlichen Zeit. Die leuchtende Kardinalsblume ist mir niemals heiter vorgekommen.

Noch später in der Jahreszeit wird die Zärtlichkeit der Natur noch deutlicher. Es ist nun ganz und gar unmöglich, unserer Mutter nicht wohlgesonnen zu sein, denn sie ist es uns! Zu anderen Zeiten macht sie mir nicht diesen Eindruck, oder doch nur zu seltenen Gelegenheiten, aber in diesen milden Herbsttagen, wenn sie ihre Ernten eingebracht und jede erforderliche Sache erledigt hat, die ihr aufgetragen war, dann fließt sie über mit einem gesegneten Überfluß von Liebe. Nun hat sie die Muße, ihre Kinder zu liebkosen.

Zu solcher Zeit ist es gut zu leben. Dem Himmel sei Dank für Atem, ja, für bloßen Atem, wenn er aus so himmlischer Luft wie dieser besteht! Sie kommt mit einem richtigen Kuß auf unsere Wangen; sie würde freundlich bei uns verweilen, wenn sie könnte, aber, da sie weiterziehen muß, umarmt sie uns mit ihrem ganzen guten Herzen, um dann auch das nächste Ding zu umarmen, das ihr begegnet. Ein Segen überflutet die Erde und wird weitumhergestreut; wer will, kann ihn auflesen. Ich liege zurückgelehnt auf dem noch unverdorrten Gras und flüstere mir zu: „O vollkommener Tag! O herrliche

Welt! O wohltätiger Gott!" Dies ist das Versprechen einer seligen Ewigkeit, denn unser Schöpfer hätte nie so liebliche Tage gemacht und uns so tiefe Herzen gegeben, um sie über jeden Gedanken hinaus zu genießen, wenn wir nicht für die Unsterblichkeit bestimmt wären. Dieser Sonnenschein ist uns dafür goldene Gewähr. Er scheint aus den Pforten des Paradieses heraus und läßt uns Blicke in seine Tiefe werfen.

Ganz allmählich nimmt die Außenwelt eine herbe Strenge an. Eines Oktobermorgens liegt ein schwerer Reiffrost auf dem Gras und auf den Umzäunungen; bei Sonnenaufgang fallen die Blätter von den Bäumen unserer Allee ohne einen Windhauch, von ihrem eigenen Gewicht still heruntergetragen. Den ganzen Sommer lang haben sie wie das Geräusch von Wasser gemurmelt, oder laut gebrüllt, während ihre Äste mit dem Gewittersturm gerungen haben; sie haben heitere und erhabene Musik gemacht, haben meine Gedanken, als ich unter dem Bogen ihrer verschlungenen Äste dahinschritt, ihrem stillen Ton angepaßt. Nun können sie nur noch unter meinen Füßen rascheln. Von nun an nimmt das graue Pfarrhaus größere Bedeutung an und zieht an durch seinen Kamin – der Unfug eines luftdichten Ofens ist bis zu winterlichem Wetter ausgesetzt –, zieht unsere schweifenden Impulse dichter und dichter ans Feuer, die den ganzen Sommer lang unterwegs gewesen waren.

Als der Sommer tot und begraben war, wurde das alte Pfarrhaus so einsam wie eine Klause. Nicht daß es je – jedenfalls nicht zu meiner Zeit – von geselligem Leben erfüllt gewesen wäre, aber zu gar nicht seltenen Gelegenheiten hießen wir einen Freund aus dem staubigen grellen Glanz und Tumult der Welt willkommen und waren glücklich, mit ihm die durchsichtige Abgeschiedenheit genießen zu können, die uns umhüllte. In einer Hinsicht war unser Gelände wie der Verzauberte Grund, durch den der Pilger auf seinem Weg zur Himmlischen Stadt reisen mußte. Jeder unserer Gäste fühlte einen schläfrigen Einfluß; man fiel im Stuhl in Schlaf oder nahm bewußter auf dem Sofa seine Siesta oder lag ausgestreckt im Schatten des Obstgartens und schaute träumerisch durch die Zweige nach oben. Meine Gäste hätten meiner Behausung und meinen eigenen Qualitäten als Gastgeber kein annehmbareres Kompliment machen können. Ich nahm's als Beweis, daß sie ihre Sorgen hinter sich gelassen hatten, als sie zwischen den steinernen Torpfosten am Anfang unserer Allee hindurchschritten, und daß unser so wirksames Schlafmittel die Fülle des Friedens und der Ruhe in uns und um uns war. Andere mochten ihnen Vergnügen und Lustigkeit, oder auch Belehrung, zuteil werden lassen (diese konnte man überall haben), aber mir war es vorbehalten, ihnen Ausruhen zu geben, Ausruhen in einem Leben der Mühe. Was konnte man diesen müden und weltgeplagten Geistern Besseres bieten? ihm, dessen Laufbahn aus immerwährender Tätigkeit behindert und durchkreuzt wurde von der erlesensten seiner Fähigkeiten und der reichsten seiner Gaben? oder dem anderen, der sein glühendes Herz seit frühester Jugend in den politischen Kampf geworfen hatte und nun vielleicht zu argwöhnen begann, daß eine Lebenszeit zu kurz ist, um ein erhabenes Ziel zu verwirklichen? oder ihr, deren weiblicher Natur die schwere Gabe intellektueller Kraft aufgebürdet war, unter der ein starker Mann hätte schwanken können, und mit der Gabe der Auftrag, auf die Welt einzuwirken? In einem Wort, um die Beispiele nicht zu vermehren, was konnte einem Menschen, der in unseren Bannkreis kam, Besseres geschehen, als daß sich der Geist der Friedfertigkeit über ihn legte? Und wenn der seine ganze Wirkung getan hatte, dann entließen wir ihn mit nur undeutlichen Erinnerungen, so als hätte er nur von uns geträumt.

Würde ich mir eine Lieblingsidee aussuchen, wie das so viele tun, und sie unter Ausschluß aller anderen in meinen Armen hätscheln, dann wäre es die, daß der große Mangel, unter dem die Menschheit in der heutigen Zeit leidet, Schlaf ist! Die Welt sollte ihren großen Kopf auf das erstbeste bequeme

Polster legen und ein Zeitalter lang ein Nickerchen tun. Sie ist durch eine krankhafte Aktivität außer sich gekommen und, wiewohl wach über alles natürliche Maß hinaus, doch gequält von Visionen, die ihr jetzt sehr wirklich erscheinen, aber ihren wahren Charakter und ihr wirkliches Aussehen dann annehmen würden, wenn alle Dinge durch eine Pause wohltätiger Ruhe einmal zurechtgerückt worden wären. Das ist die einzige Methode, mit alten Wahnvorstellungen fertigzuwerden und sich vor neuen zu schützen, die einzige auch, unser Geschlecht zu erneuern, so daß es zu gegebener Zeit wie ein Kind aus tauigem Schlummer aufwachen könnte, die einzige, uns den schlichten Blick für das Rechte und den einfältigen Wunsch, es zu tun, wiederzugeben, denn beide sind schon lange verlorengegangen infolge der ermüdenden Tätigkeit des Hirns und der Trägheit oder der Leidenschaft des Herzens, die nun das Universum plagen. Was man bislang als Heilmittel angewandt hat, Stimulanzien, können die Krankheit nicht bezwingen, sie verstärken nur das Delirium.

Möge niemand den oberen Abschnitt je gegen seinen Autor zitieren; denn wenn er auch sein Quentchen Wahrheit enthält, ist er doch Resultat und Ausdruck einer verzerrten Sicht des Zustands und der Aussichten des Menschengeschlechts, was dem Schreiber auch bei der Abfassung bewußt war. Um mich herum gab es Umstände, die es schwierig machten, die Welt genau so zu sehen, wie sie ist, denn, so heiter und so nüchtern das alte Pfarrhaus war, so brauchte man nur eine kurze Strecke über seine Schwelle heraustreten, um seltsamere Figuren der moralischen Menschenwelt zu treffen, als man anderswo in einem Umkreis von tausend Meilen hätte finden können.

Diese Gespenster aus Fleisch und Blut waren durch den um sich greifenden Einfluß eines großen originalen Denkers hierher gezogen worden, der am entgegengesetzten Ende des Dorfes seine irdische Behausung hatte. Sein Geist wirkte auf andere Geister einer gewissen Konstitution mit wunderbarer Magnetkraft und brachte viele Männer zu langen Pilgerfahrten, um mit ihm von Angesicht zu Angesicht sprechen zu können. Junge Visionäre, denen gerade so viel Einsicht gegönnt worden war, daß ihnen das ganze Leben um sie herum als Labyrinth erschien, kamen um des Fadens willen, der sie aus ihrer selbstgeschaffenen Verirrung herausführen sollte. Grauhaarige Theoretiker, deren zunächst luftige Systeme sie endlich in einem eisernen Gerüst gefangengenommen hatten, reisten mühselig zu seiner Tür, nicht um ihre eigene Befreiung zu erbitten, sondern um diesen freien Geist einzuladen, ihre Knechtschaft zu teilen. Leute, die auf einen neuen Gedanken verfallen waren, oder einen, den sie für neu hielten, kamen zu Emerson, so wie der Finder eines glitzernden Edelsteins zum Steinkundigen eilt, um seine Qualität und seinen Wert feststellen zu lassen. Des Wegs ungewisse, besorgte, ernste Wanderer erblickten durch die Mitternacht der moralischen Welt hindurch sein intellektuelles Feuer wie ein Leuchtfeuer, das auf der Anhöhe brennt; sie erklommen den schwierigen Aufstieg und blickten in die sie umgebende Düsternis mit mehr Hoffnung als zuvor. Das Licht enthüllte bis dahin ungesehene Objekte – Berge, schimmernde Seen, die Anfänge von Schöpfung im Chaos –, aber auch, wie unvermeidlich, wurden Fledermäuse und Eulen angezogen und die ganze Schar der Nachtvögel, die ihre dunklen Schwingen gegen des Betrachters Auge flattern ließen und manchmal für Geflügel himmlischen Gefieders gehalten wurden. Solche Wahngebilde hocken immer herum, wenn je ein Leuchtfeuer der Wahrheit entzündet worden ist.

Was mich angeht, so hatte es in meinem Leben Epochen gegeben, da auch ich von diesem Propheten das Meisterwort erbeten hätte, das mir das Rätsel des Universums lösen sollte, aber jetzt, da ich glücklich war, kam es mir vor, als sei da gar keine Frage zu stellen, und so bewunderte ich Emerson als Dichter tiefer Schönheit und herber Zärtlichkeit, aber suchte ihn nicht als Philosophen auf. Es war nichtsdestoweniger gut, ihm auf Waldpfaden zu begegnen, oder manchmal auf dem Weg zu unserm Haus, wenn der reine intellektuelle Glanz um seine Gegenwart verbreitet war wie das Gewand eines Himmlischen, während er selbst so ruhig, so einfach und so ohne alle Prätention blieb und jedem begegnete, als könne er erwarten, von ihm mehr zu nehmen als ihm zu geben. Und, um die Wahrheit zu gestehen, das Herz manchen einfachen Mannes mochte vielleicht Inschriften enthalten, die er nicht lesen konnte. Doch war es unmöglich, in seiner Nachbarschaft zu leben, ohne mehr oder weniger die Bergluft seiner erhabenen Gedanken zu atmen, die in den Hirnen mancher Leute einen einzigartigen Schwindel verursachten – Wahrheit, wenn neu, steigt so zu Kopf wie neuer Wein. Nie war ein armseliges kleines Dorf von solcher Fülle seltsamer, merkwürdig gekleideter, sich exzentrisch aufführender Sterblicher befallen, von denen die meisten es auf sich genommen hatten, wichtige Lenker des Weltengeschicks zu sein, aber nichts waren als Langweiler von reinstem Wasser. Das, so stelle ich mir vor, ist unweigerlich der Charakter von Leuten, die sich so eng um einen originellen Denker drängen, daß sie seinen noch geäußerten Atem einziehen und so mit einer falschen Originalität erfüllt werden. Die Abgedroschenheit des vorgeblich Neuen reicht hin, einen jeden Menschen gesunden Verstandes allen Ideen fluchen zu lassen, die weniger als ein Jahrhundert alt sind, und ihn zu dem Gebet zu bringen, es möchte die Welt lieber in dem übelsten moralischen und physischen Zustand, den sie jemals erreicht haben mochte, versteinert und unbeweglich gemacht werden, als ihr von solchen Schemata solcher Philosophen aufhelfen zu lassen.

Und nun fange ich an zu fühlen, was ich vielleicht schon hätte früher tun sollen, daß wir genug vom alten Pfarrhaus gehört haben. Mein sehr geehrter Leser wird vielleicht den armen Autor einen Egozentriker schelten, der über so viele Seiten hinweg von einer moosbewachsenen Landpfarrei faselt, von seinem Leben in ihren Wänden, vom Fluß und vom

Wald, und von all den Einflüssen dieser aller, die auf ihn wirkten. Mein Gewissen freilich macht mir nicht den Vorwurf der Offenbarung zu heilig privater Dinge vor einem brüderlichen oder schwesterlichen Geist. Wie schmal, auch wie seicht und dürftig ist der Gedankenstrom, der aus meiner Feder geflossen ist, verglichen mit der breiten Flut unbestimmter Gefühle, Ideen und Assoziationen, die aus jenem Teil meiner Existenz um mich fluten. Wie wenig habe ich im Grunde mitgeteilt! und von dem wenigen, wie beinahe gar nichts ist auch nur leicht gefärbt von einer Qualität, die es ganz mein eigen macht! Ist der Leser etwa mit mir Hand in Hand durch die inneren Passagen meines Wesens gewandert, haben wir uns gemeinsam in alle Kammern getastet und ihre Schätze oder ihren Unrat besichtigt? Nicht so. Wir haben auf dem grünen Rasen gestanden, aber nur eben im Innern der Höhle, bis wohin auch der allgemeine Sonnenschein dringen kann und wo auch jeder Fuß hintreten darf. Ich habe mich an kein Gefühl, an keine Sensibilitäten gewandt als an solche, die unter uns allen verbreitet sind. Soweit ich ein Mann wirklich individueller Eigenschaften bin, verhülle ich mein Gesicht; noch bin ich, oder bin es je gewesen, einer jener im höchsten Maß gastfreien Wirte, die ihre eigenen Herzen wohlschmeckend geröstet und mit Hirnsauce als Leckerbissen ihrem geliebten Publikum anbieten.

Wenn ich auf das zurückschaue, was ich geschrieben habe, so scheinen es nur die verstreuten Erinnerungen aus einem einzigen Sommer zu sein. Im Märchenland mißt man die Zeit nicht, und an einem so vor den Stürmen des Lebensozeans geschützten Ort verabschiedeten sich drei Jahre in so geräuschloser Flucht, wie der Sonnenschein bei Wind die Wolkenschatten über die Tiefen eines stillen Tales jagt. Es kamen immer deutlichere Winke, daß der Besitzer des alten Hauses sich nach seiner heimatlichen Luft sehnte. Als nächste erschienen Zimmerleute, machten einen gewaltigen Lärm um die Nebengebäude herum, bestreuten das grüne Gras mit Spänen

von Fichtenholz und Splittern von Kastaniengebälk und stör-
ten die Antiquität des Platzes mit ihren mißtönenden Er-
neuerungen. Dann entblößten sie auch noch unsere Behausung
von ihrem Schleier aus Geißblatt, das über einen großen Teil
der Südwand gekrochen war. Alle bejahrten Moose wurden
nachsichtslos weggeputzt, und es entstanden schreckliche Gerüchte über eine Bemalung der äußeren Wände mit einem
Farbanstrich – eine Absicht, die meinem Geschmack so wenig
entsprach, wie es das Schminken der ehrbaren Wangen einer
Großmutter gewesen wäre. Aber die renovierende Hand ist
allemal profanierender als die zerstörende. Kurzum, wir sammelten unser Hausgerät zusammen, tranken in unserem
freundlichen kleinen Frühstücksraum eine Abschiedstasse Tee
– deliziös duftenden Tee, einen unbezahlbaren Luxus und eine
der vielen Engelsgaben, die wie Tau auf uns gefallen waren
– und schritten aus den steinernen Torpfosten wieder hinaus,
so ungewiß wie wandernde Beduinen, wo unser nächstes Zelt
aufgeschlagen werden könnte. Die Vorsehung nahm mich an
die Hand und hat mich – was eine Seltsamkeit der Fügung
ist, über die zu lächeln es hoffentlich ohne Respektlosigkeit
erlaubt ist – aus dem alten Pfarrhaus in ein Zollhaus geführt,
wie die Zeitungen verkünden, während ich schreibe. Als Geschichtenerzähler habe ich schon oft seltsame Wendungen des
Geschicks für meine ausgedachten Figuren fertiggebracht,
aber keine dieser Art.

Der Schatz an Geistesgold, den ich in unserem abgeschiedenen Bau zu finden hoffte, war nicht ans Licht gekommen.
Kein tiefer Traktat über Ethik – keine philosophische Historie –, nicht einmal ein Roman, der ohne Nachhilfe auf seinen
Kanten stehen konnte. Alles was ich als Autor vorzuzeigen
hatte, waren diese wenigen Erzählungen und Essays, die wie
Blumen in dem stillen Sommer meines Herzens und Geistes
aufgeblüht waren. Abgesehen von der Edition (die eine leichte Aufgabe war) des Tagebuchs von meinem langjährigen
Freund, dem Afrikareisenden, hatte ich nichts weiter gemacht.

Diesen nichtsnutzigen Kräutern und verwelkenden Blumen habe ich einige untermischt, die viel, viel früher entstanden sind – alte, verblaßte Sachen, die mich an getrocknete Blumen zwischen den Blättern eines Buchs erinnern, und offeriere nun den Strauß, so wie er ist, jedem, dem er etwa gefallen möchte. Diese launenhaften Skizzen, die so wenig vom äußeren Leben sehen lassen, aber auch keine profunde Lehre in Anspruch nehmen, so zurückhaltend, gerade auch während sie so offenherzig zu sein scheinen, oft nur halb ernst gemeint, und nie, wo am ernstesten, befriedigend die Gedanken ausdrückend, die in Bilder zu kleiden sie vorgeben, – diese Kleinigkeiten geben keine solide Basis für literarischen Ruf ab. Nichtsdestoweniger wird das Publikum, wenn ich meine begrenzte Zahl von Lesern, die ich eher als einen Freundeskreis anzusehen mir erlaube, Publikum nennen darf, sie um so gütiger in Empfang nehmen als die letzte Gabe, die letzte Sammlung dieser Art, die ich je herauszugeben gedenke. Wenn ich nichts Besseres leisten kann, dann habe ich in dieser Art genug getan. Für mich selbst wird das Buch immer den einen Reiz behalten, daß es mich an den Fluß mit seinen entzückenden einsamen Plätzen, an die Allee, den Garten, die Obstbäume und ganz besonders an das liebe alte Pfarrhaus mit seiner kleinen Studierstube an der Westseite und an den Sonnenschein erinnert, der durch die Weidenzweige schien, während ich schrieb.

Der Leser möge, wenn er mir so viel Ehre erweisen will, sich als mein Gast fühlen, der im alten Pfarrhaus selbst und auch draußen herum alles gesehen hat, was sich lohnt, und nun endlich in mein Studierzimmer eingeladen worden ist. Dort setze ich ihn in einen alten Lehnstuhl, ein Erbstück des Hauses, nehme einen Packen Manuskripte und erbitte seine Aufmerksamkeit für die folgenden Geschichten: – ein Akt der Gast-Unfreundschaft, dessen ich mich persönlich nie schuldig gemacht habe noch schuldig machen werde, selbst meinem schlimmsten Feind gegenüber nicht.

Vorwort zu den
„Zweimal-Erzählten Geschichten"

Der Autor der Zweimal-Erzählten Geschichten erhebt Anspruch auf eine Auszeichnung, die zu erwähnen er – da wohl keiner seiner literarischen Weggenossen Wert darauf legen dürfte, sie ihm streitig zu machen – nicht ängstlich zu sein braucht. Er war nämlich während einer ganzen Reihe von Jahren der obskurste Schriftsteller Amerikas.

Diese Geschichten wurden in Zeitschriften und Almanachen über einen Zeitraum von zehn oder zwölf Jahren hin veröffentlicht und umspannten des Autors gesamte jüngere Mannesjahre, ohne (soweit er selber etwas davon gemerkt hätte) den geringsten Eindruck auf das Publikum zu machen. Eine oder zwei – „The Rill from the Town-Pump" vielleicht mehr als jede andere – wurden durch Zeitungen recht weit verbreitet; was den Rest betrifft, so besteht kein Grund zu der Annahme, daß sie bei ihrem ersten Erscheinen das gute oder böse Schicksal hatten, von irgend jemandem gelesen zu werden. Während der ganzen oben genannten Zeit hatte er keinen Anreiz zu literarischer Bemühung durch leidliche Aussicht auf einen guten Namen oder finanziellen Gewinn; nur das Vergnügen am Schreiben selbst – eine Freude, die in ihrer Art nicht zu verachten und vielleicht sogar für das Gelingen des entstehenden Werkes wesentlich ist, die aber auf lange Sicht kaum die Kälte aus seinem Herzen oder die Starre aus seinen Fingern verbannen dürfte. Diesem totalen Mangel an Sympathie – und das zu einer Zeit, da sein Sinn von Natur her am entflammbarsten gewesen wäre – verdankt es das Publikum (und sicher ist dies Resultat von keiner der beiden Seiten aus zu bedauern), daß der Autor für die Gedanken und den Fleiß dieser seiner Lebensjahre nichts vorzuweisen hat als die rund vierzig Skizzen, die in diesen Bänden enthalten sind.

Freilich schrieb er viel mehr, von dem ein sehr kleiner Teil noch aus den vergilbten Blättern fünfzehn oder zwanzig Jahre alter Zeitschriften oder aus verblichenen Geschenkbänden mit zerfledderten Saffianlederrücken herausgesucht werden könnte, was sich indes nicht lohnen würde. Der Rest seiner Arbeiten hatte zwar eine sehr kurze Lebensdauer, genoß jedoch im Vergleich mit seinen Brüdern, was seine Leuchtkraft anging, ein weit besseres Schicksal. Mit einem Wort, der Autor verbrannte sie ohne Gnade oder Reue (auch ohne späteres Bedauern) und hatte dabei mehr als eine Gelegenheit, sich zu wundern, wie so langweiliges Zeug (und das waren seine von ihm verurteilten Manuskripte) immer noch entflammbar genug war, um den Kamin zum Brennen zu bringen!

Nach langer Verzögerung wurde der erste gesammelte Band Erzählungen veröffentlicht. Zu jener Zeit muß literarischer Ehrgeiz, sofern der Autor je groß von ihm geplagt wurde (woran er sich nicht erinnern kann und auch nicht glaubt, daß er ihn besessen hat), mangels Nahrung und ohne Aussicht auf Wiedererweckung eingegangen sein. Das war ein glücklicher Umstand, denn der Erfolg des Bandes war nicht so, daß er eine brennende Gier nach Publizität hätte befriedigen können. Eine Auflage in bescheidener Höhe wurde in leidlicher Zeit „losgebracht" (um des Verlegers bezeichnenden Ausdruck zu gebrauchen), aber offenbar ohne den Autor oder seine Werke viel weiter bekanntzumachen als vorher. Die große Masse des Lesepublikums ignorierte das Buch völlig. Ein paar Leute lasen und schätzten es über seine Verdienste. Nach einer Pause von drei oder vier Jahren wurde ein weiterer Band veröffentlicht und traf auf die im großen und ganzen gleiche freundliche, aber ruhige und sehr begrenzte Aufnahme. Die Verbreitung der beiden Bände war vornehmlich auf Neu-England beschränkt; auch war es erst sehr viel später, sofern man davon schon reden kann, daß der Autor sich an das Publikum der Vereinigten Staaten oder überhaupt an ein Publikum wandte. Er schrieb nur an seine bekannten und unbekannten Freunde.

Wenn er über diese lang vergessenen Seiten blickt und seine Lebensweise während der Zeit, als er sie schrieb, überdenkt, dann kann der Autor sehr klar ausmachen, warum alles so war. Nach so vielen nüchternen Jahren hätte er allen Grund, sich zu schämen, könnte er sein eigenes Werk nicht ebensogut kritisieren wie das eines Fremden; auch – obwohl das nicht so sehr seine Sache ist und noch weniger in seinem Interesse – kann er nur mit Mühe der Versuchung widerstehen, etwas dergleichen zu unternehmen. Wären Autoren dazu befugt und leisteten sie diese Aufgabe völlig aufrichtig und rückhaltlos, dann wären ihre Meinungen über ihre eigenen Produkte oft wertvoller und instruktiver als diese selbst. Jedenfalls dürfte die Bemerkung harmlos sein, daß sich der Autor eher wundert, auf welche Weise die Zweimal-Erzählten Geschichten ihre Beliebtheit errungen haben, als daß er über deren geringen Grad oder die Verzögerung erstaunt wäre. Sie haben den blassen Farbton von Blumen, die in einem zu schattigen Winkel geblüht haben – die Kühle einer meditativen Gewohnheit, die das Gefühl und die Beobachtung einer jeden Skizze überdeckt. Anstelle von Leidenschaft ist da Sentiment; selbst dort, wo sie sich als Bilder des wirklichen Lebens geben, finden wir in ihnen Allegorie, die nicht immer so warm in ihr Kleid von Fleisch und Blut eingebettet ist, daß sie ohne Frösteln in den Geist des Lesers aufgenommen werden könnte. Ob nun aus Mangel an Kraft oder wegen einer unüberwindlichen Scheu haben des Autors Stücke oft eine zahme Wirkung; selbst der Lustigste bringt kaum ein Lachen über ihren breitesten Humor zustande, und selbst die mitfühlendste Frau, so möchte man meinen, wird durch ihr tiefstes Pathos kaum zu warmen Tränen gerührt. Wer irgend etwas in dem Buche sehen möchte, muß es in der klaren, braunen Atmosphäre beginnender Dämmerung lesen, in der es geschrieben wurde; denn im

Sonnenschein geöffnet, könnte es allzu leicht wie ein Buch mit leeren Seiten aussehen.

Trotz all der soeben erwähnten Eigenschaften, wie sie den Produkten einer zurückgezogen lebenden Person zukommen (und zu dieser Kategorie gehörte der Autor zu jener Zeit), fehlen dem Buch andere, die man ebenso natürlich erwarten könnte. Die Skizzen sind nicht tief, was nicht betont zu werden braucht; viel bemerkenswerter aber ist, daß sie so selten, falls je, eine Absicht des Autors verraten, sie tiefer anzulegen. Es fehlt ihnen das Abstruse der Idee oder die Dunkelheit des Ausdrucks, die den geschriebenen Mitteilungen eines einsamen Geistes an sich selber charakteristisch sind. Sie bedürfen nie der Übersetzung. Ihr Stil ist der eines Mannes, der in der Gesellschaft lebt. Jeder Satz, soweit er einen Gedanken oder ein Gefühl verkörpert, kann von jedermann verstanden und nachvollzogen werden, der sich die Mühe macht, ihn zu lesen, und der das Buch in einer angemessenen Stimmung aufnimmt.

Diese Darstellung scheinbar entgegengesetzter Eigenschaften bringt uns zu der Erkenntnis, was diese Skizzen in Wahrheit sind. Sie sind nicht das Selbstgespräch eines Mannes mit seinem eigenen Geist und Herzen (wäre das der Fall, so hätten sie kaum umhin können, tiefer und von bleibenderem Wert zu sein), sie sind vielmehr Versuche, und dazu noch wenig erfolgreiche, mit der Welt in Verkehr zu treten.

Der Autor würde es bedauern, wenn man den Eindruck hätte, er spräche säuerlich oder nörgelnd von dem geringen Eindruck, den seine früheren literarischen Bemühungen auf das große Publikum gemacht haben. Ganz im Gegenteil ist er zu diesem Vorwort vor allem deswegen angeregt worden, weil es ihm Gelegenheit gibt zu sagen, wieviel Freude er an diesen Bänden sowohl vor als auch nach ihrer Veröffentlichung gehabt hat. Sie sind die Denkmäler sehr ruhiger und nicht unglücklicher Jahre. Zwar reichte ihre Popularität nicht weit, wie es auch gar nicht anders sein konnte. Gelegentlich jedoch, zu Zeiten, als der Autor sie für völlig vergessen hielt, befriedigte ein Absatz oder ein Artikel eines einheimischen oder fremden Kritikers seine Autoreninstinkte durch unerwartetes Lob – allzu großzügiges und zu wenig mit Tadel versetztes Lob –, wodurch er aber dann um so besser dazu angeleitet wurde, sich selber zu tadeln. Es ist übrigens ein sehr verdächtiges Symptom des Mangels in einem zur Popularität bestimmten Buch, wenn es gar keine herbe Kritik hervorruft. Dies war nun ganz deutlich das Schicksal der Zweimal-Erzählten Geschichten. Sie machten sich keine Feinde, waren so wenig bekannt und kamen so selten ins Gerede, daß die Leser, denen sie zufällig gefielen, dazu kamen, die Art von Freundschaft für das Buch zu empfinden, mit der verständlicherweise eine eigene Entdeckung bedacht wird.

Diese freundlichen Gefühle wurden (jedenfalls in einigen Fällen) auf den Autor übertragen, der aufgrund einer in den Skizzen selber liegenden inneren Beweiskraft als ein milder, scheuer, sanfter, melancholischer und höchst sensibler, dabei nicht allzu kraftvoller Mann angesehen wurde, der sein Erröten unter einem angenommenen Namen verbarg und dessen Drolligkeit auf die eine oder andere Weise seine persönlichen und literarischen Züge zu symbolisieren schien. Es ist nicht einmal sicher, daß einige seiner folgenden Produkte nicht von dem natürlichen Wunsch beeinflußt und modifiziert worden sind, einen so liebenswürdigen Umriß auszufüllen und dem ihm zuerkannten Charakter gemäß zu handeln; noch könnte er ihn selbst heute ohne ein paar Tränen weicher Gefühlsamkeit fahren lassen. Um jedoch zu einem Ende zu kommen: Diese Bände haben den Weg zu höchst angenehmen Verbindungen geöffnet und zur Bildung unvergänglicher Freundschaften geführt. Es gibt viele goldene Fäden, die mit seinem gegenwärtigen Glück verwoben sind, die er mehr oder minder direkt auf ihre Anfänge hier zurückführen kann, so daß sein vergnüglicher Pfad durch die Realität aus dem Traumland seiner Jugend herauszuführen scheint und mit eben genug schattigem Laub gesäumt ist, um ihn vor der Hitze des Tages zu schützen. Er ist daher zufrieden mit dem, was die Zweimal-Erzählten Geschichten für ihn geleistet haben; nach seiner Empfindung ist es etwas Besseres als Ruhm.

Lenox, den 11. Januar 1851.

Vorwort zu „Das Haus der Sieben Giebel"

Wenn ein Autor sein Werk eine ‚Romance' nennt, so braucht nicht weiter betont zu werden, daß er damit eine gewisse Freiheit sowohl hinsichtlich des Stoffes als auch seiner Behandlung beanspruchen möchte, die ihm keineswegs zukäme, hätte er behauptet, eine ‚Novel' geschrieben zu haben. Von letzterer Form der Dichtung nimmt man an, daß sie auf eine minuziöse Treue nicht nur zum möglichen, sondern zum wahrscheinlichen und gewöhnlichen Gang der menschlichen Erfahrung zielt. Erstere, wiewohl sie sich als Kunstwerk streng Gesetzen unterwerfen muß und unverzeihlich sündigt, soweit sie von der Wahrheit des menschlichen Herzens abweicht, hat das Privileg, diese Wahrheit unter Umständen zu präsentieren, die in einem hohen Grade ihres Autors eigene Wahl oder Schöpfung sind. Er mag auch, wenn er das für richtig hält, sein atmosphärisches Medium so bestimmen, daß das Licht des Bildes verstärkt oder gedämpft, der Schatten vertieft und angereichert wird. Zweifellos wird er gut daran tun, von den hier genannten Vorrechten sehr sparsam Gebrauch zu machen, insbesondere das Wunderbare eher als einen schwachen, zarten und verschwindenden Beigeschmack hineinzumischen denn als Teil der wirklichen Substanz der dem Publikum angebotenen Mahlzeit. Dennoch kann man nicht sagen, er habe ein literarisches Verbrechen begangen, wenn er diese Vorsicht beiseite läßt.

Im folgenden Werk hat sich der Autor vorgenommen (mit welchem Erfolg, das zu beurteilen ist glücklicherweise nicht seine Sache), ohne einen einzigen Schritt vom Wege innerhalb seiner abgesteckten Privilegien zu bleiben. Der Gesichtspunkt, unter dem seine Erzählung zum romantischen Genre zu rechnen ist, liegt in dem Versuch, eine vergangene Zeit mit eben der Gegenwart zu verknüpfen, die uns unablässig entschlüpft. Sie ist eine Legende, die sich aus einer grau in der Vergangenheit liegenden Epoche bis in unser grelles Tageslicht hinein verlängert und dabei etliches von ihrem legendären Dunst mitbringt, welchen der Leser je nach Geschmack entweder ignorieren oder um des pittoresken Effektes willen fast unmerklich um die Ereignisse und Figuren schweben lassen kann. Vielleicht ist die Erzählung von so anspruchslosem Gewebe, daß sie eines solchen zusätzlichen Vorzugs bedarf, der freilich eben deshalb um so schwerer zu erreichen ist.

Viele Autoren legen sehr großen Nachdruck auf einen ganz bestimmten moralischen Zweck, den zu erzielen ihre Werke vorgeblich geschrieben worden sind. Um in dieser Hinsicht nicht zu leicht befunden zu werden, hat sich der Autor mit einer Moral versehen – nämlich der Wahrheit, daß die Übeltat einer Generation in den folgenden weiterlebt und unter Ablegung jedes temporären Vorteils zu einem reinen und unkontrollierbaren Unheil wird. Auch würde der Autor eine ganz besondere Befriedigung empfinden, wenn seine ,Romance‘ die Menschheit (oder auch nur einen einzigen Menschen) wirksam davon überzeugen könnte, wie töricht es ist, eine auf unrechte Weise gewonnene Lawine von Gold oder Grundbesitz auf die Häupter einer unglücklichen Nachkommenschaft herabsausen zu lassen, wodurch diese nur verkrüppelt oder vernichtet werden kann, bis endlich die angehäufte Masse wieder in ihre ursprünglichen Einzelteile zerstreut ist. Jedoch, um offenherzig zu sein, reicht seine Phantasie nicht so weit, sich mit der geringsten Hoffnung auf ein solches Ergebnis zu schmeicheln. Falls eine ,Romance‘ wirklich irgend etwas lehrt oder irgendeine spürbare Wirkung hat, dann gewöhnlich durch einen viel subtileren Prozeß als den offensichtlichen. Der Autor hat es deshalb kaum für lohnend angesehen, seine Geschichte gnadenlos auf eine Moral aufzuspießen, wie auf einen Eisenpfahl, oder vielmehr, wie den Schmetterling auf eine Nadel, sie so zugleich des Lebens zu berauben und dazu zu bringen, sich in einer unschönen und unnatürlichen Haltung zu versteifen. Eine hohe Wahrheit, die auf artige, feine und kunstvolle Weise herausgearbeitet ist, sich mit jedem Schritt verklärt und die Entwicklung einer Erzählung am Ende krönt, mag vielleicht eine künstlerische Glorie hinzufügen, ist aber deshalb auf der letzten Seite um nichts wahrer und selten deutlicher als auf der ersten.

Der Leser wird vielleicht den erfundenen Ereignissen dieser Erzählung eine echte Lokalität zuweisen wollen. Der Autor wäre dem sehr gern aus dem Wege gegangen, hätte die historische Verbindung (die, obwohl gering, für seinen Plan wesentlich war) solches zugelassen. Um von anderen Einwänden zu schweigen, wird eine ‚Romance‘ dadurch einer unbiegsamen und höchst gefährlichen Art von Kritik ausgesetzt, indem ihre Vorstellungsbilder in fast körperliche Berührung mit den Realitäten des Augenblicks gebracht werden. Es lag nicht in des Autors Absicht, lokale Sitten zu beschreiben oder sich in irgendeiner Weise auf die Eigenarten einer Bürgergemeinschaft einzulassen, für die er einen geziemenden Respekt und eine natürliche Rücksicht unterhält. Er vertraut darauf, daß man es nicht als unverzeihliche Sünde ansehen wird, daß er eine Straße ausgewiesen, die keines Menschen persönliche Rechte berührt, sich ein Stück Land zugelegt, das keinem sichtbaren Besitzer gehört, und ein Haus gebaut hat, dessen Material schon lange in Gebrauch gewesen ist, um Luftschlösser aufzuführen. Die Figuren der Erzählung, obwohl sie sich als von alter Stabilität und nicht unbeträchtlicher Prominenz ausgeben, entspringen in Wahrheit des Autors eigener Erfindung oder jedenfalls seiner eigenen Mischung; ihre Tugenden können keinen Glanz verleihen, ihre Fehler auch nicht im entferntesten zur Schande der ehrenwerten Stadt beitragen, der als Einwohner anzugehören sie behaupten. Der Autor würde sich daher freuen, wenn sein Buch, ganz besonders an dem Ort, den er soeben angesprochen hat, strikt als eine ‚Romance' gelesen würde, die sehr viel mehr mit den Wolken oberhalb als mit irgendeinem Stück Land der Grafschaft Essex zu tun hat.

Lenox, 27. Januar 1851.

Vorwort zu „Das Schneebild"

Für Horatio Bridge, Esq., U. S. N.

Mein lieber Bridge,

einige der kratzbürstigeren unter meinen Kritikern, so höre ich, haben Deinen Freund egozentrisch, indiskret und sogar unverschämt genannt wegen der Vorworte und Einleitungen, durch die er bei mehreren Gelegenheiten den Weg des Lesers in das innere Gebäude eines Buches zu bahnen für passend gehalten hat. Ich kann mich der Gerechtigkeit dieses Tadels nicht eben anschließen; aus doppeltem Grund: einmal, weil das Publikum im allgemeinen die Vorstellung einer unangemessenen Freiheit, die sich der Autor genommen hätte, dadurch falsifiziert hat, daß es, so will mir scheinen, eher mehr Interesse an den genannten Einleitungen gezeigt hat als an den folgenden Geschichten, und ferner, weil ich bei aller scheinbaren vertraulichen Intimität doch besonders wachsam gewesen bin, keine Eröffnungen über mich selber zu liefern, die nicht dem beiläufigsten Beobachter schon hätten bekannt sein dürfen, und keine, die selbst meinem schlimmsten Feind bekanntzumachen ich mich gescheut hätte. Ich könnte mich noch weiter rechtfertigen durch die Einlassung, daß ich mich seit meiner Jugend an einen sehr begrenzten Kreis freundlicher Leser gewandt habe, ohne groß Gefahr zu laufen, daß das breite Publikum mithört, und daß so erworbene Gewohnheiten verzeihlicherweise beibehalten werden dürften, obwohl mittlerweile vielleicht Fremde sich in meine Zuhörerschaft zu mischen begonnen haben.

Der Vorwurf, erkühne ich mich zu sagen, ist unter gar keinem Gesichtspunkt, unter dem man ihn fairerweise betrachten könnte, ein vernünftiger. Wenn man einige der gewöhnlichen Umstände des Lebens in eine leicht idealisierte und kunstvoll arrangierte Verkleidung steckt, so macht das keinen Schaden, sondern wirkt im Gegenteil Gutes. Ich habe die mich betreffenden Umstände genommen, weil sie mir nun einmal am nächsten zur Hand lagen, und außerdem, weil sie mir gehören. Was aber das Egozentrische angeht, so wird einer, der nach seinen äußersten Kräften in die Tiefen unserer gemeinsamen Natur gegraben hat, und das zu Zwecken psychologischer Romankunst, und der seine Forschungen in jener düsteren Region, wie gar nicht anders möglich, sowohl durch den Takt des Mitgefühls als auch durch das Licht der Beobachtung verfolgt, – ein solcher wird nur lächeln können, wenn er sich diese Bezichtigung zugezogen hat, wegen ein bißchen einleitender Rede über seine äußeren Gewohnheiten, seine Behausung, seine gelegentlichen Gefährten und andere gänzlich an der Oberfläche bleibende Dinge. So etwas verbirgt den Menschen statt ihn zu offenbaren. Will man einige seiner wesentlichen Züge entdecken, so muß man eine ganz andere Art der Untersuchung anstellen und sich im gesamten Umkreis seiner fiktiven Charaktere, der guten wie der bösen, umtun.

Wie dem auch sein möge: Die Angemessenheit kann nicht in Frage stehen, diesen Band früherer und späterer Skizzen Dir zuzueignen und hier auf ein paar Augenblicke einzuhalten, um über sie zu reden, so wie ein Freund zum Freunde spricht, dabei jedoch immer darauf bedacht, daß die Kritiker und das Publikum nichts mitbekommen, was wir beide verborgen halten möchten. Dir also, und wenn auch sonst keinem anderen, kann ich die Stellung meines Widmungsfreundes rechtens anvertrauen. Wenn irgendein Mensch dafür verantwortlich ist, daß ich heute ein Autor bin, dann bist Du es. Woher Dein Glaube kam, weiß ich nicht; aber als wir in einem College auf dem Lande zusammen Jungen waren – als wir unter den hohen akademischen Fichten zur Studierzeit Blaubeeren sammelten und beobachteten, wie die großen Baumstämme in der Strömung des Androscoggin übereinanderpurzelten, oder Tauben und graue Eichhörnchen in den Wäldern jagten, oder in der Sommerdämmerung auf Fledermausjagd gingen, oder Forellen fingen in dem schattigen kleinen Strom, der wohl immer noch flußwärts durch den Wald wandert, – wiewohl Du und ich niemals mehr eine Leine in ihn werfen werden; zwei faule Jungen (wie wir heute ohne Furcht gestehen dürfen), die hunderterlei taten, von dem die akademischen Lehrer nie etwas hörten, denn sonst wäre es uns schlechter ergangen –, immer war es Deine Prophezeiung über Deines Freundes Schicksal, daß er ein Geschichtenschreiber zu werden bestimmt sei.

Und so wurde er zu gegebener Zeit einer, der sich auf das Fabulieren einließ. Aber gab es je eine so ermüdende Verzögerung, auch nur die leiseste Anerkennung seitens des Publikums zu erlangen, wie in meinem Falle? Ich setzte mich also am Wegrand des Lebens nieder wie ein Mann unter einem Zauber; ein Gebüsch sprang um mich auf, aus Büschen wurden Bäumchen, aus Bäumchen Bäume, bis kein Ausweg aus den verflochtenen Tiefen meiner Verborgenheit mehr möglich erschien. Und dort säße ich vielleicht noch in diesem Augenblick, zusammen mit dem Moos der gefangenhaltenden Baumstämme und den gelben aufgehäuften Blättern von mehr als zwanzig Herbsten, wärest Du nicht gewesen. Denn es geschah durch Dein Eingreifen, und zwar eins, das mir selber nicht bekannt war, daß Dein alter Freund mit dem ersten Band der Zweimal-Erzählten Geschichten etwas sichtbarer vor das Publikum gebracht wurde als zuvor. Kein amerikanischer Verleger, nehme ich an, hätte von meinen vergessenen oder nie beachteten Geschichten gut genug gedacht, um dafür die Ausgabe von Druck und Papier zu riskieren. Dies sage ich nicht, um auf die ehrbare Brüderschaft der Buchhändler Vorwürfe zu häufen, weil sie meinen wunderbaren Verdiensten gegenüber so blind war. Ich selbst, um die Wahrheit zu gestehen, zweifelte an öffentlicher Anerkennung so sehr, wie sie das tun konnte. Um so hochherziger war Dein Zutrauen, das ich übrigens um so mehr schätze, weil ich weiß, daß es mehr auf alter Freundschaft als auf kalter Kritik beruhte.

Wenn ich nun auf meinen Pfad zurückblicke, der durch einen vorübergehenden Schimmer öffentlicher Gunst erleuchtet ist, um ein paar Artikel aufzugreifen, die in meinen früheren Sammlungen ausgelassen worden waren, dann ist es mir ein Vergnügen, sie zum Denkmal unserer langen und ununterbrochenen Verbindung zu machen. Einige dieser Skizzen waren unter den frühesten, die ich schrieb; nachdem sie jahrelang im Manuskript gelegen hatten, schlichen sie sich endlich in die Almanache oder Zeitschriften ein, wo sie sich seitdem verborgen gehalten haben. Andere waren das Produkt einer späteren Zeit; wieder andere wurden kürzlich geschrieben. Der Vergleich dieser diversen Kleinigkeiten als Indizien intellektueller Zustände zu weit auseinanderliegenden Zeiten berührt mich mit merkwürdig verwickeltem Bedauern. Ich bin geneigt, mit den früheren Skizzen sowohl deshalb zu hadern, weil ein reiferes Urteil so viele Fehler entdeckt, aber noch viel mehr deswegen, weil sie dem Standard des Besten, was ich heute zu leisten vermag, so sehr nahe kommen. Die gereifte herbstliche Frucht schmeckt nur um ein weniges besser als das frühere Fallobst. Es wäre in der Tat kränkend, müßte ich annehmen, daß der Sommer des Lebens ohne einen größeren Fortschritt und ohne Verbesserung vorübergegangen ist, als ich ihnen entnehmen kann. Jedoch – ich schmeichle mir wenigstens mit dieser Hoffnung – kann man sich auf diese Dinge kaum verlassen, setzt man sie als Maßstab des geistigen und moralischen Menschen an. In der Jugend sind die Menschen geneigt, weiser zu schreiben, als sie wirklich wissen oder fühlen, und der Rest des Lebens ließe sich nicht vergeblich damit verbringen, sich die vor langer Zeit vorgebrachte Weisheit klar und zu eigen zu machen. Die Wahrheit, die damals nur in der Vorstellungskraft war, hat sich vielleicht in Geist und Herz zur Substanz verfestigt.

Ich habe, so will mir scheinen, nichts weiter mitzuteilen

als nur noch eines: Das Publikum braucht nicht zu fürchten, daß ich seine Geduld nochmals in Anspruch nehme mit weiteren solcher muffiger und von den Mäusen angeknabberter Blätter aus alten Zeitschriften, die durch die magischen Künste meiner freundlichen Verleger in ein neues Buch verwandelt wurden. Sie sind die letzten. Oder, falls noch ein paar übrig geblieben sein sollten, dann sind sie entweder derart, daß keine väterliche Voreingenommenheit den Autor dazu bringen könnte, sie des Bewahrens für wert zu befinden, oder aber sie haben sich in ein so düsteres und verstaubtes Versteck zurückgezogen, daß ich mich nicht mehr an sie erinnern kann. Sie dort forschend auszugraben bringt nichts. Lassen wir sie also ruhen.

In Aufrichtigkeit Dein
N. H.

Lenox, den 1. November, 1851.

Vorwort zu „Der Marmorfaun"

Es ist nun sieben oder acht Jahre her (so viele Jahre jedenfalls, daß ich mich nicht genau an die Zeit erinnern kann), da
der Autor dieser ‚Romance' zuletzt vor dem Publikum erschien. Es ist ihm zur Gewohnheit geworden, eine jede seiner
bescheidenen Publikationen mit einem vertraulichen Vorwort
einzuleiten, das nominell an das Publikum ganz allgemein,
in Wirklichkeit aber an eine Figur gerichtet ist, der er sich
mit viel größerer Unbefangenheit zu nähern traut. Sie waren
bestimmt für jenen einen kongenialen Freund, der seine Absichten umfassender verstehen, seinen Erfolg besser einschätzen und seine Unzulänglichkeiten nachsichtiger beurteilen
würde und der in jeder Hinsicht näher und gütiger wäre als
ein Bruder – kurzum, jener Kritiker totaler Sympathie, den
ein Autor niemals tatsächlich antrifft, aber an den er sich
implizit wendet, wann immer er sich bewußt ist, sein Bestes
gegeben zu haben.

Die altertümliche Mode des Vorworts erkannte diese
freundliche Person im „Lieben Leser", „Geneigten Leser", dem
„Geliebten", dem „Nachsichtigen" oder, noch am kältesten,
dem „Verehrten Leser", an den die einleitenden Erklärungen
und Entschuldigungen zu richten der steife alte Autor gewohnt war, in der Gewißheit, daß sie günstig aufgenommen
werden würden. Ich bin dieser Repräsentativen Essenz aller
entzückenden und begehrenswerten Eigenschaften, die ein Leser nur besitzen kann, nie persönlich begegnet, noch habe ich
je mit ihm korrespondiert. Aber zum Glück für mich habe
ich daraus nie den Schluß gezogen, er sei eben nur ein mythi-
scher Charakter. Ich glaubte immer standhaft an seine wirkliche Existenz und schrieb für ihn, Jahr um Jahr, während

das Große Auge des Publikums (wie nicht anders zu erwarten) meine kleinen Produkte fast völlig übersah. Ohne Frage hat dieser Geneigte, Liebe, Wohlmeinende, Nachsichtige und Allerliebste und Verehrte Leser einst für mich existiert und trotz der minimalen Chance, daß ein Brief ohne eine bestimmte Adresse seine Bestimmung erreicht, die Schriftrollen erhalten, die ich in jeden Wind warf, der gerade blies, in dem Glauben, daß sie ihn erreichen würden. Aber – gibt es ihn heute noch? In diesen vielen Jahren, seit er zuletzt von mir gehört hat, könnte er leicht seine irdische Aufgabe für abgeschlossen erachtet und sich ins Paradies der Geneigten Leser, wo immer das sein möge, zurückgezogen haben, zu dessen Genüssen seine freundschaftliche Güte mir gegenüber ihn doch sicherlich berechtigt hat? Ich habe ein ungutes Vorgefühl, daß es sich so in der Tat verhält. Der Geneigte Leser ist im Fall eines individuellen Autors geneigt, sehr kurzlebig zu sein; er überlebt selten eine literarische Mode und schließt seine müden Augen, von wenigen Ausnahmen abgesehen, bevor der Autor auch nur halb mit ihm fertig ist. Wenn ich ihn überhaupt finde, dann wahrscheinlich unter einem bemoosten Grabstein, der beschrieben ist mit einem halb verwischten Namen, den ich nie werde entziffern können.

Daher habe ich wenig Herz oder Zuversicht (besonders deswegen nicht, weil ich in einem fremden Lande und nach einer langen, langen Abwesenheit von meinem eigenen schreibe), die Existenz dieses Freunds aller Freunde vorauszusetzen, dieses nie gesehenen Seelenbruders, dessen verstehende Sympathie mich so oft dazu ermutigt hat, in meinen Vorworten egozentrisch zu sein ohne Rücksicht darauf, daß unfreundliche Augen überfliegen würden, was nicht für sie bestimmt war. Jetzt muß ich mich förmlich aufführen und, nachdem ich ein paar Einzelheiten über das Werk, das hiermit dem Publikum angeboten wird, mitgeteilt habe, einen ehrerbietigen Diener machen und wieder hinter dem Vorhang verschwinden.

Diese ‚Romance‘ wurde während eines beträchtlich langen Aufenthalts in Italien skizziert und in England umgeschrieben und für den Drucker fertig gemacht. Der Autor hat sich in ihr lediglich vorgenommen, eine phantasievolle Geschichte zu schreiben, die eine nachdenklich machende Moral entwickeln sollte; er hat keinen Versuch unternommen, italienische Sitten und Charaktere zu porträtieren. Er hat zu lange im Ausland gelebt, um nicht zu wissen, daß ein Fremder selten jene Kenntnis eines Landes erwirbt, die zugleich flexibel und tief ist und ihn dazu berechtigen mag, den Versuch der Idealisierung seiner Züge zu wagen.

Italien als Schauplatz seiner ‚Romance‘ war ihm vor allem deshalb wertvoll, weil es eine Art poetischer oder märchenhafter Domäne hergibt, auf der Aktuelles nicht so gräßlich verlangt wird wie notwendigerweise in Amerika. Kein Autor, der es nicht versucht hat, kann sich die Schwierigkeit vorstellen, eine ‚Romance‘ zu schreiben über ein Land ohne Schatten, ohne Altertum, ohne Geheimnis, ohne ein pittoreskes und düsteres Unrecht, ohne alles außer einer platten Prosperität im hellen und schlichten Tageslicht, wie dies nun einmal glücklicherweise der Fall ist in meinem lieben Vaterland. Es wird noch sehr lange dauern, meine ich zuversichtlich, ehe Autoren von ‚Romances‘ kongeniale und leicht zu handhabende Themen entweder in den Annalen unserer handfesten Republik oder in irgendwelchen charakteristischen und zugleich wahrscheinlichen Begebenheiten unserer individuellen Lebensläufe finden werden. ‚Romances‘ und Poesie, wie Efeu, Flechten und Goldlack, brauchen zum Wachsen Ruinen.

Beim Umschreiben dieser Bände war der Autor ein wenig überrascht über das Ausmaß, in dem er Beschreibungen verschiedener italienischer Artefakten, antiker, bildhafter und statuesker, eingeführt hat. Doch diese Dinge füllen überall in Italien und zumal in Rom den Geist aus und lassen sich nur schwer davon abbringen, auf die Seite überzufließen, so einer nur frei und mit Freude an der Arbeit schreibt. Anderseits hat gerade der drastische Szenenwechsel – das Buch wurde umgeschrieben an den breiten und öden Stränden von Redcar, während sich die graue Nordsee auf mich wälzte und der nördliche Sturmwind in meinen Ohren heulte – diese italienischen Erinnerungen so lebhaft durchscheinen lassen, daß ich nicht das Herz hatte, sie zu beseitigen.

Eine Wiedergutmachungshandlung bleibt zu vollziehen gegenüber zwei genialen Männern, mit deren Produkten sich der Autor eine ganz ungerechtfertigte Freiheit erlaubt hat. Nachdem er sich in dieser ‚Romance‘ einen Bildhauer ausgedacht hatte, war es nötig, ihn mit solchen Werken in Marmor auszustatten, wie sie mit der bei ihm vorausgesetzten künstlerischen Fähigkeit in Einklang stehen. Zu diesem Zweck legte der Autor kriminell Hand auf eine gewisse Miltonbüste und auf die Statue eines Perlenfischers, die er im Studio von Herrn Paul Akers fand, und nahm sie insgeheim mit in die Örtlichkeiten seines imaginären Freunds in der Via Prezza. Nicht zufrieden mit solcher Beute, beging er einen weiteren Raubzug auf eine großartige Statue der Kleopatra, Werk des Herrn William W. Story, eines Künstlers, den sein Land und die Welt bald zu würdigen wissen werden. Er hatte zudem noch Pläne, sich eine gewisse Bronzetür von Herrn Randolph Rogers anzueignen, auf der die Geschichte des Kolumbus in einer Reihe glänzender Basreliefs dargestellt wird, wurde aber davon abgehalten durch die Hemmung, sich an öffentlichem Eigentum zu vergreifen. Wäre er des Diebstahls an einer Dame fähig, dann hätte er sich gewiß mit der edlen Statue der Zenobia von Fräulein Hosmer bedient.

Er möchte nun die oben erwähnten schönen Stücke der Bildhauerkunst ihren wahren Besitzern wiedergeben, mit vielem Dank und der Versicherung seiner aufrichtigen Bewunderung. Was er in seiner ‚Romance‘ über sie gesagt hat, ist nicht Teil der Fiktion, in die sie eingebettet sind; es drückt vielmehr seine echte Ansicht aus, die, daran zweifelt er nicht, mit der des Publikums in Übereinstimmung gefunden werden wird. Es ist wohl unnötig zu sagen, daß der Autor, der ihre Schöpfungen stahl, sich keine ähnliche Freiheit mit den persönlichen Charakteren dieser begabten Bildhauer genommen hat: Sein eigener Mann des Marmors ist gänzlich eine Erfindung.

Leamington, den 15. Oktober 1859.

REZENSIONEN

Wiley and Putnam's Library
of American Books,
Nos. XIII and XIV

Die vorliegenden Nummern dieser ausgezeichneten und populären Reihe enthalten ein sehr bemerkenswertes Werk mit dem Titel „Typee, oder ein Blick auf polynesisches Leben". Es berichtet von den Abenteuern eines jungen Amerikaners, der vor den Marquesas-Inseln aus einem Walfänger flüchtete und einige Monate als Gast, oder als Gefangener, eines eingeborenen Stammes verbrachte, von dem der zivilisierten Welt bislang fast nichts bekannt war. – Das Buch ist in leichtem, aber kraftvollem Stil geschrieben, und wir kennen kein Werk, das uns ein freieres oder effektvolleres Bild barbarischen Lebens in dem unverdorbenen Zustand gäbe, von dem wir heutzutage nur noch wenige Beispiele finden. Die dem köstlichen Klima verwandt scheinende Sanftmut wird in ihrem Kontrast zu Zügen wilder Grimmigkeit gezeigt; auf der einen Seite lesen wir von Sitten und Lebensweisen, die ein ganzes System der Unschuld und des Friedens anzeigen; auf der nächsten erhaschen wir den Anblick eines geräucherten menschlichen Kopfes und des halb abgenagten Skeletts von einem ehemals (im kulinarischen Sinn) geschmackvollen Mann. Des Autors Beschreibungen der eingeborenen Mädchen sind wollüstig gefärbt, jedoch nicht mehr, als das Thema zu erfordern scheint. Er hat die Freiheit der Anschauung – es wäre zu streng, sie Laxheit des Prinzips zu nennen –, die ihn einen Moralkodex tolerieren läßt, der vielleicht mit unserem eigenen wenig übereinstimmt. Dieser Geist ist einem jungen und abenteuerlustigen Seemann durchaus angemessen und macht sein Buch um so zuträglicher für unsere gesetzten Landbewohner. Die Erzählung wird geschickt vorgetragen, und vom literarischen Standpunkt aus betrachtet, ist die Ausführung des Werkes der Neuheit und dem Interesse des Gegenstandes würdig.

Views and Reviews in American History, etc., by William Gilmore Simms

Dieses Buch (aus der Reihe von Wiley and Putnam's Library of American Books) setzt sich zusammen aus gelungenen Rezensionen, vor allem über historische Sujets, und einer Folge pittoresker und großartig ausgeschmückter Vorträge über „Amerikanische Geschichte, in ihrer Eignung für Ausgestaltung durch Kunst". – All das gereicht dem Autor zur Ehre und ist nach unserem Urteil den besten solcher Arbeiten, sei es von dieser oder von der andern Seite des Atlantik, kaum unterlegen. Mr. Simms ist ein Mann kraftvollen und kultivierten Geistes, ein Autor von wohlgeübter Fähigkeit, jedoch nicht, wie wir gerade bei seinen besten Passagen am deutlichsten spüren, ein Mann von Genie. Dies wird besonders deutlich in der Vortragsserie, von der wir sprachen; sie ist reich an brillanten Passagen und scheint wie durch einen geschickt aufgetragenen Firnis alle Lichter und Schatten herauszuarbeiten, die auf der Oberfläche unserer Geschichte spielen. Nichtsdestoweniger können wir nicht umhin zu fühlen, daß die wahren Schätze seines Sujets der Aufmerksamkeit des Autors entgangen sind. Die von ihm vorgeschlagenen Themen, so betrachtet, wie er sie betrachtet haben möchte, würden nichts weiter hervorbringen als historische Romane, in dieselbe abgenutzte Form gegossen, die während der letzten dreißig Jahre in Gebrauch gewesen ist und die es an der Zeit ist zu zerbrechen und fortzuwerfen. Prophet in Kunstdingen zu sein erfordert fast eine so hohe Begabung wie Erfüller der Prophezeiung zu werden. Mr. Simms hat diese Begabung nicht; er hat nichts von der magischen Fähigkeit, die neue

intellektuelle und moralische Figuren im Geist des Lesers aufzurufen und mit buntem Leben zu bevölkern vermag, wo vor-
dem eine öde Wüste gewesen ist. Er kann nur ausarbeiten,
was schon vorher bekannt war. Sein Stil, so meine ich, ist einer, der in mehr oder weniger Vollendung einem Mann seines
literarischen Formats angemessen ist. Er setzt sich zusammen
aus sehr guten Worten, die ausgemacht gut zusammengebaut
werden; aber statt von seinem Gegenstand durchtränkt und
mit ihm eins geworden zu sein, legt er sich über ihn wie eine
Kruste.

Wir würden jedoch Mr. Simms unrecht tun, schlössen wir
ab, ohne sein gutgeschriebenes und unterhaltendes Buch allen
Liebhabern von Rezensionsartikeln nach dem althergebrach-
ten Muster der Vierteljahrsschriften – der Edinburgh Review wie der North American Review – zu empfehlen, sowie
allen Bewunderern von Vorträgen, die nicht weniger brillant
sind als die schönsten, die das Lyceum-System hervorgebracht
hat. Vielleicht liegt es an einem Mangel unseres Geschmacks
und Urteils, daß wir dem Zweifel zuneigen, ob oft viel echte
und nützliche Wahrheit in einer dieser beiden Formen vorgebracht wird.

The Supernaturalism of New England
By J. G. Whittier. New York:
Wiley and Putnam's
Library of American Books

Mr. Whittiers Ruf als Literat ist beiläufig zustande gekommen – als Nebenzweck von Bemühungen, die praktischen und
selbstlosen Zwecken gewidmet sind; als Blume am Wege, die
zu pflücken er sich kaum Zeit genommen hat. In der Widmung dieses kleinen Bandes an seine Schwester drückt er sehr
treffend das Gefühl der Erleichterung aus, auch eines fast
mit Selbstvorwürfen beladenen Vergnügens, mit dem er sich

von seinem „langen, bitteren Streit mit Männern starken Willens" abwendet, um dafür mit Geistern und Hexen und all solchen legendären Schatten umzugehen. Wir zweifeln nicht daran, daß er aufgrund dieser kurzen Erholung mit um so größerer Kraft in die Schlacht seines Lebens zurückkehren wird; aber wir fühlen uns verpflichtet zu sagen, daß er bei einer solchen Arbeit aus Zuneigung und Müßiggang wie der vorliegenden größeren Erfolg gehabt hätte, wäre es ihm gelungen, gründlicher den geistigen Habitus eines Mannes von sich zu werfen, der unter einem strengen Pflichtgefühl schreibt. Mr. Whittier läßt sich, trotz seiner selbst, zu seinem Thema herab mit der ganzen nüchternen Würde eines Schulmeisters bei seinen Vergnügungen; eine Herablassung, die man übertrieben nennen könnte, wenn man bedenkt, daß sein Thema wahrscheinlich noch lange menschliches Interesse erwecken wird, nachdem seine ernsteren Bemühungen ihre Wichtigkeit durch den Fortschritt der Gesellschaft verloren haben werden.

Im ersten Kapitel dieses Buches finden sich einige gute Bemerkungen über die spirituellen Tendenzen, die unter der erdhaften Oberfläche des Yankee-Charakters liegen. Solch eine Spiritualität ist sicher da; nur können wir nicht sehen, daß ihre Anzeichen je so eigentümlich gewesen sind oder derzeit sind, daß sie ein System bildeten, dem man die Bezeichnung eines „neu-englischen Wunderglaubens" beilegen könnte. Vielmehr ist das Gegenteil nicht zu übersehen. Das Waldleben der ersten Siedler und ihr Verkehr mit den Indianern haben in Wahrheit gar nichts der Mythologie aufgepfropft, die sie aus England mitgebracht hatten – jedenfalls wissen wir von nichts, obgleich Mr. Whittier andeutet, daß diese Lebensumstände ihren englischen Aberglauben modifizierten. Wir könnten in den Geistergeschichten eines wilden Landes mit Fug und Recht Ausschau halten nach etwas Düstererem und Grandioserem, als von einem Zustand der Gesellschaft zu erwarten wäre, in dem selbst die Träume mit dem Staub alter

Konventionen bedeckt sind. Wenn es jedoch irgendeine Besonderheit gibt, dann nur die, daß unser Aberglaube einen gemeineren, schmutzigeren und materielleren Anblick bietet als den in dem Klima zur Schau getragenen, aus dem er verpflanzt worden ist. Ein neu-englischer Geist erhebt uns nicht in eine spirituelle Region; er deutet keine Geheimnisse jenseits des Grabes an, noch scheint er irgendwelche wertvolle Information über Themen dieser Art zu besitzen. Er legt sogar sein Leichentuch ab, zieht den Rock und die Beinkleider seiner Tage an und nimmt das Fleisch-und-Blut-Geschäft des Lebens an akkurat der Stelle wieder auf, an der er es zur Zeit seines Todes fallenlassen mußte. Er vermischt sich so mit dem Alltag, daß wir ihn kaum als Geist wahrnehmen können. Sollte er tatsächlich aus der spirituellen Welt kommen, dann weil er aufgrund seiner essentiellen und unablegbaren Erdhaftigkeit mit Schande ausgestoßen worden ist.

Dies Charakteristische einer neu-englischen Geistergeschichte sollte auf alle Fälle erhalten bleiben; andernfalls würde die Legende ihre Wahrheit verlieren. Mr. Whittier hat manchmal den rechten Effekt eingefangen, aber gelegentlich läßt er ihn entwischen, indem er auf Wirkungen zielt, die mit dem eben angesprochenen Effekt unvereinbar sind. Er hat eine hübsche Ballade über »Die neue Frau und die alte« gedichtet; ihr einziger Fehler freilich ist der, daß er sie zu hübsch gemacht hat, zu Lasten der Schlichtheit, die ihr Wesen ausmacht. Sein Stil in diesem Buch hat überhaupt nicht ganz die Einfachheit, die das Thema erfordert; er sprüht ein bißchen zu sehr. Der für solche Legenden angemessene Ton ist natürlich der einer am Feuer erzählten Geschichte, verfeinert und abgeklärt bis zu welchem Grade es dem Autor gefällt, aber immer noch so einfach wie die Bibel, so einfach wie das Babbeln eines alten Weibes zu ihrem Enkel, während sie im rauchigen Glühen in einer tiefen Ecke am Kamin sitzen. Vor allem aber muß der Erzähler selbst glauben – eine Zeitlang. Wenn er seine eigene Geistergeschichte nicht glauben kann, während er sie erzählt, dann sollte er seine Aufgabe lieber jemand anderem überlassen. Mr. Whittier nun läßt es sich nie nehmen, entweder vor oder nach seiner Erzählung seinen Unglauben zu betonen – manchmal sogar mitten drin –; er glaubt sich dazu aus Gewissensgründen verpflichtet.

Noch eine Kritik sei uns erlaubt. Mr. Whittier hat zu viel gelesen. Er spricht zu gelehrt vom „Ahriman der Parsen, dem Pluto der römischen Mythologie; dem Teufel der Juden und Christen, dem Scheitan der Mohammedaner, dem Machinito der Indianer"; auch zitiert er einen in Fraktur gedruckten Mystiker oder einen modernen Dichter auf jeder Seite. Nichts in der Behandlung seines Themas erfordert einen solchen Aufmarsch von Autoritäten, noch hat der Brunnen seiner Philosophie eine solche Tiefe, daß wir ihn nur auf einer Treppenflucht, aus alten Foliobänden konstruiert, betreten könnten.

Aber wie viel leichter ist es zu tadeln als zu loben, selbst wo die Verdienste die Fehler stark überwiegen. Wir schließen mit dem offenen Eingeständnis, daß wir das Buch mögen, und betrachten es als keinen unwürdigen Beitrag eines Dichters zu der Art Literatur, mit der sich nur ein Dichter abgeben sollte. Wir hoffen, mehr von ihm in dieser oder einer anderen kongenialen Sphäre zu sehen. Noch gibt es viele Legenden zu sammeln, besonders an der Küste von Neu-England, – und zwar solche, wie wir glauben, die origineller sind und sich poetischer Ausgestaltung williger leihen als diese binnenländlichen Beispiele von Aberglauben.

Evangeline; by Henry Wadsworth Longfellow
Boston: Ticknor. 1847

Dieses Gedicht hat eine historische Grundlage in der Vertreibung und Zerstreuung der Einwohner der französischen Provinz Akadien im Jahre 1755, auf Befehl der britischen Obrigkeit. Das Ereignis ist eines der bemerkenswertesten in der amerikanischen Geschichte, und die Erzählung von Evangeline und ihrem Liebhaber ist an sich schon so poetisch wie die Fabel der Odyssee, abgesehen davon, daß sie als ein Faktum zum Herzen drängt, das einmal seinen Platz im menschlichen Leben eingenommen hat. Ein junges Mädchen wird von dem ihr anverlobten jungen Mann getrennt und in eine andere Provinz verschlagen; sie verbringt ihr ganzes künftiges Leben mit dem Versuch, sich wieder mit ihm zu vereinigen, und das ohne Erfolg, bis sie in ihrem hohen Alter ihn auf seinem Sterbebette im Armenhaus findet. Es ist dies ein Thema, das man nicht den Händen eines durchschnittlichen Schreibers anvertrauen dürfte, der nur die Trübsal und das Elend herausarbeiten würde. Es bedurfte der tiefen Einsicht eines echten Dichters, es uns so darzubieten, wie wir es hier finden – das Leid durch Schönheit erleuchtet, so daß der Eindruck des Gedichts nirgends trübsinnig oder niederschmetternd ist, vielmehr gerade dort mit dem reinsten Sonnenschein leuchtet, wo wir ihn am wenigsten erwarten dürften, – am Sterbebett des armen Mannes. Kein solcher Triumph ist uns erinnerlich, wie ihn unser Autor fertiggebracht hat, indem er Evangeline, alt und grau geworden, vor unseren Augen transfiguriert und uns freiwillig Frieden finden läßt in all dem Schmerz, der sie befallen hat, nur um der Freude willen, die ihr prophezeit und in ihr erfüllt wird.

Die Geschichte wird mit äußerster Einfachheit erzählt – mit der Einfachheit hoher und exquisiter Kunst, die sie so natürlich daherfließen läßt wie die Strömung eines Flusses. Evangelines Wanderungen geben Gelegenheit für viele Bilder sowohl nördlicher als auch südlicher Szenerie und Lebens, aber sie machen nicht den Eindruck, als seien sie zum Schmuck der Geschichte absichtsvoll herangezogen; vielmehr scheinen sie ihre Schönheit ganz unvermeidlich in den ruhigen Spiegel ihres Busens zu werfen, wie er an ihnen vorübergleitet. So verhält es sich mit allen Ausschmückungen des Gedichts; sie scheinen sich ungerufen eingestellt zu haben. Schöne Gedanken springen wie Rosen auf und ergießen sich wie Veilchen auf dem Waldespfad, aber nie in irgendeiner Verwicklung oder Verwirrung, und wir erkennen vor allem aus dem Vermeiden eines Zusammenstoßes von einer Schönheit mit der nächsten, wie viel intellektuelle Anstrengung auf die Ausarbeitung dieses lieben und edlen Gedichts verwandt worden sein muß. Es ist nicht von schneller Hand und in keiner oberflächlichen Stimmung geschrieben worden. Der Autor hat sich Gerechtigkeit widerfahren lassen und seinem wohlverdienten Ruhm; er hat sich durch dieses sein Werk der Reife – durch ein Gedicht, das auf amerikanischer Geschichte beruht und amerikanisches Leben und amerikanische Sitten in sich verkörpert – auf einen noch höheren Stand gestellt als den, den er schon eingenommen hat, und befindet sich jenseits der Reichweite des Neides. Möge er also an der Spitze unserer einheimischen Dichter stehen, bis ein anderer den rohen Boden unseres amerikanischen Lebens aufbricht, wie er es getan hat, um aus ihm eine liebreizendere und edlere Blume hervorzubringen, als dieses Gedicht über Evangeline ist!

Mr. Longfellow hat etwas unternommen, was man ein Experiment nennen könnte, indem er sein Gedicht in Hexameter gegossen hat. Der erste Eindruck bei vielen seiner Leser wird ungünstig sein; jedoch, wenn man erkennt, wie herrlich plastisch dieses schwerfällige Versmaß in seinen Händen wird, wie Gedanke und Gefühl sich einfügen und mit ihm eins machen, wie es große Ideen umfassen oder auch bekannte aufgreifen kann, wie es anschwillt und nachläßt, je nach der Natur und den Notwendigkeiten des Themas; schließlich, wie musikalisch es ist, ob es nun den Waldwind oder die Violine eines arkadischen Spielmanns imitiert, – dann meinen wir zuversichtlich, daß das Endurteil günstig ausfallen wird. Wir können uns das Gedicht gar nicht mehr in einem anderen Versmaß vorstellen.

ANHANG

ZU DEN TEXTEN DIESER AUSGABE

Unsere Auswahl von Erzählungen, Skizzen, Vorworten und Rezensionen Nathaniel Hawthornes beruht im Gegensatz zu anderen englischen oder deutschen Veröffentlichungen nicht auf den Ausgaben letzter Hand, sondern auf den Erstdrucken in Zeitungen, Zeitschriften, Almanachen und Büchern. Die Gründe dafür sind einfach. Hawthorne hat bei der Durchsicht seiner einzelnen Werke für den Wiederabdruck in Sammlungen etliche Stellen in Selbstzensur beseitigt, die für den modernen Leser von Interesse sind, während anderseits keine tiefgreifende Umarbeitung der Texte stattgefunden hat. Druckfehler in den Erstdrucken wurden bei der Übersetzung berücksichtigt. Die immer noch verbleibenden textkritischen Probleme sind in einer Übersetzung nicht sehr erheblich. Der interessierte Leser kann sich an die historisch-kritische *Centenary Edition of the Works of Nathaniel Hawthorne* halten, die seit 1962 (bisher 11 Bände) unter der Herausgeberschaft von William Charvat († 1966), Claude M. Simpson († 1976) und Roy Harvey Pearce von der Ohio State University Press herausgebracht wird. Die Masse des in diesem Auswahlband übersetzten Materials findet sich in den Bänden IX (*Twice-Told Tales*), X (*Mosses from an Old Manse*) und XI (*The Snow-Image and Uncollected Tales*), alle 1974. Sie enthalten alle bibliographischen und textkritischen Informationen und jeweils einen langen „Historical Commentary" von J. Donald Crowley.

ANMERKUNGEN

Vorbemerkung

Der Kommentar gibt zunächst für jede Erzählung, Skizze, Vorrede oder Rezension den englischen Originaltitel, dann die sog. „by-line", d. h. die Verfasserangabe, oder, in Ermangelung einer solchen, den Hinweis ‚anonym', die Zeitschrift der Erstpublikation und die erste Aufnahme in eine der Sammlungen der Erzählungen Hawthornes. Für öfter vorkommende Periodica werden folgende Kürzel verwendet: *DR* für *The United States Magazine and Democratic Review, NEM* für *The New England Magazine, T* mit dem Zusatz einer Jahreszahl für *The Token,* einen Jahresalmanach, der jeweils als Weihnachts- und Neujahrsgeschenk im Herbst mit der Jahreszahl des folgenden Jahres auf den Markt kam. *The Token for 1832* erschien also im Herbst 1831, usf. Für die Sammlungen der Werke Hawthornes gelten folgende Kürzel: TTT 1837 für die einbändige Ausgabe der *Twice-Told Tales* (Boston: American Stationers' Company, 1837); TTT 1842 für die stark erweiterte, zweibändige Ausgabe (Boston: James Munroe and Co., 1842); MOM 1846 für die zweibändige Ausgabe *Mosses from an Old Manse* (New York: Wiley and Putnam, 1846); MOM 1854 für die etwas erweiterte zweibändige Ausgabe (Boston: Ticknor and Fields, 1854); SI 1851 für *The Snow-Image, and Other Twice-Told Tales* (Boston: Ticknor, Reed and Fields, 1852 [1851]).

Erläutert werden vor allem Personen, Werke und Ereignisse aus der amerikanischen Geschichte und Kulturgeschichte, dazu in strengerer Auswahl Anspielungen auf mythisches, historisches und literarisches Material sowie auf Hawthornes Quellen. Interpretationshilfen sind sparsam eingearbeitet worden, vor allem bei schwierigen und in der Kritik umstrittenen Erzählungen. Bei der Sekundärliteratur wurden folgende Kürzel verwendet: *AL* für *American Literature, AQ* für *American Quarterly, Amst* für *Amerikastudien* (früher: *JA*), *EAL* für *Early American Literature, ESQ* für *Emerson Society Quarterly, JA* für *Jahrbuch für Amerikastudien* (ab Bd. XIX *Amerikastudien*), *NCF* für *Nineteenth-Century Fiction, NEQ* für *New England Quarterly, NHJ* für *Nathaniel Hawthorne Journal, PMLA* ist so Zeitschriftentitel (früher:

Publications of the Modern Language Association), *SAF* für *Studies in American Fiction* und *SSF* für *Studies in Short Fiction*.

Die Kürzel NH und CE stehen für Nathaniel Hawthorne und für die historisch-kritische Gesamtausgabe seiner Werke, die *Centenary Edition of the Works of Nathaniel Hawthorne*, bisher 11 Bände, Ohio State University Press, 1962–1974.

Anmerkungen zu den Erzählungen

7 „*Die Mulde unter den drei Hügeln*": „The Hollow of the Three Hills", anonym in *The Salem Gazette,* 12. November 1830; TTT 1837. – *In jenen merkwürdigen alten Tagen*: Die Zeitangabe am Anfang leistet die Vermittlung zwischen dem Thema Hexerei und der Skepsis des aufgeklärten Lesers, die ein Autor des 19. Jhs. in Rechnung zu stellen hatte.

9 *einer Tochter, die ... Unehre mit sich trug*: Das Thema der verführten Frau, die einem Offizier in die nordamerikanischen Kolonien gefolgt war und dort verlassen wurde, war aufgrund wirklicher Vorfälle beliebter Vorwurf für Romane, so für den Bestseller *Charlotte Temple* (1791) von Susanna Rowson (c. 1762–1824). Diese oder eine ähnliche Situation stand dem zeitgenössischen Leser sofort vor Augen.

12 *... und kicherte in sich hinein*: Viele moderne Ausleger vergessen, daß der Teufel der Vater der Lüge ist und nicht einfach ein Nachrichtensatellit. Alles deutet darauf hin, daß der Frau keine richtige Auskunft über ihre Angehörigen zuteil geworden ist. Poe lobte in seiner berühmten Hawthorne-Rezension von 1842 diese Erzählung als Musterbeispiel technischer Ökonomie: „Nicht nur ist alles geleistet, was geleistet werden sollte, sondern (und dieses Ziel ist vielleicht noch schwerer zu erreichen) es wird nichts geleistet, was nicht geleistet werden sollte. Jedes Wort *zählt*, und es gibt kein Wort, welches *nicht* zählt." In Poes „every word *tells*" steckt ein Wortspiel: jedes Wort zählt (bedeutet etwas) und erzählt (treibt die Geschichte ihrem Höhepunkt zu).

13 „*Erzählung einer alten Frau*": „An Old Woman's Tale", anonym in *The Salem Gazette,* 21. Dezember 1830; von NH ungesammelt. – *John Rogers in der Fibel*: John Rogers (c. 1500–1555) wurde unter Maria der Katholischen verbrannt und im *New England Primer* als Märtyrer verherrlicht.

16 *beinahe ein Schisma*: Streitigkeiten in den kongregationalisti-

schen Kirchen Neu-Englands waren häufig und wurden oft durch geplante Um- oder Neubauten ausgelöst.

24 *„Oho! – Was haben wir denn da!"*: Das Ausrufungszeichen am Ende verwandelt sich für den Leser in ein Fragezeichen; er muß anhand der gegebenen Daten rekonstruieren, was David gefunden haben könnte.

25 *„Die Frauen der Toten"*: „The Wives of the Dead", von „F....." in *T for 1832*; SI 1851. Die irreführende Autorangabe sollte verschleiern helfen, daß NH nicht weniger als vier Erzählungen zu dieser einen Ausgabe des Almanachs beigetragen hatte. In Nachdrucken des Jahres 1843 lautete der Titel „The Two Widows".

27 *eine brennende Lampe*: Die Lampe als Symbol ist unauffällig, erfüllt aber gerade deshalb die Forderung von Ezra Pound: „Ich glaube, daß das angemessene und perfekte Symbol der natürliche Gegenstand ist und daß, wenn man ‚Symbole' verwenden will, man dies so tun sollte, daß ihre symbolische Funktion sich nicht aufdrängt. Irgendein Sinn und das Poetische der Stelle darf denjenigen nicht verloren gehen, die das Symbol nicht als solches aufnehmen, denen zum Beispiel ein Falke eben ein Falke ist." *Literary Essays by Ezra Pound*, ed. T. S. Eliot (London: Faber and Faber, o. J.), S. 9.

31 *Beispiel der ersten Frau von Zadig*: Im Kapitel II von Voltaires orientalischer Erzählung *Zadig, ou la Destinée* (1747) ist Azora bereit, zur Heilung ihres neuen Geliebten die Nase ihres (vermeintlich) eben erst verstorbenen Gatten zu opfern; eine Abwandlung des alten Motivs der Witwe von Ephesos.

32 *...und plötzlich erwachte sie*: Von den wenigen Kritikern, die sich mit der Erzählung beschäftigt haben, glauben die meisten, daß Margaret erwacht. Die richtige Lösung findet sich im Nachwort zu dieser Ausgabe!

33 *„Der sanfte Knabe"*: „The Gentle Boy", anonym in *T for 1832*; TTT 1837. Eine separate Ausgabe der Erzählung mit einer Illustration von Sophia Peabody, NHs späterer Frau, erschien 1839; vgl. das Vorwort dazu in dieser Ausgabe. Für den Wiederabdruck hat NH erhebliche Streichungen vorgenommen; vgl. Seymour Gross, „Hawthorne's Revisions of ‚The Gentle Boy'", *AL* XXVI (Mai 1954), S. 196–208.

34 *im Jahr 1659...die Märtyrerkrone*: Wie die genaue Zeitangabe nahelegt, hält sich NH an historische Ereignisse, allerdings in so freier Weise, daß er Motive aus seinen historischen Quellen auf seine fiktiven Personen verteilt; vgl. G. Harrison

Orians, „The Sources and Themes of Hawthorne's ‚The Gentle Boy'", *NEQ* XIV (Dezember 1941), S. 664–78. NH hat viele der in seinen Erzählungen behandelten Ereignisse seiner Heimatgeschichte auch für Kinder erzählt. Es ist reizvoll, die einfachere Darstellung und Wertung für Kinder mit den komplexeren der Erzählungen zu vergleichen. Die Historien für Kinder sind gesammelt und kritisch ediert im Band VI der *Centenary Edition of the Works of Nathaniel Hawthorne,* unter dem Titel *True Stories from History and Biography.* Die Quäkerverfolgung wird CE VI, 40 ff. dargestellt. – *ein Ziel ... im Gegensatz zu universaler Gewissensfreiheit*: Der oft erhobene Vorwurf, die Puritaner hätten in England für sich Gewissensfreiheit gefordert, aber in Neu-England selbst nicht gewährt, ist in der Tat abwegig. Sie behaupteten vielmehr, die rechte (biblische) Kirchenordnung zu praktizieren.

35 *ein Mann von engem Geist*: Der hier namentlich ungenannte Gouverneur Endicott war für NH die Quintessenz des Massachusetts Bay-Puritaners. Seine Gestalt zeigt sich dem Leser je nach dem thematischen Zusammenhang in verschiedener Beleuchtung; vgl. „Der Maibaum von Merry Mount", „Endicott und das rote Kreuz" und „Main-Street" in diesem Band.

36 *Der Historiker der Sekte*: William Sewel, *The History of the Rise, Increase and Progress of the Christians Called Quakers* (1774).

47 *der „Flickschuster von Agawam"*: Nathaniel Ward (c. 1578–1652) veröffentlichte 1647 in London *The Simple Cobbler of Agawam in America* (Agawam ist der indianische Name für Ipswich, Mass.). Im Stil der Kapuzinerpredigt aus *Wallensteins Lager* wird die Neuerungssucht angeprangert; in der Kirchenpolitik die Sekten, im Privatleben die Frauenmode. Ward gab nur die offizielle Meinung wieder, wenn er sagte, die Sekten hätten die Freiheit, Massachusetts fernzubleiben.

57 *viele Monate in der Türkei gelebt*: Eine Quäkerin namens Mary Fisher war bis in den islamischen Orient gekommen. Der Name des sanften Knaben, Ilbrahim, ist so begründet; er unterstreicht seine Fremdartigkeit und Isolierung.

65 *das Leben einer Frau ... war geopfert worden*: Mary Dyer wurde 1660 hingerichtet, nachdem sie zweimal gegen das Wiedereinwanderungsverbot verstoßen hatte.

77 *„Roger Malvins Bestattung"*: „Roger Malvin's Burial", anonym in *T for 1832*; MOM 1846. – *„Lovells Kampf"*: Der für den Anführer und viele Soldaten tödliche Kampf des Captain

John Lovewell (oder Lovell) mit den Indianern von Maine im Jahr 1725 war Anlaß einer Reihe von Elegien und Balladen und blieb beliebtes literarisches Motiv bis in NHs Zeit: G. Harrison Orians, „The Source of Hawthorne's ‚Roger Malvin's Burial'", *AL* X (November 1938), S. 313–18; David S. Lovejoy, „Lovewell's Fight and Hawthorne's ‚Roger Malvin's Burial'", *NEQ* XXVII (Dezember 1954), S. 527–31; Gail H. Bickford, „Lovewell's Fight, 1725–1958", *AQ* X (Herbst 1958), S. 358–66. – *Wenn man gewisse Umstände weise in den Schatten rückt*: Den Kämpfern wurden 100 Pfund Sterling für jeden Indianerskalp zugesagt; der mitziehende Geistliche beteiligte sich am Skalpieren, möglicherweise sogar am Sonntag. Der Satz in „Sketches from Memory", er verabscheue eine indianische Geschichte (CE X, S. 429), entspringt nicht nur NHs Bedauern, daß er im indianischen Charakter weder Romantik noch Poesie, noch Großartigkeit, noch Schönheit entdecken könne, es sei denn, sie würden ihm von jemand anderem gezeigt, sondern auch seiner Abscheu vor der Indianerpolitik seiner Vorfahren, wie aus manchen Nebenbemerkungen, etwa in „Der junge Nachbar Brown" (S. 202 dieser Ausgabe), vor allem aber aus „The Duston Family" hervorgeht. Eine wehrhafte Pioniersfrau, Hannah Duston, kehrte aus ihrer indianischen Gefangenschaft mit zehn Skalps von Kriegern, Frauen und Kindern am Gürtel zurück und kassierte ihr Blutgeld; s. Arlin Turner, ed., *Hawthorne as Editor*. Selections from His Writings in *The American Magazine of Useful and Entertaining Knowledge* (University, Louisiana, 1941), S. 131–37. So ist für NH charakteristisch, daß er den Balladenstoff in eine Gewissensstudie überleitet. Zufällig hat in der gleichen Ausgabe des *T for 1832* der von NH bewunderte John Neal, der in indianischen Motiven schwelgte, in „David Whicher" ebenfalls eine Gewissensstudie in kriegerischer Zeit gestaltet, freilich mit tragikomischer Wendung. S. den Abdruck bei Benjamin Lease and H. J. Lang, eds., *The Genius of John Neal*. Selections from His Writings (Frankfurt a. M.: Herbert Lang, 1977), S. 42–57.

79 „*Reuben, mein Junge*": W. R. Thompson, „The Biblical Sources of Hawthorne's ‚Roger Malvin's Burial'", *PMLA* LXXVII (März 1962), S. 92–96, weist auf den biblischen Ruben und seine Schuld hin; nach Ely Stock, „History and the Bible in Hawthorne's ‚Roger Malvin's Burial'", *Essex Institute Historical Collections* C (Oktober 1964), S. 279–96, bedeutet der Na-

me so viel wie „siehe den Sohn". Zweifellos finden sich viele biblische Anspielungen, aber die Kausalität der Vorgänge bleibt auch nach deren Aufklärung dunkel.

96 *„Der zwölfte Mai! . . ."*: Die für die inneren Vorgänge so irrelevante Wiederkehr des genauen Tages des uneingelösten Versprechens gibt der Erzählung die Atmosphäre eines Schicksalsdramas, wie es zur damaligen Zeit vor allem in Deutschland blühte.

99 *Durch wessen Schuld war er verdorrt?*: Die Frage schließt Natur und Seele in einer Weise kurz, die sich NH selten erlaubt hat. Lionel Trilling hat diese Schwäche klar erkannt, aber sie ist gerade nicht „charakteristisch" für NH; vgl. „Our Hawthorne" in Roy H. Pearce, ed., *Hawthorne Centenary Essays* (o. O.: Ohio State University Press, 1964), S. 452.

100 *„. . . Mein Junge hat ein Wild erlegt!"*: im Englischen Wortspiel mit „deer" (Wild) und „dear" (Liebes).

102 *Da wurde Reubens Herz getroffen*: Wie Dieter Schulz in „Imagination and Self-Imprisonment: The Ending of ‚Roger Malvin's Burial'", *SSF* X (Frühjahr 1973), S. 183–86, mit Recht betont, kommt die seelische Lösung nicht etwa durch den Tod des Sohns, sondern das Fallen des Zweigs und damit den symbolischen Vollzug des Begräbnisses. Schulz sieht als Thema der Erzählung Reubens krankhaften Rückzug in die Subjektivität. Auf eine mögliche biographisch-tiefenpsychologische Komponente weist hin Gloria C. Erlich in „Guilt and Expiation in ‚Roger Malvin's Burial'", *NCF* XXVI (März 1972), S. 377–89.

103 *„Mein Verwandter, Herr Major Molineux"*: „My Kinsman, Major Molineux", „By the Author of ‚Sights from a Steeple'" in *T for 1832*; SI 1851. – *Hutchinson*: Thomas Hutchinson (1711–1780), von NH fleißig benutzter Historiker von Massachusetts Bay (1764, 1767) und selbst Opfer von Angriffen der Patrioten (1765); letzter Gouverneur der Kolonie (bis 1774), starb im englischen Exil. Vgl. CE VI, 137–39 und 154–60 („The Hutchinson Mob"). Den indirekten Zusammenhang mit unserer Erzählung erläutert Peter Shaw in „Their Kinsman, Thomas Hutchinson: The Boston Patriots and His Majesty's Royal Governor", *EAL* XI (Herbst 1976), S. 183–90.

111 *der Philosoph, der einen ehrlichen Mann suchte*: der Kyniker Diogenes (412? v. Chr.–323).

114 *gleich dem Mond von Pyramus und Thisbe*: Shakespeare, *A Midsummer-Night's Dream*, Akt V, Szene 1.

127 *aber Robin brüllte am lautesten von allen*: Die Ansteckung, die von kollektiven Emotionen ausgeht, war NHs Zeitgenossen wohlbekannt; vgl. etwa das Kapitel XII in Charles Maturins Schauerroman *Melmoth the Wanderer* (1820) oder das Verhalten Ishmaels Kapitel XL/XLI in Melvilles *Moby-Dick* (1851). – *auf dem Herzen eines alten Mannes trampelnd*: Ehre und Integrität gab es auch bei den Loyalisten, heißt es in NHs Geschichtsbuch für Kinder; CE VI, 177. – *„Nun, Robin, träumt Ihr?"*: In ihrem bedeutenden Aufsatz „Hawthorne as Poet", *Sewanee Review* LIX, 2–3 (Frühjahr bzw. Sommer 1951), S. 179–205 u. 426–58, hat Q. D. Leavis gesagt, NH habe diese Erzählung „an dramatischer Kraft, Kontrolle des Tons, des Tempos, der Spannung und etwas noch Wundervollerem, der Schaffung eines Gleichgewichts zwischen vollster Bewußtheit und der emotionalen Zusammenhanglosigkeit des Träumens" nie übertroffen.

129 *„Die sieben Vagabunden"*: „The Seven Vagabonds", „By the Author of ‚The Gentle Boy'", in *T for 1833*; TTT 1842.

131 *Prospero . . . Maskenspiel*: Shakespeare, *The Tempest*, Akt V, Szene 1.

133 *zwischen den schottischen Häuptlingen und Thomas Thumb*: Anspielung auf den historischen Roman von Jane Porter (1776–1850) *The Scottish Chiefs* (1810) und die Burleske von Henry Fielding (1707–54) *Tom Thumb, a Tragedy* (1730), die das Däumlings-Motiv zugrunde legt. – *Buchstabierer Websters*: Noah Webster (1758–1843) entwickelte in den 1780er Jahren sein *American Spelling Book,* nach dem mehrere Generationen von Amerikanern Orthographie lernten. Man spricht von einer Gesamtauflage von 70 Millionen.

142 *eine Vorliebe für Täuschung um ihrer selbst willen*: das Hauptmotiv für Melvilles satirischen Roman *The Confidence-Man* (1857). Vgl. Hans-Joachim Lang, „Ein Ärgerteufel bei Hawthorne und Melville: Quellenuntersuchungen zu *The Confidence-Man"*, *JA* XII (1967), S. 246–51.

147 *die Worte von L'Allegro abwandelnd*: Miltons Gedicht „L'Allegro", Zeile 38.

152 *„Der Geschichtenerzähler"*: „The Story-Teller", anonym im *NEM* VII (November, bzw. Dezember 1834); u. d. T. „Passages from a Relinquished Work" MOM 1854. Dies ist der Anfang eines ehrgeizigen Projekts, einer großen Rahmenerzählung, die durch das frühzeitige Ende der Zeitschrift *The New-England Magazine* und die Unlust der Verleger zu NHs

großem Verdruß nie das Licht der Öffentlichkeit erblickte. Den in unsere Ausgabe nicht aufgenommenen Schlußteil findet man, umgeben von einem neuerlichen Rahmen, u. d. T. „Fragments from the Journal of a Solitary Man" in CE XI, S. 312–28. Den Versuch der Rekonstruktion der dazwischenliegenden Teile unternahm Alfred Weber in *Die Entwicklung der Rahmenerzählungen Nathaniel Hawthornes: „The Story-Teller" und andere frühe Werke (1825–1835)* (Berlin: Erich Schmidt, 1973); s. jedoch die Rezension von H.-J. Lang in „Hawthorne's Short Fiction: The Early Phase", *Amst* XX, 2 (1975), S. 374–80.

153 *irgendeinen ungläubigen Unitarier*: Den rechtgläubigen Kongregationalisten galten die von ihnen um 1820 endgültig abgespaltenen Unitarier wegen ihres Rationalismus als Ungläubige, obwohl sie nicht einmal die Bibelwunder leugneten.

154 *mit dem gestrengen alten Pilgergeist*: Zu NHs Zeit wurde zwischen den separatistischen Pilgervätern von Plymouth (Gründung 1620) und den rund ein Jahrzehnt später in Massachusetts siedelnden Puritanern, die sich bei aller Kritik als Teil der Church of England verstanden, terminologisch nicht streng unterschieden.

155 *Der Gedanke, ein umherziehender Geschichtenerzähler zu werden*: Dies dürfte ein Hinweis darauf sein, daß NH die Idee zu seiner Rahmenerzählung durch seine eigene Story „Die sieben Vagabunden" gekommen ist. – *ein Beispiel . . . an Goldsmith*: Oliver Goldsmith (1730?–74) zog 1755–56 durch Frankreich und Italien.

158 *Childe Harolds Empfindungen*: Lord Byrons episches Gedicht *Childe Harold's Pilgrimage*, Gesang I (1812). – *wie der Ritter und Sancho die Vorzeichen beobachtet hatten*: Kapitel VIII des zweiten Teils von Cervantes' *Don Quijote* (1615).

160 *Gil Blas an einem Brunnen in Spanien*: ebenfalls Kapitel VIII des zweiten Teils von *Histoire de Gil Blas de Santillane* (1715) des Alain-René Lesage (1668–1747).

162 *„Wir alle sind Pilger und Wanderer . . ."*: Der Gouverneur der Pilgerväter, William Bradford, bemerkte im Kapitel VII seiner Geschichte der Plymouth-Kolonie über die Einwanderer, daß sie sich als Pilger auf Erden wußten und im Himmel ihr Heimatland sahen.

166 *Sir Piercy Shaftons Garderobe*: Charakter in Walter Scotts Roman *The Monastery* (1820). – *„Der Erbe vor Gericht"*: „The Heir at Law" (1797), Komödie von George Colman d. J.

(1762–1836). – *„Kein Lied, kein Abendessen"*: „No Song, No Supper", 1790 in London aufgeführte musikalische Farce von Prince Hoare (1755–1834), die auch in den USA bis in NHs Zeit beliebt blieb. – *Rezitation des „Alexanderfests"*: John Dryden (1631–1700) veröffentlichte 1697 „Alexander's Feast; or, The Power of Music".

167 *Ob Mr. Higginbotham am Ende lebendig oder tot sein sollte*: Die vorgebliche Improvisation darf nicht darüber hinwegtäuschen, daß wir es mit einer raffiniert ausgeklügelten Geschichte zu tun haben. – *Douglas-Tragödie*: romantische Tragödie (1756) von John Home (1722–1808).

168 *den jungen Norval*: Rolle in der Tragödie *Douglas*. – *die vollen Harmonien des Tremont*: das Tremont-Theater in Boston, 1827–1842.

169 *Briareus*: hundertarmiger Riese des griechischen Mythos.

176 *Versalien . . . Cicero*: Großbuchstaben, bzw. Schriftgröße.

181 *Daniel Webster*: einer der großen Redner des Senats (1782–1852), der, aus dem ländlichen Neu-England kommend, zu einer legendären, von Folklore umwobenen Gestalt wurde, obwohl er als Politiker die Interessen des Handelskapitals vertrat.

184 *„seinen Schatten vorauswarf"*: Es ist sprichwörtlich, daß kommende Ereignisse ihren Schatten vorauswerfen. Die natürliche Auflösung des scheinbaren Wunders hatte in NHs Zeit religionskritische Implikationen, auf die James Duban in „The Sceptical Context of Hawthorne's ‚Mr. Higginbotham's Catastrophe'", *AL* XLVIII (November 1976), S. 292–301, hinweist.

185 *der „Zauber eines Namens"*: Zeile 5 des zweiten Teils von Thomas Campbells Gedicht „Pleasures of Hope" (1799): „Who hath not owned, with rapture-smitten frame/The power of grace, the magic of a name."

188 *„Der graue Kämpfer"*: „The Gray Champion", „By the Author of ‚The Gentle Boy'", *NEM* VIII (Januar 1835); TTT 1837. – *Nachfolger Karls des Wollüstigen*: Der letzte Stuart-König Jakob II. folgte 1685 Karl II. auf den Thron und wurde 1688/89 durch die „Glorious Revolution" gestürzt. – *Sir Edmund Andros*: Die Darstellung seiner Regierung ist so gehalten, daß hinter dem Wirken dieses Mannes (1637–1714) zugleich die Unterdrückung der Kolonien vor 1775 vom Leser wiedererkannt werden soll. Vgl. CE VI, 53.

189 *die King-Street*: Schauplatz des berühmten „Boston Massacre"

vom 5. März 1770. Von NH für Kinder beschrieben in CE VI, 166–72.

190 *Veteranen aus König Philipps Krieg*: Der von den Engländern „King Philip" genannte Wampanoag-Häuptling Metacomet führte 1675–76 mehrere Stämme gegen die neu-englischen Siedlungen und zerstörte etliche. Sein Feldzug brach im August 1676 zusammen, er selbst wurde von Indianern verraten und getötet, Frau und Kind von den Weißen in die Sklaverei verkauft. – *Smithfield-Feuer*: Im London der Tudors und frühen Stuarts war Smithfield die Hinrichtungsstätte für Häretiker.

191 *ein neuer John Rogers*: s. Anm. zu S. 13. – *eine neue Bartholomäusnacht*: Massaker der Hugenotten in Frankreich am 24. August 1572. – *Gouverneur Bradstreet*: Simon Bradstreet (1603–97), von dessen „ehrfurchterregender Würde" NH in CE VI, 66, spricht.

192 *Edward Randolph*: Randolph (c. 1632–1703) hielt sich in Sondermission in Boston auf und meldete die Weigerungen der Kolonie, den britischen Gesetzen nachzukommen. In „Edward Randolph's Portrait" (1838) erschreckt das Porträt den Gouverneur Thomas Hutchinson (s. Anm. zu S. 103) bei der Unterzeichnung einer Ordre, die mittelbar zum „Boston Massacre" (s. Anm. zu S. 189) führt. Auf dem Totenbett soll Hutchinson Züge angenommen haben, die denen des Randolph-Porträts ähneln. – *Cotton Mather*: Geistlicher und Staatsmann aus der dritten Generation der Mather-„Dynastie" (1663–1728), Verfasser des historisch-biographischen Monumentalwerks *Magnalia Christi Americana* (1702). Mather war aktiv in der Erhebung, die zum Sturz des Andros-Regimes führte. – *Bullivant*: In seiner biographischen Skizze „Dr. Bullivant" (1831) charakterisiert NH den Apotheker so: „Begabt mit scharfem und raschem Intellekt, betriebsam und kühn, errang er unter der neuen Regierung großen Einfluß und half Sir Edmund Andros, Edward Randolph und fünf oder sechs anderen, die Ratsversammlung einzuschüchtern und die nördlichen Provinzen nach ihrem Gutdünken schlecht zu regieren." – *Dudley*: Joseph Dudley (1647–1720), Sohn des zweiten Gouverneurs der Massachusetts Bay-Kolonie und 1702–15 selbst Gouverneur; einer der bestgehaßten Männer in Boston. In „Howe's Masquerade" (1838), einer weiteren Erzählung, die Ereignisse der amerikanischen Revolution mit der früheren Geschichte Neu-Englands verbindet, wird Dudley erwähnt als „ein gerissener Politiker – aber seine List brachte ihn einmal

selbst ins Gefängnis"; eine Anspielung auf die Art Schutzhaft, in die Dudley genommen wurde, um ihn vor der Volkswut zu schützen. – *Der Priester der Episkopalkirche*: Die kongregationalistischen Kirchen kannten keine Bischöfe; diese waren ihnen Symbol kirchlicher Hierarchie. Die Anomalie der Situation nach der Restauration 1660 bestand darin, daß die englische Staatskirche in Massachusetts gegenüber den sich als 'Establishment' gebärdenden Kongregationalisten durchgesetzt werden mußte. Alle Tätigkeiten der Church of England und alle Maßnahmen zu ihrer Förderung in den amerikanischen Kolonien standen bis zur Zeit der Revolution unter dem Verdacht, die Freiheiten der puritanischen Kirchenverbände beschneiden oder beseitigen zu wollen. Viele Geistliche der Church of England schlugen sich auf die Seite der Loyalisten.

195 *Old Noll*: Oliver Cromwell.

196 „... *schon einmal einem König selber in den Weg gestellt*": Der geheimnisvolle Vorkämpfer seines Volks gibt sich hier als einer der 'Regicides' (Königsmörder) zu erkennen. Diese waren von der durch Karl II. verkündeten Amnestie ausgenommen. Von den Richtern Karls I. flohen drei nach Neu-England und fanden in Massachusetts und Connecticut Zuflucht: William Goffe (c. 1605–1679), sein Schwiegervater Edward Whalley (gest. 1675?) und John Dixwell (gest. 1689). Als romantischer oder romantischer Ausschmückung fähiger Stoff tauchten die 'Regicides' in vielen Romanen, Erzählungen und Dramen des frühen 19. Jhs. auf. Am bekanntesten wurde eine auch von Walter Scott in *Peveril of the Peak* (1822) verwendete Legende, die auf einer wahren Begebenheit beruhen könnte. Als Hadley in Massachusetts von Indianern angegriffen wurde (1675), tauchte plötzlich ein militärischer Retter auf und verschwand ebenso geheimnisvoll. Dabei könnte es sich nur um Goffe gehandelt haben. Hierzu G. Harrison Orians, „The Angel of Hadley in Fiction: A Study of the Sources of Hawthorne's 'The Gray Champion'", *AL* IV (November 1932), S. 257–69, und Ursula Brumm, „A Regicide Judge as 'Champion' of American Independence", *Amst* XXI, 2 (1976), S. 177–86. Durch die Übertragung der Rettergestalt auf die Krise von 1689 gelingt NH die Darstellung der historischen Kontinuität von der puritanischen Revolution in England 1642–47 über die „Glorious Revolution" bis zur amerikanischen Revolution.

197 *in Lexington*: erste Schlacht des amerikanischen Unabhängig-

keitskrieges, 19. April 1775. – *Bunkers Hill*: Schlacht um den Bunker Hill gegenüber Boston, 17. Juni 1775.

199 *„Der junge Nachbar Brown"*: „Young Goodman Brown", „By the Author of ‚The Gray Champion'", *NEM* VIII (April 1835); MOM 1846. Die Bezeichnung ‚Goodman' kam jedem reputierlichen Bewohner zu, der nicht auf den Männern von Stand vorbehaltenen Titel ‚Mr.' Anspruch erheben konnte. Um das archaische ‚Gevatter' zu vermeiden, wurde in der Übersetzung ‚Goodman' entweder durch ‚Nachbar' ersetzt oder fortgelassen. – *die Straße des Dorfes Salem*: Salem Village, ein Außenbezirk der Hafenstadt Salem Town. Die soziologische Untersuchung von Paul Boyer und Stephen Nissenbaum, *Salem Possessed. The Social Origins of Witchcraft* (Cambridge, Mass.: Harvard University Press, 1974) hat ererwiesen, daß Spannungen zwischen dem ländlicheren und konservativeren Teil von Salem Village und einem geographisch und ideologisch der Hafenstadt näheren Teil für den Verlauf der Anklagen und die Verteilung von Anklägern bzw. Opfern verantwortlich waren. – *Faith, wie sie recht passend hieß*: Faith = Glaube ist ein glaubhafter puritanischer Name (vgl. Increase, Praisegod, Seaborn). Nur verliert Brown mit dem Glauben an seine Frau Faith den Glauben an die Menschheit, nicht den an ein bestimmtes Glaubensbekenntnis. Er verhärtet sich vielmehr in dem Dogma, daß alle Menschen im Bund mit dem Teufel seien; eine Verdüsterung, die allenfalls als ein pervertierter Kalvinismus gelten kann.

200f. *Die Turmuhr von Old South*: die Old South Church in Boston. Die Zeitangabe macht deutlich, daß der „ordentlich gekleidete Mann" durch die Lüfte kam.

202 *Ich half deinem Großvater . . .*: Der Teufel mokiert sich über Browns Illusion, er komme aus einem „Geschlecht von ehrlichen Männern und guten Christen". Die Quäkerverfolgungen gingen NH persönlich insofern etwas an, als sein Vorfahr Major William Hathorne (1607–81) an ihnen beteiligt war, so wie dessen Sohn Col. John Hathorne (1641–1717) an den Hexenprozessen 1692/93. – *in König Philipps Krieg*: s. Anm. zu S. 77.

203 *am Donnerstag der Belehrung*: Neben dem Pflichtgottesdienst am Sabbat gab es in Massachusetts den „Lecture Day" zur Indoktrination.

203 *Mutter Cloyse*: Hier wie im folgenden verwendet NH historische Namen und Persönlichkeiten, und zwar von Angeklag-

ten der Salemer Hexenprozesse. Ausleger der Erzählung sollten sich hüten, die bereits damals Verfolgten nochmals unter Anklage der Teilnahme am Hexensabbat zu stellen! Es kommt hinzu, daß NH sich gerade solche Frauen ausgesucht hat, die eine rühmliche Rolle in den Prozessen gespielt haben. Sarah Cloyse, ein Mitglied der Kirche von Salem Village, verließ das Bethaus unter Protest, als der Ortspfarrer Parris zur Verfolgung der vermeintlichen Verbrechen aufrief. Ihr wurde von Zeugen vorgeworfen, sie habe als Diakon der teuflischen Kommunion das Blut der Verdammten verteilt, nebst anderen Scheußlichkeiten.

204 *Mutter Cory*: Martha Cory, oder Corey, ebenfalls Mitglied der Kirche von Salem Village, kritisierte die ‚verhexten' Jugendlichen, die mit ihren Zeugenaussagen Mitmenschen an den Galgen brachten, sowie die Behörden und das ganze Verfahren, während ihr Mann Giles Corey, später selbst Opfer der Prozesse, zunächst alles glaubte und seine Frau mit der Aussage belastete, sie läse Bücher! Martha Corey wurde mit der letzten Gruppe am 22. September 1692 gehängt; sie sprach ein Gebet vor der Hinrichtung. 1703 wurde ihre Exkommunikation von der Gemeinde zurückgenommen. Die Vorstellung, daß in Salem Hexen „verbrannt" wurden, ist schier unausrottbar, weil das Verbrennen die in Mitteleuropa übliche Strafe war. Jedoch sind auch amerikanische Autoren der europäischen Klischeevorstellung verhaftet, von Washington Irving über Henry James bis zu Eugene O'Neill und Ezra Pound. In seiner Ausgabe der *Literary Essays* von Pound (s. Anm. zu S. 27) hat der besser informierte T. S. Eliot S. 391 trocken angemerkt: „Wir haben sie nicht verbrannt; wir haben sie aufgehängt."

209 *ein rosafarbenes Band*: Da die unheimliche nächtliche Atmosphäre durch unbestimmtes Licht und akustische Eindrücke vermittelt wird, wirkt das Band etwas als Fremdkörper und als ein überdeutliches Signal an den Leser, daß Brown nun den Beweis zu haben glaubt, daß Faith ebenfalls zum Hexensabbat unterwegs ist.

211 *Auch die Gemahlin des Gouverneurs sei dabeigewesen*: historisch. Die Frau von Sir William Phipps wurde ausgeschrien, aber nicht unter Anklage gestellt; vgl. CE VI, S. 211.

213 *Martha Carrier*: Kein geringerer als Cotton Mather (s. Anm. zu S. 192) verkündete triumphierend, Martha Carrier sei durch das Geständnis anderer Hexen und ihrer eigenen Kin-

der überführt, vom Teufel das Versprechen erhalten zu haben, Königin der Hölle zu werden. Trotz der seelischen Belastung durch die Aussage etwa ihrer Tochter Sarah, ihre Mutter habe sie im Alter von 6 Jahren zur Hexe gemacht, zeigte sie Mut und Energie gegenüber dem Gericht. Sie wurde am 19. August 1692 gehängt.

214 *Euch soll es gegeben sein . . .*: In seiner Rede wandelt der Teufel hier schon zum zweitenmal das Versprechen der Schlange an Eva ab, das Menschenpaar würde wie Gott werden und um Gut und Böse wissen; 1. Buch Mose, 3.5. Das Motiv wird von NH mehr scherzhaft in „Egotism; or, The Bosom Serpent" (1843) verwendet, aber auch ernst in *Der scharlachrote Buchstabe*. Allison Ensor in „‚Whispers of the Bad Angel‘: A *Scarlet Letter* Passage as a Commentary on Hawthorne's ‚Young Goodman Brown‘", *SSF* VII (Juli 1970), S. 467–69, betont mit Recht, daß der radikale Glaube an die Schuld der Mitmenschen nicht eben christlich im Sinne NHs ist, aber im Interesse des Teufels, der die Verworfenheit der Menschen übertreibt, um sie zur Verzweiflung und in seine Arme zu bringen. Im Gegensatz zu Brown widersteht Esther Prynne dieser Versuchung, die als „das hinterlistige Flüstern des bösen Engels" bezeichnet wird; vgl. S. 99 in Bd. I (*Der scharlachrote Buchstabe / Die Blithedale-Maskerade*) unserer Ausgabe.

217 *„Wakefield"*: „Wakefield", „By the Author of ‚The Gray Champion‘", *NEM* VIII (Mai 1835); TTT 1837. – *Aus irgendeinem alten Magazin*: NHs Quelle ist William King, *Anecdotes Personal and Political of His Own Time* (1818). In ihr blieben die Gründe für das exzentrische Verhalten Wakefields offen. Die Aufgabe des psychologischen Erzählers bestand also darin, zu diesem Verhalten einen entsprechenden Charakter zu konstruieren.

229 *zum Ausgestoßenen des Universums*: Die Nähe der Erzählung zur Welt Franz Kafkas ist oft festgestellt worden; man vgl. etwa Kafkas „Der Landarzt". Anderseits griff NH auf Motive aus der amerikanischen Erzählkunst zurück, so auf W. Irvings „Rip Van Winkle" (1819) und William Austins „Peter Rugg, the Missing Man" (1824), die jeder auf seine Weise „Ausgestoßene des Universums" genannt werden könnten, während Melvilles „Bartleby" (1853) sich selbst isoliert. NHs eigene Isolationsängste waren erheblich, wie u. a. aus einem Brief an seinen Freund Longfellow (vgl. auch Anm. zu S. 645)

hervorgeht, dem er am 4. Juni 1837 schrieb: „Durch irgendeine Art Hexerei – denn ich kann wirklich kein vernünftiges Warum und Weshalb angeben – bin ich aus dem großen Strom des Lebens beiseite geschafft worden und finde es unmöglich, wieder hineinzukommen."

230 *„Der Maibaum von Merry Mount"*: „The May-Pole of Merry Mount", „By the Author of ‚The Gentle Boy'", *T for 1836*; TTT 1837. – *Mount Wollaston*: Ein Captain Wollaston hatte in der Nähe des späteren Quincy, Mass., gesiedelt, aber sich dann nach Virginia zurückgezogen. Einer seiner Begleiter, Thomas Morton, Gentleman, begründete danach die berüchtigte „Merry Mount"-Kolonie. Sein Maibaum wurde sowohl von den Pilgervätern in Plymouth wie von den Puritanern der Massachusetts Bay gefällt. Nach England abgeschoben, kehrte er immer wieder in sein geliebtes Neu-England zurück, wo er 1647 starb. Sein etwas skurriles Buch *New English Canaan* (1637) greift seinen Widersacher Endicott als Captain Littleworth an (Kapitel XXI). Der Dichter William Carlos Williams hat in *In the American Grain* (1925) Morton als Indianer- und Naturfreund der Askese, Geschäftstüchtigkeit und Verfolgungssucht der Puritaner gegenübergestellt. Ein Grund für seine Unterdrückung war der Verkauf von Handfeuerwaffen an die Indianer. – *Strutts „Book of English Sports and Pastimes"*: Joseph Strutt (1749–1802) schrieb *Sports and Pastimes of the People of England* (1801). – *Fröhlichkeit und Düsternis*: Selbst Historiker haben sich von NHs Antithese nicht unbeeindruckt gezeigt. So meint der anti-puritanische Kolonialhistoriker Charles M. Andrews über Morton, es gäbe keinen „einnehmenderen oder unterhaltenderen Charakter als diesen Gentleman-Juristen von Clifford's Inn, dessen kapriziöse Laufbahn inmitten der ihn umgebenden Trübsal der Länder der Pilger und Puritaner der Szene Farbe und Lebhaftigkeit verleiht". *The Colonial Period of American History. The Settlements I* (New Haven and London: Yale Univ. Press, 1964, ¹1934), S. 332.

231 *gotische Monster*: „Gothic" im Sinne von mittelalterlich, barbarisch, unklassisch, grotesk, wie in „Gothic Novel" (Schauerroman).

233 *den Comus der ganzen Schar*: Titelfigur des Hofmaskenspiels *Comus* (1634) von John Milton. – *Morristänzer*: kostümierte Personen, die in groteskem Tanz Figuren meist aus der Robin Hood-Legende darstellen; seit dem 15. Jh. nachgewiesen. –

Waldmänner: Leute, die sich mit Laub und dgl. schmücken, um als wilde Waldmenschen zu posieren.

236 *Lord of Misrule:* Leiter der ausgelassenen Weihnachtsbelustigungen.

240 *Blackstone:* William Blackstone oder Blaxton (1595–1675), auch im Kapitel VII von *Der scharlachrote Buchstabe* erwähnt. Die Fußnote des Historikers NH distanziert sich von dem allegorischen Arrangement, das nur drei Parteien kennt: Puritaner, Vertreter von „Merry Old England" und das fiktive Paar Edgar und Edith, dem eine Synthese der beiden unvollkommenen Standpunkte aufgetragen ist. – *Endicott:* s. Anm. zu S. 35.

241 *Peter Palfrey:* einer der ‚alten Siedler', der wie Roger Conant (s. Anm. zu S. 472) schon vor der Vorhut der Massachusetts Bay-Puritaner im Lande war, gest. 1663.

245 *„Des Pfarrers schwarzer Schleier":* „The Minister's Black Veil", „By the Author of ‚Sights from a Steeple'", *T for 1836;* TTT 1837. – *Joseph Moody:* Der Name Moody (von Stimmungen abhängig, düster) könnte NH angeregt haben (soweit er das nötig hatte), sich mit einem Melancholiker zu beschäftigen.

252 *Hochzeit . . . wo man das Totenglöcklein läutete:* Solche Querverweise auf andere Werke NHs wie hier auf die in dieser Ausgabe folgende Geschichte sind selten. Mit dem Ausdruck „jene bekannte" Hochzeit ironisiert NH das Aufsehen, das seine Erzählungen hervorriefen.

259 *unter . . . Gouverneur Belcher . . . die Wahlpredigt:* Belcher regierte 1730–41. Die hohe Ehre des „Election Sermon" teilt Hooper mit dem Rev. Arthur Dimmesdale aus *Der scharlachrote Buchstabe,* zu dem er auch eine psychologische Vorstudie abgibt.

263 *„Die Hochzeitstotenglocke":* „The Wedding Knell", „By the Author of ‚Sights from a Steeple'", *T for 1836;* TTT 1837.

268 *Bischof Taylor:* Jeremy Taylor (1613–67), Verfasser einer Kasuistik *Ductor Dubitantium: or, The Rule of Conscience* (1676).

275 *„Die prophetischen Bilder":* „The Prophetic Pictures", anonym im *T for 1837;* TTT 1837. – *Doktor Mather:* Cotton Mather, s. Anm. zu S. 192. – *Doktor Boylston:* Zabdiel Boylston (1679–1766) führte die Pockenschutzimpfung in Amerika ein. Vgl. CE VI, 102. – *eine Anekdote von Stuart:* der Maler Gilbert Stuart (1755–1828). *William Dunlap* (1766–1839),

Vf. von *History of the Arts of Design in the United States*
(1834). Die Anekdote Bd. I, S. 187.

279 *Gouverneur Burnett*: William Burnet (1688–1729), der Vorgänger von Gouverneur Belcher (s. Anm. zu S. 259). – *Mr.
Cooke*: Elisha Cooke (1678–1737), Arzt und Politiker, ein
hartnäckiger Gegner königlicher Prärogative und mehrerer
Gouverneure. – *die Gemahlin von Sir William Phipps*: s. Anm.
zu S. 211. – *John Winslow*: Berufsoffizier (1703–74).

280 *Rev. Dr. Colman*: Benjamin Colman (1673–1747), prominen-
ter Bostoner Geistlicher.

281 *den Oberrichter und Madam Oliver*: Peter Oliver (1713–91)
wurde 1756 Richter am Obersten Gerichtshof. Sein Schicksal
als Loyalist beschrieb NH in „The Tory's Farewell", CE VI,
191–97.

286 *Er wies auf die Skizze*: NH war noch in Italien 1858 von
Skizzen zu später ausgeführten Gemälden fasziniert und
sprach in seinem Tagebuch von „entwerfendem Gedanken,
Geschick und prophetischem Muster" und pries Skizzen, weil
sie für die Einbildungskraft produktiver seien als fertige Ge-
mälde; *Passages from the French and Italian Note-Books of
Nathaniel Hawthorne*, Riverside Edition Bd. X, S. 398.

292 *Hatte das Schicksal ... seine eigene Gestalt angenommen ...?*:
die dunkel gefärbte Version einer Handlungsführung, die wir
von der heiteren Seite in „Mr. Higginbothams Katastrophe"
kennengelernt haben; vgl. Anm. zu S. 184.

294 *„Endicott und das rote Kreuz"*: „Endicott and the Red
Cross", anonym im *T for 1838*; TTT 1842. – *unter Führung
von John Endecott*: s. Anm. zu S. 35. Der Vorfall ist für Kinder dargestellt in CE VI, 22–25.

296 *eine junge Frau von nicht geringer Schönheit*: Der Grundge-
danke für *Der scharlachrote Buchstabe* ist in dieser Episode
enthalten. Im Original ist der angeheftete Buchstabe kein E
(= Ehebrecherin), sondern ein A (= Adulteress). Die Stelle
in wörtlicherer Übersetzung findet sich auf S. 566 des Bd. I
(*Der scharlachrote Buchstabe / Die Blithedale-Maskerade*) unserer Ausgabe.

298 *in unserer Stadt des Friedens*: Anspielung auf die Bedeutung
des Stadtnamens Salem; objektiv ironisch, da eine Menge Un-
frieden dargestellt wird. – *Mr. Williams, der Geistliche von
Salem*: Roger Williams (c. 1603–1683), zur Zeit des Ereignisses erst Mitte Dreißig, ist hier als Gegensatz zu Endicott und
als weiser alter Mann stilisiert. In Wirklichkeit konnte es sei-

ne Steifnackigkeit mit der von Endicott aufnehmen. Er vertrat nicht, wie irrtümlich oft angenommen, einen modernen Liberalismus, sondern war nur der konsequenteste Puritaner, indem er jeglicher weltlicher und kirchlicher Autorität das Recht absprach, im Namen Gottes zu verbieten oder zu bestrafen, denn die wahre Kirche auf Erden war noch nicht gefunden; nur sie hätte ein solches Recht. – *Winthrops Wappen*: Gouverneur John Winthrop d. Ä. (1588–1649), Gründervater von Massachusetts.

301 *Dieser Sohn eines schottischen Tyrannen*: Karl I. (1600–1649) war Sohn Jakobs I. von England (Jakobs VI. von Schottland), dieser ein Sohn der 1587 hingerichteten Maria Stuart.

303 *„Die Halle der Phantasie"*: „The Hall of Fantasy", „By Nathaniel Hawthorne", *Pioneer* I (Februar 1843); MOM 1846.

304 *Ein Freund, der zufällig in der Nähe stand*: Die Figur eines Freundes oder Mentors oder Beobachters neben dem Ich-Erzähler findet sich in NHs Erzählungen so häufig (z. B. „Mein Verwandter, Herr Major Molineux" und „Das Brandopfer der Erde"), daß er in dieser allegorischen Geschichte lange unkommentiert geblieben ist. Jedoch hat Buford Jones mit guten Gründen nachgewiesen, daß der Freund und Führer durch die Halle der Phantasie Züge von H. D. Thoreau (1817–62) trägt: „‚The Hall of Fantasy' and the Early Hawthorne-Thoreau Relationship", *PMLA* LXXXIII (Oktober 1968), S. 1429–38. – *Spenser, würdiger Gast*: über die wichtige literarische Beziehung zu Spenser nach vielen vorangegangenen Arbeiten zusammenfassend Buford Jones, „Hawthorne and Spenser: From Allusion to Allegory", *NHJ 1975*, S. 71–90.

305 *Autor von Arthur Mervyn*: Charles Brockden Brown (1771–1810), veröffentlichte den Roman *Arthur Mervyn* in zwei Teilen 1799 und 1800. – *Goethe ... Emanuel Swedenborg*: Die heute merkwürdig anmutende Zusammenstellung gab für die Zeitgenossen einen Sinn; s. S. 599 in Bd. I (*Der scharlachrote Buchstabe / Die Blithedale-Maskerade*) unserer Ausgabe. – *des Kastalischen Brunnens*: Nach griechischem Mythos warf sich die von Apollo verfolgte Nymphe Kastalia in eine Quelle des Parnaß; sie ist Apollo und den Musen geweiht.

306 *Holmes*: Oliver Wendell Holmes d. Ä. (1809–94), 1843 noch nicht so berühmt wie in den späten 50er Jahren; Arzt, Dichter, Essayist und geistvoller Plauderer.

307 *Bryant*: William Cullen Bryant (1794–1878), frühreifer Dichter, wandte sich später der Politik und dem Journalismus zu.

– *Thanatopsis*: Bryants mit 16 Jahren geschriebenes philosophisches Gedicht über den Tod, 1817 veröffentlicht. – *Percival*: James Gates Percival (1795–1856). – *Dana*: Richard Henry Dana d. Ä. (1787–1879). – *Halleck*: Fitz-Green Halleck (1790–1867). – *Willis*: Nathaniel Parker Willis (1806–67). – *Sprague*: Charles Sprague (1791–1875). – *Pierpont*: John Pierpont (1785–1866). – *EXCELSIOR*: Gedicht von Longfellow (s. Anm. zu S. 660).

308 *Geoffrey Crayon*: Pseudonym für Washington Irving (1783–1859). – *Cooper*: James Fenimore Cooper (1789–1851) führte in den Jahren nach 1840 Prozesse gegen die Parteipresse der Whigs. – *Washington Allston*: Maler und Dichter (1779–1843); s. auch Anm. zu S. 419. – *John Neal*: von NH bewunderter vielseitiger Literat (1793–1876); s. auch Anm. zu S. 77. – *Lowell*: James Russell Lowell (1819–91), der Herausgeber der Zeitschrift *Pioneer*, später berühmt als Dichter, Essayist und Diplomat. – *Der junge Autor von Dolon*: Charles King Newcomb (1820–94); sein Fragment „The First Dolon" erschien in Emersons Zeitschrift *The Dial* im Juli 1842. – *Epes Sargent und Mr. Tuckerman*: Epes Sargent (1813–80) und Henry Theodore Tuckerman (1813–71). – *Hillard*: NHs Freund George Stillman Hillard (1808–79), gab 1839 die poetischen Werke Spensers heraus. – *Mr. Poe*: Edgar Allan Poe (1809 bis 1849).

309 *Miss Sedgwick*: Catharine Maria Sedgwick (1789–1867) gehörte zu den beliebtesten Prosaautoren der Almanache; NH kritisiert hier ihre Nüchternheit. – *Rufus Griswold*: Rufus Wilmot Griswold (1815–57) verewigte in seinen Anthologien *The Poets and Poetry of America* (1842), *The Prose Writers of America* (1847) und *The Female Poets of America* (1849) noch bedeutend mehr Autoren als NH in dieser Geschichte. Griswold wurde später berüchtigt als Nachlaßverwalter, Herausgeber und abschätziger Biograph Edgar Allan Poes.

311 *die Erfinder phantastischer Maschinen*: NH hat sich hier durch die Übersetzung eines deutschen Werks anregen lassen, J. A. Etzlers *The Paradise Within the Reach of All Men,* das Thoreau durch Vermittlung NHs für die *DR* besprach. Näheres in dem Aufsatz von B. Jones (s. Anm. zu S. 304).

312 *Professor Espy*: James Pollard Espy (1785–1860), Meteorologe, entwickelte eine Theorie der Stürme.

313 *die Hirten der Vergnüglichen Berge*: Anspielung auf John Bunyans *The Pilgrim's Progress.*

314 *O'Sullivan*: NHs Freund John Louis O'Sullivan (1813–95), Herausgeber der *Democratic Review*. – *Meine alten Freunde von Brook Farm*: vgl. S. 289–91 und 587–88 in Bd. I (*Der scharlachrote Buchstabe / Die Blithedale-Maskerade*) unserer Ausgabe.

315 *Mr. Emerson*: mehr über Emerson in „Das alte Pfarrhaus" in diesem Band S. 627. – *Dial*: Emersons Zeitschrift, 1840–44. – *Jones Very*: transzendentalistischer Dichter (1813–80). – *Mr. Alcott*: Amos Bronson Alcott (1799–1888). Seine weiter unten erwähnten orakelhaften Orphischen Sprüche erschienen in *The Dial*.

316 *Mr. Brownson*: Orestes A. Brownson (1803–76) durchlief verschiedene radikale politische und religiöse Positionen, bis er 1844 zum römischen Katholizismus konvertierte. – *Die Schar aller echten oder selbsternannten Reformer*: hierzu mehr in „Das alte Pfarrhaus" und „Das Brandopfer der Erde" in diesem Band. – *Mrs. Abigail Folsom*: Reformerin und Abolitionistin (1792–1867), von Emerson in *The Dial* als „Floh des Kongresse" tituliert.

318 *Vater Miller*: William Miller (1782–1849), erlebte 1812, nachdem er bereits Deist geworden war, eine religiöse Bekehrung und prophezeite die Wiederkunft Christi für das Jahr 1843. 1842–44 fanden zur Vorbereitung auf dieses Ereignis zahllose Zeltmissionen statt; 1845 kam es – ersatzweise – zu einer Kirchengründung.

322 *Dr. Collyer*: Robert Collyer, Mesmerist; Daten nicht festgestellt.

323 *„Das Muttermal"*: „The Birthmark", „By Nathaniel Hawthorne", *Pioneer* I (März 1843); MOM 1846. – *In der zweiten Hälfte des vergangenen Jhs.*: Die Zeitangabe ist insofern etwas verwunderlich, als das alchymische Gehabe eher auf frühere Jahrhunderte deutet; auch stand Sir Kenelm Digby (1603–65) Pate für mehrere Motive: Alfred S. Reid, „Hawthorne's Humanism: ,The Birthmark' and Sir Kenelm Digby", *AL* XXXVIII (November 1966), S. 337–51. NH könnte durch einen Artikel „Memoirs of Sir Kenelm Digby" angeregt worden sein, der im Mai 1842 in der Zeitschrift *Arcturus* erschien, die NHs Ruhm und Werke zu fördern versuchte. Wahrscheinlich sollten mit der Zeitangabe 18. Jh. die Hoffnungen auf „perfectibility" mitkommentiert werden, die einige radikale Aufklärer hegten. – *Aylmer*: nach Reid eine Variante von „Elmer" und „edel, hervorragend" bedeutend, zugleich aber

ein Wortspiel mit „ail more", d. h. ein Mann, in dem mehr als in anderen etwas schmerzt.

324 *Georgiana*: Reid (s. Anm. zu S. 323) erklärt den Namen als *George* (Landmann, Gatte) + Suffix *-ana* (= hinauf); Erdhaftigkeit gesteigert zu einem hohen Grad von Vollkommenheit. NH war mit dem seltenen Vornamen auf Brook Farm bekanntgeworden, wo sich Georgiana Bruce (Kirby) aufhielt. – *das Mal auf deiner Wange*: Karl P. Wentersdorf, „The Genesis of Hawthorne's ‚The Birthmark'", JA VIII (1963), S. 171–86, hat auf mehrere Parallelen bei Shakespeare, bes. in *Cymbeline*, hingewiesen.

325 *die Statue der Eva von Powers*: der neoklassizistische amerikanische Bildhauer Hiram Powers (1805–73), den NH später in Florenz aufsuchte.

326 *Aylmers düstere Einbildungskraft*: Wie Melvilles Kapitän Ahab in *Moby-Dick* sieht Aylmer mehr Übel als Gutes; er gleicht ihm auch in seiner Monomanie, der krankhaften Konzentration auf ein einziges und daher mehr oder minder willkürlich gewähltes Übel. Eine grotesk-humoristische Version des Aylmer-Problems findet sich in „The Christmas Banquet" (1844), wo NH als eine von zehn überaus unglücklichen Personen eine Dame vorstellt, die nur durch den geringen Fehler eines leichten Schielens ihres linken Auges die absolute und perfekte Schönheit verfehlt. Der winzige Mangel schockierte das reine Ideal ihrer Seele so – und nicht etwa ihre Eitelkeit! –, daß sie ihr Leben in Einsamkeit verbrachte und ihren Anblick selbst vor ihren eigenen Blicken verhüllte.

327 *„Ein furchtbarer Traum! . . ."*: Die Nähe dieser Erzählung zu tiefenpsychologischen Einsichten ergibt sich vor allem daraus, daß Aylmer im Traum viel klarer sieht, was er eigentlich mit seiner Frau vorhat, als in seinem zensierten Bewußtsein. – *mit seinem Diener Aminidab*: im engl. Original Aminadab. Der Name hat zu Spekulationen Anlaß gegeben: Anagramm von *bad anima* = schlechte(re) Seele? Da Kittos *Cyclopedia of Biblical Knowledge*, ein zeitgenössisches Nachschlagewerk, als Bedeutung *famulus principis* gibt, hat NH aber vielleicht nur die Bedeutung ‚Gehilfe' intendiert.

336 *Albertus Magnus, Cornelius Agrippa, Paracelsus und des berühmten Mönchs . . .*: Der Mönch ist Roger Bacon. Näheres bei David M. Van Leer, „Aylmer's Library: Transcendental Alchemy in Hawthorne's ‚The Birthmark'", *ESQ* XXII (4. Quartal 1976), S. 211–20.

337 *Royal Society*: die 1662 in London gegründete wissenschaftliche Gesellschaft.

339 *packte er sie so heftig am Arm, daß der Abdruck seiner Finger darauf zurückblieb*: Hier wird deutlich, in wessen Händen ihr Schicksal liegt. Das unbestimmte Mal, in dem man den Umriß einer Hand sehen könnte, ist durch Aylmers Monomanie aktualisiert und damit erst gefährlich geworden.

344 „*.... Aylmer, liebster Aylmer – ich sterbe!*": Die Situation gleicht der in Poes Erzählung „Life in Death", später u. d. T. „The Oval Portrait", die NH insofern gekannt haben dürfte, als sie in der April-Nummer 1842 von *Graham's Magazine* erschien, in der auch Poes berühmte Rezension der *Twice-Told Tales* von NH angekündigt wurde. Ein Maler, der in seiner Kunst bereits eine Braut hatte, so wie Aylmer eine in seiner Wissenschaft, porträtiert sozusagen seine Frau zu Tode. Sie läßt es sich aus Liebe gefallen.

345 *Hätte Aylmer tiefere Weisheit erlangt*: „Die Moral ist hier wunderbar fein", merkte Melville in seinem Exemplar an. Noch in seinem Alterswerk *Billy Budd* spielt er im Kapitel II auf das Muttermal an, die Unvollkommenheit, die, wie Billy Budds Stottern, das Unglück herbeiführt. Ganz offenbar ist NHs Erzählung eine Auseinandersetzung mit dem „Faustischen" – sonst könnte Aylmer nicht so relativ gut wegkommen. Daß NH spätestens seit seiner Verbindung mit transzendentalistischen Zirkeln von Goethe wußte, ist selbstverständlich; wie weit er sich persönlich und intensiv mit seinem Werk befaßt hat, ist schwerer auszumachen. Sollte er den langen Artikel über Goethes Gesammelte Werke in der *New York Review* vom Juli 1839 gekannt haben, ließen sich manche Schwierigkeiten mit seiner Erzählung „Das Muttermal" leichter auflösen. In ihm ist die Rede von zwei Prinzipien, dem engelhaften und dem tierischen, die Faust und Mephisto entsprechen und die sich in Aylmer und Aminadab wiederfinden. Goethe selbst freilich wird mit seiner Lehre der Entsagung von Faust unterschieden; der eine richtet seine Hoffnung auf eine universale und grenzenlose Existenz in eine zukünftige Sphäre, der andere ist zu ehrgeizig, verflucht die Geduld. NHs Schlußmoral ist die gleiche.

346 „*Die himmlische Eisenbahn*": „The Celestial Rail-road", „By Nathaniel Hawthorne", *DR* XII (April 1843); MOM 1846. – *die berühmte Stadt der Vernichtung*: „The City of Destruction". Obwohl der Name von John Bunyan (1628–1688) und

seiner Allegorie *The Pilgrim's Progress* (1678) noch nicht gefallen ist, konnte sich NH darauf verlassen, daß die parodierte
Vorlage sofort erkannt wurde. Im folgenden wird darauf verzichtet, alle Figuren, Begebenheiten und Lokalitäten aus Bunyans Werk aufzuführen, die von NH aufgenommen wurden.

350 *wie eine Art von mechanischem Dämon*: Der Eindruck der
ersten Eisenbahnen im ländlichen Neu-England hat vielfälti-
ge literarische Spuren hinterlassen, bei Thoreau, Emily Dickin-
son, NH und anderen. Vgl. Leo Marx, *The Machine in the
Garden. Technology and the Pastoral Ideal in America* (New
York: Oxford University Press, 1964).

355 *Tophet*: Ort der Bestrafung der Verdammten, Hölle.

358 *Der Riese Transzendentalist*: Die Schwierigkeit, genau zu sagen, was Transzendentalismus bedeute, war Quelle von mancherlei Satire, Polemik und auch Selbstkritik der Transzendentalisten. Ihnen allen waren idealistische Ethik und Ästhetik
gemeinsam, aber ihr Individualismus und Intuitionismus sorg-
ten dafür, daß die Unterschiede erheblich blieben. Manche
Transzendentalisten, wie etwa Thoreau, vermochten sich
scharfe Umrisse zu geben, andere blieben bei einer „Gestalt
von mehr als seltsamen Proportionen" und einer undeutlichen
Botschaft.

366 „. . . *jene Tür mitten im Gebirge* . . .?": die auch im Kapitel X
von *Der scharlachrote Buchstabe* erwähnte Tür, der Weg der
Heuchler zur Hölle.

370 „*Das Brandopfer der Erde*": „Earth's Holocaust", „By Nathaniel Hawthorne", *Graham's Lady's and Gentleman's Magazine*
XXV (Mai 1844); MOM 1846. – *eine der ausgedehntesten Prärien des Westens*: Der amerikanische Westen stand teils zu
Recht, teils zu Unrecht in dem Ruf, den alten Plunder Euro-
pas, aber auch des amerikanischen älteren Ostens hinter sich
gelassen zu haben.

371 *Gesellschaft der Cincinnati*: amerikanischer Veteranenver-
band, nach dem römischen Feldherrn Cincinnatus, der vom
Pflug weg in den Krieg gerufen wurde.

374 *Drury Lane-Theater*: berühmtes Theater in London, seit der
Zeit Jakobs I.

375 *Prozession von Washingtonern*: Mitglieder der Washington
Temperance Society (Alkoholgegner). – *Anhänger Pater Mathews*: Theobald Mathew (1790–1856), irischer Temperenz-
apostel, 1843 in London, später (1849) auch in den USA.

378 *Sidney Smith*: Londoner Literat (1771–1845), berühmt durch

seine 1820 gestellte rhetorische Frage, wer denn wohl in aller Welt ein amerikanisches Buch läse – just in dem Moment, als Irving und etwas später Cooper in Großbritannien und auf dem Kontinent berühmt wurden. Einen Grund für seinen Ärger über die USA hat NH hier benannt.

382 *die Todesstrafe*: Wie aus Tagebuchnotizen hervorgeht, stand der Galgen sehr im Mittelpunkt der Gedanken NHs zu unserer Geschichte. So hieß es 1840: „Ein Freudenfeuer anzufachen aus dem Galgen und allen Symbolen des Bösen." Etwa zwei bis drei Jahre später: „Nachdem die Reform der Welt komplett ist, soll mit dem Galgen ein Feuer gemacht werden; und der Henker soll kommen und sich in Einsamkeit und Verzweiflung neben ihm niedersetzen ..." CE VIII, 185 und 237. NHs Freund O'Sullivan (s. Anm. zu S. 314) kämpfte in der *Democratic Review* für die Abschaffung der Todesstrafe.

387 „*Melodien der Mutter Gans*": Der Londoner Buchhändler John Newbery (1713–67) veröffentlichte nach dem Französischen Kinderbücher, *Mother Goose's Tales* und *Mother Goose's Melody*. – Das „*Leben und Sterben des Tom Thumb*": s. Anm. zu S. 133. – *Tom Moore*: der anglo-irische Dichter Thomas Moore (1779–1852). – *Ellery Channing*: s. Anm. zu S. 618.

389 *seit Kadmos' Tagen*: Nach griechischer Sage hat Kadmos die Böothen zivilisiert und ihnen die Schrift gebracht.

394 „*... das menschliche Herz!*": Das Herz ist für NH ein zentrales Symbol. Nur sollte man beachten, daß hier der Teufel höhnisch spricht. Edgar Lee Masters läßt im Epilog zu seiner *Spoon River Anthology* (1915) Beelzebub sagen: „Man's what he is and that's the devil's moral" („Der Mensch ist, was er ist, und das ist des Teufels Moral"). – *Welch traurige Wahrheit ...*: NH läßt es charakteristischerweise offen, ob die vom Teufel festgestellte Unveränderlichkeit der menschlichen Natur akzeptiert werden muß oder nicht. Jedenfalls hat das „Herz" als der für das Gute wie das Böse produktive Innenraum eine höhere Wertigkeit als die von den Menschen produzierten Dinge, ob sie nun bewahrt oder beseitigt werden.

396 „*Der Schöpfer des Schönen*": „The Artist of the Beautiful", „By Nathaniel Hawthorne", DR XIV (Juni 1844); MOM 1846. – *Owen Warland*: Der Vorname Owen wird mit Eugenius (wohlgeboren) in Verbindung gebracht; der Nachname deutet auf einen, der mit seiner Umwelt im Kampf liegt.

399 *eine Dampfmaschine*: vgl. die Anm. zu S. 350.

406 *der Körper eines Schmetterlings*: Der von nun an leitmotivisch

wiederkehrende Schmetterling ist von alters her ein Seelen-
symbol. Poes Erzählung „The Black Cat" könnte ein techni-
sches Vorbild gewesen sein.

416 *den von Albertus Magnus konstruierten Eisernen Mann und
den Ehernen Kopf des Klosterbruders Bacon*: s. Anm. zu S.
336.

419 *Allston*: Seit der Abfassung von „Die Halle der Phantasie"
war Washington Allston am 9. Juli 1843 gestorben (vgl. Anm.
zu S. 308) und hatte ein Monumentalgemälde „Belsazars Fest"
unvollendet gelassen. Allston war mit NHs Frau Sophia befreundet gewesen.

428 *das Symbol ... für ihn nur noch geringen Wert*: Die Schluß-
pointe hat den meisten Auslegern schier unüberwindliche
Schwierigkeiten gemacht. Die Gründe liegen in Klischeevor-
stellungen über NH, der sich hier einmal als reinster Plato-
niker darstellt: Hans-Joachim Lang, „Hawthorne. *The Artist
of the Beautiful*", in Karl Heinz Göller und Gerhard Hoffmann, eds., *Die amerikanische Kurzgeschichte* (Düsseldorf:
August Bagel, 1973), S. 59–68. Thoreau hatte offenbar keine
Verständnisschwierigkeiten; in seinem ersten Buch *A Week on
the Concord and Merrimac Rivers* (1849) finden wir im Kapitel „Friday" Ausführungen, die einen Kommentar zu NHs Erzählung darstellen könnten und möglicherweise von dieser
nicht unbeeinflußt sind: „Das wahre Gedicht ist nicht das, das
vom Publikum gelesen wird. Da ist immer ein Gedicht, das
nicht auf Papier gedruckt ist, parallel zu seiner Produktion
und stereotypisiert im Leben des Dichters. Es ist das, *was er
durch sein Werk geworden ist.* Die Frage ist nicht, wie ist die
Idee in Stein oder auf der Leinwand oder auf dem Papier ausgedrückt, sondern wie weit hat sie Form und Ausdruck im Leben des Künstlers gefunden. Sein wahres Werk wird nicht in
der Sammlung irgendeines Fürsten stehen."

429 *„Rappaccinis Tochter"*: „Rappaccini's Daughter", „By Nathaniel Hawthorne", *DR XV* (Dezember 1844); MOM 1846.

431 *eine Statue des Vertumnus*: römischer Gott der Obstgärten;
Gatte der Pomona. Walsh (s. Anm. zu S. 432) erklärt die Anspielungen auf Ovid, Milton und Spenser.

432 *... vielleicht das Paradies der modernen Welt?*: Die Analogie
sollte nicht weiter getrieben werden als ihr eigener Wortlaut:
Rappaccini ist der Adam seines Gartens; wir sind nicht verpflichtet, nach Eva und der Schlange zu suchen. – *„Beatrice! –
Beatrice!"*: Der Hinweis auf Dante im ersten Absatz der Er-

zählung bereitet den Leser auf diesen Namen vor. Allerdings gab es noch eine andere Beatrice, die als unschuldig-schuldige Vatermörderin in der romantischen und nachromantischen Literatur berühmt war und deren angebliches Porträt von Guido Reni von NH und seiner Frau in Rom mit Faszination betrachtet wurde: Beatrice Cenci. Motive der Cenci-Geschichte sind in NHs letzten vollendeten Roman *The Marble Faun* (1860) eingeflossen. Da die sinnliche Atmosphäre des Gartens überwältigend ist, fällt es vielen Kritikern schwer, in NHs Beatrice eine Führerin zum Heil zu sehen; sie betrachten sie vielmehr als *femme fatale*. Um so wichtiger ist die Aufklärung der oft allzu komplexen Symbole. Für Beatrice steht nicht nur die prächtige, aber giftige Pflanze, sondern auch der Brunnen: Thomas F. Walsh, jr. „Rappaccini's Literary Gardens", *ESQ* No. 19 (2. Quartal 1960), S. 9–13. Auch die Farbsymbolik läßt sich nicht richtig interpretieren, wenn man von einem ‚puritanischen' NH ausgeht. In der 1836er Ausgabe des *Token*, die auch NHs Erzählung „Des Pfarrers schwarzer Schleier" enthält, findet sich ein Stich der Beatrice Dantes nebst zugehörigem Artikel, der ein blasses Karmesinrot als die Farbe Beatrices erläutert und überhaupt die gleiche hochidealistische Tendenz aufweist wie NHs Erzählung.

434 *„Ja, meine Schwester ..."*: vgl. die Anm. zu S. 432.

435 *Signor Pietro Baglioni*: Burton R. Pollin, „‚Rappaccini's Daughter' – Sources and Names", *Names* XIV (1966), S. 30–35, weist darauf hin, daß NH durch seinen Unterricht bei Benjamin Lynde Oliver (1760–1835) und seine eigene linguistisch begabte Frau, vielleicht auch durch die Dante-Kurse von Sophia Ripley auf Brook Farm, genug Italienisch konnte, um seine Namen mit Bedacht zu wählen. Rappaccini wäre demnach *rapace* (gierig – nach Wissen), Giovanni Guasconti ist jemand, der sich in anderer Angelegenheiten einmischt (*guastaconti*), Baglioni könnte mit *sbaglriare* (irren) oder *bagliore* (ein Lichtblitz) zusammenhängen. Wahrscheinlicher ist jedoch ein Zusammenhang mit Appolonius aus Keats' Gedicht *Lamia,* das so viele weitere Motivähnlichkeiten mit NHs Erzählung hat, daß es als Quelle gelten kann: Julian Smith, „Keats and Hawthorne: A Romantic Bloom in Rappaccini's Garden", *ESQ* No. 42 (1. Quartal 1966), S. 8–12, Norman A. Anderson, „‚Rappaccini's Daughter': A Keatsian Analogue?", *PMLA* LXXXIII (1968), S. 271–83, Kathleen Gallagher, „The Art of Snake Handling: *Lamia, Elsie Venner,* and ‚Rappaccini's

Daughter'", *SAF* III (Frühjahr 1975), S. 51–64. Die Erzählung hat jedoch noch einen zeitgenössischen Hintergrund, den Kampf der Allopathen gegen die Homöopathen in Massachusetts: M. D. Uroff, „The Doctors in ‚Rappaccini's Daughter'", *NCF* XXVII (1972), S. 61–70. NHs Schwiegervater war Homöopath.

446 *Es war ihm gleichgültig, ob sie ein Engel oder ein Dämon war*: Julian Hawthorne überliefert in *Nathaniel Hawthorne and His Wife* (Boston and New York 1896, [1]1884), Bd. I, S. 360–61 die folgende Anekdote: Nach Verlesung des unvollendeten Manuskripts fragte seine Frau NH, wie die Geschichte enden solle. Ist Beatrice ein Dämon oder ein Engel? „Ich habe keine Ahnung!" soll er mit einiger Bewegung geantwortet haben.

454 *eine Geschichte . . . von einem indischen Prinzen*: Alexander dem Großen wurde eine schöne Frau zugeführt, um ihn zu vergiften. Die von Sir Thomas Browne überlieferte Anekdote notierte sich NH 1839; CE VIII, 184. Ein Beispiel dafür, wie ursprüngliche Motive durch einen neuen Zusammenhang modifiziert werden: Baglioni sät in Giovannis Herz Mißtrauen; das Gift ist nicht in Beatrice, sondern in ihm selbst.

547 *Benvenuto Cellini*: Goldschmied, Bildhauer und Dichter (1500–1571), dessen 1728 postum veröffentlichte Autobiographie Goethe 1805 übersetzte.

466 *„Meine Tochter . . ., du bist nicht mehr einsam in der Welt . . ."*: Motiv aus Mary Shelleys Roman *Frankenstein* (1818). Der Schöpfer Frankenstein eines monströsen und daher isolierten Wesens steht vor dem Dilemma eines zweiten Schritts: sein Geschöpf einsam lassen und damit zur Verzweiflung treiben, oder Nachkommenschaft riskieren.

467 *„. . . von Anfang an mehr Gift in deiner Natur als in der meinen?"*: Wie sich am Ende herausstellt, ist das eigentliche Gift nicht das physische des Gartens, sondern das seelische des Mißtrauens.

468 *„Main-Street"*: „Main-street", laut Inhaltsseite von „N. Hawthorne, Esq.", *Aesthetic Papers* (1849); SI 1851. Die *Aesthetic Papers*, von denen nur ein einziger Band erschien, wurden von NHs Schwägerin Elizabeth Peabody ediert. – *in einem abwechslungsreichen Panorama*: Den technischen und ästhetischen Hintergrund der Darbietung erläutert Benjamin Lease in „Diorama and Dream: Hawthorne's Cinematic Vision", *Journal of Popular Culture* V (1971), S. 315–23.

470 *die große Squaw Sachem*: Witwe eines verstorbenen Häuptlings. – *bis hin zu Agawam*: Ipswich, Mass.

472 *Roger Conant*: lebte 1592–1679 und siedelte im Auftrag der Dorchester Company seit 1623. – *Naumkeag*: indianischer Name von Salem, Mass., mit der Bedeutung Fischfangplatz.

473 *ein Paradies in ihrem Herzen*: ein in „The New Adam and Eve" (1843) verwendetes Motiv. – *einen Säugling an der Brust*: John Massey, das erste in der neuen Siedlung geborene Kind. – *Peter Palfrey*: s. Anm. zu S. 241.

375 *Als Endicott die Bühne betritt*: Von den vielen Auftritten des Gouverneurs John Endicott (c. 1589–1665) in NHs Erzählungen dürfte dieser der für ihn imposanteste und günstigste sein. Vgl. dagegen Anm. zu S. 35.

480 *Schlachten von Marston Moor oder Naseby*: Siege der Truppen des Parlaments über die Soldaten König Karls I., 2. Juli 1644 bzw. 14. Juni 1645.

481 *Hugh Peters*: 1598–1660, Pastor der Kirche in Salem 1636–41, nach der Restauration in England hingerichtet. – *Roger Williams*: s. Anm. zu S. 298. – *Gouverneur Winthrop*: s. Anm. zu S. 298. – *Sir Richard Saltonstall*: Bei NHs ausgezeichneter Kenntnis scheut man sich zu sagen, daß er irrt; aber der Lord Mayor ist nicht identisch mit dem Siedler (1586–1658).

482 *Emanuel Downing*: Schwager des Gouverneurs Winthrop, einer der prominentesten Siedler in Salem (seit 1638). – *Sohn George*: Sir George Downing (c. 1625–1684), der erste Harvard-Graduierte aus Salem, stieg kometenhaft in Cromwells diplomatischem Dienst auf und ebenso rasch in den Dienst Karls II. um. Er lieferte drei ‚Regicides‘ (s. Anm. zu S. 196) an den Galgen und wurde mit Adelstitel belohnt. Heiratete in die Hocharistokratie und spielte eine führende Rolle in der Entwicklung der britischen Handels- und Außenpolitik und der Eroberung der holländischen Kolonie Neu-Amsterdam. Sein Name wurde sprichwörtlich für einen verräterischen Menschen. – *Nathaniel Ward*: s. Anm. zu S. 47. – *Morton von Merry Mount*: s. Anm. zu S. 230. – *Lady Arabella*: Lady Arbella, nach der das Flaggschiff der Auswandererflotte genannt war, Tochter des Earl of Lincoln, Frau von Isaac Johnson, starb bereits 1630. Ihre melancholische Geschichte erzählt für Kinder in CE VI, 14–19.

483 *Ann Hutchinson*: die Frau, die durch ihre Einmischung in theologische Streitigkeiten (sonst nur Männersache) die erste große Krise auslöste, die sog. ‚Antinomian Controversy‘. Ann

Hutchinson, geb. 1591, wurde exkommuniziert und verbannt und starb 1643 mit ihrer Familie in der Kolonie New Amsterdam, von Indianern erschlagen. – *Vane*: Sir Harry Vane (1613–62), Gouverneur 1636–37, nach der Restauration wegen Hochverrats hingerichtet. – *Anachronismen*: Lady Arbella war tot, als Ann Hutchinson einwanderte, usf.

486 *„Donnerstag der Belehrung"*: s. Anm. zu S. 203.

487 *die Dreizehn Männer*: Anzahl der Vertreter Salems im „General Court" der Hauptstadt Boston. – *Goody Foster*: Goody ist kurz für Goodwife, Bezeichnung einer ehrbaren Frau, der der Titel „Mrs." nicht zukommt.

490 *Die Quäker sind da! Wir sind in Gefahr!*: Darstellung vom Standpunkt des unsicheren, autoritätsgläubigen Volkes aus, wie später bei den Hexen. Vgl. die Erzählung „Der sanfte Knabe" in diesem Band.

492 *Major Hawthornes Vollstreckungsbefehl*: s. Anm. zu S. 202.

494 *„King Philip"*: s. Anm. zu S. 190. – *Hauptmann Gardner*: Joseph Gardner wurde 1675 im König-Philipp-Krieg getötet.

496 *Die Hexen*: Wie in „Der junge Nachbar Brown" sind die im folgenden namentlich genannten „Hexen" historisch. Eine kurze Darstellung der traurigen Affäre für Kinder in CE VI, 77–79.

497 *Oberrichter Sewall*: Samuel Sewall (1652–1730) ließ als einziger der Hexenrichter 1697 in der Old South Church zu Boston ein Eingeständnis seiner Schuld öffentlich verlesen.

499 *hört nur den weisen Cotton Mather an*: Wieder aus der Sicht des autoritätsgläubigen Volkes gesehen. In der Darstellung für Kinder wird Mather (s. Anm. zu S. 192) die Hauptschuld gegeben (CE VI, 94); historisch ist das nicht haltbar. – *das alte verhutzelte Indianerweib . . . Tituba*: Das Unglück begann im Hause des Pastors Parris, in einem Zirkel meist junger Mädchen um Tituba, mit Wahrsagerei; vgl. Chadwick Hansen, „The Metamorphosis of Tituba, or Why American Intellectuals Can't Tell an Indian Witch from a Negro", *NEQ* XLVII (März 1974), S. 3–12.

501 *Gouverneur Bradstreet*: s. Anm. zu S. 191. – *die Nase von Ehrwürden Mr. Noyes*: Nicholas Noyes (1647–1717). NH läßt selten eine Gelegenheit aus, sich über geistliche Herren zu amüsieren.

504 *General Taylors Siegesfeier*: Zachary Taylor (1784–1850), Held des Krieges gegen Mexiko, wurde 1848 als Kandidat der Whigs zum Präsidenten gewählt. Obwohl NH noch nichts

von seiner späteren Entlassung aus dem Salemer Zollhaus auf Betreiben der lokalen Whigs wissen konnte, beendet er die Schilderung der Geschichte seiner Heimatstadt sehr passend mit diesem Ereignis, das ihn für immer aus Salem entfernen sollte. Vgl. „Das Zollhaus", die Einleitung zu *Der scharlachrote Buchstabe* in Band I unserer Ausgabe.

506 *„Ethan Brand"*: u. d. T. „The Unpardonable Sin. From an Unpublished Work", „By Nathaniel Hawthorne", *Boston Weekly Museum* II (5. Januar 1850); u. d. T. „Ethan Brand. A Chapter from an Abortive Romance" SI 1851. – *Am Fuße des Greylock*: Mt. Greylock bei Pittsfield, Mass., der Berg, dem Herman Melville ironisch seinen Roman *Pierre; or, The Ambiguities* (1852) widmete.

507 *die Unvergebbare Sünde:* Das Motiv hat NH über längere Zeit beschäftigt. „Die Suche eines Forschers nach der Unvergebbaren Sünde; – er findet sie schließlich in seinem eigenen Herzen und Tun", notierte er sich 1844 (CE VIII, 251). Die inhaltliche Füllung wird in einer etwas früheren Notiz angedeutet: „Ein Moralphilosoph kauft sich einen Sklaven oder kommt sonstwie in den Besitz eines menschlichen Wesens und gebraucht es zu experimentellen Zwecken, indem er die Anwendung eines bestimmten Lasters an ihm ausprobiert." (CE VIII, 237.) – *Privateingang der Hölle:* s. Anm. zu S. 366.

518 *die Esther unserer Erzählung*: Der Hinweis auf diese nicht auftretende Person macht deutlich, daß es sich um ein echtes Fragment handelt (s. Untertitel). Das Motiv der – widerrechtlichen – Besitzergreifung einer Seele hat NH in seinem Roman *The House of the Seven Gables* (1851), Kapitel XIII, verwendet. – *Ein alter deutscher Jude ... mit einem Diorama auf dem Rücken*: Zum Diorama s. die Anm. zu S. 468. Zum Motiv des Ewigen Juden und anderer antisemitischer Stereotypen bei NH: Louis Harap, *The Image of the Jew in American Literature. From Early Republic to Mass Immigration* (Philadelphia: The Jewish Publication Society of America, 1974), Kap. V: „Hawthorne and the Wandering Jew."

528 *„Federkopf"*: „Feathertop", „By Nathaniel Hawthorne", *International Monthly Magazine of Literature, Science, and Art* V (Februar–März 1852); MOM 1854.

529 *daß die Vogelscheuche einen vornehmen Herrn der Zeit vorstellen sollte*: Nach einer Notiz von 1840 (CE VIII 185) über die Verwendung einer Vogelscheuche konkretisierte NH 1849, daß sie zu einer recht eleganten Erscheinung ausstaffiert wer-

den sollte (CE VIII 286). Die Eintragung „R. S. R." wurde
von Alfred A. Kern identifiziert: „Hawthorne's *Feathertop*
and R. L. R.", *PMLA* LII (Juni 1954), S. 503–11. Es handelt
sich um einen älteren wohlhabenden Kaufmann aus Salem, Richard Saltonstall Rogers, der zu der Gruppe lokaler Whig-
Politiker gehörte, die NHs Entlassung aus dem Zollhaus be-
trieben. Die frühere Lesart „R. L. R." beruhte auf einem undeutlich geschriebenen Buchstaben. Clayton A. Holiday, „A
Re-examination of Feathertop and RLR", *NEQ* XXVII
(März 1954), S. 103–5, weist jedoch richtig darauf hin, daß
die Erzählung zwar ihren Ursprung in persönlicher Satire gehabt hat, daß aber Feathertop als Person nicht satirisiert wird,
sondern viel allgemeiner seine gesellschaftliche Umwelt; Feathertop selbst sieht ja seinen Unwert ein. Der reiche Handels-
herr Gookin ist, wenn irgendeiner, ein satirisches Porträt von
„RSR". In „Das Zollhaus" hatte NH direkt, in *The House of
the Seven Gables* indirekt mit seinen Feinden abgerechnet; der
heuchlerische Richter Pyncheon des Romans gilt als ein satirisches Porträt von Charles W. Upham (1802–1875), dem Historiker der Salemer Hexenprozesse. „Feathertop" schob sich
als letzte von NH verfaßte Erzählung (November 1851) noch
in die Zeit seiner drei großen Neu-England-Romane hinein.

530 *Powwow*: Zauberer, Medizinmann (indianisch).

Anmerkungen zu den Skizzen

555 *Skizzen*: Franz H. Link hat in „,Tale', ,Sketch', ,Essay' und
,Short Story'", *Die Neueren Sprachen* H. 8/1957, S. 345–52,
den Abgrenzungsversuch dieser Gattungen unternommen, aber
zugleich mit Recht betont: „Die Überschneidung von *sketch*
und *informal essay* liegt nahe und ist in den meisten Fällen
gegeben, da der beobachtete Gegenstand den Autor zu Reflexionen anregt oder die Reflexion über einen Gegenstand
die Dokumentierung durch Beobachtetes fordert. An dieser
Grenze zwischen *informal essay* und *sketch* stehen die Essays
von Charles Lamb und fast alle Skizzen Washington Irvings
und Nathaniel Hawthornes. Sie lassen sich sowohl als Essays
wie auch als Skizzen klassifizieren." Die Entscheidung für die
Bezeichnung ,Skizzen' fiel insofern nicht schwer, als NH selbst
etwas besonders Anziehendes, weil die Phantasie Anregendes,
in der ,Skizze' sah (s. Anm. zu S. 286) und gerade die hier
vorgestellten Kurzprosawerke Konzentrate der in längeren

Erzählungen und vor allem Romanen verwendeten Motive darstellen. So hat F. O. Matthiessen in *American Renaissance. Art and Expression in the Age of Emerson and Whitman* (New York: Oxford University Press, 1941) „The Haunted Mind" als Ausgangspunkt für eine Gesamtdeutung der Ästhetik und Psychologie NHs genommen (S. 229–41), und H. H. Waggoner hat in seinem kurzen Essay *Hawthorne* (University of Minnesota Pamphlets on American Writers, 23; Minneapolis 1962) aus „Night Sketches: Beneath an Umbrella" zentrale moralische Probleme NHs zu entwickeln vermocht (S. 28–35).

557 *„Der heimgesuchte Geist"*: „The Haunted Mind", nach Inhaltsverzeichnis „By the Author of ‚Sights from a Steeple'", *T for 1835*; TTT 1842. – *Auffahren aus mitternächtlichem Schlaf*: vgl. „The Nature of Sleep", Arlin Turner, ed., *Hawthorne as Editor. Selections from His Writings in The American Magazine of Useful and Entertaining Knowledge* (University, Louisiana, 1941), S. 177–79.

559 *ein Grabgewölbe und ein Verlies*: Eine Notiz aus dem Jahr 1842 gibt über das ‚Herz' (vgl. Anm. zu S. 394) eine etwas freundlichere Auskunft: es könnte als Höhle allegorisiert werden, mit Blumen und Sonnenschein am Eingang, schrecklicher Düsternis und Monstren im Inneren, dann jedoch einem Licht in der Tiefe und einer Region, die die Blumen und den Sonnenschein der ersten Stufe zu reproduzieren scheint. In den Tiefen der menschlichen Natur herrscht wieder Helligkeit und Frieden; tiefer als Trübsal und Schrecken ist die ewige Schönheit (CE VIII, 237). – *daß die Brüderschaft der Reue nicht aus ihren Ketten bricht*: vgl. die allegorische Skizze „Fancy's Show Box" (1836).

560 *Kleider ... verblichen und befleckt*: vgl. die Dame in „Die Mulde unter den drei Hügeln".

563 *„Monsieur du Miroir"*: „Monsieur du Miroir", „By the Author of ‚Sights from a Steeple'", *T for 1837*; MOM 1846.

564 *Ritter des Ordens der Caballeros de los espejos*: Ritter des Ordens der Spiegel, in Cervantes' *Don Quijote*, Teil II, Kap. XII–XV.

565 *Schicksalszwillinge*: der Aberglaube, daß Zwillinge zugleich sterben müssen; ein Motiv in Poes „The Fall of the House of Usher" und anderen zeitgenössischen Erzählungen.

568 *universalistischen oder unitarischen Unglauben*: Die Universalisten glaubten an die Erlösung aller Menschen (womit sie das Dogma der Allmacht und Güte Gottes in einer bestimmten

Richtung konsequent zuendedachten); zu den Unitariern s. Anm. zu S. 153. – *im Tremont Theater*: s. Anm. zu S. 168. – *Fanny Kemble*: Frances Anne Kemble (1809–93), Schauspielerin, US-Tournee 1832–34, heiratete einen Amerikaner und lebte viele Jahre in den USA. – *Old Nick*: der Teufel.

570 *ein zweiter Ladurlad*: Charakter in Robert Southeys Gedicht *The Curse of Kehama* (1810), das Motive der Hindu-Mythologie verwendet.

571 *Shakerquelle in Canterbury*: vgl. die Erzählung „The Canterbury Pilgrims" (1832). Die Shaker („Schüttler") traten 1774 zuerst in Amerika auf und gründeten viele wirtschaftlich erfolgreiche Siedlungen. Ihr Zölibat, ihre Tänze, ihre landwirtschaftlichen Werkzeuge und vor allem ihre funktionalen, formschönen Möbel waren berühmt.

572 *Vielleicht leben noch heute außer mir Leute . . .*: der Höhepunkt der Egozentrik des erzählenden Ichs.

573 *Mann . . ., der viel aufs Spiel gesetzt hat, um sich einen Namen zu machen*: Melville kommentierte, „What a revelation" (was für ein Geständnis), Jay Leyda, comp., *The Melville Log. A Documentary Life of Herman Melville, 1819–1891* (New York: Harcourt, Brace, 1951), S. 674.

574 *. . . aber er wird mich dort nicht finden*: Melvilles Kommentar: „das grenzt an das Ungewisse und Furchterregende." Melville las die Skizze 1865 wieder.

575 *. . . daß mein Schicksal dieses Abbild meiner Selbst angenommen hat*: Spekulationen über personifiziertes Schicksal finden wir auch in „Mr. Higginbothams Katastrophe" und „Die prophetischen Bilder".

578 *Geschäft aus „Reflexion"*: In seiner Rezension „Hawthorne and His Moses" vom 17. und 24. August 1850, die am Anfang seiner Freundschaft mit NH stand, hatte Melville bereits von der „mystischen Tiefe der Bedeutung" dieser Skizze gesprochen. Der zuverlässige Text der Rezension findet sich in der *Moby-Dick*-Ausgabe von Harrison Hayford und Hershel Parker (Norton Critical Editions, New York: Norton 1967), S. 535–51. F. O. Matthiessen (s. Anm. zu S. 555) weist S. 287 auf den Narziß-Mythos hin, den Melville im ersten Kapitel von *Moby-Dick* einführt und der Melvilles Begeisterung für „Monsieur du Miroir" erklärt.

579 *„Feuerkult"*: „Fire-Worship", „By Nathaniel Hawthorne", *DR* XIII (Dezember 1843); MOM 1846. – *unser altes Pfarrhaus*: das in „Das alte Pfarrhaus" beschriebene. Im November

1842 notierte sich NH: „Letzte Woche wurden drei Öfen gesetzt; und von nun an wird uns kein freundliches Feuer mehr
am Abend heiter stimmen. Öfen sind in jeder Hinsicht ab-
scheulich, außer daß sie es uns vollkommen behaglich machen." CE VIII, S. 364. Der überwiegend scherzhafte Ton ergibt sich schon aus der Tatsache, daß die Familie die Öfen
freiwillig eingeführt hat. Die Ansicht von Millicent Bell,
„Hawthorne's ‚Fire Worship': Interpretation and Source", *AL*
XXIV (März 1952), S. 31–39, die Skizze sei eine tiefernste
Allegorie über den Niedergang der alten Religion, ist völlig
abwegig, wie Roy R. Male in seiner Widerlegung *AL* XXV
(März 1953), S. 85–87 dartut.

580 *die persischen Feueranbeter*: vgl. „Fire Worshippers" in *Hawthorne as Editor*" (s. Anm. zu S. 557).

583 *The Whole Body of Divinity* oder den *Commentary on Job*:
s. Anm. zu S. 615.

586 *in dem lieblichen Wald klagender Bäume*: *Die Göttliche Komödie*, Inferno, Gesang XIII.

Anmerkungen zu den Vorworten

591 *Vorworte*: Die beiden ersten Sammlungen von Erzählungen
Hawthornes (1837 und 1842) erschienen ohne Vorwort. Die
dritte, *Moose von einem alten Pfarrhaus* (1846), wurde durch
ein längeres Prosastück, „Das alte Pfarrhaus", eingeleitet, das
als Skizze oder persönlicher Essay klassifiziert werden könnte.
Für den ersten Roman nach dem Jugendwerk *Fanshawe*
(1828), *Der scharlachrote Buchstabe* (1850), griff NH die Idee,
ein Gebäude in den Mittelpunkt eines Essays zu stellen, wieder auf; von der 2. Auflage an kam noch ein kurzes Vorwort
dazu, des Inhalts, daß kein Wort von „Das Zollhaus" zurückzunehmen sei. Danach blieben Vorworte die Regel. Man könnte sagen, daß NH seinen Lesern vertrauter gegenübergetreten
ist. Allerdings finden wir verschiedene Grade der Intimität.
Als 1839 „Der sanfte Knabe", eben erst in einer Sammlung erschienen, nochmals separat herauskam, war eine Erklärung
am Platz; das vergleichsweise konventionelle Vorwort gab sie.
Viel ungewöhnlicher war es, eine Erzählung in einer Zeitschrift mit einer scherzhaften Einführung zu versehen und dabei das Verhältnis des Autors zu seinem Publikum zu thema-
tisieren. „Aus den Schriften Aubépines" wurde in unserer
Ausgabe von „Rappaccinis Tochter" getrennt und in den Zu-

sammenhang der Publikumsansprachen gestellt. Als NH nach monatelanger Mühe mit irgend etwas Neuem für die Sammlung von 1846 „Das alte Pfarrhaus" fertiggebracht hatte, war er wohl damit zufrieden, aber die umständliche Verteidigung, die er wegen der relativen Intimität der Beschreibung für nötig hielt, spricht für sich selbst. „Das Zollhaus" brachte mit seinen satirischen Beschreibungen nochmals eine ganz neue Qualität. Alle ‚Vorworte' miteinander rechtfertigen sich sachlich durch ihre Fracht an Literarästhetik. Sie vermittelt zwischen dem Autor und einem Publikum, das sich nur teilweise als kompetent erwiesen hatte. In verschiedenen Mischungen müssen Publikumsbeschimpfung (wenn auch sehr verdeckte) und Beteuerungen der ironischen Distanz zum eigenen Werk miteinander auskommen. Nicht noch einmal abgedruckt wurden „Das Zollhaus" und die Vorworte zur zweiten Auflage von *Der scharlachrote Buchstabe* und zur ersten von *Die Blithedale-Maskerade,* beide im ersten Band dieser Ausgabe enthalten.

593 *Vorwort zu „Der sanfte Knabe"*: The Gentle Boy: A Thrice-Told Tale; By Nathaniel Hawthorne: With an Original Illustration. Boston: Weeks, Jordan and Co. ... New York and London: Wiley and Putnam, 1839. Textvorlage CE IX, S. 567–68. – *wenig Beachtung*: das Leitmotiv aller Vorworte. – *daß die Natur ihn ... tiefer in das Allgemeine Herz geführt hat ...*: eine Metapher für die sympathetische Verbindung aller Menschen untereinander. NHs Selbstkritik ist berechtigt; die Erzählung bleibt der sentimentalen Tradition verhaftet und greift im zweiten Teil neue Motive auf, die nicht mehr zur vollen Entwicklung kommen.

594 *die Künstlerin*: Sophia Peabody (1809–71), NHs spätere Frau. Eine Biographie Sophias und ihrer Schwestern Elizabeth Palmer Peabody und Mary Peabody (Mann) schrieb Louise Hall Tharp, *The Peabody Sisters of Salem* (Boston: Little, Brown, 1950). – *die warme Empfehlung des erstrangigen Malers in Amerika*: Washington Allston (s. Anm. zu S. 308), den Elizabeth Peabody für möglicherweise den ersten Künstler der Welt hielt! Arlin Turner, „Park Benjamin on the Author and the Illustrator of ‚The Gentle Boy'", *NHJ* 1974, S. 85–91.

595 *Vorwort zu „Rappaccinis Tochter". Aus den Schriften Aubépines*: DR XV (Dezember 1844), MOM 1854. – *M. de l'Aubépine*: Bei seinem Freund Horatio Bridge (s. Anm. zu S. 643) traf NH 1837 einen M. Schaeffer und nahm bei

ihm Französischstunden. „Er hat alle unsere Namen franzö-
siert und nennt Bridge Monsieur du Pont, mich M. de l'Aubépine und sich selbst M. le Berger, alle miteinander Ritter von
der Tafelrunde, und wir leben in großer Harmonie und Brüderlichkeit...", CE VIII, S. 46, S. 578. – *zwischen den Transzendentalisten ... und der großen Masse der Tintenkleckser*:
NHs erste öffentliche Erklärung (im doppelten Wortsinn) seines mangelnden Breitenerfolgs. – *einer Neigung zur Allegorie*:
Die Kritiker E. A. Poe (1809–49) und H. James (1843–1916)
haben an ihr Anstoß genommen. Doch konzentrieren sich die
rein allegorischen Erzählungen NHs auf die frühen 40er Jahre. Einige erschienen u. d. T. „From the Unpublished ‚Alle-
gories of the Heart'", wobei unklar ist, ob wirklich eine
Sammlung geplant oder nur eine Typenbezeichnung für eine
Gruppe von Erzählungen beabsichtigt war.

596 *zufällig unter dem genau richtigen Gesichtspunkt*: vgl. die
Anweisungen des Vorführers in „Main-Street" und das
Vorwort zu TTT 1851. – *Weitschweifigkeit*: Die Bemerkung
ist insofern doppelbödig, als NH einerseits seine Produktion
kurzer Werke ironisiert, anderseits tatsächlich – aus wirt-
schaftlichen Gründen – eine Menge produziert. – *Eugène Sue*:
der wirklich weitschweifige französische Romancier (1804–
57), dessen bis dahin bekanntestes Werk *Les Mystères de Paris*
(1842 f. in zehn Bänden) in der Hawthorne-Familie gelesen
wurde. – *„Contes deux fois racontées"*: „Twice-Told Tales". –
„Le Voyage Céleste à Chemin de Fer": „The Celestial Rail-
road". – *„Le nouveau Père Adam et la nouvelle Mère Eve"*:
„The New Adam and Eve". – *„Roderic; ou le Serpent à
l'Estomac"*: „Egotism; or, The Bosom Serpent". – *„Le Culte
du Feu"*: „Fire-Worship". – *„La Soirée du Château en Espagne"*: „The Hall of Fantasy". – *„L'Artiste du Beau; ou le Papillon Mécanique"*: „The Artist of the Beautiful". – *„Beatrice;
ou la Belle Empoisonneuse"*: „Rappaccini's Daughter". Diese
Übersetzung ist am pikantesten, weil sie eine Interpretation
im Sinne der Darstellung einer ‚femme fatale' impliziert; nach
unserer Meinung ironisch (vgl. Anm. zu S. 432).

597 *„La Revue Anti-Aristocratique"*: *The Democratic Review*. –
Comte de Bearhaven: NHs Freund O'Sullivan (s. Anm. zu
S. 314) wurde „der Graf" oder „Graf Louis" genannt; er soll
auf einem Kriegsschiff im *Hafen* von Gibraltar *geboren* worden sein, daher das gewagte Wortspiel mit „Bearhaven".

598 *„Das alte Pfarrhaus"*: „The Old Manse", erstmals MOM

1846; Textvorlage CE X, S. 3–35. Zur Entstehungsgeschichte J. D. Crowley ebda. S. 499 ff. – *Der Autor macht den Leser mit seiner Behausung bekannt*: Die Beschreibung von Haus, Garten und Umgebung ist präzis, wovon sich noch heute der Besucher in Concord, Mass., überzeugen kann. Dabei kommen freilich die sinnbildlichen Bezüge nicht zu kurz. H. Melville nahm NHs Idee in seiner einzigen Sammlung von Erzählungen auf, *The Piazza Tales* (1856), und bezog sich mehrfach indirekt auf „The Old Manse". – *Eine Art spirituellen Mediums*: Erst die Verfremdung hebt das Haus aus seiner Umwelt so heraus, daß es zu sinnbildlicher Verwendung fähig wird.

599 *Ich nahm Schande auf mich* ...: Der Gedanke wird in „Das Zollhaus" abgewandelt wiederholt; s. S. 16 des ersten Bandes unserer Ausgabe (*Der scharlachrote Buchstabe / Die Blithedale-Maskerade*).

600 *Bancroft*: Der Historiker George Bancroft (1800–91), einflußreicher Politiker der Democratic Party, der NH zu seinen Staatsämtern verhalf. – *wenigstens* ... *einen Roman*: NH drängt über die Kurzform hinaus, schafft aber erst 1849/50 den Durchbruch. – *Hier hatte Emerson „Die Natur" geschrieben*: *Nature* (1836), das programmatische Werk der transzendentalistischen Bewegung.

601 *Ausbruch eines langen* ... *Kampfes*: Die Schlachten von Lexington und Concord (19. April 1775) eröffneten die bewaffneten Feindseligkeiten des amerikanischen Unabhängigkeitskrieges.

604 *erzählte mir der Dichter Lowell eine Überlieferung*: s. Anm. zu S. 308. Zur Verwendung des Motivs im nachgelassenen Fragment „Septimius Felton" s. Edward Hutchins Davidson, *Hawthorne's Last Phase* (New Haven: Yale Studies in English 111, 1949; Neudr. Archon Books 1967).

606 *Thoreau*: s. Anm. zu S. 304.

609 *Brook Farm*: s. Anm. zu S. 314.

613 *Whitefield*: Der kalvinistische Erweckungsprediger George Whitefield (1714–70) bereiste mehrfach die nordamerikanischen Kolonien von Georgia bis Massachusetts und hatte Anteil am „Great Awakening" der 1740er Jahre.

614 *Hillard*: s. Anm. zu S. 308.

615 *eine Abhandlung über das Buch Hiob*: wahrscheinlich Joseph Caryl, *An Exposition with Practicall Observations upon the* ... *Booke of Iob* (London 1643–66 in 12 Bänden), nach CE

VIII, S. 338 und 640. – *ein Korpus der Theologie: A Compleat Body of Divinity in Two Hundred and Fifty Expository Lectures* ... (1726) von Samuel Willard (1640–1707), der in Concord als Sohn eines der Gründer der Siedlung geboren wurde.

616 *The Liberal Preacher* und *The Christian Examiner*: theologische Zeitschriften, 1827–43 bzw. 1824–69.

618 *Morgen auf die Gipfel der Hügel und die Waldpfade*: vgl. die Schlußzeile von Miltons Elegie „Lycidas" (1638): „To morrow to fresh Woods, and Pastures new." – *Ellery Channing*: der Dichter William Ellery Channing (1817–1901), nicht zu verwechseln mit seinem gleichnamigen Onkel, dem „Dr. Channing".

625 *der Unfug eines luftdichten Ofens*: vgl. die Skizze „Feuerkult". – *der Verzauberte Grund*: Im ersten Teil von Bunyans *Pilgrim's Progress* (1678) müssen sich die Pilger vor dem Einschlafen auf dieser Wegstrecke hüten.

626 *diesen müden und weltgeplagten Geistern*: Unter den drei erwähnten Gästen lassen sich mühelos der zweite, NHs Freund Franklin Pierce (1804–69), Präsident der USA 1853–57, und als dritte Margaret Fuller (1810–50) erkennen.

628 *so bewunderte ich Emerson als Dichter*: Im Verhältnis von Emerson und NH mischten sich persönlicher Respekt mit kühler Distanz zu großen Teilen des Werks des anderen: Emerson wußte mit NHs Erzählkunst nichts anzufangen; NH nichts mit Emersons Transzendentalphilosophie.

630 *einer jener gastfreien Wirte*: Gemeint ist Lord Byron (1788–1824), wie sich aus CE VIII, S. 253, ergibt.

631 *in ein Zollhaus geführt*: NH war bereits im Salemer Zollhaus, als er „Das alte Pfarrhaus" schrieb. – *Edition ... des Tagebuchs von meinem langjährigen Freund*: Horatio Bridge (s. Anm. zu S. 643); Bridges *Journal of an African Cruiser* wurde von NH ediert und erschien 1845 als erster Band der Reihe Wiley and Putnam's Library of American Books (s. Anm. zu S. 655).

632 *das Publikum*: vgl. S. 635 dieses Bandes.

633 *Vorwort zu den „Zweimal-Erzählten Geschichten"*: erstmals 1851; Textvorlage CE IX, S. 3–7. – *der obskurste Schriftsteller Amerikas*: zweifellos eine starke Übertreibung. – *„The Rill from the Town-Pump"*: Daß diese Skizze unbeschadet ihrer Kunst den besten Temperenzlertraktat abgäbe, stellte schon 1838 Elizabeth P. Peabody fest; Arlin Turner, „Elizabeth

Peabody Reviews *Twice-Told Tales"*, *NHJ* 1974, S. 75–84. – *die rund vierzig Skizzen*: ‚sketch' ist in diesem Zusammenhang kaum als Gattungsbezeichnung zu verstehen, sondern eher als Ausdruck der Bescheidenheit.

634 *der Autor verbrannte sie*: In „The Devil in Manuscript" (1835) verbrennt ein Autor namens Oberon (NHs Spitzname im College) seine Manuskripte; durch die Beschreibung entsteht ein neues Manuskript für den Autor NH.

636 *Sie bedürfen nie der Übersetzung*: Dies trifft für die TTT insofern wirklich zu, als NH die dunkleren und problematischeren Erzählungen in den Sammlungen von 1837 und 1842 zurückgestellt hat. – *Versuche, ... mit der Welt in Verkehr zu treten*: „to open an intercourse with the world" ist als Formel berühmt geworden. Sie sollte nicht nur auf NHs Einsamkeit bezogen werden, denn sie ist zugleich ein Euphemismus für das Streben nach Ruhm und Erfolg.

637 *gar keine herbe Kritik*: Paradoxerweise konnte sich NH nach seiner großen Berühmtheit über Mangel an herber Kritik nicht mehr beklagen. Sie setzte ein mit seiner Einleitung „Das Zollhaus" und betraf, soweit die religiöse Presse sich mit ihm beschäftigte, den ganzen Roman; auch *The Blithedale Romance* wurde aus den verschiedensten Gründen und Richtungen abgelehnt. Seine Wahlkampfbiographie für Franklin Pierce (s. Anm. zu S. 626) und noch mehr die Widmung seines Englandbuchs *Our Old Home* (1863) an Pierce erregten politische Leidenschaften. – *Wunsch..., einen so liebenswürdigen Umriß auszufüllen*: So greifbar die Kompromisse NHs mit dem Zeitgeschmack bei der Zusammenstellung seiner Erzählungen sind, so schwer zu beurteilen ist der Grad, in dem er das verniedlichende Image internalisiert hat. Was als Beleg dafür gelten könnte, erklärt sich meist einfacher als Gelegenheits-, zum Teil als Jugendliteratur, die von vornherein unter anderen Gesichtspunkten zu beurteilen ist. – *viele goldene Fäden*: Eine der eifrigsten Förderer NHs war Elizabeth Peabody (1804–94); ihre Bemühungen führten mittelbar zu NHs Ehe mit ihrer Schwester Sophia (vgl. Anm. zu S. 594).

639 *Vorwort zu „Das Haus der sieben Giebel"*: erstmals 1851, Textvorlage CE II, S. 1–3. – *eine ‚Romance'... eine ‚Novel'*: Da im Englischen ‚novel' im Unterschied zum Deutschen und zu den romanischen Sprachen an der Langform festgemacht wurde, ergaben sich sowohl für die Langform wie für die Kurzform terminologische Besonderheiten. Einmal der Not-

stand einer Bezeichnung für die Kurzform (im Deutschen: Novelle), der in der 2. Hälfte des 19. Jhs. durch die Prägung ‚short story‘ beseitigt wurde, zum andern – unter Beibehaltung der älteren Bezeichnung ‚romance‘ – die Möglichkeit, zwischen zwei Arten von ‚Romanen‘ zu unterscheiden: der (realistischen) ‚novel‘ und der (romantischen) ‚romance‘, wobei ‚novel‘ zugleich als Oberbegriff für den Roman insgesamt verwendet wird. Unterscheidungen von ‚novel‘ und ‚romance‘ gehen bis ins 17. Jh. zurück und finden sich noch bei Henry James 1907 (Vorwort zu *The American*). NHs Definition des Unterschieds gehört mit der von James zu den berühmtesten und präzisesten. Daß sehr viele Romane nicht eindeutig zuteilbar sind, weil sie ‚novel‘- und ‚romance‘-Elemente enthalten, versteht sich. – *Wahrheit des menschlichen Herzens*: Die ‚romance‘ hat die Verpflichtung, psychologisch zu überzeugen, mag der Weg auch noch so indirekt sein. – *das Wunderbare*: Das Zeitalter der Aufklärung brachte allerorten den Disput über die Legitimation des Wunderbaren in der Literatur; vgl. die Anm. zu S. 7.

640 *hat sich der Autor mit einer Moral versehen*: Die Formulierung macht deutlich, daß NH die Moral als etwas der Story Äußerliches betrachtet.

641 *eine echte Lokalität*: Da der einzige umfangreiche Ausbruch von Hexenwahn in Nordamerika in NHs Heimatstadt Salem stattfand, wäre die Verlegung der Handlung an einen anderen Ort wirklich eine Verlegenheitslösung gewesen. – *Die Figuren ...entspringen...des Autors eigener Erfindung*: Privat hat NH nicht geleugnet, für den Richter Pyncheon seinen Feind Charles W. Upham (s. Anm. zu S. 529) als Vorlage verwendet zu haben.

642 *Grafschaft Essex*: Salem liegt im Essex County, Mass.

643 *Vorwort zu „Das Schneebild“*: erstmals 1851; Textvorlage CE XI, S. 3–6. – *Horatio Bridge*: NHs Klassenkamerad aus dem Bowdoin College und einer seiner engsten Freunde (1806–93), der ohne Wissen NHs die Publikation der TTT von 1837 durch eine Ausfallgarantie für den Verleger ermöglichte. Veröffentlichte 1893 seine *Personal Recollections of Nathaniel Hawthorne*. – *keine Eröffnungen über mich selber*: vgl. Anm. zu S. 630.

644 *zu Zwecken psychologischer Romankunst*: vgl. Anm. zu S. 639.

645 *wie ein Mann unter einem Zauber*: vgl. NHs Brief an Long-

fellow (s. Anm. zu S. 229). Noch als berühmter Mann in England wurde NH von einem wiederkehrenden Schuldtraum geplagt, den er auf seine zwölf ‚einsamen‘ Jahre nach dem College zurückführte. Zu seiner Schande und Niedergeschlagenheit machte er im Gegensatz zu seinen Zeitgenossen keine Fortschritte im Leben: R. Stewart, ed., *The English Notebooks by Nathaniel Hawthorne* (New York: Russell and Russell, 1962), S. 98.

647 *falls noch ein paar übrig geblieben sein sollten:* Die meisten Versuche, noch unbekannte Erzählungen NHs zu entdecken, erwiesen sich als Fehlschläge. Ungeklärt ist NHs Verfasserschaft einer am 12. Oktober 1827 in *The Salem Gazette* veröffentlichten Erzählung, die dann seine früheste, aber leider auch schwächste und unoriginellste wäre. S. den Artikel von C. E. Frazer Clerk, jr., „‚The Interrupted Nuptials‘ – A Question of Attribution“, *NHJ* 1971, S. 49–66.

648 *Vorwort zu „Der Marmorfaun“:* erstmals 1860, Textvorlage CE IV, S. 1–4. – *Autor dieser ‚Romance‘:* s. Anm. zu S. 639.

649 *in einem fremden Land:* Wie auf Washington Irving und James F. Cooper übte Europa auch auf NH eine starke Anziehungskraft aus, und die Aussicht auf Rückkehr nach Amerika löste gemischte Gefühle aus. – *in meinen Vorworten egozentrisch:* s. Anm. zu S. 630.

650 *ein Land ohne Schatten, ohne Altertum, ohne Geheimnis:* Einer der berühmten Negativkataloge, wie sie von Europäern, aber noch öfter von Amerikanern erfunden wurden, um die Nacktheit der Neuen Welt im Vergleich mit dem alten Europa herauszuarbeiten. Der subjektive Faktor wird besonders deutlich in der Formulierung „ohne ein pittoreskes und düsteres Unrecht“, als ob die Sklaverei nicht gerade ein solches gewesen wäre! Daß das Thema dem Neu-Engländer genausowenig verfügbar war wie das der Ureinwohner (vgl. Anm. zu S. 77), ist eine andere Sache. Allerdings hat dann NH unter dem Bürgerkrieg so gelitten, daß hier einer der Hauptgründe für seine Unfähigkeit gesucht werden muß, einen weiteren Roman zu vollenden. – *‚Romances‘ brauchen Ruinen:* eine Ansicht, die NH selbst durch seine drei Neu-England-Romane schlagend widerlegt hat. Mit Recht hatte er W. G. Simms vorgeworfen, „die wahren Schätze seines Sujets“ (S. 656 dieser Ausgabe) verkannt zu haben. In seinem Rückfall deutet sich ein resignativer, um nicht zu sagen: depressiver, Zug an. – *das Ausmaß, in dem er Beschreibungen ... eingeführt hat:* Der

Roman wurde von amerikanischen Touristen öfters als Bae-
deker verwendet.

651 *Paul Akers*: Benjamin Paul Akers (1825–61), amerikanischer
Bildhauer. – *William W. Story*: amerikanischer Bildhauer und
Schriftsteller (1819–95). Henry James beschrieb seinen Zirkel
in *William Wetmore Story and His Friends* (1903). – *Randolph
Rogers*: amerikanischer Bildhauer (1825–92). – *Fräulein Hos-
mer*: Harriet Goodhue Hosmer (1830–1908), amerikanische
Bildhauerin.

Anmerkungen zu den Rezensionen

653 *Rezensionen*: Hawthorne war kein Kritiker, obwohl er die
Fähigkeit dazu gehabt hätte. Seine wenigen Kritiken – kein
Dutzend – sind Gelegenheits- und Gefälligkeitsarbeiten; sie
schließen auch einige Theaterkritiken ein. Unsere Auswahl
geht von dem Gedanken aus, daß NHs Stellung in der Literatur seiner Zeit der für den Leser interessanteste Aspekt seiner Rezensionen ist. Zwei Kritiken sind eher negativ: die zu
W. G. Simms und zu J. G. Whittier, und zwar aus ähnlichen
Gründen; zwei sind positiv bis enthusiastisch: die zu Melville
und zu Longfellow. Unsere Textvorlagen sind Editionen von
Randall Stewart, „Hawthorne's Contributions to *The Salem
Advertiser*", *AL* V (Januar 1934), S. 327–41, und „Two Uncollected Reviews by Hawthorne", *NEQ* IX (September
1936), S. 504–09.

655 *Wiley and Putnam's Library of American Books . . .*: anonym
in *The Salem Advertiser*, 25. März 1846. – *dieser ausgezeichneten und populären Reihe*: NH schrieb dem Herausgeber
Evert A. Duyckinck (1816–78) am 15. April 1846, er habe
Typee ungemein gern gemocht und Duyckinck möge ihm weitere Bände der Reihe zur Rezension zukommen lassen. Noch
ehe Duyckinck Melville kannte, hatte er bereits NH in seiner
Zeitschrift *Arcturus* (1841–42) durch Nachdruck von Erzählungen und lobende Erwähnung gefördert; s. J. Donald Crowley, ed., *Hawthorne. The Critical Heritage* (London: Rout-
ledge and Kegan Paul, 1970), S. 74–78. – *von einem ehemals
. . . geschmackvollen Mann*: Wortspiel mit „well-dressed": gut
angezogen und gut zubereitet.

656 *Views and Reviews in American History . . .*: anonym in *The
Salem Advertiser*, 2. Mai 1846. – William Gilmore Simms

(1806–70), enorm produktiver und vielseitiger Literat aus
Charleston, S. C., Verfasser von historischen und Indianer-
und Grenzerromanen, Dichter, Journalist und Redakteur,
vor dem Bürgerkrieg hervorragender Apologet des Südens
und später der Konföderation; durch den Krieg verarmt. –
nichts weiter ... als historische Romane: Bei aller Liebe zu
Sir Walter Scott hatte NH bereits 1845 in „P.'s Correspondence" geschrieben: „Die Welt braucht heutzutage einen
ernsteren Vorsatz, eine tiefere Moral und eine hautnähere
Wahrheit, als er sie ihr zu geben in der Lage war" (CE X, 369).
NHs *Der scharlachrote Buchstabe* ist denn auch kein historischer Roman im engeren Sinn, trotz seiner Handlung in der
Mitte des 17. Jhs.

657 *Sein Stil ... wie eine Kruste*: Das Ideal des ‚organischen' Stils
beherrschte die besten Autoren der Zeit, wie F. O. Matthiessen
in *American Renaissance* (s. Anm. zu S. 555) ausführt. – *das
Lyceum-System*: eine Art Volkshochschule, begründet 1826
von Josiah Holbrook (1788–1854) in Millbury, Mass.; breitete sich rasch in Tausenden von lokalen Institutionen über
das Land aus und gab selbst so esoterischen Figuren wie Emerson Gelegenheit, weite Bevölkerungskreise zu erreichen. Während seiner Zeit im Salemer Zollhaus war NH Sekretär des
örtlichen Lyceums.

657 *The Supernaturalism of New England*: anonym in *The Literary World*, 17. April 1847. – *Whittier*: John Greenleaf Whittier (1807–92), Quäker, neuenglischer Heimatdichter und Abo-
litionist.

658 *Mr. Whittier ... läßt sich zu seinem Thema herab*: Wie NH
am 10. Oktober 1845 an Duyckinck schrieb, war er an einer
Geschichte des Glaubens an Hexerei und andere übernatürliche Dinge nicht uninteressiert, wollte aber dem entsprechenden Vorschlag des Herausgebers nicht nähertreten. Er wollte
ein solches Buch weder rasch noch für Geld schreiben, weil es
Forschung und so tiefes Nachdenken erfordere, wie ein
Mensch es nur eben aufbringen könne. Je länger er darüber
nachdächte, desto mehr Schwierigkeiten sähe er. Vielleicht
später einmal ...

659 *Vor allem aber muß der Erzähler selbst glauben*: eine Forderung romantischer Ästhetik, die vor allem bei Coleridge und
Poe in leserpsychologischer Hinsicht erhoben wurde: der
Dichter hat die Skepsis des Lesers zu überwinden und ihm den
poetischen Glauben an das Unglaubhafte auf Zeit zu vermit-

teln; vgl. Anm. zu S. 7. Der Dichter muß gleichsam mit sich selbst den Anfang machen. Es sollte nicht übersehen werden, daß NH selten im Sinne seiner eigenen Forderungen schreibt; viel öfter wird bei ihm eine natürliche Erklärung mit angeboten und zur Auswahl gestellt.

660 *Mr. Whittier hat zu viel gelesen*: Den gleichen Vorwurf könnte man mit noch mehr Recht NH machen, hätte er es nicht im Sinne eines ‚organischen‘ Stils (s. Anm. zu S. 657) verstanden, seine Quellen, Anspielungen und historischen Kenntnisse gedanklich wie stilistisch in den eigenen Text zu verschmelzen. – *Noch gibt es viele Legenden zu sammeln*: NH hatte sich auf seinen Reisen durch Neu-England in den 1830er Jahren selbst um Legendensammlung bemüht und verschiedene für Erzählungen verwendet.

660 *Evangeline*: anonym in *The Salem Advertiser*, 13. November 1847. Neben dem Abdruck von Stewart findet sich ein weiterer von Hubert H. Hoeltje, „Hawthorne's Review of *Evangeline*", *NEQ* XXIII (Juni 1950), S. 232–35, mit kurzer Einleitung. – *Longfellow*: Henry Wadsworth Longfellow (1807–82), Studienkamerad NHs im Bowdoin College, ohne befreundet zu sein; schrieb enthusiastische Rezension der ersten Ausgabe der *Twice-Told Tales* (1837), ebenso der späteren Ausgabe von 1842 (s. *Hawthorne. The Critical Heritage*, S. 55–59 und 80–83). NH schlug ihm Zusammenarbeit bei Kinderbüchern vor, aus der nichts wurde. Longfellow erreichte mit *Evangeline* einen Höhepunkt seines Ruhms, mit dem der ältere NH erst 1850 gleichzog. Der Katalog einer Doppelausstellung, *Hawthorne and Longfellow. A Guide to an Exhibit*. By Richard Harwell (Brunswick, Maine: Bowdoin College, 1966) bringt Material über beide Dichter und ihr Verhältnis zueinander. – *Dieses Gedicht hat eine historische Grundlage*: Ende 1838/Anfang 1839 notierte sich NH eine Geschichte, die ihm sein Freund H. L. Conolly über ein junges kanadisches Paar erzählt hatte (CE VIII, S. 182). Durch politische Maßnahmen getrennt, sucht eine Braut ihren Bräutigam ein Leben lang und findet ihn erst auf seinem Totenbett, wonach sie gleichfalls stirbt. NH verwendete die historischen Ereignisse unter dem Titel „The Acadian Exiles" für sein Kindergeschichtsbuch (CE VI, 125 ff.). In eine spätere Auflage arbeitete er den Hinweis auf Longfellows Gedicht ein (S. 129). Conolly hatte die rührende Begebenheit 1840 und 1841 auch Longfellow erzählt; sein späterer Bericht, NH sei darüber verstimmt gewe-

sen, gilt als unzuverlässig. Zur Entstehung von *Evangeline* s. Manning Hawthorne and Henry W. L. Dana, „The Origin of Longfellow's *Evangeline*", *Papers of the Bibliographical Society of America* XLI (1947), S. 165–203.

661 *mit äußerster Einfachheit erzählt*: vgl. die Kritik an J. G. Whittiers Aufwand an Gelehrsamkeit.

662 *jenseits der Reichweite des Neides*: Longfellow war in den Jahren vor *Evangeline* besonders scharf von Edgar Allan Poe attackiert worden, zumal mit Plagiatsvorwürfen.

Nachwort

Im April 1845 veröffentlichte Nathaniel Hawthorne „P.'s Correspondence", Briefe eines Amerikaners aus London an einen Freund zu Hause, die unter dem Datum vom 29. (!) Februar 1845 (kein Schaltjahr!) von merkwürdigen Begegnungen berichteten. P. findet in der britischen Hauptstadt den mächtig dick und konservativ gewordenen Lord Byron; Coleridge, der sein Gedicht „Christabel" vollendet hat; den ehrwürdigen 87jährigen Robert Burns; Scott als gelähmten alten Mann; Shelley als treuen Sohn der anglikanischen Kirche; selbst Napoleon läuft noch auf der Straße herum. Andererseits erfahren wir, daß Dickens, ein begabter junger Autor, kurz nach den *Pickwick Papers* verstorben ist, wie auch einige amerikanische Autoren, so Whittier, in South Carolina gelyncht, und Longfellow, der sich in Göttingen überarbeitet hatte. Hawthornes *jeu d'esprit* gehört zu seinen eher journalistischen Gelegenheitsarbeiten, aber die Grundidee läßt sich mit Gewinn auf seine eigene Karriere anwenden, ohne daß man an so Dramatisches wie das Abschneiden des Lebensfadens zu denken braucht. Es genügt die Überlegung, was wohl geschehen wäre, hätten Hawthornes Feinde 1849 darauf verzichtet, ihn aus dem Salemer Zollhaus zu vertreiben. Wäre es bei gesichertem Auskommen für weitere Jahre noch je zu *Der scharlachrote Buchstabe*** und zu den weiteren großen Romanen gekommen? Wie sähe Hawthornes Ruhm heute aus, hätte er statt zwei Karrieren – eine zweite als Romancier und eine als Autor kurzer Erzählungen – nur die erste gehabt? Hätte Hawthorne im Todesjahr von Edgar

* Ins Deutsche übersetzte Titel bedeuten, daß die Werke im ersten oder im vorliegenden zweiten Band unserer Auswahlausgabe zu finden sind. Nur der Titel „Main-Street" wurde beibehalten.

Allan Poe zu schreiben aufgehört, wäre er immer noch eine bedeutende Figur der frühen amerikanischen Literatur. Ohne den späteren Erfolg wäre er, wie Poe, noch mehr als Opfer der amerikanischen Verhältnisse erschienen, seine Leistung weniger selbstverständlich, sein Verstummen dramatisch.

Hawthorne gab das Schreiben kurzer Erzählungen als „das unprofitabelste Geschäft der Welt" auf und verdiente seit 1850 seinen Lebensunterhalt mit Romanen und noch einmal einem politischen Amt, dem Konsulat in Liverpool. Das sind keine großen Neuigkeiten; zahllose Familienväter haben ihre Söhne und Töchter über brotlose Künste aufgeklärt. Nur die literarische Kritik hat nicht immer die nötigen Konsequenzen aus dem gezogen, was alle wissen. Mit vermeintlichem Tiefsinn hat sie sich eher bemüht herauszufinden, was eines Autors unveränderliches Wesen und unablenkbarer Genius gewesen sein möchte. Zu kurz kam dabei der Gedanke, daß ein Erzählgenie viel offener und disponibler angelegt sein könnte, als der Masse des dann tatsächlich Produzierten zu entnehmen ist, daß Zufall, Gelegenheit und Mißgeschick und der Druck der Verhältnisse auch im Schriftstellerleben walten. In dem letzten Buch, das er vollenden konnte, *Our Old Home* (1863), erwähnte Hawthorne „ein gewisses ideales Bücherbord, auf dem noch viele weitere schattenhafte Bücher von mir stehen, größer an Zahl und an Qualität ungemein überlegen denen, die ich zu realisieren vermochte". Das ist nicht erst der Gedanke eines pessimistischen alten Mannes. Schon dreißig Jahre früher finden wir in einem sonst nicht weiter bedeutenden Artikel, „Graves and Goblins", den Ausruf: „Armer Autor! Wie wird er das verachten, was er in den Griff bekommt, um der undeutlichen Glorie willen, die sich ihm entzieht!"

Eine Auswahlausgabe von Erzählungen Hawthornes ist auf das Material angewiesen, das er wirklich zu Papier gebracht hat. Aber die Beurteilung ist kaum möglich ohne den Blick auf das „ideale Bord". Dort stehen nämlich nicht die uns geläufigen Titel wie *Twice-Told Tales* oder *Mosses from an Old Manse*; wir sehen dort vielmehr „Seven Tales of My Native Land", „Provincial Tales" und ein recht umfängliches, zweibändiges Werk mit dem Titel „The Story-Teller" und einem Datum um 1835, das gewiß Hawthornes Weltruhm begründet hätte, wäre es nur erschienen. Wir wissen nicht, was Ruhm zur rechten Zeit und vielleicht sogar finanzielle Besserstellung für einen Einfluß auf Hawthornes Produktion gehabt hätten, aber wir wissen, daß die Verzweiflung, die ihn damals packte, sein Verhältnis zu seinem Publikum, zur Kritik, zu sich selbst und seinem Werk verändert hat. Die Erfahrung des Beinahe-Scheiterns war traumatisch; der später sich allmählich einstellende relative Erfolg war nicht mehr ohne Ironie zu genießen. Erst der ganz große Ruhm – aber eben mit dem Roman und im Alter von 45 Jahren – mochte die Jahre der Fron im „unprofitabelsten Geschäft der Welt" vergessen machen.

Die Frühzeit der amerikanischen Literatur wurde sowohl im Lande selbst als auch in Europa stets nur im Vergleich mit dem Mutterland betrachtet und beurteilt. Als sich herausstellte, daß nur ein einziger amerikanischer Romancier, Cooper, weltweites Echo fand, daß aber die USA mehrere erstaunlich originelle Erzähler in den kürzeren Formen hervorgebracht hatten, Irving, Hawthorne und Poe, begannen Vulgärsoziologen mit ihren Einfällen, was denn wohl im amerikanischen Charakter, Temperament oder dem Leben an der Grenze für – wie man später sagte – die ‚Kurzgeschichte' ursächlich gewesen sein mochte. Diese Theorien, sofern man sie nicht gleich besser Aperçus nennen sollte, erklommen in unserem Jahrhundert, als unter ‚Amerikanismus' die moderne technische Zivilisation verstanden wurde, Gipfel der Absurdität, zumal bei konservativen Ideologen, die – in der heiligen Überzeugung, zwei verschiedene Worte signalisierten auch zwei verschiedene Sachen – die flache amerikanische Kurzgeschichte der seelenvollen deutschen Novelle gegenüberstellten. So lesen wir bei Willi Flemming über die Kurzgeschichte: „Sie verzichtet auf sorgfältige Architektur und benimmt sich veristisch: das ungefilterte Leben, bloß einen Ausschnitt aus der Wirklichkeit will sie einfangen. Willkür und Laune des Autors greift heraus, was er gerade erlebt, was er dem Leser zeigen will. Er möchte ihn auf etwas aufmerksam machen, das er sonst übersieht, zumal bei der Hetze und Unachtsamkeit des großstädtischen Daseins. Schicksalsschwere, eigentlich geistiger Gehalt hat einem unverbindlichen Hinweisen Platz gemacht. Es fehlt jeder Kontakt zwischen Schreiber und Leser. Leere Zeit soll ausgefüllt werden. Daß beide Zeitgenossen sind im rasenden Großstadtbetrieb, macht die ganze Gemeinsamkeit aus. Dagegen hält die Novelle das Gefühl des Numinosen im Leben wach und mahnt, an die ordnenden Kräfte zu denken."[1] Demgegenüber hat ein gründlicher Kenner literarhistorischer Begriffsbildung wie René Wellek sein Unvermögen bekannt: „Die deutsche Novelle hat wegen ihres großen künstlerischen Erfolges starke Aufmerksamkeit bei der Kritik erregt; große Anstrengungen sind daran gewendet und – leider – verschwendet worden, eine Definition dieser literarischen Gattung zu finden. Ich kann nicht erkennen, wie die Novelle von der Kurzgeschichte zu unterscheiden ist und wodurch sie grundsätzlich von dem formalen Muster abweicht, das Boccaccio und Cervantes geliefert haben; beide Vorbilder waren den deutschen Novellisten durchaus gegenwärtig."[2] Wir entgehen in unserer Ausgabe dem terminologischen Streit, indem wir schlicht von Erzählungen sprechen.

Warum aber haben sich Irving, Hawthorne und Poe der kurzen Form zugewendet, und wie ist es ihnen nach ihrer

[1] Zit. nach Werner Krauss, ed., *Grundprobleme der Literaturwissenschaft* (Reinbek: rowohlts deutsche enzyklopädie 290–91, 1968), S. 200.

[2] René Wellek, *Konfrontationen. Vergleichende Studien zur Romantik* (Frankfurt/M.: edition suhrkamp 82, 1964), S. 21.

Wahl ergangen? Es herrscht kein Mangel an Zeugnissen; nur einige wenige können erwähnt werden. Für Irving war es der Schatten des gewaltigen Scott, der ihn davor warnte, mit dem Meister des panoramischen historischen Romans in Konkurrenz zu treten, und ihm riet, sich lieber eine ihm ganz eigene persönliche Linie zu suchen. Mit ihr hatte er zunächst auch einen großen internationalen Erfolg, mußte sich aber nach dem dritten Buch Kurzprosa innerhalb von fünf Jahren von der Kritik sagen lassen, daß ihm einfach nichts mehr einfalle. So finden wir in einem Brief an den Freund Brevoort vom 11. Dezember 1824 die Klage, wie schwer es doch sei, gute kurze Geschichten zu schreiben, wie ständig Nachdenken nottue und wie viel Mühe auf die Ausarbeitung verwandt werden müsse. Irving sprach freilich auch schon, fast zwanzig Jahre vor Poe, von den Chancen der kurzen Formen. Wenn einer Erfolg habe, dann werde gerade die Verschiedenartigkeit (,variety‘) und Zugespitztheit (,piquancy‘), ja die Kürze selbst zum Reiz für den Leser, der sich kürzeren Werken umso öfter wieder neu zuwenden könne, auch wenn kein Interesse am Fortgang der Handlung mehr ins Spiel komme. Das Rührende und das Humoristische, die witzige Pointe und der sprachliche Einfall könnten um so besser gewürdigt werden.

Irving ging freilich, wie schon der Hinweis auf das Wiederlesen impliziert, ganz selbstverständlich von der Buchpublikation aus, nicht von der Zeitschrift oder gar Zeitung. Auch ein Mann der Zeitschrift (,magazinist‘) wie Poe, erfahren in allen Tricks seines damals noch anrüchigeren Milieus und Metiers, drängte zum Buch. Daß es ihm, der als Dichter, Erzähler und vor allem Kritiker bedeutend mehr Wirbel zu machen verstand als Hawthorne, in seinem allerdings kurzen Leben nur zweimal gelang, einen Band Erzählungen zu veröffentlichen, – das spricht Bände. So sehr scheute er im Vorwort zu seinen *Tales of the Grotesque and Arabesque* (1840) das Odium der Einseitigkeit, daß er die Tatsache der Produktion von fünfundzwanzig Geschichten des grotesken (humoristischen) und arabesken (schauerromantischen) Typs nicht als Indiz einer unmäßigen Vorliebe für diese Typen (und zugleich, so darf man vermuten, für die kurze Erzählung überhaupt) gelten lassen wollte. Erst 1842, in seiner Rezension von Hawthornes *Twice-Told Tales*, faßte er sich ein Herz und erklärte die kurze Erzählung (‚tale proper‘), die er freilich mit einer Lesedauer von einer halben bis zu zwei Stunden nicht allzu knapp bemaß, für ein nicht nur legitimes, sondern – nach dem kurzen Gedicht – dem Genie angemessenstes Betätigungsfeld.

Tapfere Worte dies, aber in einem Brief an Charles Anthon, der etwa im Oktober 1844 geschrieben wurde, kommt noch einmal das Elend dessen zur Sprache, der in den Zeitschriften beginnt. Wer seine Erzählungen nicht in Buchform zu sammeln vermag, setzt sich schwersten Mißdeutungen derer aus, deren Urteil er schätzt und fürchtet. Sie sehen vielleicht zufällig hie und da etwas aus seiner Feder, eine bloße Extravaganz etwa oder eine Auftrags- und Gelegenheitsarbeit; sie sehen nicht die Breite und Vielfalt seiner Produktion. Im folgenden Jahr konnte Poe noch einmal einen Band *Tales* herausbringen, aber die Auswahl war schmal. Die vierbändige Werkausgabe von 1850 erschien posthum.

Die verlegerische Erfahrung, daß sich ein Roman besser verkauft als ein Buch mit Novellen, blieb nicht auf das 19. Jahrhundert beschränkt, war aber schon damals wohlbekannt. So schrieb der Verleger Carey an den Autor J. P. Kennedy unter dem 21. November 1834, Schreiben sei ein sehr schlechtes Geschäft, sofern es dem Autor nicht gelinge, die öffentliche Aufmerksamkeit auf sich zu lenken, und eben dies erfolge nicht häufig durch kurze Geschichten. Die Leute wollen etwas Breiteres und Längeres. Noch in einem anderen Sinn macht der Autor ein schlechtes Geschäft durch Kürze. Erhält er, wie in Zeitschriften meist üblich, Seitenhonorar, verkauft er sein Produkt um so schlechter, je konzentrierter er schreibt. Künstlerische Ökonomie und Ökonomie stehen in Spannung zueinander.

Vor dem amerikanischen Bürgerkrieg konnte kein Autor von Erzählungen leben; die enorme Ausweitung des Lesepublikums und des Zeitschriftenmarkts im letzten Drittel des 19. Jahrhunderts hat die Verhältnisse bedeutend gebessert, wenn auch kaum grundlegend umgestaltet. Jede Betrachtung der frühen amerikanischen Erzählkunst unter Gesichtspunkten des ‚time is money‘, des Großstadtlebens, der Eile oder Frische oder Lebensnähe ist anachronistischer Unfug, womit nicht gesagt sein soll, daß diese Kategorien etwa für spätere Erzählkunst taugen. Sie sind eben nur besonders abwegig für die Frühzeit, und doppelt und dreifach für einen Autor wie Hawthorne, der alle Zeit der Welt zu haben schien, während seine Altersgenossen Geld verdienten und im Leben vorankamen. Hawthorne – und er war darauf nicht stolz – lebte in Salem so versponnen wie E. T. A. Hoffmann in Bamberg. Seine Erzählungen sind künstlerisch – ‚Novelle‘ oder ‚Kurzgeschichte‘ hin oder her – unter keinen anderen Maßstäben zu betrachten wie die von Cervantes, so wie Melville nicht anders zu beurteilen ist als Kleist, Poe nicht anders als Kafka.

Auch Hawthorne drängte es zum Buch; er war Journalist nur gelegentlich aus Not. Sein erstes veröffentlichtes Werk, *Fanshawe* (1828), das er nach dem geringen Aufsehen, das es verursachte, gern rasch in der Versenkung verschwinden ließ, litt keineswegs unter einem Andrang von Welt und amerikanischer Realität. In ihm wird kein Erie-Kanal gebaut; es spielt in einem College, und die College-Jahre 1821–25 waren genau das, was der Autor bis dato erlebt hatte; sicher nicht viel. Da es zum Roman so offensichtlich noch nicht reichte, bot sich die Erzählung an, aber auch die Erzählungen waren sorgsam konzipiert als Teile von Büchern. Fünf Jahre liegen zwischen dem Abgang aus dem College und der Veröffentlichung der ersten, zweifelsfrei von Hawthorne verfaßten Erzählung in einer Zeitung seiner Heimatstadt. Die erhaltenen Zeugnisse aus diesen Jahren sind spärlich, die Chronologie unsicher. Zwölf Jahre dauerte es, vom College-Abgang gerechnet, bis der erste Band von Erzählungen, diesmal auch unter Hawthornes Autorschaft (*Fanshawe* erschien anonym), dem Publikum vorlag. In diesen zwölf „einsamen" Jahren produzierte Hawthorne an die fünfzig Prosastücke, oder genauer: so viele sind erhalten und identifiziert. Andere wurden vom Autor verbrannt. Die Bücher, die er schreiben wollte, blieben auf dem ‚idealen Bord'; die erste Auswahl war bereits auf den Publikumsgeschmack ausgerichtet und enthielt keineswegs seine besten Leistungen. Nach 1838 (immer nach den Veröffentlichungsdaten gerechnet) sinkt die Produktion von Kurzprosa sogar rapide ab; von 1839 bis 1842 erscheinen nur fünf Werke. Sie steigt nach seiner Heirat rasch zu einem letzten Höhepunkt an: 20 Artikel in den Jahren 1843/44, um ebenso rasch wieder abzusinken. Von 1845 bis 1852 erscheinen ganze sieben Werke. Eine recht erratische Karriere; wer sie beurteilen will, muß sortieren. Die Qualitätsunterschiede sind groß. Stilistisch geht Hawthorne nie unter ein bestimmtes Niveau, alles bleibt lesenswert, aber die Konzeptionen sind verschieden anspruchsvoll. Die Verhaftung an einen vorwiegend sentimentalen Zeitgeschmack wird teils radikal unterbunden, teils wird eine Ablösung nicht einmal versucht. Manches wäre ohne den Zwang zum Gelderwerb sicher länger liegen geblieben oder gar nicht ausgearbeitet worden.

Nachdem Hawthornes eigene Zusammenstellungen keine Leitlinie abgeben, ist der Herausgeber einer Auswahl auf den Konsensus der kritischen Meinung seiner Zeit (so er einen vorfindet) und auf den eigenen Geschmack angewiesen. Der vorliegende Band enthält fünfundzwanzig Erzählungen und damit fast die Hälfte der ganzen Produktion, die man – je nach der Strenge der Unterscheidung zwischen Erzählung einerseits, Essay, Skizze und Allegorie andererseits – auf zwischen fünfzig und sechzig Stücke ansetzen kann. Darunter dürften alle sein, die von der heutigen Kritik als hervorragend angesehen werden, aber notwendig auch einige andere, die nur charakteristisch sind, nicht erstklassig. Was für Poe seit langem als selbstverständlich gilt, nämlich zu unterscheiden zwischen Erzähltypen wie Schauergeschichte, Detektiverzählung, phantastischer Reise, Humoreske, ,hoax' (Nasführung des Publikums durch getreuen Bericht dessen, was sich nie zugetragen hat) und anderen mehr, sollte auch bei der Beurteilung des Hawthorne-Kanons üblich werden. Nichts hat Hawthornes Ruhm so geschadet wie die Ansicht, er sei von Herzen Allegoriker oder habe als Puritaner moralistische oder gar didaktische Anliegen. Bei genauerem Hinsehen fällt eher die Vielfalt auf, die an die Poes heranreicht und die Irvings übertrifft. Freilich waren die Er- und Entmutigungen durch Publikum und Kritik sehr unterschiedlich. Während die sentimentale Tonlage immer ihren Markt fand und noch die Prämie einer günstigen Kritik dazubekam, wurden persönliche Satire und Schlüpfriges mit Sanktionen belegt. Patriotisches ging leichter ein als Problematisches. Eine ausformulierte Moral hat damals nie geschadet, während das verursachte Kopfzerbrechen, das heute zur Selbstachtung des kritischen Lesers gehört, ärgerlich war.

Es wäre aber falsch, das Verhältnis von Autor und Publikum zu Hawthornes Zeit nur negativ darzustellen. Amerikanische Leser und Kritiker waren seit den Erfolgen Irvings und Coopers dankbar und aufgeschlossen für jeden neuen Autor, der sich nationaler Stoffe und Motive annahm und bewies, daß auch in romantischer Zeit das im hellen Tageslicht der Geschichte besiedelte Amerika literarischer Behandlung fähig war. Hawthorne war Regionalist; die Schauplätze der meisten Erzählungen und Skizzen waren die Neu-England-Kolonien und späteren Staaten. „Der Maibaum von Merry Mount" ist auf 1628/29 zu datieren, also noch vor der Gründung Bostons; „Endicott und das rote Kreuz" spielt wenige Jahre später; „Der sanfte Knabe" gehört in die Zeit um 1660; „Der graue Kämpfer" behandelt die „Glorious Revolution" von 1688/89; „Der junge Nachbar Brown" gehört in die Jahre vor den Salemer Hexenprozessen von 1692/93; „Roger Malvins Bestattung" hat als Hintergrund einen Indianerkampf aus dem Jahr 1725; „Mein Verwandter, Herr Major Molineux" bietet Szenen aus dem vor-revolutionären Zeitalter; die vier „Tales of the Province-House" behandeln die Revolution.

Doch selbst als Heimatschriftsteller durfte man sich nicht völlig frei bewegen. 1833 hielt der Politiker Rufus Choate einen Vortrag in Salem (wir wissen nicht, ob Hawthorne ihn hörte), in dem er unverblümt forderte, die nationale Historie zu heroisieren und zu idealisieren, das Gemeine als bloßes Beiwerk fortzulassen. Es ist kein Zufall, daß die patriotischste Erzählung Hawthornes, „Der graue Kämpfer", an die Spitze der *Twice-Told Tales* gestellt wurde, während die nach heutiger Auffassung hervorragende, „Mein Verwandter, Herr Major Molineux", 1831 veröffentlicht, erst 1851 gesammelt wurde! Hawthornes Objektivität, sein Mitleid mit der unterlegenen Partei der Loyalisten, muß ihm noch nachträglich als Risiko erschienen sein, denn ein anderer Grund für die mehrfache Nichtbeachtung (1837, 1842, 1846) ist nicht zu sehen. Kritik an Quäkerverfolgungen und Hexenprozessen wurde zumindest bei dem religiös liberalen Publikum gern gehört; in der Beziehung durften die Vorfahren getadelt werden. Kritik an der Indianerpolitik, wie im Vorspann zu „Roger Malvins Bestattung", war wegen möglicher Anwendung auf die Gegenwart etwas gewagter, aber die Darstellung der Gewalttätigkeit der Patrioten war ein eher brisantes Thema.

Nach des Autors Erinnerung waren „Der sanfte Knabe" und „Roger Malvins Bestattung" die am frühesten entstandenen Erzählungen. Das ist recht wahrscheinlich, denn beide weisen einige Schwächen auf, die für Hawthornes reifere Erzählkunst uncharakteristisch sind. Auch sehr früh, nämlich 1830 bzw. 1831 schon gedruckt, sind drei Erzählungen, die an der Spitze unserer Auswahl stehen und merkwürdigerweise wenig beachtet worden sind. Alle drei sind ‚experimentell‘ in dem Sinn, daß eine geistige Mitarbeit des Publikums verlangt wird, der sich offenbar nicht nur die zeitgenössischen Leser verweigert haben, sondern die überwiegende nachfolgende wissenschaftliche Kritik. Von diesen dreien ist die eine, „Die Mulde unter den drei Hügeln", bei erster Gelegenheit gesammelt worden, die zweite, „Die Erzählung einer alten Frau", dagegen gar nicht, die dritte, „Die Frauen der Toten", erst nach zwanzig Jahren, also mit der gleichen Verspätung wie „Mein Verwandter, Herr Major Molineux". Die relative Vernachlässigung von „Die Mulde unter den drei Hügeln" ist um so verwunderlicher, als Poe sie 1842 als Muster funktionaler Erzählkunst pries. Nicht weniger erstaunt, daß die Pointe von „Die Erzählung einer alten Frau" so unbeachtet blieb, nimmt sie doch eine Technik vorweg, mit der Frank Stockton ein halbes Jahrhundert später berühmt wurde. „The Lady or the Tiger?" legt dem Leser eine Entscheidung auf, die er mangels ausreichender Daten nicht eigentlich treffen kann, während Hawthorne etwas deutlicher in eine bestimmte Richtung winkt, aber die Rätselstruktur ist identisch. „Die Frauen der Toten" schließlich konfrontiert uns mit einer so radikalen Ambiguität, daß wir bis Henry James' berühmter Geistergeschichte „The Turn of the Screw" (1897) warten müssen, um etwas Analoges (wiewohl dann noch viel Vollkommeneres) zu finden. Die Pointe geht freilich verloren, wenn wir nicht mitbekommen, daß Mary erwacht, nicht Margaret!

Daß Hawthorne auf Erfolge und Mißerfolge empfindsam reagierte, läßt sich aus dem Ton verschiedener Erzählungen entnehmen, die er vermutlich – die Chronologie ist nicht immer gesichert – in seinen künstlerisch produktivsten Jahren kurz vor und nach 1830 schrieb. Es ist nur natürlich, daß er die Existenz des Künstlers in der bürgerlichen Gesellschaft thematisierte. Das haben auch seine Zeitgenossen in Europa getan; er hatte in Neu-England mit seinem Arbeitsethos zusätzlichen Grund. Eine auf einige Klischees eingeschworene Hawthorne-Kritik hat durchweg solche Künstlergeschichten bevorzugt, die im Schöpfertum – der freien Verfügung des Künstlers über seine Figuren – etwas dem Menschen nicht Zukommendes und daher Bedenkliches, wenn nicht Dämonisches, andeuten. So ist „Die prophetischen Bilder" viel öfter zur Deutung der Auffassung Hawthornes vom Künstler herangezogen worden als „Drowne's Wooden Image", eine Erzählung, in der Liebe einen Holzschnitzer inspiriert und wenigstens einmal über sein Handwerk hinausträgt. Merkwürdig vernachlässigt blieb auch „Die sieben Vagabunden", eine der gelöstesten Erzählungen des jungen und noch nicht vom Mißerfolg gebeutelten Autors. Sie bringt im übrigen (S. 168 dieser Ausgabe) eine Unterhaltung mit „einer jungen Person von zweifelhaftem Geschlecht" und damit eine für das damalige Neu-England unerhörte Freiheit.

Was wir an dem großen „Story-Teller"-Projekt verloren haben, läßt sich andeutungsweise aus dem Ton von „Die sieben Vagabunden" und dem erhaltenen Anfang von „Der Geschichtenerzähler" entnehmen. Der Rahmen ist ja im äußersten Umriß erhalten. Der Auszug eines jungen Manns aus dem pflegeelterlichen Haus eines rechtschaffenen, aber allzu strengen Geistlichen, seine Abenteuer in Begleitung eines aus anderen, religiösen, Gründen umherziehenden Pilgers, endet mit einer Rückkehr, die eine große Resignation darstellt; ein Auszug in die Welt, um ihr dann – ein Motiv auch in *Fanshawe* – frühzeitig Lebewohl zu sagen. Aber diese melancholische Geschichte wäre wohl auf den Rahmen beschränkt geblieben; seine Füllung hätte eine Weltfülle gebracht, die den vielen einzelnen kurzen Erzählungen notwendig abgeht. Durch die Zerschlagung des Projekts und die Einzelveröffentlichung in verschiedenen Zeitschriften ging nicht nur die Chance eines früheren, größeren und besser begründeten Ruhms verloren, als ihn die schmalen und vorsichtig ausgewählten *Twice-Told Tales* von 1837 zu leisten vermochten. Man glaubt, die Umrisse eines amerikanischen Gottfried Keller zu erkennen, der aus der Beobachtung seiner Region und ihrer Menschen einen männlich-herben, Humor und Satire nicht sparsam verwendenden Realismus zu entwickeln vermocht hätte. Nur die schon Poe 1842 aufgefallene Erzählung „Mr. Higginbothams Katastrophe" steht noch heute erkennbar fest im Rahmen des „Story-Teller" (was sich aus unserer Ausgabe, aber keiner anderen uns bekannten entnehmen läßt). Der Rest wurde Opfer der Eigeninteressen der Herausgeber, die Hawthornes Prosa schon damals immer gern wegen ihrer schieren Überlegenheit druckten, sei es auch anonym, pseudonym oder fragmentarisch.

Der so behandelte Autor hat nicht nur mit einer Erzählung wie „The Devil in Manuscript" reagiert, in der ein gewisser Oberon (Hawthornes Spitzname im College) seine Werke in einer aus Verzweiflung, Zynismus und Hysterie gemischten Stimmung verbrennt. Er hat sich auch einen seiner poetischen Natur zunächst wohl eher fremden Zynismus angeeignet, der ihm als Schutzschild vor einer Welt diente, die man nur ertragen kann, wenn man sie zugleich verachtet. Künstlerisch hat ihm dieser neue Zug nicht geschadet, wovon zwei glänzende Erzählungen aus dem Jahr 1835, „Wakefield" und „Der junge Nachbar Brown", zeugen. In beiden wird die abgründige Flachheit gewisser Naturen, ihr Tod-im-Leben, ihre Abwendung vom Nächsten, dargestellt. Aber gerade die Geschichte vom jungen Brown, der glaubt, mit dem Teufel flirten zu dürfen, ohne dabei Schaden zu nehmen, hat einen nicht gut zu überhörenden Unterton. Der arme Brown irrt natürlich, wenn er meint, es sei ihm gegeben, in das schwarze Herz seiner Mitmenschen zu sehen, und daß er das Recht habe, sich trübselig von allen abzuwenden, sogar von seiner liebenden Gattin. Er ist einem Teufelsspuk aufgesessen. Wer sich beim Stell-dich-ein mit Satan einfindet, das zu entscheiden ist keinem Menschen gegeben, schon gar nicht

Brown, der auf jedes Indiz anspringt. Aber daß einige Herrschaften von Stand mit dem Teufel intimen Umgang pflegen – womit sich der Teufel brüstet –, bleibt mehr als eine bloße Möglichkeit. Die Erzählung ist eine Predigt gegen den Zynismus von einem, der weiß, wovon er spricht. Wer sich zudem die Freude macht, eine der Quellen Hawthornes nachzulesen, die Novelle des Cervantes vom Gespräch der beiden Hunde („El Coloquio de los Perros"), wird den letzten Zweifel verlieren, daß die Frage, wie man – zumal als Hund – auf Erden leben könne, ohne Zyniker zu werden, den weiteren Rahmen der Erzählung abgibt. H. L. Mencken hat in seinem *Book of Burlesques* eine Definition des Bösen gegeben, die sich als ein schräger Kommentar zu Hawthornes Erzählung lesen läßt: „Das Böse: das, was man von andern glaubt. Es ist eine Sünde, Böses von andern zu glauben, aber es ist selten ein Fehler."

Sechs Jahre lang, von 1837–42, erschienen, allenfalls mit Ausnahme der „Tales of the Province-House", keine bedeutenden Erzählungen Hawthornes, und unsere Ausgabe weist eine Lücke auf, die deutlich die beiden großen Perioden seiner Erzählkunst voneinander absetzt. Hawthorne hat in diesen unproduktiven Jahren nicht nur eine Pause eingelegt; er hat seine Muse gewechselt! Seine Schwester Ebe (Elizabeth), die ihm in seiner Jugend und den frühen Mannesjahren intellektuell besonders nahe stand, war mit den Geschichten unzufrieden, die ihr Bruder nach seiner Hochzeit mit Sophia Peabody aufs Papier brachte. So deutlich Eifersucht die Mutter dieses Urteils war, so sehr trifft es die Sache. Hawthorne war durch Sophia in den Dunstkreis der Transzendentalisten gezogen worden, in deren Hauptdorf Concord er sich denn auch nach seiner Hochzeit begab. Ebe meinte etwas herzlos, Hawthorne gehöre nach Salem, wo er geboren wurde und wo er unglücklich war, und Unglücklichsein war ihrer Meinung nach der Nährboden von Meisterwerken.

Für die wenigen noch einmal sehr produktiven Jahre in

Concord ist zweierlei charakteristisch. Einmal eine enorme Zunahme der allegorischen Erzählungen, die Hawthorne schließlich den Ruf eingetragen haben, er sei Allegoriker aus Neigung und Überzeugung. Zum andern eine neue Manier in den drei bedeutendsten Erzählungen dieser Zeit, „Das Muttermal", „Der Schöpfer des Schönen" und „Rappaccinis Tochter". Die Zunahme der Allegorien ist wahrscheinlich eine Folge der gesteigerten Produktion überhaupt. Der Zwang zum Schreiben und Noch-mehr-Schreiben, weil für die veröffentlichten Erzählungen Honorare spät oder gar nicht eingingen, brachte insofern eine Senkung des Niveaus, als einfachste Technik schnellsten Umsatz versprach. In seinen Notizbüchern war ein Schatz von Ideen aufbewahrt; seine weite Belesenheit ließ ihn Beispiele aus der Kulturgeschichte mühelos heranziehen, und mit der Technik des Katalogs ließen sich Allegorien synthetisch herstellen. Sie sind alle miteinander lesbar, oft amüsant, manchmal tiefsinnig, aber streben höhere Flüge der Phantasie selten an, so wenig wie sie tiefere Seelenschichten erreichen. „A Virtuoso's Collection" und „The Procession of Life" seien als Paradigmata genannt. Mit historischem Material läßt sich die Katalog-bzw. Vorbeimarschtechnik auch an „Main-Street" zeigen, oder an „Die Halle der Phantasie", in der ja, zumal in der hier zugrundegelegten Erstfassung, eine Heerschau der Künstler, Literaten und Phantasten der Zeit um 1840 aufgeboten wird. Die vielen Anspielungen auf Zeitgenossen und Freunde geben diesen Allegorien eine intimere Atmosphäre, die freilich dem heutigen Leser etwas mühsam auf dem Umweg über den Kommentar vermittelt werden muß.

Von viel größerer Bedeutung sind die drei Erzählungen, in denen Hawthorne Lebensprobleme sehr allgemeiner Art umfassend abzuhandeln versucht. Eine Fülle gelehrter Anspielungen und ein Überangebot von Symbolen kennzeichnen „Das Muttermal" und „Rappaccinis Tochter". Die Kontrolle des Materials wird so prekär, daß der Autor seine Zuflucht zu erklärenden und wertenden Aussagen nimmt, um den Leser vor moralischem Chaos zu schützen. Die in Szene, Handlung und Symbolik schlichtere und künstlerisch befriedigendere Erzählung „Der Schöpfer des Schönen" ist aber ebenfalls – worauf ein britischer Kritiker hinzuweisen sich nicht scheute – für den gesunden Menschenverstand eine Zumutung. Ein dörflicher Uhrmacher und Feinmechaniker soll Schöpfer eines Schmetterlings sein, der im materiellen Sinn unerhört wertvoll, in seinen spirituellen Eigenschaften wunderbar ist, und er bringt diese Gabe als verspätetes Brautgeschenk einer unbedeutenden Frau dar, die ihn verschmäht hat und deren gleichfalls gesundes aber unbedeutendes Kind das Wunderding zerstört, ohne damit den Gleichmut des Schöpfers ins Wanken zu bringen. Hier oder nirgends haben wir eine Allegorie vor uns – eine Allegorie freilich von einer so komplexen Art, wie sie im 19. Jahrhundert kaum noch anzutreffen war. Die Interpreten haben sich mit diesen drei Erzählungen schwer getan.

Alle drei werfen mehr Probleme auf, als in ihrem immerhin bescheidenen Umfang ausdiskutiert, geschweige denn gelöst werden können. Die *libido sciendi*, die Gier nach Wissen, sitzt wie im biblischen Mythos vom Verlust des Paradieses und wie so oft in romantischer Literatur auf dem Sünderbänkchen. Was aber sowohl „Das Muttermal" wie „Rappaccinis Tochter" vor Trivialität bewahrt, ist, daß Libido so ernst genommen wird wie später bei Freud. Man kann „Das Muttermal" als proto-freudsche Erzählung auffassen, deren tiefste Einsicht freilich der Zensur unterliegt. Der Held begeht einen fatalen Irrtum, den man ehrlicherweise gleich ein Verbrechen nennen sollte, was ihm in einem Angsttraum, der zugleich Wunschtraum ist, auch durchaus deutlich wird. Ein freundlicher Autor hat ihm einen Engel an die Seite gegeben, den er deshalb töten darf, weil sein Streben ein so faustisch-hehres ist. Aylmer ist nicht weise, das wird deutlich genug gesagt, aber eben edel, während der arme Giovanni

Guasconti mit seiner ordinären Libido und in seiner prekären Situation eine trübe Rolle zu spielen hat. Der erzwungene Triebverzicht des „Schöpfers des Schönen" – Hawthornes platonischster Erzählung – macht den meisten modernen Auslegern gar keine Lust; sie haben dann Hawthorne auch entsprechend korrigiert. Daß dieser nach seiner Eheschließung – und sie war eine sehr glückliche – die Verbindung von Wissen, Bilden und Zeugen in diesen drei hochgezüchteten Kunstgebilden gesehen und dargestellt hat, spricht für den engen Zusammenhang von Erlebnis und Dichtung, der alle seine hervorragenden Arbeiten auszeichnet.

Als Longfellow seines Freundes Erzählung „Das Muttermal" gelesen hatte, schrieb er ihm am 19. März 1843: „Du hättest aber einen Roman aus der Sache machen sollen, nicht nur eine kurze Geschichte." Es dauerte in Amerika noch etliche Zeit, ehe aus dem pejorativen „eine nur kurze Geschichte" die hochgelobte ‚Kurzgeschichte' wurde, trotz Poes Theorie von 1842. Hawthorne selbst drückte im Rückblick auf die Jahre in Concord seine Unzufriedenheit darüber aus, daß er keinen Roman zustandegebracht hatte (S. 600 dieser Ausgabe). Die anspruchsvollsten Erzählungen dieser Jahre waren zum Bersten voll mit problematischen Symbolen, boten aber zugleich kaum Raum für die Erörterung der angeschnittenen Lebensfragen. Sie enthielten auch, mit gelegentlichen Ausnahmen in „Rappaccinis Tochter", wenig Humor. Zweimal spricht eine fehllose Frau das Urteil über in die Irre gegangene Männer, und beide Male ist sie eine nicht sehr wahrscheinliche, sakrosankte Figur. Aus mehreren Gründen also drängte es Hawthorne, nicht zum ersten Mal, zum Roman. Einen Fehlstart tat er mit „Ethan Brand", aber das Fragment ist immer noch interessant genug. Mit der Problematisierung der Frau, die in drei von Hawthornes vier folgenden Romanen stattfindet, wirft er die letzten Fesseln der sentimentalen Tradition ab und schafft den Durchbruch zur großen Form.

Hawthornes Karriere als Erzähler, die Jahre von etwa 1825–50, war dramatischer als sie zuweilen dargestellt wird. Der Kampf mit dem Zeitgeist, ob ihm dieser von außen als Hemmnis oder internalisiert als Hemmung entgegentrat, blieb ihm über all diese Jahre erhalten. Einmal hat Hawthorne sogar angedeutet, er habe seine stärksten Erzählungen als zu düster und erschreckend vernichtet. Seine Leistung erscheint deutlich nur, wenn kritische Sichtung vorausgegangen ist. Von seinem tüchtigen Verleger James T. Fields wurde nach 1850 alles gesammelt, was sich als echter Hawthorne verkaufen ließ; der Name bürgte für Qualität, machte einen Markenartikel aus. So steht am Anfang der Karriere die Unfähigkeit, das Publikum zu erreichen, eine – freilich auch selbstverschuldete – Anonymität; am Ende Ruhm und die Verwertung von allem und jedem, und sei es auch schon etwas schimmlig. Anthologien mit unstillbarem Drang nach dem Zweitklassigen taten ein übriges.

Den fünfundzwanzig Erzählungen folgen drei Skizzen. Wer sie zusammen studiert und über den Mondschein der nach-mitternächtlichen Szene in „Der heimgesuchte Geist", das Spiegelbild in „Monsieur du Miroir" und das anheimelnde Feuer in „Feuerkult" in ihren symbolischen Extensionen meditiert, hat zugleich ein gut Teil romantischer Ästhetik in sich aufgenommen, wie sie in der Einleitung „Das Zollhaus" zu *Der scharlachrote Buchstabe* (Band 1 dieser Ausgabe) in gleicher Kombination – Mondschein, Spiegel, Feuer – wieder auftritt. Die sieben Vorworte rekapitulieren das lange Ringen mit dem Publikum und erläutern nochmals in anderer Form Hawthornes ästhetische Grundüberzeugungen. Die vier Rezensionen klären Hawthornes Stellung zu vier seiner Zeitgenossen, von denen zwei, Longfellow und Melville, seine Freunde waren.

Sollte dem Leser die eine oder andere Erzählung nicht gefallen, darf er des Beifalls Hawthornes sicher sein. Seine erste Sammlung sollte „Seven Tales of My Native Land" heißen, das Motto von Wordsworth stammen: „We are seven." In Wordsworths kleinem Gedicht fragt ein Erwachsener ein Kind, wie viele Geschwister es denn habe. Die Antwort „wir sind sieben" verwundert den Frager, weil nicht alle Kinder mehr am Leben sind. Das Kind ist natürlich weiser als der Erwachsene, aber die Ironie schon beim allerfrühsten Hawthorne unüberhörbar. Nicht alle sind lebendig – woran das auch immer liegen mag. Aber alle gehören zusammen.

Hans-Joachim Lang

INHALT

ERZÄHLUNGEN

SKIZZEN

VORWORTE

REZENSIONEN

ANHANG